KB165740

고대 동아시아
세계대전

유라시아 지정학을 결정지은 위대한 전쟁

612 – 676

고대 동아시아
세계대전

증보판

살수대첩부터 나당전쟁까지, 7세기 국제전의 그날들

| 서 영 교 지음 |

글항아리

말갈

안북도호부

돌궐

라오닝 성

안동도호부

산시 성
山西省

구자

고창

양주(차오양)

푸순

유주(베이징)

라오양

고구려

우전(허텐)

단둥

신

항저우

간쑤 성

영주(링우)

병주(타이위안)

라이저우

백제

닝샤후이족
자치구

산둥 반도

칭하이 성

산시 성
陝西省

산둥 성

토욕혼

토번(티베트)

당

장안

라싸

쓰촨 성

후난 성

광저우

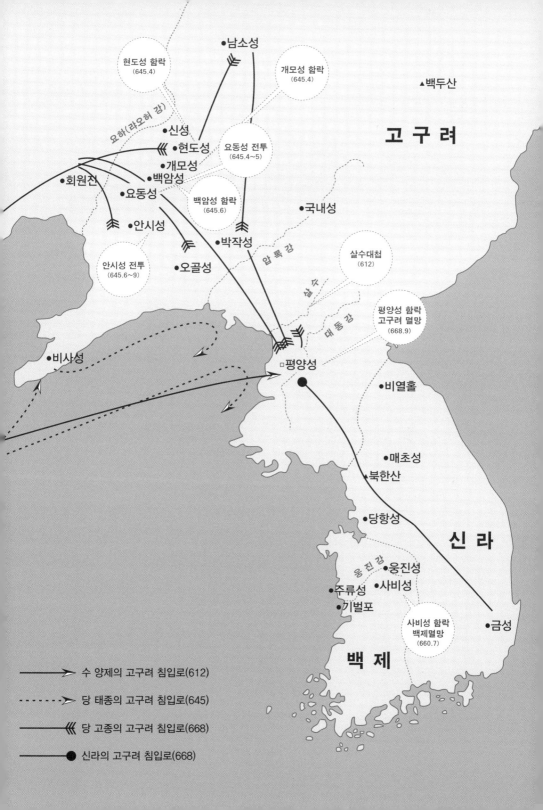

•남소성

현도성 함락
(645.4)

개모성 함락
(645.4)

▲백두산

고 구 려

요하(랴오허 강)

•신성

•현도성

요동성 전투
(645.4~5)

•개모성

•백암성

•회원진

•요동성

백암성 함락
(645.6)

•국내성

•안시성

안시성 전투
(645.6~9)

•오골성

•박작성

살수대첩
(612)

평양성 함락
고구려 멸망
(668.9)

•비사성

□평양성

•비열홀

•매초성

북한산

•당항성

신 라

웅진성

주류성

사비성

•기벌포

사비성 함락
백제멸망
(660.7)

•금성

백 제

→ 수 양제의 고구려 침입로(612)

┅┅> 당 태종의 고구려 침입로(645)

《《 당 고종의 고구려 침입로(668)

● 신라의 고구려 침입로(668)

진실은 단순하다

어린 시절, 명절날이면 난 항상 시골에 갔다. 어느 날 큰아버지 집 마당에 개 3마리가 있는 것을 보았다. 두 마리는 묶여 있었고, 한 마리는 풀려 있었다. 왜 이러할까? 여러 가지 복잡한 생각을 했다. 묶여 있는 것이 암놈이고 활보하는 것이 수놈이다. 성별로 조합을 해도 규칙이 없었다. 여기에는 분명히 다른 큰 '의미'가 있을 것이라 생각하고 큰어머니에게 물었다. "왜 한 마리는 풀어 놓으셨나요?" 큰어머니가 대답하셨다. "음 내가 나이가 들어 깜박깜박 하는데 집에 개가 2마리인 줄 알고 목줄을 2개만 사와서 그래!" 그때 깨달았다. 진실은 단순한 것이구나.

해답에 대한 설명이 복잡하면 답이 아니고, 그것이 단순할수록 해답에 가까워진다는 믿음이 생겨났다. 대학을 마치고 대학원 사학과에 진학해서도 이는 역사적 사실을 판단하는 중요한 기준이 되었다. 박사과정 때 나당전쟁의 결과에 대한 의심이 생겨났다. 신라가 세계 최강국 당나라와 싸워 이겼다고 하는데 이것은 참으로 이상하지 않은가? 천하의 당 태종을 패배시킨 고구려도, 만만치 않은 백제도 결국 당나라에게 멸망당했는데 어떻게 신라만 살아남아 한반도를 통합했는가? 뭔가 이유가 있을 것이다. 노태돈 교수의 1976년 논문(「고구려의 한수유역 상실의 원인에 대하여」, 『한국사연구』 13)을 읽고 그 원인이 훨씬 먼 곳에 있을 수도 있다는 사실을 알게 되었다. 이후 그의 1984년 논고(「5~6세기 동아시아의 국제정세와 고구려의 대외관계」 『동방학지』 44)를 접하고 국제 역관계力關係의 연동성에 대해 인식하기 시작했다. 국제적 시각에서 해답을 구하는 그의 관점과 방법론은 필자에게 소중한 지적 자산이 되었다.

나당전쟁이 시작된 670년 당나라 최정예 군대 11만이 칭하이성 방면 티베트 고원 대비천大非川에서 발발한 결전에서 토번吐藩(티베트)군에게 전멸당한 것을 알았다. 나는 나의 직감이 적중했을 수도 있다는 생각에 환호했다. 대비천 전투에서 참패한 당의 장군은 고구려 총독이었던 설인귀薛仁貴였다. 668년 당은 고구려를 멸망시키고 평양에 지배기구인 안동도호부安東都護府를 설치했고, 그 도호에 설인귀를 임명했다. 하지만 669년 안동도호부는 한반도 북부 평양에서 남만주 신성으로 치소를 옮겨갔다. 당이 한반도를 포기하고 만주로 지배 거점을 옮겼을 뿐만 아니라 그해 말 설인귀는 고구려를 떠나 토번군과 싸우기 위해 칭하이 호 부근 대비천으로 향했다. 당 주력군의 축이 만주에서 서역으로 이동했던 것이다.

이듬해 해발 3000미터 이상의 고도에서 설인귀는 모든 병력을 잃었다. 최근 연구에 따르면 토번군에게 전멸당한 11만 병력은 당 휘하의 동돌궐 기병이었다고 한다. 그들은 당이 포획한 전쟁기계였다. 당은 그들을 이용하여 서역과 칭하이, 북방 초원을 모조리 정복했다. 하지만 고도가 높은 그곳에서 천하의 동돌궐 기병도 힘을 쓰지 못했다. 이와 관련된 내용은 이 책 6부에 있는데 동국대 사학과 정병준 교수의 새로운 연구 성과(정병준 「吐蕃의 吐谷渾 倂合과 大非川 戰鬪」 『歷史學報』 218, 2013)가 반영되어 일부 오류를 바로잡을 수 있었다.

신라가 상대방과 싸우기 이전에 당은 토번에게 강타를 맞고 쓰러져

링 위에 올라오지 못하게 되었다. 아니, 670년 당군의 전력 투사 방향이 서역으로 바뀐 것을 알아차린 신라가 당과의 싸움을 결정했다고 보는 것이 더 정확할 것이다. 더구나 실크로드 경영권을 둘러싼 당과 토번의 전쟁은 이것으로 끝날 수 있는 성질이 아니었다. 교역의 이권을 둘러싼 그 전쟁은 이후 150년간 지속되었다. 실크로드 전쟁은 현재 우리 민족의 모체를 형성하는 중요한 환경이 되었다. 통일신라는 당 제국의 힘이 서쪽으로 쏠리는 조건에서 생존할 수 있었다.

25년의 시간을 거슬러 올라가보자. 물론 라싸에 있던 토번 국왕 손챈감포松贊幹布도 한반도와 만주에서의 전쟁 결과가 자국의 생존과 번영에 직결된다는 것을 그 이전부터 알고 있었다. 645년 9월 18일 당 태종은 고구려에서의 철수를 선언했다. 그리고 며칠 후 태종은 병사들과 함께 고구려 쪽의 요수遼水를 건너 요택遼澤으로 들어섰다. 군대 행색은 거지 떼였다. 태종은 이동 중 수레 안에서 심하게 앓았다. 첫 패배의 살인적인 스트레스 때문이었다. 10월 21일 하북성 무령撫寧 동쪽 임유관 길가에서 태자(고종)가 맞이한 사람은 황제가 아니라 병든 노인이었다.

646년 5월경 토번의 사자가 장안 궁정에 나타났다. 그는 3곡斛의 술을 담을 수 있는 7척 높이의 황금 거위 주전자를 바쳤다. 『구당서』「토번전」은 사신이 읽어 내려간 손챈감포의 서신을 이렇게 기록하고 있다. "성스러운 천자께서 사방을 평정하니 해와 달이 비추는 나라는 모두 신하가 되었지만, 고구려는 멀리 있음을 믿고 신하의 예를 갖추지 않았다. 이에 천자께서 스스로 백만 대군을 거느리고 요하를 건너 (고구려를) 토벌하여 성城을 무너뜨리고 진陣을 함몰시켜 '빠른' 시간에 개선하셨습니다. 폐하가 출행하였다는 소식을 들은 지 얼마 지나지 않았는데, 귀국하신다는 말을 들었습니다. 기러기가 빨리 난다고 하나 폐하의 빠름에 미치지 못합니다. 거위는 기러기이니 금으로 만든 거위를 바칩니다."

태종이 고구려에서 패배한 것에 대한 언급은 전혀 없다. 하지만 토번은 당 내부에 방대한 첩보망을 가지고 있었다. 손챈감포는 고구려 전쟁의 전말과 태종의 패배를 훤히 알고 있었고, 그를 비아냥대고 있었다. 고구려를 멸망시켰다면 그렇게 빨리 귀국할 수 없지 않겠는가. 패전의 스트레스로 혈압이 상승하여 뇌혈관이 터져 반신불수가 된 태종은 노회한 사위, 토번 국왕의 서신을 읽고 어떠한 생각을 했을까. 확실한 것은 중풍 환자가 된 태종이 고구려 정벌에 대한 집착을 죽을 때까지 버리지 못했다는 점이다.

고구려와 당나라의 전쟁은 세계를 변모시킬 수 있었고, 토번의 운명도 바꿀 수 있었다. 641년 태종은 문성공주文成公主를 토번 왕에게 시집보냈다. 고구려와 전쟁하기 위해 서방에서의 안정이 필요했던 것이다. 티베트 고원의 패권을 놓고 히말라야 카일라스(수미산) 부근에 있는 양동국洋同國과 치열한 전쟁을 벌여야 했던 손챈감포도 당나라와의 평화가 필요했다.

이후 태종은 토번에 문화사절을 거듭 보냈다. 당의 발달된 문물과 과학기술이 토번에 유입되었고, 그것은 토번의 시스템을 고도화시키는 자양분이 되었다. 고구려가 빨리 굴복하면 토번의 장래도 어두워질 것이다. 전쟁의 결과도 중요하지만 고구려가 당을 얼마나 오래 버틸지도 중요했다. 그럴수록 당의 전력은 동북방 요동에 묶일 것이고, 당은 서방 토번에게 더 많은 혜택을 베풀 것이다. 토번의 국왕과 군부 수뇌부들은 이렇게 외쳤을 수도 있다. "고구려여 영원하라!" 사실 당이 고구려와의 전쟁에 매달려 있는 동안 토번은 티베트 고원을 통일하고 중국과 접경한 칭하이 지역을 점령했으며, 실크로드 타클라마칸 사막 남로의 전략적 요충지를 모두 차지했을 뿐만 아니라 당의 지배를 받고 있던 토번계 민족들을 모두 포획했다.

이 책은 2011년 1월에 시작하여 2014년 7월 말에 끝난 『국방일보』 장기 연재의 산물이다. 여러 가지 이유로 연재가 중단된 적이 있다. 휴지기는 재충전의 시간이 되었고, 연재 과정에서 구상한 여러 가지 아이디어를 논문으로 작성하는 기회도 되었다.

　　2013년 동북아재단의 연구비를 받고 작성한 「연개소문의 대對 설연타薛延陀 공작과 당 태종의 안시성 철군」이 그 가운데 하나다. 사마광司馬光은 『자치통감』을 찬술하면서 후세를 위해 자신의 견해에 상충되는 자료들을 모아 『고이考異』란 책으로 만들었고, 중국 중화서국 출판사가 그 것을 시기에 맞춰 편년체인 『자치통감』에 주석으로 달았다. 『고이』에는 지금 사라진 당나라 시대 실록의 편린들이 남아 있다. 필자는 그 가운데 『태종실록』과 『고종실록』의 편린에서 연개소문이 몽골리아의 설연타 제국 매수에 성공했다는 것을 증명할 수 있는 자료를 찾았다. 645년 당 태종이 안시성 앞에 있던 기간(6~9월)에 연개소문에게 매수된 설연타 유목기병 10만이 당의 수도권 북부인 하주夏州(오르도스)를 공격했다. (7월 경) 이는 태종을 망설이게 했고 고구려에 전력을 집중할 수 있는 기세를 꺾었다. 설연타의 개입은 결국 태종을 고구려에서 철수하게 만들었다. 안시성이 살아남은 것은 이 때문이었다. 전쟁의 진정한 승자는 안시성주가 아니라 연개소문이었다.

　　이 글을 쓰면서 나온 아이디어로 논문을 작성하고도 지면 관계로 넣지 못한 글도 있다.(박준형·서영교, 「『文館詞林』에 보이는 蔣元昌과 蔣氏家門醫」, 『역사학보』 222, 2014) 백제 의자왕의 질병이 가져온 백제 말의 정치 혼란과 멸망에 관한 내용이다. 『문관사림』에는 645년 태종이 의자왕에게 보낸 편지가 있다. 여기서 주목할 만한 것은 의자왕이 자신의 병을 고치기 위해 당 황실 의사 장원창의 백제 왕진을 요청한 내용이다. 필자는 박준형과 함께 장원창의 존재를 659년 편찬된 종합 약국방藥局方인 『신수본초新修本草』에서 찾아냈다. 이 책의 공동 저자인 장원창은 당 황실의 3대 의관 집안 중 하나인 장씨蔣氏 출신으로 당 태종 치세(626~649)에 당시 불치병이었던 반위反胃(위장병)의 치료법을 개발했다. 이로써 의자왕의

11

병명을 상정해내는 것이 가능해졌다. 반위는 위염에서 시작되어 위암에 이르는 오랜 진행과정을 거친다. 의자왕이 바로 죽었다면 새로운 후계자가 백제를 다스렸을 것이고 문제도 없었을 것이다. 하지만 골골대면서 죽지 않아 문제가 되었다. 655년경 의자왕의 병환이 심해지자 대부인大夫人(정비)인 은고恩古가 권력을 장악하게 되었고, 부여융夫餘隆이 태자에서 폐위되고 부여효扶餘孝가 태자에 책봉되었다. 부여융에게 줄을 섰던 것으로 보이는 백제 군부의 수장들인 흥수와 성충 등이 제거되고 그 과정에서 백제 정국은 파행을 거듭했다. 국가의 장래를 걱정하는 자들은 모두 권력에서 밀려났고, 백제의 상층부가 분열되었다. 660년 7월 김유신이 5만 대군을 이끌고 황산벌에 나타났을 때 의자왕은 계백에게 5000명의 병력밖에 줄 수 없었다. 사비성이 나당연합군에게 포위되었을 때도 결사 항전코자 하는 사람은 단 한 명도 없었다. 의자왕이 웅진(공주)으로 가장 먼저 도주했고 부하에게 체포되어 당군에게 인도되었다. 당군이 웅진강에 상륙한 지 딱 10일 만이었다.

3년 6개월의 연재 기간 동안 필자는 다섯 차례에 걸쳐 해외 답사를 다녀왔다. 신장웨이우얼자치구 타림 분지의 쿠처庫車와 준가리아 분지의 우루무치에서 산둥 반도에 이르는 동서 전역을 다녔고, 태종이 자란 산시山西 성 타이위안 지역, 고구려의 성들이 산재한 만주 지역을 누볐다. 일본의 규슈九州 후쿠오카와 다자이후大宰府를 답사했고, 간몬關門 해협으로 들어가 세토 내해를 가로질러 오사카의 난파궁, 나라의 아스카까지 갔다. 국내 답사는 집필 과정에서 필요할 때마다 했다.

국내외의 답사는 글 내용을 충실하게 하기 위함이었지만, 무엇보다 좋은 사진이 필요해서였다. 설령 글이 좋다고 해도 사진이 이를 보여주지 못하면 마음만 좋은 사람의 초라함을 항상 느꼈다. 그래도 좋은 사진들만 찍을 수는 없었다. 하늘이 도와주지 않으면 대책이 없었다. 날씨가 좋지 않아 찍은 사진을 사용하기 어려울 때 수소문하여 다른 분들의 작품을 빌려야 했다. 여행가, 학자, 관청 관계자, 농부 등 누구든 찾아 갔다.

가장 인상적이었던 분은 필자가 갈 수 없는 북한의 사진을 제공해 주신 분들 가운데 있다. 안성 두아름농장의 김진황 씨는 소 사육 기술을 전수하기 위해 평양을 방문했다고 한다. 그분은 주체사상탑 꼭대기에 올라가서 감시원의 눈을 피해 똑딱이 카메라 셔터를 급하게 눌렀다. 내가 본 대동강 풍경 가운데 그가 찍은 사진보다 좋은 것은 찾지 못했다.

이 글은 『국방일보』 관계자분들의 배려와 애정 속에서 집필되었다고 해도 과언이 아니다. 오랜 연재기간 내내 관심을 가져주신 정남철 팀장, 동문동기이자 이 모든 과정을 묵묵히 바라봐주었던 이주형 기자, 신문 원고 편집을 해주신 분들께 감사를 드린다. 집필 과정에서 전술戰術 문제로 필자가 장벽에 부딪쳤을 때 언제나 스승이 되어주신 윤일영 전 인사참모부장께도 지면으로 인사를 올린다. 누구보다 필자를 『국방일보』에 소개해주고 연재가 끝나기도 전에 그곳을 떠나버린 김병륜 기자께 합장하고 싶다. 그의 격려와 응원이 없었다면 오늘의 결과는 없었을 것이다.

2015년 6월
서영교

『고대 동아시아 세계대전』을 발간한 지 5년이 넘었다. 그동안 독자들로부터 맺음말에 해당하는 글이 없다는 지적을 받아왔고 그에 공감했으나 오래 미루고 하지 못했다. 이번에 겨우 글을 완성하여 「후기: 동아시아 문명권의 형성」이란 제목으로 책 뒤에 싣는다. 개정증보판이 된 셈이다. 독자들의 많은 질정을 바란다.

2021년 6월
서영교

차례

제2부 반란의 계절

제3부 연개소문과 태종의 전쟁

제4부   김유신, 유능한 독재정권 창출

제5부   당의 삼국통일전쟁 개입과 토번의 등장

제6부   약자가 선택한 전쟁, 나당전쟁

후기: 동아시아 문명권의 형성   792

제1부

태종의 등장과
동아시아

1

고구려 전쟁 증후군

1400여 년 전 중국 농민들은 "요동遼東에 가서 억울하게 죽지 말자"라는 노래를 불렀다.

612년 가을 파죽지세로 진군해왔던 수나라 30만 군대가 고구려의 수도 평양에서 북쪽으로 30리 떨어진 곳에 진을 쳤다. 진군해오는 동안 고구려군의 저항은 미미한 수준이었다. 수군에게 평양성이 바라다보이는 그곳은 '희망봉'과 다름없었다. 고구려군은 전국에 산재한 산성에 흩어져 있었고, 수나라 30만 대군은 조금만 더 진군하면 그들에 비해 소수 병력이 지키고 있는 평양성을 함락시킬 기세였다.

수나라 군대를 이끄는 지휘관들은 300년간 분열됐던 중국을 하나로 통합시킨 백전노장들이었다. 전쟁이 일상화된 상황에서 전쟁에 참여하는 인간이 가질 수 있는 유일한 즐거움은 약탈이었다. 약탈은 생존자에게 주어지는 최상의 물리적 보상이었다. 그들은 고구려 왕의 화려한 궁정과 귀족들의 대저택을 사냥감으로 생각했다. 맹수처럼 그곳을 향해 달릴 준비가 되어 있었다. "원하는 대로 가져라!" "두 팔 가득 보물을 빼앗고, 가능하다면 후궁으로 달려가 미녀를 안고 싶다."

21

612년 고구려군이 살수에서 수나라군을
대파하는 장면을 그린 기록화.

하지만 급보가 도착하자 모든 꿈이 깨졌다. 그들에게 지급될 식량과 군수품을 적재한 수나라 보급선단이 대동강 어귀에서 고구려군에게 저지됐다는 소식이었다. 그 선단을 맡은 내호아來護兒는 평양성으로 접근하다가 고구려 왕의 동생 건무建武(훗날의 영류왕)의 작전에 걸려들어 수많은 사상자를 남기고 해안으로 물러났다는 것이다.

음식은 금방 바닥났다. 수나라 병사들은 허기를 느끼기 시작했고, 평양성의 방어도 철통같이 견고해 보였다. 상륙한 수군과 육군이 합류해 이제 막 평양성을 공격하려는 순간에 상황이 갑자기 꼬여버렸다. 먹지 않고는 싸울 수가 없었던 것이다.

수군 진영에 고구려 사신이 찾아왔다. 군대를 철수하면 고구려 왕이 친히 요동에 있는 수 양제에게 가서 항복을 하겠다는 전갈이었다. 후퇴의 명분을 주는 것이었지만 이것은 물론 적을 속이는 '계計'였다. 말처럼 고이 보내줄 고구려가 아니었다. 을지문덕乙支文德은 청천강(살수)에서 수나라 군대를 섬멸하겠다는 작전을 이미 세워놓은 상태였다.

식량이 떨어져 이미 사기와 체력이 모두 고갈된 상태에서 수군의 장수들은 철수를 결정할 수밖에 없었다. 적진에서 물러나기 위해 청천강 남쪽에 30만 명의 수나라 군대가 모여 있었다. 강가의 모래사장은 매우 넓었지만 수많은 인파로 오히려 좁아 보였고, 병사들은 계속 밀려들고 있었다. 초췌해진 그들은 비까지 맞았다. 굶주림과 피로에 찌든 그들은 하루라도 빨리 지긋지긋한 고구려 땅을 벗어나려고 했다. 그들은 체력적으로 심각하게 고갈돼 있었고, 정신적으로 극한 상태에 빠져 있었다.

평양에서 청천강까지 오는 동안 밤마다 습격을 당했다. 고구려 땅의 대부분은 산과 협곡이 차지한다. 평원이 끝없이 펼쳐진 나라의 30만 대군은 협곡의 소로로 요새화된 적진에서 그 위력을 급격히 잃어버렸다. 고구려군이 산등성이에 숨어 활을 쏘는 바람에 병사들은 하나둘씩

23

죽어갔다. 굽은 길을 돌고 고개를 넘으려고 할 때마다 고구려군이 공격해 올지 몰라 공포에 떨었다. 북경에서 평양까지 2000리를 행군하고 돌아선 그들은 거지 떼나 다름없었다. 땀에 젖은 더러운 군복은 너덜너덜했다.

수나라 군대가 청천강을 반쯤 건너갔을 때였다. 강줄기가 군을 정확히 양분했을 때 고구려군이 대규모로 급습해왔다. 『손자병법』「구지九地」편에는 전쟁의 승패를 가름하는 아홉 지형이 나온다. '산지散地'는 흩어져 도망가기 쉬운 지역이고, '쟁지爭地'는 양측 가운데 어느 쪽이 점령해도 유리한 지역이다. '비지圮地'는 움푹 꺼진 땅이고 '위지圍地'는 사방에서 포위하기 쉬운 땅이다. 손자가 거론한 땅의 형세 중 마지막은 '사지死地'로, 꽉 막혀 죽을 수밖에 없는 땅이다. 고구려의 거짓 화친을 믿고 지형을 살피지 않은 수군은 그야말로 '사지'에 빠진 형국이었다. 아무리 수나라 대군이라도 사방이 꽉 막힌 곳에서는 전혀 저항할 수 없었다. 지휘관들과 자신의 동료 절반 이상이 이미 강을 건넌 상황에서 남은 군사들은 어떻게든 강을 건너려는 생각뿐이었다.

"적군이다!" 하는 외침과 함께 15만의 군대가 일제히 강을 향해 달렸다. 그 와중에 많은 사람이 넘어졌고, 그 위를 수만의 병사가 밟고 지나갔다. 계급이란 것도 없어졌다. 위엄 있던 장군도 충성스러웠던 병사도 필사적으로 강을 건너려는 일념밖에 없었다.

강물이 수나라 군사로 가득 찼다. 수영도 거의 불가능했다. 옷은 물이 스며들면서 무거워졌고, 힘이 빠져 익사자가 속출했다. 살고 싶은 욕망에 동료들의 다리를 잡았다. 강에 들어가지 못한 병사들은 고구려 기병의 공격에 희생됐다.

앞서 강을 건너간 15만은 자신의 동료들을 구하려 하지 않았다. 갈길이 아직 멀었다. 청천강보다 훨씬 넓은 압록강과 그 너머에 고구려의 산성들이 빽빽한 그물망처럼 펼쳐져 있었다. 군대는 급속히 와해됐다.

지휘관의 명령과 통제도 듣지 않았다. 장군도 병사도 뛰기 시작했다. 고구려군은 도망자들을 사냥했다. 수나라 병사들은 들판에서 속절없이 죽어갔다.

요하遼河를 무사히 건너간 생존자들도 있었다. 30만5000명 가운데 2700명이 살아 돌아왔다. 지옥에서 돌아온 병사들은 돌아오지 못한 자의 가족들에게 고구려에서의 비극을 알렸고, 공포의 씨앗을 수나라 전국에 뿌렸다. "우리 병사들의 시체가 청천강에서 요하까지 깔려 있습니다."

생존한 수나라 장군의 '고구려 탈출기'가 『수서隋書』「설세웅전薛世雄傳」에 남아 있다.

"백석산白石山이란 곳에서 고구려군에게 겹겹이 포위됐다. 고구려군은 활을 쏘아댔다. 포위망에 갇힌 상황에서 수나라 군대는 비 오듯 쏟아지는 화살을 맞고 죽어갔다. 전멸 위기에 봉착한 설세웅은 기병 200명과 함께 포위망을 뚫고 겨우 빠져나왔다."

수 양제는 3차에 걸친 고구려 침공을 위해 많은 병사를 징집했고, 그 과정에서 병역 기피자도 수없이 발생했다. 굶주림과 조세 수탈에 지쳐버린 백성들 가운데 도적 떼로 변한 자들도 있었다. 산동 추평鄒平의 농민 왕박王薄의 봉기가 도화선이 돼 농민반란은 전국으로 확대됐다. 왕박은 타이산泰山(태산)의 지맥인 장백산長白山에 숨어 "요동에 가서 억울하게 죽지 말자"라는 노래를 퍼뜨려 군역에서 도망하는 사람들을 포섭했다.

살수대첩 이후 중국인들에게 고구려는 세상의 끝이요, 살아서 돌아올 수 없는 곳이 되었다. 양현감楊玄感이란 인물은 "(양제가) 천하의 사대부를 절역絶域의 땅(고구려)으로 내몰았다"(『수서』「유원전」)고 비판하면서 반란을 선동하기도 했다.

허청웨이가 쓴 『중국을 말한다』에 따르면 당시 수나라 인구는 약 4600만 명으로 집계된다. 그 가운데 청장년층 30만2300명이 단 몇 달

25

사이에 고구려에서 전사했다. 이렇게 짧은 시간에 그토록 많은 사람이 한꺼번에 전몰한 사건은 전근대 역사를 통틀어 존재하지 않았다. 세계 최대 제국 수를 붕괴시킬 만한 충격이었다.

수많은 중국인이 수 양제의 연이은 고구려 침공 계획에 대해 불안하다 못해 '노이로제 증세'를 보였다. 3차 고구려 침공이 실패로 끝난 다음해인 615년, 북방 지역을 순행하던 양제가 대주代州(지금의 산시 성 다이代현) 소재 안문군성雁門郡城에서 수를 침입해온 돌궐기병 수십만 명에게 포위당하는 사건이 발생했다.

민부상서民部尙書 번자개樊子蓋 이하 여러 신하는 양제에게 고구려 정벌 중지를 강력하게 건의했다.

"폐하께서 또다시 요동(고구려)을 정벌하지 않는다는 유시諭示를 내림과 동시에 (사졸들에게) 후히 상을 내린다면 무엇이 걱정이겠습니까? 장사들의 마음은 폐하가 돌궐突厥의 환란을 벗어나면 다시 고구려 정벌을 갈까봐 두려워하고 있으니, 고구려 (정벌을) 중지하고 오로지 돌궐 토벌에 전념할 것을 약속한다면 군사들이 모두 마음이 안정돼 스스로 싸우고자 할 것입니다."(『자치통감』「대업大業」11년 8월 조)

사정이 절박했던 양제는 그 말에 따랐다. 중국인들은 막강한 유목제국 돌궐보다 고구려를 더 무서워하고 있었다. 전군에 만연해 있던 '고구려전쟁 증후군'을 극명하게 보여주는 예다.

2

고구려는
이간질을 하고,
수는
전쟁을 준비하다

돌궐을 둘러싼 외교전

612년 수나라의 황제 양광은 고구려를 '악의 축'으로 몰고 선전포고를 했다. "고구려는 일찍이 나의 관대함을 무시하고 오히려 '악'을 쌓았다." 고구려로 향하는 수나라 군대는 거대했다. 당시 수나라 병력은 "모두 113만3800명이었는데 이를 200만 명이라 일컬었으며, 군량을 나르는 자가 (전투 병력보다) 두 배 많았다."(『삼국사기』) 양제는 고구려를 침공하는 데 이렇게 많은 군대의 동원을 원하지 않았다. 그는 두뇌가 명석한 사람이었고, 수적 우위라는 가장 비효율적이고 값비싼 전력 승수에 목을 매고 싶지 않았다. 이건 뭔가 잘못된 것이다. 사건의 발단은 607년으로 거슬러 올라간다.

607년 8월 북방 초원에 가을이 왔다. 양제는 선물을 갖고 돌궐 계민 칸可汗의 천막 궁정으로 찾아갔다. 그건 답방이었다. 그해 초 양제는 유림楡林에서 변경전략가 배구裴矩가 포섭한 동돌궐의 계민 칸으로부터 충성의 서약을 받았다.

첫 만남에서 계민 칸을 애타게 기다리던 이야기는 양제의 시 「음마장성굴행飮馬長城窟行」에도 나온다. "장성의 병사에게 물으니 계민 칸이 들

어왔다고 한다. 탁한 기운은 천산에 가라앉고 새벽의 빛은 오르도스(내
몽골 자치구)를 비춘다." 계민 칸을 곧 만날 수 있다는 소식은 탁한 공기
가 금방 맑아진 것 같고, 새벽빛이 땅을 비추는 것처럼 기쁜 일이었다.
양제로서는 북변이 안정되니 이제야 안심할 수 있게 된 것이다.

하지만 계민 칸의 궁정에 도착했을 때 분위기가 험악해졌다. 적국
고구려 사신이 먼저 도착해 있었기 때문이다. 양제는 그가 자신의 후궁
을 침범한 사내라도 되는 듯이 노려보았다. 이 고구려 사신은 평양성에
서 1500킬로미터나 떨어진 이곳에 자신보다 먼저 와서 계민 칸과 사사
로이 통하려 한 것이다.

예전부터 수나라의 영토를 유린해왔고, 북방 초원에까지 촉수를
뻗치고 있는 고구려는 양제에게 치욕감을 주는 존재였다. 수 제국을
능멸하고도 무사한 나라는 고구려밖에 없었다. 9년 전인 598년 아버지
문제가 고구려를 치려다 턱없이 실패했기 때문에 그의 심사는 더욱 불
편했다.

과거 돌궐은 수 왕조의 목을 쥐고 있던 무서운 존재였다. 수의 모체
였던 북주北周가 북제北齊를 통합하기 이전부터 그러했다. 초원을 통일한
돌궐은 북주의 북제 공격을 지원하기도 했다. 돌궐 목간木杆 칸 치세에
북주는 매년 10만 필의 비단을 상납했다. 북제 역시 그러했다. 양국은
돌궐이 상대 국가를 지원할까 항상 두려워했다. 돌궐의 칸은 두 나라로
부터 갈취한 비단을 페르시아와 동로마제국에 판매해 막대한 이익을 얻
었다. "나의 남쪽 두 아들이 효순하니 어찌 빈곤함을 걱정하겠는가!"

582년 사발략沙鉢略 칸을 비롯한 5명의 칸이 이끄는 40만의 돌궐 기
병이 수나라를 침공했다. 그해 10월엔 황태자 양용楊勇이 함양咸陽에 군
대를 주둔시켜 대비할 정도로 전황이 불리해졌다. 12월 홍화에서 방어
하던 수나라의 부장 달계장유達溪長儒가 패하고 난주蘭州(지금의 간쑤 성 란저
우)도 함락돼 심한 약탈을 당했다. 수나라는 엄청난 타격을 받았고 수도

28

권에까지 위협이 느껴졌다.

하지만 교활한 문제가 돌궐에 분열 공작을 획책했다. 내분의 불씨에 기름을 부어 그들을 끊임없이 싸우게 만들었다. 문제에게는 장손성長孫晟이라는 초원 전문가가 있었다. 그는 유목민들의 분열과 반목을 조장하는 공작을 수행했다. 583년 돌궐은 수를 침공하다가 역전패를 당한 상황에서 천재지변까지 일어나는 바람에 경제적으로 몹시 곤궁해졌다. 돌궐의 여러 칸은 극도로 이기적으로 변했다. 칸 휘하에 제후들이 할거했고, 각기 독립적인 기병을 소유하고 있었다. 그들은 이익이 되는 약탈 전쟁에는 화합했지만 언제나 서로를 시기했다.

서돌궐의 달두達頭 칸이 동돌궐의 칸과 결별하고 스스로 칸을 칭했다. 장손성은 돌궐 상층부를 붕괴시킬 수 있는 절호의 기회가 왔다고 판단했다. 583년 수는 서돌궐의 달두 칸에게 지원을 약속했다. 이로써 돌궐이 동서로 분열됐고 향후 둘은 적대적인 관계를 지속했다.

나아가 장손성은 동돌궐 내부의 분열을 부추겼다. 동돌궐의 사발략 칸은 사촌인 엄라, 대라편大邏便과 몽골 고원을 두고 다툼을 벌였다. 사발략이 승리했다. 장손성은 그들을 둘러싼 칸과 주변 족속들에게 공작을 벌였다. 그 결과 사발략은 서쪽에서 서돌궐의 달두 칸과 동쪽에서 거란의 협공을 당했다. 이러한 상황에서 장손성은 사발략이 급격히 약해지는 것은 수나라에 도움이 되지 않는다고 황제에게 조언했다. 문제는 585년 방향을 완전히 바꾸어 서돌궐에 맞서 힘겹게 싸우던 사발략을 지원했다.

사발략을 계승한 동생 막하莫何가 죽고 그를 이은 도람都藍에게 계민 칸이 반란을 일으켰다. 도람은 599년 계민을 몰아냈지만, 수나라는 그를 환대하고 오르도스 지역에 땅을 주어 번병藩兵으로 삼았다. 602년 서돌궐의 달두 칸이 중국의 보호를 받던 계민 칸을 공격하자, 수나라는 준가리아에 있는 돌궐계 유목민인 철륵鐵勒에 공작을 폈다.

철륵의 수많은 부족이 달두 칸에게 반기를 들었다. 달두는 모든 것을 잃고 도주하다 토욕혼吐谷渾에서 화병으로 죽었다. 수는 끊임없이 분열을 조장해 페르시아와 동로마제국을 떨게 했고 수나라의 수도를 위협할 만큼 강력했던 돌궐을 끊임없이 약화시켰다.

양제가 초원에 행차한 시기는 계민 칸이 수나라의 원조를 받아 그의 동포들을 제압하고 초원을 어느 정도 장악한 때였다. 그런데 수가 힘들게 복속시킨 칸에게 고구려 사신이 찾아와 이간질하는 현장을 목격한 것이다. 수나라의 배구는 양제의 말을 고구려 측에 전했다. "돌아가거든 너희 고구려 왕에게 직접 수 조정에 와서 신하의 예의를 표하라고 전하라. 그렇게 하지 않으면, 돌궐 기병을 동원해 고구려를 징벌하겠다."

견문이 넓었던 배구는 초원의 긴장과 분쟁에 대해 매우 소상히 알고 있었다. 하지만 고구려에 대해서는 완전히 무지했다. 철저히 장막에 가려진 나라였다. 고구려는 수나라의 분열 공작이 통하기는커녕 그것을 획책하기 위한 접근도 힘든 나라였다.

609년 계민 칸이 중국에 조공을 바치러 갔다가 낙양에서 죽었다. 그의 아들 시필始畢 칸이 즉위했다. 수나라의 침공이 확실해진 시기에 고구려에 기회가 왔다. 아들은 아버지보다 수나라 황제에 대한 충성심이 약했다. 수나라가 돌궐 기병을 대거 동원한다면 치명적이다. 고구려는 그것을 어떻게든 막아야 했다.

고구려의 산성들은 바둑판의 바둑알처럼 서로 지원하며 유지된다. 방어력이 뛰어나지만 돌궐 기병이 산성과 산성 사이의 평지에서 고구려 지원군을 단절하면 성은 각기 고립된다. 산성전 이전에 치열한 기병전이 펼쳐지는 것도 이 때문이다. 농성籠城(성을 지킴)이란 외부의 지원을 전제로 전개된다. 하지만 완전히 고립된 성의 함락은 시간문제가 아닌가. 고구려는 젊은 시필 칸에게 사절을 보냈고, 과거 수나라가 자행한 돌궐 분열 정책에 대해 충분히 상기시켜줬다.

수나라 초대 황제인 문제의 초상.

고구려를 침략한 당사자인 양제의 초상.

고구려 사신은 시필 칸에게 결정적인 충고도 했다. "수나라가 당신의 동생을 또 다른 칸으로 세워 경쟁시키려고 합니다." 적의를 갖게 된 시필 칸은 곧바로 수나라와의 의례적 관계를 청산했다.

양제는 빠르고 기동성이 뛰어나며 보급을 자급자족하는 동돌궐의 유목민 기병을 고구려 침공에 동원하려고 했다. 하지만 이는 고구려의 공작으로 무산됐다. 고구려에 대한 징벌은 오직 수나라 혼자만이 걸머지는 운명이 되어갔다. 이는 심각한 결과를 낳았다.

수는 엄청난 보급품을 소비하는 농경민 출신 전사들을 동원해야 했다. 100만 이상에 달하는 군대를 먹이기 위해서는 많은 식량이 필요했다. 식량을 운반하기 위해 엄청난 수의 사람과 짐승이 동원됐고, 이들 역시 무수히 많은 식량을 축냈다. 보급이 보급을 낳는 악순환이었다.

3

고구려의 획책에
수나라는
노심초사하다

피할 수 없었던
전쟁

수 양제는 고민에 빠졌다. 고구려 침공을 목전에 둔 609년 그에게 우호
적이었던 동돌궐의 계민 칸이 죽었다. 계민 칸의 아들 시필 칸은 군사
지원 요청에 아무런 대답을 하지 않았고, 의례적 관계도 거부했다. 양제
는 돌궐에 어떠한 조치도 취하지 못했다. 조금만 위협을 가하면 그들이
고구려와 손을 잡을 것 같았다.

　만일 고구려와 전쟁하는 와중에 시필 칸이 수나라의 수도권을 위
협하면 치명적이다. 이러한 양제의 우려에는 이유가 있었다. 598년 부친
의 고구려 침공이 실패했다. 수나라의 발목을 잡은 것은 요하의 홍수와
황해의 풍랑만이 아니었다. 돌궐이란 요인이 더 크게 작용했다. 『수서』
「양소전楊素傳」을 통해 짐작할 수 있듯이 그해 고구려의 책동에 넘어간
돌궐이 수나라의 북쪽을 침공했던 것이다. 고구려 침공에 종군했던 한
왕漢王 양량諒을 비롯해 고경高熲·두언杜彦 등 거물급 지휘관들은 초원으로
돌아가 돌궐과 싸워야 했다.

　유목민들을 동원하지 않는 이상 고구려 침공에는 비대한 보급부대
로 경제적 소모가 심각하고 전투력이 낮은 농경민 병력을 동원할 수밖

33

에 없었다. 그 경우 자칫하다가는 병력만 지나치게 많아서 자기 진용 안에서 통제하고 관리하는 일부터 곤란해질 테고, 바로 이 점이 전장에서 큰 약점으로 작용할 것이다.

611년 양제의 우려는 현실이 되고 있었다. 중국 전역에 걸쳐 강제적인 징집이 단행됐다. 낙양과 지금의 베이징 부근에 있던 탁군涿郡을 연결하는 운하인 영제거永濟渠는 그 무렵 오로지 고구려 침공을 위해 준공된 것이었다. 운하에 배를 띄워 1000리를 메웠으며, 산더미 같은 물자와 상상치도 못할 병력이 탁군에 집결됐다. 도로는 밤낮을 가리지 않고 수십 만의 사람들로 가득 차 있었다. 이 괴로운 행렬에서 지쳐 쓰러져 죽는 자가 속출했고, 송장 썩는 냄새가 길거리에 진동했다.

산둥과 하남에 큰 홍수가 났고, 지주산砥柱山이 무너져 황하가 10리나 역류해 30여 개의 군이 수몰됐다. 일손을 잃어버린 농촌은 황폐해졌다. 관리들은 냉혹하게 백성들을 쥐어짰다. 백성들은 굶주림과 조세수탈에 지쳐버렸다. 곡식 값이 폭등했다. 그래도 수나라는 그것을 감당할 수 있는 재력이 있었다. 하지만 병사들의 어깨를 짓누르는 하중은 어찌할 수 없었다.

『자치통감』에 따르면 당시 수나라 병사들은 요하를 건너기 직전에 100일분의 식량과 갑옷, 무기, 옷감, 야영도구를 지급받았다. 1인당 3석의 무게였다. 식량을 버리면 처형된다는 명령을 받았지만 전부 가져갈 수는 없었다. 병사들은 장막을 치고 그것을 땅에 묻었다.

노회한 고구려와의 전쟁은 난관이 많은 위험한 일이었다. 양제도 이 전쟁을 피하고 싶었을지 모른다. 하지만 그렇게 할 수 없었다. 세 가지의 필연적인 이유가 있었다.

첫째, 고구려가 끊임없이 돌궐에 접근해 이간질할 뿐만 아니라 수나라 내부의 정보를 캐내고 있었다. 『자치통감』에 따르면 수나라 건국 중신들은 고구려가 접근한 계민 칸이 수나라에 대해 지나치게 많은 정보

돌궐의 본거지인 몽골 초원에서 말들이 이동하고 있다.
수나라는 돌궐의 군사력을 이용하려 했지만
고구려는 노련한 외교로 수나라의 기도를 막았다.

를 가지고 있다고 우려했다.

양제에게도 적발될 정도로 고구려의 사절과 상단은 초원을 자주 왕래했다. 『수서』 605년의 기록을 보면 고구려가 북방 돌궐 제국과 지속적인 대규모 교역을 한 증거가 포착된다. 상단은 수만에 이르는 규모였다. 고구려는 돌궐인들이 원하는 곡물 등 생필품을 주고, 말을 포함한 가축을 받았다. 돌궐의 칸들은 고구려를 무시할 수 없었다. 계민 칸은 자신의 궁정에 양제가 행차한다는 소식을 듣고도 마침 찾아온 고구려 사신을 결코 홀대하지 않았다. 유목민들은 곡물 없이 겨울을 넘기기가 힘들다. 그러니 초원에 곡물을 정기적으로 운반하는 고구려의 영향력이 증대할 수밖에 없었고, 수나라에 대한 고구려의 정보는 축적돼갔다.

둘째, 고구려 기병이 수의 영토를 국지적으로 침공했다. 수나라가 고구려 휘하의 거란·말갈족을 끊임없이 유혹했기 때문이다. 고구려의 전마와 기병자원의 원천인 이들의 이탈은 고구려에 치명적인 결과를 낳을 터였다. 거란인들의 이동 물결은 584년에서 599년까지 지속됐다. 수는 거란의 추장들에게 대규모 물량공세를 취했다. 돌궐의 지배 아래 있던 거란의 별부別部 4000여 가와 고구려 휘하에 있던 거란의 출복부出伏部 외에 여러 부족도 여기에 동참했다.

수는 그들에게 영주營州(지금의 중국 랴오닝 성 차오양) 북방의 초원을 줬고, 시장을 개설해 자유로운 교역도 허락했다. 거란에 대한 돌궐과 고구려의 영향력을 약화시키고, 수 왕조의 적들에 대한 대리 공격을 감행할 용병으로 그들을 이용하고자 했다. 수는 말갈족에게도 유혹의 손짓을 했다. 586년에서 600년 사이 돌지계의 8부가 수에 투항했다. 영주의 유성柳城에 자리를 잡은 그들은 수나라 휘하의 기병으로 배속됐다.

하지만 고구려는 수의 포섭 정책에 찬물을 끼얹었다. 598년 고구려 휘하의 말갈 기병 1만이 요하를 넘어 공격을 가했다. 당시 양제는 "고구려가 거란의 무리들과 함께 바다의 수나라 경계병들을 죽이고, 말갈을 이끌고 요서를 침범했다"(『수서』)며 고구려를 비난하고 있다.

셋째, 무엇보다 가장 큰 문제는 고구려가 옛 북제 왕조, 즉 하북 지역 문제에 깊이 개입하고 있었다는 점이다. 수나라는 중국 서북 지역에 있던 북주의 후신이다. 북주는 577년 하북 지방에 중심을 둔 북제를 무너뜨리고 통일을 달성했다. 고구려와 인접한 북제 사람들은 북주와 그 후신인 수나라에 대한 반감이 컸다.

고구려는 북제 부흥운동의 주동자인 장군 고보령高寶寧에게 휘하의 말갈과 거란 병력을 제공했다. 577년에서 그 이듬해로 넘어갈 무렵 북주는 고구려의 적대적인 군사 원조에 보복을 가했다. 기록이 이를 증언한다. "후주(북주)의 무제武帝가 군사를 보내 요동을 치니 (고구려) 왕이 군사를 거느리고 나가 배산拜山 들 앞에서 맞아 싸울 때 온달溫達이 선봉장이 되어 날쌔게 싸워 수십 명을 베니 여러 군사가 승승장구하여 크게 이겼다."(『삼국사기』 「온달전」)

북주 무제의 손자 정제靜帝에게서 왕위를 탈취한 양씨의 수 왕조는 하북 지방에 고구려가 끼칠지도 모를 영향력을 두려워했다. 대부분의 고구려 간첩은 그곳에서 암약했고 정보를 수집해갔다. 고구려가 쇠뇌弩 만드는 기술자를 수나라 태부太府에서 빼올 수 있었던 것도 이러한 분위기와 무관하지 않다. "왕은 (우리 수나라에 대한) 불신감에 젖어 시기하고 의심하여 사신을 보낼 때마다 소식을 밀탐해갔다" "지난해 몰래 소인에게 뇌물을 주어 그를 움직여 사사로이 쇠뇌 제작자를 그대 나라로 빼갔소" "종종 기마병을 보내어 변경 사람을 살해하고, 여러 차례 간계를 부려 유언비어를 지어냈다"(『수서』 「고려전」)처럼 고구려 평원왕平原王을 비난하는 역사 기록이 보인다.

612년 수나라 군대가 요하를 넘었다. 황제가 모든 것을 직접 결정하는 수나라 행정체계의 허점을 잘 알고 있었던 고구려는 그것을 철저히 이용했다. 수나라 군대는 일일이 황제의 허락을 받고 움직였다. 요동성 공격이 실패한 것도 그 때문이었다. 고구려군은 불리해질 때마다 항복한다고 했고, 수나라군이 그 전갈을 황제에게 전하는 사이에 전열을 재정비하여 저항했다.

이는 압록강 앞에서도 반복됐다. 수나라의 정예병 30만이 평양으로 가기 위해 압록강에 집결했다. 그러자 고구려 장군 을지문덕이 직접 찾아와서 항복했다. 이 사실을 요하 부근에 있는 황제에게 전하고, 내린 명령을 압록강까지 가져와야 했다. 고구려의 항복 조건도 일일이 황제에게 보고해야 했고, 결정을 다시 전달해야 했다. 그러는 동안 수나라 병사들의 식량은 고갈돼갔다.

수나라 군대는 요하를 건너 고구려 땅으로 들어갔지만 결국 어떠한 성도 함락시키지 못했다. 무너뜨리지 못하고 지나친 수없이 많은 고구려 성 안에는 철군하는 그들을 도살할 사냥대가 조직되고 있었다.

4

고구려의
신라 포위 시도

618년 9월 고구려 영양왕嬰陽王이 죽었다. 중국을 통일한 수 제국에 정면
으로 맞선 그의 담대함은 불가사의할 정도다. 그는 일생을 수나라와의
끝없는 긴장과 전쟁 속에 보냈고, 결국 승리했다.

그는 사람을 잘 부렸다. 부하를 신임하고 전쟁터에서 전권을 위임했
다. 612년 명장 을지문덕이 역사 전면에 부상할 수 있었던 것도, 영양왕
의 동생이자 훗날 영류왕이 되는 건무가 대동강 어귀에 상륙한 수나라
보급선단을 격퇴할 수 있었던 것도 모두 그 때문이었다. 왕은 부하들이
제 역량을 최대한 발휘할 수 있는 환경을 제공했다.

무엇보다 그는 국제 정세 파악에 뛰어난 감각을 갖고 있었고, 해외
에 공작원들을 파견해 모든 상황을 고구려에 유리하게 만들었다. 그의
공작 반경은 거대했다. 평양을 중심으로 중국의 하북 지방은 물론이고
몽골, 백제, 일본 열도에까지 미쳤다. 그는 국익에 도움이 된다면 철천지
원수와도 손을 잡는 사람이었다.

한반도 동남부에 영양왕에 맞선 신라의 군주가 있었다. 『삼국사기』
에 다음과 같은 그의 행적이 기록돼 있다. 수나라가 중국을 통일하자 신

라 진평왕眞平王이 접근했다. 수 문제도 관심을 표명했다. 594년에 신라에 사신을 파견해 진평왕을 낙랑군공신라왕樂浪郡公新羅王으로 책봉했다. 608년에 진평왕은 수에 군사를 청하는 글을 올려 고구려 협공을 자원하고 나왔으며, 611년 수 양제가 고구려 원정을 단행하려 하자 진평왕도 참전 출사표를 냈다.

신라는 요동에 집중된 고구려의 병력을 남쪽으로 분산시켜 수나라의 고구려 공격을 돕고자 했다. 고구려가 세계제국 수와 국운을 건 결전을 앞둔 상황에서 신라가 고구려의 남쪽을 침공한다면 이는 매우 치명적인 장애물이 될 터였다. 영양왕은 이런 현안을 해결하기 위해 먼저 왜국에 접근했다.

595년 영양왕은 승려 혜자慧慈를 왜국에 파견했다. 혜자는 595년에서 615년까지 20년간 왜국에 머물면서 쇼토쿠聖德 태자의 스승으로 근시近侍했던 이름난 인물이다. 왜가 여섯 번에 걸쳐 견수사遣隋使를 파견한 것은 모두 혜자가 그곳에 있을 때의 일이다.

607년 왜의 사신이 수에 가져온 외교문서는 양제를 진노하게 했다. 그 첫 문장은 이러했다.

"해가 뜨는 곳의 천자가 해가 지는 곳의 천자에게."

이 외교문서는 혜자가 만든 것이다. 지리적으로, 왜인들 스스로 일본 열도를 해가 뜨는 곳이라 보기는 힘들다. 고구려의 위치에서 보아야 일본 열도에서 해가 뜨고, 중국에서 해가 진다. 이것이 말해주는 것은 혜자의 활약이다.

영양왕은 왜에 승려와 기술자를 보내는 등 경제·문화적 원조를 아끼지 않았다. "천황이 불상을 만든다는 말을 듣고 고구려의 대흥왕(영양왕)이 황금 300냥을 보내왔다"(『일본서기』「스이코 기」 13년[605])는 기록과 "고구려 왕은 승 담징曇徵과 법정法定을 보냈다. 담징은 오경五經을 풀이했다. 또 채색이나 종이·묵을 만들고 맷돌을 만들었다. (수력을 이용한) 절구를 만든 것은 이때가 처음이었을 것이다"(「스이코 기」 18년[610] 조)라는 기록도 보인다.

영양왕은 왜국에 황금 300냥을 보냈을 뿐만 아니라 호류 사法隆寺에 위대한 작품을 남긴 담징 등의 승려·기술자·화가 등을 왜에 파견했다. 고구려의 막대한 원조는 왜국이 규슈에 병력을 집중시켜 신라에 군사적 압력을 가하게 하는 직접적인 동력원이었다. 왜국은 591~595년에 2만 5000명의 군대를 규슈의 쓰쿠시筑紫(후쿠오카)에 파견했다. 600년에 가서는 왜군 1만이 신라의 5개 성을 직접 공격하기까지 했다. 이듬해에 왜국에서 다시 신라 침공에 대한 논의가 있었고 실행 준비에 들어갔다. 602년에 병력 2만 5000명을 규슈에 집결시켰다.

규슈에 2만 5000명의 왜군이 주둔해 있다는 것은 무엇을 의미하겠는가. 신라 병력 중 상당수는 남쪽에 묶였고, 군대를 북쪽 고구려와의 국경으로 돌리는 데 제약을 받았다. 고구려는 백제에 접근해 이러한 상황을 알리면서, 왜가 남쪽에서 신라의 발목을 잡고 있는 사이에 양면 공격을 하자고 제안했다. 백제는 긍정적이었다.

고구려는 백제와 손을 잡았고, 신라는 양면 공격에 끊임없이 시달렸다. 602년 백제가 먼저 신라를 공격했다. 남원에서 지리산을 넘어가는 길목인, 현재의 남원 운봉면의 아막성阿莫城에서 치열한 전투가 있었다.

백제의 아막성 공격은 참패로 끝났지만 40년 후 지리산을 넘어 그 운명의 대야성大耶城(합천)을 차지하기 위한 첫 단추였다. 신라는 지리산 방어를 강화해야 했다. 하지만 고구려가 그것을 허용하지 않았다. 이듬해인 603년에 고구려가 신라의 서북방 중요 군사거점인 북한산성을 공격했다. 성은 고구려군에게 포위됐고 함락은 시간문제였다.

진평왕은 무리를 해서라도 북한산성을 직접 구원하기로 했다. 진평왕이 당도하자 북한산성의 신라 병사들은 사기가 올라 북을 치고 소리를 질렀다. 숫제 성문을 열고 나올 기세였다. 고구려 장군 고승高勝은 철

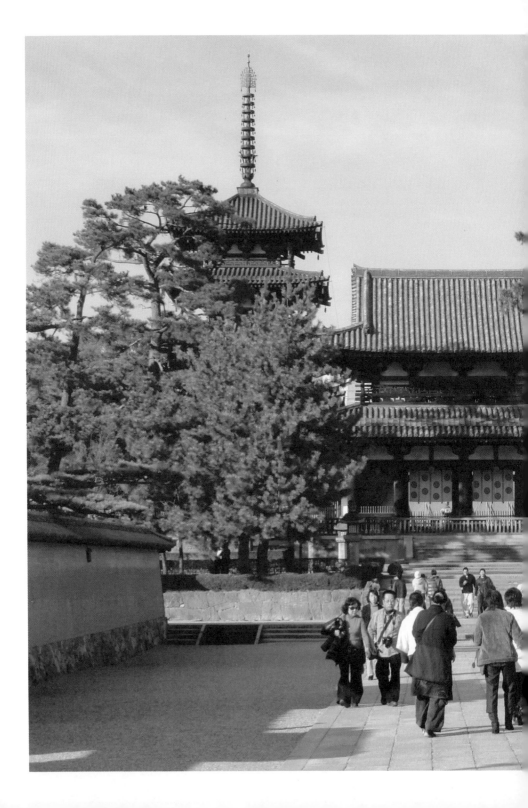

일본 나라에 있는 호류 사의 모습.
호류 사의 벽화를 그린 담징은 고구려의 승려였다.
고구려는 전문 인력과 기술 원조를 통해
왜를 신라 포위망에 끌어들였다.

군 명령을 내렸다.

608년 2월 영양왕은 다시 신라 침공 명령을 내렸다. 고구려 군대는 신라의 북쪽 변방을 습격해 신라인 8000명을 사로잡아 왔고, 4월 우명산성牛鳴山城을 함락시켰다. 수와의 일대 결전을 앞두고 고구려의 병력이 요동에 집중된 611년, 백제가 무주茂朱 나제통문 부근의 신라 가잠성假岑城을 공격했다. 성이 함락되고 많은 사람이 죽거나 포로가 됐다. 끝까지 저항하던 현령 찬덕은 홰나무에 머리를 받아 자살했다. 이로써 소백산맥을 넘는 중요한 통로 하나를 백제가 장악했다.

612년 수나라군 30만이 전멸하면서 양제의 1차 고구려 침공은 실패로 돌아갔다. 613년 2차 침공은 수나라 후방에서 일어난 양현감의 반란으로 무산됐고, 3차 침공도 불발됐다. 세계 최강이라 여겨졌던 수나라 군대가 고구려군에 대패한 사건은 예상치 못한 결과였다.

고구려·백제·왜 삼국에 포위당한 상황에서 동맹국 수의 패배는 신라인들의 마음에 그늘을 드리웠다. 수의 무능이 폭로되고 고구려의 막강함이 드러났다. 진평왕은 의식儀式을 통해 백성들의 살인적인 중압감을 덜어줘야 했다.

613년 7월에 수나라 사신 왕세의王世儀가 신라 왕경에 도착하자 진평왕은 황룡사에서 백고좌회百高座會를 열었다. 전국의 고승들이 모여든 사찰 내부에 백향이 진동하고 인왕경仁王經 외는 소리가 울려 퍼졌다. 100명의 승려들이 사자좌獅子座에 앉아 있었다. 천상의 소리인 듯 범종이 장엄하게 울렸고, 사원의 모든 악기가 일제히 소리를 냈다. 화려한 휘장이 높이 쳐진 가운데 염불 외는 소리가 파도처럼 끊일 줄 모르고 울려 퍼졌다.

숭불의 소리가 고난 받는 백성의 마음에 희망을 던져줬을까. 의례는 실제적 작용보다는 기대를 갖게 만드는 마법이다. 진평왕은 주술과 의례를 통해 백성을 달래면서 그들을 전쟁에 효과적으로 동원했다.

하지만 진평왕은 고구려 영양왕이 만들어놓은 대對 신라 포위망에서 결코 빠져나오지 못했다. 진평왕의 생애는 마지막 나날까지 전쟁에 바쳐졌고, 포위망은 그의 딸 덕만德曼(선덕여왕)에게 대물림됐다.

고구려의 신라 포위 시도

5

고구려 침공에
실패한 수나라
나락에 빠지다

당 태종의 등장

615년 8월 15일 하늘이 높고 푸른 가을 날씨였다. 가을 햇살을 등지고 수만 명의 사람이 안문군성으로 벌떼같이 내닫기 시작했다. 먼지가 거대하게 피어나는 무질서한 행렬에 수 양제도 끼어 있었다. 돌궐이 쳐들어온다는 소문이 퍼졌다. 그 진원지는 시필 칸에게 시집간 의성공주였다. 그녀는 칸이 대주 지역에 순행을 나온 양제의 행렬을 공격할 것이라는 정보를 입수하고 친정을 위해 밀고했다.

하지만 밀고는 칸의 계책에 역이용당한 것이다. 수많은 백성은 성 안에 비축된 식량을 축낸다. 그래서 유목민들은 언제나 적국 백성들을 성에 힘껏 밀어 넣는다.

"성 안에 있는 군사와 백성들이 15만 명인데 식량은 겨우 20일을 지탱할 수 있었다. 화살이 황제 앞에 이르니 그가 크게 두려워해 조왕趙王 양고楊杲를 부여잡고 울어 눈이 통통 부었다."(『자치통감』)

수의 3차에 걸친 고구려 침공은 완전히 실패했다. 과도한 징발과 착취는 전국적인 반란을 불렀고, 이제 누구도 손을 쓸 수 없는 지경이었다. 그런데다 돌궐의 칸이 양제의 일행을 포위했다. 고구려와 동돌궐이 손을 잡았다는 것이 확실해졌다. 황제는 고구려 침공 계획을 중지할 것을 약속하고 전국에 모병을 호소했다. 고구려 노이로제에 걸려 있던 사람들은 이것이 마지막이라는 희망과 함께 각지에서 다투어 모병에 응했다. 군사들이 몰려오자 칸은 포위를 풀었다.

당시 18세였던 이세민李世民(당 태종)도 모병에 응한 한 사람이었다. 그는 고구려와의 전쟁이 수나라를 어떻게 망쳐놓았는지, 고구려가 돌궐을 충동해 중국을 어떻게 벼랑으로 몰아가고 있는지 현장에서 생생하고 자세하게 보았다. 성장기의 어린 나무처럼 예민한 감수성에 새겨진 체험은 평생 지울 수 없는 것이다. 이세민은 이때의 체험을 평생의 과제로 짊어지고 갔다. 그도 30년 후 고구려와의 싸움에서 패했고 병을 얻었으며, 병사할 때까지 고구려 정복을 포기하지 못했다. 이 점에서 그는 양제와 다를 것이 없었다.

당시 이세민의 아버지 이연李淵(당 고조)은 병주幷州의 태원太原 지방 유수留守를 맡고 있었다. 병주는 지금의 타이위안 부근으로, 북쪽으로 돌궐과 인접하고 남쪽은 장안과 낙양에 연결되는 군사상 요충지였다. 이연은 돌궐과 싸워 패배만 거듭했다. 황제가 책임을 물어 극형을 당할 수도 있었다. 617년 차남 이세민의 강권을 받은 이연은 수에 반란을 일으켰다. 그는 이세민의 눈부신 활약으로 수많은 전투에서 승리했고, 11월 장안에 입성했다.

장안은 북위北魏 이래로 유목민 방어를 전담했던 무천진武川鎭 군벌의 오랜 본거지였다. 수 왕조에 불만을 품어온 그들은 무천진 군벌 가문 가운데서도 지체가 높은 가문의 수장인 이연이 들어오자 환영했고, 그에게 장안을 다시 천하의 중심으로 만들 희망을 걸었다. 이연은 국호를 당唐이라 했다. 하지만 장안을 점령하고 있었다고는 해도, 그 역시 당시에는 수많은 군웅 중 하나에 불과했다.

618년 양제가 목욕탕에서 우문화급宇文化及에게 살해되자 수나라는

중국 시안 외곽 100킬로미터 지점에
위치한 파먼 사法門寺.
부처의 엄지손가락 사리가
모셔져 있는 진신보탑이 우뚝 솟아 있다.
618년 설인고를 격파한 이세민이
장안으로 돌아가는 길에 파먼 사에 들렀다.
그는 파먼사 동쪽 무공武功 현에서 태어났다.
어린 이세민이 아프면 아버지가 파먼 사에서
아들의 쾌유를 빌었다.
그것을 기억하고 있던 이세민은
자신의 생명을 이어준 부처에게 재배하고
중원의 통일을 염원했다.

끝이 보이지 않는 내란으로 해체 수순을 밟고 있었다. 군웅할거 상태였다. 장안의 서북방에는 이궤李軌, 설거薛擧, 양사도梁師道가 있었다. 산시의 유무주劉武周는 쉴 새 없이 태원을 위협했으며, 하북 평야에는 두건덕寶建德이 하夏나라를 세우고 있었다. 강남江南에는 남조 양梁 왕실 계열의 소선蕭銑과 북방에서 이동한 두복위杜伏威와 보공석輔公祏이 세력을 떨치고 있었다. 그리고 동부 낙양에는 옛 수나라의 관료인 왕세충王世充이 정鄭나라를 세워 견고한 도성을 단단히 지키고 있었다.

새로 건국된 당에 최대의 위협은 금성金城에 본거지를 둔 설거였다. 본래 금성은 토번족의 침공에 대비한 방어기지였다. 그곳에 배치되어 있던 다수의 정예병이 설거의 부하가 되어 전력이 매우 강성했다. 한때 설거가 그의 아들 설인고薛仁杲를 장안 가까이까지 보내 공격한 적이 있었다. 이때 이세민이 분전해 이를 크게 격파하고 패퇴시켰다.

618년 장안 부근에서 이세민은 죽은 설거를 이은 아들 설인고의 군대와 격돌했다. 산시陝西 성 장무長武 현 부근에 위치한 고척성高墌城에 군진을 둔 이세민은 꼼짝하지 않고 있었다. 군수품은 풍부했다. 장거리를 이동해 온 설인고의 군대는 그렇지 못했다. 설인고가 싸움을 걸어왔으나 이세민은 성채를 굳게 지킬 뿐이었다. 성급한 부하들이 성문을 열고 나가 싸우려고 했지만 이세민이 이를 막았다.

그렇게 두 달이 지나갔다. 드디어 적군의 양식이 떨어지고 장병들 사이에 동요가 일어났다. 전쟁이 지연되면 지연될수록 불리해지는 설인고에게 유일한 살 길은 당군과 결전해 만에 하나 있을 승리를 기대하는 정도였다. 설인고가 곤경에 처할수록 급해진다는 것을 이세민은 간파하고 있었다.

시기가 무르익었다고 생각한 이세민은 부하 양실에게 명해 천수원 평야로 나아가 진을 치게 했다. 설인고의 부하 종나후宗羅睺가 크게 기뻐하며 공격해왔다. 이세민은 일부러 방어에만 치중해 적을 지치게 했다가, 전군에 명을 내려 적을 포위했다. 그리고 친위대와 함께 적진으로 돌격해 앞뒤에서 협격했다. 이 광경을 본 이세민의 군대는 함성을 울렸고 적군은 혼란에 빠졌다.

"파죽지세를 놓쳐서는 안 된다!" 이세민은 패주하는 적군을 추격했다. 종나후의 병사들을 설인고가 진을 치고 있는 경주성涇州城과 완전히 분리시키기 위해서였다. 병사들은 흩어져 고향으로 돌아가 버렸다. 설인고는 포위되었고 정병 1만과 함께 항복했다.

이세민은 피차간 힘의 관계를 잘 생각하고 상대방의 약점이 드러나기 전까지 끈질기게 기다렸다. 그리고 시기가 왔다고 판단됐을 때 즉시 행동을 일으켜 상대방의 약점을 찌르고 그 힘을 무너뜨려서 섬멸전에 몰아넣었다. 그는 언제나 그랬다.

당은 산시 성에서 간쑤 성에 이르는 설거의 영토를 평정했다. 이로써 당은 서쪽의 위협을 상당히 줄이고 동쪽 중원으로 향할 수 있었다. 한편 동쪽에서는 군웅 이밀李密이 낙양성을 공격하고 있었다. 양제가 시해됐다는 소식이 전해지자 낙양의 관료들은 양제의 손자 양동楊侗을 천자의 자리에 추대한 상태였다.

양제에게서 친위대 일부를 물려받은 왕세충이 응원군으로 낙양성에 입성했다. 수의 관료들은 기세를 만회했다. 직후 왕세충은 두건덕에게 격파된 우문화급의 패잔병이 도망해온 것을 수용하고 권력을 장악했다. 얼마 후 왕세충은 이밀이 방심한 틈을 노려 밤새 진군하여 새벽에 공격을 가했다. 수년간 쌓아올린 이밀의 세력은 단 한 번의 패배로 뿌리가 뽑혔다.

한치 앞도 알 수 없는 혼란의 시기였다. 과거 이밀은 이연이 그 휘하로 들어가고 싶다고 애원할 만큼 세력을 떨쳤다. 하지만 이제 그가 서쪽 장안으로 가서 이연에게 더부살이하는 인생이 됐다.

흘러 들어온 이밀의 무리 가운데 위징魏徵이라는 사람이 있었다.『당시선唐詩選』의 서두에 실린 위징의 술회를 들어보자.

"중국 전토에 또 난세가 찾아와 군웅이 패권을 다툴 때 나도 붓을 내던져 전란 속에 뛰어 들었다. 그리고 변설의 힘으로 천하를 통일하려던 계획은 완성되지 못했으나 정열에 불타는 이상은 내 마음속에 아직 남아 있다."

여기에서는 위징의 좌절감과 앞으로 무슨 일인가를 하고자 하는 야망이 뒤얽힌 심정이 전해진다.

위징은 패배한 군웅 이밀의 부하였다가 고조의 장자 이건성李建成의 유력한 측근이 됐다. 황태자 이건성이 아우 이세민과의 경쟁에서 패했으나 위징의 인격에 끌린 이세민이 그를 부하로 삼았다. 그의 주군은 세 번 바뀌었고, 패배한 주군은 매번 죽음을 맞았다. 그것이 수나라 말기의 군웅할거 시대를 살아간 한 지식인의 초상이었다.

6

당의 북중국 석권

618년, 건무가 영류왕으로 즉위했다. 그는 평원왕 둘째 왕비 소생의 아들이자 전왕 영양왕의 배다른 아우였다. 그도 수나라 군대를 물리친 주역 중 하나였고, 즉위 후 고구려에 패해 내란으로 무너져가는 수나라의 모습을 지켜봤다. 그는 중국의 군웅할거 시대가 영원히 지속되기를 원했다.

중국이 후한 말 분열된 이래 근 400년에 걸쳐 성장한 고구려는 전성기를 구가할 수 있었다. 그러나 수나라가 중국을 통일하자 고구려는 전란에 휩싸였고, 영류왕은 그 속에서 청춘을 모두 보내야 했다. 중국의 재통일은 무엇을 의미하겠는가.

영류왕은 형 영양왕이 죽기 직전인 617년 중국의 군웅 가운데 하나인 이연이 장안에 무혈 입성했다는 소식을 돌궐을 통해 접했다. 『구당서』는 영류왕 재위 이듬해인 619년 2월에 고구려 사절단이 당나라 장안에 도착했다고 기록하고 있다.

고구려 사절이 전란의 땅을 뚫고 장안에 도착한 것은 놀라운 일이다. 전쟁에 단련된 무장들로 사절단을 구성했을 가능성이 높고, 그들에

52

게는 중국의 지형지세는 물론 군웅들의 대립 상황에 대한 사전 지식이 있었다고 봐야 한다. 그렇지 않고서는 말로 형용할 수 없는 기근에 전란까지 겹친 지옥을 2000킬로미터 이상 횡단하는 것은 불가능하다. "전란과 기근으로 해골이 들판에 가득해 사람의 눈과 마음을 다치게 한다." (『자치통감』)

장안으로의 여정은 모험이요 사투였으며, 영류왕이 당나라의 존재에 대해 느끼는 궁금증이 그만큼 강렬했다는 것을 의미한다. 장안에 도착한 고구려 사절들은 618년 11월에 설거·설인고의 세력이 당에 붕괴됐다는 소식을 들었다. 귀국한 사절들은 영류왕에게 중국의 상황을 보고했다. 그 가운데 이세민의 천재적인 군사적 재능과 그의 아버지 이연이 점령한 장안의 상황 두 가지는 빠지지 않았으리라.

이세민의 전략과 전술은 다른 사람이 흉내 낼 수 없는 경지였다. 그의 전쟁은 명인급 장기로, 처음에는 장기판에 충분히 말을 벌여놓아 진형을 가다듬고, 적을 압박해 불리한 상황인 줄 알면서도 결전을 피할 수 없는 상황으로 몰아넣었다. 그때까지는 전쟁에 소극적으로 임해 전력 소모를 피한다. 그는 충분히 우위에 선 상태에서야 결전을 개시하는데, 그때에는 자잘한 장기 알에 눈길도 주지 않고 일거에 종반전으로 들어가 적의 본거를 뒤집어엎는 작전을 구사한다.

장안의 상황은 이연에게 우호적이었다. 그는 장안에 근거지를 둔 무천진 군벌의 지지를 받고 있었다. 무엇보다 장안을 상처 하나 없이 점령했다는 사실이 중요했다. 장안은 서위에서 북주, 수나라로 이어지는 세 왕조의 수도였다. 여기에는 유·무형의 귀중한 축적이 있었다. 관청의 창고에는 재화·식량·무기가 저장돼 있고, 조정에는 거의 완벽한 관료진과 전투부대가 갖춰져 있었으며, 그들을 곧바로 동원할 수 있었다.

더욱 중요한 것은 지방의 호적, 지방지들을 통해 전국의 상황을 한눈에 파악할 수 있었다. 또한 관료들의 가족들이 모여 있었기 때문에

중국 산시陝西 성 성도인
시안西安에 있는 성벽.
현존하는 성벽은
당나라 때 세운 기초 위에
1370년대에 다시 세운 것이다.

각 지방과의 연락이 용이하고 정보 수집에 편리하며, 나아가서는 상대편 진영에서 내응자를 구할 수 있는 가능성까지 있었다.

『구당서』는 621년에도 고구려 사절단이 장안에 도착한 사실을 전하고 있다. 영류왕이 급변하는 중국의 상황을 실시간으로 파악하기 위해서였다. 5월에 사절단이 낙양을 지날 무렵 중국의 미래를 결정짓는 전투가 그곳에서 벌어지고 있었다.

유무주劉武周와 송금강宋金剛을 개휴介休에서 격파한 이세민은 왕세충을 치기 위해 군대를 이끌고 낙양으로 향했다.

왕세충은 서역 출신 외국인으로 지략이 뛰어나고 아첨을 잘해 양제의 눈에 들어 졸지에 출세한 경력의 소유자였다. 그는 이밀을 격파한 뒤 사기충천하여 곧바로 낙양의 관료들로 하여금 수 황제에 옹립된 양동을 폐하게 한 뒤 스스로 천자의 제위에 올라 국호를 정鄭이라고 했다. 양동은 곧 살해됐다. 하지만 아무리 무기력한 낙양의 관료라고 해도 젊은 외국인에게 황제의 자리가 찬탈당했다는 것은 마음이 불편한 일이었다. 이에 왕세충 정권의 장래를 비관적으로 전망한 사람들이 이연이 이끄는 당과 손을 잡으려고 시도했다.

전투가 벌어졌다. 이세민에게 패한 왕세충은 낙양성에 숨었고, 하북河北에 근거지를 둔 두건덕에게 구원을 요청했다. 이제까지 왕세충과 적대 관계에 있었지만 당 세력이 점점 강해지는 것을 우려한 두건덕은 군대를 이끌고 낙양으로 향했다. 기회가 있으면 낙양을 손에 넣고 확고한 근거지로 삼으려는 희망을 품었다. 그는 이세민과 왕세충이 싸우는 틈바구니에서 어부지리를 얻고 싶었다.

두건덕은 수나라의 하급장교 출신으로, 반란군에 가담했지만 무익한 살생을 싫어하고 지식인의 말에 귀를 기울이는 덕이 있는 사람이었다. 하지만 그도 상당한 세력을 이루게 되자 초심을 잃고 오로지 권력의 현상 유지에만 급급했다.

두건덕이 멀리 하북에서 낙양으로 온다는 것은 이세민에게 있어 예상치 못한 행운이었다. 낙양에서 하남과 하북을 일거에 평정할 수 있게 된 것이다. 그는 돌발적인 상황에 대비해 낙양성을 둘러싸는 빽빽한 보루를 쌓아 철저히 포위하고 본대를 이끌고 두건덕을 맞이하러 갔다.

이세민은 단단히 진을 치고 기다렸다. 그는 적에게서 여러 번 도발을 받고도 결전을 피했다. 참을성 있는 대치상태가 두 달 동안 이어지자 멀리서 온 두건덕 군대는 식량이 바닥났다. 이렇게 되면 운명을 하늘에 걸고 결전을 시도해보는 수밖에 없다. 두건덕은 전군을 투입해 이세민 진영을 압박했다. 이세민은 조급히 서두르는 여러 장군을 억제하며 출전시키지 않았다. 아침부터 낮까지 계속 도전한 탓에 힘이 빠진 두건덕은 군대를 돌려 퇴군을 시작했다.

바로 이것이 이세민이 노린 바였다. 그는 전군에 총출동을 명했다. 당군은 충분히 휴식하고 있었기 때문에 용기백배하고 적병은 아침부터 내려진 출진 명령에 피로했으므로 사기가 매우 떨어져 있었다. 이세민은 기병의 선두에 서서 적진을 돌파한 뒤 배후에서 앞뒤로 공격을 가했다. 두건덕의 군대는 일거에 무너졌고, 그는 낙마해 그의 군대 5만과 함께 포로가 됐다.

이세민은 왕세충이 보라는 듯이 두건덕을 밧줄로 묶어 낙양성 아래로 끌고 다녔다. 이에 압도된 왕세충은 단념하고 성문을 열어 항복했다. 7월 9일 이세민은 당당하게 장안으로 들어왔다. 화려한 승전 개선식은 장안에 있던 고구려 사신들에게도 목격됐다.

"갑자일(9일)에 이세민은 황금갑옷을 입고, 제왕齊王 이원길李元吉과 이세적李世勣 등 25명의 장군들과 (개선했으며) 철기鐵騎 1만 필이 그 뒤를 따랐다. (행렬의) 앞뒤에서 북을 치고 나팔을 불었다. 포로로 끌려온 왕세충과 두건덕 그리고 수나라의 승여乘輿와 왕실 기물을 태묘에 바치고, 병사들에게 연회를 극진히 베풀었다. 을축일(10일)에 고구려왕 건무가 사신을 파견해 공물을 바쳤다."(『자치통감』)

하남과 하북이 일거에 평정돼 당의 영토로 귀속됐다. 귀국한 사신들을 통해 소식을 접한 고구려 영류왕은 고민에 잠겼다. 북중국은 통일된 것이나 마찬가지다. 이러한 여세라면 양자강 유역과 쓰촨四川·광둥嶺南도 차례로 평정될 것이다. 하지만 절망적인 상황은 아니었다. 북방 초원에 돌궐이 버티고 있었기 때문이다.

7

당나라,
저자세 외교로
생존하다

돌궐에 붙은
군웅들

617년 이연은 반란의 명분을 얻기 위해 백성들에게 속임수를 썼다. 수양제가 고구려 침공을 위해 징발을 단행한다는 가짜 칙서를 꾸미고 격문을 뿌린 것이다.

"태원, 안문, 마읍의 백성 가운데 나이가 스무 살 이상, 쉰 살 이하의 사람들을 다 병사로 만들어 연말에 탁군(북경)에 모아서 고구려를 칠 것을 기약하니, 이로 말미암아 민심이 흉흉하고 반란을 생각하는 사람들이 더욱 많아졌다."(『자치통감』)

고구려 노이로제는 반란이라는 기관의 연료였다. 가짜 칙서를 꾸민 장손순덕長孫順德과 유홍기劉弘基 등은 모두 고구려 전쟁에서 도망해 이연의 품으로 숨어든 탈영자들이었다. 이연의 참모가 된 그들은 백성들이 전쟁을 얼마나 두려워하는지 잘 알고 있었다.

하지만 이연이 성공하기 위해서는 중원의 어느 반란군 지도자보다 강한 세력을 보유한 돌궐 칸과 협상을 맺어야 했다. 줄을 서는 군웅이 한둘이 아니었다. 이연도 돌궐과 손을 잡으려고 했던 군웅들 가운데 하나에 불과했다. 군웅들은 이연이 몸을 일으키기 이미 4개월 전부터 돌

소 꼬리털 깃발

궐에 경쟁적으로 손을 내밀었다. 유무주·양사도·곽자화 모두 돌궐 칸에게 충성을 맹세하고 소 꼬리털 깃발纛을 하사받았다.

617년 3월 분양궁汾陽宮을 차지한 유무주劉武周는 수나라 조정의 궁녀들을 잡아서 돌궐 시필 칸에게 상납했다. 느닷없이 미녀들에 둘러싸여 기분이 좋아진 시필 칸은 유무주에게 상당한 전마를 하사했다. 분양궁은 당시 수의 관리였던 이연의 관할 구역이었다.

수 조정으로부터 벌을 받을까봐 노심초사했던 이연이 반란을 일으킨 5월 17일, 돌궐이 그의 관할 지역인 진양晉陽을 약탈했다. 이연은 숨어 구경만 했고, 6월 5일 그는 약탈자 시필 칸에게 군사를 청하는 편지를 썼다. 이것저것 가릴 처지가 아니었다. 다른 군웅들에 대항하기 위해 전마가 필요했고, 돌궐만이 여유분의 말을 보유하고 있었다. 7일 후 긍정적인 대답이 왔다. 이어 돌궐 칸이 서신과 1000필의 전마를 보내왔다.

칸이 내린 서신을 받는 자리의 풍경은 영웅 이연에게 충분히 굴욕적이었다. 그는 돌아가는 돌궐 사신에게 상당한 뇌물을 상납했다. 칸의 심사에 따라 돌궐 칸은 유무주를 시켜 이연의 본거지인 진양을 당장 점령할 수도 있었다. 이연은 유무주와 충성 경쟁을 하지 않을 수 없는 처지였다.

또 이연은 사신을 파견해 자신이 장안을 점령하면 획득한 모든 전리품을 돌궐에게 주기로 약속했다. 나아가 중원 장악 이후 매년 돌궐에게 조공을 바칠 것이고 그것이 돌궐에게 더 큰 이익을 가져다 줄 것이라고 설득했다. 『자치통감』 617년 7월 6일 조의 기록이다.

돌궐은 풍부한 기병 자원을 갖고 있었다.

"수도 장안에 입성한 징표로 토지와 백성은 이연이 갖고 금·옥·비단은 돌궐에게 돌리겠습니다."

돌궐 칸은 내란에 휩싸인 중국을 착취했고, 군웅들은 칸의 세리稅吏였다.

8월 15일 돌궐 칸이 이연에게 500명의 기병과 2000필의 전마를 보내왔다. 당나라의 성공적인 건국과 장안 장악에는 돌궐의 원조가 결정적으로 작용했다. 이연은 무시무시한 폭력배에게 급전을 빌려 쓴 셈이었다. 대가는 몹시 커서 이자에 이자를 붙여 두고두고 갚아야 했다.

얼마 후 실제 위협적인 일이 있었다. 돌궐 칸은 군웅 설거를 거느리고 오원五原(내몽골)에 와서 군대를 집결시켰다. 당장 장안으로 쳐들어올

몽골 고원은 세계 최대의 초원이다.
수많은 가축이 풀을 뜯고 있는 이곳은
돌궐을 비롯한 유목제국에게는 '요람'의 땅이었다.
과거 흉노·선비·유연·돌궐 등
역사에 이름을 남긴 유목 제국은 모두 여기서 태어났다.

기세였다. 겁먹은 이연은 사신을 보내 막대한 뇌물을 주고 굽실거렸다. "저희가 알아서 정기적으로 금은보화를 바치겠으니 이렇게 수고롭게 오지 않으셔도 됩니다."

618년 5월 17일이었다. 장안의 궁궐 태극전에는 고구려악高句麗樂을 비롯한 중국 주변 9개국의 음악九部樂이 흘러나오는 가운데 성대한 연회가 벌어지고 있었다. 최고 상석에 돌궐 칸의 친척 아사나골돌록과 당 고조가 앉아 있었다. 돌궐 사절 단장을 위해 엄청난 비용을 들여 치른 연회였다. 그들이 초원으로 돌아가는 길에 고조는 칸에게 바칠 아름다운 여자들을 치장해 딸려 보냈다. 당시 돌궐은 동아시아 최강국이었다. 동쪽 거란과 실위室韋에서 서쪽 토욕혼과 고창국高昌國까지 지배하고 있었고, 북중국의 수많은 사람도 전란을 피해 돌궐에 들어가 있었다. 기마궁수 100만 명을 보유한 돌궐 칸은 고조를 포함한 중국의 모든 군웅을 '똘마니' 대하듯 했다.

619년 초 돌궐의 시필 칸이 죽고 고조의 부의賻儀가 늦어지자 돌궐은 장안을 당장 박살낼 기세였다. 이연은 급히 엄청난 양의 패물을 보내야 했다. 하지만 그해 여름 4월에 유무주가 돌궐 기마병과 함께 산시山西 성 유차楡次(지금의 진중晉中)를 함락시켰다. 패물이 적다는 뜻이었다.

6월이 되자 돌궐 사신이 장안에 와서 시필 칸의 서거를 다시 정식으로 알렸다. 그러자 고조 이연은 장안성 동문에 시필 칸의 빈소를 크고 화려하게 차리고 곡을 하는 의식을 성대하게 치렀으며 4일 동안 조정의 업무를 정지시켰다.

그동안 장안의 모든 관리는 돌궐 사절이 머물고 있는 관에 가서 조문해야 했다. 물론 빈손으로 가서는 안 된다. 돌궐은 애도의 정이 아니라 물질적인 것을 원했다. 고조도 비단 3만 단을 내놓아야 했다. 효과는 정말 잠깐이었다. 8월에 돌궐은 양사도와 함께 산시陝西 성 연주延州를 노략질했다. 9월 21일 돌궐의 사신이 장안에 와서 그곳에 체류하고 있던 서돌궐의 갈사나葛娑那 칸을 내놓으라고 했다. 갈사나는 돌궐, 즉 동돌궐과는 원수관계였다. 고조에게 충성했던 그를 넘긴다는 것은 인간적으로는 참으로 못할 짓이었다. 협박이 거듭되자 사면초가에 처한 고조는 시간을 끌다가 결국 연회를 마련했다. 술에 잔뜩 취한 갈사나는 돌궐 사자에 인계됐고, 비참한 죽음을 맞았다.

620년 5월 돌궐은 왕세충과 결혼동맹을 맺고 그에게 1000필의 전마를 건네줬다. 9월 21일 당 고조의 아들 이세민이 왕세충과 전투를 벌이다 기병에 포위돼 죽을 뻔했다. 앞서 2월에 돌궐의 칸, 처라處羅가 수 왕실의 양정도楊政道를 수왕隋王으로 봉하고 백관의 신하를 내주어 백성 1만 명을 다스리게 했다. 돌궐은 장안의 본래 주인인 수 왕실 사람들을 앞세워 언제든지 당나라로 쳐들어가겠다는 의도를 분명히 했던 것이다.

10월 돌궐의 처라 칸이 죽었다. 고조는 저번과 같이 장락문에서 곡을 하고 부의로 엄청난 비단을 내놓았으며, 그의 모든 신하는 돌궐 사절을 찾아가 조문하고 예물을 바쳤다. 처라의 뒤를 이어 동생인 힐리 칸이 계승했는데, 그는 고조의 통치 기간과 태종의 치세 초기에 걸쳐 당 왕조에 가장 위협적인 존재였다.

"황상(당 고조)은 중국이 아직 편하지 않아 돌궐에게 아주 후한 대접을 했는데, 힐리 칸의 요구에는 만족함이 없었고, 말씨도 교만했다. 갑술일(10월 26일)에 분음汾陰(지금의 산시山西 성 완룽萬榮)을 노략질했다."(『자치통감』)

고조는 이후에도 정기적으로 돌궐에 뇌물을 바쳤다. 그리고 당의 영토를 침입하지 말 것과, 당 조정에 반란하고 돌궐의 신하를 자처하는 군웅들을 원조하지 않을 것을 부탁했다. 하지만 돌궐은 점점 더 많은 것을 요구해왔고, 북방의 여러 군웅과 연합해 당나라를 끊임없이 괴롭혔다. 천하의 영웅 이세민도 돌궐의 위협에는 속수무책이었다. 624년 장안까지 쳐들어온 돌궐 칸에게 비굴할 정도로 저자세를 보였던 당 태종 이세민의 변명은 이와 같았다.

"우리가 성문을 닫고 지키면 돌궐은 반드시 군대를 풀어 크게 약탈할 것이니 (나는) 이를 제어할 수 없다. (…) 돌궐과 싸우면 손해가 막심할 것이며, 내가 뜻을 얻지 못할 것이다. (…) 금과 비단을 주어 그들이 원하는 것을 얻게 되면 스스로 물러날 것이다."(『자치통감』)

8

이세민이
아버지와 형을
몰아낸 뒤에
황제로 즉위하다

현무문 쿠데타

훗날 당 태종이 되는 이세민은 젊어서 유교 경전 교육을 받았고 서예에 뛰어났다. 학문적 능력과 더불어 뛰어난 승마 기술과 활 솜씨를 지닌 전사이기도 했다. 그는 중국 전통에 따라 황위 계승 서열이 앞서 있던 그의 형, 황태자 이건성과 충돌했다.

621년 고조가 이세민에게 낙양을 중심으로 중원 동부의 문무 행정을 맡기자 이세민의 군사력을 두려워한 황태자 형과 동생 원길이 암살 음모를 꾸몄다. 셋 중 이세민의 명성이 단연 높았기에 황태자는 이세민이 자신을 몰아낼까 두려워했다.

형제 사이에 알력이 계속 생겨났고 이는 정치투쟁으로 비화됐다. 처음에는 형이 유리한 입장에 있고, 동생은 음모의 희생자가 되는 듯했다. 골육상쟁의 비극은 아버지인 고조가 아들 이세민을 시기한 데서 생겨났다.

624년 윤 7월 21일 이원길의 비빈들이 고조에게 일러바쳤다. "이세민이 스스로 말하기를 '나는 천명을 가졌으니 바야흐로 천하의 주인이 될 것인데 어찌 하찮게 죽겠는가'라고 했습니다."

화가 난 고조가 이세민을 불러 말했다. "천자란 하늘의 뜻이 있어야 오르는 것이지 지혜와 힘으로만 얻을 수 있는 것이 아니다. 지금 천자인 나와 태자인 형이 너의 앞에 있는데 그리도 천자가 되고 싶으냐?"

이세민은 일단 아버지에게 머리를 숙였다. 그리고 소문의 진원지와 어떻게 해서 그러한 말이 나올 수 있었는지에 대해서 철저한 진상 조사에 착수했다. 이 말을 들은 고조가 진노했다. 그때 한 관리가 급히 들어와 보고를 올렸다. "돌궐군이 북방에 쳐들어와 노략질을 하고 있습니다."

상황이 여의치 않자 고조는 다시 아들 이세민에게 손을 내밀었다. 그리고 그가 출병하자 고조는 장안에서 함양의 동쪽까지 와서 전별했다.

"황상은 적의 노략질과 도적질이 있을 때마다 이세민에게 명령을 내려 이를 토벌하게 했지만, 일이 평정된 다음에는 시기와 의심하는 마음이 더욱 심해졌다."(『자치통감』)

626년 6월 3일 이세민은 형제들에게 죽지 않기 위해 먼저 칼을 뽑을 결심을 했다. 직전에 그는 동생 원길이 짐독을 섞은 술을 마시고 피를 몇 되나 쏟았다. 형제들을 유인하기 위해 그날 저녁 이세민이 아버지 고조를 찾아갔다.

"신은 형제들에게 조금도 죄를 짓지 않았는데 지금 신을 죽이려 하고 있습니다. 억울하게 죽어서 군주이신 아버지를 영원히 작별할 수 있습니다." 고조가 대답했다. "내가 내일 아침에 너희 형제들을 모아 놓고 직접 대질 심문을 할 터이니 너는 의당 일찍 참석하라."

『자치통감』은 당시의 상황을 상세하게 묘사하고 있다. 4일 이른 아침이었다. 이세민의 형인 태자 이건성과 동생 이원길이 심문을 받기 위해 궁중의 현무문으로 들어섰다. 함께 온 정예병 2000명은 문밖에 남겨둔 채였다. 둘은 경비가 엄중한 궁성에 복병이 숨어 있으리라고는 꿈에도 생각하지 못했다. 임호전臨湖殿까지 와서야 비로소 이상한 공기를 느끼고 서둘러 말을 되돌리려고 했으나 때는 이미 늦었다.

이세민이 말을 타고 나타나 둘을 불렀다. "건성 형! 원길 동생! 어디로 가시는지요." 이원길은 이세민에게 활을 쏘려고 했다. 하지만 놀란 나머지 팔에 힘이 들어가지 않아 시위가 당겨지지 않았다. 두세 번 더 시도했는데도 그러했다. 이세민이 활을 쏘았다. 황태자는 말에서 떨어져 즉사했다.

이세민의 부하 울지경덕尉遲敬德이 70명의 기병과 함께 현장에 도착했다. 그들은 이원길을 향해 좌우 양방향에서 시위를 당겼다. 이원길은 놀라 말에서 떨어졌으나 죽지 않았다. 이세민의 말이 갑자기 숲속으로 뛰어들었다. 이세민은 나뭇가지에 걸려 낙마했다. 머리에 충격이 갔는지 어지러워 일어날 수가 없었다. 마침 추격하는 병사들을 피해 숲속으로 들어온 이원길이 쓰러져 있는 이세민의 목을 활대로 눌렀다.

울지경덕이 말을 타고 들어와 말했다. "원길 황자 그만두시오!" 놀란 이원길은 허겁지겁 아버지 고조가 있는 무덕전으로 도망쳤다. 울지경덕이 곧바로 추격했다. 그는 흔들리는 말 위에서 시위를 당겼다. 화살은 이원길의 등 정중앙에 꽂혔고, 원길은 다시 일어나지 못했다.

사태가 심상치 않자 죽은 황태자 이건성의 부하인 설만철薛萬澈이 2000명의 기병을 이끌고 현무문에 도착했다. 그러자 이세민의 부하 장공근이 문을 닫았다. 문밖에서 수비하는 경군홍敬君弘과 여세형呂世衡이 설만철의 부하들과 난투극을 벌였다. 경군홍과 여세형은 몸을 던져 싸웠고, 장렬히 전사했다.

피 튀기는 싸움이 지속됐다. 문을 돌파하지 못한 설만철이 군대를 돌려 이세민의 지휘 본부인 진왕부秦王府를 박살내러 가는 순간 울지경덕이 이건성과 이원길의 머리를 현무문에 걸었다. 잘린 목에서 피가 뚝뚝 떨어져 바닥을 적셨다.

설만철의 궁부宮府 병사들의 시선이 잘린 두 머리에 집중됐다. 황자

당 태종 이세민의 증손자인 의덕태자묘 벽화에서
장안성의 궁정을 지키는 호위무사의 모습이 보인다.
태종은 궁궐 안에서 형제들과 처절한 혈전을 벌이고서야
황제의 자리에 오를 수 있었다.
울지경덕이 호수 위에서 고조를 배알하는 순간에도
궁궐 안에서 병사들 간의 싸움은 계속됐다.
고조의 명을 받은 배우가 싸움터에 나타나
"황제의 명이다"며 "싸움을 그만둬라"고 하자
그제야 병사들이 모두 흩어졌다.

끼리의 처절한 권력 다툼은 이 상징적 행위로 그 종식을 알렸다. 주인을 잃은 병사들은 모든 것이 끝났다는 생각에 흩어져버렸다. 설만철은 수십 명의 부하와 함께 종남산으로 도망갔고, 나머지는 들로 흩어졌다.

정변 소식을 들은 고조는 궁성 안의 호수 가운데로 배를 타고 도망갔다. 완전무장한 울지경덕이 배를 타고 고조 앞에 나타났다. 자신을 죽이러 온 줄로 안 고조는 공포에 떨며 물었다. "음, 오늘 이 화란을 일으킨 사람은 누구인가? 경은 여기 와서 무엇을 하려 하는가?"

울지경덕이 대답했다. "진왕秦王 이세민께서 태자 이건성과 제왕 이원길이 반란을 일으키자 군사를 일으켜 그들을 주살했습니다. 제가 폐하를 모시겠습니다." 두 아들의 죽음을 전해 듣자 고조의 입에서 신음이 흘러나왔다.

권력을 완전히 상실한 고조는 모든 것을 포기하고, 이세민을 황태자로 세워 대권을 이양하겠다고 선언해야 했다. 이세민은 즉시 병사를 보내 이건성의 다섯 아들과 이원길의 다섯 아들을 남김없이 죽여 후환을 막았다. 이세민이 혈육들을 죽이고 아버지를 연금한 후 황제(태종)의 자리에 올랐다는 소문이 초원으로 흘러들어갔다.

태종의 궁색한 상황을 정확히 간파한 동돌궐은 젊은 새 황제를 그냥 두지 않았다. 바로 그달에 힐리 칸은 10만 기병을 이끌고 장안 부근까지 진격해왔다. 장안성 안에 동원할 수 있는 장정은 겨우 수만에 불과했다. 힐리 칸은 위수渭水의 편교便橋까지 진출한 후 성 안으로 사신을 파견했다.

당시 정황은 동돌궐이 압도적으로 유리한 상태였다. 태종에게는 대군을 동원해 침입해온 유목 군대를 막아낼 능력이 없었다. 동돌궐은 수확 없이 절대 물러나려 하지 않을 게 분명했다. 태종은 어떠한 굴욕이라도 참고 전쟁을 피하지 않으면 안됐다. 그는 장안성에 있는 금은·비단 등 모든 재물을 끌어모아 힐리 칸에게 바치고 화의를 요청했다. 태종은 돌궐 칸에게 굴욕감과 공포를 느꼈다.

형제와 조카들의 피를 뒤집어쓴 맹수 같은 그도 칸 앞에서는 무릎을 꿇어야 했다. 앞으로도 코뚜레를 한 소처럼 돌궐에 끌려다니는 나약한 황제로 살아갈지도 모른다는 생각이 그의 뇌리를 지배했으리라. 미래에 유라시아를 변모시킬 만큼 출중한 지도자의 첫 출발은 이렇게 비참했다.

9

삼국에
희망과 기회,
두려움이 교차하다

이세민의
정권 장악에 대한
삼국의 반응

626년 말께 당나라 황제의 사자 주자사朱子奢가 고구려 조정에 도착했다. 그는 삼국이 싸우지 않고 화평하게 지낼 것을 요구하는 황제의 서신을 들고 왔다. 삼국은 그를 통해 이세민의 정권 탈취를 공식적으로 확인했다. 중국의 변화에 대한 고구려·백제·신라 삼국의 반응은 각기 달랐다.

고구려와 백제·왜에 포위된 신라 진평왕에게 거물 이세민의 집권은 희망이었다. 수나라가 멸망한 후 고립된 신라가 믿을 수 있는 동맹자를 얻게 된 것이다. 신라는 매년 사신을 보내 당과의 관계를 강화했고, 태종 이세민 개인에 대한 이해도 깊었다. 고구려 침공 실패의 결과로 빚어진 중국의 처절한 동란 속에서 청춘을 보낸 당 태종은 고구려에 대한 적개심을 갖고 있었다.

신라 진평왕은 고구려와 백제의 양면 공격으로 겪는 어려움을 호소했다. 주자사의 삼국 방문과 고구려·백제에 대해 침공을 중지하라고 촉구한 것은 신라 외교의 성과였다. 하지만 신라의 미래는 여전히 암울했다. 아직 신생국인 당나라는 한반도에까지 현실적인 힘을 미칠 수 없었다.

627년 당 태종은 백제에 신라 침공을 자제할 것을 재차 요구했다. 하지만 백제는 끊임없이 신라 국경을 침범했고, 동시에 사절을 통해 선물을 상납함으로써 태종을 무마하려 했다.

백제 무왕武王에게 태종의 등극은 기회였다. 앞으로 고구려는 당과 동맹을 맺고자 하는 신라를 견제하기 위해 백제에 훨씬 친화적으로 나올 것이다. 당시 백제가 고구려와 일종의 연환관계를 맺고 있었다고 해도 고구려보다 더 강한 국가가 존재하지 않는 상황에서는 고구려의 눈치를 보지 않을 수 없었다. 하지만 당의 등장으로 고구려는 중국에 신경을 곤두세워야 했으므로 이제 백제는 마음 놓고 신라를 공략할 수 있게 된 것이다.

신라와 백제는 소백산맥을 넘는 두 고개를 두고 치열한 싸움을 벌였다. 공세적인 무왕은 616년에 남원에서 지리산으로 넘어가는 길목에 있는 신라의 모산성母山城(아막성)을 공격했고, 신라 진평왕은 611년에 상실한 가잠성을 7년 만에 탈환했다. 623년 무왕은 신라의 늑노현勒奴縣을 공격했고, 624년 10월에 남원에서 지리산을 돌파해 서부 경남의 함양·산청에 위치한 신라의 속함성速含城·앵잠성櫻岑城·기잠성歧岑城·봉잠성烽岑城·기현성旗縣城·혈책성穴柵城 등 6개 성을 차지했다.

626년 무왕은 이세민이 권력을 잡자 사신을 파견해 화려하게 번쩍이는 갑옷을 바쳤다. 전쟁으로 일생을 보냈지만 무왕은 섬세한 인물이었다. 그는 태종이 개선식과 같은 국가 행사의 의전에 많은 신경을 쓰리라는 것을 간파했다.

태종은 621년 낙양에서 화북華北의 군웅, 두건덕·왕세충을 사로잡아 장안에 개선했을 때 열린 군사 퍼레이드에서 사람들의 주목을 받기 위해 눈부신 황금갑옷을 입고 있었다. 그가 초원의 돌궐을 완전히 제압하고 서역을 정복한 637년, 무왕은 갑옷과 화려하게 장식된 도끼를 태종에게 선물했다.

백제 무왕은 능란한 외교를 통해 신라 침공을 묵인받았다. 돌궐이 당에 굴복한 이후에도 말이다. 628년 무왕은 신라의 가잠성을 공격했고, 632년에도 신라를 쳤으며, 이듬해 8월에 신라 서곡성을 공격해 13일 만에 함락시켰다. 636년 무왕은 마침내 무주의 덕유산을 돌파해 독산성禿山城(경북 성주)을 공격했다.

고구려 영류왕은 명성이 그 아버지인 고조를 훨씬 능가하고 있었던 이세민에 대해 은연중 두려움을 느꼈다. 당나라는 이세민의 영웅적인 승리가 차곡차곡 쌓여 세워진 것이나 다름없었기 때문이다. 이세민은 최고의 공신이자 황자였지만 황위 계승은 원래 그의 몫이 아니었다. 그의 앞에는 살아 있는 최고 권력인 황제와 그 뒤를 이을 황태자 이건성이 버티고 있었다. 영류왕이 볼 때 이것은 불안한 균형이었다.

영류왕은 당을 다녀온 사신을 통해 이세민이 아버지와 형·동생에게 심한 견제를 받고 있다는 사실을 알고 있었다. 고구려 국왕으로서 그는 혹 이세민이 암살되거나 모종의 정변을 일으킬 가능성을 염두에 두지 않을 수 없었다. 만약 정변이 일어난다면 당 제국은 다시 장기적 분열로 치달을 수 있다고 생각했다.

하지만 영류왕은 이세민이 626년 6월 4일 단 하루 만에 형과 동생을 살해하고 당 조정을 장악할 줄은 꿈에도 생각지 못했다. 야전의 달인이었던 군사 천재 이세민은 협소한 궁중의 사투私鬪에도 능했다. 그러나 정변 직후 이세민이 돌궐의 힐리 칸에게 굴욕을 겪었다는 소식이 들렸다. 힐리 칸이 10만 대군을 이끌고 쳐들어가자 비단과 금은을 바치고 화의를 요청했다는 것이다.

강대한 돌궐이 버티고 있는 이상 태종은 만주와 한반도에 현실적인 힘을 미칠 수 없었다. 당시 동아시아 세계질서에서 돌궐이 차지하는 비중은 중국보다 더 컸다. 힘의 축은 언제나 몽골 고원에 있었다. 유목제국이 분열돼 약해지면 중원 왕조의 힘이 강해졌고, 고구려는 중원의 침략을 받았다.

수나라와의 전쟁에 청춘을 보낸 영류왕은 이러한 국제 역학구조를 잘 알고 있었다. 돌궐에 대해 관심이 많았던 만큼 누구보다 그들을 잘 알았던 영류왕의 머리에서는 근심이 떠나지 않았다. 지금 힐리 칸이 전성기를 구가하고 있더라도 돌궐의 지배층이 칸에게 적개심을 갖고 있다는 것은 무엇보다 불안한 요소였다. 식자우환이었다.

돌궐의 왕족은 아사나阿史那로 불렸다. 그들은 돌궐의 영토와 그 영토 위의 모든 사람과 가축을 씨족 공동의 재산으로 간주했다. 제국의 확대는 씨족 재산의 확대였다. 하지만 힐리 칸은 제국의 확장과 지배에 그의 친척들을 배제하고 소그드인을 대거 끌어들였다.

"힐리는 호족胡族(소그드인)을 신임하고 돌궐(아사나)을 멀리했다. 탐욕스러운 호인들은 해마다 군사를 움직였다."(『자치통감』)

소그드인들은 앞선 내전에서 진창에 빠진 중국에 대한 상습적인 약탈과 착취를 기획했고, 중국에서 뜯어낸 비단과 재물을 동로마와 사산조 페르시아에 판매했다. 그들은 힐리 칸으로 하여금 이익이 되는 전쟁을 하게 만드는 기획자였고, 동시에 돌궐과 그에 복속된 부족민들에게서 세금을 징수하는 세리였다.

계산에 밝은 그들은 돌궐과 그 피지배 집단이 갖고 있던 온정적인 관습을 무시했고, 흉풍凶豊의 사정을 고려하지 않은 가혹한 징세를 단행했다. 수나라가 멸망한 후 돌궐이 최고의 전성기를 누리고 있다지만 지속되는 전쟁에 동원돼야 하는 하층민들로서는 과거보다 나아진 것이 하나도 없었다.

우려는 현실이 되어갔다. 그것은 인재人災가 아니라 천재天災로 시작됐다. 몽골 고원에 언제나 수십 년마다 반복되는 조드dzud가 찾아왔다. 늦가을 비가 온 뒤 땅이 얼었다. 이듬해인 627년에 몇 자나 되는 큰 눈

2010년 몽골에 혹한으로 인한 대규모 자연재해인
조드가 발생해 가축 수백만 마리가 동사했다.
조드는 초원의 유목민에게 가장 큰 위협 중 하나다.
600년대 초반 돌궐의 국력은 당나라를 압도했지만,
627년 돌궐에 조드가 발생하면서 위기가 찾아왔다.

이 내렸다. 얼음 위에 눈이 쌓여 가축의 먹이인 풀을 덮어버렸다. 영하 40도 아래로 곤두박질치는 추위 속에 가축들은 허기와 떨림, 폐렴 등의 호흡기 질병으로 죽어갔다.

돌궐 전역에서 수백만의 가축이 사라졌다. 가축은 유목민에게 가죽·고기·우유와 땔감으로 쓸 수 있는 배설물을 제공했고, 중요한 운반 수단이기도 했다. 좌절과 고통이 유목민들에게 밀어닥쳤다. 모든 초원에는 가축 사체 더미가 널려 있었고 부패로 인해 악취가 진동했다. 매장되지 않은 가축 사체 더미는 봄에 날씨가 점점 풀리면서 살아남은 동물과 사람들의 건강을 갉아먹었다. 돌궐 사람들의 상실감이 썩은내와 함께 광활한 몽골의 초원을 메웠다. 그리고 천재는 곧 내분이라는 인재로 이어질 것이었다.

무왕이 태종에게 바친 갑옷은 무엇인가

태종은 연출의 대가였다. 전선에서 승리하면 화려한 개선식으로 백성들에게 자신의 이미지를 각인시켰다. 앞서 소개했던 『자치통감』 621년 7월 9일 기록은 그 전형적인 예가 된다.

"갑자일(9일)에 이세민은 황금갑옷을 입고, 제왕齊王 이원길과 이세적 등 25명의 장군들과 (개선했으며) 철기鐵騎 1만 필이 그 뒤를 따랐다. (행렬의) 앞뒤에서 북을 치고 나팔을 불었다. 포로로 끌려온 왕세충과 두건덕, 수나라의 승여乘輿와 왕실 기물을 태묘에 바치고, 병사들에게 연회를 극진히 베풀었다. 을축일(10일)에 영류왕이 사신을 파견해 공물을 바쳤다."

화려한 승전 개선식은 다음날 장안 궁정에 들어간 고구려 사신들에게 목격되었다. 백제 무왕은 태종의 과시적인 성격을 잘 알고 화려하게 장식된 도끼와 갑옷을 여러 차례 보냈다.

갑옷

2011년 10월 초 어느 날 공주의 웅진성熊津城에서 갑옷이 발견되었다. 660년 7월 13일 수도 사비성泗沘城(충남 부여)을 빠져나온 의자왕은 웅진성에 숨었다. 하지만 부하의 배신으로 7월 18일 체포되었고 나당연합군에 항복한다. 그는 당나라로 끌려갔고, 백제는 멸망한다.

백제 망국의 자취를 간직한 웅진성 안 저수지 터에서 공주대박물관 조사팀이 찰갑옷(가죽·금속 조각들을 꿰어 만든 갑옷)을 발굴했다. 시꺼멓게 옻칠을 입힌 대량의 찰갑 조각이 흩어진 형태였다. 갑옷 조각 하나에 '貞觀十九年(정관 19년, 645년)'이란 당 태종의 연호가 붉은색 한자로 적혀 있었다.

백제의 명광개明光鎧(황칠갑옷)는 당시 동아시아에서 정평이 나 있었다. 문헌에만 전해지던 백제의 명광개 갑옷이 출현했다는 흥분이 맴돌았다. 백제 무왕이 626년 당나라에 사신을 보내 백제에서 만든 것으로 추정되는 '명광개' 갑옷을 바쳤다는 『삼국사기』 기록의 실물을 찾은 것이 아니냐는 추정이었다.

그러나 이 갑옷은 웅진성에 출병한 당나라 군사의 것이 확실하다는 견해가 잇달아 나왔다. 갑옷 조각에 새긴 당나라 연호를 백제가 전혀 쓰지 않았다는 점이 유력한 근거였다. 당나라 때 편찬된 지리지인 『한원翰苑』을 보면, 백제는 연대를 표기할 때 중국 연호를 쓰지 않고 육십갑자 간지만 쓴다는 기록이 보인다.

윤선태 동국대 교수는 "백제가 중국 연호를 쓰지 않았다는 것은 『한원』 등의 문헌 연구나 고고학적 발굴 등으로 입증된 정설"이라며 "갑옷의 연호가 적힌 시점은 백제와 당나라가 적국으로 대치하던 시기

이 세민의 정권 장악에 대한 신구의 반응

였다는 점에서 적국의 연호를 백제가 썼다는 것은 설득력이 떨어진다"
고 지적했다. 주보돈 경북대 교수도 "발굴 관계자들이 사전에 백제의 연
호에 대한 옛 문헌상의 정보를 충실히 검토했어야 하는데, 다소 앞서 나
간 느낌"이라고 말했다.

권오영 한신대 교수는 "명광개는 중국 수당대의 무사모양 도용(도자
기 인형)에 주로 나타나지만, 온전한 실물로 전하는 것이 없고, 어떤 재료
와 장식을 했는지 실체도 명확하지 않아 이번에 웅진성에서 발굴된 갑
옷을 명광개라고 단정하는 것은 무리가 있다"고 지적했다. 결국 웅진성
전투에 참전한 당군이 쓰다 버렸거나 어떤 이유로 묻었을 가능성이 높
다는 추정이 나오고 있다.

중국 송나라 때 백과사전 격인 『책부원귀冊府元龜』를 보면, 이번에 출
토된 갑옷 조각 명문에 쓰여진 연대인 645년에 당 태종이 백제에서 금
칠金漆(황칠로 추정) 도료를 들여와 '산문갑山文甲'이란 갑옷에 칠했다는 기
록이 남아 있다.

10

돌궐의 붕괴

고구려에
재앙의 전조가
덮치다

624년 돌궐이 쳐들어와 장안을 공황에 빠트렸다. 태종은 군대를 뒤에 남겨두고 단 100명의 기병을 데리고 적진으로 나아갔다. 그는 힐리 칸을 지척에 둔 거리에서 말했다. "칸이시여, 당신이 정녕 용기가 있다면 남자답게 나와 일대일 싸움을 하는 것이 어떻소?"

힐리는 웃으면서 이를 거부했다. 그러자 태종은 힐리의 조카인 돌리突利에게 일대일 결투를 제안했다. 하늘을 찌르는 호기였다. 결과적으로 결투는 없었다. 하지만 그 카리스마는 돌궐과 당나라 병사 모두에게 깊은 인상을 남겼고, 소문은 초원과 중원을 거쳐 만주를 넘어 한반도에까지 퍼졌다. "힐리 칸이 이세민의 일대일 결투 제안을 거부했다고 합니다."

태종은 농경민이 사는 중국과 유목민이 사는 초원세계, 그 전혀 다른 두 세계 모두에 정통한 사람이었다. 유교적 학식과 더불어 기사騎射에 뛰어난 전사였고, 초원에서도 성공할 수 있는 자질을 충분히 갖고 있었다.

626년 형제 둘과 10명의 조카를 죽인 근친살해와 아버지를 연금한

83

불효는 중원의 유학자들에게는 자연을 거스르는 충격이었다. 하지만 초원에서는 허다한 일이었다. 아버지를 죽이고 흉노 제국을 건설한 묵돌선우나 돌궐의 왕위 계승 쟁탈전은 잔인한 일상이었다.

당나라는 중원에서 한족 왕조가 복원된 것이다. 하지만 앞서 북중국은 유목민인 선비족鮮卑族이 건국한 북위의 통치를 받으면서 야만화되어 있었다. 외래 유목민 정복왕조의 문화와 전통을 그대로 계승한 이세민은 초원의 정치게임에도 달인이었다. 그러한 그에게 기회가 왔다.

627년 초원에 자연재해가 밀어닥쳐 돌궐에 기근이 찾아왔고, 정치적 문제가 발생했다. 초원에서 힐리 칸의 통제력이 급격히 와해되었고, 그 휘하의 여러 부족도 흩어졌다. 이제 태종이 기세를 펼치리라는 것을 직감한 영류왕은 불안한 마음으로 초원을 바라보았다.

오늘날의 신장위구르자치구 동북부와 몽골 북부에 철륵이라고 통칭되는 15개의 부족이 있었다. 선조가 흉노였던 그들은 남북조시대 후기에 돌궐에 복속됐다. 그들 대부분은 서돌궐의 휘하에 있었는데, 서돌궐의 세력이 약해지자 설연타와 회흘回紇을 비롯한 여러 부는 동돌궐의 힐리 칸 휘하로 들어갔다.

힐리 칸은 그들에게 과중한 세금을 징수했다. 폭설과 자연재해가 덮쳐 생산량이 급감했는데도 그랬다. 불만이 팽배했고, 627년 설연타와 회흘 두 부가 철륵 여러 부와 야합해 반란을 일으켰다. 힐리는 이를 진압하기 위해 그의 형인 시필의 아들 돌리(아사나욕곡)를 파견했다. 돌리가 10만 기병을 이끌고 오늘날 몽골 카라코룸 시 북쪽에 위치한 마열산에 나타났다.

철저하게 준비했던 회흘 추장 약라갈보살이 이를 습격해 대파했다. 돌리는 도망갔고, 약라갈보살은 텐산天山까지 이들을 추격했다. 거기서 돌리가 이끌던 병사들 대부분이 포로가 되었으나 설연타 부의 추장 이남夷男이 동돌궐 4개 기마군단을 모두 격파했다.

조카인 돌리가 도망쳐오자 화가 난 힐리 칸은 그를 심하게 구타했다. 힐리 칸의 휘하에 있던 동쪽의 해奚와 습霫 등 수십 부가 이탈했고, 그것도 모자라 반란군에게 패해 병력을 모두 잃었기 때문이었다. 초주검이 된 돌리는 감옥에 갇혔다.

힐리는 화가 치밀 때마다 감옥에서 돌리를 끄집어내 다시 매질했다. 감금된 10여 일 동안 지속적으로 구타를 당해 온몸에 멍이 든 돌리는 삼촌을 증오하게 되었다. 친척들인 아사나씨는 모두 배제하고 악독한 소그드인들을 총애했던 삼촌 힐리가 이러한 환란을 불러온 장본인인데 자신에게 모든 책임을 전가하고 있는 것이 아닌가.

돌궐 피지배 부족의 반란은 핵심부의 내분으로 번졌다. 매질을 당한 돌리가 삼촌 힐리에게 반란을 일으켰고, 당에 투항할 의사를 보였다. 태종은 삼촌과 조카 사이에 일어난 돌궐의 내분에 바로 개입하지 않았다.

그들 가운데 누구 하나를 지원해 승자가 가려진다면 그가 다시 초원을 통일할 것이고, 결국 당으로 칼을 겨눌 것이다. 당 태종은 그들이 더욱 치열하게 싸워 힘이 모두 고갈될 때까지 기다리기로 했다.

이듬해인 628년 서로의 군대를 잔인하게 죽이던 싸움에서 돌리가 밀리기 시작했다. 4월 11일 돌리는 다시 당에 구원을 요청했다. 하지만 태종은 대답하지 않았다. 더 많은 피를 흘리라는 것이었다.

그러는 와중에 돌리의 휘하에 있던 거란족 일부가 당나라에 투항했다. 그러자 힐리 칸이 제안을 해왔다. 힐리의 앞잡이로 그동안 당을 끈질기게 괴롭혀 왔던 양사도의 신변을 인도하겠으니 투항해온 거란족을 넘겨달라는 것이었다.

태종은 일언지하에 거절했다. 비록 양사도가 찢어죽일 정도로 미웠지만 당에 투항해온 유목민 부족을 돌궐에 인도한다면 어떻게 되겠는가. 초원의 모든 부족에게 당 황제의 신용도는 하락할 것이며, 향후 누구도 당에 투항해오지 않을 것이다. 태종은 신용을 잃는다는 것이 얼마나 무서운 재앙인지 잘 알고 있었다.

돌궐의 북방 변경에 사는 여러 부족이 힐리 칸에게 등을 돌리고 설연타의 추장 이남에게 붙었다. 동쪽으로는 만주, 서쪽으로는 서돌궐 접경지대까지 산재한 유목 부족의 대부분이 설연타 부 아래 뭉쳤다. 이제 당 태종이 초원의 정치에 개입했다. 그는 장군 교사망喬師望을 파견해 설연타의 이남에게 진주眞珠 칸의 칭호와 소 꼬리털 깃발과 북을 줬다. 이로써 당의 원조를 보장받은 이남의 설연타 부는 힐리 칸을 집요하게 공격했다.

629년 11월 23일 피지배 부족들과 조카 돌리의 반란으로 힐리 칸의 세력이 현저히 약해지자 태종은 초원으로 10만 대군을 파견했다. 630년 정월, 총사령관 이정李靖의 기병부대 3000명이 정양定襄(지금의 내몽골 허린거얼和林格爾 서북)에서 힐리 칸의 군대를 급습했고, 음산陰山까지 추격해 격파했다.

10만 명을 참수했고, 힐리를 따르던 추장들과 그 수하 5000명을 포로로 잡았으며, 가축 수십만 마리를 노획했다. 옛날에 돌궐로 시집가 살던 수나라 의성공주를 죽이고 그 아들 아사나첩라시阿史那疊羅施를 잡아 포박했다. 강하왕江夏王 이도종李道宗에게 사로잡힌 힐리가 5만 명의 포로와 함께 장안으로 들어왔다.

당 장안의 궁궐 순천루順天樓였다. 수많은 문물이 진열돼 있는 그곳에 힐리 칸이 개처럼 끌려나왔다. 눈에는 기백이 없었고, 몸은 앙상하게 야위어 있었다. 수그린 초췌한 머리 아래로 닭똥 같은 눈물이 떨어졌다. 태종은 그에게 말했다.

"너는 힘을 믿고 잡초와 같이 싸우기를 좋아했다. 나는 너에게 비단과 금은보화를 수없이 보냈고, 침략을 자제해달라고 거듭 부탁했다. 물자를 받을 때마다 너는 침략하지 않겠다고 맹세했다. 하지만 너는 그것을 상습적으로 어겼다. 나의 농작물을 유린했고, 자녀들을 잡아갔다. 하지만 너의 목숨은 살려주겠다. 살아서 앞으로 내가 어떻게 하는지 네 눈으로 똑똑히 보아야 한다."

역사에서 말하는 돌궐 제1제국이 붕괴되는 장면은 이러했다. 당 태종의 정신과 육체의 날개를 끊임없이 조여왔던 돌궐이 제거됐다. 그것은 고구려에게는 재앙이었다.

영류왕은 이렇게 자문했을 것이다.

"다음은 누구 차례인가?"

텅 빈 몽골 초원.
가축이 없는 초원은 풀이 무성해지는 법이다.
조드는 초원에 휴식을 주어 소생시키는 자연의 순환이다.
630년 돌궐 제1제국이 멸망한 후에도 이러한 일은 있었다.
유목민들은 초원을 탈출했다.
북쪽으로 설연타에 붙었고, 서역으로 이주했으며, 남쪽으로 중국에 투항했다.
몽골의 대초원은 텅 비었다.

11

영류왕
대당의 암운
아래서 숨죽이다

가련한 영류왕

태종의 발목을 잡아왔던 돌궐이 붕괴되자 영류왕은 발 빠르게 움직였다. 사신을 당 제국에 보내 바로 꼬리를 내렸다.

"고구려 왕 영류왕이 사신을 보내 힐리 칸을 격파한 것을 축하하고 고구려의 지도(봉역도封域圖)를 바쳤다."(『구당서』)

고구려에 대한 주요 정보로 가득 채워진 지도가 당나라 조정에 공개됐다.

돌궐이 붕괴되고 새로운 강자, 당이 등장하는 것을 목도한 영류왕은 향후에 엄청난 파란이 있을 것을 직감하고 공포에 짓눌렸다. 그의 공포는 이듬해인 631년, 고구려의 군인들에게 치욕을 안겨줬다.

그해 평양에 당나라 사절단이 도착했다. 사절단장 장손사長孫師는 태종의 처갓집 사람이었다. 당시 광주도독부廣州都督府 사마司馬로 재직 중이었던 그는 고구려로 가서 수-고구려 전쟁 때 전사한 수나라 병사들의 뼈를 찾아서 묻고, 고구려의 경관京觀을 무너뜨리라는 특명을 받았다. 경관은 고구려가 수나라군의 해골을 쌓아서 만든 전승기념탑이었다. 태종은 중국에 치욕을 주는 그 상징물을 그냥 둘 수 없었던 것이다. 장손

중국 『신간전상당 설인귀과해정료고사新刊全相唐薛仁貴跨海征遼故事』에
실린 연개소문의 비도대전 그림.
연개소문은 중국의 각종 문학작품에 꾸준히 악역으로 등장할 정도로
중국인에게 강한 인상을 남겼다.

사가 갖고 온 태종의 특명을 영류왕은 거절할 용기가 없었다.

중국 군인들의 해골더미를 본 장손사의 기분은 어떠했을까. 분노가 치밀었을 것이다. "아! 잔인하구나. 어떻게 죽은 사람들의 뼈로 이러한 짓을 한단 말인가." 하지만 그는 고구려와의 전쟁에 어떠한 대가를 지불해야 하는지도 느꼈을 것이다. 장손사는 세상의 끝 고구려 땅에서 이름도 없이 죽어간 그 불쌍한 병사들을 위해 성대한 제사를 지냈다. 그는 영류왕으로 하여금 고구려 장정들을 시켜 그 전승기념탑을 스스로 허물게 했다.

이 사건은 수나라 군대와 목숨을 걸고 싸웠던 병졸들의 마음에 커다란 상처를 안겨줬다. 수군과 싸우다 전사한 이들은 국가를 위해 목숨을 바쳤다. 하지만 국가는 그들의 희생으로 얻은 '전승의 상징'을 자기 손으로 무너뜨렸다. 국왕의 이름으로 그들의 희생을 무가치한 것으로 만들어 살아남은 자들의 충성심을 약화시켰다.

마키아벨리는 『정략론』에 시공간을 초월해 공감을 자아내는 지적을 남겼다.

"군주는 스스로 권위를 해칠 우려가 있는 타협을 해서는 절대로 안 된다. 설사 그것을 참아낼 자신이 있더라도 말이다. 양보에 양보를 거듭하는 것보다 과감하게 대결하는 편이 더 낫다. 설령 실패로 끝나더라도 좋은 결과를 가져온다. 오로지 정면충돌을 피하고 싶은 일념에 양보책을 써도 실패는 어차피 회피할 수 없다. 양보를 거듭해 봐야 상대편은 만족하지도 않을 것이고, 비굴해진 군주를 더욱 얕잡아 볼 것이다. 적의는 오히려 노골적이게 되고 더 많이 빼앗겠다는 생각을 하게 된다. 사려 없는 양보책에 의해 드러난 군주의 약점은 자신의 편이 될 수 있었던 사람들마저 실망시켜 냉담하게 만들어버릴 것이다."

영류왕은 당과의 전쟁을 피하고 싶은 일념에 사로잡혔다. 그는 본래 그렇게 나약한 사람이 아니었다. 젊은 시절엔 기개가 있고 출중한 무장이었다.

612년 수나라 장군 내호아가 이끄는 수군이 평양성에서 60리 떨어진 대동강 어귀에 상륙했을 때였다. 상륙을 저지하기 위해 고구려 군대가 몰려갔다. 하지만 세계를 제패한 노련한 수나라 군대였다. 고구려군은 역습을 받고 붕괴됐다. 여기서 평양성을 지킬 병력이 현저히 줄어들었다. 이윽고 수나라 군대가 평양성에 들이닥쳤다. 거대한 공성기가 조립됐고, 평양성 외성의 문에 공격이 집중됐다.

이윽고 성문이 부서지자 수군이 성안으로 밀려들었다. 내호아는 부하들에게 약탈을 허락했다. 장군과 병졸 구분 없이 약탈에 가담했다. 재물을 빼앗고 여자를 겁탈했다. 흩어진 수나라의 군대가 통제할 수 없는 상태에 이르자, 영류왕이 결사대 500명을 이끌고 나타났다.

그는 약탈에 정신이 없는 수나라 군대를 기습했다. 생각지 못한 역전극이 벌어졌다는 소식에 흩어졌던 고구려 군대도 재집결했다. 내호아의 군대는 대파됐고, 살아남은 자들은 그들의 배가 있는 곳으로 도망갔다. 통제할 수 없는 군대는 그 수가 적을수록 좋으며, 차라리 없는 것이 낫다.

문제는 내호아의 배에 육로로 남하한 수나라 육군 30만 명이 먹고 사용할 수 있는 엄청난 식량과 연장이 실려 있었다는 데 있었다. 보급품을 실은 수군水軍이 대파됐다는 소식은 재앙이었다. 굶고는 싸울 수 없다. 수나라군은 평양성 앞에서 철수하지 않을 수 없었다.

청천강에서 압록강을 건너 요하까지 수나라 군대의 시신이 남겨졌다. 영류왕의 군사적 성공이 없었다면 을지문덕의 살수대첩도 기획에 그쳤을 것이다. 그는 대수전쟁의 최고 영웅이었다. 그러나 그 용감하고 현명했던 영류왕은 나이가 들면서 변했다. 그는 육체와 함께 정신도 쇠약해졌다. 무엇보다 정신적인 결단력이 무뎌졌다. 당과 일전을 겨루겠다는 각오는 고사하고 어떻게든 당의 비위를 맞춰 타협하려고 했다. 진정한 현실주의자란 혹독한 현실을 헤쳐나가는 자다.

고구려 내부에서도 영류왕은 처벌을 감행하는 책임정치를 회피했다. 그것은 엄청난 대가를 지불하고 말았다. 630년대 말 어느 날이었다. 고구려의 동부대인東部大人 연태조淵太祚가 죽었다. 고구려의 실력자였던 그는 잔인한 성격의 아들을 두고 있었다. 바로 연개소문淵蓋蘇文이었다. 연개소문의 동부대인직 승계 여부를 놓고 조정에서 회의가 열렸다. 연개소문은 그 자리에 불려나갔다. 사람들은 포학한 그의 사람됨을 좋아하지 않았다. 그에게 수모를 당했거나 피해를 입은 사람들이 많았다. 회의 석상에 있던 거의 모든 사람이 반대표를 던졌다.

동부대인직 승계가 불투명해지자 당당하던 연개소문도 머리를 숙이고 뭇사람들에게 사죄를 했다. 그리고 자신이 동부대인직을 임시로 맡아 그 역할을 충실히 수행할 수 있는지 시험해줄 것을 청했다.『삼국사기』는 이렇게 기록하고 있다. "만약 옳지 못함이 생기면 해임을 당해도 감수하겠습니다."

대신들의 마음이 흔들렸다. 고구려의 앞날을 책임질 영류왕은 결단해야 했다. 그가 냉정한 판단을 했다면 연개소문에게 동부대인직이 허락되지 않았을 것이고, 642년 그 자신도 연개소문의 손에 죽어 토막난 시체로 도랑에 버려지지 않았을 것이다.

영류왕의 입장에서는 당시 더욱 압박해오던 당나라와의 피할 수 없는 전쟁을 염두에 둘 때 연개소문은 이용가치가 있는 인물이었다. 죽은 아버지 연태조를 이어 연씨 집안의 가장이 된 그는 어마어마한 재산과 고구려 제1의 가산조직家産組織을 소유하고 있었다. 그의 가문 내력에 대해서는 연개소문의 장남 남생男生의 묘지명에 다음과 같이 쓰여 있다.

"증조부인 자유子遊와 조부인 태조太祚는 모두 막리지를 역임했고, 아버지인 개금蓋金(연개소문)은 태대대로太大對盧였다. 할아버지와 아버지는 병사를 잘 길러良弓良冶 모두 병권을 잡고 국권을 오로지했다."

그의 자급자족적 가산조직은 하나의 국가를 방불케 할 정도로 방대했다. 그 안에는 거대한 농업 생산조직인 농장과 수공업 생산조직인 공방이 있었고, 전쟁과 토목공사에 당장 동원이 가능한 수많은 가노家奴를 부양하고 있었다.

가장인 연개소문 없이는 그의 가산조직을 이용하기 쉽지 않았다. 영류왕이 연개소문을 동부대인직에 유임시키고 천리장성 수축이라는 거대한 토목공사의 책임을 맡긴 것은 이 때문이었다. 천리장성은 향후 있을 당의 침공을 일차적으로 저지하는 담장이었다.

연개소문을 살린 것은 영류왕이 아니라 돌궐 제국을 무너뜨린 당 태종이었다. 그에 의해 돌궐이 붕괴되지 않았다면 연개소문은 유임되지 않았을 것이고, 642년의 쿠데타로 고구려의 정권을 장악하지도 못했을 것이다.

12

포획된 전쟁기계
돌궐

630년 3월 3일 당 태종은 항복한 돌궐의 군장들과 자리를 함께 했다. 그들은 태종에게 왕 중의 왕이라는 의미로 '하늘의 칸天可汗'이라는 칭호를 올렸다. 태종은 겸양의 뜻을 보였다. "나는 당나라의 천자인데 어찌 초원의 칸이 될 수 있겠는가?"

하지만 군장들은 카리스마 넘치는 태종에게 깊은 경외심을 갖고 있었고, 진정 자신들의 칸이라 여겼다. 군장들과 조정의 신하들은 모두 자리에서 일어나 "하늘의 칸이여 영원하라!" 하고 만세를 여러 번 복창했다. 그것은 문서에서 공식화됐다. 이후 돌궐 군장들에게 보낼 때에는, 황제의 도장이 찍힌 편지인 새서璽書에 '하늘의 칸'이란 명칭이 사용됐다.

황제 자리를 뺏기고 뒷방 노인으로 있던 상황上皇 고조도 아들 태종의 경이로운 공적에 감탄했다. "800년 전 한 고조 유방은 유목민인 흉노에게 포위돼 곤욕을 치렀지만 보복할 수 없었다. 내 아들 세민은 힐리 칸을 사로잡고 돌궐을 붕괴시켰다. 내가 무엇을 걱정하겠는가!"

고조는 태종과 여러 비빈·아들·조카 그리고 공주들을 포함한 모든 왕족을 궁궐의 능연각凌煙閣으로 초대했다. 대신 10명도 초대됐다. 성

대한 연회가 벌어졌다. 술이 오갔고 비파 타는 소리가 울려 퍼졌다. 궁정 악사들이 협연하는 가운데 무희들이 화려한 춤을 추었다.

축제 분위기 속에서 4년 전 차남 태종에게 맞아 죽은 장남과 삼남 그리고 손자들 10명의 존재는 잊혀졌다. 술에 취한 고조는 벌떡 일어나 늘씬한 무희들에게 다가가 함께 몸을 흔들었다. 대신들이 번갈아 일어나 공손하게 말했다. "상황마마 만수무강하옵소서." 연회는 밤이 늦어서야 끝났다. 천신만고 끝에 돌궐로부터 자유로워졌다는 해방감이 축제를 만끽하게 했다.

이튿날 아침 현실로 돌아온 태종은 생각에 잠겼다. 돌궐의 붕괴로 10만 명 이상의 돌궐인들이 중국 땅에 들어오게 됐다. 그들이 항복해왔다고는 하지만 뛰어난 기동성을 보유한 무력집단이었다. 그들을 중국에 정착시키는 것은 단순한 일이 아니었다. 어떻게, 어떠한 형태로 정착시킬 것인가가 문제였다.

신하들 대부분은 돌궐인의 부락 조직을 해체시켜 하남의 주와 현에 흩어 정착시켜야 한다고 했다. 유목민인 그들에게 농사와 방직을 가르쳐서 농민으로 만들어야 한다는 것이었다.

하지만 온언박溫彦博이 여기에 반대했다. 농민으로 만드는 것은 그들의 고유한 물성物性을 어기는 것이다. 기동성 있고 용감한 전사인 그들의 장점을 사장시킬 필요가 있는가. 부락을 보존하고, 그들이 살았던 땅과 비슷한 만리장성 이남에 정착시켜 중국의 북방을 방어하는 역할을 맡기는 것이 상책이다. 좋은 횟감을 굳이 삶아 먹겠다니, 말도 안 된다.

위징은 온언박과 생각이 달랐다. 돌궐은 대대로 중국을 노략질한 원수다. 그러나 지금 패하고 망해서 항복해오는 바람에 차마 다 죽이지 못한 것이다. 그들을 중국에 머물게 할 수는 없다. 몽골 초원으로 돌려보내야 한다. 그들은 사람의 얼굴을 했지만 짐승과 다르지 않다. 약하면 항복을 청하고 강하면 반란을 일으키는 자들이다. 항복해 온 10만 명의 무리가 시간이 지나 수가 늘어나면 중국에 우환이 될 것이다.

신하들의 견해를 들은 태종은 만리장성 이남에 돌궐인들의 부락을 온전히 정착시키자는 온언박의 안을 채택했다. 태종은 유목민의 습성을 숙지하고 있었고, 그들의 탁월한 전투력이 어디서 기인한 것인지 정확하게 간파하고 있었기에 그들을 당나라 기병으로 부리기로 했다.

태종은 돌궐인 부락들을 동쪽의 요서 유주幽州(지금의 베이징)에서 서쪽 오르도스 부근의 영주靈州(지금의 닝샤후이족자치구 링우靈武)까지 나란히 배치했다. 그곳은 몽골의 초원과 중국을 나누는 자연 경계인 고비사막의 남쪽이다. 왕족인 아사나씨는 각 관할 지역들을 다스리는 도독으로 임명했고, 추장들은 장군將軍으로 임명했다. 당 조정에 5품 이상의 돌궐인들이 100명으로 신료의 절반을 차지했다. 장안에 들어와 사는 그들의 가족·식솔들이 1만 가구에 가까웠다.

거대한 예산이 소요됐다. 한 사람마다 사물賜物 5필, 포袍 1령이 지급됐다. 재정이 풍족해서 정착지원금을 준 것은 아니었다. 군사적 목적을 위해 어려움을 감수한 것이었다. 그것은 그들을 당나라에 옭아매는 포획장치였다. 태종은 전쟁이 전력의 감소로 이어지는 것을 막고, 승리 후 항복한 자들을 자신의 군대로 만들어 전력을 배가시켰다.

프랑스의 현대철학자 들뢰즈는 그의 저서 『천의 고원』 12장 '유목론'에서 전쟁기계(유목민) '포획장치'에 대해 말했다.

"전쟁기계가 국가에 의해 포획될 우려는 항상 상존한다. 역사적으로 국가는 전쟁기계를 포획해 자신의 군대로 편성해왔고, 포획된 군대는 더 이상 전쟁기계가 아니며, 오히려 국가를 위협하는 모든 전쟁기계에 대항하는 수단, 혹은 한 국가가 배타적으로 다른 국가를 파괴하는 수단이 됐다."

여기서 '포획장치'란 자신에게 칼을 겨누던 적의 힘을 역전시켜, 자신의 힘으로 만들어내는 정교한 구조물이다.

태종은 적대적인 인물들을 자신의 편으로 만들어 중국 동란기의 최후 승자가 된 인물이었다. 그들이 패배했다 해도 능력이 있으면 등용했다. 태종의 충직한 신하로서 당 제국 건설에 이바지한 자들은 한때 적의 수하였던 사람들이 많았다. 돌궐의 마지막 숨통을 끊는 작전을 총지휘한 이정, 현무문의 정변에서 최고의 공을 세운 울지경덕, 후에 고구려를 멸망시키는 주역을 담당한 이세적, 유목민을 만리장성 이남에 정착시키는 데 가장 반대한 위징도 그러했다.

위징은 이세민의 형이자 정적인 황태자 이건성의 측근이었다. 그는 일찍이 이세민을 제거해야 한다고 이건성에게 권유한 인물이었다. 현무문의 정변 후 태종은 위징을 소환해 심문했다. "너는 어째서 형제를 이간질했느냐?" 태종의 준엄한 목소리에 주위에 늘어서 있던 자들은 모두 부들부들 떨었다.

그러나 위징은 태연하게 대답했다. "만약 황태자가 일찍이 나의 말에 귀를 기울였다면 오늘날의 화를 초래하지는 않았을 것이오." 위징의 늠름한 태도에 이세민은 자신도 모르게 옷깃을 여미며 그 자리에서 그를 측근으로 삼았다.

태종이 즉위하기 전인 진왕 시절부터 그를 따랐던 부하들의 관위가 현무문에서 죽은 형과 동생의 속료였던 자들보다 낮을 때도 있었다. 오랫동안 섬겨온 상전이 황제의 자리에 올랐는데 이것이 어찌된 일인가? 신하들의 불만을 접한 태종은 다음과 같이 말했다.

"군왕은 지공무사至公無私해야만 천하의 민심을 복종시킬 수 있다. 우리가 이렇게 날마다 먹고 입을 수 있는 것은 백성의 조세 덕분이고, 관직을 마련해 정치를 하는 것도 백성을 위한 일이다. 그렇다면 능력이야말로 관리를 등용하는 기초가 돼야 하며 신구新舊가 관직의 상하를 결정해서는 안 된다."

태종은 항복해온 유목민 군장들을 자신의 경호원으로 채용했고,

돌궐 제2제국의 근거지가 되었던
오르콘 강이 유유히 흐르고 있다.

모두 완전무장한 상태로 자신의 잠자리를 지키게 했다. 일단 굴복한 자에게는 원망이나 시의심으로 접하는 일이 없었다. 태종은 군장들 그리고 그들의 부하들과 함께 몰이사냥을 즐기기도 했다. 군장들은 그 도량에 감격해 태종을 위해서라면 목숨을 버려도 아깝지 않다고 생각하게 됐다.

태종은 나아가 돌궐 군장인 글필하력契苾何力, 아사나사이阿史那社爾, 아사나사마阿史那思摩 등과 인척관계를 맺었다. 황제와 군장이 결합된 새로운 씨족이 탄생했다. 씨족 의식은 당 제국을 공동재산으로 생각하게 했고, 제국의 팽창은 씨족 공동재산의 확대를 의미했다. 태종은 이후 유목민 군장들이 이끄는 부락민들을 동원해 투르키스탄과 사막의 인도-유럽계 오아시스들을 정복했다. 고구려 영류왕은 태종의 행보에 경악했고 다만 미증유의 영웅적 성취를 바라볼 뿐이었다.

태종이 돌궐 기병을 이끌고 고구려를 침공해올 것이 확실해졌다. "(631년) 봄 2월 영류왕은 많은 사람을 동원해 장성長城을 쌓았는데, 동북쪽 부여성으로부터 동남쪽으로 바다에까지 이르러 천여 리나 됐다. 무려 16년 만에 공사를 마쳤다."(『삼국사기』)

13

진평왕은
어떤
왕이었는가

광대한 영토와
고난의 전쟁을
상속받은 진평왕

632년 1월 신라를 54년 동안 다스렸던 진평왕이 죽었다. 그는 덩치가 우람했다. 하지만 결코 둔중하지 않았다. 성숙한 남자였고, 참을성 있게 기다리는 비법을 터득하고 있었다. 유년 시절의 불행이 그를 진중한 사람으로 만들었다. 왕위가 약속된 아버지 동륜銅輪태자가 일찍 세상을 뜬 것이었다. 572년, 그는 아버지를 잃고 모든 것을 잃었다.

　왕위는 삼촌인 금륜金輪에게 돌아갔고 그의 미래도 불투명해졌다. 황태자의 아들이었을 땐 모든 사람이 그를 경이롭게 바라봤다. 하지만 한순간 모든 것이 바뀌었고 사람들의 관심도 떠나갔다. 그는 남편을 잃고 슬픔에 빠진 어머니 만호부인萬呼夫人을 말없이 바라봐야만 했다. 조부인 진흥왕眞興王이 살아 있었을 때는 그래도 나았다. 삼촌 금륜이 진지왕眞智王으로 즉위한(576) 후 진평은 눈치를 봐야 하는 처지로 전락했다.

　삼촌은 주색을 밝히는 방탕아였다. 도화녀桃花女라는 유부녀를 좋아했고 그 소문이 온 왕경에 퍼졌다. 삼촌은 밤마다 광대들을 데리고 놀았고 국가와 왕실의 중요한 제사를 거르는 일도 잦았다. 진평은 삼촌을 보고 배운 것이 아주 많았다. "저렇게 하면 안 되지."

삼촌의 방탕이 극에 이르자 내물왕奈勿王의 후손으로 구성된 진골 귀족회의인 화백和白이 소집됐다. 화백의 회장은 신라가 한강 유역을 차지하고 가야를 병합하는 데 절대적으로 기여했던 영웅 거칠부居集夫였다. 그는 진흥왕의 조부인 지증왕智證王의 직계비속은 아니었지만 왕족들 내에서 유력한 위치에 있었다.

왕족인 진골 귀족들은 백성들이 왕의 행실을 비난하고 있으며 그것이 왕실의 수치라 여겼다. "왕실이 권위를 잃으면 통치 자체가 불가능합니다. 지금 진지왕을 왕좌에서 끌어내리지 않는다면 우리 내물왕가의 권위 상실로 이어질 수 있습니다." 이로써 진지왕의 폐위가 결정됐다.

삼촌이 폐위되는 모습을 본 진평은 자신에게 기회가 왔다고 내심 기뻐했을 수도 있다. 하지만 그것은 남의 일이 아니었다. 자신도 언제든 왕좌에서 끌어내려질 수 있었다. 진골 귀족들의 손에 떠밀려 왕위에 오른 진평왕은 그들의 심사를 지속적으로 살펴야 했고, 무엇보다 내물왕계 각 가문의 수장들에게 예를 차려야 했다. 그는 권력이란 상속받는 것이 아니라 자신을 끊임없이 낮춤으로써 쟁취하는 것임을 알았다.

그는 의례에 충실했다. 왕은 신라국가와 내물왕계 왕실의 제사장이다. 그것을 잘 수행하지 못한다면 문제가 된다. 하지만 그가 책 잡히지 않기 위해 그렇게 한 것은 아니었다. 의례의 기본은 서열이다. 왕실 구성원에게는 반드시 높고 낮은 서열이 있다. 그것은 진평왕이 스스로 왕실 구성원의 우두머리라고 자청하는 것과는 달랐다.

신라에 사는 모든 사람이 그가 하늘의 위임을 받은 대리인이라는 믿음을 갖지 않는다면 국왕은 그 지위를 유지할 수 없다. 믿음을 유지하기 위해서는 국왕과 중신들이 주역이 되는 의례를 정기적으로 집행하되 그것을 아름답고 웅장하게 보여주어야 했다. 의례의 집행은 국왕의 지배권을 재확인하는 것이었다.

북한산성 성벽이 북한산 능선 위의
험준한 지형 위에 자리 잡고 있다.
603년 진평왕이 직접 군사를 이끌고
북한산성을 구했다.

신장 11척의 거구였던 진평왕은 의례를 박력 있게 잘 집행했다. 그가 교사郊祀와 종묘宗廟에 제사를 지낼 때 허리에 두른 옥대를 사람들이 하늘에서 받은 것이라 생각할 정도였다. 진정 믿음을 주는 의례 주관자의 모습이었다.

큰딸 덕만(선덕여왕)이 왕성인 월성月城에서 태어났다. 580년 말에서 590년대 초반 사이로 추측된다. "어째서 아들이 아니란 말인가!" 당시에는 딸이 왕위에 오른다는 것은 상상할 수도 없는 일이었다.

그녀가 태어날 당시를 전후한 589년 중원의 강자 수나라가 남조의 진陳을 멸하고 통일을 달성했다. 이는 수나라가 북방의 강력한 유목제국 돌궐을 격파한 결과물이었다. 수의 중국 통일은 후한 말 이후 근 400년간의 분열을 종식한 것이었다. 중국 대륙의 분열은 당시 사람들에게 익숙한 것이었고 오히려 통일이 비정상적인 것이었다. 이 기간 동안 한반도는 중국의 왕조들로부터 비교적 자유로울 수 있었다.

수의 통일로 가장 충격을 받은 나라는 신라가 아니라 고구려였다. 고구려의 성장과 전성기 구가는 한漢 제국의 몰락과 중원의 분열이 가져다 준 선물이었다. 고구려는 북중국이 강력한 북위에 의해 통일됐을 때도 북방초원의 유목제국 유연柔然과 손잡고 또 남조 유송劉宋과 연결해 북위의 위협에 대처할 수 있었다. 하지만 수나라가 북방초원의 새로운 유목제국 돌궐을 격파하고 남조를 병합했다. 이제 고구려는 중국에 대해 손을 쓰기 힘든 처지가 됐다.

한편 진평왕도 수와의 관계를 어떻게 설정할 것인가를 놓고 고민했다. 이미 594년에 수 문제가 신라에 사신을 파견해 진평왕을 낙랑군공 신라 왕으로 책봉했다. 아마 이 시기부터 수는 고구려 공략을 위해 신라를 적극적으로 이용하려 했던 것 같다.

하지만 백제가 신라의 발목을 잡았다. 십대의 예민한 나이였던 덕만은 602년에 백제가 아막성을 공격했고, 여기서 귀산貴山이 아버지 무

105

은을 구하고 장렬히 전사했다는 소식을 들었다. 603년에 고구려가 신라의 서북방 중요 군사거점인 북한산성을 공격했다. 성은 고구려군에 포위됐고 함락은 시간문제였다.

진평왕은 북한산성을 직접 구원하기로 결심했다. 아버지가 위험한 전쟁터로 가는데 딸의 인사가 없을 수 없다. 덕만은 전쟁터로 출발하는 아버지를 배웅하면서 소중한 이를 잃을 수도 있다는 사실이 매우 두려운 것임을 깨달았다.

행군에 20일 정도의 시간이 걸렸지만 북한산성은 잘 버티고 있었다. 진평왕이 직접 구원하러 왔다는 사실을 안 북한산성의 병사들은 사기가 올라 북을 치고 소리를 질렀다. 그들은 성문을 열고 나가 고구려군을 공격할 기세였다. 그렇게 되면 고구려군은 북한산성에 주둔한 신라군과 진평왕의 구원군으로부터 협격을 받을 것이다. 고구려 장군 고승은 철군 명령을 내렸다. 진평왕은 왕으로서 진정 할 일을 했다.

신라의 영토 팽창은 진평왕의 조부였던 진흥왕 대에 정력적으로 추진되어 560년대에는 그때까지의 신라 역사상 최대의 판도를 누리게 됐다. 진평왕은 조부로부터 방대한 영토도 물려받았다. 하지만 고난에 찬 전쟁도 함께 물려받았다. 신라는 진평왕 대에 가서 영토 회복을 꿈꾸는 고구려·백제 양국으로부터 끊임없는 공격을 받았다.

근친혼으로 유지한 권력과 열성인자

덕만은 신라에 대한 일본·백제·고구려의 협공이 동시에 시작되던 시기에 십대의 초·중반을 보냈다. 이 무렵에 그녀가 결혼을 했으리라고 추정된다. 신랑은 음欽 갈문왕이었다. 갈문왕이란 칭호는 왕의 형제에게 수여되는 것이었다. 덕만에게는 삼촌이 둘 있었는데 국반國飯과 백반伯飯이었다. 음欽은 반飯과 비슷한 글자다. 그렇다면 덕만은 15살 이상의 나이 차가 있는 삼촌 중 한 사람과 결혼했을 가능성이 높다. 국반은 사촌인 진덕여왕의 아버지다. 그렇다면 백반이 덕만의 배필이었을 것이다.

어린 나이에 결혼할 수밖에 없었던 이유는 아버지와 나이 차이가 많지 않은 삼촌이 신부가 나이 들 때까지 마냥 기다릴 수 없었기 때문이다. 당시 여자에게 결혼 의식이란 친정아버지가 모시던 조상신과 결별하고 남편이 모시는 조상신과 결합하는 것이었다. 삼촌과 근친혼을 한 덕만의 경우 친정의 조상신과 결별할 필요가 없었고 지참금을 갖고 갈 필요도 없었다. 왕궁에 있는 아버지의 거처에서 삼촌의 거처로 옮겨갔을 뿐이었다.

삼촌과의 결혼은 신라 왕실에서 일반적인 현상이었다. 덕만의 증조부인 진흥왕은 법흥왕의 동생 입종갈문왕과 법흥왕의 딸 지소부인 사이에서 태어난 아들이었다. 조부였던 동륜태자는 아버지 진흥왕의 동생, 고모 만호부인과 결혼해 진평왕을 낳았다. 진평왕도 동륜태자의 동생으로 추측되는 복승갈문왕의 딸 마야부인과 결혼해 덕만을 얻었다. 거듭된 근친혼은 왕가의 권력 독점을 유지하는 원동력이었다. 하지만 지나치게 순수한 성골 왕손의 피는 열성 유전인자의 누적을 의미했고 그들을 절멸로 내몰았다.

신라 포위공격은 왜 실패했는가

『일본서기』 「스이코 기」를 보면 602년 왜와 고구려, 백제가 신라를 동시에 협격하려는 계획이 있었다. 왜가 백제와 고구려에 협격 계획을 제안했고 이는 받아들여졌다. 하지만 정작 왜가 약속을 어겼다. 그해 규슈에 주둔하고 있던 왜군은 신라를 공격하지 않았고, 고구려는 1년 정도 늑장을 부렸다. 백제만이 홀로 약속을 이행했다. 결과는 재앙이었다. 602년 8월 백제 4만 대군이 신라의 아막성을 공격하다가 전멸했다.

하지만 당시까지도 신라는 왜와 고구려가 언제 자신을 침공해올지 몰랐다. 왜군이 규슈에 집결되어 있는 상황에서 진평왕과 그의 군대는 남쪽에 묶여 있었다. 신라의 입장에서 볼 때 하나의 적은 격파했지만 여전히 두 적이 건재하고 있었다.

그런데 603년 7월 규슈에 배치되어 있던 왜군이 철병했다. 왜국의 신라 침공계획이 철회된 한 달 후인 603년 8월 고구려가 신라의 북한산 성을 공격했다. 간발의 차이었다.

"(영양왕) 14년(603) 왕은 장군 고승을 보내 신라의 북한산성을 공격 했다. 신라 왕이 군사를 거느리고 한수漢水를 건너오니, 성 안에서 (신라 군이) 북을 치고 소리를 지르며 서로 호응했다. 고승은 저들의 수가 많고 우리의 수는 적어 이기지 못할 것을 두려워하여 물러났다."(『삼국사기』 권 20, 영양왕 14년 조)

"(진평왕 25년) 가을 8월, 고구려가 북한산성을 침공하니, 왕이 친히 병력 1만을 이끌고 가서 그것을 막았다."(『삼국사기』 권4, 진평왕 25년(603) 조)

친히 병력 1만을 한강 하류까지 이끌고 간 진평왕은 북한산성을 구 원할 수 있었다. 남쪽에서 왜의 견제와 백제의 공격을 막아내느라 북한 산성에 배치된 신라 병력은 많지 않았다. 고구려 장군 고승은 북한산성 을 함락시킬 수 있을 정도의 병력은 보유하고 있었던 것 같다. 그러나 신라의 원군 1만이 나타나자 고승은 병력의 열세를 인정하고 물러났다. 혹은 진평왕이 직접 온 것을 보고 왜군이 규슈에서 철병했음을 직감했 을 수도 있다.

고구려가 늑장을 부렸던 것도 602년 수나라가 서돌궐의 달두 칸을 격파하고 초원에 대한 지배권을 강화했기 때문이었다. 수나라의 통일과 초원 지배는 고구려에게 매우 불리한 정세 변화였다. 북한산성을 공격 했던 고구려군이 소극적인 면을 보였던 것도 이와 관련이 크다.

14

덕만이
위기에 빠진
신라를 상속받다

성골 여왕의 탄생

덕만의 결혼생활이 무르익을 즈음이었다. 곧 일어날 대규모 전쟁을 예고라도 하듯 607년 핼리혜성이 나타났다.

"(607년) 2월을 전후해 100일 동안 하늘에 혜성이 떠 있었다."(『수서』)

하늘의 반을 덮은 혜성의 꼬리를 보고 사람들은 공포에 휩싸였다. 앞으로 닥쳐올 재앙에 대한 불안감이 머리를 짓눌렀다. 왕에게는 백성의 불안감을 해소할 의무가 있었다. 진평왕은 이 불길한 천체를 제거하기 위한 의식을 주관해야 했다.

의례의 장면은 대략 다음과 같았을 것이라고 추측된다. 먼저 제단을 설치했고, 왕은 융천사融天師에게 혜성을 물리칠 수 있는 「혜성가」를 지으라고 명했다. 그러는 동안 왕실 수공업 공장의 장인들이 만든 의례용 제기와 제물들이 질서정연하게 제단에 올랐다. 의례 장소에는 왕실 구성원과 관리, 군인이 서열에 따라 자리를 잡았다.

장엄한 의례는 감동적이고 다채로운 볼거리를 보여준다. 의식을 주재하는 승려들은 화려하게 차려입었으며, 의례의 장면과 장면을 이어주기 위한 무희와 솜씨 좋은 악공이 동원됐다. 이 광경을 구경하기 위해

남아프리카 케이프타운에서 관측된 혜성.

백성들이 몰려들었다. 융천사가 지은 「혜성가」가 선창되자 단 아래에 자리한 사람들이 따라 부르기 시작했다. 합창은 계속 반복됐고, 도취된 사람들은 집단최면에라도 걸려든 것처럼 보였다. 「혜성가」가 왕경에 울려퍼졌다. 『삼국유사』에 나오는 융천가의 「혜성가」는 이 시기의 산물이다.

혜성이 예언했듯이 수와의 전쟁이 불가피하다고 판단한 고구려는 배후를 안정시키기 위해 신라를 공격했다. 608년 2월에 고구려는 신라의 북쪽 변방을 공격해 8000명을 사로잡았으며, 4월에는 우명산성牛鳴山城을 함락시켰다.

수 양제의 고구려 침공이 확실해진 611년에 진평왕은 수나라에 군사를 청하는 표를 올렸다. 이는 수가 요동 쪽에서 고구려를 공격할 때 신라가 여기 호응해 고구려의 남쪽 국경을 치겠다는 의사를 밝힌 것이다. 그러나 백제가 신라의 발목을 잡았다. 그해 백제는 신라의 가잠성을 공격해 100일 동안 포위했으며, 이를 함락시켰다.

한편 611년 4월 수나라의 100만 정벌군이 지금의 베이징 부근인 탁군에 집결했다. 하지만 이듬해인 612년 압록강을 건너간 수나라군 30만이 전멸했다. 세계 최강이라 믿었던 수군이 전멸한 사건은 생각지도 못한 결과였다. 전 세계가 놀랐다.

613년 가을 7월 황룡사에서 백고좌회를 열었다. 당시 수나라는 내란에 휩싸여 있었고 가파른 멸망의 길을 걷고 있었다. 백고좌회가 열린다는 소문이 왕경에 퍼졌다. 곧 전국의 고승들이 왕경으로 모여들기 시작했다. 백고좌회란 많은 승려를 모아놓고 국가의 평안을 기원하기 위해 불경을 읽는 법회다. 이는 반드시 국왕이 시주가 되어 국가의 안녕을 기원하는 것이다.

장례도 없이 돌아가신 부모를 매장할 수 없고 결혼식 없이 부부가 되는 것을 꺼리듯, 의례는 모든 인간에게 본연의 감정 표현이며 인간 안에서 유래된 것이다. 특히 국가의례는 국가의 지배를 상징적으로도,

실제적으로도 공고히 한다. 고대 사회에서 예禮는 질서의 다른 이름이었다.

이는 의례로 집단의 일체성을 확인하는 동시에 사회적 차별도 드러내기 때문이다. 하지만 그것은 원인이 아니라 결과다. 아들을 낳아야 하는 이유가 가족의 제사를 지속시키기 위해서인 것처럼 국가의례를 지속하기 위해 왕가가 존재하는 것이다.

632년 1월 덕만이 하늘같이 믿었던 아버지 진평왕이 세상을 떠났다. 진평왕에게도 정비 소생의 아들이 존재했을 가능성이 있다. 하지만 요람에서 죽었을 수도 있으며, 덕만 역시 갈문왕과의 사이에 자녀를 두었지만 근친혼으로 인한 열성인자가 누적돼 떨어진 과실이 됐을 수도 있다. 남편도 일찍 죽었다. 진평왕의 동생이었던 그는 여자인 덕만보다 왕위 계승 순위가 높았다. 만일 남편이 살아 있었다면 진평왕의 뒤를 이어 즉위했을 것이다. 덕만이 즉위할 당시 성골 남자가 없었던 것은 지속적인 근친혼의 결과였다.

최근 근친혼의 대명사인 스페인 합스부르크 왕가에 대한 콤포스텔라 대학 알바레스 연구팀의 의학적 연구 결과가 나왔다. 합스부르크 왕가는 유럽의 최고 명문이었다. 이 가문은 오스트리아를 6세기 동안 다스렸고, 결혼으로 혈통을 유지해 보헤미아·헝가리·스페인을 통치했다.

이 가문은 권력 세습을 유지하기 위해 빈번한 근친혼을 했다. 200년간 스페인을 다스리면서 11번의 결혼식을 올렸는데 그중 9건이 근친혼이었다. 찰스 2세는 삼촌과 조카딸의 결혼으로 태어났다. 필립 4세와 오스트리아 왕실의 조카인 마리아나의 결혼이 그것이다. 필립 4세의 조부인 필립 3세 역시 아버지 필립 2세와 조카딸 안나의 결혼으로 태어났다.

합스부르크 왕가의 아이들은 유아기와 소년기에 높은 사망률을 기록했다. 유아의 40퍼센트가 한 살을 넘기지 못했고, 어린아이의 절반이 10년 이상 살지 못했다. 당시 스페인 평민의 유아 생존율은 80퍼센트를

신라 고분에서 출토되는 금관은
신라 왕족들의 신성함을 보여주는 듯 화려하기 그지없다.
사진은 천마총에서 출토된 금관으로
신라 금관 중에서도 가장 화려한 것으로 손꼽힌다.

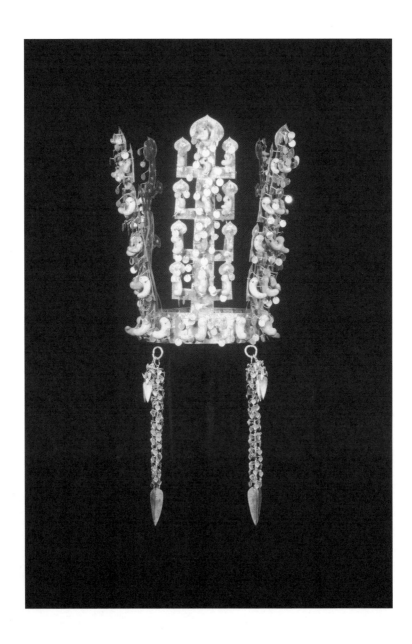

넘었다고 한다. 특히 합스부르크 왕가의 찰스 2세의 지병은 명백한 근친혼의 결과였다. 기록에 따르면 그는 키가 작고 허약했으며 장 질환과 혈뇨증이 있었다. 4살이 되도록 말을 하지 못했고 8살이 되도록 걷지 못했다. 그의 허약함은 근친혼에 의해 태어난 아이들에게 공통적으로 보이는 현상이다. 근친혼의 가장 큰 특징은 대를 거듭할수록 열성인자만 누적된다는 점이다. 뇌하수체 호르몬 결핍증과 신세뇨관 산증, 신장기능 부전으로 산기가 오줌으로 배출되지 못하는 병을 앓았던 찰스 2세는 무정자증까지 있어서 자식도 없이 38세로 사망했다.

덕만의 왕실 가족 가운데 남자는 아무도 없었다. 다만 아버지 진평왕의 삼촌이었던 진지왕의 아들 용춘龍春은 살아 있었다. 5촌 당숙인 그는 덕만의 여동생인 천명天明과 결혼했고, 그 사이에서 아들 춘추春秋를 두고 있었다.

왕위 계승 결정권을 가진 종친(진골)들도 난감했다. 여자를 왕으로 세운 전례가 없었다. 더구나 전쟁이 지속되고 있는 난국이 아닌가. 그렇다고 자신들이 폐위했던 진지왕의 아들 용춘을 왕위에 올리자니 뭔가 걸렸다. 세월이 53년이나 지났지만 패륜아 진지왕의 아들이라는 낙인은 없어지지 않았다. 인고의 세월을 살았던 사람을 왕으로 모실 경우에 닥칠 보복이 두렵기도 했을 것이다.

무엇보다 왕족들 가운데 진평왕의 직계존속, 혈통이 신성했다. 국가 의례의 제사장은 국왕이며, 왕실이란 그 제사장을 배출하는 가문이다. 그 가문 내부에서도 왕이 배출되는 가족은 신성하다.

신라 사람들은 진평왕을 위기에 빠진 국가를 구해낸 영웅으로 보았다. 진평왕은 반세기 이상 왕위에 있었고, 생의 마지막까지 고구려·백제와 혈투를 벌였다. 그동안 국가 생존은 지상의 과제였으며, 진골 귀족들도 국가 보위 전쟁에 말없이 그들의 병력과 물자를 내놓아야 했다. 사람들이 진평왕을 믿고 따랐기 때문에 가능한 일이었다.

왕에 대한 믿음 속에서 다른 왕족들과 진평왕 직계 가계를 달리 보는 의식이 서서히 생겨나기 시작했다. 진평왕 가족을 일반 진골 귀족보다 더 우위에 놓고 보는 성골 의식이 그것이다. 성골 의식은 아래에서 시작됐다. 덕만이 여자임에도 불구하고 왕위에 오를 수 있었던 것도 바로 이 때문이었다. 이웃 나라인 왜국 여왕 스이코推古의 존재가 중요한 참조가 되기도 했다.

진골 귀족들은 덕만(선덕여왕)을 성골로 받들었다.

"진평왕이 죽고 아들이 없자 나라 사람들이 덕만을 왕으로 세우고 '성조황고聖祖皇姑'의 칭호를 올렸다."(『삼국사기』)

15

'해동의 효자'가
외척의 후원으로
왕위를 계승하다

의자왕자,
태자가 되다

신라에서 덕만이 선덕여왕으로 즉위한 그해 그달이었다. 632년 1월 백제에서는 무왕의 아들 의자義慈가 태자로 책봉됐다. 아버지 무왕이 즉위한 지 33년이 지난 시점이었다.

부여융의 묘지명을 보면 의자의 아들 부여융은 682년 68세를 일기로 죽었다. 융은 615년에 출생했다. 의자가 아들보다 20세가 많다고 가정한다면 의자는 595년에 태어났고 태자가 될 당시에는 37세 정도로 추정된다. 평균 수명이 낮았던 당시로서는 결코 적은 나이가 아니었다.

의자가 왕자로서 태자에 임명된 것은 수많은 시험과 난관을 극복한 이후에야 가능했다. 의자는 그의 이름을 지어준 아버지 무왕이 원하는 삶을 살고자 노력했다. 적어도 그가 왕위에 즉위하기 전까지는 그렇게 해야 했다. 그는 누구보다 옹골찼고 용감했으며, 이버이를 효성으로 섬기고 형제와는 우애가 있어 해동海東의 증자曾子로 불렸다고 『삼국사기』는 기록하고 있다.

『구당서』와 『당회요唐會要』에는 그를 해동증민海東曾閔이라 하여 증자와 민자閔子에 견줬다. 민자의 효행은 생모에게 효도한 증자보다 각별한 의미가 있었다. 민자는 자신을 구박한 계모가 세상을 뜰 때까지 효도했다. 의자는 중국 땅까지 효자의 표상으로 그 이름이 전해졌던 것이다.

아버지 무왕은 여러 명의 왕비와 수없이 많은 후궁을 거느리고 있었다. 백제는 전형적인 일부다처제 사회였다. 왕의 아들이라면 누구나 왕의 자리에 오를 수 있는 자격이 있었다. 무왕 자신도 아버지 법왕의 후궁 소생이었다.

의자에게는 이복형제들이 많았다. 아버지에게는 수많은 아들 가운데 하나를 태자로 책봉할 수 있는 권리가 있었다. 누가 태자가 될지는 아무도 몰랐다. 그것은 무왕에게 딸을 준 각 귀족 가문의 가장들에게 초유의 관심사였다. 가장들은 자신의 딸이 낳은 아들이 태자가 되기만을 학수고대하고 있었다. 무왕이 왕위에 즉위하고 33년간 태자 책봉을 미뤄온 것도 이러한 이유 때문이었다.

신라에서는 있을 수 없는 일이었다. 철저한 일부일처제를 고수했던 신라 왕들도 후궁을 두고 있었다. 하지만 후궁의 아들은 왕위 계승 후보자가 되지 못했다. 단 한 명의 정비가 낳은 자식들만이 왕위 계승의 자격이 있었다. 신라에는 왕실의 조상신을 모신 시조묘나 신궁神宮이 있었다. 그곳에서 제례가 거행됐다. 제사에 참석하는 사람들은 근친 왕족들이었다.

왕실 구성원의 종손인 왕이나 태자의 결혼 의식도 왕실의 시조신 내지 조상신을 모신 장소에서 행해졌다. 왕가에 들어온 여자는 이러한 의식을 통해 정비가 됐고 그녀가 출산한 아들만이 왕위를 계승할 수 있었다. 아들은 종교적인 결혼 의식의 결실이어야 했다. 그 아들만이 제례를 주관하는 왕이 될 수 있었다. 선덕여왕의 아버지였던 진평왕은 54년을 왕위에 있었다. 장구한 세월 동안 그에게도 적지 않은 후궁이 있었을 것이고 후궁들에게서 얻은 아들들도 있었을 것이다. 하지만 그들은 진평왕에게 자식이 아니었고 애초에 자격도 없었다. 그들은 조상의 제사에 참여할 수 없었고, 대를 이을 수도 없었다.

『삼국사기』의 기록을 보면 진평왕에게 아들이 없어 덕만이 왕위를 계승했다고 한다. 이는 정확히 말해 진평왕의 정비인 마야부인의 소생 가운데 아들이 없었다는 것을 의미한다. 마야부인의 딸에게는 왕위 계승권이 있었다.

신라에서 여왕이 탄생한 가장 큰 요인은 바로 이 같은 제도 때문이었다. 신라 국왕은 정비가 아이를 낳지 못하면 이혼해야 했다. 그것은 권리이자 의무였다. 불임인 정비가 그 자리를 비워줘야 후처로 들어올 정비가 왕실 조상들 앞에서 식을 올릴 수 있었고 비로소 새로운 정비가 될 수 있었다.

다시 본론으로 돌아가자. 무왕은 누굴 태자로 삼아야 할 것인지 긴 세월 생각해야 했다. 수많은 경우의 수를 고려했다. 왕실에 여자를 시집보낸 가문들은 태자 책봉이란 게임에 매달렸고, 무왕은 그들의 희망을 이용했다. 그들은 무왕이 신라를 침공하는 데 필요한 물자와 인력을 순순히 내놓았다. 태자 책봉이 단번에 결정되면 희망을 상실한 귀족들이 왕에게 순순히 따르지 않을 것이 분명했다. 무왕은 시간을 벌어야 했다.

귀족들 입장에서는 새로운 왕의 즉위에 따라 권력 관계가 단숨에 바뀌게 된다. 그 전초전이 태자 책봉이다. 이때 귀족들은 태자, 나아가 그의 즉위로부터 자신들의 안전을 초미의 관심사로 여기며 비상하게 득실을 셈할 수밖에 없었다. 무왕은 결정을 내려야 할 상황에서 귀족들이 가장 안심할 수 있는 인물인 의자를 태자로 낙점했다.

귀족사회의 이해 통합은 현실적으로 어려운 과제였다. 여러 왕자가 경합하는 상황에서 완덕完德을 지닌 의자의 품성은 귀족들을 안심시키기에 족했다. 의자는 특히 수많은 이복형제와 우애 있게 지냈다. 의자에 대한 칭송은 즉위 후에 생겨난 것이 아니었다. 그는 전인적인 품성을 지니고 있었다. 누구도 넘볼 수 없는 해동증민이라는 완덕은 의자

가 태자의 자리에 오를 수 있는 계단이 됐다. 그의 덕은 일반적인 평가
였다. 의자는 이해관계가 다른 귀족들까지 자신을 호의적으로 인식하
게 만들었다.

의자에게는 왕비의 자식들을 제외하고도 후궁의 몸에서 태어난 41
명의 서자가 있었다. 25년 후인 657년에 그들은 모두 좌평(재상)으로 임
명될 정도로 장성했다. 한 배腹에 남자만 2명 출산했다고 하더라도 20명
이상의 첩이 존재했다는 것을 말해준다.

의자는 왕자 시절부터 다양한 귀족 가문과 혼맥으로 연결돼 있었
던 것이다. 그는 귀족 가문들의 혼사 대상으로 구매력이 있었다. 무왕의

원자元子로서 왕위 계승 가능성이 높았고, 고상한 인격과 품성이 주요한 이유였다. 그가 태자가 된 뒤 귀족 가문이 줄을 대는 경향은 더욱 가속화됐다. 의자왕의 즉위 기반 중 하나가 혼맥으로 결속된 다양한 귀족 가문의 지지였음을 부인할 수 없다.

『삼국유사』에 따르면 의자왕의 어머니는 신라 진평왕의 셋째 딸 선화공주였다. 미모가 매우 뛰어난 그녀를 사모했던 의자의 아버지 서동(무왕)은 두 사람이 밤에 남몰래 만나곤 한다는 「서동요」를 지어 신라의 왕경에 퍼뜨렸다고 한다. 공주는 억울한 누명을 쓰고 유배되던 중 서동에게 구출돼 백제의 왕비가 됐고, 미륵사 창건을 무왕에게 부탁했다고 한다.

그러나 복원을 위해 해체 중이던 미륵사지 서탑에서 「사리봉안기」
가 출토되면서 「서동요」는 믿을 수 없는 설화가 됐다. 2009년 1월 19일
의 일이다. 새로운 기록이 발굴되면서 『삼국유사』 서동설화에 등장하는
선화공주의 존재는 뿌리부터 흔들렸다. 새로 발굴된 기록의 일부는 다
음과 같다.

"우리 백제왕후百濟王后는 좌평 사택적덕沙宅積德의 따님으로 오랜 세
월 착한 인연을 심어 금생에 뛰어난 과보果報를 받아 만민을 어루만져
기르시고 삼보의 동량이 되었다. 그 까닭으로 삼가 깨끗한 재물을 희사
하여 가람을 세우고 기해년(639) 정월 19일에 사리를 받들어 맞이했다."

무왕의 왕후는 사택적덕의 딸이었다. 그녀가 재물을 희사해 절을
짓고 사리를 봉영했다. 사택왕후는 의자의 생모였다. 『수서』 「백제전」에
서 사택씨는 백제의 8개 귀족 가문의 첫머리를 차지하고 있다.

사택씨 가문에는 백제국의 최고위 관등인 상좌평 또는 대좌평이
많았다. 사택씨는 본래 충남 부여 지방에 기반을 둔 세력으로, 백제 성
왕聖王에게 웅진(공주)에서 사비(부여)로 천도를 적극 추진하게 했고, 사비
천도와 함께 백제 최대의 가문이 됐다. 의자가 왕위에 오를 수 있었던
가장 큰 이유는 그의 외가가 백제 최고의 가문 사택씨였다는 데 있다.

백제 왕들에게는 혼인으로 엮인 많은 귀족 가문이 있었고, 그들은
자신의 딸이 낳은 왕자의 즉위를 항상 열망했다. 귀족들은 자신의 외
손자를 즉위시키기 위해 경쟁했다. 그것이 귀족들이 왕에게 경쟁적으
로 충성하는 이유이기도 했지만 백제를 분열로 몰고 가는 구조이기도
했다.

16

실크로드를
손에 쥔 당,
서역국으로 달리다

당의 토욕혼 침공

634년에 토욕혼의 칸 모용복윤慕容伏允이 보낸 사절이 장안에 도착했다. 그들은 중국을 통일했을 뿐만 아니라 동돌궐을 붕괴시킨 당의 모습을 직접 확인하고자 했다.

토욕혼은 몽골계 유목민인 선비족이 세운 국가다. 그들은 장성長城 지대에 살다가 티베트 고원의 동북부로 쫓겨나 현지인을 제압하고 국가를 세웠다. 토욕혼은 북위 때부터 실크로드의 주요 통로를 장악하고 있었다. 국제 중개무역은 토욕혼의 주요한 재원 중 하나였다. 당시 북위의 사절은 토욕혼의 중개 없이 서역으로 갈 수 없었다.

토욕혼의 중심지는 교통의 요지인 칭하이 호 근처 복사성伏俟城이었다. 오늘날의 기준으로 볼 때 서쪽으로 차이담 분지를 지나 타림 분지의 남쪽에 이르고, 동쪽으로는 시안, 남쪽으로는 쓰촨에서 양쯔 강 하류의 난징, 북쪽으로는 몽골 고원에 이르는 동서 교통로의 중심에 있는 상업 왕국이었다.

북위가 붕괴되고 북중국이 분열되자 토욕혼은 새로이 급부상한 동돌궐 제국의 봉신이 됐다. 수나라는 통일을 이룩한 후 돌궐에 대한 분열 공작을 지속했고 분열된 돌궐은 힘을 잃었다. 그러자 608년 돌궐의 지배에서 벗어난 철륵이 토욕혼을 침공해왔다. 토욕혼의 칸은 수나라에 사자를 보내 군사원조를 청했다. 수 양제는 잔인한 우문술宇文述에게 지휘를 맡겨 군대를 보냈다.

국제정치에서 순수한 원조는 성립할 수 없다. 수나라 군대는 토욕혼을 돕기 위해 온 것이 아니었다. 그들은 점령을 목표로 왔다. 수나라 군대는 토욕혼을 공격해 수천 명을 살해하고 그 머리를 획득했으며, 그들의 지휘자를 사로잡고 남녀 4000명을 노비로 만들었다.

얼마 후 수나라가 고구려 침공 실패로 인한 내란에 빠져 망했다. 군웅들이 서로 얽혀 아귀 같은 전쟁을 하는 동안 토욕혼은 옛 영역을 다시 회복했다. 당시 군웅 가운데 하나였던 당 고조 이연은 수나라 때 포로로 잡혀온 모용복윤의 아들 모용순慕容順의 신변을 보호하고 있었다. 때문에 복윤은 고조에게 유리한 군사행동을 했다. 간쑤 성 지방의 반란군인 이궤李軌를 공격했고, 이로써 고조는 한숨을 돌릴 수 있었다. 고조는 그 대가로 모용순을 토욕혼으로 돌려보냈다.

이후 토욕혼은 당나라와 비교적 우호적인 관계를 지속했다. 하지만 634년 당에 조공을 바친 후 귀국하던 토욕혼의 사절이 민간을 약탈한 사건이 일어났다. 태종은 사절을 파견해 복윤을 질책했다. 그리고 당 조정에 직접 찾아오라고 압력을 가했다.

하지만 복윤은 병을 핑계로 당에 가지 않았을 뿐만 아니라 아들인 모용존왕慕容尊王을 위해 통혼할 것을 요구했다. 태종은 의외로 쾌히 승낙했다. 하지만 화번和蕃공주를 존왕이 직접 와서 맞이하라는 단서를 달았다. 결국 존왕은 가지 않았다. 태종은 이를 빌미로 통혼을 거절했다.

이러한 상황에서 토욕혼 내부에서는 반당적인 인물들의 발언권이 거세지기 시작했다. 토욕혼의 왕 복윤이 고령이라 권력이 주요 대신들의 손으로 넘어가게 됐고, 이 기회를 이용해 당을 치자는 목소리가 커졌던 것이다. 당의 서북쪽 국경 난주와 곽주廓州가 토욕혼에 약탈당했다.

태종은 634년 이정에게 명을 내려 토욕혼에 대한 대규모 정벌을 감행했다. 이정은 수 왕조에서 오랫동안 관직 생활을 했다. 당이 북중국을 통일한 이후 이정은 강남의 여러 반란 정권을 평정했고, 629년 말에는 동돌궐과의 전투에 참전했다.

이정은 토욕혼 원정에 설만철의 동행을 청했다. 설만철은 기병전의 명수로 절체절명의 위기를 돌파해 상황을 역전시키는 카리스마 넘치는 무장이었다. 설만철은 내란기에 군웅 양사도를 원조하는 돌궐군에 포위된 적이 있었다. 부장으로 종군한 설만철은 순식간에 적진을 횡으로 돌파해 돌궐의 효장驍將을 참살했다. 그러자 적진이 혼란해지기 시작했고, 승기를 잡은 당군은 돌궐군을 대파했다. 이어 설만철은 양사도를 포위하고 그를 습살했다. 이 광경을 성의 망대에서 지켜본 양사도의 부하들이 겁에 질려 항복했으며, 돌궐도 감히 와서 도우려 하지 않았다.

그는 토욕혼과의 전투에서도 자신의 기량을 발휘했다. 한 전투에서 당의 여러 장수가 각기 100여 기를 이끌고 선발로 나아가다가 토욕혼의 수천 기와 조우하게 됐는데, 이때 설만철은 단기로 적 수천 기 안에 들어가 싸웠다. 그런데 수천의 적 가운데 설만철을 당해낼 사람이 아무도 없었다. 설만철이 혼자서 적진을 종횡하고 있는 모습을 본 당의 장군들은 경탄을 금치 못했다. 설만철이 무사히 돌아와 장군들을 종용하니 모두 함께 돌진했다. 적을 수천 급이나 베니 인마의 유혈이 낭자했다.

하지만 당군이 토욕혼의 본거지에 들어가는 것은 결코 쉬운 일이 아니었다. 토욕혼이 들의 모든 풀을 불태워서 당군은 현지에서 보급품을 조달하기가 어려워졌다. 군사들은 주리고 말들은 파리해졌다. 당군은 대비천으로 물러나 더 진격해야 될지를 놓고 회의를 거듭했다. 반대하는 장군들도 있었지만 군대는 곧 진격해 적지 깊숙이 들어갔다.

설만철은 635년 5월 적수赤水 전투에서 토욕혼군의 창에 걸려 낙마

칭하이 호가 푸르고 붉게 빛나고 있다.
칭하이 호 부근은 토욕혼의 중심지였다.
토욕혼의 몰락은 토번의 세력을 강화시켰고,
그 파장은 한반도에도 영향을 미쳤다.

했다. 그는 경기병 수백을 이끌고 토욕혼군을 향해 선봉으로 돌격해 들어갔다. 그러자 토욕혼 기병 일부가 말에서 내려 장창長槍을 나란히 세운 보병 대열을 만들었다. 그것은 양군이 역동적으로 움직이는 가운데서 이루어진 순간적인 전환이었다.

설만철 이하 기병들이 빽빽한 창들의 가시밭에 부딪쳤다. 뒤따라오던 당의 기병들도 이에 가로막혀 정체됐다. 당나라 기병들이 기동력을 상실한 상황에서 측면과 후면으로 토욕혼의 또 다른 기병부대가 몰려왔다. 당군은 포위된 채 말에서 내려 희망 없는 보병전투를 치러야 했고, 60~70퍼센트가 전사했다. 설만철은 토욕혼의 기병이 갑자기 장창보병으로 전환할 줄은 꿈에도 몰랐다.

설만철은 위기에 처했다. 이때 돌궐인 글필하력이 수백 기병을 이끌고 적진을 뚫고 들어왔고, 덕분에 설만철은 위기를 면할 수 있었다. 결국 이정과 그의 군대는 불모의 땅을 수천 리 행군한 지 5개월 만에 토욕혼의 주력을 따라잡았다. 칭하이 호 동북쪽 황하의 수원지 근처였다. 몇 차례의 전투 끝에 이정은 토욕혼을 궤멸시켰고, 많은 토욕혼 귀족과 수십만 마리의 가축을 노획했다.

당군의 정벌로 파괴된 토욕혼 내부에서는 형제간의 골육상쟁이 일어났다. 복윤의 정실부인 소생인 모용순은 중국에 볼모로 있는 동안 후계자 자리에서 제외됐다. 모용순은 토욕혼에서 그를 대신해 후계자로 지명된 다른 형제를 제거하고 스스로 왕위에 올랐다. 모용순은 중국에서 오랫동안 살았다. 그래서 태종은 그가 순종적일 것이라고 판단했고 그의 유혈 쿠데타를 인정했다.

하지만 토욕혼의 정치적 상황은 매우 불안정했다. 중국화된 순은 백성들의 지지를 얻는 데 실패했으며, 휘청거리는 정권을 유지하기 위해 당나라에 군사원조를 끊임없이 요청했다. 그러나 당나라의 지원에도 불구하고 순은 635년 말 자신의 부하에게 살해됐다. 태종 치세의 나머지

기간 동안 당군은 여러 번 토욕혼에 출정했으며 정국을 안정시키려는 시도가 계속됐다.

토욕혼이 불안정했던 주된 이유는 당의 공격을 받고 약체화되어 휘하 부족들을 제대로 통제할 수 없었고, 오히려 토번이 팽창하면서 그들을 흡수했기 때문이었다. 당군의 공격을 받고 이미 박살이 난 토욕혼은 파편화돼갔다. 당은 이후에도 서역의 다른 많은 나라를 공격해 그들의 군대조직과 시스템을 파괴했다. 그것은 나날이 팽창해가는 토번에게 당이 애써 땅을 갈아 부드러운 토양을 제공해주는 꼴이었다.

이렇게 세력을 확대한 토번은 훗날 당나라와 충돌했다. 칭하이 호 부근은 실크로드 경영권을 놓고 당과 토번이 벌인 150년 전쟁의 주요 무대였다. 이 전쟁이 동방의 한반도를 지배하려던 당의 발목을 잡았다.

17

돌궐의 용병이
토욕혼 정복을
이끌다

장군들의 내분과
태종의 봉합

635년 7월 22일 칭하이 호와 멀지 않은 대두발곡大斗拔谷.

토욕혼과의 전쟁을 승리로 이끈 무장들이 모여 있었다. 태종이 사신을 보내 토욕혼을 점령한 그들을 치하하는 연회가 베풀어졌다. 황제가 내린 술과 악사, 무희들이 그 자리에 있었다. 잔이 오갔고, 풍악이 울려 퍼지는 가운데 춤이 분위기를 한층 고조시켰다.

얼큰하게 술에 취한 설만균薛萬均이 자리에서 일어났다. 속에 품고 있던 말을 할 심산이었다. "오랑캐 놈들이 뭘 한 게 있다고 이 자리에 있는가! 공은 내가 다 세웠다."

돌궐인 장군 글필하력을 두고 하는 말이었다. 하력과 그 휘하의 돌궐 기병들이 토욕혼 전쟁에서 가장 큰 공을 세웠다는 것은 누구나 잘 알고 있었다. 하력은 욱하는 마음에 칼을 뽑았고 무장들이 그를 말렸다. 모든 무장이 자리에서 일어나 주위로 몰려들었다.

승전의 술자리가 험악한 분위기로 돌변했다. 이 사건은 무장들 사이에 눈에 보이지 않는 질투와 균열이 있었다는 것을 말해준다. 앞서 있었던 토욕혼 전쟁으로 거슬러 올라가보자.

설만균은 기병전의 명수인 설만철의 형이다. 형제는 칭하이 지방의 적수赤水(지금의 칭하이 성 싱하이興海)에서 토욕혼의 하마장창보병下馬長槍步兵에 포위돼 휘하 병력의 70퍼센트 정도를 잃었다. 이때 하력이 돌궐 기병을 이끌고 돌진해 토욕혼의 포위망을 뚫었고, 형제를 말에 태워 위기에서 구해주었다.

"적수에서 설만균과 설만철이 경무장한 기병으로 전진했다가 토욕혼에 포위됐고, 형제가 모두 창에 맞아 말을 잃고 걸으면서 싸웠다. 따르던 기병으로 죽은 자는 열에 예닐곱 명이었다. 글필하력이 수백의 기병을 거느리고 이를 구원, 힘을 다하여 분발해 공격하니 향하는 곳마다 적이 쓰러졌고 설만균과 설만철은 이로 말미암아 죽음을 면했다."(『자치통감』)

형제는 하력이 목숨을 구해줄 때는 고마움을 느꼈지만 살아나고 나니 마음이 바뀌었다. 설만철은 그동안 쌓아온 군사적 명성을 다 까먹다시피 했다. 자존심이 몹시 상했고 형인 설만균도 동생의 이러한 불운에 기분이 우울했다.

이때 이대량李大亮이 촉혼산蜀渾山에서 토욕혼군을 패배시키고 그들의 명왕名王 20명을 사로잡았으며, 돌궐인 장군 집실사력執失思力이 거여천居茹川(쿨무 강)에서 승리했다. 반전의 상황이었다. 토욕혼의 왕 복윤이 돌륜천突倫川에 있는데 그가 장차 우전于闐(신장위구르자치구 허톈和田)으로 도망할 것이라는 보고가 들어왔다.

황하의 발원지에서 가까운 신강 차말且末에서 작전회의가 열렸다. 하력은 지금 당장 그를 추격해야 한다고 주장했다. 그러자 설만균이 이를 말렸다. "나도 동생과 토욕혼군을 급히 추격하다가 당했습니다. 지금 곧바로 추격하다가 적의 함정에 빠질 수 있습니다. 안 됩니다."

하력이 반박했다. "토욕혼은 성곽을 갖고 있지 않고 물과 풀을 따라 옮겨 다니는 유목민입니다. 그들이 모여 있는 상황에서 습격하지 않으면 하루아침에 구름처럼 흩어집니다. 지금 습격해야 합니다."

설만균은 용감했지만 머리가 따라가지 못했다. 총사령관 이정은 하력의 의견에 수긍하는 눈치였다.

회의장을 나선 글필하력은 정예기병 1000명을 모집해 곧바로 토욕혼 왕과 그의 수하들이 모여 있는 돌륜천으로 향했다. 그러자 설만균이 마지못해 휘하의 기병을 이끌고 그를 따라갔다. 물이 떨어져 병사들은 말을 잡아 그 피를 마시면서 사막을 건넜다. 마침내 토욕혼 왕과 그의 무리들을 따라잡았다.

하력은 휘하의 기병에 명령을 내려 주변을 포위했고, 자신은 일부 병력을 이끌고 복윤의 아장牙帳(이동식 군막)을 습격했다. 그 자리에서 수천 명의 목이 달아났고 복윤의 처자와 가축 20만이 포위망에 걸려들었다.

하지만 복윤은 부하들과 함께 그물망을 빠져나갔다. 그는 사막을 향해 도망쳤다. 10일 동안 부하들이 하나둘씩 이탈하기 시작했고, 결국 수하 몇 명만 남았다. 주위에 아무도 없는 상황에서 수하들의 충성심은 사욕으로 바뀌었다. 그들은 현상금이 걸려 있는 복윤의 목에 눈독을 들이기 시작했고, 이윽고 황막한 사막에서 복윤의 머리가 사라지고 몸만 남겨졌다.

635년 5월 18일 토욕혼 원정군 총사령관 이정이 토욕혼을 평정했다고 태종에게 서신으로 보고했다. 5년 전 항복한 10만 돌궐인들을 당의 군대로 편입한 효과가 최초로 나타났다.

중국인 장군으로 기병전의 명수라고 불렸던 설만철이 퇴장하고 돌궐인 하력이 기병전의 대명사로 등장했다. 향후 당의 군부에서 한족들의 역할이 상대적으로 감소될 것이 뻔했다. 한족 장군들은 변화된 이러한 상황에 기분이 우울해졌다.

그로부터 2개월 후인 7월 22일 승리의 술판이 벌어졌고, 하력의 설만균 살인미수 사건이 일어났다.

태종이 하력을 불러 나무랐다. "어떻게 이러한 일이 벌어졌소?" 하력은 태종에게 그동안 있었던 사건의 전말에 대해 상세히 설명했다. 무식한 돌궐인이라 문자를 알지 못하기에 그의 구술은 더욱 진솔하고 생생했다.

이야기를 들은 태종은 설만균을 파직하려 했다. "목숨을 구해줬는데 그렇게 행동하다니 도저히 묵과할 수 없는 일이오!" 그리고 공석이 될 설만균의 장군직을 하력에게 주려고 했다. 하지만 하력이 반대했다. 당나라 군대 내부에는 돌궐인들에 대한 거부감이 있고, 그것이 이번 사건의 원인이었다. 자신이 설만균의 자리를 차지하게 되면 문제가 해결되는 것이 아니라 더 커질 뿐이라고 말했다.

"폐하께서 신 하력으로 인해 설만균을 해직시키면 사람들은 그 뜻을 제대로 알지 못하고 폐하가 호족을 중히 여기고 한족을 경시한다고 생각해 무고誣告하는 일이 많아질 것이고, 또 호족들은 한족 여러 장수가 설만균과 같은 사람들이라고 알게 돼 한족들을 가벼이 보게 될 것입니다."(『자치통감』)

술판의 싸움은 단순히 두 사람만의 일이 아니었다. 그것은 한족과 호족 간의 다툼이었다. 태종이 하력을 불러 칼을 뽑은 사건을 보란 듯이 나무란 것은 한족 장군들의 마음을 알고 있었기 때문이었다. 돌궐인에 대한 거부감이 더욱 커지면 호한胡漢 이중구조의 당군 전력에 악영향을 줄 것이 분명했다. 동시에 하력에게 사건의 전말을 듣고 설만균을 파직하겠다고 말한 것은 그의 억울함을 달래주려는 의도였다. 마찬가지로 한족에 대한 돌궐 병사들의 거부감을 잠재우기 위한 것이기도 했다.

자신의 마음을 알아주는 태종의 말 한마디에 하력은 모든 앙금을 씻어내고 충심 어린 말을 건넬 수 있었지만 실은 태종이 마음에 품고 있는 정답을 말했을 뿐이었다.

칭하이 호 부근의 초원에 무지개가 떠 있다.
이곳은 향후 실크로드 경영권을 놓고
당과 토번이 벌인 150년 전쟁의 주요 무대였다.

시험에서 100점을 맞은 글필하력은 태종의 진심 어린 선물을 받았다. 황실의 딸을 그에게 시집보냈고 장안성의 북문을 지키는 검교둔영사檢校屯營事라는 막중한 관직에 임명했다. 태종의 배려에 감복한 하력은 당 제국의 팽창 전쟁에 일생을 바쳤다.

632년 그는 부중部衆 1000가를 이끌고 당 조정에 투항한 이래 677년 사망할 때까지 북쪽으로 몽골 고원의 설연타, 동쪽으로 고구려, 서쪽으로 톈산을 넘어 중가리아 분지의 서돌궐에 이르는 지역을 수없이 오갔고, 이로 인해 과로사했다.

태종이 돌궐인과 중국인들 가운데 어느 한쪽만을 편들었다면 북방 초원을 손에 쥔 채 유라시아를 호령하는 대당제국의 미래는 불투명했을지도 모른다. 태종은 정치적 봉합의 명수이자 부하들의 충성을 이끌어낼 줄 아는 사령관이었다.

18

격변의 시대
장군들이
전면 활약하다

이정과
심복 소정방

635년 토욕혼 전쟁에서 당나라의 이정 장군은 거의 완벽한 군사적 성공을 거뒀다. 실크로드의 주요 거점을 장악해 향후 사산조 페르시아와 인도로 가는 길이 열렸다.

하지만 당 군부 내부에 후유증이 있었다. 태종은 글필하력과 설만균 사이에 일어난 돌궐인과 한인의 갈등을 성공적으로 봉합했다. 하지만 한인 내부에 갈등의 불씨는 여전히 남아 있었다. 전쟁을 수행하는 과정에서 명령 하달과 수행 사이에서 손발이 맞지 않았고 서로 간에 불신이 싹텄다. 그것이 대토욕혼 전쟁의 총사령관 이정의 모반 무고사건으로 비화됐다.

"민주岷州(지금의 간쑤 성 민岷 현) 도독이자 염택도鹽澤道 행군총관인 고증생高甑生이 군대를 이끌고 기일보다 늦게 도착하니 이정이 이를 조사했다. 고증생이 이정을 한스럽게 여겨서 이정이 반란을 꾀한다고 무고했는데 조사해보니 그러한 상황이 없었다. (635년) 8월 17일 고증생이 사형에서 감형돼 변방으로 귀향갔다."(『자치통감』)

고증생은 태종이 황자였던 시절 이정과 함께 막하의 진왕부에 있었던 자다. 이정은 모반 혐의로 조사를 받았다. 그것이 사실이 아닐지라도 수모였다. 부하와 가족이 모두 관에 소환돼 일일이 조사받아야 했고, 이정의 가깝고 먼 집안사람들까지 고초를 겪어야 했다. 이정의 재산 상황이 어떠한지, 그가 어디에 지출을 해왔는지, 누구를 만났는지 모든 것이 밝혀졌다. 사생활도 들춰졌으리라.

이정은 한동안 만천하에 홀딱 벗겨진 몸으로 서 있어야 했다. 모든 사실이 밝혀진 뒤 이정은 집에 들어앉아 아무도 만나지 않았다. 지나온 일들이 주마등처럼 지나갔다. 그는 당의 건국에 참여했지만 결코 본인의 의지가 아니었다. 그는 당의 건국을 저지하려고 했던 수나라의 충직한 관리였고, 거대한 역사에 맞물린 무력한 개인에 불과했다.

615년 45세의 이정은 마읍군승馬邑郡丞이 돼 태종의 아버지인 이연의 부임지(태원)와 인접한 지역에서 근무하게 됐다. 둘은 돌궐의 침공에 대한 대책을 마련하기도 했고, 함께 돌궐과의 전투에도 참여했다.

당시 수나라는 전국적인 반란의 불길에 휩싸여 있었다. 이정은 이연이 반란의 마음을 품고 있다는 것을 알고 수 양제에게 고발하기 위해 양자강 남쪽으로 향했다. 그러다 전란에 길이 막혀 장안에 머물렀다.

617년 이연이 장안성을 점령하자 그는 사로잡혔고 이연은 이정을 즉시 처형하려 했다. 이정은 전혀 위축되지 않고 태연하게 말했다. "공이 의군을 일으킨 것은 천하의 폭란을 없애기 위함인데 큰일을 하려 하지 않고 사사로운 원한 때문에 장사將士를 죽이려 한단 말입니까."

이때 진왕 이세민이 그를 살려주기를 청했다. 이연은 그를 풀어주고 이세민 휘하에 두게 했다. 이정은 진왕부秦王府의 삼위三衛로 임명됐다.

619년 소선蕭銑을 토벌하라는 명을 받은 이정은 군사를 이끌고 기주夔州로 출전했으나, 소선의 군사에 막혀 오래도록 움직이지 못했다. 이정에게 감정이 많았던 이연은 이를 듣고 협주자사 허소許紹에게 명해 이정을 처형하라 했으나, 허소가 청하여 죽음을 면했다.

이후 이정은 더 많은 공을 세워야 했다. 620년 그는 만족蠻族의 추장 염조칙冉肇則을 처단했으며, 621년 양자강 강릉에서 소선의 항복을 받아내 강남 땅을 점령하는 데 성공했다. 그 이듬해에는 군을 이끌고 영남에 도착해 많은 세력의 항복을 받아냈다. 96주를 함락시키고 호구 60만 호를 획득했다. 623년 보공석輔公祏이 반란을 일으키자 교주로 나가 진압에 참여했다.

626년 4월 20일 산시 성과 연하 성, 간쑤 성 일대를 노략질하던 돌궐의 힐리 칸과 이정이 영주(링우) 부근에서 마주쳤다. 이정과 돌궐 기병 사이에 전투가 벌어졌다. 전투는 아침에 시작해 오후 4시쯤 끝났다. 양군은 적지 않은 피해를 입었다. 돌궐의 힐리 칸은 이정의 군대와는 장기전이 불리함을 깨닫고 철수했다.

이정은 돌궐의 침공에 대비해 이후에도 계속 영주에 주둔했다. 그때 장안에서 이세민은 그의 형제들과 목숨을 건 사투를 앞두고 있었다. 이세민과 그 휘하의 신료들은 결정을 내리지 못하고 있었다. 그들 모두의 목숨이 달린 일이었다.

장손무기長孫無忌는 이세민에게 선제공격을 하라고 했다. 울지경덕 역시 그러했다. 그는 이세민이 자신의 권고를 따르지 않는다면 초야에 숨어버리겠다고 했다. "왕(이세민)의 좌우에 머물러 살다가 손을 엇갈려 묶인 채 죽음을 받을 수 없습니다."(『자치통감』)

이세민은 결정을 미루고 천리 밖에 있는 영주대도독 이정에게 사람을 보내 물어봤다. 하지만 이정은 아무 대답을 하지 않고 결정에 참여하는 것을 사양했다. 형제를 죽이려는 태종의 결단에 끼고 싶지 않았다. 이세민은 이정의 진중한 행동을 오히려 중하게 여겼다.

하지만 진왕부에 있던 신료들 가운데 일부는 이정을 기회주의자라고 여겼다. 자신들은 목숨이 오가는 정변 직전의 궁정에 있는데 이정은 천 리 밖 변방에서 뒷짐을 지고 있지 않은가.

626년 6월 3일 이세민과 그의 휘하들은 단 한나절 만에 쿠데타를 완벽하게 성공으로 이끌었다. 이정은 거사에 가담하지 않았지만 이세민이 태종으로 즉위한 이후 가장 많은 혜택을 본 사람 가운데 하나였다. 현재로 말하면 국방부 장관인 병부상서에 임명됐다. 이세민이 집권해 일신된 당 제국 군부의 최고 수장 자리에 올랐던 것이다.

돌궐이 천재지변과 내분으로 쇠약해진 630년 이정은 총사령관이 돼 돌궐을 침공했다. 2월 8일 정예 기병 1만을 선발해 돌궐을 습격했다. 안개가 자욱한 상황에서 이정은 자신의 제자 소정방蘇定方과 휘하의 200명 기병을 선봉에 서게 했다. 돌궐군은 소정방이 자신들로부터 불과 7리 떨어진 곳에 온 다음에야 침공을 알아차렸지만 대처하기에는 이미 늦은 때였다. 힐리 칸은 도망치고 이정이 본대를 이끌고 돌궐군을 공격하니 순식간에 모든 군대가 붕괴됐다. 이정은 돌궐군 1만을 죽였고, 남녀 10만과 가축 수십만 필을 약탈했다.

휘하 1만과 함께 도망간 힐리 칸은 사막을 건너려다 적구磧口(지금의 내몽골 쓰쯔왕四子王기)에서 기다리던 이세적에게 사로잡혔고, 주변 부락 5만 명도 모두 항복했다. 이정은 당의 영토를 북쪽의 음산에서 대사막까지 넓혔다고 조정에 보고했다. 이정 생애 최고의 절정기였다. 하지만 곧 질투의 화살이 날아왔다. 감찰기구의 수장인 어사대부 소우蕭瑀가 이정을 탄핵했다. "이정의 군사들이 돌궐을 멸망시킬 때 힐리 칸의 천막 궁정을 습격해 진귀한 보물을 약탈했습니다. 그는 이에 해당하는 벌을 받아야 합니다." 태종도 당황했다. 법도가 없는 약탈은 분명 군율을 위반한 것이었다.

하지만 돌궐의 마지막 숨통을 끊는 전쟁을 기획하고 성공적으로 실행에 옮긴 군부의 수장을 처벌하면 더 큰 문제가 발생한다. 누가 목숨을 걸고 싸우겠는가? 그렇다고 해서 그냥 넘어가는 것이 문제를 해결하는 방법은 아니었다. 무질서한 약탈은 군대의 대열을 흩어놓고 기강을 내몽골 쓰쯔왕기 부근의 사막에 쌍봉낙타들이 서 있다.
630년 이곳에서 당나라의 이정 장군은
사막을 건너 도주하던 돌궐 제국의 힐리 칸을 사로잡았다.

무너뜨리는 독약이 아닌가. 누군가 처벌을 받지 않으면 안 된다.

군부의 수장인 이정을 벌주면 군대 전체의 사기가 저하된다. 적당한 희생자들이 선택됐다. 그들 가운데 이정의 심복인 소정방이 끼어 있었다. 630년 5월 직후 젊고 유망한 장교였던 그가 군복을 벗었다. 이 사건은 당 제국 군부의 미래를 내다보고 인재를 키워왔던 이정을 한풀 꺾어 놓았다.

5년 뒤 이정은 공을 세워 소정방을 복직시킬 기회가 왔다고 생각했다. 635년 토욕혼 침공에 자청해 책임을 맡아 성공적으로 완수했다. 하지만 모반을 계획한다는 무고를 당했고, 심복인 소정방을 복직시키려는 염원은 수포로 돌아갔다.

소정방은 초췌한 노인이 된 657년에야 다시 등용된다. 27년간 무직 상태로 지냈던 젊은 시절에도 자신을 끊임없이 갈고 닦았던 근 70세의 노인이 660년 백제를 멸망시킨 13만 대군의 사령관이 된 것이다.

19

전란의 시대에
여왕은
종교로 빠져들다

가련한 노파
선덕여왕

632년 선덕여왕은 쉰이 넘는 나이에 신라의 왕으로 즉위했다. 당시로서는 할머니였다. 젊었을 때 총명하고 지혜로웠던 그녀의 모습도 초췌한 노파가 된 뒤에는 빛을 잃었다.

여왕은 외로웠다. 사사로운 정을 주고받을 직계 가족이 아무도 없었다. 왕위에 오른 이후 정상에서 모든 것을 홀로 결정해야 할 때면 언제나 고독이 엄습했다. 왕좌는 그녀에게 저주받은 자리였다. 그녀는 국운을 걸고 한쪽이 절멸할 때까지 끝없이 싸워야 하는 전쟁을 상속받았다.

냉철한 신라의 군주 진평왕이 죽고 늙은 딸이 왕위를 계승했다는 소식을 들은 백제 무왕은 심리적으로 고무되었다. 여왕의 즉위를 축하라도 하듯 그해 신라의 서쪽 변경을 침공했다. 하지만 공격은 성공적이지 못했다. 백제군은 적지 않은 사상자를 남기고 철수했다.

무왕은 이듬해인 633년 8월 신라 서곡성西谷城을 공격했다. 그곳은 무주의 나제통문을 넘어 현재 경북 성주로 이어지는 산악 지역이었다. 무왕은 적지 않은 병력과 물자를 투입했다. 체면이 걸린 문제였다. 늙은 여왕에게 질 수는 없었다. 백제군은 13일간 이 요새를 집중적으로 공격한 끝에 함락시켰다.

그곳은 백제의 영토인 전북 무주에서 신라 왕경 경주로 이어지는 최단거리 코스의 첫 단추였다. 성의 함락은 여왕에게 심적 압박감을 줬다. 하지만 그녀는 자신에게 닥친 현실을 해결하려 하지 않았다. 군사력을 증강하기 위해 쏟아부어야 할 경제력을 불사佛事에 탕진했다.

선덕여왕은 즉위 후 분황사芬皇寺와 영묘사靈廟寺 건립에 들어갔고, 634년 정월에 분황사가 완성됐다. 거대한 목재 건물이 지어졌고 정교한 석재 기단 위에 벽돌 모양으로 다듬은 돌을 쌓아 모전석탑模塼石塔을 만들었다. 이듬해 영묘사가 낙성됐다. 이곳의 장륙삼존불상丈六三尊佛像 천왕상天王像, 목탑, 기와, 편액의 글씨 등은 당대 최고의 예술가 양지良志의 작품이다.

그녀는 신앙에서 고난을 견디는 힘을 빌려왔고, 영혼은 이미 부처의 경이로운 세계에 가 있었다. 그녀의 정신을 담고 있는 몸도 건강하지 못했다. 늘 아파 잔병에만 걸려도 낫지 않았다. 즉위 5년이 되던 해에는 큰 병이 들어 어떠한 의술과 기도도 효과가 없었다. 황룡사에서 백고좌회를 열고 100명의 승려직을 인가했다. 그녀는 4개월 만에 자리에서 일어났다. 이후 여왕은 부처의 영험만이 자신을 구할 수 있다고 더욱 굳게 믿게 됐다.

다행히도 그녀의 곁에는 현실적이고 실천력 있는 사람이 있었다. 알천閼川은 진중하고 믿음직한 남자였다. 고귀한 혈통의 진골 귀족이었지만 결코 육체적으로 나약하지도 않았다. 호랑이도 맨손으로 때려잡는 완력을 가진 장사이기도 했다.

여왕의 나이가 쉰을 훌쩍 넘긴 636년이었다. 백제 무왕은 장군 우소于召에게 무주의 나제통문을 넘어 독산성을 급습하라는 밀명을 내렸다. 독산성은 해발고도 955미터의 독용산禿用山 정상에 위치한 포곡包谷

분황사 모전석탑.
선덕여왕 즉위 초기에 만들었다고 전해진다.

식 산성이었다. 현재 동서남북의 보루 7개, 아치형의 동문, 수구문, 남소문 등이 그대로 남아 있다.

일제 때 쇠창·쇠도끼·삼지창·갑옷·말안장 등이 이곳에서 출토됐다. 영남 지방의 산성 중 가장 규모가 큰 이곳은 물이 풍부하고 공간이 넓어 장기전에 대비할 수 있는 곳이었다.

정규군을 동원해 대대적으로 공격해서 함락시키기에는 매우 많은 시간과 물자와 병력이 소모된다. 무왕은 장군 우소에게 밀명해 특공대 500명을 이끌고 급습해 성을 일단 접수하고, 인근 나제통문 부근에 후속 병력을 투입해 점령할 계산을 했다. 636년 5월 출동한 우소는 독산성에서 멀지 않은 지금의 합천에서 가까운 성주 쪽 가야산의 옥문곡玉門谷에서 밤을 보내고 새벽에 급습할 작정이었다. 안장을 풀고 병사들을 쉬게 했다.

하지만 신라 장군 알천이 그들을 기다리고 있었다. 쉬고 있는 백제군 특공대에 알천이 선제 급습을 가했다. 숫자가 우세했던 신라군은 금방 백제군을 포위했고 살육에 들어갔다. 신발과 갑옷을 벗고 무기를 세워놓은 상태에서 자다가 급습을 받은 병사들은 순식간에 무너졌다. 대부분의 병사가 죽고 우소는 시야가 트인 큰 바위에 올라가 활을 쐈다. 우소의 마지막 저항도 화살이 떨어지면서 끝났고 그는 사로잡혀 포로가 됐다.

패전 소식을 접한 무왕은 전혀 당황하지 않았다. 가뭄이 찾아든 그해 8월 그는 백제 도성 남쪽에 있는 연못의 망해루望海樓에서 신하들과 술을 마시는 여유를 보였다. 자신을 대신해 고구려가 신라를 공격할 것을 알고 있었던 것처럼 말이다.

637년 7월 신라 장군 알천은 공적을 인정받아 신라 군부 최고 수장인 대장군大將軍으로 진급했다. 이듬해인 638년 북쪽 칠중성七重城에서 고구려군의 침공 소식이 전해졌다. 그곳은 현재 경기도 파주 적성면이다.

146

칠중성이 자리 잡고 있는 중성산重城山은 해발 고도 149미터에 불과한 야산이지만 전면에 임진강이 흐르고, 일대를 한눈에 조망할 수 있으며, 서해안에서 강화도와 김포반도 북쪽을 거쳐 임진강 어귀로 들어온 배가 만나는 여울목이다.

배는 그곳에서 항해를 멈춰야 한다. 사람들이 강의 여울목 위를 걸어서 도하할 수 있는 수심이다. 고구려 군대는 신라를 침공할 때 항상 그곳을 이용했다. 수로와 육로가 만나는 요충지였다. 적군이 언제나 도하하는 바로 그 앞에 칠중성이 있었다.

11월 군대를 이끌고 칠중성에 도착한 알천은 수세적인 농성전을 벌이지 않았다. 성 내부에서 전열을 가다듬은 그는 휘하의 군대와 함께 문을 열고 나갔다. 성 앞에서 전투가 벌어졌다. 고구려군은 북쪽으로 임진강을 등지고 있었고, 알천의 신라군은 남쪽으로 성벽을 등지고 있었다. 피 튀기는 치열한 싸움이 이어졌고 병사들이 죽어갔다.

하지만 배후 칠중성에 여유 식량과 예비 병력이 있었던 신라군이 좀 더 유리했다. 신라군은 싸우다 지치면 성 안에 들어가 충분한 휴식과 음식을 취한 병력과 교대했다. 고구려군은 칠중성 앞에 버티고 있는 신라군을 성으로 몰아넣고 임진강 도하의 안전한 교두보를 확보해야 임진강 너머에 있는 마초와 식량과 공성기를 원활하게 가져올 수 있었다.

성 밖에서의 싸움이 길어질수록 고구려군은 불리해졌다. 고구려군은 속전속결의 일전을 택해야 했다. 하지만 적의 의도를 간파한 알천은 고구려 군대의 움직임에 침착하게 대응했다. 고구려군은 지쳐갔고 강 이북으로 병력을 서서히 빼기 시작했다.

고구려군의 반수가 임진강을 건넜을 때 알천은 전군에 전면공격 명령을 내렸다. 이미 동료의 반이 강을 건너간 상황에서 남아있는 고구려군은 신라군과 싸우려 하지 않았다. 일제히 강을 향해 달려 대열이 무너지면서 많은 병사가 죽었다.

칠중성 발굴 현장.

"알천이 고구려 군사와 칠중성 밖에서 싸워 이겨, 죽이고 사로잡은 사람이 매우 많았다."(『삼국사기』)

사람들은 경주에 가면 선덕여왕이 남겨놓은 분황사 모전석탑과 첨성대를 보고 로망에 젖는다. 하지만 여왕의 화려한 사찰과 탑은 수많은 신라인의 죽음 위에 세워졌다. 641년 백제의 공격으로 신라는 낙동강 서안의 모든 지역을 상실했다. 나라가 절명의 위기에 처했지만 선덕여왕은 거대한 황룡사 9층 목탑의 건립에 국고를 쏟아부었다. 각 층마다 신라가 정복할 나라의 이름을 붙였다.

그녀는 끝이 보이지 않은 그 전란의 시대를 객관적으로 이해하지 못했다. 아니, 이해하려고 하지도 않았다. 자신에게 닥친 현실을 투시하지 못하고, 대신 '공상적인 기대'로 주관적인 세계를 만들어냈다.

20

선대 왕의
복수를 꿈꾸며
전쟁을 하다

백제 무왕과
왕흥사

참혹한 전쟁이 반복되던 시기에도 어김없이 봄은 찾아왔다. 634년 음력 2월이었다. 백제 수도 사비의 들과 산에는 신록이 드리우고 있었고, 햇빛을 받아 반짝이는 웅진강의 푸른 물 위에는 여느 때보다 크고 화려한 배들이 많이 떠 있었다. 사비의 왕성에서는 궁인들이 분주하게 오갔고 아침 일찍부터 귀족과 고위 승려들의 수레가 성 정문에 연이어 도착했다.

입궐한 그들은 무왕의 집무실 앞 광장에 도열했다. 왕이 나오자 그들 모두가 고개를 숙였고, 앞으로 나아가는 왕을 차례로 뒤따랐다. 무왕이 일생 동안 준비한 행사가 거행되는 순간이었다. 장소는 왕성 앞 강 건너편이었다.

승려들의 범패梵唄가 울려 퍼지자 왕성 앞에서 선착장까지 이르는 길가에 백성들이 물밀듯이 밀려들었다. 불교의식에서 사용하는 깃발인 번개幡蓋와 향화香花를 든 소년, 소녀들이 앞장선 화려한 국왕의 행렬에 눈과 귀가 집중됐다. 왕과 신하들은 왕성에서 선착장으로 서서히 나아가서 이윽고 배에 올랐다. 강 너머에서 왕흥사王興寺의 낙성식이 거행됐다.

"봄 2월에 왕흥사가 낙성됐다. 절은 강가에 위치했고 채색과 장식이 화려했다. 왕은 매번 배를 타고 절에 들어가 행향行香했다."(『삼국사기』)

왕흥사는 무왕이 즉위한 600년 정월에 수리·확장을 시작해 34년 만에 낙성된 불사로, 2007년 10월 24일의 발굴 성과로 세상에 새롭게 알려졌다. 왕흥사 목탑의 지반을 조사한 결과 가로·세로 14미터에 이르는 거대한 탑의 존재가 밝혀졌다. 목탑의 심초석 부분에서 사리장엄구와 각종 장식품이 나왔다. 훼손되지 않은 완전한 모습의 사리용기에서 백제 위덕왕의 이름이 각인된 명문이 발견됐다. 아래는 사리구 명문의 내용이다.

"577년 2월 15일, 죽은 왕자들을 위해 백제의 왕 창昌(위덕왕)이 입찰立刹했다. 사리 2매를 넣었으나 부처님의 신이한 가호로 사리가 3매로 늘었다."

577년 위덕왕이 왕흥사에 목탑을 세웠고, 왕 동생의 손자인 무왕에 의해 최종적으로 낙성된 사실이 후에 밝혀졌다.

위덕왕은 45년 동안 왕위에 있었다. 그는 장구한 세월 누구보다 심적인 고통을 받고 살았다. 신라와의 전쟁에서 자신 때문에 아버지 성왕이 전사했다는 죄책감에 시달렸다. 이야기는 551년으로 거슬러 올라간다.

그해 백제 성왕은 신라에 사신을 보내 함께 북진하여 고구려를 공격하자고 제의했다. 그는 잃어버린 한강 유역을 찾아야겠다는 열망이 있었다. 당시 고구려는 내분에 휩싸여 있었고 성왕은 이를 놓칠 수 없는 기회라 여겼다.

신라의 결정은 쉽지 않았다. 고구려는 얼마 전까지만 해도 양국이 힘을 합쳐도 막아내기 벅찬 강국이었다. 지금 고구려에서 서로 죽고 죽이는 내전이 벌어졌다고는 하지만 갑자기 붕괴하거나 사라질 나라는 아니었다. 언젠가 서서히 힘을 되찾고 일어날 것이 분명했다.

왕흥사의 건립 유래를 보여주는
왕흥사 사리구의 명문.

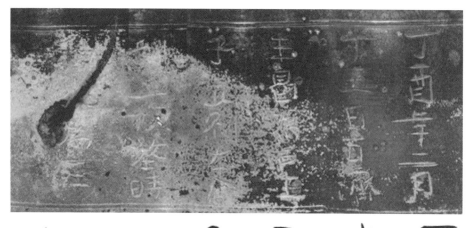

神化爲三

利二枚葬時

子立刹本舍

王昌爲三王

十五日百濟

丁酉年二月

부여 낙화암에서 바라본 왕흥사지의 모습.
634년 왕흥사 확장은 성왕의 비참한 죽음
이후 신라에 대한 복수를 꿈꾸던 백제가
완전히 힘을 회복해 신라보다 우위에 서게
됐음을 보여주는 상징이었다.
ⓒ성정용

553년 신라는 겨우 전쟁에 동참하기로 결정했다. 백제의 성왕은 북진해 쉽게 승리를 거두고 한강 하류의 5개 군을 탈환했다. 꿈에 그리던 백제 한성 지역의 회복이었다. 신라군도 소백산맥을 넘어 한강 상류에서 고구려군과 싸웠다. 전투가 벌어지는 가운데 백제군이 한성을 함락시켰다는 소식을 들은 고구려군은 물러났다. 신라군은 순조롭게 죽령 이북 고현高峴 이남의 10개 군을 차지했다.

하지만 현실은 냉혹했다. 553년 동맹을 맺고 함께 북진했던 신라가 한성을 급습했다. 명백한 신라의 배신이었다. 신라군에 밀린 백제군은 한성을 포기하고 돌아갔다. 신라의 장군 김무력金武力이 이끄는 사단이 한성을 점령했다. 그는 김유신의 할아버지였다.

등에 칼을 맞은 백제 성왕은 분에 떨었다. 그러자 태자 창(훗날의 위덕왕)이 거대한 대가를 주고 가야에 원군을 요청했다. 그는 병력이 보충되자 주위의 만류를 뿌리치고 현 충북 옥천에 위치한 신라의 관산성으로 향했다.

태자 창은 관산성 앞에 구타모라새久陁牟羅塞라는 요새화된 지휘본부를 세운 다음 관산성을 포위하고 공격에 들어갔다. 거대한 돌이 성벽을 향해 날아갔다. 성벽이 일부 무너지자 백제군은 그곳으로 달려갔다. 화살이 빗발치는 가운데서도 백제군은 성벽에 포도송이처럼 매달려 올라갔다. 전세가 불리하자 신라의 군주軍主 우덕于德과 탐지耽知가 원군을 요청했다.

신라의 한성 지역 사령관 김무력의 군대가 관산성으로 몰려오고 있다는 소식이 전해졌다. 아들이 걱정된 백제 성왕은 휘하의 경호원 50명을 거느리고 전장으로 향했다. 이 움직임을 감지한 자가 신라 측에 있었다. 그는 옥천 지방의 말 먹이는 노비飼馬奴 도도都刀라는 자였다.

성왕은 구천狗川이란 곳에 닿았다. 기다리고 있던 도도가 성왕 일행에 급습을 가했다. 경호원들은 모두 죽고 성왕 홀로 포로가 됐다. 두 손이 결박된 성왕과 도도가 주고받은 말은 『일본서기』에 전해지고 있다.

"도도가 절을 하고 말했다. 왕의 머리를 베기를 청합니다再拜曰 請斬王首"

"백제왕의 머리를 미천한 노비인 너에게 줄 수 없다고 답했다王頭不合
受奴手."

"우리 신라에서는 국왕이라도 약속을 어기면 노비의 손에 죽습니
다我國法違背所盟. 雖曰國王當受奴手."

553년 성왕은 자신의 딸을 신라 진흥왕에게 시집보내고 양국의 평
화를 약속한 바 있었다. 운명이 그에게 어처구니없는 죽음을 강요하자
성왕은 연방 눈물을 흘렸다. 모든 것을 포기한 성왕은 노비에게 자신의
칼을 주고 머리를 숙였다. 신라의 노비 도도는 성왕을 참수하고 역사에
그의 이름을 영원히 남겼다.

성왕의 죽음이 전해지자 백제군의 사기는 바닥에 떨어졌고, 김무력
의 원군이 도착하자 신라군의 사기는 하늘을 찔렀다. 기세가 꺾인 자와
그렇지 않은 자의 싸움 결과는 뻔했다.

"백제의 좌평 4명과 군사 2만9600명의 목을 베었고, 한 마리의 말
도 돌아간 것이 없었다."(『삼국사기』)

나라의 뿌리를 흔들어놓은 패전 속에서 태자 창이 왕위에 올랐다.
얼마 후 위덕왕은 신라로부터 아버지의 뼈를 송환받았다. 머리가 없었
다. 신라 왕경의 북청 계단 아래에 매장된 성왕의 머리는 그곳을 오가는
신라 관리들에게 밟히는 수모를 겪어야 했다. 영겁의 형벌이었다.

위덕왕은 죽어서도 수모를 당하는 아버지를 생각하면서 괴로워했
다. 어떻게 해서든지 아버지를 모셔와 영원한 안식을 누리게 해야 했다.
그것이 가능하려면 신라의 중요한 거점을 빼앗아 땅을 교환해야 했다.
아버지가 자신 때문에 그렇게 됐다는 죄책감은 신라에 대한 광포한 적
개심으로 바뀌었다. 위덕왕은 자신의 아들들을 신라와의 전쟁 일선으
로 내몰았다.

561년 위덕왕은 신라 변경을 공격했다. 하지만 신라군의 역습을 받고 1000명의 사상자를 내고 철수했다. 576년에 소백산맥을 넘어 일선군(경북 구미 지역)을 공격하다가 역습을 받고 3700명의 희생자를 뒤에 남기고 돌아왔다. 이 전투에서 위덕왕은 자식들을 잃은 것으로 추정된다.

577년 2월 위덕왕은 죽은 왕자들을 위해 왕흥사 목탑을 세웠다. 불사와 함께 위덕왕은 모든 것을 접고 전사한 자식들을 가슴에 묻었다. 왕은 왕궁에서 매일 강 건너로 목탑을 바라봤을 것이다. 이후 26년 동안 신라와 전쟁이 없었다. 위덕왕은 여생 동안 국가의 내실을 다졌고, 과제를 후대에 남기고 598년 눈을 감았다.

위덕왕에게는 살아남은 자식이 없어 동생 혜왕이 즉위했다. 하지만 동생은 이듬해 유명을 달리했고, 혜왕의 맏아들 법왕도 그 이듬해에 세상을 떠났다. 600년 법왕의 아들 무왕이 즉위해 위덕왕의 비극적 유산을 물려받았다.

무왕은 즉위 3년인 602년에 4만 명의 대군을 이끌고 신라와 운봉에서 전투를 벌였다. 당연히 이러한 준비는 위덕왕 대를 빼놓고 상상할 수 없다. 위덕왕 대야말로 무왕의 웅비를 만들어낸 초석이었다.

신라와의 전쟁에서 전사한 선대왕과 왕자들의 비극을 무왕은 평생 잊지 않았다. 그는 602년을 필두로 633년까지 10여 차례에 걸쳐 신라를 공격했다. 결국 무왕은 소맥산맥으로 넘어가는 2개의 길목인 나제통문과 운봉을 장악하고 낙동강 서안의 성주 지역과 남강 유역을 점령했다.

백제는 군사력에서 신라를 압도했고, 신라에서는 존망의 위기의식이 팽배했다. 634년 무왕은 위덕왕에게 물려받은 왕흥사를 크게 확장해 완성했다. 낙성 의례는 백제가 소백산맥을 넘어선 신라의 땅을 점령해 힘의 우위에 서게 됐다는 사실을 만백성에게 알리는 퍼포먼스였다.

21

마 캐던 아이
서동,
왕족이 되다

약장수 무왕

641년 음력 3월 건조하고 더운 봄 날씨였다. 백제의 왕궁은 침울한 분위기였다. 무왕이 임종의 침상에 누워 있었다. 왕은 신음하면서도 죽은 생모를 계속 불러댔다. 죽음에 임박해서도 어머니가 꺼져가는 그의 의식을 가득 채우고 있었다.

태자인 의자와 왕후인 사택부인(沙宅夫人)이 옆에 앉아 있었다. 몇 명의 다른 왕후들이 눈물을 글썽이며 신음하는 왕의 얼굴을 바라보고 있었다. 발 뒤로 음산한 방에서 억눌린 울음소리와 경건한 기도소리가 새어 나왔다. 수많은 첩이 모여 있었다.

왕의 거친 숨소리가 멈추자 곡이 터져 나왔다. 그 우레와 같은 소리는 왕궁 주변에 사는 사람들이 왕의 운명을 직감할 만큼 폭이 깊고 컸다. 곡소리는 왕통을 계승한 의자왕과 그 어머니 사백부인에게는 새 시대를 알려주는 종소리이기도 했다.

하지만 왕의 첩들에게는 종말을 고하는 신호였다. 아무리 막강한 권력을 가진 남자라고 해도 어떻게든 왕의 자식을 낳아 최고의 자리에 오르려는 여자들의 욕망을 붙들어 맬 수는 없었다. 백제는 신라와 달리 어떠한 여자가 낳은 왕자도 왕위에 오를 수 있었다.

후궁에 거주하는 여자들은 애타게 봄을 꿈꾸는 만 송이의 꽃이었다. 그들 대부분은 끝없는 기다림과 영원한 겨울의 잿빛 풍경 속에서 세월과 함께 시들어 갔다. 42년간 왕국을 통치한 왕의 임종은 애첩들 사이의 암투를 영원히 매장시켜버렸고, 애증이 뒤얽힌 경쟁과 야합을 먼지처럼 날려버렸다.

무왕의 어머니도 아버지의 여러 첩 가운데 한 명이었다. 하지만 그녀는 궁궐에 거처한 것도 아니었고, 자신의 아들을 왕위에 올리려는 꿈을 꾸지도 못했다. 그녀는 무왕과 함께 살았던 것도 아니었고, 사랑은 더더욱 받지 못했다. 존재감 없이 잊힌 여자였다. 아버지의 보살핌 없이 버려진 채로 자라난 서동薯童(훗날의 무왕)의 어린 시절로 거슬러 올라가 보자.

서동은 남자가 남긴 욕정의 열매였다. 어머니는 궁궐 남쪽 연못가에 살았다. 빼어나게 아름답지도 않았고 이미 한 번 결혼해 남편을 여읜 과부였다. 어느 날 어머니는 '부여선扶餘宣'이라는 왕족을 만났다. 위덕왕의 조카였다. 그는 어머니에게 새로운 삶을 주겠다며 화려한 집과 격상된 신분을 약속했다. 언약을 믿었던 어머니는 아이를 가졌다.

아버지는 삶의 강가에서 난파되었다. 왕족이 누리는 윤택한 생활과 젊은 여자들의 웃음 속에서 서동과 그 어미는 점점 잊혀졌다. 어머니는 망각 속에 침몰된 아버지를 오래 기다리지 않았다. 서동을 데리고 떠돌았고 어느 시기에 익산에 정착했다. 서동은 어머니로부터 자신의 몸에 왕족의 피가 흐르고 있다는 이야기를 듣고 자랐다.

하지만 먹고 살아야 했다. 일찍 철이 든 서동은 산에서 '마薯'를 채취했다. 그것을 팔아 힘든 삶을 꾸려갔다. 그는 시장에서 장사꾼들을 만났고, 원거리 장사가 더 많은 이익을 준다는 사실을 깨달았다. 장성한 그는 시장 사람들과 함께 신라를 드나들며 장사했다. 그것은 577년 이후 602년까지 신라와 백제가 전쟁을 하지 않았기 때문에 가능한 일이었다. 더 정확히 말해 602년 신라와의 전쟁을 재개해 26년의 평화를 깬 것은 서동 그 자신이었다.

그는 험준한 소백산맥을 넘나들었다. 어머니가 계시는 익산에서 출발해 전주에 도착하면 길은 두 갈래로 나뉘었다. 하나는 전주에서 무주의 나제통문을 넘어 성주로 넘어가는 길이고, 다른 하나는 전주에서 남원을 거쳐 운봉을 넘어 함양에 이르는 길이었다.

무주의 나제통문으로 덕유산을 넘어가는 코스는 험난했다. 하지만 신라 왕경으로 가는 가장 단거리 코스였다. 운봉으로 지리산을 넘어가는 코스는 비교적 평탄했다. 굳이 고개라고 느끼지도 못할 정도였다. 하지만 소백산맥을 타고 현재 함양·거창에서 합천으로 넘어가는 길은 험했다. 함양에서 남강을 따라 진주 방향으로 가는 길은 평탄했다. 대신 신라의 왕경과 멀어진다. 서동은 신라와 백제 변경 지역에 대한 지리적 감각을 생업을 통해 체득했다.

가난하지만 마음은 넉넉했다. 신라에서도 가는 곳마다 베풀었다. 모든 사람에게 다정한 남자였다. 특히 아이들을 좋아했다. 산에서 캔 마를 선뜻 줘버렸고 아이들과 노래 부르며 놀기도 했다. 낙천적이고 순진한 구석도 있었지만 담대하고 큰 사람이었다. 사고가 유연하며 배짱이 있었고, 마음이 넓었다. "재기才器와 도량이 커서 헤아리기가 어려웠다."(『삼국유사』)

무왕은 어린 시절부터 힘들게 살면서 인간 삶의 여러 측면을 체득했다. 결핍은 그에게 지혜를 줬고, 어려움을 헤쳐 나가는 근성을 남겼다. 치밀한 계획과 꺾이지 않는 투지가 삶의 일부가 됐다. 무엇보다 장사를 하면서 인간의 본능적 속성에 대해 간파하게 됐다.

신라 백성들은 관심 있는 왕족들에 대한 이야기를 많이 했다. 서동도 자연스럽게 이야기를 듣게 됐고 신라의 사회구조에 대해 감지하게 사택왕후의 후원으로 조성된 미륵사 옛터.

익산 왕궁리 오층석탑.
이곳에 무왕이 별궁을 뒀다는 이야기가 전해지고 있다.

되었다. 첩의 아들은 왕족에 들어가지 못했다. 그러니 왕실의 제사에 참석할 수 없었고 왕위 계승 자격도 없었다. 그들은 '진골'이 되지 못하고 6두품의 신분이 됐다.

신라 왕족들은 모두 내물왕의 후손으로 '진골'이라 불리며, 바로 그 아래 신분으로 6두품이 있다. 하지만 그들은 왕족들에 대해 지나치게 종속적이며 힘도 없었다. 신라에는 '진골' 왕족은 있었지만 귀족은 없다시피 했다. 왕족 이외에도 8개의 성씨가 귀족사회를 두텁게 구성하고 있는 백제와는 완전히 달랐다.

이십대 초중반 무렵 그는 백제에서 서서히 주목받기 시작했다. 당시 백제의 왕이었던 위덕왕에게는 아들이 없었다. 아들들은 신라와의 전쟁에서 전사했거나 살아남은 자식도 병사했다. 다음 왕위 계승자는 위덕왕의 동생인 부여계扶餘季가 유력했다. 왕의 또 다른 동생 아좌阿左가 있었으나 그는 외교상 목적으로 왜국에 나가 있었다. 본국으로부터 이미 너무 오래 떨어져 있었고, 나이가 많아 시름시름 앓고 있었다. 그는 백제 궁정 내부의 기반이 없었다.

부여계는 서동의 할아버지였다. 위덕왕의 바로 아래 동생으로 형과 나이가 비슷한 고령이었다. 그러니 부여계의 큰아들 부여선 또한 유력한 왕위 계승 후보자가 될 수밖에 없었고, 부여선의 여러 아들 또한 주목받게 됐다.

백제의 최대 귀족 집안인 사택씨가 익산 시골에서 서동을 찾아낸 것은 이러한 이유 때문이다. 서동이 거주하던 익산 지역은 사택씨의 거대한 농장이 있는 영지였다. 사택적덕은 농장 관리인들을 통해 서동의 비범함에 대해 알게 됐다. "이름이 장이고 법왕(부여선)의 아들이다. 풍채와 거동이 빼어났고 뜻과 기개가 호방하고 걸출했다."(『삼국사기』)

서동을 알아본 사택적덕은 서동의 아버지 부여선에게 갔다. 부여선이 당시 서동의 존재를 망각하고 있었는지는 알 수 없다.

어떻든 간에 사택씨는 서동을 인간선물人間先物로 구입하려고 했다. 593년을 전후한 시기에 서동은 사택적덕의 딸과 혼인했다. 그 직후 장남인 의자를 낳았다. 이제 그에게 유일한 버팀목은 처가인 사택씨였다.

598년 위덕왕이 죽고 조부인 혜왕이 즉위했다. 서동의 신분은 직계 왕손으로 격상됐다. 이후 그는 제대로 된 왕족의 삶을 살았다. 하지만 혈육들에게 대접받지는 못했다. 왕위 계승이 가능한 사촌들과 이복형제들이 너무 많았다. 그들 대부분은 생모가 고위 귀족의 딸이었고 든든한 외가가 버티고 있었다.

왕자나 왕손들의 서열은 어머니의 출신 신분에 따라 결정됐다. 어머니가 미천한 서동에게 외가의 존재는 미미했고, 그는 혈육들에게 존재감이 없었다. 아이러니하게도 그것은 그에게 중요한 보호막이 됐다. 환영받지 못했지만 미미한 존재여서 견제받지도 않았던 것이다.

22

백제가
지리산을 주파해
신라를 공격하다

무왕의 첫 출전

들판에 곡식이 누렇게 익어 가는 가을, 추수의 계절이었다. 넉넉하게 군량을 보충할 수 있고 농한기가 시작되는 이 시기에 삼국은 약속이라도 한 듯 전쟁을 시작했다. 28개월 전 즉위한 무왕은 602년 8월에 위덕왕·혜왕·법왕 등 전대 세 왕에 대한 삼년상을 마치고 군대를 일으켰다. 죽은 왕들은 신라와의 전쟁에서 전사한 성왕과 이어진 패전의 아픔을 평생 가슴에 안고 살았다.

목표는 지리산 중턱에 있는 아막성이었다. 성은 현재 경남 함양읍과 전북 남원시 동면 경계 부근인 팔량치 고개에 위치하고 있다. 해발 고도는 513미터이고, 북쪽의 상산霜山과 남쪽의 삼봉산三峯山 사이의 안부에 자리잡고 있다.

동쪽 계곡을 흐르는 하천은 남강의 지류로 흘러들고, 서쪽 계곡을 흐르는 하천 중 하나는 광천으로 흘러든다. 물길이 도로의 방향을 결정지었다. 현재 남원-함양을 잇는 국도와 88올림픽 고속도로가 이 고개를 지나며, 국도는 남강을 따라 함양에서 산청을 거쳐 진주로 이어진다.

6세기 중엽 신라에 한강 유역을 송두리째 빼앗긴 백제는 줄곧 한반

전북 남원시의 지리산 자락에 위치한
아막성의 현재 모습.
600년대 초반 아막성 주변 일대에서
백제와 신라가 격렬하게 충돌했다.

도 서남부에 고립돼 있었다. 백제는 자신들을 'ㄱ'자 모양으로 포위하고 있는 신라와의 군사경계선을 돌파하기 위해 몸부림쳤다. 한강 유역 상실 직후인 554년 성왕은 공주에서 대전을 지나 옥천-보은으로 진격해 상주로 들어가는 길을 뚫기 위해 치열한 전투를 벌였다. 하지만 국왕과 3만에 달하는 전사자를 남기고 좌절됐다. 이후 위덕왕 대에도 두 번에 걸친 소백산맥 돌파 시도는 실패했다.

옛 가야 지역에서의 반란을 둘러싼 삼국의 정세

무왕 대에 와서는 무주의 나제통문과 지리산 운봉의 팔량치 돌파에 주력했다. 이곳을 돌파하면 신라 왕경을 정면으로 노릴 수 있어 정치적 효과가 컸다. 물론 무왕이 그곳의 지형에 대해 매우 잘 알고 있었던 것도 선택의 이유가 됐다.

하지만 거시적인 시각으로 보면 무왕이 운봉을 첫 점령 목표로 삼은 이유가 더욱 선명해진다. 589년 중국이 수나라에 의해 300년 만에 통일됐다. 수나라와 접경한 고구려가 긴장했다. 여제麗濟의 견제를 받던 신라가 수를 돕겠다고 자원했다.

고구려는 난국면을 타개하기 위해 바다 건너 왜국을 이용했다. 595년 고구려 영양왕은 승려 혜자를 왜국에 보냈다. 혜자는 실력자인 쇼토쿠 태자의 스승이 돼 왜국의 대외정책에 영향력을 행사했다. 동시에 고구려는 막대한 물질적·문화적 원조를 왜국에 베풀었다.

백제도 마찬가지였다. 588년 위덕왕은 재정을 털어 왜국에 물자와 장인을 보내 호코 사法興寺(아스카 사飛鳥寺) 건립을 원조했고, 595년 백제 승려 혜총慧聰이 그곳에 머물렀다. 일본에 대한 삼국의 문화 전파는 베푸는 인심이 아니었다. 삼국은 생존을 위해 왜국을 군사적으로 이용하려고 했다. 597년에 위덕왕은 동생 아좌阿左를 보내 향후 전쟁에 대해 논

백제의 원조로 창건된 일본 최초의 절 호코 사.
백제는 문화적·물질적 원조를 제공하는 대가로
왜의 군사력을 활용했다.
현재 사찰은 백제가 원조해서 창건한 당시의 모습
그대로가 아니라 소규모로 복원한 상태다.

지금의 후쿠오카 항의 모습.

의하게 했다. 고구려와 백제의 원조는 왜국을 움직이게 했다.

600년 왜국은 병력 1만을 동원했다. 후쿠오카에 집결한 왜군은 대한해협을 건너 구 가야 지역에 있던 신라의 5개 성을 함락시켰다. 당시 가야인들은 신라에 대해 봉기한 상태였다. 하지만 신라의 거짓 항복으로 왜군은 곧 철수했고, 신라는 봉기한 가야인들을 다시 소탕하기 시작했다. 이후 왜국의 재침을 우려한 신라는 주력 군대를 낙동강 하류 지역에 지속적으로 주둔시켰다. 혜택을 본 쪽은 고구려였다. 고구려 남쪽 국경의 긴장은 완화됐다. 하지만 백제에게도 기회가 왔다.

왜국은 신라가 점령한 낙동강 서안과 그 지류인 남강 유역의 가야 지역에 대한 미련을 버리지 못했다. 601년 3월 왜국의 왕은 백제와 고구려에 사자를 보내 낙동강 하류의 가야인들을 지원해 줄 것을 요구했다. 긴장한 신라는 왜국에 간첩들을 파견해 사태 파악에 들어갔다. 그 가운데 한 명이 대마도에서 체포됐다고 『일본서기』는 전하고 있다. 602년 2월 왜국은 신라를 치기 위해 쓰쿠시에 2만5000명의 병력과 군수 물자를 집중시키고 있었다.

왜국의 요청에 의해 그해 8월 남원에 집결한 백제의 군대가 운봉으로 향했다. 왜군의 대규모 상륙이 예상되는 상황이었기에 신라의 주력은 경남 함안에 묶여 있었다. 『삼국사기』 「귀산전貴山傳」을 보면 그해 '아나阿那'의 들판에서 신하들을 도열시켜 놓고 통곡하는 진평왕의 모습이 보인다. '신라남산신성비' 제1비에 보이는 '아량阿良'은 '아나'와 같은 표기이며 함안 지역이 확실하다.

운봉의 아막성에는 소수의 병력만 있었다. 성은 금세 백제군에 의해 포위됐다. 고립된 성의 함락은 시간문제였다. 농성이란 원군이 온다는 전제하에서만 의미가 있다. 지리산 중턱의 소식을 접한 진평왕은 올 것이 왔다고 생각했다 .

진평왕은 진군 속도가 빠른 수천의 기병을 함안에서 빼내 지리산

171

으로 급파하지 않을 수 없었다. 왜군을 방어해야 할 귀중한 전력의 증발이었다. 하지만 무왕이 지리산을 돌파하면 함양-산청-진주를 거쳐 함안으로 진공해올 것이 분명했고, 최악의 경우 상륙한 왜군과 지리산을 넘어온 백제군의 협격을 받아 신라의 주력군이 전멸할 수도 있었다.

성산산성에서는 무엇이 나왔나

국립창원문화재연구소가 함안 성산산성을 1991년부터 1994년까지 4차에 걸쳐 발굴 조사했다. 여기서 목간 24점이 발굴되었다. 또한 2000년부터 2003년까지 연차적으로 성산산성을 다시 발굴·조사했다. 이때 묵서가 있는 목간 71점이 추가로 발굴되었다. 또한 2006년에 27점, 2007년에 68점이 추가로 발굴되었다.

그 가운데 지명, 인명, 곡물의 기재 양식을 가진 하찰 목간이 다수 있었다. '패稗'는 5점 이상이 있었고, '맥麥'자 목간이 6점, '패맥稗麥'자 목간이 3점, '패미稗米'자 1점 등이다. 패는 『고려사』를 보면 전마용 먹이로 쓰이기도 했던 곡물이었다. 맥은 보리이고, 패맥은 패와 보리, 패미는 패와 쌀을 말한다. 지명은 대부분 낙동강 수계에 인접한 안동·영주·성산·김천 등의 지역이었다. 그러니까 진평왕 대에 낙동강 상류 지역에서 수취된 곡물들이 강을 통해 함안 성산산성에 집적되었던 것이다.

함안은 낙동강과 그 지류인 남강이 합류되는 지점과 가까이 있다. 여기서 수로를 타면 어느 방향으로도 갈 수 있다. 함안은 수로상 용이한 보급기지다. 동시에 이곳을 장악하면 낙동강의 모든 수로를 통제할 수 있다. 안동·상주·문경·김천·대구·고령에서 하류로 내려온다고 해도 이곳을 지나야만 하고 밀양·삼랑진·김해에서 거슬러 올라간다고 해도 마찬가지다. 무엇보다 사천만泗川灣을 통해 진주로 들어와 남강을 타고 낙동강 본류로 들어갈 때도 함안을 지나가야 한다.

172

물론 함안에서는 남강을 타고 진주를 경유하여 산청으로도 갈 수 있다. 산청은 소형 배나 뗏목이 거슬러 올라갈 수 있는 남강 수로의 종착점이었다. 산청에 하역된 보급품은 육로로 함양 유림으로 운반되어 함양 남부로를 거쳐 아막성까지 운반할 수 있다. 산청은 함안에서 운봉으로 이어지는 수로와 육로가 만나는 곳으로 신라가 아막성을 방어할 수 있는 중요한 중간 보급 거점이었다.

연기된 왜군의 출병, 신라군의 아막성 집결

신라 기병은 운봉으로 향했다. 지리산의 동쪽 사면은 급경사여서 행군이 쉽지 않았다. 신라군은 말에서 내려 걷다가 지리산 중턱에 이르자 말들을 휴식시켰다. 말이 최상의 상태에 있어야 승산이 커진다. 『병장설兵將說』은 이렇게 전하고 있다. "날이 저물고 갈 길이 멀면 반드시 말에서 자주 내려야 한다. 차라리 사람이 피로할지언정 절대로 말을 피로하게 만들어서는 안 된다."

운봉은 기병이 역량을 발휘할 수 있는 분지였다. 신라의 기병이 백제군이 포위하고 있는 아막성으로 다가서자 성 안에서 환호성이 흘러나왔고, 백제군은 당황했다. 신라가 지리산 중턱까지 기병을 급파할 줄은 몰랐기 때문이었다. 백제군은 응전했지만 상대가 되지 못했다.

아막성 안에서 신라군이 성문을 열고 나오면 양면 공격을 받아 전멸할 수도 있었다. 백제군은 병력을 남원으로 돌렸다. "왕이 군사를 출동시켜 신라의 아막성을 포위했다. 신라 왕 진평이 정예기병 수천 명을 보내 막아 싸우니 우리 군사가 이득을 얻지 못하고 돌아왔다."(『삼국사기』「백제본기」)

백제군이 예측하지 못한 상황이 또 이어졌다. 신라의 후발대가 운봉에 속속 도착했다. 파진찬 건품乾品·무리굴武梨屈·이리벌伊梨伐·무은武

173

함안 대산 악양루에서 낙동강과 남강의 합류지

殷·비리야比梨耶 등이 이끄는 부대들이었다. '소감少監'급 장교들 가운데 귀산貴山·추항箒項도 있었다. 공병부대인 대장척당大丈尺幢도 있었다. 아막성 주위에 소타성小陀城·외석성畏石城·천산성泉山城·옹잠성甕岑城 등 4개의 요새가 건설됐다.

　무왕의 운봉 공격은 신라군에 그곳의 중요성을 가르쳐준 꼴이 됐다. 4개의 요새가 완성된 후에도 신라군은 증강되고 있었다. 당시 신라는 규슈에서 신라를 향해 출발하려던 왜군의 출병이 연기됐다는 정보를 입수한 상태였다.

　『일본서기』를 보면 "(602년) 6월 구메황자來目皇子가 병들어 누워 결국 (신라) 토벌을 하지 못했다"고 나와 있다. 운봉 전투는 우리가 상상하는 이상으로 국제 역학적인 사안의 변화에 영향을 받고 있었다. 왜국의 출병 취소는 당장 백제에 부담으로 돌아왔다. 무왕은 나라에 총동원령을 내렸다. 좌평 해수를 총사령관으로 하는 보기步騎 4만의 대병력이 남원에 집결했다.

　신라의 5개 요새들은 바둑판의 알처럼 운봉의 분지에 집을 짓고 있었다. 절반이 무너진다고 해도 고개를 막고 있는 신라군의 방어력이 급격히 떨어지는 것은 아니었다. 백제의 4만 대군이 운봉에 다가서자 신라군들이 아막성과 나머지 네 곳의 요새에서 문을 열고 나왔다. 싸움은 요새 앞 벌판에서 벌어질 참이었다.

23

패자는 침묵하고
승자는 통곡한다

무왕의 패전

신라의 5개 요새가 바둑알 같은 집을 짓고 있는 운봉 분지였다. 백제군은 요새가 보이자 행군을 멈췄다. 왜군과 신라를 협격하기 위해 4만 대군을 동원했다. 하지만 왜군은 오지 않았고, 통과할 고개로 여겨졌던 운봉이 결전의 장소가 됐다.

요새를 등지고 서 있는 신라군의 대열이 보였다. 백제군은 화살의 사정거리가 못 미치는 거리에서 정지했다. 이윽고 수없이 많은 보병의 진陣들이 서로를 향해 거리를 좁히기 시작했다. 싸움이 벌어졌다. 초반 전투에서 병력이 우세한 백제군이 오히려 밀렸다.

전투의 공간에도 적정 병력이 있다. 2인용 참호에 5명이 들어가면 효율이 떨어지듯이 백제는 신라가 요새화한 운봉 분지에 지나치게 많은 병력을 투입한 꼴이 됐다. 백제군의 대열은 신라군보다 밀집돼 있었다. 양측의 궁수들이 화살을 일제히 발사했다고 해도 백제군이 더 많은 피해를 봤을 것이다. 백제군의 퇴각이 시작됐다. 『삼국사기』「귀산전」은 이후의 싸움에 대해 상세히 전하고 있다.

백제군은 천산泉山 서쪽 부근의 계곡으로 물러났다. 그곳에 넓은 늪이 있었다. 신라 장군 무은武殷은 자신의 중무장 보병 1000명과 함께 백제군을 추격하다 늪지에 도착했다. 그들은 진펄에 발이 빠지는 것을 느꼈다. 몸은 우둔해지고 지쳐 갔다. 무은은 후퇴 명령을 내렸다.

말을 탄 무은을 노리던 백제군들이 있었다. 그들은 퇴각하던 무은을 갈고리로 찍었고, 말에서 끌어내렸다. 백제군들이 개미 떼처럼 몰려왔다. 무은은 결박당했고 백제군은 그를 끌고 갔다. 장군이 포로가 되자 사기가 떨어진 신라군들은 요새를 향해 퇴각하기 시작했다.

하지만 무은의 아들 귀산은 아버지를 두고 갈 수 없었다. 귀산은 큰 소리로 말했다. "내가 일찍이 스승에게 들으니 무사는 전쟁에서 물러서지 않는다고 했다. 어찌 감히 내가 달아나겠는가." 귀산은 친구 추항箒項과 함께 말을 타고 적진에 뛰어들었다. 아버지를 구하겠다는 아들과 신라 장군을 포로로 잡아 공을 세우겠다는 백제군 사이에 싸움이 벌어졌다.

이익을 다투던 다수의 백제군이 둘의 필사적인 사투에 밀리기 시작했다. 순식간에 수십 명이 창에 찔려 죽었다. 귀산은 아버지를 만나포박을 풀어주고 자신의 말에 태웠다. 아버지를 태운 말이 적진을 빠져나가자 귀산과 추항은 적군에 포위돼 난투극을 벌였다. 처절하게 싸우는 둘의 모습을 본 백제군들이 돌아섰다.

격분에 찬 신라군들이 그 둘을 구하기 위해 달려들었다. 진법이고 뭐고 없었다. 그것은 기세였다. 신라군에 눌린 백제군들이 죽어 나가기 시작했다. 한판의 싸움이 전투 흐름을 완전히 바꿔놓았다. "쓰러진 적의 시체가 들판에 가득해 한 필의 말, 한 채의 수레도 돌아간 것이 없었다." (『삼국사기』)

전투가 끝나자 신라군들은 시신들 사이에서 귀산과 추항을 찾아냈다. 숨은 붙어 있었다. 치료하기 위해 그들을 수레 위에 태웠다. 살아남은 자들의 눈물에 소매가 젖어갔다. 그들의 이야기는 왕의 귀에도 들어갔다. 귀산은 부모를 구했으니 효를 다했고, 나라를 지켰으니 충을 다했다.

신라 진평왕이 그들을 불렀다. 부상을 당했지만 크게 포상하겠다는 뜻이었다. 당시 왕은 왜군의 상륙이 예상되는 마산만의 배후 지역인 함안에 있었다. 진평왕은 장군들과 함께 함안 아나의 들판으로 마중나왔다.

그들을 실은 수레가 왕 앞에 이르렀다. 하지만 오는 도중에 그들의 마지막 남은 희미한 숨이 이미 멎은 뒤였다. 아직 젊은 나이에 전사한 그들이 불쌍해서인지 왕은 눈물을 흘렸다. 장군들도 왕을 따라 곡을 하기 시작했다. 장군들은 대부분 왕의 친족인 왕족(진골 귀족)들이었다.

왕의 통곡은 강요였다. 앞으로 진골 귀족들도 자식들을 기꺼이 국가 보위 전쟁의 신성한 재물로 바치지 않으면 안 된다는 것을 보여주는 것이었다. 지배층이 자식들을 사지에 내몰지 않는다면 백성들도 국가 수호 전쟁에 자식을 내놓지 않을 것은 자명했다.

진평왕이 함안으로 간 까닭은?

진평왕은 함안에서 신료들과 함께 죽은 귀산을 맞이했다. 나라를 위해 장렬하게 전사한 자들을 왕이 직접 보기 위해 왕경에서 함안까지 마중나간 것은 아니었다. 전쟁 중이 아닌가. 마찬가지로 중상을 당한 귀산 등이 진평왕을 만나기 위해 함안까지 갔다고 보는 것도 마찬가지다. 아막성 전투 종료 후 그곳에 있던 상당수의 신라 병력이 왜군의 상륙을 저지하기 위해 함안 쪽에 재투입되었고, 그 행렬 속에 귀산 등이 있었다고 보는 것이 자연스럽다.

그때도 규슈에는 왜군 2만5000명이 배치되어 있었고, 언제 함안 지역에 상륙할지 알 수 없는 상태였다. 당시까지도 신라에 대항하는 가

경남 함안 도항·말산리 고분군에는
아라가야의 왕들이 묻혀 있다.
그들 가운데 하나는 602년 신라 진평왕의
'아나의 통곡'을 기억하고 있었으리라.
진평왕은 이곳 함안에서 아막성 전투에서 전사한
귀산을 맞이하며 통곡했다.

야 세력들이 잔존하고 있었을 가능성도 배제할 수 없다.

왜군이 왕경인 경주를 직접 침공할 수도 있다. 하지만 왜군이 함안에 상륙할 가능성이 높았던 것은 위에서 언급한 여러 가지 사실 이외에도 유력한 근거가 있다. 당시 신라에 대항하는 가야 세력들이 왜의 원군을 기다리며 잔존하고 있었던 것으로 보인다.(이희진, 『가야와 임나』, 동방미디어, 1999)

언급한 바와 같이 21년 뒤에도 왜는 가야 문제로 신라를 침공한 일이 있다. 『일본서기』 권22, 스이코 천황 31년(623) '시세是歲' 조를 보면 "(왜의) 장군들은 처음에 임나任那(함안)에 도착해 의논하여 신라를 습격하고자 했다"고 전하고 있다. 왜의 가야 지역 상륙 가능성과 관련하여 참고가 되는 기록이다.

진평왕이 왕경을 방치해둔 것도 아니었다. 신라 왕경은 이미 요새화가 상당히 진전되어 있었다. 신라는 591년에서 593년 사이에 왕경을 둘러싼 명활성, 서형산성, 남산신성 등을 증축했다.(『삼국사기』 진평왕 13년·15년 조)

602년 8월 당시 백제군 4만 명이 아막성을 공격하고 있었고, 당시 왜군 2만5000명이 규슈에서 신라를 침공하려는 태세에 있었다. 예상되는 두 개의 전선을 생각할 때 진평왕이 왕경 경주와 지리산 아막성의 중간에 위치한 함안에 병력을 집중시켜 내선의 원리를 이용한 작전을 수행하는 것이 유리했다.

원한의 복잡한 방정식

왜국의 약속 불이행으로 백제군 4만 명이 희생됐다. 삼년상을 끝내고 전쟁을 주도했던 무왕은 궁색해졌다. 칩거에 들어간 것은 아니었을까. 『삼국사기』 「백제본기」를 보면 603년에서 604년까지 2년 동안 기록

함안 봉산산성 아래 추정 가야 왕궁지
현 공설운동장

은 침묵하고 있다. 백제는 이후 9년 동안 전쟁을 하지 못했다.

확실히 왜국과 백제는 손발이 맞지 않았다. 왜국이 602년에 신라를 공격했다면 신라가 함안에서 운봉으로 원군을 투입하지 못했을 것이고, 무왕은 패배의 쓴맛을 보지 않았을 것이다.

이듬해인 603년 왜국에 중요한 인사이동이 있었다. 그해 2월 신라 원정군 총사령관 구메황자가 죽었고, 4월 그 자리에는 다가마황자當摩皇子가 임명됐다. 하지만 백제는 그것을 믿을 수 없었는지 아니면 패전의 상처가 매우 컸던 것인지 군대를 움직이지 않았다. 대신 고구려가 군대를 움직이려 하고 있었다.

신라 진평왕은 바빴다. 왜군의 신라 침략이 실행될 수 있는 상황에서 군대의 주력을 낙동강 하류 함안 지역에 계속 둘 수밖에 없었다. 하지만 왜국의 신라 침공 계획이 또다시 중지됐다. 정보가 전해진 직후인 그해 8월 고구려가 신라의 북한산성을 공격했다. 진평왕은 남쪽에 있는 병력 1만을 빼 직접 한수 하류로 가서 북한산성을 구원했다.

신라를 포위하고 있는 고구려·백제·왜국은 한꺼번에 날지 못하는 닭들과 같았다. 박자가 맞지 않았다. 주요 원인 중 하나는 고구려의 고국원왕故國原王, 백제의 개로왕蓋鹵王처럼 서로의 왕들을 죽였던 고구려와 백제의 구원舊怨에 있었다. 그들은 멸망할 때까지 서로를 결코 믿지 못했다. 598년 백제 위덕왕은 사신을 보내 수나라의 고구려 침공을 돕겠다고 약속했고, 배알이 뒤틀린 영양왕이 그해 말에 백제를 공격해 약탈했다.

한강 하류 유역을 점령한 신라가 가로막고 있어 고구려와 백제 두 나라는 직접 국경을 접하지 않았다. 하지만 고구려는 선박을 동원해 뱃길로 백제를 공격할 정도로 감정이 있었다. 598년의 상황은 607년에도 다시 되풀이됐다. 3월에 무왕은 좌평 왕효린을 수나라에 보내 고구려를 칠 것을 청했다. 반응은 즉각적이었다. 5월 고구려가 백제 송산성을 공격했다. 치열한 공방전이 있었지만 성은 함락되지 않았다. 그러자 고구려는 방향을 돌려 석두성을 공격해 남녀 3000명을 사로잡아 돌아갔다.

고구려와 백제로부터 대규모 원조를 받아먹은 왜국도 신라 침공을 위해 591년부터 595년까지, 602년부터 603년까지 규슈에 병력을 주둔시키고는 있었지만, 600년 단 한 차례 신라를 공격했을 뿐이다. 600년 고구려는 신라의 북쪽 변경을 공격해야 했지만 2년 전 수나라와 전쟁을 하고 난 직후여서 만주의 요하 방면에 있는 주력을 뺄 수 없었다. 백제도 신라의 서쪽 변경을 공격해야 했지만 위덕왕·혜왕·법왕의 삼년상이 한꺼번에 겹치는 바람에 손을 쓸 수 없었다.

물론 신라는 왜국의 위협을 받았고 병력의 상당 부분이 남쪽에 묶여 있었던 것도 사실이다. 하지만 왜국의 위협이 고구려와 백제의 양면 공격을 막아낼 수 있는 여력을 완전히 증발시키지는 못했다. 608년 2월 고구려가 신라의 북쪽 변방을 침공해 8000명의 신라인들을 잡아갔고, 4월에 신라의 우명산성을 함락시켰다. 이 중요한 시점에 백제와 왜는 각각 신라의 서남쪽을 공략했어야 했다.

하지만 왜국과 백제의 관계는 602년의 일로 이미 뒤틀려 있었다. 608년 8월 수 황제의 국서를 지참한 왜국의 견당사遣唐使가 귀국길에 백제의 해안가를 지나갔다. 백제는 사절의 손에 들려 있는 수 황제의 국서를 압수했다. 『일본서기』 스이코 31년(623) 조는 이렇게 기록하고 있다. "백제는 배반함이 많은 나라다. 길 가는 잠깐 사이에도 오히려 속임수를 쓴다."

백제는 왜국 사절단의 국서를 압수했는가?

608년 8월 백제는 수 황제의 국서를 가지고 귀국하던 왜국 사절단의 손에 들려있는 수 황제의 국서를 압수했다. 국서를 빼앗긴 왜의 사절 오노노 이모코小野臣妹子는 처벌 받을 지경에 이르렀다. 하지만 백제의 강압에 못 이겨 국서를 빼앗긴 사정을 잘 알고 있던 수나라의 사신들이 그의 처벌을 원하지 않았다. 천황은 그의 죄를 용서했다.(『일본서기』 권22, 스이코 천황 16년(608) 6월 조)

또한 『삼국사기』 「백제본기」 무왕 9년(608) 조에 "봄 3월에 사신을 수나라에 보내 조공했다. 수나라 문림랑 배(세)청襄(世)淸이 왜국으로 사신이 되어 갔는데 우리나라 남쪽 길을 지나갔다"고 하고 있다.

신라 침공을 먼저 주장했던 왜국이 약속을 어겼다. 아막성에서 4만 명의 병력을 잃은 백제 무왕에게 왜국이 곱게 보일 리가 없다. 608년 왜국이 고구려의 지시를 받고 수나라와의 외교를 단행하자 백제 무왕은 국서를 탈취하여 감정을 드러냈다.

608년 대수외교를 백제가 중개했다고 보는 견해가 있지만 그것은 백제의 국서 탈취와 논리적으로 상충된다. 왜와 수의 외교를 중계한 백제가 국서를 압수한다는 것은 이해하기 어렵다.

백제와 왜의 관계가 변함없이 우호적이었다고 보았던 선학들은 백제의 국서 강탈사건 기록을 이해하기 쉽지 않았던 것 같다. 미지나 쇼에이三品彰英가 다음 세 가지 경우의 수를 제시한 것도 이러한 맥락에서 이해된다.

먼저 정식으로 수 양제의 국서를 받아오는데 실패한 이모코가 자신의 허물을 감추기 위해 백제의 탈취로 보고했을 가능성이 있다. 다음으로 양제의 국서를 받아오긴 했지만 그 내용이 천황에게 그대로 바칠 수 없는 것이었기에 거짓 보고했을 가능성이 있다. 마지막으로 야마토 정권과 수나라와의 관계를 의심한 백제가 실제로 국서를 탈취했을 가능성이 있다.

24

백제 무왕,
신라전 연패의
사슬을 끊다

가잠성 공방전

602년 아막성 전투에서 4만의 병력을 잃은 무왕은 이후 9년 동안 침묵했다. 그는 현실 파악을 위해 적국 신라의 진평왕을 항상 머릿속에 담아 두고 집요하게 생각했다. 작전을 감행할 때 진평왕은 과연 어떻게 대응할까? 무왕은 전투에서 진평왕이 직면했던 위기의 순간에 무슨 생각을 했고, 어떠한 결정을 내렸고, 어떠한 요인이 그러한 결정을 하게 했는가를 고민했다.

전쟁에는 끝없는 피로감, 공포심, 갖가지 결핍감이 얽혀 있다. 결국 죽음으로 이어지게 될 치명적인 부상의 위험도 매우 높았다. 병사들이 이 모든 것을 무릅쓰고 전쟁을 치르게 하려면 왕의 휘하에서 최선의 이익이 보장된다는 것을 느끼게 해줘야 한다. 왕이 인명 손실을 최소화하는 데 주안점을 두고 있다는 것을 병사들이 알아야 한다. 그것은 병사들이 왕에게 보내는 신뢰로 이어질 것이다. 신뢰는 마음속에 웅크리고 있는 투혼을 불러내는 열쇠다. 왕은 병사들의 정서를 정확히 파악해 가슴에 불을 지피고 상상력의 지평을 넓혀주어야 한다.

무왕은 충분한 준비가 될 때까지 대응하는 일이 없도록 장군들에게 주지시켰다. 605년 8월 신라가 동쪽 변경을 도발했고, 607년 5월 고구려가 송산성松山城을 공격해 성과가 없자 석두성石頭城을 습격해 남녀 3000명을 잡아갔다. 하지만 군대를 일으키지 않았다.

무왕은 끊임없이 군대를 독려해 사기를 진작시키는 데 많은 시간을 보냈다. 소백산맥을 돌파하기 위해서는 보급품을 충분히 축적해놓아야 했다. 장기전을 위한 것이 아니었다. 한 곳에 전력을 집중시켜 돌파하기 위해 모두 소모할 것들이었다.

611년 수가 고구려를 침공하기 위해 군대를 일으키자 수의 동맹국인 신라가 북쪽 국경에 병력을 집중시켰다. 기회가 왔다고 생각한 무왕은 신라의 서쪽인 무주로 군대를 진군시켰다. 목표는 나제통문을 지키고 있는 가잠성이었다. 행군의 뒤에는 병력만큼 많은 군수물자가 따라왔다. 백제군이 다가오자 신라의 백성들이 가잠성으로 피신하기 시작했다. 무왕은 그들을 굳이 막지 않았다. 백성들은 성 안의 식량을 축낼 것이다.

가잠성 부근에 도착한 백제군은 싸우지 않았다. 먼저 토목공사를 시작했다. 성을 둘러싸는 호를 이중으로 파기 시작했다. 성을 외부로부터 완전히 고립시켰다. 성 안에서 문을 열고 공격할 수 있는 가능성을 염두에 뒀을 뿐만 아니라 외부에서 신라 구원군이 접근해 오는 것도 미리 고려했다.

성에 대한 적극적인 공격은 하지 않았다. 백제군의 희생을 최소화하기 위해서였다. 그냥 성을 고립시켜 굶겨 죽일 작정이었다. 100일이 지나자 성 안의 식량이 다 떨어졌다. 비가 오지 않아 물도 고갈됐다.

성 밖 백제군이 밥을 지을 때 나는 연기는 사람들의 후각을 자극했다. 굶어 죽은 말과 소는 뼈만 남겨졌고, 전사하거나 아사한 이가 나와도 사람들은 슬퍼하지 않았다. 굶주린 사람들은 죽은 자의 살을 발라 먹었다. 그것도 모자랐다. 물이 없어 오줌을 받아 먹었고 나중에는 그것도 귀했다.

어느 날 신라의 원군 3개 사단이 도착했다. 신라에는 6정六停이라는 군단이 있었다. 6정 중 한산정漢山停은 지금의 서울, 우수정牛首停은 춘천, 하서정河西停은 강릉, 상주정上州停은 상주, 하주정下州停은 합천, 대당大幢은 왕경인 경주에 주둔하고 있었다. 이들은 오늘날의 6개 사단에 견줄 수 있는 부대 단위다. 그 가운데 상주정·하주정·한산정 등 3개 사단이 함락되기 직전의 가잠성을 구원하기 위해 왔다.

성 안에 있던 신라군은 사기가 올라갔다. 하지만 이미 너무나 많은 사람이 아사했고, 살아남은 사람들조차 영양실조로 약해져 있었다. 원군에 호응해 성문을 열고 나가 백제군과 싸울 전투력을 상실한 상태였다.

도착한 신라의 원군은 당황했다. 백제군은 신라 측 구원군이 올 것을 알고, 이미 요새를 구축해놓은 상태였다. 구원군은 가잠성 안으로 들어갈 수 없었다. 굶주린 전우들을 당장 도울 수도 없었고, 성 밖에서 이미 준비된 백제군과 싸워야 했다. 전투가 시작됐다. 하지만 신라군은 상대가 되지 못했다. 신라군은 적지 않은 사상자를 내고서야 백제군이 완전히 달라진 것을 알았다. 무왕은 가잠성 주변에서 신라의 주력 군단 6정의 절반을 전멸시킬 준비가 된 상태였다.

신라의 장군들은 왕경으로 군사를 보내 이러한 점을 왕에게 알렸다. 진평왕은 주력 사단이 타격을 받으면 신라의 미래가 불투명해진다고 판단했다. 곧 철수 명령이 도착했다. 가잠성은 너무나 중요하지만 과감히 포기하겠다는 뜻이었다.

진평왕은 전쟁에서 무엇을 얻고 무엇을 잃어야 하는지 알고 있었다. 철수하는 신라 원군을 보고 가잠성주 찬덕讚德은 절규했다.

"3주의 군대(상주정·하주정·한산정)와 장수가 적(백제군)이 강함을 보고 진격하지 않고, 성이 위태로운데도 구하지 않으니 이는 의리가 없는 행

신라와 백제의 국경에
자리 잡고 있는 나제통문.
백제군이 이곳을 통해 덕유산을 넘어서면
성주에서 대구를 거쳐 왕경인 경주에
곧바로 타격을 가할 수 있었다.
백제는 612년 나제통문 부근 국경 요지인
가잠성을 점령했다.

동이다."(『삼국사기』「해론전奚論傳」)

원군이 물러났는데도 성주 찬덕은 항복하지 않고 싸웠다.

612년 음력 정월 봄이 찾아왔다. 질긴 사투로 겨울을 보낸 사람들은 움직일 수 없을 정도로 체력이 고갈됐다. 더 이상 성을 사수하는 것이 불가능했다. 절망한 성주 찬덕은 말했다.

"'우리 왕이 나에게 하나의 성을 맡겼는데 이를 온전하게 지키지 못하고 적에게 패하니 원컨대 죽어서 큰 귀신이 돼 백제인을 다 물어 죽여 이 성을 되찾겠다!' 그러고는 팔뚝을 걷어붙이고 눈을 부릅뜬 채 달려나가 홰나무에 머리를 부딪쳐 죽었다."(『삼국사기』「해론전」)

찬덕의 자살 소식은 왕경에 전해졌고 곧 신라 전체에 퍼졌다. 진평왕도 충신의 비감한 말로를 전해 들었다. 백제 무왕은 553년 관산성 전투 이후 연전연승했던 신라에 첫 패배를 안겼다. 그는 9년 전과 완전히 다른 사람이 돼 있었다. 4년 후인 616년 무왕은 지리산 중턱의 운봉에 있는 모산성(아막성)을 함락 직전까지 몰고 갔다. 신라 조야는 크게 술렁였다.

무주 덕유산 방면의 가잠성이 백제 수중에 떨어졌고, 지리산 중턱의 아막성이 언제 함락될지 몰랐다. 백제는 신라의 심장부에 타격을 가할 수 있는 1개의 고지를 선점했고, 나머지 하나도 차지할 것 같았다. 진평왕은 신라 왕경에 훨씬 더 위협적인 가잠성을 빠른 시일 내에 탈환해야 했다. 아막성에서 지리산 중턱을 넘으면 다시 가야산을 넘어야 경주에 닿을 수 있다. 하지만 백제군이 덕유산을 넘어서면 말을 달려 성주에서 대구를 거쳐 왕경인 경주에 곧바로 타격을 가할 수 있다.

왕은 찬덕의 아들 해론에게 나마奈麻의 관등을 수여했고, 가잠성에 주둔한 백제군을 방이하는 최일선 부대인 금산당주金山幢主에 임명했다. 찬덕의 아들에게 관등과 부대장의 관직을 수여한 것은 포상이었다. 하지만 아버지가 잃은 가잠성을 아들이 탈환하라는 무언의 책임 부여이기도 했다.

618년 서울에 위치한 신라의 한산정 사단에 임무가 떨어졌다. 사단 장인 변품邊品은 진평왕에게 가잠성을 수복할 것을 명령받고 군대를 이끌고 남쪽으로 향했다. 행군하던 변품이 추풍령을 넘어 현재의 김천에 도착했을 때였다. 전 가잠성주의 아들 해론이 그를 맞이했다.

가잠성 부근에 도착한 그들은 성을 포위했다. 그리고 지루한 공성전에 들어갔다. 소식을 접한 무왕이 구원군을 파견했다. 성 밖에서도 성벽에서도 싸움이 벌어졌다. 전투에 대한 더 이상의 자세한 기록은 전하지 않는다. 다만 해론의 장렬한 전사에 관한 기록은 있다. 해론은 자신이 통솔한 부하들에게 이렇게 말했다.

"전일 나의 아버지가 이곳에서 숨을 거두셨는데 내 지금 이곳에서 백제군과 싸우니 오늘이 내가 죽을 날이다."

앞장서던 해론은 장렬히 전사했다. 신라군은 가잠성을 힘겹게 탈환했다.

순국한 부자의 이야기는 신라인들을 숙연하게 만들었다. 나라를 위해 목숨을 바친 그들을 위해 사람들은 긴 장송곡을 불렀다. 소식을 들은 진평왕도 눈물을 흘렸다. 성을 지키지 못해 자살한 아버지의 뒤를 이어 아들이 죽었다. 왕은 살아 있는 해론의 가족들에게 후한 상을 내리고 그 자식들의 미래를 보장했다. 왕의 입장에서 볼 때, 승리를 끌어내기 위해서는 순국지상주의 국가관을 조성하고 확산시킬 필요가 있었다. 순국을 지고의 가치로 여기는 시대적 분위기가 조성되고 있었다.

아막성이 모산성으로 이름이 바뀐 이유

아막성이 모산성으로 이름이 바뀐 이유에 대해 생각해보자. 앞서 『삼국사기』「백제본기」무왕 3년 추8월조에서 "추8월 왕 출병 국신라 아막산성[일명 모산성]秋八月 王出兵 圍新羅阿莫山城[一名母山城]"이라고 한 것에서 알 수 있듯이 아막성은 일명 '모산성'이었다. 이어지는 무왕 3년(602) 조를 보면 "신라가 소타, 외석, 천산, 옹잠 등 네 성을 쌓고 우리 변경에 침범했다. 왕이 노하여 좌평 해수에게 명령하여 보병과 기병 4만 명을 거느리고 그 네 성을 공격하게 했다"고 기록되어 있다. 602년 신라가 아막성 주위에 네 성을 쌓았다. 이제 아막성은 소타, 외석, 천산, 옹잠 등 자성子城의 보호를 받는 모성母城이 되었다. 주변에 4성이 생겨난 후에 모산성으로 불리게 되었다고 할 수 있다.

25

쇼토쿠 태자의
죽음 이후
전세가 변화하다

백제의
남강 유역 점령

622년 왜국을 이끌어 오던 쇼토쿠 태자가 세상을 떴다. 그는 일본을 불교 국가로 만든 주역이었다. 불교를 포교하기 위해 사재를 털어 호류 사를 지었고, 17조 헌법을 만들어 삼보를 공경할 것을 명하고 선악의 도리로 불교를 채택했다.

이전 왜국은 숭불파崇佛派와 배불파排佛派가 대립하고 있었다. 587년 5월 21일 태자의 아버지인 요메이用明 천황이 죽자 양파 간에 투쟁이 벌어졌다. 쇼토쿠 태자는 숭불파인 소아씨를 지원해 승리를 도왔다. 쇼토쿠 태자와 소아씨는 부처의 이름 아래 손을 잡았다. 그러자 고구려와 백제가 불교 문물을 업고 왜국에 접근했다. 자국의 군사적 이익을 위해서였다. 결과적으로 신라는 왜국·백제·고구려 삼국의 병풍 견제 속에 고립이 심해졌다. 하지만 602년 백제와 힘을 합쳐 신라를 협격하기로 한 왜국이 파병을 연기하면서 백제 병력 4만이 지리산 중턱에서 전멸하는 참사가 벌어졌다. 이후 백제와 왜국의 관계는 급속히 냉각됐다. 무왕은 쇼토쿠 태자를 약속을 지키지 않는 상습적인 신용불량자로 여겼다.

신라는 이 틈을 파고들었다. 610년 왜국에 사신을 파견해 관계를 정상화했고, 611년과 616년까지 3회에 걸쳐 사절단을 보내 왜국과의 관계를 개선해 나갔다. 왜와 지리적으로 가장 가까운 곳에 위치한 신라는 왜에 대해 잘 알고 있었다.

왜에 대한 신라의 공작은 유서 깊다. 단적인 예로 527년 규슈의 토착세력인 이와이磐井를 매수하여 신라를 침공하려던 나라奈良의 야마토大和 조정의 군대를 저지시켰으며, 600년 신라에 침공해온 왜국의 장군 사카이베노 오미境部臣 등을 매수하여 그의 1만 대군을 철수하게 한 적도 있었다.

하지만 쇼토쿠 태자가 죽자 모든 것이 바뀌었다. 왜국에서 소아씨의 독주체제가 시작됐다. 백제는 위덕왕 대인 588년 소아씨가 다스리는 아스카에 사찰을 지어준 적도 있으며, 615년에 와서 외교를 재개하여 돈독한 관계를 만들어갔다. 왜국에서 친신라계 사람들은 힘을 잃어 갔고, 신라에 대한 왜국의 압박이 다시 밀려왔다.

623년 왜국의 사신 이와카네磐金 등이 신라에서 외교의 임무를 마치고 귀국할 때였다. 바다에서 왜국의 군사를 가득 실은 배들이 신라의 해안에 수없이 나타났다. 상륙하여 신라를 공격하려던 참이었다. 진평왕은 놀랐다. 해안에 대한 방비가 전혀 되어 있지 않은 상태였다. 그도 그럴 것이 왜국의 사신이 신라에 도착해 양국의 미래를 이야기하고, 사신을 전송하려던 찰나에 침공을 받았기 때문이다.

진평왕은 쇼토쿠 태자의 죽음으로 그동안 왜국에 공을 들여온 것이 '말짱 도루묵'이 됐다는 사실을 절감했다. 진평왕은 구구절절한 편지를 보내 그들을 설득하고 막대한 재물을 건넸다. 앞서 왜국에 도착한 견신라사 이와카네 등이 천황 이하 소아씨 대신과 여러 신하에게 이번 신라 파병은 성급한 판단이었다고 주장했다. 진평왕의 물량 공세와 왜국 조정 내부에서 반금 등의 발언으로 왜군은 물러갔다. 하지만 그 사이에 백제 무왕이 신라의 전략적 요충지 늑노현을 공격했다. 623년 10월이었다. 늑노현의 위치는 현재 정확히 알 수 없다. 다만 지리산 중턱인 운봉을 넘어서기 위한 중요한 전략적 요충지였을 가능성이 높다.

624년 10월 무왕은 백제 여러 지역에 산재한 거의 모든 병력을 남원에 집결시킨 다음 지리산을 넘어 함양으로 진군했다. 그는 이번에는 꼭 신라의 주력부대를 그곳으로 유인해서 전멸시킬 작정이었다.

무왕은 군대를 나누어 함양과 산청 일대에 산재한 6개 성(속함·앵잠·기잠·기현·혈책 등)을 모두 포위했다. 무왕이 예상한 대로 신라 진평왕은 상주정·하주정·귀당·법당·서당 등 5개 사단으로 구성된 구원군을 파견했다.

경북 상주에 주둔하고 있는 상주정과 귀당은 김천을 경유, 남진하다가 거창으로 넘어가기 직전에 있는 대덕에 도착해 잠시 휴식을 취했다. 왕경-대구-성주에서 온 수도사단인 서당과 합류하기 위해서였다. 3개 사단은 그곳에서 합류해 거창으로 내려왔다. 합천읍 대야성에 주둔한 하주정과 그 현지인으로 구성된 법당은 거창에 이미 도착해서 기다리고 있었다. 총 5개 사단은 거창에서 합류해 함양으로 향했다.

백제군의 일부가 6성을 포위한 가운데 나머지 주력군이 거창에서 함양으로 넘어오는 어느 지점에서 신라군 5개 사단을 맞이했다. 백제군은 준비된 군대였다. 전장의 주요 지점은 이미 요새화돼 있었고, 연락체계와 보급도 만반의 준비가 된 상태였다.

백제군의 진용을 본 신라군 장군이라면 누구라도 승리를 장담할 수 없었다.

"(5개 군이) 도착해 백제 군사가 진용을 갖춘 당당한 모습을 보고 그 예봉을 당해낼 수 없을 것 같아 머뭇거리며 진격하지 못했다."(『삼국사기』「눌최전訥催傳」)

당시 신라군은 백제와 고구려·왜의 3면 공격을 받으면서 점차 지쳐갔다. 초기에는 승리했고, 진평왕은 직접 낙동강 하류에서 한강 하류를

600년대 초반 왜국의 실권자였던
쇼토쿠 태자가 건립한 호류사.
현재 일본 쇼토쿠종聖德宗의 본산이다.

거창 분지의 전경.
624년 이곳에 신라의 5개 사단이 집결하여 무주로 향했으나,
포위당한 아군 구원을 포기하고 철수했다.
ⓒ거창군청

오가면서 싸워 위기도 잘 넘겼다. 하지만 국가 전체에 누적되는 피로감
은 어찌할 수 없었다. 이번 백제와의 싸움에서 패배하면 국가의 존망이
위태로울 것이 확실했다.

백제 무왕은 이번 싸움을 크게 벌여 신라의 주력을 한번에 궤멸시
킬 작정이었고, 신라군 주력이 싸움 없이 물러나도 남강 중상류의 대
부분을 차지할 수 있었다. 이미 포위된 신라의 6개 성 가운데 속함(함양
읍)·기잠·혈책(산청) 등 3개가 함락되거나 항복했다.

싸움의 결과는 신라에 재앙을 가져올 수밖에 없다. 더구나 그러한
상황에서 왜군이 남해안 방면에서 함안을 덮친다면 어떻게 되겠는가?
당시 진평왕은 나이가 많아 현장 지휘관들에게 전권을 위임한 상태였던
것으로 보인다.

신라 장군들은 왕에게 물어보지도 않고 현장에서 판단했다.

"(진평)대왕께서 5군을 여러 장군에게 맡겼으니 국가의 존망이 이 한
번의 싸움에 달렸다. 병가兵家의 말에 승리할 것으로 판단되면 진격하고,
어려울 것 같으면 후퇴하라 했다. 지금 강적이 앞에 있으니 계략을 쓰지
않고 직진했다가 만일 뜻대로 되지 않으면 후회해도 소용이 없다."

장군들의 보좌관과 참모들도 모두 동의했다. 하지만 회의석상에는
침묵이 흘렀다. 성에 남겨진 전우들이 죽을 것이 자명한데, 그들을 남겨
두고 간다는 것은 참으로 못할 짓이었다. 그래도 신라 주력 사단들이 온
존해야 국가의 미래도 있다.

신라 장군들은 병력을 이끌고 전장에서 한 발 물러났다. 그리고 대
규모 토목공사를 시작했다. 노진奴珍 등 6개의 요새를 만들었는데, 이는
백제군이 진안이나 함양 방면에서 거창 지역으로 들어오는 것을 막기
위한 축성이었던 것으로 판단된다. 요새가 완성되고 나서야 신라 주력
부대들은 철수했다. 성을 지키던 신라군들이 그대로 남겨졌다.

포위된 3개 성에 남겨진 병사들을 지휘했던 장군 눌최의 분노는 하

늘을 찔렀다. 그와 병사들의 각오는 비장했다.

"눌최는 눈물을 흘리면서 병졸들에게 말했다. '지금 성에 구원이 없이 날로 위험하다. 지금이 바로 진실로 뜻 있는 병사와 의로운 사람이 절조를 다 바쳐 이름을 날릴 수 있는 때다. 너희는 어떻게 하겠는가?' 병사들이 눈물을 뿌리며 말했다. '감히 죽음을 아끼지 않고 오직 명을 따르겠습니다.'"(『삼국사기』)

백제군의 본격적인 포위 공격이 시작됐다. 거대한 돌덩어리와 화살이 날아오는 가운데 2개 성이 함락되고 마지막 1개 성이 남았다. 그들의 병력도 점점 소모되고 있었다. 성이 함락되려 하자 병사들은 더욱 투혼에 불탔다. 항복하여 구차하게 살아보겠다는 생각은 없었다.

하지만 성벽으로 기어오르는 백제군의 흐름을 더 이상 막을 수 없었고, 마침내 성이 함락되었다. 신라 병사들은 하나둘씩 쓰러졌다. 성의 지휘소에서 그 모습을 묵묵히 바라보고 있던 눌최도 이미 포위된 상태였다.

눌최에게는 어릴 적부터 데리고 다니던 노비가 한 명 있었다. 힘이 장사였고 활을 아주 잘 쏘았다. 백제군이 지휘소로 떼를 지어 밀려오자 눌최 앞에 선 그는 빠르게 활을 쏘았다. 화살은 백발백중 빗나가는 적이 없었다. 밀려오던 적들이 두려움에 갑자기 멈췄다. 잠시 정적이 흘렀고, 도끼를 든 한 백제 병사가 눌최의 뒤로 달려갔다. 눌최의 어깨에 도끼의 날이 꽂혔다. 피가 분수처럼 솟구쳤다. 눌최는 쓰러졌고 노비가 혼자 남아 혈투를 벌였다. 노비는 살아남기 위해 싸웠던 것이 아니었다. 단지 주인의 시신을 적에게 넘겨주지 않기 위해 끝까지 싸웠다.

26

전쟁의
소용돌이 속에서
강제로 징집하다

신라의 병역제도

624년 백제가 지리산을 넘어 함양·산청 지역을 차지하기 직전의 시기였다. 신라의 왕경 사량부沙梁部에 가실嘉實이란 청년이 살고 있었다. 그가 이웃 동네 율리栗里의 한 여자를 좋아했다고 『삼국사기』 「설씨녀전薛氏女傳」은 전하고 있다.

설씨의 딸이라고 불렸던 그녀는 가난했지만 행실이 단정했고, 무엇보다 생김새가 아름다웠다. 남자들은 누구나 그녀를 흠모했지만 감히 가까이 가지 못했다. 그러던 그녀에게 고민이 생겼다. 병들고 나이 많은 아버지에게 나라가 또다시 병역의 의무를 부과한 것이다.

가을까지 정곡正谷(산청읍 정곡리)에 도착해 백제와 맞선 국경에서 수비 근무를 하라는 명이었다. 아버지는 젊었을 때부터 국가의 부름을 받고 여러 차례 전쟁터에 나가 싸웠다. 하지만 백제·고구려·왜의 공격으로 존망의 위기에 처한 국가는 그를 또다시 불러냈다. 신라인들은 늙어 죽을 때까지 병역의 의무로부터 자유로울 수 없었다.

병으로 쇠약해진 아버지가 그 추운 지리산의 바람을 맞으며 올 겨울을 넘길 수 있을까? 그녀는 여자인 자신이 원망스러웠다. 무남독녀는 자신이 아버지를 대신해 가고 싶은 심정이었다. 그녀의 얼굴에 그늘이 드리워졌다. 말을 하지 않아도 사정을 뻔히 알고 있는 동네 사람들 사이에 은연중 소문이 퍼졌다.

가실도 설씨녀의 소식을 들었다. 자신이 그녀를 위해 무언가 해줄 수 있는 것이 생겼다고 생각한 그는 용기를 내어 다가갔다. "저는 비록 나약한 사람이지만 일찍이 뜻과 기개를 자부했습니다. 원컨대 이 몸으로 아버지의 일을 대신하게 해주시오!"

당시에는 어떤 사람이 다른 사람의 병역을 대신하는 일이 용인되고 있었다. 국가는 개인의 사정을 고려하지 않고 가혹한 부담을 지웠지만 대역을 문제 삼지 않는 느슨한 면도 있었다. 그것은 국가가 언제든지 필요한 만큼의 인원을 채울 수 있기 위한 방안이기도 했다. 국가는 전체적인 병사의 숫자에만 신경을 썼을 뿐 국역國役이 저마다에게 형평성 있게 부여됐는가에 대해서는 관심 두지 않았다.

설씨녀는 기쁜 마음에 아버지에게 사실을 말했다. 아버지가 가실을 불렀다. "듣건대 이 늙은이가 가야 할 것을 그대가 대신해 가겠다니 기쁘면서도 두려움을 금할 수 없소. 보답할 바를 생각해 보니 그대가 우리 딸을 받아주면 어떠하오." 가실이 두 번 절하면서 말했다. "감히 바랄 수 없었지만 그것이 저의 소원이었습니다."

가실이 바로 혼인 날짜를 잡자고 하니, 설씨녀가 변경 복무를 갔다가 교대해 돌아온 후 혼례를 올리자고 했다. 그녀는 약속의 표징으로 자신의 거울을 반으로 쪼개 가실에게 줬다. 가실은 떠나기 전에 자신이 키우던 말을 설씨녀에게 맡겼다. "지금 내가 떠나면 이놈을 키울 사람이 없습니다."

가실은 산청으로 떠났다. 624년 그가 부대에 배치됐을 즈음 마침 백제의 대군이 지리산을 넘어와 함양·산청 지역에 있는 여섯 성을 포위했다. 백제군은 강했다. 신라에서 5개 사단의 원군이 왔지만 백제군과

203

신라시대 가실이 복무했던 정곡이 위치한 경남 산청읍의 전경이다.
남강이 흐르고 있다. 강은 흘러 진주를 거쳐 함안·의령에서 낙동강 본류에 닿는다.
이 수로는 지리산 전선 방어를 위한 군수물자 운반의 중요한 통로였다.
ⓒ산청군청

대결할 엄두조차 내지 못했다.

신라의 원군은 백제군에게 포위된 성들을 방치하고 떠났다. 희망이 사라진 신라군들은 필사적으로 저항했다. 하지만 성들은 하나씩 함락 됐고 결국 모두 백제의 수중에 들어갔다. 살아남은 병사들이 거의 없는 상태에서 마지막까지 성을 지키던 눌최가 자신의 노비와 함께 장렬하게 전사했다는 소문이 왕경에까지 전해졌다. 가실의 행방이나 생사마저 묘 연한 가운데 설씨녀는 약혼자의 귀환을 언제까지 기다려야 할지도 몰 랐다.

가실은 언제 화살을 맞고 죽을지도 모르는 그 지옥에서 운 좋게 살 아남았다. 하지만 그는 멀쩡히 살아남았다는 이유로 다시 군에 복무해 야 했다. 기한이 3년이었으나 6년이 넘어가도록 집으로 돌아가지 못했 다. 교대해줄 사람이 있어도 투입해야 할 절대 병력이 모자라는 상황에 서는 어찌할 수 없는 일이었다.

더 이상 시간이 지나면 혼기를 놓칠 수 있다고 판단한 아버지는 그 녀에게 다른 사람과 혼인할 것을 강권했다. 하지만 그녀는 수긍하지 않 았다.

"아버지는 처음에 3년으로 약속을 했는데 지금 기한이 넘었으니 다 른 집에 시집을 가야 한다고 말했다. 설씨녀가 대답했다. '지난번에 아버 지를 편안히 해 드리기 위해 가실과 굳게 약속했습니다. 가실이 약속을 믿고 군대에 가 6년 동안 굶주림과 추위에서 고생이 심할 것이고, 더구 나 적지에 가까이 있음에 무기를 놓지 못해 마치 호랑이 입 앞에 있는 것 같아 항상 물릴 것을 걱정할 것인데 신의를 버리고 약속을 지키지 않는다면 어찌 사람이라 할 수 있겠습니까? 아버지께서는 그런 말씀을 마십시오.'"(『삼국사기』)

하지만 결국 아버지는 다른 사람과 혼례 날짜를 잡았고, 그녀는 원 치 않는 사람에게 시집을 가야 했다. 그런데 그때 행색이 거지같은 남자가 나타났다. 마른 나무처럼 야위어 늑골이 드러났고 옷이 남루해 볼 수가 없었다. 가까운 사람조차 알아보지 못할 만큼 극심하게 고생한 모습이었다. 그는 설씨녀 앞에 반쪽 거울을 던졌다. 놀란 설씨녀는 그것을 주워들고 자신의 거울과 맞춰 보고서 흐느껴 울었다. 시간이 지나 둘은 혼인했고 백년해로했다고 기록은 전한다.

군역과 대역, 만남과 이별, 이 아픔의 모든 것에는 국가의 영향력이 작용하고 있었다. 설씨녀의 이야기가 이처럼 기록에 남아 전해진 것은 비슷한 처지에서 불행한 삶을 이어가던, 이름조차 알려지지 않은 많은 사람의 폭넓은 사회적 공감을 얻었기 때문이다. 특별히 그녀의 이야기가 전해진 것은 다른 사람들 대부분이 설씨녀와 가실처럼 '재회'라는 운 좋은 결말을 갖지 못했기 때문이기도 하다.

병역 의무를 다하다가 운 좋게 살아남은 자들 가운데에는 결혼하지 못한 사람도 수두룩했다. 『삼국유사』는 장가를 가지 못해 승려가 된 진정법사眞定法師 이야기를 전하고 있다. 그는 지고의 이상인 불법佛法을 깨닫기 위해 출가했다고 하지만, 가난이 그를 불가로 몰아넣었던 흔적이 역력하다.

진정은 승려가 되기 전에 군대에 예속돼 있었다. 가난해서 장가도 들지 못했다. 집안에 재산이라고는 다리 부러진 솥 하나뿐이었다. 죽어서야 끝이 나는 병역은 백성들에게 참으로 가혹한 족쇄였다.

국경지대에 살았던 것으로 보이는 진정은 군 복무를 하는 도중에 잠시 생겨난 여가를 이용해 품을 팔아 홀어미를 부양했다. 끝없는 전쟁이 지속되던 7세기 사람들은 이토록 억눌린 삶을 살아야 했다.

가실의 병역 기간이 3년에서 6년으로 연장되었는데도 국가는 그 사실을 가족에게 통고하지 않았다. 가실만 6년 동안 종군한 것이 아니었다. 전후 정황으로 보아 가실과 같은 시기, 같은 지역에 종군한 모든 사람이 이러한 상황에 처해 있었던 것 같다. 진평왕 대에는 전쟁이 장기화되면서 전비 부담을 위한 세금도 무거워졌다. 민생 경제 파탄으로 기본적인 법규마저 지켜지지 않았다. 이 시기의 『일본서기』를 보면 "신라 백성들이 (우리 왜국으로) 많이 귀화해왔다"고 기록하고 있다. 신라를 떠나 왜국으로 밀항하지 못한 사람들은 『삼국사기』 진평왕 50년(628) 조에 보이듯 자식을 팔아 연명하기까지 했다. 자식 매매는 국가에서 죄로 정해 엄격히 금지하고 있었던 상황이었다.

그들이 자식을 거래한 것은 국가가 기본적인 도덕조차 무가치한 것으로 여기도록 몰아붙였기 때문이다. 아무리 무지몽매한 백성들이기로서니 자식을 파는 행위에 갈등과 고뇌가 없었을 리 없다. 그럼에도 기본적인 가치가 붕괴된 현상이 거듭된 것은 당시 생존의 문제가 얼마나 절박했던가를 말해준다.

그들은 생각했다. '노비로 팔려간 자식은 주인이 굶겨 죽이지 않는다.' 대를 이어온 운명의 굴레에서 최소한의 생계조차 보장받지 못한 백성들의 암울한 현실 또한 진평왕 대의 또 다른 역사적 단면이었다.

김유신의 첫 출전

낭비성에서
전세를
역전시키다

629년 북방 돌궐의 내분이 극에 달했다. 당이 돌궐을 평정하고 초원과 중원에서 모든 패권을 장악할 수 있는 시점이었다. 고구려는 돌궐과 당 양극체제에서 당이 세계를 지배하는 단극체제로 전환되고 있다는 것을 직감했다. 고구려의 병력 대부분이 초원·중원에 인접한 서북방에 집중되기 시작했다. 이는 신라가 북진하여 고구려의 남쪽 영토를 침탈할 수 있는 절호의 기회가 되었다.

언제나 전쟁이 시작되는 가을이었다. 629년 8월 김유신은 아버지와 함께 북방으로 가고 있었다. 목적지는 고구려 비성군臂城郡(포천)의 낭비성娘臂城이었다. 유신은 35세로, 평균 수명이 40세 이하였던 당시로서는 적지 않은 나이였다. 지금으로 말하자면 중년을 훌쩍 넘겼다.

유신은 아직까지 전장에서 공을 세우지 못해 이름이 알려지지 않은 상태였다. 아니 정확히 말해 만성적인 전쟁 상태에서도 공을 세울 기회를 갖지 못했다. 유신은 김해 금관가야의 왕손이었다. 532년 증조부인 구해왕仇亥王이 나라를 들어 신라 법흥왕法興王에게 항복했다. 조부인 김무력은 구해왕의 손에 들려 김해에서 신라의 왕경으로 왔고, 진골에 의제적으로 편입됐다.

구해왕의 삼남인 김무력은 유능한 무장이었다. 552년 한산정의 초대 사단장이 돼 백제가 고구려로부터 탈환한 서울의 한강 유역을 빼앗았다. 이듬해 옥천 관산성에 출동해 백제 성왕과 장군 네 명을 포함, 병력 3만을 전멸시켰다. 신라가 한강 유역을 차지하고 지키는 데 김무력은 가장 큰 공헌자였다. 조부의 공훈이 없었다면 김유신의 집안은 역사에서 사라졌을지도 모른다.

하지만 아버지 김서현金舒玄은 평범한 사람이었다. 다정다감했고 무엇보다 어머니를 평생 연인으로 모셨던 양부良父였다. 어머니는 고귀한 피를 갖고 태어났다. 진흥왕의 동생 숙흘종肅訖宗의 딸이었고, 촌수가 높아 당시 국왕이었던 진평왕은 5촌 조카였다.

아버지는 그 덕에 합천 지역의 대량주大梁州 도독으로 하주정 사단장까지 진급했다. 하지만 큰 공은 세우지 못했다. 624년 백제 무왕이 지리산을 넘어왔을 때 이를 막기 위해 출동했지만 싸워 보지도 못하고 군대를 뒤로 물렸다. 당시 김유신은 아버지 아래에서 장교생활을 했으리라.

김유신은 신라 왕족의 피를 받았지만 그의 집안은 여전히 신라 귀족들 사이에서 '가야 개뼈'로 무시당했고, 진골들에게서도 대접받지 못하고 있었다.

아버지가 변변한 공을 세우지 못했기에 차별은 가중됐다. 칼을 든 고구려·백제군보다 더 무서웠던 것이 멸시의 눈으로 바라보는 진골 귀족들이었다. 김유신은 이번 전투에서 꼭 공을 세울 것이라 다짐했다.

낭비성 공격을 위한 신라군 사령관은 어머니의 또 다른 5촌 조카인 김용춘金龍春이었다. 김춘추의 아버지인 그도 폐위된 진지왕의 아들로서 한 많은 사람이었다. 공교롭게도 진골들에게 따돌림을 당하는 사람들이 이번 전투를 책임지게 됐다.

210

왕경에서 20일 걸려 도착한 낭비성은 포천 분지 한가운데 우뚝 솟아 있어 사방을 조망할 수 있는 곳이었다. 산 정상부에 반월 모양으로 수축된 낭비성은 고구려가 임진강을 도하하지 않고 동쪽으로 우회해 철원에서 서울 방면으로 가는 길목 중간에 위치해 있었다.

북한산성에서 40킬로미터 떨어진 곳이었다. 신라가 백제 무왕의 총공격을 받고 남강 유역을 상실할 즈음 낭비성이 고구려에 넘어갔다. 고구려 군대를 막아내는 최적의 방패였던 낭비성이 이제 신라의 한수漢水 지역 총사령부인 북한산성을 위협하는 비수가 됐다. 그것을 뽑아내야 신라의 한수 유역 지배가 안정된다.

낭비성은 현 포천시의 반월산성이다. 해발고도 283미터, 동서 490미터, 남북 150미터로 동서가 길다. 주변에 구읍천 등 4개의 하천이 흘러 자연 해자의 역할을 하고 있다. 현재 성 내부에는 문터가 2곳, 치성 4개소, 건물지가 6곳, 우물과 물이 빠져 나가는 수구지가 2곳 남아 있다.

김유신 일행의 군대는 한강을 건너 북한산성으로 들어갔다. 물자와 병력을 보충하기 위해서였다. 북한산성에서 잠시 휴식을 취한 김유신 일행은 의정부 방면으로 향했다. 행군하는 모습이 관측됐는지 고구려의 봉수대에서 연기가 올라갔다. 그들이 낭비성 앞에 도착했을 때 고구려 군대는 성문을 열고 나와 있었다. 신라군의 접근을 차단하기 위해 깊은 참호가 파여 있었고, 바로 그 뒤에 목책을 정연하게 세워 놓았다. 준비를 갖춘 고구려군의 사기는 높았다.

기세에 눌린 신라군의 눈에는 두려움이 역력했다. 김유신은 이대로 전투가 시작되면 신라군에 많은 희생자가 날 수밖에 없다는 것을 직감했다. 하지만 그는 결정권자가 아니었다. 실전 경험이 많지 않은 용춘이 사령관이었다. 1급 근친왕족인 그는 왕실 산하의 기관들을 관리하는 총지배인이자 재정가였으며, 다리를 놓고 사찰을 세우는 건축가이기도 했다.

211

월성 성벽의 모습.
ⓒ포천시청

하나 용춘이 전투에 대해 아는 것이라고는 "전군 앞으로 전진"밖에 없었다. 그럼에도 그가 사령관이 된 것은 왕의 사촌 동생이자 친숙하다는 이유에서였다. 나이가 들어 총기를 잃은 진평왕이 터무니없는 인사를 단행한 것이었다. 신라군이 성 앞에 만들어진 참호와 목책으로 다가가자 고구려군은 하늘의 빛을 가릴 정도로 화살을 한꺼번에 쏘아댔다. 대열을 짓고 전진해 가던 많은 신라군이 화살을 맞고 쓰러졌다.

신라군의 대열에 균열이 생기자 고구려군은 목책의 문을 열고 나왔다. 고구려군은 기세가 꺾인 신라군을 공격했다. 불리한 싸움을 하던 신라군은 많은 전사자를 남기고 물러났다. 전군의 사기가 바닥으로 떨어졌고 싸울 만한 투지도 사라졌다. 그들을 다시 고구려군을 향해 전진시킨다면 전멸할 것이 뻔했다.

"군사를 거느리고 고구려 낭비성을 공격하게 했다. 고구려군이 군사를 출동시켜 이를 맞아 치니 우리 측(신라)이 불리해 죽은 자가 많고, 모든 사람의 마음이 다 꺾여 다시 싸울 마음이 없었다."(『삼국사기』)

절망이 엄습하자 신라군 지휘부는 할 말을 잃었다. 그들 모두 대안이 필요함을 절감했는지 서로를 쳐다봤다. 많은 피를 흘린 뒤에야 김유신에게 발언의 기회가 왔다.

사단본부 직속대대, 중당中幢의 당주인 김유신이 투구를 벗고 아버지 김서현 앞으로 갔다. 김유신은 상급 지휘관 가운데 하나인 아버지에게 이렇게 말했다.

"우리 군사가 패했습니다. 제가 평생 충효를 갖고 살겠다고 기약했으니, 전쟁에 임해 용기를 내지 않을 수 없습니다."(『삼국사기』)

신라의 병사들이 모두 보는 앞에서 김유신은 휘하의 직속 기병들을 이끌고 적진으로 향했다. 고구려군도 그들이 곧장 돌격해 오리라고는 예상하지 못했다. 하지만 김유신과 그의 기병들은 거침이 없었다. 그들은 순식간에 참호를 뛰어넘어 목책을 돌파했고, 고구려의 진영을 휘젓고 다녔다.

김유신은 적장들만을 주로 노렸다. 목을 베고 장수의 깃발을 뽑았다. 그들은 신라군과 성 안의 고구려군이 보란 듯이 적진에 들어갔다 나오는 것을 세 번 반복했다. 도저히 있을 수 없는 일이 눈앞에서 벌어지고 있었다.

신라군의 사기가 하늘을 찔렀고 고구려군의 기세는 꺾였다. 대열을 곧바로 정비한 신라군은 북을 치며 전진했다. 기가 눌린 고구려 병사들이 산 정상의 성문을 향해 내달리기 시작했다. 신라군에 저항하려던 고구려군도 동료들이 성 안으로 도주하는 모습을 보고 힘이 빠졌다.

그 많은 인원이 한꺼번에 성 안으로 들어갈 수는 없었다. 신라군은 그들을 학살하기 시작했다. 5000명의 목이 그 자리에서 떨어져 나갔고, 1000명이 포로가 됐다. 성 위에서 이 광경을 바라보던 고구려군은 넋이 나갔다. 저항의 의지를 완전히 상실한 그들은 성문을 열고 나와 항복했다.

낭비성을 함락시킨 직후 신라는 철원 평야까지 차지했고, 고구려군을 한탄강 이북으로 몰아냈다. 『신증동국여지승람』을 보면 1313년(고려 충선왕5)에 국통의 존호를 받았던 고승 무외無畏가 철원 고석정孤石停에 진평왕이 비석을 세웠다는 사실을 전하고 있다. 비석에 김유신의 공훈이 새겨졌는지는 알 수 없다.

확실한 것은 김유신이 이후에도 제대로 등용되지 못했다는 점이다. 13년이 지난 642년 백제가 대야성을 함락시키고 신라가 존망의 위기에 몰리자 심유신은 다시 등장한다. 당시로서는 노인이 된 48세의 나이였다.

28

혼인을 놓고
토번·토욕혼·당이
전투를 벌이다

토번의 등장

638년 7월 27일 송주松州(지금의 쓰촨 성 쑹판松潘)에 토번군이 쳐들어왔다. 중원을 통일하고 초원을 제압한 당 태종에게 별 볼일 없었던 토번의 침공은 느닷없고 어이없는 일이었다. 그가 보기에 토번은 미개한 종족이었다. 토번인들은 상상도 못할 정도로 더럽게 살았다. 평생 동안 머리를 빗거나 목욕을 하지 않았다. 술잔이 없어 맨손으로 술을 마셨고, 더러운 털로 짠 모전毛氈을 밥상으로 삼았다.

군대 역시 졸속으로 조직돼 있었다. 하지만 그 '거지' 같은 군대가 심상치 않았다. 험준한 요충지에서 철옹성 같은 요새를 지키던 중국의 국경수비대조차도 그들 앞에서 아무런 힘을 쓰지 못했다. 당나라 도독 한위의 기병사단은 패배했고, 당 휘하에 있던 티베트계 생강족生羌族 변경 수비대장들은 겁을 먹고 싸울 생각도 하지 못했다. 염주자사閻州刺史 별총와시別叢臥施와 낙주자사諾州刺史 파리보리把利步利가 군정 지역과 현지인 병력을 데리고 토번군에게 붙었다.

토번은 이렇게 현장에서 새로 얻은 병력들을 다음 전장에 앞장세웠다. 군령은 매우 엄했다. 그들은 죽을 때까지 싸워야 했다. 토번군은 뒤에 진을 치고 앉아 팔짱을 끼고 있었고, 뒤돌아서 후퇴하는 자들을 모두 죽였다. 그들은 장기판의 졸과 같았다.

'화살받이'들은 전진만 해야 했다. 그들이 다 소모된 후에야 토번군 본대의 차례가 돌아왔다. 토번은 병력을 외부에서 포획해 전쟁을 했다. 본대의 병력 대부분도 전쟁 직전에 토욕혼 지역을 공격해 산 채로 잡아온 당항黨項과 백란白蘭 사람들이었다.

이렇듯 토번은 전쟁을 하면 병력이 소모되는 것이 아니라 눈덩이처럼 불어났다. 포획된 인간집단을 부리는 기술이 탁월했다. 토번군은 원초적인 힘과 포획조직의 시스템 그리고 포획 자원의 운용기술이 어우러진 '전쟁기계'였다.

전쟁은 어처구니없는 일로 시작됐다. 이야기는 4년 전으로 거슬러올라간다. 634년 토번은 당에 최초로 사신을 파견했다. 중원에 등장한 영웅적인 군주 태종에 대한 호기심에서였다. 인도 북부와 인접한 라싸에서 온 토번 사절은 장안에서 환대받았다.

여기에 대한 당 측의 답방도 있었다. 태종은 정보를 파악하기 위해 풍덕하馮德遐를 라싸에 파견했다. 태종이 토번에 대해 가졌던 선입관은 그곳을 여행하고 귀국한 풍덕하의 보고에서 비롯된 것으로 여겨진다.

토번 왕도 풍덕하를 통해 당나라 주변 세계의 여러 정보를 접했다. 그 가운데 토번 왕이 유독 귀담아들은 것은 돌궐과 토욕혼의 왕에게 당 황실의 공주가 시집을 갔다는 사실이었다. 풍덕하가 귀국하는 길에 토번의 사절이 따라나섰다. 상상했던 것 이상의 황금과 이국적인 색채의 보석들도 함께였다. 636년에서 637년으로 넘어가는 시점이었던 것으로 추정된다.

장안에 도착한 토번 사절은 태종을 만나 국가 간 통혼을 제의했다. 자기 기준으로는 '더럽고 미개한' 토번인들을 마음속으로 경멸하고 있던 태종은 불쾌했으리라. 하지만 그 자리에서 표를 내지는 않았다. 결정

217

적인 대답은 미루고 의례적인 좋은 말만 오고 갔다.

마침 토번 사절이 태종의 확답을 기다리고 있던 그 시점에 토욕혼의 왕 낙갈발諸曷鉢이 당 조정에 도착했다. 그는 635년 태종이 토욕혼을 공격하고 몰아낸 모용복윤의 적자 모용순의 아들이다.

토번 사절은 통혼을 거절당했다. 통혼을 성사시키라는 엄명을 받은 토번의 사절단장은 눈앞이 깜깜했다. 이대로 돌아가면 그 잔인한 왕에게 처형을 당할 수도 있었다. 그는 통혼 제의가 거절당한 것이 자신의 잘못이 아니라는 결정적인 증거를 찾아야 목숨을 부지할 수 있었다.

"사신이 돌아가 (토번 왕에게) 망령되이 말하길 천자가 저를 후하게 대우해 거의 공주를 얻을 뻔했는데, 토욕혼의 왕이 입조하더니 마침내 황제가 허락하지 않았습니다."(『신당서』)

일이 틀어진 결정적 계기가 토욕혼에 있다는 말을 들은 왕은 곧바로 토욕혼을 공격했다. 그러자 군사력이 토번에 훨씬 못 미치는 토욕혼은 얼마 버티지도 못하고 금방 칭하이 호 북쪽으로 밀려났다. 토욕혼이 이렇게 일방적으로 당한 것은 635년 당의 공격을 받고 기존의 강성했던 국가 체계가 거의 와해되었기 때문이었다. 당의 팽창과 서역 여러 나라의 정복은 그들이 가진 자생력을 상당 부분 붕괴시켰고, 아이러니하게도 그것이 토번이 팽창할 수 있는 밑거름으로 작용했다.

638년 토욕혼에서 병력과 병량으로 쓸 가축을 약탈한 토번군이 당의 송주 서쪽 경계에 나타났다. 토번은 사신을 파견해 당나라 관리에게 직접적으로 의사를 전달했다. "우리 토번 왕께서는 당 황실의 공주를 원합니다." 당 측에서 한동안 대답이 없자 토번군이 진격을 시작했다.

20만에 달하는 토번 원정군은 한눈에 봐도 '거지 떼'나 다름없었다. 누더기 같은 가죽 털옷을 걸친 그들은 각양각색의 종족에 무기도 잡다하여 통일성이라고는 찾아볼 수 없었다. 하지만 세상의 어떤 군대보다도 군기가 바짝 들어 있었다. 거지 떼를 질서정연하게 만들어 준 것은 바로 '공포심'이었다.

당 황실의 공주를 신부로 맞이하겠다는 토번 왕의 의지는 누구도 막을 수 없었다. 결정권자인 태종도 예외가 아니었다. 굶주린 토번군이 조직적인 약탈을 시작하자 638년 8월 27일 태종은 5만 군대를 송주로 파견했다.

9월 6일 당군이 전장에 도착했을 때는 토번군이 송주성 공격을 시작한 지 10일이 지난 뒤였다. 성은 원군을 기다리며 잘 버텼다. 당의 장군 우진달牛進達은 공격할 기회를 기다렸다. 토번군의 한 부대가 성을 공격하다가 해가 떨어져 병영에서 쉬고 있을 때였다. 우진달이 기병을 이끌고 토번군을 야습했다. 이때 토번군 1000명이 전사했다.

토번 왕은 잠시 싸움을 중단했다. 세에 밀린 것도 아니고 1000명의 전사자 때문은 더더욱 아니었다. 당군에게 죽은 병력은 전체 군대의 200분의 1에 불과했다. 군대를 동원해 자신의 존재를 당 태종에게 충분히 알리고, 당 황실의 공주를 주지 않으면 전쟁을 확대하겠다는 메시지가 전해졌으면 이번 원정의 목적은 달성했다고 본 것이다.

토번군의 침공은 효과가 있었다. 토번 왕이 군대를 돌리면서 사절을 파견해 다시 통혼을 청했다. 서쪽에 생각지도 못한 강적이 있었음을 감지한 태종도 생각이 달라졌다. 그의 주적은 아직 동쪽에 버티고 있는데 향후 서쪽에서 토번과 소모적인 전쟁을 하게 된다면 어떻게 되겠는가. 양분된 전력으로는 동서 양쪽의 어느 누구에게도 승산이 없음을 태종은 인정하지 않을 수 없었다.

요동의 패전과 수 제국의 멸망 그리고 이어진 동란 속에서 청춘을 보낸 그는 고구려를 제거하지 않고서는 자신이 세운 제국이 향후 어떠한 위협에 처할지 알 수 없다고 생각했다. 역사 속에 박힌 가시 고구려를 뽑아내기 위해서는 서쪽의 안정이 필요했다. 그는 토번과의 혼인동맹을 선택했다.

640년 겨울 10월 23일 황금 5000냥과 그 외에 막대한 결혼 예물을 지참한 토번 사절단이 장안에 도착했다. 사절단장은 토번의 최고위 장성인 가르통첸祿東贊이었다. 태종은 그가 토번의 실력자로 성장할 인물임을 한눈에 알아봤다.

본능적으로 전략적인 사고를 하는 태종은 가르통첸에게 당장 황실의 공주를 주겠다고 했다. 토번 왕조차도 두 번이나 거절을 당했던 터인데, 왕도 아닌 장성인 자신에게 대뜸 이러한 제안이 날아오자 가르통첸

가르통첸의 초상.
그는 650년 손챈감포가 죽고
어린 손자가 즉위하자
토번의 권력을 잡았다.

은 당황했다. 과연 여기엔 어떤 수가 도사리고 있을까? 아직 태종의 속내를 파악할 수 없었던 가르통첸은 정중히 사양했다. "주군이신 손챈감포께서도 아직 당 황실과 혼인이 성사되지 않았는데 제가 어찌⋯⋯."

만일 그가 태종이 내민 미끼를 냉큼 물었다면 어떻게 됐을까? 황실의 공주는 두 명의 토번인에게 동시에 시집보낼 수 있을 만큼 흔한 물건이 아니었다. 단 한 사람에게만 기회가 주어질 수 있었다. 그것은 곧 권력투쟁을 불러올 것이 뻔했다. 손챈감포의 질투를 받아 가르통첸이 제거되거나, 아니면 가르통첸이 당 황실의 지원 아래 손챈감포의 견제 세력으로 성장하거나. 태종이 노린 것은 후자였을 것이다.

29

당군이
사막을 가로질러
승리하다

고창국 멸망

638년 7월 당 태종이 토번 손챈감포의 무력시위에 눌려 억지로 국혼을
약속하게 됐다는 소문이 전 세계에 퍼졌다. 북쪽으로 고비사막 너머 초
원에 있는 설연타 칸의 천막 궁정에도, 서북쪽으로 하서회랑을 지나 타
클라마칸 사막에 있는 고창국에도, 동쪽으로 요하를 지나 고구려에도,
남쪽으로 주강 너머 명주明州(베트남) 하정 현까지 소문이 돌았다. 강력한
주연(당)에 맞선 강력한 조연, 토번의 등장은 당 제국의 독보적 위치를
흔들어놓았다. 당 수뇌부도 이를 직감했다. 제국을 지켜내는 어려움에
대한 논의가 있었다. 위징과 태종의 대화를 보자.

"예로부터 제왕은 간난艱難 가운데 천하를 얻었고 안일安逸 가운데
천하를 잃었습니다." "그렇다. 창업의 어려움은 이미 지나갔다. 이제 수
성守成의 어려움이 시작됐다."(『자치통감』)

당 제국에 반기를 든 소요와 전쟁이 남쪽에서 시작돼 서북쪽으로
번졌다. 그해 11월 베트남 하정에서 요족獠族이 반란을 일으켰고, 12월
토번군이 다녀간 쓰촨 성에서도 요족이 들고 일어나 이듬해 4월에 가서
야 진압됐다. 그 달에 돌리 칸의 동생인 아사나결사솔阿史那結社率이 무리

222

40명과 함께 태종이 머물고 있는 행궁(구성궁九成宮, 지금의 산시陝西 성 린유隣遊)을 급습해 미수에 그친 사건도 있었다.

태종이 한풀 꺾였다고 생각한 고창국 왕 국문태麴文泰는 쾌재를 불렀다. 그는 서돌궐과 손을 잡고 타클라마칸 사막 동북 언기焉耆(신장웨이우얼자치구의 카라샤르)의 5개 성을 공격해 함락시키고 약탈을 자행했다. 나아가 그는 사산조 페르시아에서 파미르 고원을 넘어 톈산 북로를 거쳐 장안으로 가는 실크로드 대상들의 흐름을 끊었고, 이듬해인 639년 2월 당 제국에 붙은 실크로드의 이오伊吾(신장웨이우얼자치구 하미哈密에 있었던 왕국)를 서돌궐과 함께 공격했다.

물론 전쟁의 주동자는 지리상으로 동서 문화의 접촉점에 위치한 고창국이라기보다 그 배후의 서돌궐이었다. 고창국은 톈산 북로의 출발점이면서 초원의 유목민이 타림 분지로 침입해 오는 입구에 해당된다. 고창국은 실크로드 요충지에 근거하면서 유목세력인 돌궐과 중원제국 사이에서 시세時勢에 따라 양자에 대한 다양한 태도를 취하며 국가의 독립을 유지했다. 돌궐이 강해지면 돌궐에게 붙었고, 중원이 세력을 얻으면 중원에 붙었다. 국문태는 고창국의 그러한 지정학적 운명을 느끼면서 자랐다.

과거 중원이 분열되고 돌궐이 강성할 때 고창국은 돌궐 칸에게 신속臣屬되어 있었다. 그러다 수나라가 돌궐을 격파하고 주도권을 잡자 그 반대가 됐다. 610년 고창국의 태자였던 국문태는 국왕인 아버지 국백아麴伯雅를 따라 하서회랑 중부에 위치한 장액張掖(지금의 간쑤 성 장예)에서 수 양제를 만났다. 그 길로 그는 아버지와 함께 양제를 따라 장안으로 갔다.

그는 4년간의 중국 체류 기간 동안 양제와 함께 낙양과 수나라 곳곳을 다녔고, 612년에는 세상의 끝 요동에까지 나아갔다. 대고구려 전선에서 국문태는 전쟁 공포를 느꼈다. 요하를 건너 고구려에 들어간 수나라 병사 30만 명이 소리 없이 사라졌고, 수 제국은 고구려 노이로제

속에서 침몰했다.

아무리 강력한 중원제국이라도 '한 방'에 갈 수 있다는 것을 체험한 그는 토번의 등장이 변수가 되리라는 것을 직감했다. 하지만 손과 입이 너무 빨랐다. 서돌궐과 함께 이오, 언기를 공략한 그는 초원의 강자 설연타의 진주비가眞珠毗伽 칸에게 사람을 보내 말했다. "당신도 초원의 천자인데 중원의 천자인 당 태종에게 왜 그리 고개를 숙입니까?" 국문태가 떠벌린 말이 초원에서 장안으로 흘러 들어갔고 당 태종은 발끈했다.

태종은 국문태를 장안으로 소환했다. 하지만 그는 병을 핑계 삼아 끝내 오지 않았다. 고창국은 당 제국의 수도 장안에서 7000리 행군 거리였다. 그 가운데 2000리는 사막을 지나야 했다. 사막의 찬바람은 칼과 같고, 뜨거운 바람은 불과 같았다.

결코 많은 군사가 식량을 짊어지고 걸어갈 수 있는 거리가 아니었다. 3만 병력 이상을 동원하기 어려웠고, 사막의 여정에 지친 대규모 군대는 흐늘흐늘해져서 고창국의 병력으로도 충분히 제압할 수 있었다. 고창국 도성에 도달한다고 해도 짊어지고 온 식량으로는 2주 이상 버티기 힘들었다.

더구나 서돌궐이 고창국을 원조할 태세였다.

"국문태와 서돌궐의 아사나욕곡阿史那欲谷은 서로 왕래하며 사이좋게 지내고 고창에 위급한 일이 생기면 서로 표리가 될 것을 약속했다."(『구당서』)

고창국 침공은 만만치 않은 작전이었다. 위징과 여러 신하가 태종을 만류했다. 사막을 지나 이역만리에서 전쟁을 해야 하기 때문에 뜻을 이루기 어렵고, 절역인 그곳을 얻더라도 지킬 수 없다고 했다. 하지만 태종은 듣지 않았다. 본보기로 고창국을 때려잡아야 다른 나라가 당 제국을 넘보지 못할 것이라는 심산이었다.

태종은 후군집侯君集을 총사령관으로 고창국 침공부대를 조직했다.

고창국의 옛터에 위치한 자오허交河 성터의 모습.
640년 고창국을 멸망시킨 당 제국은 이곳에
안서도호부安西都護府를 설치했다. 아이러니하게도
자오허 고성은 당 점령 아래서 최고의 번영을 누렸다.

그리고 그 어려운 사막 행군에 성공했다. 당군이 고창국 입구에 도착했을 때는 멀리 뜨거운 태양 아래 화염산이 녹아내릴 듯 서 있었다. 이는 국문태가 상상치도 못한 일이었다. 더구나 고창국을 돕기 위해 부근에 주둔해 있던 서돌궐 군대는 당군이 도착했다는 소식을 듣고 모두 도주해버렸다. 국문태는 놀라 당황했고, 640년 9월 혈압이 치솟아 심장 혈관이 막혀 죽었다. 아들 국지성麹智盛이 뒤를 이었다.

후군집이 고창국의 전지성田地城을 함락시켰고, 남녀 7000명을 포로로 잡았다. 고창국 도성에 임박한 후군집에게 국지성이 서신을 보내 용서를 빌었다. "태종께 죄를 지은 사람은 선왕인데 이미 죽었습니다." 하지만 태종에게서 당 제국을 배반한 고창국을 잔인하게 짓밟으라고 명령 받은 후군집은 인정사정이 없었다.

고창국의 도성은 포위된 가운데 포차砲車에서 날아온 돌덩이 세례를 수없이 받고 있었다. 그 와중에 국지성이 성문을 열고 나와 항복했다.

"후군집이 군대를 풀어 그 땅을 약탈하고, 그 나라의 3군 5현 22성을 함락했다. 호는 8000호, 인구는 3만7700명, 말은 4300필이었다."(『구당서』)

640년 9월 고창국의 멸망 소식은 하서회랑을 빠져나가 초원을 넘어 만주까지 흘러 들어갔다. 토번의 등장으로 당의 기가 꺾이기를 바랐던 고구려 영류왕은 제국의 위력을 다시 실감했다. 나쁜 일은 겹치는 법인지 최악의 소식이 또 들려왔다. 그해 10월 23일 토번의 국혼 사절단이 장안에 도착해 당과 토번 사이에 결혼동맹이 성립됐다. 영류왕은 당과의 전쟁이 임박했음을 직감했다.

그해 말, 마침 당 제국의 정보부 국장에 해당하는 직방랑중職方郎中 진대덕陳大德이 고구려에 와 있었다. 이듬해 8월 장안으로 돌아간 그가 태종에게 올린 보고는 다음과 같았다.

"그 나라에서 고창국이 (당 제국에) 멸망했다는 소식을 듣고 크게 두려워하고 (진대덕이 묵은) 여관의 관리들이 부지런한 것이 보통 때보다 배나 됐습니다."(『자치통감』)

고구려는 서역 실크로드의 상황을 정확하게 파악하고 있었다.

이는 신라에게는 호재였다. 고구려 군대의 주력이 요동에 집중될 것이 명확해졌고, 신라에 대한 고구려의 압박이 감소될 것이기 때문이다. 서역의 소식을 신라 여왕이 접했다면 안도의 한숨을 쉬었으리라. 고창국과 신라가 아주 인연이 없었던 것도 아니었다.

고창국 에필로그

609년 6월 세자였던 국문태는 아버지 국백아와 함께 간쑤 성 하서회랑 중부의 장액으로 갔다. 수 양제를 만나보기 위해서였다. 그곳에는 이미 서역의 많은 사절이 도착해 있었다. 이오의 호인胡人 수령은 서역 수천 리의 지형이 그려져 있는 지도, 일종의 관념적인 땅문서를 양제에게 헌상했다. 의식의 모든 절차는 양제의 변경 정책 자문을 맡은 배구가 주관했다. 만족한 양제는 연회를 열고 고창국의 왕 부자와 이오의 수령을 특별히 환대했다.

고창국의 옛터에 남은
성벽과 성문.

행사가 끝나고 다른 나라의 사절은 모두 돌아갔다. 하지만 고창국의 왕 부자는 남겨졌다. 국문태는 아버지와 함께 양제를 따라 장안으로 갔다. 그들은 그곳에 좀 머물다 낙양과 중국 각지를 둘러보았다. 이윽고 612년 요동의 고구려 전선까지도 동행했다.

일본학자 세키오 시로關尾史郎는 고창국 왕 부자의 수나라 장기 체재를 '구속'이라 표현한다. 그에 따르면 고창국 왕 부자의 고구려 전선 종군은 일종의 협박이었다. 양제는 세상의 끝인 고구려를 100만 대군으로 공격했다. 그것은 서역의 끝인 고창국에게도 해당됨을 보여준 것이었다.

30

청렴이 아닌
능력으로
간택하다

당 황제의 용인술

고창국의 멸망 소식을 접한 고구려 영류왕은 다음 왕이 될 큰아들을 당 태종에게 인사를 시키러 보냈다. "정관 14년(640) 12월 을묘일에 고구려의 세자 환권桓權이 당 조정에 도착했다."(『구당서』)

환권은 며칠 전에 고창국을 멸망시키고 장안성으로 개선하는 군대를 보았다. 개선식은 화려했다. 당의 의장대와 군악대가 앞장서고 뒤에 화려한 말을 탄 고창 정벌군 사령관 후군집과 부사령관 설만철, 돌궐 기병을 통솔했던 글필하력, 집실사력이 당당하게 들어왔다. 그 뒤 양편으로 질서정연하게 병사들이 따라오고 있는 가운데 고창국 왕 국지성과 그 동생을 필두로 수많은 남녀포로가 끌려오고 있었다. 보물을 실은 수레들도 길게 이어졌다. 개선식을 본 백성들은 당 제국의 강력함을 재차 인식했다.

황궁에 들어간 개선식 행렬은 관덕전觀德殿 앞에 멈추었다. 후군집이 고창국 왕과 포로들 그리고 노획한 보물을 황제에게 바치는 의례를 거행했다. 예법에 따라 술이 하사됐고, 후군집은 승리를 경하하는 덕담을 올리고 하사된 술을 마셨다. 태종은 포로들 가운데 악공들을 당 조정

229

의덕태자묘 벽화에 그려진
당나라 시대의 장군 모습.

의 제사를 담당하는 부서 태상太常에 배치했고, 여자들은 후궁으로 넘겼다.

태종은 승전을 축하하는 술자리를 참전 군인들에게 베풀었다. 후군집과 설만균 이하 장병들은 4일 밤낮 동안 술과 고기를 마음껏 먹었다. 사령관과 부사령관은 흥청망청하는 분위기 속에서도 마음에 걸리는 그 무엇이 있었다. 그들이 황제의 명령으로 점령했던 고창국이 이국적인 여자들과 서역의 물건들로 가득한 곳이었다는 것이 화근이었다.

술판이 끝나고 둘은 유사有司의 탄핵을 받았다. 후군집이 고창국 도성의 성문이 열리자 가장 먼저 달려간 곳은 궁궐의 보물창고와 후궁이 있는 곳이었다. 병사들의 질서를 잡아야 할 최고위 장군이 가장 먼저 약탈을 일삼았다. 장군들이 도둑질을 하자 병사들도 따라했다. 후군집은 '원죄'가 있어 그들을 제재할 수 없었다.

고창국 침공에 참전한 모든 병사의 입을 막을 수는 없었다. 그들의 개선식이 있은 지 10일 후였다.

유사에 고발된 둘은 기소됐다. 장군들이 약탈 금지 명령을 내리지 않았기 때문에 병사들에게는 죄를 묻지 않았다. 소문은 온 장안에 퍼져 그곳에 와 있던 고구려의 태자 환권의 귀에도 들어갔다. 후군집과 설만균이 구치소에 들어갔다. 재판부서인 대리시大理寺의 관리들이 바빠졌다. 그들 외에도 장군들부터 병사들까지 증인들이 소환됐고, 혐의를 입증하는 증언들이 서류화되기 시작했다.

사령관 후군집의 죄목은 황제에게 먼저 바쳐야 할 보물과 포로를 스스로 취하고 따로 챙긴 공물절도죄였다. 군사재판의 판사는 당 제국의 최고사령관인 황제였다. 두 장군의 변호인도 있었다. 중서시랑 잠문본岑文本이었다.

지금의 법정과 다른 점은 판사인 황제가 법 위에 있다는 사실이다. 만약 변호인이 황제를 찾아가서 설득만 잘하면 만사가 해결될 수 있었

영태공주 묘 벽화에 그려진
서역인을 닮은 궁녀.

고창국의 춤추는 위구르족 소녀.

다. 하지만 그로 인한 위험도 있었다. 변호인이 황제의 노여움을 사면 죽음을 당하거나 사마천처럼 생식기가 거세되는 궁형을 받을 수도 있었다. 잠문본이 황제에게 상소를 올렸다.

"후군집이 스스로 법망에 걸린 것은 사실입니다. 하지만 사람들이 폐하께서 오직 허물만 기억하시고 그들의 공로는 내버린다고 생각할까 걱정입니다. 장군들에게는 적을 이기는 것이 가장 중요한 것이고, 이길 수만 있다면 그들이 탐욕스러워도 상을 줄 수 있습니다. 만약 그가 패배한다면 청렴해도 죽일 수 있습니다."(『자치통감』)

한편 설만균은 여자 문제 때문에 기소됐다. 죄질이 달랐다. 이 문제를 어떻게 처리하는가에 사람들의 관심이 더 집중되었다. 고창국은 실크로드의 다민족 국가였다. 이란 계통의 백인들이 적지 않은 비율을 차지하고 있어 혼혈이 이뤄졌고, 이목구비가 뚜렷한 아름답고 신비로운 여자들이 많았다.

잡혀온 고창국 출신 여자들은 이미 황제의 후궁으로 들어가 있었다. 황제가 취할 수 있는 존재들이었다. 그런데 신하가 그것을 먼저 건드렸다. 이것은 우리가 생각하는 것보다 훨씬 심각한 문제였다. 만일 황제가 임신한 여자를 받아들이고, 만에 하나의 착오로 그녀가 설만균과의 교접으로 낳은 아이가 왕자가 돼 황제의 자리에 오른다면, 종묘에 묻혀 있는 역대 황제들은 다른 사람의 후손에게 제삿밥을 받아먹게 된다. 종묘사직을 붕괴시킬 수 있는 대역죄였다.

그런 만큼 평소에 여자를 밝히던 설만균도 혐의를 철저하게 부인했고, 조사도 철저하게 진행됐다.

"어떤 사람(설만균의 부하)이 설만균이 사사롭게 고창의 여자와 통정했다고 고발했는데, 설만균이 부인하자, 궁궐에서 고창의 여자를 소환해 대리시에서 설만균과 마주하고 변론하게 했다."(『자치통감』)

설만균은 대리시의 관리들 앞에서 그 여자와 대질심문을 받았다.

관리는 고발장에 적혀 있는 사실을 확인하려 했다. 설만균은 언제 어디에서 어떻게 만났고, 무엇을 어떻게 했는지 말해야 했다. 모든 것을 부인했던 설만균은 거짓으로 일관하거나 침묵할 수밖에 없었으리라. 심문이 진행되는 과정에서 중신 위징이 설만균을 변호하는 상소를 황제에게 올렸다.

"지금 대장군을 (재판부서에) 보내 망한 나라의 여자와 대질해 휘장 속에서 있었던 사사로운 일을 말하게 하니, 사실이라고 해도 얻는 것은 가볍고 헛된 말이라고 한다면 잃는 것은 무겁습니다."(『자치통감』)

잠문본과 위징의 상소는 태종을 설득할 수 있을 만한 일리 있는 변호였다. 후군집은 속되게 표현하자면 '폼 잡기 좋아하고 뻥도 심한' 유형의 인간이었다. 물질에 욕심도 많았다. 하지만 그의 지략은 높이 살 만하다. 626년 태종이 현무문에서 형과 동생을 죽이고 황권을 쟁취한 쿠데타의 시나리오도, 635년 토욕혼 정복전쟁의 결정적인 작전도 그의 머리에서 나왔다.

설만균도 여자를 밝히고 술버릇이 나빠 토욕혼 정복 후 벌어진 축하 술판에서 말썽을 일으켰고, 돌궐족 출신 장군들과 한족 출신 장군들 사이에 인종적인 골을 만들기도 했다. 하지만 사건은 돌궐족 장군들이 국법을 준수하게 만들기도 했다.

무엇보다 설만균은 누구보다 실력이 뛰어난 기병대장이었다. 황제가 부하들의 고발을 믿고 장군을 의심하면, 큰 책임을 진 장군들과 작은 책임을 진 부하들의 힘을 역전시켜 장군들이 부하들의 눈치를 보게 만든다. 그렇게 되면 장군들은 소신 있고 과감한 결정을 할 수 없다. 부하들은 장군들의 잘못된 약점만 찾아 죄를 만들고, 장군들은 스스로 모든 사실을 일일이 밝힐 수 없어 억지로 화를 면하고자 증거를 조작하고 거짓말을 하게 된다. 흑백 논리만큼 위험한 것은 없다.

앞으로 당 제국이 치러야 할 전쟁이 얼마나 많을 것인가. 무엇보다 만만치 않은 고구려와 일대 전쟁을 앞두고 있는 상황에서 실전 경험이 많고 유능한 장군들이 이러한 문제로 처벌받고 군복을 벗는다면 국가 전력의 큰 손실이다.

태종은 후군집과 설만균을 방면해 보직에 복귀시켰다. 비록 청렴하고 곧은 장군들은 아니었지만 그들에게는 전쟁에서 이기는 능력이 있었다. 물론 태종이 법을 굽혔을지라도 그들의 죄가 숨겨지는 것은 아니었다. 부하들에게 망신살이 뻗친 그들은 조신할 것이고, 그렇기 때문에 더욱 전쟁에서 승리해 공을 세우려고 할 것이다. 장군의 가치는 승리에서 오는 것이다.

640년 12월 당시 장안 궁정에 머물고 있던 고구려의 태자 환권도, 당 제국과 결혼동맹을 체결하기 위해 2개월 전에 온 토번의 최고위 장군 가르통첸도 재판 결과를 들었을 것이다. 환권은 이듬해인 641년 초 당 제국의 정보국장에 해당하는 진대덕과 함께 고구려로 귀국했다. 같은 해 1월 가르통첸은 문성공주를 모시고 라싸로 향했다. 동서 강국의 태자와 장군은 태종이 어떠한 인물인지 충분히 파악하고 고향으로 향했다.

진대덕에 대하여

640년 고구려의 태자 환권이 당에 입국했을 때 진대덕은 요서 유성까지 마중을 나갔다.(『책부원귀』 권974, 외신부外臣部 19) 진대덕은 유성에서 환권과 고구려 사절단 일행을 대동하고 장안으로 갔다. 그 여정에서 환권은 진대덕과 친분을 맺게 되었다. 진대덕이 정보부장이라는 사실을 환권이 알고 있었는지는 확인할 수 없다. 진대덕은 환권이 고구려로 귀국할 때도 동행했다. 그는 고구려로 입국하여 수많은 정보를 수집했다. 그것을 보고서로 정리하여 태종에게 헌상한 것이 『고려기高麗記』라는 설이 있다.

31

외교사절이
스파이로
암약하다

고구려와 당의
첩보전

641년 1월 15일 장안. 태종의 사촌 동생인 강하왕 도종이 이끄는 사절이 토번을 향했다. 행렬 속에는 토번의 실력자 가르통첸 일행과 손챈감포의 신부인 문성공주가 있었다. 공주가 토번으로 시집가는 화려한 행렬에 사람들의 눈길이 쏠렸다.

고구려 태자 환권의 귀국 행렬은 주목받지 못했다. 대신 공개적인 스파이 집단이 동행했다. 당의 정보국장인 직방랑중 진대덕과 부하들이었다. 환권도 장안 체류 기간 동안 당과 그 주변 국가의 정보를 수집하는 데 많은 시간을 보냈다. 고창국이 당에 의해 멸망했고, 토번과 당이 결혼동맹을 맺었다. 그를 따라온 실무진들은 분주하게 움직여야 했다.

장안에서 환권은 강력한 토번의 등장이 향후 어떠한 변수가 될지 생각했다. 당이 정면충돌을 회피한 군사강국이 아닌가. 하지만 양국의 평화를 보증하는 문성공주가 토번 왕에게 시집을 갔다. 장기적으로 보면 토번이 당에 위협이 될 수는 있겠지만 당장은 아니었다.

당과 토번의 혼인동맹과 고창국 멸망은 결코 서로 무관한 사안이 아니었다. 고창국 배후에 존재하는 서돌궐 또한 당의 강적이었다. 타림 진대덕이 당군의 큰 장애물로 본 압록강.

분지에 위치한 고창·이오·언기 등 오아시스 국가들은 머나먼 당 제국보다 인접한 서돌궐 통엽호統葉護 칸의 눈치를 보고 있었다.

칸과 고창국 왕 국문태는 긴밀한 사이였다. 칸의 처는 국문태의 여동생이었다. 둘은 현장법사 이야기를 전하는 『서유기』에도 등장한다. 626년 국문태는 사막을 구사일생으로 건너온 현장법사를 고창성으로 초청했다. 법사는 한 달 동안 고창에서 불법을 설파했다.

국문태는 법사의 후원자가 됐다. 그는 매제인 칸에게 법사를 소개하면서 비단 500필과 과일 두 수레를 딸려 보냈다. 법사는 소위 '칸의 신용장'을 소지하게 되면서 순조로이 인도로 갈 수 있었다. 서역 각국에

237

『서유기』에 나오는 화염산.
현장법사가 이곳을 지나갔다고 한다.

서의 환대는 법사를 좋아해서가 아니라 서돌궐 칸을 무서워했기 때문이었다.

현장법사가 떠나고 얼마 지나지 않아 칸이 병으로 세상을 떴다. 그의 후계자들 사이에 내전이 벌어졌다. 628년 시작된 싸움은 무려 4년을 끌었다. 서역 각국도 내전을 피해가지 못했다. 그들은 두 파 중 하나를 선택해야 했다.

스스로 선택하는 것도 불가능했다. 그저 자국을 통제하는 파를 쫓아갈 수밖에 없었다. 태종은 편지를 보내 두 파가 전쟁을 멈추고 평화적인 방법으로 문제를 해결할 것을 권유했다. 그는 누구 하나가 서돌궐을 통일하는 것을 원치 않았다.

632년 두 파의 전쟁이 마무리되자 태종은 서돌궐의 칸을 책봉하려 했다. 하지만 평화는 잠시뿐 또다시 내전이 시작됐다. 당과 토번의 군사적 대립이 한창이던 638년 태종이 가장 우려하던 일이 벌어지고 말았다. 태종이 밀던 측의 힘이 약해지고 대립세력이 강대해졌다. 이 세력의 우두머리인 아사나욕곡은 반대파를 절멸시키는 데 그치지 않고 서역 전체를 통일해 버렸다.

서돌궐의 통일이 그들과 인접한 티베트 고원의 토번과 당이 결혼동맹을 맺는 데 영향을 주지 않았다고 할 수 없다. 파장은 타림 분지의 오아시스 국가에도 당장 밀려왔다. 고창국 왕 국문태는 욕곡의 하수인이 됐다.

국문태는 욕곡에 끌려 언기를 공격하고 서역과 당나라의 왕래를 난설시켰다. 욕곡에게 코가 꿰인 국문태는 당의 요구를 들어줄 수 없었고, 욕곡이 시키는 대로 해야 했다. 국문태는 사신을 보내 해명했지만 태종은 전략적 요충지인 고창국을 정복하지 않을 수 없었다. 서돌궐의 세력 확대를 막기 위해서였다. 640년 고창국은 그렇게 멸망했다.

고창국을 점령한 당 태종은 그곳을 거점으로 하여 욕곡에 적대적인 또 다른 서돌궐 부족과 손을 잡았다.

또한 고구려의 지형지세를 파악하기 위해 환권의 귀국길에 진대덕을 따라 붙였다. 환권도 당의 최고 교육기관 국학_{國學}에 동생들을 남겨 놓았다. 이후에도 국제 정세는 변화할 것이고 그것을 빠르게 탐지해야 한다.

방어하는 입장에 있던 고구려가 당나라의 발목을 잡을 수도 있는 서돌궐과 토번 같은 강국의 움직임에 주목했다면, 침공하려던 당은 고구려의 지형지세에 대한 구체적인 정보를 원했다. 장안을 출발한 진대덕은 13년 전 영류왕이 당에 제출한 고구려 봉역도를 머리에 넣고 있었다.

고구려에 접근하면서 그가 가장 먼저 목격한 것은 요하 하류의 광활한 소택지_{沼澤池}였다. 당의 고구려 침공에 거대한 장애물임에 틀림없었다. 남북 길이가 약 300리, 동서 너비는 200리의 요택은 아득히 넓은 늪의 평원이었다. 평원엔 거미줄 같은 하천망이 밀집해 있었고, 갈대와 수초들이 무수히 자라는 진펄과 종횡으로 뻗어나간 크고 작은 호수와 늪이 끝없이 펼쳐져 있었다.

"물이 뭍으로 들어온 곳과 물갈래가 많다. 서쪽 물가에 긴 버들이 자라니 가히 병마_{兵馬}를 숨길 만하다. 끝없이 펼쳐지는 물가 땅을 이름하여 요택이라 한다. 숨을 만한 잔풀이 있어 온갖 짐승_{毛群羽族}이 다 살고 있다."(『고려기』)

엄청난 수량의 비단을 지참하고 고구려에 들어온 진대덕은 가는 곳마다 현지 관리들에게 비단을 뿌렸다. 뇌물을 받은 관리들은 그에게 협조적이었다. 그는 원하는 곳에 자유롭게 갈 수 있었고, 현지인들로부터 정보를 수집했다. 그것을 『고려기』라는 보고서로 남겼다.

660년경 장초금_{張楚金}이 편찬한 『한원_{翰苑}』에 옹공예_{雍公叡}가 주석을 붙이면서 『고려기』를 인용했다. 고구려의 9관등과 남소성_{南蘇城}·평곽성_{平郭城}(건안성)·불내성_{不耐城}(국내성)·마다산_{馬多山}(백두산)·언골산_{焉骨山}(오골성)·

은산銀山(안시성 부근의 은광)·마자수馬訾水(압록강)·황천黃川 등에 대한 설명이 보인다.

641년 8월 귀국한 진대덕은 태종에게 보고서를 올렸다. 그것은 645년 당의 고구려 침공을 위한 구체적인 전략과 전술의 설계에 기초 자료가 됐다.

진대덕은 고구려를 다니면서 많은 중국인을 만났다. 고급 정보는 아니지만 그들을 통해 고구려 일반에 관해 상당히 이해할 수 있게 됐다.

"(고향) 집은 (중국) 어느 군郡에 있었는데 수 말년에 군대에 나왔다가 고구려에 들어와 잡혀 남게 됐습니다. 고구려에서는 유녀遊女를 처로 삼게 했으며, 고구려 사람들과 섞여 사는데 거의 절반이 될 것입니다."(『자치통감』)

612년 고구려에 들어온 수나라 병사 30만 가운데 상당수가 포로로 남았다는 것을 이로 확인할 수 있다. 앞서 622년 당과 고구려 사이에 포로 교환이 있었다. 고구려는 1만여 명을 송환했다. 하지만 그것은 소수였다. 어린 나이에 포로가 된 그들은 고구려에서 강제 노동으로 근 30년을 보냈고 사오십 대 중반이 됐다. 당시로서는 죽을 날이 얼마 남지 않은 노인들이었다.

진대덕을 만난 그들은 자신이 중국의 어느 지역 사람인데 나의 혈육들이 그곳에 살고 있었다고 했고, 이산된 가족들의 상황을 물어보았다. 그들은 이제까지 고향 소식을 물어볼 중국 사람을 만나본 적이 없었다. 진대덕이 그들 모두의 고향소식을 알 리 만무했다. 하지만 타향에서 죽기 전에 얼마나 고향 소식을 듣고 싶었을까. 눈물을 흘리며 다가오는 그들에게 진대덕은 "모두 걱정할 것이 없다"고 말할 수밖에 없었다.

진대덕이 고구려에 왔다는 소식이 광범위하게 퍼지자 중국인 포로들이 몰려왔다. 왕경인 평양으로 추정된다.

"며칠 후 그(진대덕)를 바라보고 통곡하는 수나라 사람들이 성 밖 들판에 가득했다."(『자치통감』)

진대덕은 태종에게 고구려에 억류된 수나라 말 종군자들의 수효와 현황에 대해 보고했다. 수의 고구려 침공 실패와 이어진 동란 속에서 청춘을 보낸 태종은 동년배인 그들의 망향과 이산을 가슴으로 느꼈다. 그들의 존재는 태종으로 하여금 고구려 침공을 심리적으로 정당화시키는 파편이었다.

32

중앙아시아와
몽골 초원에
파란이 일어나다

설연타의 등장

641년 초 당에서 귀국한 환권은 그간 수집한 정보들을 취합하고 분석
해 아버지 영류왕에게 보고했다. 서돌궐의 팽창은 당분간 지속될 것이
고 여기에 고무된 몽골 초원의 유목민들이 움직일 것이라는 예측도 나
왔다. 앞으로 고구려가 휘하의 말갈족을 통해 몽골 초원의 설연타와 관
계를 강화할 필요성이 부각됐다.

서역에서 새로운 소식이 들려왔다. 641년 7월 서돌궐 칸 아사나욕
곡설이 중앙아시아 타슈켄트 총독吐屯을 시켜 당 태종과 친밀한 또 다른
서돌궐 부족의 우두머리인 사발라엽호沙鉢羅葉護를 사로잡아 처형했다.

칸의 위세는 더욱더 강해졌고, 이미 그의 지배하에 들어간 서역 대
부분의 나라에 대한 통제력도 굳건해졌다. 그 여파는 파미르 고원을 넘
어 타림 분지의 고창 근처까지 밀려왔다. 서돌궐이 세력을 더욱 확장하
자 북쪽에서 설연타가 고비사막 이남의 돌궐인들을 넘보고 있었다.

고비사막 이남의 땅에는 4년 뒤 태종을 따라 고구려 침공 전쟁에
종군하다 '대변 바른 화살'에 맞아 죽은 아사나사마阿史那思摩가 돌궐인들
을 관할하고 있었다. 당 제국의 영향력 아래 있던 그들은 사막 북쪽의

몽골 초원 외곽에 있는 고비사막에
나무 한 그루가 외롭게 서 있다.
이 사막을 경계로 한 북쪽이 설연타의 본거지다.

설연타를 무서워했다. 645년 고구려 안시성에서 싸움이 벌어졌을 때 장안의 북쪽 오르도스를 공격해 당의 뒤통수를 친 것도 설연타였다. 당시 고구려와 설연타는 긴밀한 관계였다.

설연타는 돌궐계 철륵의 15개 부족 가운데 하나였다. 본래 알타이 산맥 서남에 근거지를 두고 서돌궐에 복속돼 있었다. 628년 통엽호 칸이 죽고 서돌궐이 내란에 휩싸이자 설연타의 부족장 이남이 부족을 이끌고 셀렝가 강 방면으로 이동해 동돌궐의 힐리 칸 아래에 들어갔다.

마침 동돌궐 내부에서 조카 돌리가 반란을 일으켜 삼촌 힐리 칸의 지배력에 상당한 타격이 가해졌다. 여기에 자연재해가 겹치자 휘하의 유목민들이 반란을 일으켰다. 설연타 부족장 이남이 그 주동자였다.

힐리는 이를 제압하려고 했다. 하지만 상황은 그의 뜻대로 돌아가지 않았다. 회흘 추장 약라갈보살이 5000명 기병으로 마렵산馬鬣山(몽골 항가이 산맥)에서 힐리의 군대를 대파했다. 설연타도 힐리의 대군에 치명타를 가했다. 이를 계기로 돌궐 북변의 많은 부족이 설연타에게 귀부했다.

설연타는 반란 부족들의 구심점이 됐다. 사태를 관망하고 있던 당 태종이 629년 설연타의 이남에게 사절을 보냈다. 태종은 군사적인 원조를 약속하면서 이남을 북방 초원의 맹주 칸으로서 인정했다.

설연타가 힐리 칸을 벼랑으로 몰아가자 태종은 개입할 때가 온 것을 확신했고, 630년 당군은 설연타와 연합해 동돌궐의 마지막 숨통을 끊어놓았다. 그해 태종은 돌궐 군장들로부터 하늘의 칸 칭호를 받았다. 하지만 당시 초원에는 돌궐에 반란을 일으킨 피지배 유목부족들이 온전히 남아 있었고, 설연타가 그들을 장악했다. 그 세력 범위는 서쪽으로 알타이 산맥에서 동쪽으로 만주의 말갈 일부 지역까지였다.

633년 서돌궐의 아사나사이가 기병 5만을 이끌고 설연타를 침공했다. 아사나사이는 본래 동돌궐 처라 칸의 차남으로 설연타에 쫓겨 서돌궐로 달아났다가 복수를 하러 온 것이다. 양군의 싸움은 100여 일 동안 이나 지속됐다.

그런데 서돌궐에서 정치적 변화가 일어났다. 아사나사이 측의 병사들이 동요하기 시작했고, 전투에 지쳐가는 병사들도 나타났다. 전쟁이 계속될수록 많은 병사가 도주했다. 의도치 않은 유리한 정치적 변화도 있었지만, 적을 지치게 하는 이남 칸의 전략은 탁월했다.

이남 칸은 초원의 전술에 혁신을 가져온 주역이었다. 그는 완만한 보전步戰을 도입했다. 처음에 자신의 병력을 벌여놓아 진영을 가다듬고, 싸우지 않을 때부터 적을 압박해 불리한 상황으로 몰아넣는다. 그때까지는 소극적인 전쟁을 해 전력 소모를 피하다가 충분히 우위에 서면 결전을 개시해 적을 크게 격파했다.

설연타는 유목민이었지만 보병전으로 초원의 경쟁자들을 모두 물리쳤다. 638년 설연타의 세력이 강성해지자 태종은 이남 칸의 아들 둘에게 각각 칸의 칭호를 내렸다. 우대하고 높이는 것 같지만 실제로는 그들의 세력을 나눈 것이다.

641년 중반 이남 칸은 중국을 침공하기 위해 유목전사들에게 보전 훈련을 시켰다. 병사들을 각각 5인 1조로 만들고 한 사람은 말을 잡고 진陣 뒤에 있게 하고 말에서 내린 네 사람은 걸어서 앞에 나가 싸우게 했다. 승리하면 말잡이에게 말을 받아서 적을 추격하게 했다. 훈련에도 엄격한 군율이 적용됐다. 훈련의 목적은 기병이 상황에 따라 말에서 내려 보전을 하다가 다시 기병전으로 전환할 수 있는 기능의 습득이었다. 승리가 확실해지고 적의 후퇴가 시작될 때 기마로 전환했다. 처음부터 기마를 자제한 것은 말을 지치지 않게 했고, 결정적으로 기마전을 할 때 말의 양호한 체력 상태를 담보했다.

설연타는 병사 1인당 네 필의 말을 가지고 있었다. 네 필의 말도 전투가 장기화되면 일정한 간격으로 교체해야 했다. 곧바로 전투에 투입할 수 있는 네 필의 말을 제때 공급하려면 후방에 24필의 말이 있어야 한다. 안정적인 말 공급은 기병전에서 승리의 필요조건이었다.

641년 12월 설연타 이남은 20만 군대를 일으켰다.

"천자(당 태종)가 타이산에 봉선을 하면 병사와 말들이 모두 좇을 것이며, 변경은 반드시 텅 빌 것이니, 내가 이때에 아사나사마를 잡을 수 있을 것이다."(『신당서』)

설연타의 주력군은 지금의 내몽골 후허하오터呼和浩特에 주둔한 다음 산서 삭주의 북쪽 선양령善陽嶺을 점거한 채 돌궐을 쳤다. 이튿날 당의 군대가 움직였다. 요령성 조양의 영주 도독 장검은 해·습·거란 등의 기병을 거느리고 설연타의 동쪽 측면을 압박했다.

이세적의 군대를 우방羽方(삭주)에 주둔하게 했고, 이대량의 군대를 영주(링우)에 주둔시켰다. 장사귀의 군대는 지금의 내몽골 우란차부烏蘭察布로 향했다. 이들이 설연타의 정면을 견제했다면 감숙성 무위武威에 주둔한 이습예李襲譽의 군대는 설연타의 서쪽을 압박했다. 전체적으로 보았을 때 설연타를 정면에서 견제하면서 동서에서 압박했던 당군은 총 12만3200명을 훨씬 상회하는 숫자였다.

설연타 주력군의 선발대를 지휘한 대도설이 3만 기를 이끌고 사막을 넘어 내몽골 토묵특土默特 평원에 들이닥쳐 당에 복속한 돌궐인들을 공격하러 왔다. 침공을 예상하고 있었던 아사나사마는 일단 당에 사람을 보내 설연타의 침공을 알리고, 초원에 불을 질러 황폐화시켰다. 이어 돌궐인들을 이끌고 만리장성 이남으로 도피했다.

설연타의 선발대가 돌궐인들을 급습하려는 계획이 좌절됐다. 사막을 넘어 수천 리를 행군한 그들의 말은 피로하고 말라 있었다. 말을 제대로 먹일 수도 없었다. 정탐자들이 돌아와서 보고했다.

"그들(설연타)의 말들은 숲속에 있는 나무를 씹는데 껍질이 거의 다 없어졌다고 한다."(『자치통감』)

몽골 초원과 중국 사이에 있는 고비사막.

하지만 싸움은 피할 수 없었다. 아사나사마를 놓친 설연타의 선발대가 만리장성 앞에 도착했을 때 당나라 장군 이세적의 군대가 일으킨 먼지가 하늘을 가리고 있었다. 이 광경을 본 설연타의 대도설은 적가락赤柯濼(지금의 산시山西 성 다퉁大同 부근) 북쪽으로 후퇴했다.

이세적은 그의 병력 가운데 정예기병 6000명을 엄선해 추적했다. 대도설은 후퇴를 거듭해 내몽골 오르도스 북쪽에 인접한 바오터우包頭의 약진수諾眞水로 향했다. 이세적의 군대가 그곳에 도착했을 때 대도설의 군진이 10리에 걸쳐 정연하게 펼쳐져 있었다. 대도설은 자신이 택한 전장으로 이세적을 유인했다고 생각했다. 설연타의 선발대와 당나라 선봉대의 예측할 수 없는 전투가 벌어지려 하고 있었다.

33

당과 설연타의 결전

당과 설연타의 대결에서 먼저 도발한 것은 이세적 휘하의 돌궐 기병이었다. 보전(보병전투)을 훈련받은 설연타군은 땅에 내려 진을 치고 돌궐군을 막았다. 돌궐 기병이 설연타군을 이기지 못하고 후퇴했다. 돌궐군이 후퇴하자 땅 위에서 진을 치고 있던 설연타군은 말을 타고 추격을 시작했다. 이것을 막아선 것이 이세적의 당나라 기병이었다.

하지만 이세적의 당 기병은 설연타군의 화살 공격을 받고 상당한 피해를 입었다. 특히 많은 말을 상실했다. 그러자 이세적이 병사들에게 말에서 내려 보병의 진을 치라고 명했고, 장창을 든 기병들이 땅 위에서 대오를 만들었다. 기병이 말에서 내려 자루가 긴 장창을 들고 싸우는 장창 보병으로 전환했다. 이세적의 병사들을 향해서 설연타의 기병들이 돌진하는 와중에 이뤄진 순간적인 기보騎步 전환이있다.

땅에 내려 보병이 된 이세적의 기병들은 일제히 장창을 가지런하게 했고, 창의 아래 끝을 땅에 고정시켰다. 육중한 말이 빠른 속도로 달려올 때 창을 땅에 고정시키지 않고서는 그 힘에 밀려날 뿐만 아니라 치명상을 줄 수도 없다. 창이 겨냥한 것은 사람이 아니라 말의 가슴이나 목이었다.

질주하던 설연타 기병들이 가까이 다가왔을 때 이세적의 병사들은 갑자기 장창을 들어올렸다. 탄력을 받은 설연타의 기병들이 멈추지 못하고 고슴도치 같은 '장창 밭'과 충돌했다. 장창으로 적을 찌른 것이 아니었다. 적 기병이 달려오는 가속도로 인해 이세적이 벌여놓은 장창 밭에 부딪친 것이다.

장창에 부딪쳐 타격을 받은 설연타의 군대는 무너지면서 흩어졌다. 하마장창보병에게 설연타 군대가 모두 당한 것은 아니었다. 하지만 그 결과로 설연타군 전체 진에 균열이 생긴 것은 분명했다. 이세적의 이러한 선전은 부사령관 설만철과 그의 기병들이 반격할 수 있는 발판이 됐다. 설만철의 수천 기병이 설연타의 말잡이들을 공격했다. 설만철은 설연타의 말을 대부분 거둬들였다. 말을 잃은 설연타군은 혼란에 빠졌다. 당군은 흩어진 설연타 군대를 공격해 그 자리에서 적의 머리 3000을 베었으며, 많은 포로를 잡았다.

기동성 있는 기병이 갑자기 장창보병으로 전환했고, 적이 무너지면 다시 돌격기병으로 전환했다. 이세적 기병의 하마 장창보전은 멀티 기능을 습득한 결과였고, 그것은 급격히 변화하는 상황에 순간적으로 대처할 수 있게 했다. 물 흐르는 듯한 유연함이 돋보이는 체제였다. 이는 당군이 설연타 군대와 격돌하기 이전에 하마기병 훈련을 받았기 때문에 가능했다. 당나라의 장군들도 설연타가 보전을 해 연전연승을 하는 데 관심을 가졌고, 그들의 훈련 내용을 알아냈다. 초원의 유목민과 중국 농경민 사이의 전쟁은 지속됐고 둘은 싸우면서 서로의 전술을 배웠다.

『통전通典』 권157인 『병전』에는 당나라 이정 장군이 집필한 병법이 실려 있다. 여기에 하마기병 훈련에 관한 교범 기록이 있다. 이정의 교범은 설연타가 그 기병들에게 훈련시킨 보전의 내용과 상당히 비슷하다. 이정은 이렇게 적고 있다.

몽골 초원의 말은 야생성이 강해 악조건에서도 잘 견딘다.
돌궐인과 설연타인들은 모두 이러한 말을 탔다.

　"도탕跳盪, 기병奇兵, 마군 등의 기병 부대는 하마下馬해 전투할 수 있
는 인력을 헤아려 먼저 선발해놓을 필요성이 있다."

　기병이 하마한 다음 주인 없이 남겨진 빈 말에 대한 관리가 문제가
된다. 말이 도망가버리면 제대로 된 반격이 불가능하다. 하마해 싸울 때
각 부대별로 빈 말을 잡고 있는 사람을 선정해야 한다. 그것이 바로 집
마執馬다. 집마자는 이름이 기록된다. 책임 소재를 명확히 하기 위해서다.

　말을 잃어버리면 가혹한 군율을 석용했다. 만일 전투 때 말잡이가
순서를 잃고 우왕좌왕해 말안장과 말을 놓치는 자는 목을 벴다. 지옥과
같은 선상에서 말을 놓치지 않고 관리한다는 것은 매우 어렵다. 그것은
엄격한 군율 아래 지속적인 훈련을 받아야 가능하다.

　또한 이정은 이렇게 적고 있다. "적이 후퇴할 때 하마기병은 도보로

253

30보 이상 따라가면 안 되고, 말을 타고 즉시 따라가는 것 역시 금한다. 다만 적의 후퇴가 확실히 감지되고 요란스럽고 두려워하는 기색이 역력하면 그들을 추격하는 것은 가능하며, 그것도 여러 부대가 대열을 가지런히 해 전진하라. 전투 시 갑자기 하마한다고 하더라도 적이 패퇴한 이후에 말을 타고 추격하라."

나날이 진화하는 싸움터에서는 말만 탄다고 기병이 되는 것이 아니었다. 시시각각 변화하는 상황에 대응하는 유연성이 필요했다. 유연하지 않다는 것은 그만큼 역할이 고정적이고, 상황이 변화하는 전쟁에서 생존율이 떨어지는 것을 의미한다. 물에 일정한 형태가 없듯이 전투에도 정해진 것이 없다. 전투에서 같은 상황을 두 번 경험하기란 쉽지 않다. 적군의 형세에 따라 작전을 변화시키는 유연성이 필요하다. 『손자병법』에서 지적한 바와 같이 "대저 병형은 물을 본받아야 한다夫兵象水."

하지만 유연하기 위해서는 전사로서 고도의 기예가 있어야 한다. 흔들리는 말 위에서 정확히 활을 쏘거나 창을 효과적으로 사용한다는 것은 땅 위에서의 그것과 완전히 별개다. 그만큼 어렵다는 것이다. 어릴 적부터 체계적으로 훈련을 받아야 효과적인 기사騎射·기창騎槍이 가능하다.

기원전 5세기 페르시아의 크세르크세스 황제는 기념비에서 자신이 습득한 다양한 무예를 자랑했다.

"짐은 승마자로서 손색이 없고, 궁사로서도 서서 쏘거나 말 위에서 쏘거나 더할 나위 없이 훌륭하며, 창잡이로서의 솜씨 또한 서 있을 때나 말 위에 있을 때나 나무랄 데가 없다."

설연타와의 실전에서 휘하 수백의 병사를 말에서 내려 장창보병으로 변신하게 한 이세적도, 설연타의 짐마자들을 공격해 말을 거둬들인 설만철도, 자신들의 상관인 이정의 전술 내용을 훈련을 통해 숙지하고 있었다. 이세적이 적절한 시점에 말에서 내려 보병 방식의 전투로 역

기사는 인간이 보여줄 수 있는 최고의 기예다.
말 위에서 활을 쏘아 살아 있는 목표물을 적중시키는 기술은
어린 시절부터 익히지 않으면 불가능하다.
ⓒ최형국

전을 이뤄냈고, 기병의 명수 설만철은 허를 찔러 설연타의 말을 모조리 빼앗았다. 그들은 설연타에게서 배운 전술을 설연타와의 싸움에 적용했다.

장창의 전법은 지극히 보병적인 것이었다. 한나라 때 유목민 흉노와 대결했던 중국인 보병들이 장창으로 적 기병을 제압하기 위해 개발한 대기병 전술이었다. 한 무제 시기 5000명의 장창보병으로 수만의 흉노 기병을 살상한 이릉李陵을 변호하다가 거세당한 사마천의 이야기가 전

뙤약볕이 내리쬐는 사막에서
기병이 되고 보병이 되면서 치열한 전투가 벌어졌다.

해지고 있다. 이세적은 장창보병 전술을 기병 전술에 창조적으로 접목시켰고, 이정의 교범을 실전에서 성공적으로 구현해냈다.

당나라 초기의 중국 기병이 보병과 기병, 즉 복수 기능을 구사할 수 있었던 것은 우연이 아니었다. 그것을 가능하게 한 것은 당대의 인적 토양 때문이었다. 북중국은 수세기 동안 선비족 유목민 정복 왕조의 지배 아래 있었다. 중국인들의 '야만화' 과정이 진행됐다. 그들의 가치관, 습관, 행동 그리고 정책은 모두 초원의 강한 영향을 받았다.

초원의 풍속이 당 조정의 엘리트들의 생활 일부가 됐고, 군사軍事를 크게 바꾸어 놓았다. 서북의 귀족들은 상무정신을 강조했고, 유목 돌궐 문화를 반영한 전투와 사냥에 직접 참여하는 것을 중요하게 여겼다.

태종은 전략적 후퇴의 달인으로 상대가 지치기를 기다린 후 공격을 감행했다. 그는 전장에서 친히 수하를 이끌었고 그가 탔던 말 네 마리는 적의 활에 맞아 쓰러지기도 했다. 태종은 이 말들의 체형과 화살의 상처 등을 정확히 묘사한 석상을 사원에 안치했다. 군마와 전투의 구체적 사실에 대한 관심은 초원 지도자들에게서 보이는 특징이지만 중원 한족 왕조의 설립자들에게서는 찾아보기 어려운 것이었다. 태종과 그의 부하들은 뛰어난 승마 기술과 활 솜씨를 지닌 전사로서 초원에서 성공할 수 있는 자격을 충분히 갖추고 있었다.

유목민들의 기병 공격에 중국인들은 특화된 보병 전술을 개발해 맞섰고, 유목민은 중국인의 보병 전술을 배워 자신의 기병 전술에 접목시켰다. 다시 중국인들은 유목민의 하마보투 전술을 배워 유목기병과 대결했던 것이다. 당 왕조 초기 초원 세계로의 대발전은 북중국인들에게 뿌리내린 선비족의 문화가 DNA가 되어 유리하게 작용한 결과다.

태종의
군부 관리

641년 12월 17일 당나라 장군 이세적이 설연타의 주력 가운데 하나를 내몽골 애불개하艾不蓋河에서 격파했다. 설연타는 3000명이 전사하고 5만 명이 포로가 되는 피해를 입었다. 첫 승리에도 불구하고 당 태종은 설연타와의 전면전 수행에 자신이 없었다. 천하무적의 군대를 가졌다지만 주변에는 강적이 한둘이 아니었다.

당시 서돌궐 칸 아사나욕곡이 아프가니스탄 북부 아나바드에 있는 토화라吐火羅를 점령했고, 그의 부하들이 파미르 고원을 넘어 신강 이주伊州를 공격했다. 이어 지금의 신장웨이우얼자치구 타청塔城에 위치한 처월處月과 처밀處密 두 부를 동원해 천산·신강 탁극손托克遜을 포위했다.

고창국에 주둔해 있던 당의 장군 곽효각郭孝恪은 서돌궐을 막기 위해 현지인 기병 2000명을 지휘하며 분주하게 움직여야 했다. 중국 본토에서 온 병력 1000명이 고창국 자오허성에 주둔하고 있었다. 과거 농사를 짓던 그들이 전투에 직접 나서는 일은 많지 않았다.

본토에서 온 병력의 구성은 이러했다. 병량을 자급하기 위해 현지에서 농사를 짓는 전졸田卒, 수로를 보수하고 확장하는 수졸水卒, 보초를 서는 수졸戍卒, 봉화나 파발을 맡는 통신·행정·의무 병졸 등이었다.

침략자들과 싸우는 병력은 주로 현지 돌궐 계통의 유목민들이었던 것으로 추정된다. 제국은 본토에서 세금을 징수해서 그들에게 급료나 대가를 지급했다. 하지만 중국에서 온 병졸들은 급료를 받지 못했고, 국가는 그들에게 무기와 장비 그리고 먹을 것을 주지도 않았다. 모두 자신들이 직접 마련해야 했다.

제국의 정상에 있던 태종도 황제 노릇하기가 힘이 들었다. 세상에서 가장 재물이 많은 그의 근심도 돈 때문이었다. 전쟁을 하면 실질적인 전투력이 있는 유목민을 주로 전쟁에 투입해야 한다. 여기에는 엄청난 급료나 대가가 들어간다. 동시에 백성들도 대규모로 동원해야 한다. 그렇게 되면 세금의 근원인 그들의 가산이 파탄 나고 세금을 부담하는 능력이 줄어든다.

그렇다고 전쟁을 하지 않으면 영토와 백성이 줄어든다. 나아가 주변 국가나 종족들이 당을 얕보고 재물을 뜯어내려 들 것이다. 그렇기 때문에 엄청난 인력과 재원이 소요되는 전쟁은 정말 필요할 때만 해야 했다.

서돌궐의 팽창으로 실크로드에 대한 지배력이 위협받고 있었다. 상황은 오히려 첫 전투에 패배한 설연타에게 낙관적으로 돌아가고 있었고 승리한 당은 불안했다. 물론 설연타의 주력은 아직 건재한 상태였고, 돌궐의 글필부 등이 당을 이탈해 설연타에 붙으려 하고 있었다. 당 제국의 외곽을 지켜주는 유목민들이 제국을 침공하려는 설연타에게로 돌아서는 것은 칼자루를 빼앗기는 것이나 마찬가지였다.

태종은 이를 막기 위해 글필하력을 고향 초원으로 보냈다. 지금의 간쑤 성 우웨이武威에 위치한 글필부였다. 하력의 어머니 고장부인姑藏夫人과 동생 글필사문契苾沙門이 그곳을 다스리고 있었다. 아래는 하력이 동생과 주고받은 대화다.

"설연타가 바야흐로 강성해지자 글필 부락은 모두 그에게 귀부하려 불모의 땅 타림 분지의 타클라마칸 사막을 넘어가는 대상들.
실크로드를 놓고 당·돌궐·회흘·토번은 근 200년간 전쟁을 했다.
전쟁 자체가 시장을 지향하면서 승리가 막대한 이익으로 이어지는 상황은
끝이 없는 전쟁의 순환으로 나아갔다.

했는데 글필하력이 크게 놀라서 말했다. '주상(태종)의 두터운 은혜가 이와 같은데 어찌하여 급하게 반역한단 말인가?' 그 무리들(글필부 사람들)이 말했다. '부인(어머니)과 도독(동생)이 이미 저 사람(설연타 칸)에게 갔는데 너는 왜 가지 않는가?' 글필하력이 말했다. '(동생) 글필사문은 부모에게 효도하고 나는 군왕(태종)에게 충성하니 반드시 너를 좇지 않을 것이다.'"(『자치통감』)

하력은 피를 준 어머니와 그 피를 나눈 형제와 길이 달랐다. 이러한 상황이 만들어진 데에는 이유가 있었다. 당 제국은 팽창하고 있었고 번영의 길로 가고 있었다. 하지만 태종 주변에 있는 유목 수장들만 당 제국 팽창의 혜택을 받았다. 초원 현지에 있는 돌궐 사람들에게는 돌아가는 것이 없었다.

하력은 동포들에 의해 강제로 끌려갔고, 설연타 이남 칸의 군막 앞에 도착했다. 천막 문이 열리고 이남 칸이 신하들과 처첩들을 대동하고 나왔다. 좌우가 도열한 가운데 자리에 앉았다. 말로만 듣던 하력을 보고 싶었다.

하력은 칸 앞에서 거만하게 다리를 옆으로 벌리고 칼을 뽑았다. 그는 동쪽을 향해 크게 소리치곤 자신의 왼쪽 귀를 잘랐다. 귀에서 피가 흘러 목을 타고 내려가 옷을 적셨다. 그가 자신의 잘린 왼쪽 귀를 들고 맹세했다. "어찌하여 당의 열사가 오랑캐 왕정에서 굴욕을 받는 일이 일어났는가? 하늘과 땅, 해와 달이시여, 바라건대 나의 마음을 알아주시오."(『자치통감』)

설연타의 이남 칸이 보기에 참으로 가관이었다. '우리와 다를 것 없는 오랑캐 놈이 황제 곁에서 호의호식 하더니 야성을 잃고 저런 충견이 되었구나!' 이남은 역겨워 봐줄 수가 없었다. "저놈을 죽여라!"라는 명이 절로 떨어졌다. 하지만 이남의 부인이 간곡히 말려 글필하력은 간신히 죽음을 면했다.

유목민의 후예인 내몽골 여인의
머리 복식.

　하력이 그의 어머니, 동생과 함께 설연타의 궁정으로 향했다는 소
문이 장안에 닿았다. 조정에서도 그가 태종을 배반했다는 말이 돌았다.
중신회의에서 신하들이 말했다. "글필하력이 설연타에 투항했습니다."
태종은 믿지 않았다.

　하지만 좌우에서는 계속 "글필하력은 융적이라 같은 기운의 설연타
에 들어간 것은 마치 물고기가 물을 찾아간 것과 같을 뿐"이라고 말했
다. 635년에 한번 봉합된 당 군부 안의 인종 갈등이 또다시 고개를 들었
다. 이전부터 중국인 장군들은 글필하력이 돌궐 장군들과 역모를 꾸미
고 있다고 끊임없이 태종에게 일러바치고 있었다.

　당 군부에서 적지 않은 비중을 차지하고 있는 돌궐계 장군들이 태
종의 판단을 주시하고 있었다. 태종은 무슨 수를 쓰든지 호한의 불신을
또다시 봉합해야 했다. 그것을 실질적으로 가능케 하려면 돌궐계 장군
들의 대표 주자인 글필하력에게 더없는 신뢰를 보내야 했다. 중국인들의
군사력만으로는 제국을 유지할 수 없었기 때문이다.

　태종이 대답했다. "그렇지 않소. 글필하력의 마음은 쇠나 돌 같아서

반드시 나를 배반하지 않을 것이오." 마침 설연타의 궁정에 다녀온 사신이 도착했다. 황제와 모든 신하가 모인 가운데 그는 설연타의 이남 칸 앞에서 벌어진 하력의 '충성 맹세 퍼포먼스'를 전했다. 태종의 눈에서 굵은 눈물이 떨어졌다. 그리고 말했다. "하력은 내가 말한 대로 이러한 사람이오."

그러자 모든 시선이 태종에게 집중됐다. 과연 태종이 하력을 설연타의 궁정에서 빼내와 그를 아낀다는 점을 돌궐인 장군들 앞에서 증명할 것인가? 설연타의 이남 칸은 공짜로 하력을 내주지 않을 것이다. 그가 진정으로 원하는 것은 태종이 세상에서 가장 아끼는 그 무엇이었다. 즉 볼모 중에서도 가장 강력한 볼모였다.

"병부시랑 최돈례崔敦禮에게 명령해 부절을 가지고 이남 칸에게 알아듣게 타이르게 하고 신흥공주新興公主로 그의 처를 삼게 하며 글필하력을 보내달라고 요구하게 했다. 글필하력은 이로 말미암아 돌아올 수 있었고 (태종은) 그를 우교위대장군으로 삼았다."(『자치통감』)

642년 10월 태종은 이남 칸에게 신흥공주를 시집보내기로 약속했다. 앞서 토번으로 시집간 문성공주는 황실의 종친 가운데 누구의 딸인지 분명치 않지만 신흥공주는 태종의 친딸이었다. 그는 딸을 야만인에게 던져줄 각오를 하고 부하를 찾아오겠다는 의지를 보였다. 돌궐인 장군들은 감명을 받았다.

당 군부 내부의 인종 갈등은 다시 봉합됐다. 조직 내의 갈등은 언제나 고질적으로 존재한다. 그것을 완전히 해결하는 것은 불가능에 가깝다. 무리하게 뿌리 뽑으려다가는 조직 자체가 무너진다. 훌륭한 지도자란 '봉합의 명수'를 의미할지도 모른다.

제2부

반란의
계절

연개소문의 쿠데타

태종이 이남 칸에게 딸을 주기로 결정한 직후였다. 642년 11월 5일 영주 도독 장검張儉이 보낸 파발마가 장안의 궁정에 도착했다. 동북지역에 긴급 상황이 일어났음이 분명했다. 급사의 손에 들려있던 서신이 개봉됐다. 조정이 발칵 뒤집어졌다. 지금 고구려에서 유혈 쿠데타가 일어났다는 것이었다.

동북의 강국 고구려의 정변은 동아시아 전체를 술렁이게 했다. 사건의 소식은 만주를 지나 초원으로 들어갔고, 한반도 남쪽의 신라와 백제를 지나 대한해협을 건너 일본 열도까지 알려졌다.

"대신 이리가수미伊梨柯須彌가 대왕(영류왕)을 시해하고 이리거세사伊梨渠世斯 등 180명을 죽였다. 이어 왕의 어린 조카를 왕(보장왕)으로 옹립했으며, 자기와 같은 성인 도수류금류都須流金流를 대신으로 삼았다."(『일본서기』)

'이리가수미'의 '이리'는 고구려 말로서 못淵(연)을 의미하며 '가수미'를 한자로 쓴 것이 개소문蓋蘇文이다. 고구려인들은 '연개소문'을 '이리가수미'라고 발음했다. 연개소문은 한문식 이름이다. 연개소문이 영류왕을 비롯한 고위 귀족 180명을 한꺼번에 죽이고 집권했다.

267

뒤에서 상세히 말하겠지만 대신이 왕을 죽이고 집권했다는 사실은 아스카의 왜국 여왕에게 충격을 안겨줬다. 남의 일이 아니었다. 그녀의 이타부키 궁板蓋宮이 빤히 내려다보이는 언덕 위에 왜국의 실질적인 통치자 소아씨의 저택이 있었다. 스슌崇峻 천황을 죽이고 자신을 옹립한 것도 소아씨였다. 여왕의 아들 나카노 오에中大兄(훗날의 덴지 천황)가 645년에 대신 소가노 이루카蘇我入鹿를 제거하고 그 일족을 멸문한 것은 고구려 정변의 반동적 여파였다. 앞서 642년에 벌어진 백제 의자왕의 숙청 작업도 마찬가지였다.

연개소문의 아비 연태조는 고구려 동부대인으로 동부의 병권을 장악하고 막리지 관등을 지닌 거족으로 세력을 떨쳤다. 그것은 그의 집안 누대에 걸쳐서 계속된 것이었다. 연씨 집안은 신흥귀족이었다. 6세기 중반 양원왕 즉위를 둘러싼 대규모 분쟁에서 두각을 나타냈고, 이를 계기로 성립된 귀족 연립정권 체제에서 연씨 집안은 유력 귀족으로서 세력을 굳혀 나갔다.

연개소문이 아버지의 지위를 이을 때 고위 귀족들의 견제가 있었다. 그가 모두에게 머리를 숙이고 청해 겨우 동부대인 습직이 가능했다. 오랫동안 동부의 군병을 장악해 온 연씨 집안의 연고권과 위세를 부정할 수는 없었다. 하지만 연개소문의 인격과 행동에 문제가 있었다.

"심히 난폭하고 나쁜 짓을 하므로 여러 대신이 건무(영류왕)와 상의해 죽이기로 했다."(『신당서』)

이 기록은 중국에서 연개소문을 폄하한 것으로, 혹은 연개소문 반대파의 조작된 여론이 중국으로 넘어가 그대로 받아들여진 것으로 볼 수도 있겠지만, 전적으로 조작된 것이라고 보기도 어렵다.

그가 힘이 없는 사람이라면 타인들에게 영향을 주기도 쉽지 않다. 하지만 고구려 군대의 상당 부분을 장악하고 있는 큰 세력가의 행실이 그렇다면 사회적 문제가 된다. 그의 악폐가 심각했던 것은 분명해 보인

다. 고구려 국왕까지도 그를 제거하는 데 동의할 정도였다.

영류왕은 인사 발령을 내렸다. 연개소문을 천리장성 축성 현장 감찰직에 임명했다. 그것은 연개소문이 일단 평양의 중앙정치에서 유리되는 '정치적 죽음'으로서의 실각이었다. 정치적 죽음은 그의 생물학적 죽음을 예비한 것이었다. 바로 암살이다. 하지만 왕과 100여 명의 대신이 공모한 연개소문 암살 계획은 만인의 비밀이 돼 비밀의 힘을 상실했다.

모의 내용을 알아차린 연개소문은 자신이 죽음의 낭떠러지 끝에 몰려 있다는 것을 자각했다. 이대로 가만히 앉아서 죽을 수는 없었다. 굴욕을 견디며 기회를 엿볼 만한 시간적 여유도 없었다. 다행히 그에겐 최소한의 운신을 가능하게 해줄 정도의 병력은 있었다. 하지만 고구려 왕과 고위 귀족 모두를 상대로 한 일당백의 싸움이었다. 절대적으로 불리한, 성공 가능성이 거의 없는 게임이었다. 연개소문이 이러한 절명의 순간을 어떻게 돌파했는지 살펴보면, 23년간 고구려를 이끌어 온 그가 어떠한 인물인지 알 수 있다.

당시 고구려 정치조직의 주축인 5부의 병력을 모두 소집해 치러지는 사열행사가 있었다. 그것이 연개소문의 의지로 만들어진 것은 아니었던 것으로 여겨진다. 모든 대신이 참석해야 하는 공식적인 성격을 띠기도 했지만 모두가 빠질 수 없는 또 다른 이유가 있었던 것은 아닐까. 행사가 정상적으로 진행됐다면 그날이 연개소문의 마지막이 됐을 수도 있다. 사료들(『구당서』『신당서』『자치통감』『일본서기』)을 바탕으로 쿠데타를 재구성해보자.

가을이 깊어가는 642년 9월이었다.(『일본서기』) 평양성 남쪽 광장에서 아침부터 음식을 조리하는 냄새가 진동했다. 술을 가득 담은 큰 항아리를 실은 수레들이 연이어 도착했다. 시종들은 분주하게 오가면서 술과 음식을 날랐다. 약간 높은 지대에 화려하고 거대한 천막이 세워졌고, 그곳에 상다리가 부러지도록 진수성찬이 차려졌다.

축제 분위기가 완연한 가운데 백성들은 들떠 있었다. 점심 무렵 멀리서부터 대신들을 실은 호화찬란한 수레들이 줄지어 도착했다. 대신들은 도착하는 즉시 천막 아래의 잘 차려진 자리에 앉았다. 관등의 서열별로 지정된 자리였다. 100여 명의 대신이 착석한 가운데 대낮부터 술판이 벌어지려 하고 있었다.

행사의 일환으로 광장에서 5부 병사들의 열병식이 있을 예정이었다.(『신당서』) 연개소문 휘하의 병력은 5부 중 하나인 동부였다. 그런데 동부의 병사들이 예상보다 빨리 말을 타고 광장으로 들어왔다. 잠시 질서 있게 도열해 있던 동부의 기병들은 갑자기 대신들이 모두 앉아 있는 술상으로 달려들었다. 순식간에 대신 100명이 어육이 되고 온 광장이 피로 물들었다. 그렇게 짧은 순간에 그토록 많은 고위 귀족의 피가 평양의 땅바닥을 적신 적은 없었다.

경기도 연천 무등리에서
1500년 만에 모습을 드러낸
완전한 형태의 고구려 철비늘 갑옷.
고구려를 대표하는
을지문덕·연개소문 등이
입었던 것으로 추정된다.

　　연개소문을 영웅시한 단재 신채호의 『조선상고사』는 이 장면을 이렇게 묘사하고 있다. "모든 대신이 연개소문의 열병식장에 이르러 유량히 울려 퍼지는 군악 아래 인도돼 군막 안에 들어 자리에 앉았다. 술이 두어 순배 돌았을 때 연개소문이 갑자기 '반적反賊을 잡아라!' 하고 외치고, 주위에 대령했던 장사들이 번개같이 달려들어 칼·도끼·몽둥이로 일제히 치니, 참석한 대신들도 다 백전노장이었지만 겹겹이 포위됐고 게다가 수효가 매우 적어 벗어날 도리가 없었다."

　　연개소문은 기병을 이끌고 곧바로 왕궁으로 향했다. 시간이 없었다. 나머지 4부의 병사들이 도착하기 전에 모든 것을 처리해야 했다. 계획대로 그의 부하들이 평양성의 창고에 불을 질렀다. 궁문을 지키는 수졸들이 불을 끄기 위해 자리를 이탈했고, 연개소문과 그의 기병들은 곧바로 왕궁으로 들어갔다.(『구당서』)

　　경호원들의 저항이 있었다. 하지만 그들은 하나둘씩 쓰러졌고, 마지막 남은 자마저 쓰러지자 연개소문은 곧바로 영류왕이 거처하는 대전으로 들어갔다. 영류왕은 피가 뚝뚝 떨어지는 칼을 보고 정변이 일어났다는 것, 오늘이 그의 마지막 날이라는 것을 직감했다.

　　"손수 그 왕을 시해하고 잘라서 몇 동강을 내어 시궁창에 버렸다."(『자치통감』)

　토막난 시신은 사람들이 보라는 듯이 버려졌다. 여기서 의문이 든다. 연개소문은 왜 그렇게 잔인하게 왕을 시해했을까? 왜 폐위하지 않고 그 자리에서 급박하게 죽였을까? 영류왕이 대신들과 야합하여 자신을 죽이려 한 것에 대한 보복이었을까? 그것은 아니었다. 여기엔 냉철한 목적이 도사리고 있었다. 왕을 곧바로 죽여 그 시신을 만방에 보여줘야 지금 궁정에 도착하고 있는 나머지 4부의 병사들이 기가 꺾여 흩어지고 수적인 우위를 앞세워 쉽게 반격하지 못할 것이기 때문이다.

　또 하나는 무엇보다 현재의 왕이 사라져야 자신이 원하는 새로운 왕을 즉석에서 옹립할 수 있다는 것이었다. 소수가 다수를 뒤엎는 쿠데타에서 모든 것은 속도의 문제였다.

　위기의 순간에 발휘된 능력이 진정한 능력이다. 연개소문은 왕과 대신 100여 명을 한순간에 몰살하고 정권을 잡았다. 그의 성공적인 쿠데타는 치밀한 계획과 꺾이지 않는 투지의 결과였다. 모든 것을 떠나 쿠데타 그 자체의 완결성만 본다면, 연개소문만한 행동의 천재는 역사에서 찾아보기 쉽지 않다. 이는 626년 당 태종의 현무문 쿠데타를 능가하는 것이었다. 태종이 형제를 주살하고 황제의 자리에 오를 당시에, 고조는 그를 적대시하지도 않았고, 귀족 관료들 가운데에는 그의 편도 적지 않았다. 고구려 왕과 모든 귀족에게 포위된 연개소문보다 제반 상황이 훨씬 유리했다.

병권 장악과 숙청

연개소문이 오래전부터 권력 장악을 의도했다거나 그에 대한 야심을 품고 있었던 것은 아닌 듯하다. 영류왕이 당에 저자세를 취했기 때문에 연개소문이 불만을 가지고 있었다는 증거는 없다.

유혈 쿠데타는 그의 운명이었다. 성공 여부를 계산할 여유도 없었다. 그는 고구려 왕과 귀족들이 원하는 대로 고이 죽을 수 없어 쿠데타를 감행했다. 단순히 자신이 살아남기 위해 고구려 최고위층을 몰살하고 정권을 잡은 것이었다.

그는 이념이나 도덕적 명분과는 거리가 먼 교활한 야수였다. 양심에서 자유로운 사내, 자기 목적을 수행하는 데 있어 합리성과 현실적 유용성에 대한 판단만으로 행동할 수 있는 인간, 이것이 연개소문이라는 냉혹한의 본질이었다.

이 야수는 위기의 순간에도 역전의 타이밍이 언제인지 본능적으로 인지하고 있었고, 시간의 틈새에서 누구도 생각지 못한 기회를 포착했다. 무엇보다 그의 부하들은 잘 훈련돼 있었고 주인에 대한 충성심이 확고했다.

273

연개소문은 반격의 시간을 주지 않기 위해 모든 것을 한순간에 일으켰다. 그가 광장에서 학살을 시작했을 때 그의 병사들은 왕의 죽은 아우 대양의 아들 고장高藏을 납치하러 갔다. 고장의 집은 삼중사중으로 포위됐고, 집 문을 부수는 소리가 크게 울렸다.

병사들은 왕족인 그를 보호하기 위한 것이라 말했다. 하지만 고장은 언제 잡혀가 죽을지도 모른다는 두려움에 사로잡혔다. 예상대로 병사들은 그를 연행해 갔다. 고장은 어디로 실려 가는지도 몰라 가마 속에서 두려움에 떨었다. 문을 통과하는 것 같았는데 피비린내가 진동했다.

궁정이었다. 고장은 수레에서 내려 병사들에게 끌려가다시피 했다. 그리고 그의 의지와는 전혀 무관하게 어느 자리에 떠밀리듯 앉혀졌다. 중부仲父인 왕과 사촌 형인 태자 환권의 피로 이미 더럽혀진 왕좌였다. 고구려 28대 보장왕은 이렇게 연개소문의 허수아비가 됐다. 끊임없이 연개소문의 눈치를 보고 살게 된 그는 정사에 전혀 관여할 수 없었고, 연개소문이 내린 결정에 어김없이 재가를 해주는 도장 역할에 국한되었다.

연개소문은 왕을 옹립하는 동시에 수도의 무력 장치를 접수했다. 고구려의 수도 평양에는 수도 주둔 중앙사단에 해당하는 대당大幢이 있었다. 동서남북과 중앙 5부의 병력으로 구성된 대당의 각 대인은 고위 귀족들이었고, 대당은 귀족회의의 통제 아래에 있었다.

대당 병력의 20퍼센트를 장악한 동부대인 연개소문이 병력의 80퍼센트를 장악한 4부의 대인들을 유혈 쿠데타로 제거한 상태였다. 그는 왕명을 들먹여 주인을 잃은 4부의 병력을 장악하고, 4부 대인 자리에 자신의 부하들을 앉혔다.

죽은 자들의 부하들은 왕의 인사 발령장을 받은 동부 출신 장군들의 부임을 거부할 수 없었다. 그렇게 했다가는 왕명을 거역한 역적이 될 것이었다. 수도의 병력을 장악한 연개소문은 대당의 최고사령관인 대당주大幢主 대모달(막리지)에 취임하고 합법적인 왕명으로 숙청을 단행했다.

평소 사이가 좋지 않거나 손아귀에 넣을 수 없을 만한 귀족 80명이 한꺼번에 소환됐고 그들은 집으로 다시 돌아가지 못했다. 그리고 자신의 친척 가운데 연륜이 있는 자를 골라 귀족회의 의장직인 대대로大對盧의 자리에 앉혔다. 그의 이름은 도수류금류였다. 이렇게 연개소문은 중앙을 장악했다.

문제는 연개소문이 제거하거나 처형한 자들이 대를 이어 온 귀족 가문의 수장들이며, 제각기 방대한 농장과 무사집단 및 군사조직을 거느리고 있었다는 데 있었다. 고위 귀족 180명이 사라졌으니 그 후유증이 작을 수 없었다. 죽은 자들이 만든 부대는 감시 대상이 됐고, 그 부대의 고위 장교들과 부사관들 가운데서도 숙청자가 나왔다. 주인과 자리를 잃은 자들은 유랑했고, 연개소문의 목을 노리는 낭인이 됐다.

연개소문은 외출할 때 상상을 초월할 정도로 엄중한 경호를 받았다. 그는 병사들에 의해 이중삼중으로 둘러싸여 있었고, 그 대열은 매우 엄정해 돌발적인 전투 상황에 대비하는 모습이었다. 그의 행차가 있을 때에는 앞에서 이끄는 사람이 저음의 소리를 크고 길게 질러 사람들이 피하게끔 했다. 무질서한 사람들의 무리가 시야를 가려서는 경호가 제대로 되지 않기 때문이었다.

"나갈 때는 반드시 대오를 가지런히 했고, 앞에서 이끄는 사람에게 길게 소리치게 하니 사람들은 모두 달아났는데, 웅덩이나 골짜기를 피하지 않으니 길에는 다니는 사람이 끊겨서 그 나라 사람들이 이를 심히 고통스럽게 여겼다."(『자치통감』)

지방의 장관인 대성주大城主들에 대한 대대적인 물갈이와 숙청도 이어졌다. 제거된 중앙의 귀족들과 끈이 닿아 있던 자들이 우선 대상이었다. 왕이 발행한 소환상을 소지한 파발이 지방의 성에 도착하면 대성주들은 자리를 비우고 평양으로 가야 했다. 그러지 않으면 왕명을 거부한 대역죄인이 됐다.

안악 3호분 벽화에 묘사된 고구려 귀족의 행렬도.
연개소문의 행차를 연상할 수 있다.

하지만 모든 대성주가 명을 따른 것은 아니었다. 희생을 감수하고 성민들과 함께 중앙의 연개소문에게 대항한 경우도 있었다. 징벌은 바로 이어졌다. 연개소문은 군대를 이끌고 와 성을 접수하거나 함락시키고 왕명을 거역한 성주를 잡아갔다.

하지만 그가 모든 경우에서 성공한 것은 아니었다. 그 가운데 특히 안시성의 성주는 달랐다. 그는 휘하의 장군과 장교들 나아가 성민들의 절대적인 충성을 확보하고 있었다. 구체적으로 무엇이 안시성 사람들을 그렇게 만들었는지는 알 수 없다. 분명한 것은 안시성주가 유능한 지휘관이었다는 사실이다.

부하들은 상관의 유무능을 본능적으로 알아채는 법이다. 얼마 안 있어 당 태종이 세계를 제패한 정예군대를 이끌고 안시성으로 쳐들어올 것이다. 그러한 상황에서 그들이 생존하기 위해서는 유능한 상관이 필요했다. 연개소문의 말만 듣는 눈치 빠르고 무능한 사람이 성주가 되면 그들은 살아남지 못한다.

연개소문은 안시성주를 해임하기 위해 군대를 이끌고 쳐들어왔다. 하지만 성민들이 일치단결해 중앙의 군대를 물리쳤다. 이로써 안시성은 연개소문과 그 일당이 둥지를 틀고 있는 중앙으로부터 자치권을 획득했다.

안시의 자치성은 무척 강고해서 3년 후 의도하지 않은 참사를 낳기도 했다. 645년 태종의 대대적인 침공이 벌어지자 안시성은 구원하러 온 고구려 중앙군과 연계된 작전을 수행해야 했다. 그것은 태종이 우려하던 바이기도 했다. 하지만 안시성 성주는 성을 장악할 우려가 있는 고구려 중앙군의 입성을 거부했다. 안시성의 군수 지원 없이 태종의 군대와 싸우던 중앙군은 패배했다. 안시성은 중앙군에게도 당군에게도 문을 열어주지 않았다.

연개소문은 안시성주를 해임하지 못했고, 둘 사이에 일정한 타협이 이뤄졌다. 여기서 일단 연개소문의 지방 성주 교체에 제동이 걸렸던 것 같다. 만일 아무런 일 없이 연개소문의 사람들로 당나라와 인접한 전방의 대성주들이 모두 교체됐다면 고구려는 당의 공격에 훨씬 더 무기력하게 무너졌을 가능성이 높다.

장군과 장교들은 오로지 승리만을 위해 순수하게 작전을 짜고 수행해야 한다. 정통성이 결여된 독재자의 눈치를 보는 자가 성주 자리를 차지하면 작전의 순수성이 떨어지고 패전으로 이어진다. 작전에 정치가 개입되면 재앙으로 이어질 가능성이 농후하다.

고구려 유혈 정변의 상흔이 아물지 않았고, 불확실성이 짙은 상황 속에 남쪽 신라에서 초대받지 않은 사람이 찾아왔다. 무엇인가를 잃어버린 사람처럼 절박한 눈빛을 하고 있었다. 자신의 안위 문제에 대해서도 별로 신경 쓰지 않았다. 신라의 근친왕족 김춘추는 적국 고구려에 새로 등장한 실질적인 통치자 연개소문에 기대를 걸고 있었다.

김춘추의
평양성 회담

연개소문에게서
쿠데타 통치
비법을 배우다

신라의 김춘추가 고구려로 향한 시기는 642년 10월 말경으로 여겨진다. 그는 국경 초소의 고구려 병사에게 자신의 신분을 밝혔고, 곧 관할 지역의 성주에게 인도됐다. 그는 성주에게 신라 여왕의 국서를 보여줬다.

성주는 서기를 불러 급히 서류를 작성하게 했다. 평양에 보고하기 위해서였다. 목간에 김춘추의 관등 및 신분과 나이, 그와 동행한 사간沙干 훈신訓信 등의 정보를 적고, 국서의 내용을 필사했다.

성주는 김춘추의 입국에 관심이 없었다. 서슬 퍼런 독재자 연개소문을 만나기 위해 왔다는 이 신라 왕족을 어떻게 잘 처리해야 자신이 무탈할 수 있는가에만 신경을 곤두세웠다. 지침대로 해야 적어도 면피는 할 수 있다. 그는 기존에 정해진 처리 절차를 엄격하게 준수하는 데 집착했다. 필사한 목간을 다시 양식에 맞게 정서로 작성했고, 서류화된 목간은 정성스럽게 포장돼 말에 실렸다. 파발은 평양으로 향했다. 그는 신라 국경에서 평양까지 20킬로미터 간격으로 있는 역驛에서 힘 좋은 말로 갈아탔다.

신라 사절의 도착이 보고됐다. 연개소문은 고구려에 들어온 신라 사절의 의중을 단번에 알아봤다. 뒤에서 상세히 살펴보겠지만 두세 달 전 대야성이 백제에 함락된 후 존망의 위기에 놓여 있던 신라가 고구려를 찾아온 것이다.

평양에서 국경 초소로 돌아온 파발은 입국 허가를 통보했다. 김춘추 일행은 현지 병사들에게 인도됐다. 평양이 멀리 보이는 지역에 도착한 김춘추는 놀랐다. 경상도 골짜기에 살았던 그는 평원지대에 있는 거대 도시를 아직 본 적이 없었다. 당시 당나라 장안을 제외하면 평양 만한 대도시는 거의 없었다.

평양성의 면적은 11.6제곱킬로미터로 현재 서울의 사대문 안쪽에 해당하는 크기다. 평양성의 남쪽으로는 대동강의 본류, 동서쪽에는 장수천과 보통강이 흐르고 있어 도시의 자연 해자를 이루고 있었다.

대동강 남쪽에서 바라본 평양은 요새이기도 했다. 굳건한 성벽이 도시 전체를 휘감고 있을 뿐만 아니라 그 내부에도 외성, 중성, 내성, 북성 등 구획을 4개로 나누는 성벽이 있었다.

김춘추 일행이 다리를 건너 평양성으로 들어가자, 광대한 건물들의 바다가 펼쳐졌다. 공방·상가·민가 등 기와 지붕을 한 많은 건물이 질서정연하게 들어서 있었다. 그들은 안학궁 객사로 인도돼 연개소문을 기다렸다. 듣기로 연개소문은 위엄이 있고 카리스마 넘치는 남자라 했다. 칼을 등에 2개, 양 허리에 2개, 손에 1개 들고 다니는 그의 얼굴은 그 누구도 똑바로 쳐다보지 못하며, 말을 타거나 내릴 때마다 항상 고구려 최고위 귀족 출신의 장수를 엎드리게 하고 그 등을 밟고 디딘다고 했다.

하지만 연개소문을 직접 만나니 소문과는 완전히 다른 사람이었다. 그가 들어오자 김춘추는 자리에서 일어났다. 둘은 의례적인 인사를 주고받았다. 연개소문은 김춘추를 정중하게 대했다. 왕명을 받아 신라에서 온 손님을 접대하게 됐다고 말했다. 통역이 있었지만 김춘추는 그의 북방 사투리를 대강 알아들을 수 있었다. 실질적으로야 어떻든 그는 신하로서의 위치를 분명히 밝혔다.

거만하지도 목에 힘이 들어가 있지도 않은 보통 체구의 남자였다. 단정한 예절과 귀족다운 기품도 있었다. 어찌 저러한 사람이 고구려 왕과 주요 대신들을 모두 죽이고 집권자가 됐는지 의아한 생각까지 들 정도였다. 하지만 눈빛은 예리하고, 통찰력이 있어 보였다.

김춘추는 연개소문을 따라 부국의 풍요로움이 보이는 거대한 연회장으로 들어섰다. 연회의 흥을 북돋는 무희들의 춤과 악사들의 연주도 있었다.

"고구려 왕이 태대대로 개금을 보내 객사를 정해주고 잔치를 베풀어 우대했다. 식사 대접을 특별하게 했다."(『삼국사기』「김유신전」)

연개소문은 국제적인 인물인 김춘추를 통해 장막에 가려진 자신의 모습이 신라·백제·왜는 물론 당나라에도 알려질 수 있다는 사실을 인지하고 있었던 것 같다.

그가 주재한 연회가 끝난 다음 날이었다. 김춘추는 보장왕과의 공식적인 회담을 위해 객사를 나섰다. 보장왕은 자신이 실권이 없는 허수아비임을 숨기기 위해서였던지 많은 신료와 무장한 경호원들을 대동하고 회담장에 나왔다. 한눈에 봐도 왕의 좌우는 모두 연개소문의 사람들이었다. 김춘추는 보장왕에게 백제와의 전쟁에서 자식을 잃은 아비로서 솔직하게 말했다.

"지금 백제는 긴 뱀과 큰 돼지가 돼 우리 강토를 침범하므로 저희 나라 임금이 대국(고구려)의 군사를 얻어 그 치욕을 씻고자 합니다. 그래서 신하인 저로 하여금 대왕께 명을 전하도록 했습니다."(『삼국사기』「신라본기」)

보장왕이 대답했다. "죽령은 본시 우리(고구려) 땅이니 그대가 만약 죽령 서북의 땅을 돌려준다면 군사를 내보낼 수 있다." 왕은 김춘추가 도저히 들어줄 수 없는 조건을 제시했다. 신라를 도와줄 뜻이 전혀 없안악 3호분「정사도」.
오른쪽 신하는 가운데 있는 고구려 귀족에게
책목간冊木簡으로 된 보고서를 읽으면서 사안을 아뢰고 있다.
판단을 한 고구려 귀족이 명령을 내리고,
좌측에 있는 붓을 든 기록관記室이 그것을 목간에 받아 적고 있다.
대국 고구려를 통치한 연개소문의 모습이 연상된다.

다는 것이었다. 회담은 진행될 수 없었다. 김춘추는 사람들에 의해 별관으로 인도됐다. 연금된 그는 모처럼 깊은 생각을 할 수 있는 시간을 가졌다.

국제사회에서 순수한 '원조'는 존재하지 않는다. 김춘추는 자신의 고구려행이 감정에 치우친 헛된 짓이었는지 후회가 들었다. 하지만 배운 것이 없지는 않았다. 연개소문의 쿠데타 장소와 그 상흔을 목격했고, 정권을 한 손에 쥔 그가 어떻게 국정을 수행하는지 보았다. 연개소문의 의중은 모두 보장왕의 입을 통해서 나왔다.

김춘추는 독재자 연개소문을 보고 혁명을 꿈꾸게 됐다. 그는 이미 일사불란한 독재체제의 강력함을 뼈저리게 느낀 바 있었다. 그해(642) 대신과 왕족들을 추방하고 독재체제를 수립한 백제 의자왕이 신라를 급습해 신라 서부 지역 총사령부인 대야성이 함락됐고, 김춘추는 딸과 사위를 잃었다. 국가가 존망의 위기에 있는데도 신라는 다수의 귀족회의체 화백을 통해 만사를 처리하고 있었다. 분쟁의 소지가 많았고, 이해관계를 조정하느라 결정이 늦어졌다.

장기적으로 보았을 때, 만성적인 전쟁 속에서 화백이 지배하는 신라의 생존 확률은 거의 전무했다. 이로부터 5년 후인 647년 김유신의 군대를 동원한 쿠데타로 화백을 전복하고 정권을 장악한 김춘추는 결코 자신이 보위에 오르지 않았다. 진덕여왕을 앞세웠고, 귀족회의 의장에 원로 알천을 앉혔다. 김춘추는 이러한 권력 포장을 과연 누구에게 배웠을까? 김춘추의 고구려 방문과 연개소문과의 만남이 우리에게 말해주는 사실은 바로 이것이다.

좌초된
평양성 회담

김춘추가 연금된 후 회담은 결렬됐다. 결과적으로 보았을 때 신라의 병력 지원 요청에 대한 연개소문의 거절이 고구려를 망국의 벼랑으로 밀어 넣었다고도 할 수 있다. 나중에 신라 왕이 된 김춘추는 660년 나당 연합을 성립시켰고, 결국 고구려와 백제를 멸망시켰다. 모든 것이 결판난 현재의 입장에서 보면 그러하지만 당시에는 한 치 앞도 알 수 없었다. 고구려의 '죽령 서북 영토 반환' 요구는 김춘추의 입장에서 보면 말도 안 되는 것이었다. 그 땅은 현 수도권과 강원도 지역 전체에 해당된다. 하지만 고구려가 조건 없이 신라를 도와 백제를 약화시킨다고 한들 신라의 배신은 정해진 수순이라는 것이 연개소문의 판단이었다.

고구려가 보기에 신라는 국가 간의 신의칙을 상습적으로 지키지 않은 신용불량자였다. 551년 고구려가 내분에 휩싸이자 신라는 백제와 함께 북진했다. 신라는 강원도 지역을 점령했고, 백제는 475년에 상실했던 경기도 지역의 한강 유역을 수복했다.

553년 신라의 본색이 드러났다. 신라는 동맹국 백제가 탈환한 한강 하류 지역을 급습해 점령했다. 이듬해 백제의 분노에 찬 반격이 있었지

285

만 성왕이 전사하고 3만에 가까운 병력을 잃었다. 568년 내분을 청산한 고구려는 지금의 함경남도 원산까지 들어온 신라군을 강원도 고성까지 밀어냈고, 임진강을 건너 한강까지 몰아붙였다.

582년 중원에 변화가 있었다. 수나라의 주인 문제는 평화를 조건으로 돌궐에 해마다 바쳤던 엄청난 양의 비단을 끊었다. 비단을 페르시아와 동로마제국 등에 유통시켜 이익을 취했던 동돌궐과 서돌궐이 군대를 일으켰다.

동서돌궐의 칸이 이끄는 40만 유목기병과 북제의 잔당인 고보령의 말갈, 거란의 기병이 만리장성을 넘었다. 전황은 수에게 불리했다. 황태자 양용이 함양에 군대를 주둔시켜 대비할 정도로 위험했다. 582년 12월 난주가 함락돼 수나라의 수도권 지역까지 위협받았다.

상황이 반전됐다. 서돌궐의 중국 원정을 틈타 중앙아시아의 호탄, 이란의 사산조 페르시아, 남러시아의 에프탈 등이 그 본거지를 공격했다. 서돌궐의 달두 칸이 중국에서 철수했다. 동돌궐의 이슈바라始波羅 칸 역시 초원으로 귀환했다. 돌궐 북방에서 키르키스가, 만주 방면에서 고구려가 공격해왔기 때문이다. 『수서』에 고구려 평원왕이 말갈 기병을 동원해 동돌궐 이계찰移稽察의 군대를 격파한 기록이 보인다. 돌궐에게 잠식당한 거란과 말갈에 대한 고구려의 영향력을 회복하기 위해서였다.

불리한 상황에 놓인 돌궐의 본거지인 초원에 자연재해까지 겹쳤다. 가뭄은 기근을 가져왔고, 이는 곧 내분으로 이어졌다. 585년 문제는 돌궐 칸들의 내분에 개입했다. 이로써 초원에 대한 수나라의 우위가 확보됐다.

고구려 평원왕은 돌궐의 약화가 수의 중국 통일로 이어진다는 것을 인지했다. 돌궐과 왜국에 대한 고구려의 국제정치가 본격적으로 가동됐다. 587~588년 고구려의 사신이 왜국에 갔고 왜국의 사신 아베阿倍 등이 고구려에 왔다. 고구려는 전부터 신라와 사이가 좋지 않은 왜에게 규슈에 군대를 집중시킬 것을 요청했다.

당시 수는 이제 막 중국 통일을 눈앞에 두고 있었다. 남조 진陳은 약체였다. 호수는 약 50만, 인구 200만 명에 불과했다. 화북에 강력한 통일 정권이 나타나면 강남의 할거 정권은 언제까지나 독립을 보전하기 어려운 형세였다. 수나라의 욱일승천을 본 진나라의 황제 진숙보陳叔寶(재위 582~589)는 모든 것을 포기하고 도락에 열중했다.

587~588년 고구려에 왔던 왜국 사신이 귀국했을 즈음 진은 멸망했다. 수가 중국을 통일한 직후인 591년부터 595년까지 4년 동안 왜국은 규슈에 병력 2만을 집중시켰다. "2만여 군사를 이끌고 쓰쿠시에 머물게 했다."(『일본서기』)

위기를 느낀 신라 진평왕은 수도의 요새화 작업에 들어갔다. 591년 남산신성을 축성하고, 593년 명활성과 서형산성을 쌓았다. 엄청난 인력 동원이었다. 둘레가 3000보에 달하는 남산신성과 명활성 축성에는 각각 1만2000명, 2000보에 달하는 서형산성 수축에는 약 1만 명 미만이 동원된 것으로 단순 추정된다.

신라의 주력군도 동남해안에 집중 배치돼 왜군의 상륙에 대비했다. 왜국에 의해 신라의 병력이 남쪽에 묶이자 고구려군이 남하했다. 그 선봉은 온달 장군이었다.

"계립현과 죽령 이서의 땅을 되찾지 않으면 돌아오지 않겠다. 나아가 신라 군사들과 을아단성乙阿旦城(일명 온달산성) 아래서 싸우다가 화살에 맞아 죽겠다."(『삼국사기』)

고구려 군대가 단양까지 깊숙이 들이와 진투가 벌어졌다. 온달의 출정 시기는 왜가 규슈에 병력을 집중시킨 591년 11월 직후의 일로 보인다. 온달은 철원과 춘천을 함락시키고 원주 부근의 영서 지역까지 점령해 그곳을 진진기지로 삼아 을아단현乙阿旦縣(단양 영춘면)의 을아단성을 공격한 듯하다. 철원-춘천-홍천-원주-제천-단양으로 이어지는 현재 중

온달이 전사했다는 전설이 전해지는
단양 온달산성의 모습이다.
『삼국사기』「온달전」을 보면
시신을 넣은 관이 땅에서 떨어지지 않자
평강공주가 관을 어루만지면서 이렇게
말했다고 한다.
"죽고 사는 것이 이미 결정됐으니, 아아
돌아갑시다!"

앙고속도로와 일치하는 경로다. 신라가 왜의 견제로 강원 영서 지역에 병력을 집중할 수 없었던 상황을 여실히 보여주고 있다.

남쪽에서 신라의 역량을 소진시킨 고구려는 598년에 말갈 기병 1만을 동원해 수나라의 요서 지역을 초토화시켰다. 이전부터 수나라가 말갈과 거란 여러 부족의 이탈을 부추겼기 때문이다. 말갈과 거란은 고구려의 주요 기병 자원이었다.

그해 수나라가 고구려를 침공해왔다.

"원(영양왕)이 말갈의 무리 1만여 명을 이끌고 요서를 침입했다. (…) 고조(수 양제)가 이 소식을 듣고 크게 노해 한왕 경諒을 원수元帥로 삼고 수군과 육군을 총동원해 고구려를 치게 했다. (…) 이때 군량 수송이 중단돼 먹을 것이 떨어지고 또 군사가 임유관을 나와서는 전염병을 얻어 기세를 떨치지 못했다."(『수서』)

수나라의 군대가 기세를 떨치지 못한 것은 군량 수송 차질과 전염병 때문만이 아니었다. 그때 동서돌궐이 수의 북방 영역을 침공했다. 고구려 침공에 나섰던 한왕 양과 고경 등 수나라 장군들은 요동에서 군대를 이끌고 다시 초원으로 향해야 했다. 수나라 장군 두언이 돌궐의 남하를 막는 북방 최전선 삭주의 총관으로, 양소楊素는 영주(링우) 행군 총관으로 임명됐다. 서돌궐 달두 칸과 동돌궐 도람 칸의 침공을 막기 위해서였다.

598년부터 615년까지 고구려는 수나라와의 전쟁으로 요동 전선에 군대를 집중시킬 수밖에 없었다. 신라가 이 틈을 타고 북진해 와 온달 장군에게 잃었던 땅을 되찾기 시작했다. 고구려에게 신라는 등만 돌리면 구멍에서 나오는 '생쥐'로 보였을 것이다. 고구려는 "신라와는 늘 서로 침공하고 약탈해 전쟁이 끊이지 않았다."(『수서』 「고려전」)

629년에도 돌궐은 내분에 휩싸였고, 수가 망하고 당나라가 패권을 잡았다. 그러자 신라는 다시 고구려의 영토를 잠식하기 시작했다. 김춘추의 아버지 김용춘이 이끄는 신라의 군대가 현 포천에 있었던 것으로 보이는 고구려 낭비성을 함락시켰다. 이후 신라는 현 춘천 지역까지 점령한 듯하다.

637년 신라는 춘천에 우수정牛首停 사단을 배치했다. 김춘추가 평양에 오기 5년 전의 일이었다. 연개소문은 극히 현실지향적인 신라를 믿을 수 없었다. 더구나 김춘추는 세계제국 당과의 전쟁을 앞둔 고구려의 어려운 상황을 알고 평양에 온 것이 아니었던가.

김춘추가 돌아간 이듬해 연개소문은 신라를 공격했다. 직후에 연개소문을 만난 당의 사신 상리현장相里玄奬은 신라에 대한 공격 중지를 요구했다. 이에 대한 거절은 당과의 전쟁을 의미했다. 연개소문이 답변했다.

"옛날에 수가 쳐들어오자 신라가 이 틈을 타 우리 땅 500리를 침략했는데, 침략했던 땅을 스스로 되돌려 주지 않으니 전쟁을 중지할 수 없을 것이오."(『자치통감』)

연개소문이 당의 요구를 거절한 것과 신라에 영토 반환을 요구한 것은 그가 강경파였기 때문이 아니라 고구려의 미래를 위한 지극히 현실적인 판단에서 이뤄진 결정이었다. 육식동물 같은 당 제국은 고구려가 요구를 들어주어도 고구려를 침공할 것이고, 신라는 그 틈에 고구려를 공격할 것이기 때문이다.

왜국이 백제에서 고구려로 돌아선 까닭은?

587~588년 왜국의 고구려 사신파견 사실은 『일본서기』가 아니라 그 후대에 찬술된 『속일본기』에 보인다. "壬子, 從伍位下狛朝臣秋麻呂言, 本姓是阿倍也, 但當石村池邊宮御宇聖朝, 秋麻呂二世祖比等古臣使高麗國, 因即號狛, 實非眞姓, 請復本姓, 許之."(『속일본기』 권5, 화동和銅 4년(711) 12

711년 12월이었다. 박조신추마려狛朝臣秋麻呂가 천황에게 자신의 본성
本姓을 찾기를 청원했다. 본래 성은 아베인데 석촌지변궁用明天皇(587~588)
대에 그의 고조할아버지인 비등고신比等古臣이 고구려에 사신으로 간 까
닭에 '박狛'이라고 했다는 것이다. 이리狛는 고구려의 속칭이다. 이 이야
기는 『일본서기』에서 587~588년을 전후한 시기에 고구려와 왜의 교류
기록이 누락되었을 가능성을 보여주고 있다. 그는 허락을 받아 '아배추
마려阿倍秋麻呂'로 이름을 바꿀 수 있었다.

이 시기 왜가 고구려에 사신을 파견한 것은 왜 내부의 정치적 변화
와 무관하지 않다. 587년 7월 불교를 받아들이자고 주장한 소가노 우
마코蘇阿馬子宿禰(소아마자숙네)가 불교 수용 반대파인 모노노베 모리야物部守
屋大連(물부수옥대련)를 죽이고 정권을 잡았다.(『일본서기』권21, 요메이 천황 2년
(587) 7월) 불교 수용파의 득세는 왜의 외교정책에 영향을 주지 않을 수
없었다.

불교를 적극 수용하겠다는 기치 아래 배불파인 물부씨를 타도하고
집권한 소아씨는 외국으로부터 다양한 불교 문물을 가져와야 했다. 소
아대신(소가노 우마코)이 집권한 이후 고구려와 왜의 외교관계는 급물살
을 탄 것으로 보인다.

소아대신이 백제 일변도의 왜국의 외교관계를 다각화하려 했던 것
은 고구려가 백제와는 또 다른 거대한 선진문물의 창구로 여겨졌기 때
문이다. 왜 사신의 고구려 방문 시기는 왜국에 정변이 있었던 587년 7
월 직후일 가능성이 높다.

소가노 우마코는 571년 비다쓰敏達 천황 대부터 외교를 전담하고 있
었다. 그해 왜국에 온 고구려 사절에 대한 조치와 고구려 국왕의 국서
처리 문제를 소가노 우마코가 담당했다. 그 소아씨가 관할하는 외교를
실무적으로 챙기는 것이 아배씨였다.

아배씨는 휘하에 신라와 가야 외교를 전담하는 한반도계 길사吉士씨를 거느리고 있었다. 아배씨는 백제계, 가야계, 신라계 등 한반도에서 건너온 이들로 구성된 외교 전담 집단을 조직하여 운영했다. 587~588년 아배비등고신이 고구려 조정에 나타난 것은 자연스러운 일이었다.

백제가
신라의 40개 성을
점령하다

의자왕의
친위 쿠데타

642년 정월 29일 나라奈良 시대 왜국의 궁정. 백제에 사신으로 갔던 다아즈미노 히라부阿曇連比羅夫가 급히 도착했다. 백제 사신과 함께 규슈 쓰쿠시에 도착했지만 그들을 뒤로하고 역마驛馬를 갈아타가면서 600킬로미터를 달려왔다. 백제 쪽 상황이 뭔가 긴박하게 돌아가고 있음이 분명했다. 그의 첫 말을 이러했다. "백제에서 대란이 일어나고 있습니다."(『일본서기』)

3일 후인 2월 2일 백제 사신이 왜국에 들어왔다. 왜국 조정은 히라부를 통해 백제에서 일어난 일을 이미 알고 있었다. 하지만 확인이 필요했는지 백제 사신이 머물고 있는 객사에 사람을 보내 사정을 물었다. 백제 사절단장이 짧게 말했다.

"우리 백제 국왕(의자왕)이 저에게 말했습니다. '새상塞上은 항상 나쁜 일만 한다. 귀국하는 (백제 사신의) 종자에게 딸려 보내 달라 청해도 왜 조정은 이를 허락하지 마시오.'"

새상은 백제 의자왕의 동생이었다. 의자왕이 그의 귀국을 거부한다는 메시지였다. 백제의 사절단장은 자신의 보신 때문에 더 이상 말하지 않고 입을 닫았다. 그러자 왜인들은 단장의 종자들에게 다가갔다. 그들이 입을 열었다.

"우리 백제 국왕의 어머니가 죽었습니다. 교기翹岐를 비롯해 왕의 혈족 네 명과 내신좌평 기미岐味 등 귀족 40여 명을 섬으로 추방했습니다."(『일본서기』)

사극 드라마 「계백」(2011)에서 교기는 의자왕의 이복동생으로 나온다. 하지만 그는 왕 동생의 아들이므로, 왕의 조카가 확실하다.

백제 왕의 숙청은 깜짝 놀랄 만한 사건이었다. 그의 효성과 우애는 삼국에 정평이 나 있을 정도였다. 이제 그것이 왕 자신을 지키기 위한 방책이었음이 드러났다. 그는 아버지 무왕의 그늘에서 형제들에게 시달리며 인고의 세월을 보내다가, 왕위에 오른 직후 모친이 사망하자 일을 저질렀다. 사람이 변한 것이 아니라 자기를 회복한 것이었다.

내신좌평을 비롯한 40여 명의 귀족도 숙청됐다. 무왕 치세 42년간 백제 조정의 중심에 있었던 것으로 여겨지는 그들의 재산은 몰수됐을 것이다. 20여 년 전인 624년 백제는 지리산을 돌파해 남강 유역의 적지 않은 땅을 차지했었고, 그 가운데 상당 부분이 그들에게 사여됐었으리라.

반면 왕은 백성들에게 희망을 보여줬다. 그는 전국에 있는 주와 군을 직접 방문했다. 가는 곳마다 사형에 해당하는 죄를 범하지 않은 자는 모두 풀어주게 했다. 구속됐던 부모 자식들을 다시 만난 백성들은 왕의 은총을 피부로 느낄 수 있었다.

"(642년) 2월에 왕은 주州와 군郡을 순행하면서 (백성들을) 위무하고 죄수를 살펴서 사형할 죄 이외에는 모두 용서해줬다."(『삼국사기』 「백제본기」)

고대 사회에서 백성의 상당수는 귀족들에게 빚을 지고 있었고, 그것을 갚지 못해 노비로 전락하거나 굶주림으로 인한 절도죄로 검거된 사람들이 많았다. 대사면은 새 국왕의 존재를 백성들에게 각인시켰다.

하지만 사면은 그들을 전쟁에 동원하기 위한 장치였다. 왕경으로 돌아온 의자왕은 행정력을 가동했다. 지방의 각 행정단위에 명령을 내려 사람들을 징발하고 군수물자를 수취했으며, 자신은 홍수興首와 윤충允忠 등의 유능한 장군들과 머리를 맞대고 전쟁 기획에 들어갔던 것으로 보인다.

목표는 신라의 서부 지역 총사령부인 대야성이었다. 낙동강 지류인 황강 유역의 그 요새를 차지하기 위해 인력과 물자를 어떻게 적재적소에 배치하고 공급할 것인지 참모들 간에 토론이 있었다.

대야성은 홀로 있는 것이 아니었다. 그것을 중심으로 40여 개 성들이 바둑알처럼 촘촘히 집을 짓고 있었다. 대야성을 함락시키기 위해서는 그 주변의 보호막을 파괴해야 했다. 점령해야 할 성들의 우선순위와 그 와중에 공격부대를 배후에서 방어하는 계획 등이 수립됐다.

남원에 집중된 병력과 물자가 지리산을 넘어 남강 유역으로 이동을 마친 후 왕과 장군들이 왕경인 부여에서 출발해 부여의 남쪽 관문인 익산을 경유했다. 의자왕과 그의 부하들은 익산에 찬란히 솟은 미륵사 9층탑을 보았다.

아버지 무왕이 건립할 당시, 이는 중국을 제외하고 최초의 9층탑이었다. 동아시아 주변 국가에게는 문화적 충격이었다. 탑은 백제의 화려한 재기를 눈으로 확인시켜주기 위한 선전물이었다. 미륵사는 2004년 북제의 업鄴 지역 남성南城 폐사지가 발견되기 전까지 동아시아 역사상 최대의 사역寺域을 자랑했던 사찰이다.

향내가 진동하고 낭랑한 염불 소리가 흘러나오는 가운데 의자왕이 미륵사의 부처 앞에서 무언가를 염원했고, 승려들이 최대의 고객이자 주인이기도 한 그에게 어떠한 기대감을 불어넣었는지는 기록이 없어 알 수 없다. 확실한 것은 즉위 직후에 치른 전쟁의 패배는 왕에게 치명적이라는 점이다.

익산에서 전주와 남원을 거쳐 지리산을 넘어선 의자왕은 함양에 지휘소를 마련했던 것으로 추측된다. 합천의 대야성으로 향하는 길은 여기서 두 갈래로 갈라진다. 함양에서 거창을 거쳐 합천으로 가는 코스는 험했고, 산청으로 가서 의령을 통해 합천으로 가는 코스는 상대적으로 완만했다. 평탄한 길을 선택하는 것이 좋지만 그리 간단한 문제는 아니었다. 최소한 거창 지역에 있는 신라의 성들을 점령하지 않고서는 함양 자체가 위협을 받았다. 함양 안의면에서 거창 마리면을 거쳐 거창읍으로 들어가는 건계정 협곡의 북쪽 사면 정상에 거열산성居列山城이 위치해 있었다. 백제군이 황강을 따라 합천 대야성으로 가기 위해서는 이곳을 통과하지 않을 수 없었다. 치열한 전투가 벌어졌던 것으로 추정된다. 마리면 소재지에서 위천渭川을 건너 명승리에서 거창으로 진입하는 터널이 있다. 그 왼쪽에 거열산성으로 올라가는 가장 완만한 사면이 있는데, 여기서 싸움이 시작됐을 가능성이 있다.

험한 산악지대에서의 전투는 부대가 정연한 대열을 이뤄 싸우는 것과는 거리가 멀었다. 30~50명의 병사가 무리를 이뤄 산림이 우거진 골짜기 구석구석에서 싸웠다. 시야가 좋지 않아 활은 위력을 발휘하지도 못했고, 긴 창도 용이한 무기가 되지 못했다. 단창과 곤봉을 이용한 패싸움이 주를 이뤘던 것으로 생각된다.

충분한 물자와 병력이 충원된 백제군은 준비된 군대였다. 이미 18년간 남강 유역에 주둔해왔던지라 현지 사정에도 밝았다. 반면 방어하는 신라군은 40개의 요새에 병력이 분산돼 있었다. 백제군의 집중 공격으로 성은 함락됐고, 규모가 상당한 거창 분지가 백제군의 수중에 들어갔다.

이후에도 전투는 거창과 산청 지역에서 합천으로 향하는 좁은 길목을 따라 위치한 40개의 산성에서 차례로 벌어졌던 것으로 보인다. 공격하는 백제군은 골짜기의 요충지에서 길목을 지키는 요새 하나하나에 전력을 집중시켜 각개격파했던 것으로 보인다. 비장한 각오를 다진 새

백제와 신라의 격전지였던
거창 거열산성의 과거(왼쪽)와 현재(오른쪽) 모습.
ⓒ거창군청

국왕이 몸을 사리지 않고 전선에 나와 관전하는 경우도 있어 사기가 높았다.

신라 측 지휘관이자 사단 사령부가 위치한 대야성의 성주였던 품석品釋은 진골 귀족 가운데서도 유력한 가문 출신이었다. 선덕여왕의 5촌 조카이자 그 여동생의 아들인 김춘추의 딸과 결혼했으며, 장인의 연줄로 대야주 사단장까지 진급했다.

그러나 그는 부하들에 대한 책임감도 없고 일신의 보신만 생각하는 어린애였다. 백성과 부하들을 자기의 소유물인 양 여겼고, 경험을 통해 전술을 체득한 유능한 부하들의 작전 판단을 묵살했다. 부하들에게 "누구를 위한 전쟁인가" 되묻게 하는 무능한 지휘관의 전형이었다.

재앙을 뻔히 알고도 당하는 부하들의 마음은 어떠했을까. "패전은 이미 정해졌고, 얼마나 많은 병사가 여기서 죽어날 것인가." 사료는 전투의 결과만을 전하고 있다.

"(642년) 가을 7월, (의자)왕이 직접 군사를 거느리고 신라를 침공하여 미후獼猴 등 40여 개 성을 함락시켰다."(『삼국사기』)

다음은 대야성이었다. 무능한 지휘관 한 명이 입히는 손실은 적군 수만의 전력과 맞먹는 위력이 있다. 지위가 높을수록 그것은 배가된다.

무능한 대야성주 품석

642년 가을 8월 백제군이 점령한 거창 분지의 들판에 곡식이 익어가고 있었다. 대야성 주변 40여 개 성을 함락시킨 백제 의자왕은 전선을 뒤로 하고 지리산을 넘었다. 대규모 숙청이 있은 직후라 왕경을 오래 비울 수 없었다.

운봉에서 남원과 전주를 거쳐 익산을 지나가는 길에 미륵사에 들러 부처에게 감사의 예불을 올렸다는 기록은 물론 없다. 하지만 즉위 후에 치른 첫 전투를 성공적으로 완수하고 개선함으로써 숙청의 상처도 어느 정도 봉합되었을 것이다. 이제 대야성만 함락시키면 봉합 부위는 완치되고 그 후유증도 영원히 사라질 것이었다.

주로 고지에 위치한 신라의 요새들을 수십 개 이상 함락시킨 백제 병사들은 지쳤다. 상당한 병력 보충과 교체가 있었던 것으로 여겨진다. 대야성을 함락시키기 위해 후발 병력들이 가을걷이를 하고 있는 거창 분지로 집결했다.

덕유산이 위치한 거창군 북상면北上面에서 발원한 황강은 굽이쳐 흘러 건계정建溪亭 계곡을 넘어 거창 분지의 넓은 들판을 지나 다시 험준한

301

함벽루와 매봉산. 매봉산에 대야성이 있었다.

산으로 들어간다. 합천군 부근에서 계곡은 깊고 넓어지다가 현 합천댐의 둑 지점에서 현격하게 좁아진다. 물길을 따라 더 낮은 곳으로 내려가면 합천읍이 나온다. 분지의 규모는 거창읍 분지의 4분의 1도 되지 않는다.

하지만 전략적 중요성은 비교할 수 없다. 합천읍에서 강을 따라 조금만 서쪽으로 가면 황강이 낙동강 본류와 합쳐진다. 강 건너에 창녕 들판이 펼쳐져 있다. 합천읍에 위치한 대야성을 함락시키면 창녕 들판은 백제군의 작전권 안에 들어오고 광대한 대구 분지도 위협할 수 있다. 창녕에서 현풍을 거쳐 대구까지 트여 있어 백제군을 막아낼 자연적 장애물은 없다. 대야성에 신라 서부 지역 총사령부가 있는 것도 그 때문이었다.

의자왕은 백제로 귀국하기 전에 장군 윤충에게 전선의 모든 권한을 위임했다. 윤충은 대야성과 그 주변 상황에 대해 모척_{毛尺}들을 통해 훤히 알고 있었다. '모척'은 한 개인의 이름이 아니다. 모피 동물 사냥꾼이나 모피가공 기술자, 혹은 모피를 유통하는 사람들을 범칭하는 단어로 여겨지며, 신라와 백제가 경계를 이뤘던 지리산·덕유산·가야산 부근의 사람들이었던 것 같다.

백제와 신라 국경에 걸쳐 펼쳐진 산악지대에 살았던 모척들 가운데 어느 유력한 사람이 대야성 함락에 결정적으로 연관됐고, 기록에 '모척'이란 이름으로 남은 듯하다. 양국의 상황을 잘 아는 국적이 불분명한 변경인이었던 것으로 생각된다.

그들은 백제와 신라가 서로 번갈아 뺏고 빼앗기는 곳에서 누가 그곳을 점령하든 생업을 꾸리며 살아가야 했다. 나면서부터 이중 스파이의 운명을 짊어진 그들은 살기 위해 두 나라 모두에 보험성 정보를 제공했다. 그래도 힘의 추가 무거워지는 쪽으로 정보가 쏠렸다.

18년 전 남강 유역에서 신라군이 썰물처럼 밀려나가고 백제군이 밀

1920년 당시 합천 모습.
중앙의 낮은 산이 대야성이 있던 곳이다.

신라 서부 지역 총사령부였던 대야성이 위치한 경남 합천읍의 전경(현재).
사진 중앙에 위치한 낮은 산이 대야성의 옛터다.
ⓒ 합천군청

물처럼 들어왔다. 그리고 이제 황강 유역에서 백제군을 막던 신라 최후의 제방이 무너지려 하고 있었다. 백제군이 노도와 같이 밀어닥쳐 신라군을 낙동강으로 밀어 넣을 것이 거의 확실해졌다.

"대야성은 합천 분지의 작은 벌판에 나지막한 두 개의 봉우리를 가진 산에 있습니다. 규모는 그리 크지 않지만 남서쪽 사면의 낮은 절벽 쪽에 강이 휘감고 있어 해자 역할을 하고 있습니다. 강은 대야성의 식수원이기도 합니다. 성문은 두 봉우리 사이의 북쪽 가장 낮은 부분에 있습니다. 성의 바깥 부분은 목책이고 내부의 봉우리 정상 부근에 내성이 있습니다. 그곳에 성주의 거처와 망루가 위치합니다. 강 건너 동쪽 맞은편에 대야성보다 높은 산이 있는데 거기에 갈마산성屬馬山城이 있습니다. 그곳에서 대야성이 보입니다."

모척이 제공한 정보 중에는 대야성주 품석의 비행에 대한 정보도 있었다. "품석이 막객幕客인 사지舍知 검일黔日의 처가 색色이 있어 이를 빼앗으니 검일이 한스럽게 여겼다."(『삼국사기』) 품석은 부하의 처를 빼앗는 수준 낮은 인물이었다. 그는 전방 사단의 최고 지휘관이라는 지위를 이용해 마음에 드는 여자를 마음대로 취하는 호색한이었다. 색이 있는 여자라면 처녀든 유부녀든 가리지 않았다.

『삼국사기』에서는 처를 빼앗긴 검일이라는 부하를 품석의 '막객'이라 하고 있다. 검일은 품석에게 개인적으로 고용된 현지인 참모였던 것으로 보인다. 품석이 검일을 대야주의 무관직에 임명한 것은 그의 능력보다 처 때문이었던 것 같다. 무관직 임명이나 진급을 미끼로 처를 요구했을 가능성도 있고, 검일을 전방에 보내놓고 강탈했을 수도 있다.

사료상 확인되는 품석의 부하는 서천西川, 죽죽竹竹, 용석龍石, 검일 4인이다. 검일 외에 3인은 상관인 품석을 어떻게 바라보았을까. "저자가 우리 상관인가?" 당시 전쟁에 승리한 장군이 점령지의 여자들을 취하거나 부하들에게 사여하는 것은 승자의 권리로 용인받았다. 하지만 부하의 처를 갈취하는 것은 문제가 있었다. 굳이 말로 표현하지 않았을지라도 부하들이 품석에 대한 의문을 갖게 되었던 것은 확실하다.

백제 장군 윤충에게 무엇보다 중요했던 정보는 신라 왕족의 피를 받은 자들이 대야성에 살고 있다는 사실이었다. 그는 신라 왕족의 '머리'에 관심이 매우 많았다. 김춘추의 딸 고타소랑古陀炤娘과 성주 품석 사이에는 자녀도 있었다.

당시로부터 약 100년 전 신라의 어느 말 키우는 노비 하나가 옥천의 관산성 전투에서 백제 성왕을 사로잡아 참수했다. 그는 성왕의 머리를 신라 진흥왕에게 바쳐 고간高干이란 벼슬을 얻었고, '도도'라는 이름을 역사에 영원히 남겼다.

성왕의 머리는 신라 왕경의 북청 계단 아래에 묻혔고, 신라의 관리들에게 일상적으로 짓밟혔다. 성왕의 아들 위덕왕은 설욕을 위해 두 차례에 걸쳐 신라를 공격했지만 역습을 받고 참패했다. 두 번째 전투에서는 젊은 자식들을 잃었다. 아버지와 아들을 신라와의 싸움에서 잃은 위덕왕의 상흔은 백제 왕들의 마음을 짓누르는 천 근 같은 멍에로 남았다.

신라 왕족의 머리를 '사냥'하여 개선하는 것이 백제 왕과 왕실 구성원들에게 중요한 가업이 되었다. 의자왕은 백제 왕실 구성원 모두가 모인 자리에서 그 신라 왕족의 '머리'를 머리 없이 묻힌 성왕의 무덤 앞에 놓고 술 한 잔을 올려야 했다. 그래야 혈육들을 추방한 그의 친위 쿠데타가 정당성을 확보할 수 있었다.

의자왕으로부터 특명을 받은 윤충은 마음속으로 맹세했다. 그것을 가능하게 하려면 대야성의 문을 열어야 했다. 윤충은 모척에게 아내를 잃고 괴로워하는 검일을 포섭하라는 밀명을 내렸다. 모척과 검일은 전부터 아는 사이였다. 둘은 어디에선가 접선을 했다. "아내를 빼앗긴 자네의 고통은 처절하지. 하지만 권력 편에 기댄 세상은 무상하지 않은가? 복수의 시간이 눈앞에 와 있다네."

모척은 화기火氣로 가득 찬 검일의 가슴에 기름을 부었다. 현실적으로 설득력도 있었다. 당장 백제군이 몰려올 것이 분명했다. 40개의 성이 모두 무너졌고, 대야성도 위험했다. 검일은 복수도 하고 살아남기 위해서라도 백제의 편에 붙어야 했다.

품석의 저속한 행동은 이미 대야주의 전체 지휘체계에 치명타를 날렸다. '령令'이 서지 않았다. 백제군은 어떻게 40개나 되는 대야성 주변의 성들을 단 1개월 만에 모두 함락시킬 수 있었단 말인가. 가장 큰 공을 세운 것은 의자왕도 그의 장군들도, 병사들도 아니었다. 무능한 데다 품성이 저열한 품석이 일등공신이었다.

전부터 행실이 좋지 않았던 대야성주 품석이었다. 품석의 비행에 대해 병사들은 '설마'라는 생각을 하지 않았다. "그러면 그렇지"라고 여겼다. 끝이 보이지 않는 만성적인 전쟁 상태에서 병사들은 목숨을 내놓아야 하는데, 왕경에서 온 진골 귀족 출신 성주 품석은 부하의 처를 강탈해 막사에서 품고 있었다. 대야성 병사들의 허탈감은 커져만 갔다. "우리가 누구를 위해 목숨을 바쳐야 하고, 무엇 때문에 지옥이 될 이곳에 있어야 하는가?"

신라의
대야성 함락

642년 8월 말 백제군 1만 명이 거창 분지를 출발했다. 그들이 떠난 넓은 들판에는 곡식이 남아 있지 않았다. 황강을 따라 합천 대야성으로 향해 가는 요소에 있는 산성들은 백제군이 상당수 점령한 상태였다. 합천군 지역에 들어온 백제 장군 윤충은 현 대병 부근에서 군대를 멈추고 재정비해야 했을 것이다.

그곳에서 대야성까지 물길을 따라 신라의 성들이 깔려 있었다. 대야성은 여러 자성子城과 교차 방어망을 구축하고 있었다. 대병 합천댐 둑 앞에 금성산성金城山城과 악견산성嶽堅山城이 있었고, 그곳에서 합천 분지로 내려가면 황강을 사이에 두고 대야성과 갈마산성, 고소산성姑蘇山城이 있었다.

장군 윤충은 먼저 눈앞에 위치한 금성산성과 악견산성을 한꺼번에 공격해야 했다. 금성산 정상부 아래 동북쪽 능선을 보면 석축이 돌아가고 있는 것이 확인된다. 악견산에는 1.8킬로미터의 석축이 남아 있고, 이중 성벽의 흔적이 보인다. 두 성은 나란히 놓여 있었다. 해발 592미터인 금성산에서 악견산은 바로 눈앞이다.

성에서 농성전을 펼치는 것은 최후의 방법이었다. 포위되어 성이 외부로부터 고립되면 버티기는 어렵고, 함락은 쉬웠다. 성은 오히려 성문을 열고 나가 싸움을 벌일 때 유용한 장치였다. 비축된 식량과 예비 병력이 대기하고 있는 성을 배후에 두고 싸움을 하는 측과 그렇지 않은 측의 차이는 크다.

그렇기 때문에 공격하는 측도 가까운 성에 인적·물적 자원을 비축해 놓고 적의 성을 공격했다. 거창 분지에 집결시킨 것으로 추측되는 보충 병력과 그곳에서 수확한 곡물은 대야성을 공격하는 백제군에게 필수적이었을 것이다.

윤충은 수적인 우위를 무기로 금성산성과 악견산성을 한꺼번에 포위했고, 신라군은 성 안에서 농성했을 가능성이 높다. 대야성주 품석에게 전술적인 판단력이 있었다면 대야성과 그 외의 자성에서 병력을 이끌고 나와 대병계곡으로 집중시켜 백제군과 한판 승부를 벌였을 것이고, 전쟁의 양상이 달라졌을 수도 있다.

하지만 품석은 부하들 앞에서는 목에 힘을 주고 폼을 잡는 사람이었지만 강적인 백제군 앞에서는 겁부터 냈고, 똑똑한 부하들의 전술적 판단을 듣지 않았으며, 자신이 최고 지휘관이라고 거듭 들먹일 뿐이었다.

품석은 그저 성에 틀어박혀 부하들을 휘어잡는 데 집착했던 것 같다. 그는 왕실과 혼인을 할 수 있을 정도로 유력한 진골 가문 출신이었다. 평생 떠받들어졌고, 전쟁이 뭔지도 몰랐던 애송이였으며, 부하들을 그저 집안에서 부리던 '종놈' 정도로 여겼다. 삼국통일의 초석을 놓은 김춘추가 어떻게 품석에게 자신의 딸을 시집보냈는지 알 수가 없다.

백제군의 공격이 본격화되고, 전쟁의 함성이 대병계곡에 울려 퍼지면서 하나둘씩 죽어나가는 병사들의 비명, 두 성이 함락되던 순간에 하늘에 거대한 연기가 피어오르고 죽음의 냄새를 맡은 까마귀 떼가 몰려오는 장면에 대한 기록은 없다. 다만 그 직후에 백제군이 합천 분지로 몰려갔고, 대야성 최후의 보호막인 갈마산성과 고소산성이 공격을 받았다는 것은 짐작할 수 있다.

두 성 가운데 현 합천군 대양면 정양리 대야산 22-1번지 일대에 위치한 고소산성은 황강 건너 대야성 내부의 모든 움직임을 훤히 볼 수 있는 곳이다. 현재 성곽은 대부분 허물어진 상태이나 둘레 1킬로미터 높이 1미터의 석축이 남아 있다. 동쪽 성문으로 추정되는 곳에서 백제식 삼족토기가 출토되었다. 윤충과 그의 군대가 이곳에 성을 쌓아 대야성 공격의 거점으로 삼았다는 이야기가 전해진다. 산 정상부에는 건물지로 추정되는 평지가 있고, 조망권이 탁월하다. 황강 너머 분지가 한눈에 들어오고 서남쪽으로 갈마산성이 보인다.

대야성을 공격하는 백제군의 입장에서 고소산성의 점령은 필수적이었다. 그것을 위해 백제군은 갈마산성을 공격했고, 그 다음 고소산성을 공격한 것으로 보인다. 갈수기인 가을, 얕은 강을 사이에 두고 있는 대야성과 갈마산성, 고소산성이 서로 교차 지원을 해야 백제군의 전력을 분산시킬 수 있었다. 하나의 성이 포위된다고 해도 다른 성에서 신라군이 문을 열고 나온다면 백제군은 병력을 따로 떼어 여기에 대비해야 한다.

하지만 품석은 자신이 있는 대야성의 병력이 소모될까봐 그렇게 하지 않았던 것 같다. 위기의 순간에 어린아이의 이기심 같은 것이 그의 머리를 지배했고, 다른 성은 다 무너져도 창고에 식량이 가득한 대야성은 버틸 수 있다고 여겼을 것이다. 단단히 문만 걸어 잠그면 되는 왕경의 집처럼 말이다. 신라 왕경에 파발을 띄워 원군을 요청했으니 그때까지만 기다릴 심산이었는지도 모른다.

언제나 그렇지는 않지만 사람은 절망적인 순간에 낙관적인 생각을 하는 경향이 있다. 희망을 머릿속에서 스스로 만들어 절망의 통증을 마비시키는 것이다. 자신이 유리한 대로 생각하지 않는 현실적인 사람은

311

사태를 그렇게 만들지도 않고 불가항력적으로 그렇게 되었다면 대개 깨끗하게 자살을 택한다.

갈마산성이 함락되었다. 이어 백제군의 일부 병력이 대야성이 바라보이는 강가 부근에 진을 쳤다. 고소산성을 공격하는데 혹시 신라군이 성문을 열고 지원하지 않을까 하는 생각에서였다. 대부분의 병력은 대야성에서 빤히 보이는 고소산성의 가장 낮은 곳으로 몰려갔다. 신라군은 유능한 지휘관 윤충이 지휘하는 백제군의 기세에 처음부터 눌려 있었다.

강 건너 고소산성에서 싸움이 시작되자 품석은 그 성이 오래 버텨

주기를 바랐다. 하지만 얼마 가지 못했고, 고소산성의 정상에서 연기가 피어오르는 것을 바라봐야 했다. 백제군이 몰려가 아군들을 죽이고 고지의 성을 점령하는 과정을 눈앞에서 바라본 대야성 성민들의 심정은 말이 아니었으리라. 피비린내가 진동하는 가운데 절망의 그림자가 엄습했다.

고소산성을 점령한 윤충은 신라 병사들의 시신이 널브러져 있는 그곳에 대야성 함락을 위한 지휘본부를 차렸다. 그의 병사들은 백제의 깃발이 펄럭이는 그곳을 뒤로하고 황강으로 내려왔고, 아무런 저항도 받지 않고 강을 건너 대야성 북문이 바라다보이는 지점에 집결했던 것으로 보인다.

현재 대야성지는 합천읍 근린공원으로 변모해 있다. 해발 90미터 취적산 쌍봉이 있다. 그 정상에 서서 바라보면 동북쪽으로 고령·대구 방면, 서북쪽으로 대병·거창 방면, 남쪽으로 삼가·진주 방면으로 이어지는 도로와 동쪽으로 황강을 따라 초계 방면을 한눈에 조망할 수 있다.

성벽은 주로 5~6부 능선에 구축돼 있다. 전체 둘레는 약 2킬로미터였던 것으로 추정하고 있다. 성문은 북문지가 확인됐는데, 양쪽 봉우리가 연결되는 계곡부로서 성지 내부에서 가장 평탄하고 넓어 신라의 방어력이 집중되는 곳이었다. 평지와 같이 낮은 그곳은 백제군의 투석기와 충차衝車 공격에 노출돼 있었다. 대야성은 평지성에 가까웠다.

곧 화살이 하늘을 뒤덮고 투석기는 돌들을 쏟아부었다. 백제군이 사다리를 들고 몰려와 성벽에 포도송이처럼 매달렸으며, 충차가 성문을 부쉈다.

신라 병사들은 살아남기 위해 항전했다. 아직 희망이 있었다. 성에는 식량이 충분했고, 황강이 마르기 전에는 식수 걱정도 없었다. 그런데 어둠이 내리자 불길이 치솟았다. 화염은 사방의 창고와 집채를 집어삼켰다. 불길은 군량 창고 앞에서 짚단을 타고 한 차례 세찬 회오리를 일으켰고, 타닥타닥 불타는 곡식의 매캐한 연기와 불똥이 허공을 날았다. 방화범은 아내를 성주 품석에게 빼앗긴 검일이었다.

그날 밤 성벽을 지키던 검일이 소수의 백제 군사들을 끌어들였고, 그들과 함께 창고를 지키던 보초병들을 처리하고 불을 지른 것이었다. 『삼국사기』는 660년 사비에서 체포된 검일의 죄 하나를 이렇게 기록하고 있다. "네가 대야성에서 모척과 모의하여 백제 군사를 끌어들이고 창고를 불질러 없앴다."

백제 감옥에 간
고타소랑의 '머리'

아침에 해가 뜨자 불에 탄 건물들이 드러났다. 잿더미를 본 대야성 사람들은 할 말을 잃었다. 백제군과 싸워야 하는데 식량이 모두 재로 변했다. 황강의 물만 떠먹고 버틸 수는 없었다. 항전의 의지가 꺾였다. 백제군이 한 번 더 몰려오면 대야성은 무너질 것이다. 그 순간이 눈앞에 온 것을 직감한 사람들은 동요하기 시작했다.

대야성의 신라 지휘부에서는 항전과 강화를 놓고 말이 오고 갔다. 참모 죽죽은 항복을 결사반대했다. 하지만 목숨을 연장해보려던 성주 품석이 이번에도 딱 잘랐다. 그는 항복을 하고 목숨을 구하는 것이 순리라고 여겼다. 품석다운 생각이었다.

품석은 보좌관 아찬阿飡 서천을 보내 백제 장군 윤충에게 조건부 항복을 제의하게 했다. 서천은 대야성 북문의 성루에 올라가 백제 전령에게 항복 조건과 관련해 할 말이 있으니 윤충 장군을 불러 달라고 말했다.

고소산성에서 이를 바라보고 있던 윤충이 전갈을 받았다. 그는 부하들 일부를 대동하고 성을 내려와 황강을 건넜다. 그리고 대야성 북문

315

황강과 합천 읍내를 배경으로 한 대야성지의 모습.
왼쪽 낮은 산이 황강과 접한 곳에 연호사와 함벽루가 있다.
연호사는 643년, 대야성 싸움에서 숨진 김춘추의 딸 고타소랑과
장렬하게 전사한 장병 2000여 명의 정령을 위로하기 위해
와우 선사가 세운 사찰로 전해진다.
ⓒ 합천군청

으로 다가갔다. 서천이 화살의 사정거리 바깥에 말을 타고 서 있는 윤충에게 큰 소리로 말했다.

『삼국사기』는 서천과 윤충이 주고받은 말을 이렇게 전하고 있다. "만약 장군이 우리를 죽이지 않는다면 원컨대 성을 들어 항복하겠다." 윤충이 대답했다. "만약 그렇게 한다면 그대와 더불어 우호를 함께 하겠다. 그렇지 않을 경우 해를 두고 맹세하겠다!" 윤충의 목적은 품석과 고타소랑의 '머리'에 있었다. 그들이 항복해 스스로 성문을 열고 나온다니 거부할 이유가 없었다. 그는 군대를 대야성 앞에서 물렸다.

품석의 얼굴이 환해졌다. 그는 서천을 시켜 성문을 열라고 했다. 그러자 죽죽이 말렸다. 윤충은 성을 비우고 나가면 사람들이 신라로 돌아가는 것을 보장하겠다고 했지만 그것을 믿을 수 없었다. 죽죽은 윤충이 무엇을 원하는지 꿰뚫어 보고 있었다.

"백제는 자주 말을 번복하는 나라이니 믿을 수 없습니다. 그리고 윤충의 말이 달콤한 것은 반드시 우리를 유인하려는 것이니 적의 포로가 될 것입니다. 쥐처럼 엎드려 삶을 구하기보다는 차라리 호랑이처럼 싸우다가 죽는 것이 낫습니다."(『삼국사기』)

품석은 죽죽의 결사항전 제안을 일언지하에 거절했다. 대신 품석은 쥐처럼 꾀를 내 병사들을 먼저 내보내기로 했다. 백제군이 어떻게 나오는지 보고, 안전을 확인한 뒤 처자와 함께 나가겠다는 심산이었다. 품석은 부하들을 위험에 몰아넣는 것을 전혀 꺼리지 않았다. 그 자신의 일신을 위해서라면 누구를 희생시키더라도 상관없다는 것이었다.

성문이 열렸다. 기가 죽은 병사들이 품석의 명령에 떠밀려 밖으로 나갔다. 병사들은 흩어져 각자 갈 길을 갔다. 그런데 멀리서 백제군이 갑자기 나타나 그들을 사냥하기 시작했다. 무장해제한 병사들은 속수무책으로 죽어나갔다. 백제군은 대야성의 신라인들을 살려두지 않으려 했다. 백제군의 의도가 명백하게 드러나자 항복 협상을 주도하던 품석의 지휘권은 자연스럽게 사라졌다. 사람들은 더 이상 그를 따르지 않았다.

성문이 닫히고 죽죽이 대야성의 지휘권을 장악했다. 결사항전의 길만 남았다. 죽죽은 남은 병사들을 재조직하여 성의 요소마다 배치했고, 현장에서 직접 지휘했다. 당시의 형세로서는 대야성 사람들이 온전하지 못할 것이 확실했다. 하지만 이제 남은 문제는 어떻게 죽느냐는 것이었다. 군인답게 싸우다 죽느냐 아니면 적에게 포박되어 치욕 속에서 참수당하느냐의 문제였다.

백제군의 파상적인 공격 속에서 병사들의 힘이 소진되어갔다. 화살도 돌도 다 떨어졌고, 백제군이 어느 한 지점을 돌파했다. 적들이 쏟아져 들어오기 시작했다. 그 순간에 성주 품석은 처자를 데리고 지휘소에 올라가 숨어 있었다.

대야성 곳곳에서 난투극이 벌어졌다. 죽음의 냄새가 성 안에 가득했다. 밀려오는 백제군을 도저히 막을 수 없었던 군사들은 싸울 의지를 잃었고, 흩어지기 시작했다. 죽죽은 동료 용석과 함께 끝까지 싸우다 명예롭게 죽었다. 창검을 든 백제군은 계속 밀려왔다. 성 안에 있던 남녀 1000명 정도가 성의 구석에 몰려 백제군에게 포박당했다. 그 가운데에는 품석과 그의 처자도 있었다.

윤충은 사비성으로 파발을 띄워 의자왕에게 승전 소식을 알렸다. 서신에는 포로 처리 문제에 관한 내용도 들어 있었다. 윤충은 무엇보다 품석과 그 처자를 어떻게 할 것인지에 대한 명령을 내려주기를 정중히 요구했다. 상당한 재량권을 부여받기는 했지만 적장과 무열왕 여식의 목을 베는 중요한 사안이라 의자왕의 확인이 필요했다.

그동안에도 품석은 자신의 생존에 집착하면서 좋은 소식이 들려오길 기다렸다. 포로가 되어 백제에 끌려가면 목숨을 부지할 수 있을 것이고, 장인 김춘추가 어떻게 해서든지 빼내줄 것이다. 그는 비겁하고 처절하게 비굴한 인간이었다. 김부식이 『삼국사기』에 품석 아버지의 이름을 남기지 않았던 것은 어쩌면 그의 집안에 대한 배려였을 수도 있다.

사비에서 답신이 왔다. 포로가 된 자들을 줄줄이 묶어서 백제 본토로 데리고 오라는 명령이 떨어졌다. 단 대야성주와 신라 왕족의 피가 흐르는 자들은 '몸'은 거기에 두고 '머리'만 가져오라고 했다. 신라 왕족을 포로로 잡아 백제 백성들에게 보이게 되면 도의상 죽이기 힘들어진다. 김춘추의 딸 고타소랑에게는 어린 아이들까지 딸려 있지 않은가. 전투가 벌어져 피 냄새가 진동하고 있는 현장에서 처리해야 덜 잔인하게 여겨진다.

포박된 1000여 명의 백성들이 보는 앞에서 처형이 집행됐다. 품석은 그제야 깨달았다. 처음부터 백제가 노린 것은 자신과 가족의 머리였고, 죽음만이 자신을 구원하리라는 사실을. 그의 앞에 군량창고에 불을 지른 부하 검일이 서 있었다. 그는 방화 후 혼란을 틈타 백제 진영으로 도망쳤고, 백제군에게 대야성의 허점을 모두 알렸다. 대야성에 대한 최후 공격에도 앞장섰다.

검일은 만인 앞에서 품석에게 모욕을 주곤 자결을 강요했다. 무능한 상관의 비행과 분노한 부하의 배신이 가져온 비극의 한 장면이었다. 품석이 처와 자식을 먼저 죽이고 목을 찔러 자결했다. 머리는 몸에서 분리되어 소금에 절여졌다. 그리고 나무상자에 담겨 지리산을 넘어 사비성으로 배달되었다.

의자왕이 코끝을 쥐고 그것을 확인했는지, 또 성왕의 영전에 그것을 바쳤는지는 기록이 없어 알 수 없다. 적어도 왕은 영겁의 형벌을 내렸다. 사비 감옥의 바닥에 그것을 묻어 죄수들이 밟고 지나가게 한 것이다. 이로써 의자왕은 88년 전의 과거를 설욕했고, 이제 막 확립된 자신의 독재체제에 정당성을 부여했다. 백제의 왕실은 물론이고 귀족사회도 의자왕의 성취를 경이롭게 바라볼 뿐이었다.

"성주 품석이 처자와 함께 나와 항복하자 윤충은 모두 죽이고 그

319

머리를 베어 (백제) 왕도에 전달하고, 남녀 1000여 명을 사로잡아 나라 서쪽의 주현州縣에 나누어 살게 했다. 그리고 군사를 (대야성에) 남겨 두어 그 성을 지키게 했다. 왕은 윤충의 공로를 표창하여 말 20필과 곡식 1천 섬을 줬다."(『삼국사기』「백제본기」)

대야성 함락 소식이 신라 왕경에 전해지자 백성들은 망국이 눈앞에 다가온 것처럼 느꼈다. 모든 책임을 져야 하는 늙은 여왕은 완전히 무너진 모습을 보였고, 자식과 손자가 그렇게 되었다는 소식을 들은 김춘추는 바닥에 주저앉았다. 눈을 똑바로 떠 허공을 바라보았지만 아무것도 보이지 않았고 아무것도 느끼지 못했다. 생각하는 것만으로도 고통스러웠다. 그는 마치 허무와 몰락을 원하는 사람처럼 보였다.

김춘추는 죽어서도 안식을 찾지 못하고 감옥의 바닥에 갇힌 자식과 손자의 원혼을 생각하면서 괴로워했다. 이제 무엇부터 해야 할 것인가. 그러던 차에 고구려에서 연개소문이 유혈 쿠데타로 정권을 잡았다는 소식이 들려왔다.

대야성 전투의
파급효과

642년 8월 말 신라 왕경, 대야성에서 이미 죽은 줄로만 알았던 극소수의 패잔병들이 귀향했다. 대야성에 자식과 남편을 보낸 어머니와 아내들은 그 자리에 주저앉고 말았다. 산 자들의 증언은 죽은 자들이 어떻게 비참하게 쓰러져갔는지 말해줬다.

조정에서 어전회의가 열렸다. 백제가 낙동강 서쪽의 합천 지역은 물론이고 고령까지 점령한 상태였다. 백제가 낙동강을 건너 대구 분지로 들어올 수 있는 확실한 발판이 마련됐다. 왕경인 경주가 지척인 대구다. 탁 트인 그곳은 백제군을 막아낼 수 있는 자연 지형물이 없었다.

결과적으로 신라의 대백제 방어 거점은 대구 분지를 지나 경산까지 물려야 한다는 결론이 나왔다. 향후 경산에서 백제와 싸움이 벌어져 단 한 번이라도 패배한다면 신라는 멸망하게 될 것이다. 대책이 서지 않았다.

대야성 함락에 일말의 책임이 있던 김춘추가 고구려에 새롭게 등장한 독재자 연개소문을 만나 군사동맹을 이끌어내겠다고 했다. 아무런 대안이 없던 선덕여왕과 고위 귀족들은 막연한 희망을 갖고 여기에 동조했다.

영원히 돌아오지 못할 수도 있고, 목숨을 잃을 수도 있는 그곳에 가겠다는 김춘추를 보고 그들은 숙연해지기까지 했다. 신라 조정은 당장 이러한 위기를 해결할 수는 없더라도 뭔가 분위기 전환이 필요한 시점이었다. 신라의 근친왕족이 고구려의 서슬 퍼런 독재자를 찾아간다는 사실이 알려지자 많은 사람의 주목을 받았다.

이렇게 김춘추는 고구려에 갔다. 하지만 그는 기약한 60일이 지나도 돌아오지 않았다. 기다리던 여왕의 속은 바짝바짝 타들어갔고, 조정의 귀족 신료들 가운데 대야성 함락 책임을 놓고 김춘추를 비난했던 자들도 연민을 갖게 됐다.

하지만 대책도 없이 서로의 얼굴만 쳐다보는 형상이었다. 이때 김유신이 여왕에게 알현을 청했다. 어렵게 허락을 얻은 그가 왕궁의 대전으로 들어갔다. 여왕은 김유신을 알아봤다. 구면은 아니었지만 어떤 잊지 못할 사건을 통해 그 이름을 알고 있었다. 이야기는 『삼국유사』에 이렇게 전해지고 있다.

625년 선덕여왕이 아직 공주이던 시절의 일이다. 김춘추는 김유신과 친하게 지냈다. 유신의 집에 자주 놀러갔고, 그곳에서 유신의 누이를 보았다. 김춘추는 몸집이 장대하고 매력적인 외모의 소유자였다. 정력도 넘쳤다. 유신의 막내 여동생 문희는 그에게서 물씬 풍기는 남자의 향기를 느꼈다.

둘은 눈이 맞았고, 인적이 드문 곳에서 만나게 되었다. 얼마 후 문희의 뱃속에 왕가의 아이가 자리를 잡았다. 그러나 그것은 야합이었다. 왕실 조상신 앞에서 혼례를 올리기 전에 출산한다면 아이는 사생아가 된다.

어느 날 여왕은 왕경이 훤히 내려다보이는 남산에 올라갔다. 어떤 대갓집 마당에서 큰 연기 기둥이 피어오르고 있었다. 누군가 장작더미를 집채처럼 쌓아 놓고 불을 피우고 있었다. 여왕이 바라보고 무슨 연기냐고 물었다. 좌우의 사람들이 이르기를 "유신이 누이동생을 불태워 죽이는 것인가 봅니다"라고 했다. 여왕이 그 까닭을 물으니, 누이동생이 남편도 없이 임신하였기 때문이라고 했다.

여왕이 다시 되물었다. "누구의 소행이냐?" 이미 모든 사람의 눈이 여왕 옆에 있는 김춘추에게 쏠렸다. 그의 얼굴이 붉어졌다. 알아차린 여왕이 김춘추에게 "그것은 네가 한 짓이니 빨리 가서 구하도록 하라"고 말했다. 김춘추는 말을 달려 김유신의 집에 찾아가 여왕의 말을 전했고 곧 혼례를 올렸다. 김춘추와 김유신은 이렇게 처남과 매부 사이가 되었다.

여담이지만 자식의 생산으로 보자면 둘의 혼인은 왕가의 축복이었다. 근친혼에 눌려 생기를 잃은 신라 왕족의 번식력이 색다른 가야 왕실의 혈통을 만나자 폭발했다. 김춘추와 문희 사이에 법민(문무왕), 인문, 문왕文王, 노차, 인태, 지경, 개원 7명의 아들과 지소(김유신 후처) 등 2명의 딸이 태어났고, 그들과 그 후손들이 통일기 중대 신라의 최상층 지배세력이 되었다.

여왕과 김유신의 대면은 세월을 느끼게 했다. 여왕은 온갖 질병에 시달리는 늙고 허리 굽은 노파가 되어 있었다. 김유신도 48세로 당시 나이로는 노인이었다. 그는 장군이 되지 못하고 퇴역을 앞둔 한 이름 없는 영관급 장교 신세였다. 13년 전인 629년에 포천의 낭비성을 함락시키는 데 큰 공을 세웠지만 이후 공을 세울 기회가 주어지지 않았다. 김유신은 자신이 쓰이지 않을지도 모른다는 절망감에 천관녀라는 기생을 만나 술로 젊은 나날을 보냈다.

김유신이 여왕에게 말했다. "서는 춘추春公이 기한 내에 돌아오지 못하면 군대를 이끌고 고구려에 쳐들어가서라도 구해오겠다고 손가락을 깨물어 피로 맹세했습니다. 춘추공은 저의 약속에 큰 위안을 받고 고구선덕여왕이 묻혀 있는 낭산.
그 아래에 황룡사 터가 보인다.

려로 향했습니다. 약속대로 저는 군대를 이끌고 고구려로 가야 합니다."

김유신은 여왕의 허락을 받고 1만의 군대를 일으켰다. 신라의 여왕은 물론이고 고위 귀족들에서 백성에 이르기까지 모든 사람이 김유신을 주목했다. 그가 신라 사회에서 이렇게 많은 관심을 받은 적은 없었다. 김유신과 그의 병사들은 김춘추를 송환하지 않는 고구려 영토에 쳐들어가 단 한 명의 병사가 살아남을 때까지 싸우다 죽기로 한 결사대였다.

김유신이 군대를 이끌고 고구려와 국경이 접한 지금의 서울 북쪽 부근에 도착했다. 다시 돌아오지 못할 전투를 앞두고 그가 병사들에게 연설했다.

"내가 들으니 위태로움을 보고 목숨을 바치며, 어려움을 당해 자신을 잊는 것은 열사의 뜻이라 한다. 무릇 한 사람이 목숨을 바치면 백 사람을 당해내고, 백 사람이 목숨을 바치면 천 사람을 당해내며, 천 사람이 목숨을 바치면 만 사람을 당해낼 수 있으니 그러면 천하를 마음대로 주름잡을 수 있다. 지금 나라의 어진 재상宰相(김춘추)이 다른 나라에 억류되어 있는데 두렵다고 하여 어려움을 당해내지 않을 것인가?" 병사들이 대답했다. "비록 만 번 죽고 겨우 한 번 살 수 있는 곳에 가더라도 감히 장군의 명령을 따르지 않겠습니까?"(『삼국사기』「김유신전」)

김유신은 뛰어난 지휘관이기 이전에 타고난 선동가이기도 했다. 그는 병사들이 왜 싸워야 하는지 말해주고 그들이 치러야 할 싸움에 정당성을 부여했다. 그는 병사들을 신뢰했고, 병사들이 스스로 판단해서 목적을 이루게 하는 힘을 가지고 있었다.

김유신 군대는 사신을 억류해 국제 관례상 신의칙을 지키지 않는 고구려를 쑥대밭으로 만들고 모두 장렬하게 전사하겠다는 각오였다. 그 사실은 고구려의 첩자들에게도 알려졌고, 고구려 보장왕에게 보고됐다. 연개소문과 보장왕의 입장에서도 사신으로 온 사람을 억류하고 잡아둔다는 것은 심적으로 유쾌한 일이 아니었다. 아무리 만성적인 전쟁 상태라지만 명분 없는 전쟁을 하기가 꺼려졌다. 그들은 김춘추의 감금을 풀고, 후한 식사 대접을 곁들인 환송식을 마련한 뒤 신라로 돌려보냈다.

김춘추가 돌아오자 그를 구하기 위해 결전을 불사했던 김유신의 이름이 신라의 모든 사람에게 알려졌다. 여왕은 그를 불러 백제군 방어를 위한 신라의 총사령부인 경산 지역 사단장으로 임명했다. 신라가 위기에 처하자 모든 사람이 능력 있는 무장의 등용을 원했다. 가야의 '개뼈'라고 그를 무시해왔던 진골 귀족들도 아무런 말을 하지 못했다. 뼈가 진짜이든 가짜이든 백제군만 막으면 된다.

이후에 김유신은 4위 관등 소판으로 상장군에 영전하는 고속 출세를 한다. 김유신을 신라 군부의 핵심에 올려놓은 것은 여왕도, 김춘추도, 진골 귀족들도 아니었다. 대야성을 함락시켜 신라 왕족들의 머리를 사비성의 감옥 바닥에 묻은 의자왕이었다.

당나라 황실의
속사정

백제와 신라의 대야성 전투가 종료된 1년 후인 643년 연개소문에 의해 옹립된 고구려 보장왕은 당에 두 번에 걸쳐 사절단을 파견했다. 당 조정에서 고구려의 정변에 대해 어떤 반응을 보일지는 뻔했다. 사절단과 그 수행원들은 입단속을 명 받았으리라. 하지만 당에서 귀국한 그들이 보고한 것은 고구려 정변에 대한 당의 반응이 아니었다. "당 태종의 황태자가 반란을 획책하다가 적발되었습니다."

고구려 사절은 당에서 일어난 반란을 목격했다. 나라의 뿌리를 흔들 수도 있었던 대사건이었다. 황실 가족과 군부의 핵심 인사들이 줄줄이 연루돼 있었다. '정관의 치'라는 태평성대를 구가했던 태종도 자식들은 어떻게 할 수 없었다. 대부분 술과 놀이에 열중했고, 제대로 정신이 박힌 아들들은 권력 투쟁에 뛰어들거나 휘말렸다. 14명의 아들 가운데 12명이 비명에 횡사했다.

소식을 들은 연개소문은 만감이 교차했다. 자신이 영류왕과 대신들을 죽이고 집권한 직후에 당 황실에서 이러한 변고가 터질 줄은 몰랐다. 당나라 황태자가 그의 아비가 했던 것과 같은 쿠데타를 계획했다.

중국 시안의 성벽.
당나라 때 시안 일대에 수도인 장안이 있었다.

음모가 사전에 발각된 것은 태종이 또 다른 아들의 반란을 진압하는 과정에서였다.

643년 3월 태종의 5남 이우李祐가 반란을 일으켰다. 태자 이승건과 위왕魏王 이태는 황비인 장손씨의 소생이었지만 이우는 태종의 하녀 출신인 음비陰妃의 소생이었다. 황위 계승에서 멀리 떨어져 있던 왕자였다.

637년 그는 현재 산둥 성 지난濟南에 위치한 제주齊州도독부에 제왕濟王으로 부임했다. 이우의 최대 관심사는 자신의 직위와 이익을 지키는 것이었다. 그는 아버지의 장점은 전혀 물려받지 못했다. 『자치통감』은 그를 경박하고 참을성이 전혀 없는 조급한 성격의 인물로 평가하고 있다. 거만하고 비겁하고 난폭했으며, 개념이 없었다. 그는 매일 건달들과 어울려 놀았다. 이 사실을 안 태종은 직언을 잘하기로 알려진 권만기를 보내 그를 감시하게 했다.

자연스럽게 이우의 신하들은 건달 출신의 사신私臣과 아버지 태종이 파견한 국신國臣으로 나뉘게 되었다. 이우는 강호의 협객인 건달들과 사냥을 하고 술을 마시고, 전쟁놀이를 즐겼다. 그러자 꼬장꼬장한 권만기가 그들을 쫓아버렸다.

하지만 건달들과 노는 재미를 결코 포기할 수 없었던 이우는 그들과 만나는 것을 몰래 지속했다. 권만기는 모든 사실을 조목조목 정리해 서신으로 태종에게 보고했다. 사태를 시정하라는 명령을 하달받은 권만기는 이우가 성 밖에 나가는 것을 막았고, 사냥 놀이를 위해 키우던 매와 개를 다 방생했으며, 이우가 총애하던 건달 구군모와 양맹표가 접근하지 못하게 했다.

권만기는 자신의 사택에 돌이 날아들자 구군모와 양맹표를 잡아들이고 그 일당 수십 명을 탄핵한 후 모든 상황을 태종에게 보고했다. 황제가 파견한 사람이 제주로 내려와서 사건을 조사했다. 매우 많은 증거가 쏟아져 나왔다. 태종은 이우와 권만기를 장안으로 호출했다. 눈앞에서 대질 심문을 하겠다는 것이었다. 권만기가 먼저 장안으로 향했다.

이우의 분노가 폭발했다. 이대로 장안에 가면 모든 것을 잃고 갇혀 살아야 한다. 자신의 모든 것을 빼앗아 간 권만기를 살려둘 수 없었다. 그는 20명의 기병을 보내 장안으로 가고 있는 권만기를 추격하여 활로 쏘아 죽였고, 국신 위문진도 자기편으로 끌어들이려다 거절당하자 사람을 보내 때려죽였다. 될 대로 되라는 식이었다.

황제의 명을 수행하던 신하들을 죽였으니 그도 무사할 리가 없었다. 이왕 버린 몸, 그는 자기 마음대로 관리를 임용했고, 국가의 창고를 열어 마구 상을 내렸다. 백성들을 제주도독부의 성으로 몰아넣어 갑옷과 병기와 망루와 성을 수리하게 했다. 황제의 군대와 맞서 싸우겠다는 태세였다.

명백한 반란이었다. 태종의 최후 서신이 이우에게 전달됐다. "내가 항상 너에게 소인을 가까이하지 말라고 경계했는데, 바로 이렇게 되었을 뿐이다."(『자치통감』)

이우는 아랑곳하지 않았다. 그는 기병을 이끌고 말을 듣지 않는 관할 촌락들을 약탈했다. 제주 부근의 고촌高村을 약탈할 때 고군상이란 사람이 다가와 큰 소리로 꾸짖었다. "왕께서 어찌 성 안에 있는 사람 수백 명을 몰아 역란을 일으켜 황제이신 아버지를 범하고자 하십니까. 한 손으로 태산을 흔들 수 있다고 보십니까?" 이우는 그를 포로로 잡았다. 하지만 부끄러워서 죽일 수가 없었다.

제주도독부 관리들이 밤에 성벽의 줄을 타고 도망치기 시작했다. 가족들이 성 안에 볼모로 있는데도 말이다. 장안에서 온 관군이 들이닥치기 전에 그렇게 하지 않으면 역적으로 몰린다. 이세적이 이끄는 관군이 다가오고 있었고, 제주 주변의 다른 도독부 군대들도 출동 준비를 완료했다.

불안한 마음에 이우는 건달 연홍량 등 다섯 명을 불러 침실에서 같이 숙식을 했고, 다른 부하들을 시켜 성 내부의 병사들을 팀별로 조직하여 통솔하게 했다. 이우는 매일 밤 술판을 벌였다. 술이 들어가야 부푼 기분이 마음속에 자리를 잡고 상황이 낙관적으로 느껴졌다. 술자리는 언제나 익살스러운 불량배들이 주도했다. 이우는 여자를 옆에 끼고 연홍량 등에게 둘러싸여 세상이 전부 자기 것인 양 과장스럽게 행동했다.

웃고 떠들다가 곧 들이닥칠 관군에 대한 이야기가 나오면 분위기가 하강곡선을 그렸다. 그러자 연홍량이 말했다. 『자치통감』에 전하는 그들의 말은 한 편의 희극 대사 같다. "왕께서는 걱정하지 마십시오. 저 연홍량 등이 오른손에 '술잔'을 잡고, 왼손으로는 왕을 위하여 '칼'을 휘둘러 그들을 쓸어버리겠습니다." 이우를 지척에서 창으로 찔러 죽이려던 나석두라는 인물을 연홍량이 칼로 벤 일이 이미 있었다.

한바탕 폭소가 터졌고, 미친 듯이 웃는 순간 현실 인식은 마비되었다. 입이 벌어진 이우가 맞장구를 쳤다. "이렇게 술도 같이 먹어주고 날 위해 목숨을 바치겠다는 신하들이 있는데 내가 무엇을 걱정하겠는가!" 어쩌면 이우는 불량배들과 노는 그 재미를 포기할 수 없어 반란을 일으킨 것일지도 모른다.

아침에 깬 이우는 제주 휘하의 현縣들에 중앙군에 대항하자는 격문을 띄웠다. 어디에서도 대답이 없었다. 술을 같이 먹던 주변의 건달들을 제외하고 누구도 이우의 편을 들어주는 사람이 없었다. 오히려 이우의 반란을 진압하려는 움직임이 제주도독부 내부에서 일어났다.

이우의 부하 가운데 두행민杜行敏이라는 자가 있었다. 그는 농료들과 함께 상관을 체포하려는 모의를 했다. 현지 서리들도 낌새를 알아차리고 모두 여기에 동조했나. 643년 3월 10일 밤 관군의 북소리가 제주의 수십 리 밖에서 울려 퍼지는 가운데 두행민과 그에 동조하는 서리들이 행동을 개시했다. 이우의 무리 가운데 성 밖에 거주하는 자들을 모조리 죽였다.

두행민은 1000명의 병력을 모아 이우가 있는 성의 담장을 뚫고 들어갔다. 움직임을 간파한 이우와 연홍량 등은 완전무장을 하고 성내에 있는 어느 탑으로 들어가 문을 걸어 잠그고 항거했다. 아침부터 전투가 시작됐다. 두행민의 병력이 그곳을 에워싸고 점심나절까지 공격했으나 이기지 못했다. 그러자 두행민은 이우에게 최후의 통첩을 보냈다. "왕께서는 황제의 아들이었지만 지금은 나라의 도적이니 항복하지 않으면 즉각 불에 타서 재가 될 것입니다."

두행민의 수하들이 땔감을 들고 와서 탑 주변에 쌓기 시작했다. 이제 불만 놓으면 안에 있는 이우와 건달들은 모두 불에 타서 죽을 판이었다. 이우가 문을 열고 두행민에게 부탁했다. "내가 바로 문을 열고 나갈 것이니 연홍량 형제는 죽이지 마시오."

이우와 그 일당이 탑에서 나왔다. 그러자 연홍량 형제에게 감정이 있던 사람들이 달려들었다. 눈을 파서 땅에 던지고 팔을 부러뜨리고 목을 벴다. 일은 순식간에 일어났다. 이우는 묶여서 장안으로 후송됐다. 이세적이 이끄는 중앙의 관군이 제주에 도착하기 전에 모든 사태가 종료됐다.

당 태종의 맏아들인 태자 이승건이 이복동생 이우의 반란 소식을 듣고 그의 측근 칼잡이 흘간승기紇干承基에게 말했다. "우리 동궁의 서쪽 담장은 황궁에서 스무 걸음 떨어져 있을 뿐이고, 경과 더불어 큰일(반란)을 하는데 어찌 (제주에 있는) 제왕(이우)과 비교하겠는가?"

태자의
쿠데타 음모

당나라의 황제 자리를 향후 누가 계승할 것이냐의 문제는 모든 주변국의 관심사였다. 그들은 전부터 여러 경로를 통해 당 태종의 자식들을 지켜보고 있었다. 누가 황태자가 되고 이어 천자가 되느냐에 따라 당 군부 핵심 인사의 운명도 결정된다.

당과 국경을 접한 고구려는 정보에 밝았다. 당에서 돌아온 고구려 사신과 첩자들의 보고가 계속 이어졌다. "제왕 이우는 장안의 궁궐로 끌려와 사약을 받았습니다. 그런데 직후에 이보다 더 큰 사건이 터졌습니다."

이우의 모반은 한 편의 코미디 같았다. 이우와 그의 측근들에게는 기획력도 지적 능력도 없었다. 단지 놀고먹는 건달패에 불과했다. 전투 능력을 전혀 갖추지 않은 상태에서 반란을 일으켰고, 제대로 된 부하들은 반란 명령을 따르지 않았다.

하지만 더 재미있는 사실은 이우의 반란으로 장안 궁 내부에서 거대한 음모가 드러나게 됐다는 것이다. 반란의 전모를 조사하는 과정에서 이우 주변의 건달들과 태자 이승건 부하들의 관계가 드러났다. 이때

333

태자가 가장 신임하던 측근 흘간승기의 부하가 적발됐다. 643년 4월 1일 흘간승기의 자백으로 태자가 준비 중이었던 반란 모의의 전모가 드러났다.

모의는 하루아침에 시작된 것이 아니었다. 이승건은 626년 아버지 이세민이 집권한 직후 8살의 나이에 황태자가 되었다. 어릴 때부터 총명했던 그는 아버지의 사랑을 한 몸에 받았다. 태자는 무럭무럭 자라나 10여 년이 흘렀다. 그의 황위 계승에는 아무런 문제가 없는 것 같았다. 그에 대한 『구당서』의 평가는 이렇다. "태종이 양암凉闇에 머무는 동안 태자가 정사를 보았다. 신중히 듣고 과감하게 판단했으며, 대세를 정확히 꿰뚫었다."

635년 5월부터 12월까지 7개월 동안 태자는 동궁에서 일반적인 정무를 처리했다. 태종은 태자의 실무 능력을 키워주기로 마음먹고 있었다. 태자는 이후 태종이 장안을 비울 때마다 국정을 담당했다.

하지만 그 순간에도 태자의 지위는 알게 모르게 흔들리고 있었다. 동생 위왕 이태가 수면 위로 떠오르고 있었다. 총명하고 글 솜씨가 뛰어난 이태는 사회 여론에 큰 영향력을 가진 문인들의 칭송을 받기 시작했다. 637년부터 643년까지 역사의 기록은 태종이 점점 이태를 편애하기 시작했다는 사실을 전하고 있다.

태종은 황자들에게 관직을 주어 지방에 내보냈는데 이태만 장안에 머물게 했다. 이태를 위해 문학관을 설치하고 전혀 새로운 형식의 지리서인 『괄지지括地志』를 편찬하게 했다. 비만한 그를 위해 가마를 타고 조정에 들어올 수 있도록 허락했다.

태종은 대신들이 이태에게 무례하게 군다고 역정을 내기도 했으며, 태자보다 이태가 있는 위왕부에 더 많은 용품을 하사하고 이태의 수하들에게 후한 상을 내렸다. 태종은 이태와 천문지리, 문학에 대해 논한다는 명목으로 그가 궁중 무덕전으로 거처를 옮겨오도록 했다.

정치에 민감한 후각을 가지고 있던 문무 대신들이 동요하기 시작했다. 그들은 앞으로 일어날 변화에 준비해야 했다. 그러지 않으면 꼼짝 없이 모든 것을 잃을 수도 있었다. 그들이 행동을 개시하자 조정에 어두운 그림자가 드리웠다.

태자 이승건이 그 자리를 지킬 수 있느냐 없느냐 하는 중대한 문제로 많은 신하가 골머리를 앓았다. 대신들은 여러 추측을 했고, 움직이는 이들도 있었다. 어디에 줄을 서느냐? 그것은 거대한 도박이었다. 참여하지 않으면 전부를 잃을 수 있고, 참여하더라도 승리를 확신할 수 없었다.

위왕 이태가 형을 몰아내고 태자가 되지 못하면 결말은 뻔한 것이었고, 동생에게 밀려난 형의 운명도 마찬가지였다. 위왕과 태자 모두 후퇴할 수 없었다. 태종도 문제를 발견하고 고쳐보려 했지만 이미 엎질러진 물이었고, 더 이상 손을 쓸 수 없는 지경에 이르렀다.

두 황자는 물론 모든 대신의 이해가 얽혀 있었다. 한 번 선 줄은 바꿀 수도 없었다. 둘 가운데 하나가 황제가 될 수 있는 가능성이 존재하는 한 말이다. 태자당과 위왕당이 한 치도 양보할 수 없는 상황에서 이제 모든 것은 흘러가는 대로 내버려 둘 수밖에 없었다.

정치적 암투가 한창인 장안의 궁정에서 먼저 공격을 개시한 쪽은 위왕당이었다. 태자는 동성애자였다. 그는 칭심稱心이란 자를 좋아해 매일 끼고 잤다. 『자치통감』은 이렇게 완곡하게 표현하고 있다. "태상시太常寺의 악동樂童 칭심을 아껴 그와 더불어 눕고 일어났다."

위왕당이 이 사실을 태종의 측근에게 흘렸고, 사실을 안 태종은 진노했다. 태종은 칭심과 그 주변 사람들을 모두 잡아서 죽였다. 그리고 태자를 불러 크게 나무랐다. 동생 이태에 대한 태자의 증오심이 극에 달했고, 자신의 애인을 죽인 아버지에 대한 원망도 깊어졌다.

태자는 동궁에 칭심의 사당을 만들어 아침저녁으로 제물을 차려

335

당나라 의덕태자묘의 벽화.
당시 황자를 경호하던 이들의 모습이 생생하게 그려져 있다.

놓고 절을 하며 눈물을 흘렸다. 또한 궁원 안에 무덤을 만들고 사사롭게 관직을 추증하고 비석을 세웠다. 소식을 들은 태종은 불쾌함을 느꼈다. 태자 역시 이를 알고 병을 핑계로 문안을 가지 않았다.

태자는 비밀리에 흘간승기가 이끄는 장사 100여 명을 양성하고 위왕 이태를 암살할 계획을 짰다. 유력한 인사들을 자신의 곁으로 불러 모았다. 그들 가운데에는 고창국 정벌 이후 약탈 혐의로 재상 진급이 좌절된 후군집이 있었고, 태종의 동생 한왕 이원창도 끼어 있었다.

어느 날 그들이 한자리에 모였다. 모두 윗옷을 벗고 마주보고 앉았다. 모든 사람의 어깨에 예리한 칼이 스쳤다. 선혈이 흘러내리자 하얀 비단 조각 하나를 돌려가며 닦았다. 모두의 피가 묻은 그 조각을 태웠다. 그리고 그 재를 술에 섞어서 나누어 마셨다. 함께 살고 함께 죽는다는 비밀결사의 의례였다.

부마駙馬인 두하가 태종을 암살할 계획안을 세워 놓았다. "태자 전하께서 갑자기 위독하다고 말하면 황제께서는 반드시 우리 태자궁으로 친히 오실 것이고 그때 일을 처리하면 됩니다."

하지만 제왕 이우의 반란이 먼저 터지면서 상황이 급변했다. 그 과정에서 흘간승기가 수사기관인 대리시에 호출됐다. 취조 과정에서 그가 제왕 이우와도 모종의 관계가 있음이 드러났다. 태자가 동생 이태를 죽이기 위해 그를 자객으로 보냈지만 실패한 사실도 밝혀졌다. 법에 따르면 그는 사형감이었다. 죽고 싶지 않았던 흘간승기는 살기 위해 태자를 배신하기로 했다.

『자치통감』은 이렇게 전하고 있다. "이우의 반란을 처리하는 데 흘간승기가 연관돼 대리시의 감옥에 갇혔고 사형으로 판결되었다. (643년) 4월 초하루 경진일에 흘간승기는 변고가 있음을 올리면서 태자가 모반했다고 고했다."

태자의 반란을 꿈에도 생각지 못했던 태종은 놀랐다. 그것이 사실이 아니길 바랐던 태종은 사건의 재수사를 장손무기·방현령·소우··이세적에게 맡겼다. 기존 수사기관인 대리시는 물론이고 중서성과 문하성이 모두 동원되었다. 수사의 객관성을 담보하기 위해서였다. 하지만 결과는 명백한 사실로 밝혀졌다.

태종은 현무문의 쿠데타로 형과 동생을 죽이고 아버지를 감금하여 황권을 손에 넣었다. 같은 비극이 대물림되어 그의 아들들 사이에서도 벌어지고 있었다. 그것은 인과응보도 아니요 사필귀정도 아닌 군주제도의 고질병이었다.

바야흐로 동아시아는 반란의 계절이었다. 한 해 전인 642년 백제에서 대규모 숙청이 있었고, 고구려에서 연개소문이 왕과 대신들을 죽이고 집권했다. 장안에서 태자의 반란이 발각되고 7개월 후인 643년 11월 왜국에서도 정변이 일어났다. 아버지를 감금하고 권력을 스스로 차지해 왜국의 실질적인 통치자가 된 소가노 이루카는 쇼토쿠 태자의 아들이자 유력한 태자 후보였던 야마시로노 오에山青大兄 왕을 습격해 끝내 자살하게 했다. 쇼토쿠 태자 집안의 멸문을 목격한 스이코 천황의 아들 나카노 오에와 그 신하 나카도미노 가마타리中臣鎌足가 소아씨 일문에 대한 최후의 일격을 준비하고 있었다. 신라에서도 대야성 함락 이후 미래의 쿠데타 주체들인 김춘추와 김유신이 힘을 키우고 있었다.

당 군부의 천재
사라지다

후군집은 당 제국 군부의 핵심 인사였다. 643년 2월 28일 태종의 명으로 장안 궁정 능연각에 초상화가 걸린 28명의 공신 가운데 하나였다. 그러한 그가 태자 이승건의 반란 모의의 주모자였던 것이 드러났다.

태종은 평소 주변 사람들로부터 후군집이 위험인물이라는 말을 들어왔다. 하지만 그의 군사적 재능을 아끼던 마음이 귀를 막았다.

태종과 태종의 조카 강하왕 이도종 사이에 대화가 오갔다.

"후군집은 방현령과 이정 아래에 있는 것을 수치스럽게 생각합니다. 그가 이부상서가 된다고 하더라도 그 욕심을 채울 수 없습니다. 장차 난을 일으킬 것입니다." "후군집의 재주와 그릇으로 무엇을 못 하겠소! 짐이 어찌 그에게 중요한 자리를 아끼겠소. 미리 짐작으로 시기하는 두 마음을 생기게 하시오?"(『자치통감』)

후군집은 사치가 심하고 물욕도 많았지만 태종의 등극을 가능케 한 626년의 현무문 쿠데타를 기획했고, 635년 토욕혼 정복과 640년 고창국 점령 작전도 그의 머리에서 나왔다. 그는 야전에서의 전투도 궁궐 내에서의 쿠데타도 성공적으로 기획하고 수행해낼 수 있는 능력의 소유자였다. 태자의 쿠데타 시나리오는 그가 짰을 것이고, 만약 실행에 옮겨졌다면 승산이 높았을 것이다.

643년 4월 어느 날, 그는 태종에게 심문을 받았다. 그것은 큰 배려였다. 하급 관원인 형리에게 심문받는 모욕을 주지 않기 위해서였다. 또한 형리가 법대로 그의 가족과 친지들을 모두 사형에 처할 것이란 사실을 잘 알고 있었기 때문이기도 하다.

후군집은 처음에 반란 모의에 연루된 사실을 극구 부인했다. 공모자였던 그의 사위 하란초석과 대질 심문이 벌어졌다. 사위가 그의 앞에서 사건의 모든 과정을 진술했다. 그럼에도 후군집이 부정하자 그의 눈앞에 그가 태자궁을 왕래한 날짜와 시간이 적혀 있는 수사 기록들이 펼쳐졌다. 후군집의 답변이 궁색해지기 시작했고, 결국 그는 모든 것을 실토했다.

태종은 그의 목숨만은 살려주고 싶어서 신하들을 모아 놓고 말했다. "후군집은 공로를 세웠으니 그의 목숨을 내가 구걸한다면 가능하겠소?" 회의석상에 침묵이 흘렀다. 황제가 후군집 구명을 위한 기회를 주어도 말을 꺼내는 사람 하나 없었다. 결국 후군집을 죽인 것은 그 자신의 인격이었다. 무척 유능했지만, 영원히 채울 수 없는 욕심을 가졌기에 태종이란 거대한 그릇조차도 그를 담아낼 수 없었다.

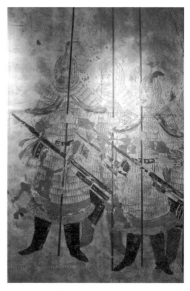

당나라 의덕태자묘 벽화에 묘사된 당나라 시대 장수들의 모습.

"공과 길게 결별하겠소." 후군집은 태종의 마지막 인사를 받았고 저 잣거리에서 참수됐다. 식솔들도 유배지로 떠나고 난 후군집의 집을 수색하자, 예기치 않게도 아이처럼 투명한 피부를 가진 두 미인이 나왔다. 그들은 아이 때에 후군집의 집에 팔려와 유모의 젖을 먹고 자랐다.

그들은 다 커서도 다른 것을 먹지 않고 젖이 풍부한 여러 유모의 젖을 마셨다. 『자치통감』에는 "두 명의 미인을 잡았는데 어려서부터 사람의 젖을 먹어 다른 것을 먹지 않았다"고 짤막하게 기록하고 있다. 후군집은 섬세한 호색한이기도 했다. 3년 전 이국적인 여자들로 넘치는 고창국을 점령했을 때 여자 문제만은 일으키지 않았던 것도 그의 까다로운 성적 기호 때문인 듯하다.

17년 전 태종이 아버지를 감금하고 형제들을 죽인 현무문의 변이 그대로 재현됐다. 그때 후군집은 자신의 편에 서 있었다. 하지만 이제 자신의 아들 편에 서서 반기를 들었다. 이게 인과응보가 아니고 무엇이란 말인가! 태종은 이제야 아버지 고조의 마음을 헤아릴 수 있었다. 태종에게 태자 이승건의 문제는 총애했던 부하를 처형시키는 일보다 더 어려운 것이었다.

법대로 한다면 태자는 죽어야 한다. 하지만 태종 자신이 한 짓을 그대로 따르려고 했던 아들을 죽인다는 것이 스스로 수긍이 되지 않았다. 물론 부정父情도 발목을 잡았다. 이 아이가 죽는 이유는 쿠데타에 성공하지 못한 죄 때문임은 자신도, 세상 사람도 다 알고 있지 않은가. 그렇다고 살려두자니 타당한 이유가 없었다.

후군집.

태종은 혼자라서 외로운 것이 아니었다. 그에게는 수많은 신하가 있었다. 하지만 아무도 없는 정상에서 홀로 결정하는 일이 외로웠다. 고통스러운 감정이 묻어나는 말이 그의 입에서 기어 나왔다. "이를 어찌하면 좋겠는가?" 한참 정적이 흘렀다.

누군가 침묵을 깨고 말했다. 수나라 때 수군을 이끌고 고구려를 침공했던 내호아의 아들, 내제來濟라는 하급 관리였다. "폐하께서 자애로운 아버지가 되어 태자가 천년天年을 다할 수 있다면 훌륭합니다."(『자치통감』) 태종이 제일 듣고 싶었던 대답이었다. 얼마나 고마웠을까. 내제는 얼마 지나지 않아 높은 관직에 올랐다.

태종은 태자를 폐서인시키고 후군집과 두하, 자신의 동생 이원창을 모두 사형에 처했다. 이렇게 태자의 반란은 대단원의 막을 내렸다. 하지만 다른 어려운 문제가 기다리고 있었다. 이제 누가 새로운 태자가 될 것인가?

형이 밀려나가자 위왕 이태는 쾌재를 불렀다. 그는 매일 아버지 태종을 시봉侍奉했다. 태종도 이태를 염두에 두었다. 황제의 비서실 관리들도 모두 이태의 편이었다. 정확히 말해 그들은 그전부터 황제가 보인 행동들이 몹시 노골적이었기 때문에 이태의 편에 선 것이었다.

하지만 정작 조정 내의 권력자 장손무기는 생각이 달랐다. 죽은 장손황후의 오라비인 그는 적자 이승건·이태·이치의 외삼촌이었다. 어느 날 장손무기와 저수량 그리고 여러 신하 앞에서 태종이 말했다.

"이태가 이렇게 말했네. 자신이 태자가 되어 황위를 잇게 된다면 하나뿐인 아들을 죽이고 아우인 이치에게 보위를 물려줄 것이라고." 태종은 분명히 이태의 말에 감격하고 자랑을 한 것이었다. 태종도 자식 앞에서는 행복한 바보가 되는 한 인간이었다. 그러자 저수량이 격앙된 목소리로 말했다.

"폐하께서 크게 실수하셨습니다. 폐하가 돌아가시고 위왕 이태가

당 군부의 천재 사라지다

343

즉위한 후 그의 아들을 죽이고 진왕 이치에게 황위를 전해주는 일이 있겠습니까? 폐하께서 승건을 태자로 삼고 이태를 총애했기 때문에 오늘날과 같은 화가 일어난 것입니다. 폐하께서 이태를 태자로 세우면서 먼저 이치를 죽여 후환을 없앨 수 있으십니까?"

"나는 그렇게 할 수 없다." 대답을 하는 태종의 뺨에 눈물이 흘러내렸다. 저수량은 태종의 가장 아픈 곳을 건드렸다. 태자의 반란은 모두 태종이 키운 일이었다. 이러한 대화를 전해 들은 이태는 불안해졌다.

그는 동생 이치를 찾아가 말했다. "숙부 이원창은 큰형의 반란에 연루돼 독을 마시고 자진했지. 한데 너는 사이가 좋지 않았더냐?" 이치 역시 모반에 가담했을 수 있다는 뜻이었다.

이치는 자신의 처소에 처박혀 나오지 않았다. 이를 우연히 본 태종이 물었다. "왜 그리 근심에 차 있느냐?" 이치는 입을 열지 않았다. 태종이 계속 다그치자 그제야 이태와의 일을 이야기했다.(이상 『자치통감』)

협박을 당한 이치가 형 이태를 지켜주기 위해 입을 다물고 있었다고는 볼 수 없다. 그는 무서웠다. 죽은 숙부 이원창과 자신이 친하게 지냈다는 사실이 이태의 입에서 나왔다는 사실마저 아버지에게 숨기고 싶은 심정이었다. 하지만 태종은 이치가 작은형 이태를 지켜주려 한다고 느꼈다. 참으로 착한 아이였다. 태종의 마음에 변화가 찾아오기 시작했다. 그러던 차에 전 태자 이승건이 폐서인이 되어 유배지로 떠나기 전 아버지에게 남긴 말 한마디가 태자를 꿈꾸던 이태에게 치명타를 가했다. 그것은 당나라 군부에 새로운 천재가 부상하는 계기가 됐다.

이치의 태자 책립

태종과 이승건이 마주 앉았다. 폐태자가 된 큰아들을 안쓰러워 하는 마음이 가슴에서 눈으로 올라왔다. 태종의 눈시울이 촉촉이 젖었다. 정적이 흐르다가 이승건이 말했다. "모든 것이 끝났습니다. 저는 단지 태자 자리를 지키고 싶었을 뿐입니다. 이태가 저를 태자에서 밀어내려는 술책을 부리는 바람에 가만히 있을 수 없었고, 좋지 않은 신하들이 음모를 꾸미도록 했습니다. 아버지께서 이태를 태자로 삼으시면 그의 계략에 말려드는 것입니다."

폐태자 이승건이 동생 위왕 이태를 원망하는 것은 당연한 일이었다. 하지만 비극은 이태를 노골적으로 총애했던 태종 자신에게서 배태됐다. 죄책감이 태종의 가슴을 짓눌렀다. 이태를 태자로 세우면 결국 자신이 아들 간에 싸움을 붙인 것이 된다.

태종은 이승건을 귀양 보내고 허전한 마음에 양의전으로 갔다. 많은 신하가 모여 있었다. 태종이 도착하자 분위기가 싸늘해졌다. 장손무기, 방현령, 이세적, 저수량을 제외한 모든 관리가 밖으로 나갔다. 태종의 아들로 진왕의 자리에 있었던 이치도 그 자리에 남았다.

태종의 얼굴은 검은빛을 띠었고, 괴로운 표정이 역력했다. 금방이라도 숨이 떨어질 것 같아 온 힘을 다해 말했다. "나의 세 아들과 한 동생이 한 짓이 이와 같으니 내 마음은 진실로 의지할 곳이 없소."(『자치통감』)

태종의 한마디 말은 643년 비극의 모든 것을 담고 있다. 그가 말하는 세 아들은 장손황후 소생인 장남 이승건, 차남 이태 그리고 후궁 소생 이우를 말한다. 이승건과 이우는 반란을 일으켰고, 이태는 태자가 되기 위해 음모를 꾸몄다. 한 동생은 태자의 반란 모의 주모자로 드러나 자진한 이원창이다.

태종은 침상에 몸을 던졌다. 신하들이 얼른 뛰어와 태종을 부축했다. 그러자 태종의 손이 자신의 착용하고 있는 패도(佩刀)에 닿았고 칼날이 자루를 빠져나왔다. 칼끝이 태종의 목을 향하려는 순간 저수량이 칼을 빼앗아 이치에게 줬다.

태종에게는 신하들에게서 동정받고 싶은 마음도 있었던 것 같다. 하지만 그 누구에게도 마음의 여유가 없었다. 장손무기와 저수량 그리고 방현령은 태자를 낙점할 순간이 다가온 것을 직감했다. 황제의 말 한마디에 그들의 미래가 걸려 있었다.

이치 태자 책립을 완고하게 주장했던 장손무기는 설사 이태가 태자가 된다 하더라도 그 역시 자신의 생질이기 때문에 마음의 여유가 있었다. 이태를 밀고 있었던 방현령도 당 조정에서 최고의 권력을 가진 신하가 될 것이다.

하지만 이치는 이태가 태자가 되어 보위를 이으면 살아남을 수 없었다. 태종이 이태를 총애한 것이 비극의 원인이라고 직간했던 저수량과 이치가 병주도독으로 있을 때 휘하의 장사(長史)로 있었던 장군 이세적은 무사하지 못하거나 실각할 것이다.

방현령을 제외한 모두가 이태가 아니라 이치가 태자로 책봉되기를 바랐다. 자신의 자식들과 동생들의 꼴을 한탄한 태종의 말 가운데에는 중국 3대 석굴 중 하나인 룽먼 석굴.
북위에서 당나라에 이르기까지 조성됐다.
641년 태종의 차남 이태가 생모 장손황후를 위해
이곳의 재불동을 보수했다.

이치가 빠져 있었다. 결정적인 순간에 장손무기가 태종에게 폐하가 바라는 것을 말해 달라고 요청했다. 태종이 말했다. "나는 진왕(이치)을 세우고 싶소." 장손무기가 대답했다. "삼가 조서를 받들겠습니다. 다른 논의를 하는 사람이 있으면 바라건대 신이 그를 목 베게 하여 주십시오."

이태를 생각하고 있던 방현령은 의외의 결정에 놀라 눈알이 튀어나올 것 같았다. 하지만 성격이 사나운 장손무기 앞에서는 아무 말도 하지 못했다. 고구려와의 전쟁에서 실패하고 돌아온 태종이 사망하기 6년 전의 일이었다. 이 결정은 향후 동아시아 역사에 지대한 영향을 미쳤다.

이치가 태자로 책봉되는 데 가장 큰 영향력을 행사했던 장손무기는 막상 이치가 황제(고종)로 즉위한 뒤에는 수혜자가 되지 못했다. 그는 훗날 고종 치세에 이세적이 밀어 올린 측천무후則天武后에 의해 제거된다. 최대의 수혜자는 고종 치세하에 군부 수장이 되는 이세적이었다.

이정이 노쇠한 당시 이세적은 당나라의 장수들 가운데 가장 뛰어난 인물이었다. 이세적이 군사적으로 세운 공은 모두 그의 상관인 이치의 것이기도 했다. 이세적이 군부 수장 자리에 오를 수 있었던 것도 이러한 인연이 주효했다.

이세적은 어릴 적에 밑바닥 생활을 했다. 그는 일개 도적단 졸개에서 출발했다. 현재의 허난 성 화滑 현 동부 출신인 그는 수나라 말 내란기에 17세의 나이로 범죄조직에 들어갔다. 적양翟讓이라는 사람의 휘하였다. 616년 10월 어느 날 이세적은 두목에게 제안했다.

"지금 동군東郡은 저와 두목의 고향이라 아는 사람이 많아 약탈하기가 민망합니다. 형양滎陽(지금의 허난 성 정저우鄭州)과 양군梁郡은 변수卞水(대운하 합류점)가 지나가는 곳이니, 오가는 배를 위협하여 상인을 약탈하면 스스로 충분히 밑천을 삼을 수 있습니다."(『자치통감』)

이세적의 제안을 받아들인 적양은 형양과 양군 두 군의 경계로 들어가 수나라 정부의 배와 민간 상인들의 배를 가리지 않고 약탈했으며 수로의 중요한 요지인 그곳을 장악하고 많은 물자를 얻었다. 그러자 적양의 주위로 모여드는 사람이 늘어나 1만 명에 이르렀다. 적양은 대도적단의 두목이 되었고, 수나라 타도를 외치던 이밀의 휘하에 들어갔다. 이세적과 이밀의 인연은 이렇게 시작됐다.

613년 이밀은 수나라 양제를 섬겼으나 그가 가망이 없다고 판단하고 양현감을 도와 반란을 일으켜 양제의 2차 고구려 침공을 좌절시켰다. 그러나 혁명에 실패한 뒤 천신만고 끝에 하남 기현의 협객 양수재의 집에 숨어 살았다. 반란의 불길이 치솟자 적양 등 도적을 규합해 황하와 낙수 교차점에 세워진 낙수창洛水倉을 점령했다.

이후 남방에서 올라오는 비축 물자를 손에 넣게 된 이밀은 세력이 급속히 성장해 독립 정권을 이뤘다. 기아의 무정부 상태에서는 곡물만 있으면 어떤 사람도 부릴 수 있었다. 당시 군웅 중 하나였던 태종의 아버지 고조도 이밀에게 신하의 예를 갖추었다.

하지만 이밀은 낙양을 공격하다 수 양제가 보낸 구원군 왕세충의 공격을 받고 패배해 근저에서 붕괴됐다. 이밀은 부하들을 데리고 서쪽으로 도망해 인연이 있던 고조 이연에게 투항했다. 그 가운데 이세적도 있었다. 이후 이밀은 대우에 불만을 품고 독립을 꾀해 도망하려다 체포돼 처형당했다.

상전을 잃은 이세적은 이연에게 이밀의 시신을 거둬 장사지낼 것을 요청했다. 그것을 가상히 여긴 이연이 이세적을 발탁해 장군으로 삼았다. 이세적은 본래 서씨였으나 이때 이씨 성을 하사받았다. 발탁된 그는 능력을 발휘하기 시작했다. 그는 태종 이세민의 선봉장이 되어 군웅 송금강을 격파해 산서 지역을 회복했고, 다른 군웅들을 제압하는 데도 결정적인 역할을 했다.

하지만 이세적은 626년 태종이 쿠데타를 일으켜 황권을 차지하는 현무문의 변을 일으켰을 때 중립을 지켰다. 그것은 태종과 이세적 사이에 가장 큰 걸림돌이었다. 그래도 군사적 천재였던 이세적은 당 제국의 버팀목이었다. 그는 630년 돌궐을 제압하는 데 결정적 역할을 한 무장 가운데 하나였고, 641년 돌궐을 대신해 초원의 강자로 등장한 설연타를 직접 격파했다. 태종이 "그 옛날 이세적이 있었다면 만리장성을 쌓을 필요가 없었을 것이다"라고 할 정도였다.

이세적의 전면 부상은 7세기 중후반 만주와 한반도의 역사에 지대한 영향을 줬다. 644년 그는 태종이 고구려 침공을 결정하는 데 거의 유일하게 적극적인 지지를 표명했고, 655년 고종 대에 측천무후가 황후의 자리에 오르는 데 결정적 역할을 했으며, 660년 당군의 백제 침공 결정에 지대한 영향을 미쳤다. 668년 고구려를 멸망시킬 땐 그가 당군을 지휘하고 있었다.

당에 구원을 요청한
신라 사신

643년 황자들 문제로 어수선한 당나라 장안 궁정에 신라 사신이 도착했다. 몹시 절박한 표정이었다. 하지만 그는 황제를 만나는 데 우선순위에서 밀려 한참을 기다려야 했다. 신라는 한반도 동남쪽 구석에 있는 별 볼 일 없는 존재였다. 단지 여자가 왕이라는 점이 기억되는 정도였다.

9월 4일 태종을 만난 신라 사신은 떨리는 어조로 말했다. "1년 전에 백제가 우리 신라 서부 지역 40여 개 성과 총사령부인 대야성을 함락시켰습니다. 셀 수 없이 많은 사람이 죽었고, 백성들이 백제로 끌려갔습니다. 대야성주와 우리 여왕의 친척인 그 부인과 자녀들이 그놈들에게 잡혀 처형당했고, 그 머리들이 지금 백제 사비성의 감옥 바닥에 묻혀 있다고 합니다."

자식 문제로 골머리를 앓느라 한참이나 신라를 잊고 있었던 태종은 그제야 기억을 떠올렸다. 그것은 어디까지나 당 제국을 둘러싼 세계 전 지역에서 일어난 수백 건의 사건 가운데 하나였다. 당의 대외 정책에서 가장 중요한 영역은 몽골 고원의 설연타와의 관계였다. 다음이 실크로드 문제와 긴밀하게 연관돼 있던 서돌궐이었고, 그 다음으로 고구려

문제였다. 중요도에서 신라는 한참 뒤에 있었다.

신라 사신은 말을 이었다. "고구려의 실권자 연개소문이 백제 의자왕과 밀약을 맺고 우리 신라의 당항성黨項城을 공격했습니다. 성이 함락되면 신라 사신은 앞으로 여기서 폐하를 알현하지도 못할 것입니다."

당항성은 현 화성 서신면 상안리 구봉산九峯山에 있는 산성이다. 둘레 1.2킬로미터, 동·남·북문지와 우물터, 건물지가 남아 있다. 성벽은 산 정상과 계곡을 두르고 있다. 이 지역은 백제의 영토였으나 장수왕 대에 고구려가 차지했고, 백제가 수복했으나 553년 신라가 빼앗았다. 당항성은 당시 신라가 당과 통할 수 있는 서해안의 항구를 지키는 요새였다.

'연개소문'이란 이름이 나오자 태종은 사신의 말에 귀를 기울이기 시작했다. "연개소문과 의자왕이 올해 말 우리 신라를 양면에서 대대적으로 공격하기로 했다고 합니다. 그렇게 되면 신라는 사라질 위기에 처합니다. 여왕께서 삼가 저를 통해 대국에 말씀을 올리게 했습니다."

태종이 말했다. "나는 너희 신라가 고구려, 백제로부터 침략받는 것을 걱정해서 자주 사신을 보내 세 나라가 평화롭게 지낼 것을 권고했다. 그러나 고구려와 백제는 말만 그렇게 하겠다고 해놓고 돌아서자마자 너희 신라 땅을 집어삼켜 나눠 가지려고 한다. 신라는 어떠한 기묘한 꾀로 망하는 것을 면하려 하는가. 대책은 있는가?"

사신이 힘이 빠진 모습으로 대답했다. "지금 한계 상황에 와 있습니다. 선대왕이신 진평왕 초반부터 전쟁이 본격화돼 어언 52년이 넘었습니다. 오직 대국에 위급함을 알려 온전하기를 바랄 뿐입니다."

사신과 대화를 하면서 병부兵部 산하 정보부에 해당하는 직방職方에서 보고받은 기억을 떠올려 생각을 정리한 태종이 대안을 말했다. "내가 요서에 있는 우리 군대를 조금 일으키고 거란과 말갈을 동원해 요하를 건너 요동으로 곧장 쳐들어가면 고구려의 주력이 그곳에 집중될 것이다. 그러면 신라에 대한 고구려의 공세가 저절로 약화될 것이고, 1년 정도는 포위가 풀리니 신라는 백제만 상대하면 된다. 그러나 이후 이어지는 군대가 없음을 알면 너희 신라는 도리어 고구려의 집중 공격을 받게 돼 더 힘들어질 것이다.”

태종의 첫 번째 대안은 미봉책이었지만 현실성이 있었다. 643년 당시 당은 요하 상류인 시라무룬 강西拉木倫河의 거란족과 그 옆의 해족 그리고 수 대에 중국에 들어와 유주 창평昌平에 정착한 말갈족에 대한 통제력이 있었다.

말갈족의 추장 돌지계突地稽는 당 고조 이연을 받들어 당에 적대적이었던 군웅 유흑달劉黑闥과 고개도高開道를 유주에서 격파했다. 626년 태종이 즉위한 직후 추장 돌지계에게 이씨 성이 하사됐다.

거란족과 당의 관계는 628년으로 거슬러 올라간다. 당시 돌궐은 내분으로 힘이 약화된 상황이었다. 거란족 추장 마회摩會가 부락 주민들을 이끌고 당에 항복을 해왔다. 그들은 당에 유용한 기병 자원이 될 터였다. 그러자 돌궐의 힐리 칸이 당에게 제안했다. 수나라 말의 군웅 중 하나로 당을 괴롭혀 왔던 양사도를 마회의 거란 부락과 맞교환할 것을 제안했다.

태종은 거절했다. 당에 항복해온 종족을 배신하는 것은 대외 신인도를 추락시키는 것이며, 그것은 이제 막 건국된 당에 치명적이다. 어떤 종족이나 나라도 당을 믿지 못할 것이고 결국 주변에 적을 양산하게 된다. 당이 신의칙을 지키자 629년 거란과 비슷한 계통인 해족이 당에 귀부를 해왔다. 나중에 언급하겠지만 거란과 해족 그리고 말갈은 645년 당의 고구려 침공에 동원됐다.

신라 사신이 도착하기 직전인 643년 6월 태종은 장손무기 등 핵심 신료들과 그들의 군사적 동원에 대해 이미 논의한 바가 있었다.

“황상(태종)이 ‘연개소문이 그 임금을 시해하고 국정을 전횡하니 짐은 참으로 참을 수가 없다. 지금의 병력만으로 그를 잡는 것은 어렵지 현재의 경기도 화성 서신면에 위치한 당항성.
고구려·백제·왜에 3면이 포위된 신라가 수·당에
도움을 청할 수 있는 유일한 창구였다.
신라는 이곳을 지키기 위해
배후지인 한강 유역을 확보하고 있어야 했다.
서신면에 있는 당항성 항공사진(아래)과 1995년도에 복원된 모습.
ⓒ화성시

않지만, 내가 백성들을 고생시키고 싶지 않기 때문에, 나는 장차 거란과 말갈을 시켜 그를 어지럽히려고 생각하고 있는데 어떻게 생각하는가?' 라고 말했다. 장손무기가 '연개소문은 스스로 죄가 크다는 것을 알고 대국의 토벌을 두려워해 반드시 엄하게 수비할 것입니다. 폐하께서 그를 조금 인정하면서 참고 계시면, 그는 스스로 안심하고 반드시 다시 교만해지고 풀어져 더욱 그 악행을 거리낌 없이 할 것입니다. 그런 후에 그를 토벌하더라도 늦지 않을 것입니다'라고 말했다. 황상이 '옳다'라고 말했다."(『자치통감』)

태종은 애초에 당군을 직접 발동해 고구려 공격에 나서려고 하지는 않았다. 수나라는 백성을 무리하게 동원해 고구려 침공에 나섰다가

356

망했다. 이어진 동란 속에서 청춘을 보낸 태종의 머릿속에는 '고구려 전쟁 노이로제'가 있었다.

태종은 말갈과 거란의 손을 빌려 고구려를 공격하고자 했다. 당의 직접적인 손실 없이 고구려를 굴복시키려고 했던 이 안은 장손무기의 완곡한 반대로 수면 아래로 가라앉았다. 하지만 신라 사신이 오면서 다시 거론되기 시작했다.

태종이 제시한 두 번째 계책은 신라에게 당나라의 군복 수천 개와 깃발을 주겠다는 것이었다. 병사들이 그것을 입고 서 있으면 고구려와 백제군이 물러날 거라는 계산이었다. 또한 태종은 미래의 한반도 정책에 대해 말했다. 『삼국사기』는 이렇게 전한다.

"백제국은 바다의 험난함을 믿고 병기를 수리하지 않고 남녀가 어지럽게 섞여 서로 즐기며 연회만 베푸니, 내가 수십 수백 척의 배에 군사를 싣고 소리 없이 바다를 건너 곧바로 그 땅을 습격하려고 한다."

17년 후에 현실화되는 당의 백제 멸망 계획이었다. 백제는 멸망 직전의 순간에 서해안을 통해 13만 당나라 대군이 쳐들어오리라는 예상을 전혀 하지 않았던 것 같다. 당시에 그러한 상륙은 전례가 없었다. 서해의 살인적인 조수간만 차이가 한반도 남부를 중국으로부터 막아왔다고 해도 과언이 아니다.

서해안에 대한 백제의 구체적인 수비 체계가 마련돼 있지 않았다. 백제의 병력은 신라와 맞닿은 동쪽에 집중돼 있었고, 대야성을 함락시킴으로써 낙동강까지 가 있었다. 백제가 신라를 멸망시키는 것은 시간문제로 보였다. 백제는 승전의 축제 분위기였다.

하지만 이런 전략 문제 이전에 태종은 비현실적인 여왕이 지배하는 신리는 미래가 어둡다고 판단했다. 그가 사신에게 건넨 말은 늙은 신라여왕에게 치명적이었다.

태종의
세 번째 계책

태종은 신라 사신에게 폭탄선언을 했다. 사신은 아무런 대답도 하지 못하고 듣고만 있었다. 그렇다고 신라에 가서 그 말을 전할 수도 없었다. 혼자 듣고 삼켜야 할 폭언이었다. 약소국의 외교관이 겪는 흔한 일 가운데 하나라고 치부할 수도 없었다. 그것은 신라 국체의 근본에 관한 이야기라 경우가 완전히 달랐다. 태종이 제시한 세 번째 계책은 이와 같았다.

"너희 나라는 여자를 임금으로 삼고 있으므로 이웃 나라의 업신여김을 받게 되고, 임금의 도리를 잃어 도둑을 불러들이게 돼 해마다 편안한 날이 없다. 내가 우리 황족 가운데 한 사람을 신라에 보내 그대 나라의 왕으로 삼되, 그 혼자서는 왕 노릇을 할 수 없으니 마땅히 군사를 보내 호위케 하고, 그대 나라가 안정되기를 기다려 그대를 스스로 지키는 일을 맡기려 한다."(『삼국사기』)

신라의 주권을 당에게 넘기라는 것이었다. 그것이 나라가 망하는 것보다는 낫지 않으냐는 질문이기도 했다. 약자의 입장에서 볼 때는 강자의 오만이었다. 하지만 태종의 입장에서 볼 때 당시 신라가 생존할 수 있는 유일한 방안이기도 했다.

　신라 왕이 '여왕'이라는 점 때문에 그가 신라의 통치력에 불신을 표했다고 치부할 수도 없었다. 당의 정보 채널은 다양했다. 태종은 642년 8월과 643년 정월에 당나라를 찾은 사신의 보고와 앞서 당나라에 온 신라 승려 자장慈藏을 통해서도 사정을 익히 알고 있었다. 자장은 유력한 진골 귀족 가문 출신이었다. 신라 왕실과 친연성 있는 혈족이었으며, 여왕과 개인적으로도 친했다.

　그는 638년 신통神通을 따라 배를 타고 유학길에 올랐다. 장안에 도착한 직후 흥화방興化坊의 공관사空觀寺에서 법상法常으로부터 보살계를 받고 공부도 배웠다. 법상은 장손황후의 보살계사菩薩戒師였을 정도로 이름이 있었다. 640년 전반까지 광덕방光德坊 승광별원勝光別院에 머무르면서 설법했다. 도둑에게 계를 주기도 했으며, 장님이 그의 설법을 듣고 참회하자 곧 눈을 뜨게 된 일도 있었다. 기적의 소문이 퍼지자 사람들이 매일 1000여 명이나 몰려들었다. 태종은 여러 번 사람을 보내 자장을 대접했다.

　642년 말 대야성이 함락되고 신라가 위기에 처하자 선덕여왕이 그를 불렀다. 그는 태종에게 귀국 허락을 받기 위해 장안으로 갔다. 이때 당 황실의 상당한 우대를 받았고, 태종이 보낸 특사들을 만나기도 했던 것으로 보인다.

　불교에 심취해 출가한 자장은 여왕을 아끼는 마음에서 그녀를 옹호하기도 했다. 하지만 냉철한 태종의 사람들은 그 말 속에서도 신라의 현실을 정확히 파악했다. 고구려와 백제의 양면 공격을 받아 나라가 위태로운데 신라 여왕은 불교에 심취해 헤어나지 못하고 있다. 아니 정확히 말해 신앙 밖으로 나와 혹독한 현실을 바라보기 싫어했다.

　어려운 국난기에 그녀는 군비 증강에 신경을 쓰기보다 백성들이 존경하는 승려들 위에 군림하고자 했다. 물론 어려운 시대일수록 사람들은 신앙에 매달리고, 그 신앙을 담당하는 승려들은 백성의 의지 대상이 되는 것도 사실이다. 하지만 근본적인 해결책이 되지 않는다는 점은 누구라도 아는 것이다.

643년 2월 자장은 당 황실에서 선물한 대장경 한 질과 번당幡幢·화개華蓋 등을 지참하고 울산항絲浦에 내렸다. 승려는 당시 선진문물을 수입하는 주체이기도 했고, 정치에도 간여했다. 당시 승려들의 사회적 영향력은 대단히 컸다. 승려는 단순히 승려로서의 임무만 맡은 것이 아니라 지배세력의 한 구성원으로서 신라 사회의 한 부문에 참여했다.

자장은 신라 승려들 가운데서도 최고였다. 여왕은 자장이 오자 그를 불교계의 수장 대국통大國統 자리에 임명했다. 여왕은 자장을 통해 불교 교단을 그녀의 손안에 두고자 했다. 자장은 정치승政治僧들의 수장이었다.

자장은 불교 교단을 정비했다. 이는『속고승전』에 잘 나와 있다. 그는 교단을 사미沙彌, 사미니沙彌尼, 정학녀正學女, 비구比丘, 비구니比丘尼 등 승니를 5부로 조직한 다음 교단을 감찰하는 기구로 강관綱晉을 설치했다. 자장은 강관을 자신의 수중에 넣고 교단을 직접 통제하고자 했다.

그리고 승려들에게 계율을 강조했다. 15일마다 계 강의를 듣게 하고, 율에 의거해 참회케 했으며, 봄과 겨울에는 시험을 치러 계율을 지켰는지 여부를 알게 했다. 또한 순사巡使를 둬 지방 사찰에 대한 감독도 강화했다.

자장이 불교계를 숙청하고 교단체제를 재정비해 나갈 때의 중심 사찰은 황룡사로 당시 신라 최대의 호국사찰이었다. 전사자의 명복을 빌기 위한 팔관회八關會도, 호국적인 성격이 짙은 백고좌회도 황룡사에서 주로 개최했다. 국통이자 황룡사의 주지이기도 한 자장은 황룡사를 성지로 만들기 위해 무리한 일을 꾸몄다.

대야성 함락 후 여왕에 대한 비판적인 여론이 대두된 상태였다. 자장은 여왕을 교묘히 두둔했다. 백성들에게 신라 왕실이 부처님과 같은 찰리종利利種이라는 설을 유포해 왕실 혈통의 신성함을 강조했다. 여기까지는 좋았다. 자장은 여왕을 부추겨 황룡사 구층목탑 건립이라는 대토목공사를 준비하고 있었다. 부처의 뼈인 불사리를 넣은 거대한 탑을 만들어 대야성 패전으로 인해 흐트러진 백성들의 마음을 하나로 통일해야 한다고 주장했다.

물론 불사리를 봉안한 탑이 여왕과 백성들의 마음에 위안을 주는 것은 사실이다. 위기의 순간일수록 채색이 절대적으로 필요하다. 하지만 신라 군부를 이끌어가던 장군들의 시각은 달랐다. 그것은 어디까지나 국력을 탕진하는 건축이었다. 그들에 보기에 현실 감각이 없는 지도자가 통치하는 신라는 희망이 없었다.

백성들은 이미 전쟁터에 아버지와 남편, 아들을 보냈다. 돌아온 자는 많지 않았다. 백성들은 무거운 세금에 짓눌리고 있었다. 생산된 곡물을 나라에 모두 바쳐 굶주렸고, 그 주린 배를 움켜쥐고 황룡사 목탑 수축에 들어갈 목재를 자르고 운반하는 일에 나서야 했다.

한 명이라도 더 무장시켜 전선에 투입해 백제군의 낙동강 도하를 막아야 하는 군인들로서는 여왕의 행동을 이해하기 힘들었다. 도대체 위기에 처한 신라를 구해낼 수 있는 것은 군사력인데 그 기층이 되는 백성들을 군사와 관련 없는 일에 축내고 있었다. 전쟁이 만성화된 시기에 여왕에게 가장 큰 영향력을 행사하는 사람은 군부의 장군들이 아니라 자장이란 승려였다.

『삼국사기』와 『삼국유사』에 동시에 보이는 알천과 필탄弼呑은 당시 신라 군부의 수장이었다. 636년 5월 두 장군은 현 경북 성주 부근의 옥문곡玉門谷에 잠복하고 있던 백제군을 찾아내 전멸시킨 바 있다. 특히 필탄은 647년에 여왕에게 정면으로 반기를 들었던 귀족회의의 의장 상대등上大等 비담毗曇과 동일인이었을 가능성이 높다.

신라 삼보三寶의 하나인 황룡사 목탑
자리에는 현재 초석만이 남아 있다.
643년 당나라에서 유학을 마치고 귀국한
자장의 요청으로 건조됐다.
645년 처음 건축을 시작해 그해 4월 8일에
찰주를 세우고 이듬해 완공했다.

황룡사 구층탑지 심초석 안에서 출토된
「신라황룡사찰주본기新羅皇龍寺刹柱本記」에는
태종무열왕 김춘추의 아버지 김용춘이 감독을
목탑공사 감독을 맡았다고 기록되어 있다.

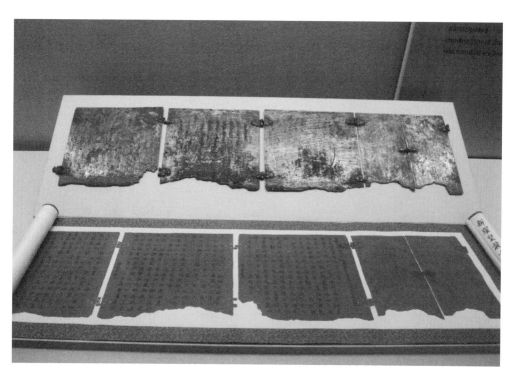

선덕여왕 때에 축조된 것으로,
위는 네모지고 아래는 둥근 모양이며
높이는 19척5촌, 위의 원 둘레가 21척6촌,
아래의 원 둘레가 35척7촌이며
중간 이상이 위로 뚫려서
사람이 그 속으로 오르내리며
별을 관측했다는 기록이
현존하는 실물과 일치한다.

태종의 '여왕 퇴위' 발언은 신라에 당장 퍼지지 않았다. 하지만 결국
엔 모든 사람이 알게 됐다. 태종을 만난 사신이 여왕 폐위론을 신라에
전했다고 생각하지는 않는다. 문제는 사실을 알고 있던 그 아랫사람들
이었다. 수행원들이나 종자들을 통해 말이 퍼져나갔고, 나중에는 가서
여왕을 제외한 모든 사람이 아는 공공연한 비밀이 됐다.

당 태종의 발언은 4년 후 신라 조정을 분열시켰다. 군부 내에 지분
이 적었던 김춘추와 김유신 일파는 여왕을 지지했고, 군부를 장악하고
있던 기성세력인 비담과 염종 등은 여왕을 폐위시키려 했다.

제3부

연개소문과
태종의 전쟁

50

당나라,
'무한전쟁'에
불을 붙이다

제국의 오만

구원 요청을 한 신라 사신이 다녀간 직후 당 태종은 고구려에 사신을 보냈다. 가만히 두면 신라가 그해 겨울을 넘기지 못할 수도 있다는 직감에서였다. 시간이 촉박했다. 연개소문은 신라를 분할 점령하기 위해 백제와 손을 잡은 상태였고, 두 나라가 신라를 협공할 시점이 임박했다.

643년 9월께 장안을 출발한 당나라 사신 상리현장은 그해 초겨울에 요하를 건넜다. 국경인 요하의 소택지, 이른바 요택을 넘어서자 연개소문이 이미 신라 북쪽 변경에 위치한 성 2~3개를 함락시켰다는 소식이 들려왔다. 상리현장이 평양에 도착했을 때 연개소문은 남쪽 전선에 가 있었다.

고구려 보장왕을 만난 상리현장은 태종의 서한을 전했다. 『삼국사기』는 그 내용을 다음과 같이 기록하고 있다. "신라는 우리 당나라 왕조에 충성을 다짐하며 조공을 그치지 않으니, 고구려와 백제는 마땅히 군사를 거둬야 한다. 만약 다시 신라를 공격하면 군사를 내어 너희 나라를 칠 것이다."

백제의 의자왕도 같은 내용의 서신을 당나라 사신을 통해 받았다.

그는 신라 침공을 포기했고, 태종에게 사과 서한까지 보냈다. 하지만 당나라와 국경을 접한 고구려는 달랐다.

실질적인 결정권자는 보장왕이 아니라 사령관 연개소문이었다. 그는 신라 전선에서 당 사신의 도착 소식을 들었고, 보장왕의 소환장을 받고 평양으로 들어왔다. 둘은 대면했다. 상리현장이 먼저 태종의 말이라 하며 신라를 더 이상 공격하지 말라고 했다.

연개소문의 답변은 『자치통감』에 나온다. "옛날 수나라가 고구려를 침공했을 때 신라는 요동에 전력이 집중된 상황을 이용해 고구려의 남쪽 영토 500리를 탈취했다. 신라가 그 영토를 돌려주지 않으면 이 전쟁은 멈출 수 없다."

매우 의미심장한 말이었다. 수가 통일을 이룩한 589년 직후 고구려는 신라의 영토를 침공했다. 온달 장군은 강원도 영서 지역을 차지하고 현 충북 단양까지 진격했다.

하지만 612년 이후 수나라 대군이 고구려를 침공하자 신라가 상실한 땅을 차지하기 위해 북진했고, 강원도 지역 대부분을 수복했다. 서북에서 고구려와 중원 통일왕조 사이에 전쟁이 일어나면 신라는 언제나 고구려의 남쪽 지역을 침탈했다.

당이 향후에 고구려를 침공하면 수나라 때처럼 신라가 고구려의 남쪽 영토를 다시 침공할 것이 확실했다. 요구를 들어준다고 한들 당이 고구려를 침공해오지 않는다는 보장이 없었다. 마침 그 직전에 태종은 자신이 한 타국과의 약속을 지키지 않은 신용불량자가 돼 있었다.

앞서 642년 10월 설연타에 잡혀간 부하 글필하력을 빼내오기 위해 태종은 이남 칸에게 자신의 딸 신흥공주를 주겠다고 약속한 바 있었다. 이듬해인 643년 6월 이남 칸이 조카 돌리를 시켜 결혼을 약조하는 사주단자와 함을 보냈다.

어마어마한 패물이 따라갔고 말 5만 필, 소와 낙타 1만 두, 양 10만

마리가 예물로 증여될 것이 약속됐다. 또한 음식을 준비해간 돌리설이 태종과 그 신하들을 위해 화려하고 풍성한 잔치를 베풀었다. 당과 설연타의 국혼을 만방에 알리기 위해서였다.

하지만 자신의 딸을 이역만리 몽골에 볼모로 보내기 싫었던 태종은 꼼수를 부렸다. 사자를 시켜 이남 칸에게 친영親迎의 예를 하라는 내용의 서신을 전했다. 사위가 될 사람이 신부를 데리고 가기 위해서는 신부의 아버지를 직접 만나 인사하는 의식을 가져야 한다는 것이다.

이남 칸이 장안까지는 올 수 없었으므로 설연타와 인접한 당의 변경 도시인 영주(링우)에서 만나자고 했다. 이남 칸은 영주에 가기로 마음먹었다. 하지만 문제는 다른 곳에서 터졌다. 이남 칸이 태종에게 빙례聘禮를 치를 때 예물로 바치기 위해 휘하 여러 부족에게서 거둬들인 가축들이 사막을 건너 영주 방면으로 향하다 과반이 죽었고, 약속 기한도 놓쳤다.

태종에게는 혼례를 거절할 수 있는 명분이 생겼다. 예물이 다 갖춰지지 않았는데 그들과 통혼을 한다면 다른 융적이 당나라를 가볍게 보리라는 것이었다. 태종은 파혼을 선언했다.

당시 저수량은 태종에게 이렇게 간언했다. "근래 설연타와 혼인할 것을 허락했는데 서쪽으로는 토번에게 알리고 북쪽으로 아사나사마에게도 전했으며, 중국의 어린아이도 이를 모르는 사람이 없습니다. (…) 모두가 말하기를 폐하께서 백성들을 편안하게 하고자 아끼는 딸을 오랑캐 왕에게 보낸다고 했습니다. 그런데 하루아침에 이를 물리시니 신은 국가의 명성에 누가 될까 두렵습니다. 저 나라(설연타)는 속임을 낭했다는 화를 쌓아둘 것이고, 백성들은 약속을 어겼다는 부끄러움을 가슴에 품을 것입니다."『자치통감』

저수량은 당나라의 대외 신인도 하락을 걱정했다. 지금까지 태종이 힘을 키워올 수 있었던 것은 융적들에 대한 철저한 약속 준수 때문이기

제국의 오판

369

도 했다. 어려운 상황이라도 신의칙을 지키는 것이 적의 숫자를 확실히 줄여왔던 것이다.

변칙적인 파혼으로 이제 주변 나라와 민족들이 태종의 말을 믿지 않을 것이고, 그들에 대한 태종의 종용은 힘을 잃을 것이다. 그러면 이제 힘으로 모든 것을 해결해야 한다.

미래에 일어날 일들이 불 보듯 뻔했다. 대부분의 신하들이 만류했다. 『자치통감』은 이렇게 전한다. "국가는 이미 그에게 혼인할 것을 허락하고 그의 빙례에 따른 예물을 받았으니 융적들에게 신의를 잃어서 변경지대에 걱정거리가 생기게 해서는 안 됩니다."

태종은 신하들에게 옛것을 알면서 지금의 것을 모른다고 힐책하면서 단호하게 말했다. "옛날 한나라 초기에 흉노가 강하여 비단과 자녀들을 그들에게 바쳤소. 하지만 지금 중국이 강하고 융적이 약하오. 우리 보병 1만으로 흉노(유목민 기병) 수만을 칠 수 있소. 설연타가 엎드려 고개를 조아리는 것도 이 때문이오."(『자치통감』)

당시 군부의 수장 이세적이 이끄는 당나라 군대는 강력했다. 이정이 만들어낸 진법에 따라 훈련된 보병과 당에 포획된 돌궐 기병들의 절묘한 결합은 새로운 개념의 군대를 만들어냈다. 완만한 진법을 사용하는 보병의 장점과 속도가 빠른 유목민 기병의 장점이 결합해 전력의 상승효과가 극대화된 무적의 군대였다. 전근대 중국 군대의 전력이 이 시기만큼 절정에 달한 적도 없었다.

절대 군사력을 보유하게 되고 주변에 위협적인 세력이 사라지자 태종은 오만해졌다. 연개소문도 태종이 뭔가 성급한 사람으로 변했다는 것을 직감했다. 신라 침공을 중지하라는 태종의 종용도 따를 필요가 없다고 생각했다. 믿을 수 없는 중국 황제의 말을 듣다가 무슨 봉변을 당할지도 모른다.

이런 점을 감안하면 우리는 연개소문을 강경론자로만 몰아붙일 수도 없다. 연개소문은 앞서 수나라 때부터 조공국이 중국 왕조에 대해 예로써 접대해도 이런저런 이유로 어려움에 처하고 멸망으로 내몰린 사례를 알고 있었다.

황제의 덕화는 관념적이라 경계가 없기 때문에 항상 또 다른 국가에 의한 병탄의 위기에 방치됐다. 그러므로 주변 나라들은 중국 이외의 세력과도 외교관계를 갖고 때로는 군신관계를 맺었다. 과거 신라와 고구려, 백제와 왜, 신라와 백제의 관계도 그러했다.

643년 9월 직전에 서로 숙적이었던 고구려와 백제가 신라 분할 점령을 목적으로 군사동맹을 체결한 것은 설연타 이남 칸이 당 태종에게 사기당한 것에 자극을 받아서였는지도 모른다. 고구려의 새로운 실권자 연개소문과 백제의 새 국왕 의자왕의 결합은 아무도 믿을 수 없는 무한 경쟁의 시대가 도래했다는 것을 의미하며, 그것은 '제국의 오만'을 경계하는 움직임이기도 했다. 645년 요동에서 당과 고구려의 전쟁이 한창일 때 연개소문이 설연타의 이남 칸에게 도움을 요청할 수 있었던 것도 이러한 이유에서였다.

51

643년,
당과 고구려가
격돌하다

전쟁으로

643년 말 당나라 사신 상리현장은 고구려에서 살벌한 겨울을 보냈다. 전쟁이 임박한 것을 직감한 고구려인들의 눈빛이 달라졌다. 전마들이 국가의 목장에 집결했고, 동원령이 내려졌고, 군구軍區 별로 병사들이 모여 훈련을 받았다. 군수 물자들이 산성 창고로 옮겨지느라 모든 간선도로는 북새통이었다. 상리현장은 이듬해 정초 즈음 평양을 떠나 귀국길에 올랐다. 봄이 왔는데도 등골이 오싹하고 추웠다. 자신이 연개소문에게 들은 말을 그대로 전하면 당 태종의 결정에 어떠한 영향을 미칠지 불 보듯 뻔했다.

돌아가는 길 압록강을 건너고 요동성에서 투숙하며 잠을 청할 때도 그 걱정뿐이었다. 마음이 천근같이 무거웠다. 왜 하필 자신이 연개소문에게 최후통첩을 했고, 태종에게 결전을 결심하게 하는 말을 전하게 됐는가. 얼마나 많은 사람이 아비와 남편 그리고 자식을 잃을 것인가. 불과 32년 전 이곳 고구려에서 30만 명의 수나라 젊은이가 목숨을 잃었다.

644년 2월 상리현장이 당나라 장안 궁정에 도착했다. 그는 태종을 만나 연개소문의 말을 정직하게 전했다. 듣고 있던 태종의 얼굴에 화기가 서렸다. 그가 말했다. "이제 천하가 안정된 바에 오로지 고구려만이 불복하고 있다. 그들은 병사와 말이 늘어나고 힘이 강해지자 신하의 도를 저버리고 주변 나라들에 대한 토벌을 일삼고 있으니 바야흐로 난이 시작된 것이다. 짐은 이제 고구려를 처단해 후환을 없애고자 한다."

나이 오십 줄에 든 태종은 오직 자신의 보위를 이을 태자 이치만을 염려했다. 고구려가 나중에 우환이 될 것이라 생각한 그는 자신이 살아 있을 때 모든 일을 처리해야 한다는 강박관념에 사로잡혔다. 누가 봐도 전사국가 고구려와의 전쟁은 이익이 되지 않는 일이었다. 저수량이 태종에게 완곡하게 간언했다.

"폐하께서 깃발을 휘둘러서 가리키자 중원이 깨끗하고 편안해졌으며, 돌아보니 사방의 이적夷狄이 위엄이 두려워 복종하고 바라는 바가 큽니다. 지금 마침내 바다를 건너 멀리 가서 기한을 정해놓고 작은 오랑캐를 정벌하다가 이긴다면 오히려 좋겠습니다만, 만일에 차질이라도 생긴다면 위엄과 기대가 손상됩니다. 한 번 싸워서 승리하지 못하면 필히 다시 군사를 일으킬 것이며, 분한 마음으로 싸우게 될 것입니다. 분병忿兵을 일으키면 승리를 보장할 수 없습니다."(『신당서』「저수량전」)

저수량의 지적은 이전에 수나라가 끝내 고구려를 굴복시키지 못하고 내란으로 멸망했던 일을 연상케 했다. 전쟁의 참화를 아는 자는 전쟁을 결정하기 쉽지 않다. 수나라 말의 동란기에 청춘을 보낸 태종이었다. 저수량의 말을 들은 태종의 마음이 흔들렸다. 그러자 군부 수장인 이세적이 입을 열었다. "병부상서 이세적이 말하기를 최근에 설연타가 변경을 침범했을 때 폐하는 필시 추격하고자 했으나, 그때 폐하가 위징의 말을 들어 기회를 잃었습니다. 만약 폐하가 계책대로 했다면 설연타 놈들은 하나도 살아서 돌아가지 못했을 것이며, 변방은 50년간 무사했을 것입니다."(『구당서』)

태종이 말했다. "그렇소. 위징의 실수였소. 짐은 후회했소." 이세적의 말 한마디는 태종이 고구려와의 전쟁을 강행하는 데 큰 힘이 됐다.

현재로 말하자면 국방부 장관인 병부상서 이세적의 발언은 당나라 군부의 목소리이기도 했다. 당나라 군부는 건국 이래 끝없는 전쟁으로 존재 가치를 입증한 사람들이다. 전쟁이 없으면 그들의 존재 가치는 사라진다. 전쟁은 군인들이 살아가야 할 터전이었다. 군인의 숙명이었다.

당 제국은 팽창 과정에서 체질이 이미 육식동물과 같이 변해 있었다. 태종의 젊은 시절 국내 할거 세력을 평정하는 통일전쟁으로 시작해서 사상 유례가 없는 북방 이민족 지배를 성공적으로 실현한 데 이어 서역으로 토욕혼과 고창을 정벌해 잦은 외정을 치렀다. 이뿐만 아니라 원정 거리를 보더라도 수나라 때보다 범위가 훨씬 넓었다.

이를 가능케 한 것은 630년 돌궐 제국이 붕괴된 직후 당에 항복해 온 10만 이상의 유목민들이었다. 강력한 기동성과 무력을 보유한 그들은 당나라에 포획된 전쟁기계들이었다. 태종은 그들을 몰아 제국의 팽창을 지속했다. 유목전사들이 참여하지 않은 전쟁은 생각할 수 없을 정도로 그들은 당 제국 군사체계의 필수적인 부분으로 자리 잡았다.

그들은 글필하력과 같이 태종 주변에 있던 유목 수령들의 휘하에 있었다. 유목 수령들의 발언권과 영향력 정도는 그들이 거느린 유목민 전쟁기계들의 규모에 따라 달랐다. 수령들이 존재하는 한 대외전쟁은 유목민들의 단결과 전리품 획득의 기회로 여겨졌음에 틀림없다. 군부 수장인 이세적은 물론이고 유목 수령들은 전쟁을 우선하는 강경책을 지지할 수밖에 없었다. 태종은 유목민의 사회 생리, 현재의 이민족 지배 체제, 그리고 국내의 사정 등 여러 측면을 고려한 끝에 결국 국가 전략상 외정의 필요성을 인정하고 최종적인 결단을 내렸다. 고구려 전쟁의 감행 결정도 이와 같은 구조 속에서 이뤄졌다. 제국 경영 전략의 하나였다. 제국 휘하의 전쟁기계는 외부와 전쟁을 지속하지 않을 경우 내부를 향해 폭발할 수도 있는 존재였다.

당 제국은 자신의 통치 아래 들어와 있는 유목 부족들 사이에 전쟁을 허용하지 않았다. 유목 부족들의 전쟁 욕구를 충족시켜 주기 위해서는 이들에게 약탈의 기회를 마련해줄 필요가 있었다. 그것은 중국 변방에 대한 침구를 피하는 길이기도 했다. 결국 태종은 변경의 평화를 목적으로 하는 팽창정책을 추진하지 않을 수 없었고, 유목민들은 전쟁 때마다 빠짐없이 참여했다.

태종이 고구려 전쟁에 자신이 직접 종군하겠다고 선언하자 분위기가 완전히 얼어붙었다. 그것은 고구려 전쟁에 친정한 수 양제의 실패를 상기시키는 정도가 아니라 완전한 판박이였다. 인간은 과거의 잘못을 피하려 애쓰지만 결과적으로는 그 과거를 되풀이한다. 그것은 바로 구조의 문제이기 때문이다. 태종의 종군은 또한 국제 역학관계에서 고구려가 통일된 중원왕조와 공존하기 힘든 강력한 존재였음을 의미한다.

고구려의 선제공격

특정 국가 간의 전쟁이 되풀이되는 것은 국제 역학구조가 중요한 원인으로 작용하기도 한다. 644년 고구려가 당을 선제공격한 듯 보이는 기록이 있다. "고구려가 무리를 이끌고 영주도독부에 침입해 노략질하므로 장검이 병사들을 거느리고 그들을 격파했다."(『신당서』 「장검전張儉傳」) 『책부원귀』 「장수부」에도 기록된 이와 같은 사실은 그동안 큰 주목을 받지 못했다.

하지만 고구려가 당을 선제공격했다는 주장을 사실로 인정하는 데에도 문제가 있다. 첫째, 『신당서』에서는 644년 7월 장검의 고구려 침공 원인을 '신라가 자주 구원을 요청해서'라고 기술하고 있다. 둘째, 양국 간의 긴장감이 흐르던 644년 고구려가 선제공격을 했다면 『자치통감』이나 『구당서』 『신당서』 제기에 그 기록이 보여야 하지만 그렇지 않다.

셋째, 연개소문은 전쟁을 피하기 위한 외교를 했고, 마지막으로 644년 9월에 미인을 태종에게 바치기도 했다. 고구려 선제공격설은 그 노력들과 상충된다.

과거 고구려가 수나라를 선제공격한 적은 있다. 598년 2월 고구려가 말갈 기병 1만을 동원해 요서를 침공했다. 그해 수 문제가 30만 대군으로 보복전쟁에 나섰다. 하지만 동·서돌궐이 수를 침공해 요하에서 초원으로 군대를 돌려야 했다. 고구려가 유목민을 이용해 수군의 발목을 잡은 듯하다. 이는 645년 당 침공기에도 재현된다. 유목 제국과 연화連和하는 고구려는 수·당 제국의 입장에서 위험한 존재였고, 그것이 수·당이 고구려를 침공한 구조적 원인이었던 것으로 여겨진다.

52

당군의 탐색전

644년 7월 23일 요동 정찰을 위한 선발대 파견 명령이 떨어졌다. 영주 도독 장검에게 그 임무가 맡겨졌다. 그냥 정찰대가 아니었다. 전초전을 치러 적의 전력 상태를 살펴보는 것이었다. 첫 싸움의 희생타가 되기 쉬운 실험용 병력이었다.

"영주 도독 장검 등을 파견해 유주와 영주 두 도독의 병사와 거란·해·말갈족들을 인솔해 먼저 요동을 공격, 고구려의 군세가 얼마나 되는지 관찰하게 했다."(『자치통감』)

고구려와 대치하고 있는 최전방이 바로 영주인지라 어쩔 수 없는 조치였다고 해도, 장검은 자신이 운이 없는 사람이라 생각할 수밖에 없었다. 아무런 지원 없이 단독으로 요택을 넘는 것은 거의 불가능에 가깝다. 넘어가더라도 사나운 고구려 군대를 만나면 전멸할 수 있다.

장검은 도독부의 중국인 병사들과 거란·말갈·해 수령들이 이끄는 병력들과 함께 영주를 떠났다. 그곳을 벗어나면 사람들이 거의 살지 않는 버려진 허허벌판이었다. 요서의 대부분은 고구려와 당나라 간의 완충지대였다. 양국 간의 긴장이 팽팽한 시기 그곳에서는 고구려 군대가 영주(차오양)에 있는 높이 45미터의 북탑.
북위 때 만들어져서 수·당을 거쳐 요나라 대에도 보수·증수됐다.
세상의 끝 고구려로 향하던 병사들은 북탑에 무사 귀환을 기원했다.
영주는 수·당의 영주도독부가 위치했던 곳으로,
고구려의 습격을 자주 받았다.

각지에 잠복하고 있었다. 언제 공격받을지 모르는 위험지대였다.

장검은 직선으로 행군하지 못하고 이리저리 둘러 갔다. 목표는 현재의 베이전北鎭 남쪽 타이안台安 일대에 위치한 것으로 보이는 회원진懷遠鎭 부근이었다. 그는 비가 내리는 가운데 요하 부근에 도착했다. 광활한 소택지가 있었다. 남북 길이가 약 300리, 동서 너비는 200리의 요택은 아득히 넓은 갈대 평원이었다. 늪지로 된 평원은 거미줄 같은 하천망이 있고, 버드나무와 수초들이 무수히 자라나는 진펄이었다.

종횡으로 크고 작은 호수와 늪이 끝없이 펼쳐진 이곳에는 유일한 길이 있었다. 그것은 고구려 군인들이 군사용으로 만들어놓은 좁은 길이었다. 길목마다 함정이 있고, 적군이 매복하고 있을 터였다.

물은 점점 불어나고 있었다. 장검은 엄두가 나지 않았다. 함께 온 거란과 해 그리고 말갈 수령들의 눈빛도 달라져 있었다. 갈대가 무성한 늪지에서 수령들이 이끄는 기병은 무용지물이었다. 아무런 명분도 없는 남의 싸움에서 목숨을 잃겠다고 생각했으리라.

장검이 도착한 것을 감지한 고구려 병사들이 벼르고 있을 것이 뻔했다. 그는 앞서 영주를 침공한 고구려군 수천을 죽이거나 사로잡았다. 장검은 무서워서 요택을 건널 수 없었다. 그는 장안에 파발을 띄워 물이 불어 건너지 못하는 상황을 태종에게 보고했다.

"태종이 장차 요동을 정벌하려고 장검을 시켜서 번병을 거느리고 먼저 나아가도록 하니, 장검이 각지를 돌아서 요서에 도착했으나 강(요수)이 넘쳐 오랫동안 건너지 못했다. 황제는 장검이 적을 두려워하고 무기력하다고 생각해 소환했다."(『신당서』「장검전」)

그 와중에 9월 25일 연개소문이 파견한 고구려 사절단이 장안에 도착했다. 그들은 상당량의 은을 들고 왔다. 당과 전쟁을 피해보려던 연개소문의 마지막 비책이었다. 막대한 양의 은이었을 것이다.

이미 전쟁을 결정한 당 조정은 은을 거부했다. 태종은 사신들을 불

요하 부근의 늪지대인 요택의 현재 모습.
644년부터 645년까지 당군은 두 차례에 걸쳐
이곳을 통과하는 소규모 정찰작전을 전개했다.
고구려는 당군이 이곳을 통과해 공격할 것이라고 보고
회원진과 요동성 부근에 방어력을 집중했다.

러 말했다. "영류왕을 섬긴 신하들인 너희가 왕을 죽이고 집권한 연개소문을 위해 나를 속이려 한다. 죄가 크다."

사절단은 대리시에 넘겨져 감금됐다. 고구려에서 장안으로 오면서 당군의 이동 경로와 당의 현지 상황을 모두 목격한 그들을 그대로 돌려보낼 수는 없었다.

10월 14일 태종은 동쪽 낙양으로 향했다. 11월 2일 낙양에 도착한 그는 요택에서 온 장검을 만났다. 요하를 건너 고구려에 들어가지 못한 장검은 면피를 하기 위해 요택에 대한 상세한 상황을 보고했다. "지형의 험한 곳과 물이나 풀이 좋고 나쁜 것을 갖춰 진술하자 황상이 기뻐했다."(『자치통감』)

1125년 금나라에 사신으로 다녀온 북송北宋의 허항종許亢宗은 그의 『봉사행정록』에서 요택을 이렇게 묘사하고 있다. "가을과 여름철에 모기 떼가 욱실거려 밤이나 낮이나 소와 말이 이곳을 지나지 못했다. 행인은 저마다 두껍게 옷을 입고 가슴과 배를 또 옷으로 둘러싸야 했다. 앉아서 숙대를 태워 연기를 피우니 좀 괜찮았다."

명나라 말기의 기록에도 "수해가 많아 역참驛站과 돈대를 빼놓고는 인가가 아주 드물어 사방으로 바라보면 연기 나는 곳이라곤 없는데 오로지 갈대들이 바람에 서로 비비적거리는 소리만 들려왔다"고 하고 있다. 3세기 삼국지三國志 시대에 요택 동남부의 험독 현과 방 현이 폐기된 뒤로 19세기 청나라 말기에 타이안이 설립될 때까지 1600여 년 동안 요택 지역에는 현과 주가 없었다. 줄곧 사람들에게 포기된 그냥 황량한 지대였다.

645년 2월 태종의 사촌 동생인 도종이 요택을 건너 정찰 임무를 수행하겠다고 자청했다. 도하 지점은 장검이 건너지 못한 회원진 부근이었던 것으로 보인다. 『신당서』「도종전」를 보면 도종은 기병으로 이뤄진 100명의 특공대를 조직해 작전 지역으로 향했다.

그들은 20일 만에 돌아올 것을 기약했다. 병력 수가 적어 요택을 지나갈 때 고구려에 발각되지 않아 요택의 지세와 고구려 군대의 배치를 기록할 수 있었다. 귀환하려던 차에 고구려군에 발각돼 퇴로가 차단됐다. 추격전이 시작됐고, 소동이 벌어졌다. 요동에 당군이 출현했다는 소식이 전 고구려에 퍼져 수뇌부의 귀에도 들어갔다. 도종 일행은 천신만고 끝에 요택의 사잇길로 빠져나와 약속한 기일에 귀환했다.

회원진은 요동성에서 요하를 건너 바로 요서가 시작되는 지점에 위치해 있다. 33년 전 수 양제도 회원진 부근을 돌파해 요동성으로 쳐들어왔다. 그곳에 대한 두 차례에 걸친 도발은 고구려의 당군 접근로 판단에 결정적인 영향을 미쳤다. 거기다 고구려군은 645년 4월 이세적이 이끄는 당나라 주력군이 회원진으로 온다는 정보를 입수했다.

고구려는 회원진과 요동성 부근에 방대한 방어망을 구축했다. 태종과 이세적이 노린 것은 바로 이것이었다. 요하 도하작전의 비밀에 대해서는 요택과 요동을 정찰했던 장검도, 도종도 몰랐다. 이세적은 누구도 생각하지 못한 다른 곳에서 요하를 건넜다. 접근로를 잘못 판단한 고구려는 치명적인 상황을 앞두고 있었다.

당나라 내부에서도 전쟁을 반대했다

644년 11월 낙양에 도착한 태종은 이전 수나라 때 고구려 전선에 종군한 경험이 있던 퇴역 장군 정원숙鄭元璹을 불렀다. 그는 황제 앞에서 이렇게 말했다. "요동까지 길은 멀고 양식의 운반도 어렵습니다. 고구려인들은 성을 잘 지켜 이를 급히 함락시킬 수 없습니다."(『자치통감』)

그는 늙어 아무것도 바라는 것이 없었다. 고구려에서 수많은 부하를 잃은 사람의 충언 어린 말이었다. 하지만 태종은 그 말을 귀담아듣지도 않고 이렇게 대답했다. "오늘날은 수나라와 비교할 바가 아니오."

12월 태종이 떠난 낙양에 남아 수도권 경비를 담당하던 우위대장군 이대량이 죽었다. 그는 죽기 전 태종에게 고구려 원정군을 철회하라는 서신을 남겼다. 두 사람은 이 전쟁이 어떠한 결과를 가져올지 잘 알고 있었던 것 같다.

태종의 고구려 침공 결정은 전 세계에 알려졌다. 티베트의 손챈감포와 파미르 고원 너머의 서돌궐 칸의 귀에도 들어갔다. 서돌궐이 644년 9월 실크로드의 오아시스 국가인 언기를 차지한 것도 이 때문이다. 고구려와의 전쟁 패배와 이어진 내란으로 수나라가 멸망한 것을 지켜본 사람들은 그것이 당나라에도 재현되지 않을까 생각했다.

53

보급이 필요 없는
유목민 기병을
동원하다

요하 방어선의
붕괴

644년 11월 2일 낙양에 도착한 태종은 병력 파병의 구체적인 조직 결정과 주요 지휘관에 해당하는 총관 16명을 인선하는 작업에 들어갔다. 앞서 태종은 농민을 징집해 고구려 침공에 나섰다가 실패한 수나라 양제의 전철을 밟지 않기 위해 중국 한족들을 징집하지 않았다. 단 종군을 원하는 지원병을 모집했다.

태종의 1차 고구려 침공만큼 다양한 종족을 동원한 전쟁도 없었을 것이다. 핵심 전력으로 한족이 아닌 돌궐·거란·해·말갈 등 유목민 기병들을 대거 참여시켰다. 그들은 누구도 따라가지 못하는 기마 전력을 가졌을 뿐만 아니라 보급도 자체 해결할 수 있었다.

이윽고 24일 태종은 고구려 침공을 위한 행군조직 인사를 단행했다. 형부상서 장량張亮이 평양도平壤道 행군대총관에 임명됐다. 그는 해군을 맡았다. 휘하에는 강주江州(장강 유역), 회주淮州(회하 유역), 영주嶺州(남령 이남), 협주峽州(삼협지구) 등 4만이 배정됐다.

그들은 주로 중국 중남부 지역의 병사들로 물에 익숙했다. 산둥 라이저우來州의 해군기지에는 500척의 전함이 그들을 기다리고 있었다. 해군들은 전함에 승선해 요동반도의 서쪽 끝인 고구려의 비사성_{卑沙城}을 점령하고 그곳을 근거지로 삼아 요하·압록강·대동강 어귀에 상륙하거나 그곳에 도착한 당군에게 보급할 계획이었다.

당 군부의 수장인 이세적은 요동도 행군대총관에 임명됐다. 그는 육군을 맡았다. 휘하에는 보병과 기병 6만이 배치됐다. 그들은 북부의 중국인 젊은이들로 유목지대와 인접한 곳 출신 병사들일 가능성이 높다. 그리고 고구려 침공의 핵심 병력으로 난주와 하주_{河州}(지금의 간쑤 성 린샤_{臨夏})에 거주하는 돌궐계 유목민 기병들이 그를 따라왔다.

2개 주의 돌궐 기병을 이끌었던 것은 글필하력·아사나미사 2인이었다. 돌궐 기병은 그들 휘하의 부락민이었다고 볼 수 있다. 그 외에도 아사나미사 등도 휘하의 부락민을 이끌고 참전했다. 조주 방면에 있던 사타족 수장 발야의 묵리군도 참전했다. 물론 장검이 이끄는 거란·해·말갈 등의 기병들도 종군했다. 도합 6만 이상의 병력이었던 것으로 보인다.

유목민 기병들은 앞서 언급한 것보다 더한 강점도 갖고 있었다. 바로 인적 희생에 무관심하다는 것이었다. 이런 이유로 전쟁을 하다 죽든 굶어 쓰러져 죽든 태종은 신경 쓸 필요가 없었고, 함께 작전을 수행하는 중국인 병사들 역시 마찬가지였다. 단지 고구려에서 그들의 약탈 욕구만 채워주면 됐다.

모든 육군 병력은 영주(차오양)에 집결했다. 645년 2월 유주를 출발한 이세적이 다음 달 영주 유성에 도착했을 때 전군이 집결해 있었다. 중국인들은 기병과 보병 혼성으로 구성돼 있었고, 돌궐·거란·해·말갈 등은 모두 기병이었으며, 기수 1명당 4필 성도의 전마를 보유했던 것으로 보인다. 엄청난 수의 말이었다.

고구려로 향하는 진군 날짜를 음력 3월로 잡은 것도 그 시기부터 남만주 들판에 말들을 먹일 수 있는 풀이 본격적으로 돋아나기 때문이었을 것이다. 이 때문에 행군시 병력을 넓게 분산해야 했다. 사람도 먹어

야 하지만 말들도 먹어야 하기 때문이었다. 곡물로 환산하면 말 1필은 사람의 12배를 먹는다.

고비사막의 흙먼지가 상승기류를 타고 올라온 황사가 하늘을 누렇게 물들이는 건조한 봄 3월 9일이었다. 태종은 정주定州(지금의 허베이 성 바오딩保定)에서 정식으로 고구려와의 전쟁을 선포했다. 고구려는 중국 역사에 박힌 가시이니 그것을 빼내야 한다는 것이었다. 그 내용을 『자치통감』은 이렇게 전한다.

"요동은 본래 중국의 땅인데 수나라가 네 번의 군사를 일으켰으나 실패했다. 지금 동방을 정벌해 중국 병사들의 원수를 갚고자 한다. 사방이 평정됐는데 오직 이곳(고구려)만이 버티고 있다. 짐이 더 늙기 전에 그대들의 힘을 써서 고구려를 빼앗고자 한다."

같은 시기 이세적이 이끄는 당 육군이 영주를 출발해 요동으로 향하고 있었다. 말들이 일으키는 짙은 먼지가 황사에 더해져 들판에 자욱했다. 그들은 연군성 앞에서 대릉하(다링 강)를 건넜다. 영주에서 요동으로 가는 길은 세 갈래였다. 하나는 대릉하 하류 부근의 연군성燕郡城-여라수착汝羅守捉을 거쳐 요하 하류를 건너 한나라 시대의 요대현遼隊縣에 이르는 남도이고, 다른 하나는 연군성-회원진을 거쳐 요동성으로 이르는 중도다. 마지막으로 북도는 연군성에서 북으로 통정通定(지금의 랴오닝 성 랴오중遼中)을 지나 신성新城·현도성 방면으로 가는 길이다.

이세적은 동쪽으로 향했다. 행군은 빠르지 않았다. 회원진을 향해 오는 당군의 거대한 행렬이 고구려군에 포착됐다. 요서 곳곳에 소리 없이 생겨난 고구려군의 봉화에 연기가 치솟았다. 회원진 뒤 동쪽편의 요택 곳곳에 잠복한 고구려군이 그들을 기다리고 있었고, 폭이 넓은 여러 강기슭에서도 당군의 도하를 저지하기 위한 준비가 완료됐다. 당군이 거대한 먼지를 일으키며 가까이 다가오자 긴장감도 더해갔다.

당군이 드디어 회원진 부근에 도착했다. 하지만 이세적은 군대의 방향을 갑자기 동북쪽으로 돌려 통정으로 내달렸다. 고구려군 지휘관들은 속았다는 것을 직감했다. 당군을 막기 위해 회원진 부근에 구축한 방어진지들은 무용지물이 됐다. 당군은 통정으로 가서 요하를 건널 것이 명약관화했다. 하지만 이미 늦었다. 알고도 당할 수밖에 없었다.

"이세적의 군사가 유성을 출발했는데, 형세를 많이 벌려 놓아 마치 회원진으로 나가는 것처럼 숨기면서 용도甬道로 바꿔 고구려가 생각하지 못한 곳으로 나아갔다. 여름 4월 초하루 무술일에 이세적은 통정에서 요수를 건너 현도에 이르니 고구려에서 크게 놀라 성읍마다 모두 문을 닫고 스스로 지켰다."(『자치통감』)

4월 1일 이세적의 육군이 요하를 무사히 건넜고, 회원진 부근에서 급격히 남쪽으로 향했던 장검의 거란·해·말갈 기병대는 강어귀 부근에서 요택을 건너 건안성 부근에 육박했다. 적 기병들의 갑작스러운 출현으로 준비돼 있지 않던 고구려 병사 수천 명이 목숨을 잃었다. '당대조령집'과 '전당문'에 장검과 함께 종군한 이민족 수령들의 이름이 기재돼 있다. 거란족 수령은 어구절於勾折, 해족은 소지蘇支, 말갈족은 이원정李元正이었다.

연개소문이 굳게 믿고 있었던 거대한 자연장애물인 요하를 당군의 주력은 쉽게 넘었다. 고구려의 요하 방어전선은 실질적으로 무너졌다. 이미 도하한 당군과의 싸움에 전력투구해야 했기 때문에 이제 뒤이어 도하할 당 태종 직속 6군을 막을 수 없었다.

54

고구려의
천리장성
무용지물이 되다

현도성 함락

당군의 주력이 천리장성을 동북쪽으로 우회해 돌파했다는 소문이 동아시아 전 지역에 퍼졌다. 소식을 전해 들은 연개소문은 고민에 잠겼다. 이제 태종 직속 6군과 보급부대들이 요하를 넘어오는 것을 막을 수 없다. 14년에 걸쳐 막대한 재력과 인력을 투입해 요하를 따라 건설한 천리장성은 정작 당군이 밀려오자 아무 소용이 없었다.

당의 침략에 대한 두려움이 고구려 지배층으로 하여금 그 거대한 담장을 만들게 했다. 연개소문 자신이 집권하기 이전에 고구려 위정자들은 천리장성 노역에 백성들을 동원하면서 어떠한 적이라도 이 방어선을 넘지 못할 것이라고 선전했다.

하지만 근본적인 문제는 천리장성이 과거 농민으로 구성된 보병 위주의 수나라 군대를 염두에 두고 설계됐다는 데 있었다. 돌궐과 그 외 이민족 기병이 주력이었던 당나라 군대는 속도로 승부했다. 연개소문은 과거 위정자들에게 화가 치밀고, 낭군에 속아 접근로 판단을 제대로 하지 못한 자신에게도 화가 났으리라.

645년 4월 1일 통정을 통해 요하를 도하한 이세적이 이끄는 당군의

선양에서 동북쪽으로 35킬로미터 떨어진
둥링東陵 만탕滿黨에 위치한 석대자石臺子 산성이다.
고구려의 산성으로, 645년 4월 당군의 공격을 받았을 가능성이 높다.

첫 번째 희생물은 유서 깊은 현도성이었다. 요하를 건너 동쪽 고구려로 쳐들어온 군대는 언제나 이곳을 통과해야 했다. 현도성은 한족의 동방 침략과 지배의 거점이기도 했다. 전국시대戰國時代(기원전 403~기원전 221) 연나라가 조선을 견제하기 위해 건축한 요새에서 출발, 한 무제가 조선을 멸시켜 한사군을 세우고 현도군의 치소가 된 뒤 확장 수축된 후 근 800년이 흘렀다.

돌연 출현한 당나라 대군의 위용에 놀란 현도성 사람들은 문을 걸어 잠그고 농성에 들어갔다. 성의 함락 과정에 대해서는 아무런 기록이 남아 있지 않다. 단지 이렇게 짐작은 해볼 수 있다.

10만 필 이상의 말이 일으키는 먼지와 말발굽 진동이 성 안에 있는 사람들을 공포로 몰아넣었다. 성은 금세 기병에 포위돼 외부 지원을 기대할 수 없었다. 석포에서 쏟아지는 돌 세례를 받아 성벽과 건물들이 무너지고 사람들의 절규가 흘러나왔다. 성벽에서 쏟아지는 화살 세례에도 당 보병들은 기세등등하게 방패를 들고 다가왔다. 충차가 현도성의 성문을 부수는 소리가 울려 퍼지면서 당군이 성벽을 기어올랐다. 성문이 부서지자 당군은 개미떼처럼 몰려갔고 대항하던 고구려 병사들은 소모되기 시작했으며, 성에서 연기가 치솟았다.

4월 5일 요동도행군대총관 이세적이 현도성을 접수한 그 시간에 부대총관 강하왕 이도종과 그의 군대 수천 명이 신성 앞에 도착했다. 신성은 지금의 랴오닝 성 푸순撫順의 고이산성高爾山城으로 추정된다. '고이산'은 고려산이라는 뜻이다. 신성은 톈산산맥 줄기가 요동평야와 맞닿는 곳에 위치해 있다. 70~140미터의 여러 야산을 하나로 묶은 산성으로 동성·서성·남성이 있다. 3개의 성으로 방어망이 중첩돼 있다.

가장 높은 장군봉은 평원지대에 우뚝 솟아 있어 결코 낮아 보이지 않는다. 올라가 보면 전망이 탁 트여 있어 접근하는 적들을 아주 멀리서부터 관측할 수 있다. 그 광활한 평원에서 생산된 곡물들로 성의 창고

391

가 채워졌을 것이다. 모체를 이루는 동성은 이 장군봉을 중심으로 좌우로 뻗어 내린 산 능선을 따라 축조됐다. 가운데에 비교적 넓고 완만한 경사면이 있어 주민과 군사가 거주할 수 있는 공간이 있다. 좌우 능선을 따라 성벽이 뻗어 내려와 한곳으로 모아지는 지점에 평지가 잇닿아 있는데 이곳이 성의 주 출입구다.

성에는 물이 풍부하다. 남성에 커다란 연못이 있고, 남쪽에 혼하, 동쪽에는 그 지류인 무서하가 있어 해자 역할을 했다. 요서에서 고구려로 쳐들어오는 적군은 요하 중류를 건너 선양을 지나 이곳에서 곧장 지안으로 갈 수 있다. 고구려도 이곳을 거점으로 서북쪽의 넓은 평원지대로 나갈 수 있었다.

이도종은 절충도위 조삼량을 시켜 신성 성문 앞으로 가서 유세하도록 했다. 고작 기병 10명이었다. 아마도 조삼량은 신성 성주에게 같은 수의 기병으로 모든 사람이 보는 앞에서 대결해보자고 한 것 같다. 신성에서도 같은 수의 기병을 내보내 그들과 대결할 터였다.

대응하면 소규모의 싸움이 일어날 것이다. 하지만 그 승패에 따라 양군의 사기에 크게 영향을 준다. 이미 현도성이 떨어졌다는 비보가 전해진 상황이었다. 고구려군은 불리한 상태에서 아무런 반응을 보이지 않고 성문을 닫고 지켰다. 무엇보다 당군의 본격적인 공격을 막아내기 위한 준비를 서두르느라 신성 사람들은 바빴다.

당군이 근처에 있던 개모성을 공격하기 시작한 4월 15일 이전까지 10일 동안 치열한 싸움이 벌어졌다고 생각해볼 수도 있다. 하지만 신성에서 전투가 벌어졌다는 구체적인 기록은 보이지 않는다. 확실한 것은 신성이 고립됐다고 하더라도 빠른 시일 내에 함락되지 않을 것이라는 점이다.

당군의 입장에서 봤을 때 신성은 너무 덩치가 커 공략이 여의치 않았다. 전력을 집중 투여해 함락시킨다고 하더라도 시간을 지체하면 전쟁 전체에 차질을 가져다줄 것이 뻔했다. 이세적은 신성을 건너뛰기로 했다. 대신 신성에 있는 고구려군이 성문을 열고 나와 뒤통수를 치지 못하도록 그 앞에 상당한 병력을 주둔시켜 견제했다. 그리고 좀 더 만만한 개모성에 병력을 집중하기로 했다. 요하를 이제 막 건너온 당군에게는 일단 여장을 풀어놓을 집과 창고에 있는 식량이 필요했다. 이러한 이세적의 전략을 당시 신성의 고구려 지휘부는 짐작하지 못했으리라.

신성에서 개모성으로 가는 길에는 산이 보이지 않고, 광활한 들판과 언덕 정도의 야산이 눈에 띌 뿐이다. 그러다 산이라 부를 수 있는 것이 하나 나타난다. 신성 쪽에서 진공해오는 적을 막아설 방어진지를 구축할 만한 지형은 이곳밖에 없다. 신성과 개모성은 요하 북방에 하나의 세트를 이루는 방어 거점이었다.

4월 15일 이세적은 돌궐기병을 시켜 개모성 주변을 에워싸게 했다. 그들은 세계 최강의 기병이었다고 단언할 수 있다. 이로써 개모성은 외부로부터 원천 봉쇄됐다. 수만 명의 병사와 성민은 그들에게 드리워진 어두운 그림자를 느꼈다.

당시의 첩보전

장검은 당나라의 대고구려 전선 최전방인 영주의 사령관이었다. 휘하에는 그의 사령부를 운영하는 중국인 행정병과 본부 직속의 부대들이 있었고, 현지인들로 구성된 첩자단도 있었던 것으로 보인다. 그들은 주로 고구려를 넘나들며 장사하는 사람들이었다. 642년 연개소문의 정변과 정권 장악에 대해 당 조정에 최초로 보고한 사람도 장검이었다.

644년 11월 낙양에서 태종을 만난 장검이 요택을 넘어 고구려에 들어가지 않고 그 지리와 고구려 군대의 배치에 대해 보고할 수 있었던 것도 그들의 첩보활동 덕분이었다. 스파이는 스파이를 알아봤다.

장검이 영주에 돌아온 직후인 645년 초반 고구려 첩자 한 명이 체포됐다. 『책부원귀』 「장수부」를 보면 체포된 고구려 첩자가 연개소문이 요동 전선에 시찰하러 온다는 사실을 자백했고, 장검은 이 정보를 믿고 출격했지만 연개소문이 나타나지 않았다고 기록하고 있다. 당시 요택을 사이에 두고 당과 고구려 사이에 치열한 첩보전이 전개되고 있었던 것을 짐작할 수 있다. 이세적이 회원진을 돌파해 요동성으로 진격한다는 거짓 정보도 영주에서 암약하던 고구려 첩자를 통해 전해졌을 것이다.

55

적 접근로를
오판하여
핵심거점을 잃다

개모성 함락

645년 4월 15일 현 중국 선양 교외에 자리한 쑤자툰蘇家屯에 위치한 고구려 개모성 주민들은 말발굽 진동을 느꼈다. 고개를 들어 성벽 너머 하늘을 보니 거대한 먼지 기둥이 피어오르고 있었다. 당나라에 속한 돌궐족 기병이었다. 성 근처에 육박한 그들은 주변을 넓게 둘러쌌다.

그때 저 멀리서 가시加屍 사람 700명이 포위된 개모성을 향해 다가오고 있었다. 연개소문의 명령을 받고 개모성을 돕기 위해 온 소수의 지원 병력이었다. 하지만 그들이 무사할 리 없었다. 개모성 사람들이 성벽에서 안쓰럽게 바라보는 가운데 곧바로 돌궐 기병에 포위돼 사로잡혔다.

"막리지가 가시 사람 700명을 개모성에 보내 지키게 했는데 이세적이 그들을 포로로 잡았다."(『신당서』「고려전」) 그 많은 군대를 가지고 있었던 연개소문이 원군을 겨우 700명밖에 보낼 수 없었던 사실은 적의 접근로를 오판하는 것이 얼마나 치명적인지 말해준다. 회원진 부근의 요하에 집중된 고구려 군대가 현실에 맞게 재배치되는 데는 시간이 걸렸다.

얼마 후 광활한 들판 저 너머로 거대한 당나라 공성기들의 꼭대기가 보였다. 개모성을 향해 다가오는 당 보병들의 석포·충차·운제雲梯(사다리차) 같은 공성용 기구들이었다. 그 밑에 위치한 당 보병단이 성벽에서 밖을 내다보던 고구려인들의 시야에 들어오기 시작했다. 질서정연하게 공성기들을 밀며 다가오던 당군은 고구려군의 화살 사정거리에 약간 못 미치는 지점에서 행군을 멈췄다.

당나라 장수 이세적은 갈 길이 멀었다. 개모성을 함락시켜 교두보를 마련해야 했다. 뒤에 신성이 버티고 있었고, 그곳에 있는 고구려군이 전열을 가다듬기 전에 끝내야 했다. 얼마 안 있어 태종이 친히 회원진을 통해 요택을 넘어 요동성으로 올 것이다. 그 전에 개모성을 접수하고 그곳을 근거지로 삼아 요동성을 뽑아내야 했다.

이세적은 병사들에게 잠시의 틈도 주지 않고 성에 대한 공격 명령을 내렸다. 성벽 앞에 나란히 정렬한 포차에서 거대한 돌덩이들이 발사됐다. 성 안에 있는 고구려인들에게 바위가 비처럼 쏟아졌다. 돌을 맞는 순간 그것이 사람이든 짐승이든 구조물이든 단숨에 박살났다.

포격이 멈추면 사다리차들이 성벽 앞으로 다가갔고, 충차가 여러 성문에 들이닥쳤다. 사다리가 성벽에 걸쳐지자 당군들이 줄지어 올라갔고, 성문에 접근한 충차들이 성문을 받았다. 포격을 받아 만신창이가 된 고구려인들은 그 가운데서도 계속 저항했다. 전투는 10일 동안 밤낮으로 지속됐다.

"도착하자 개모성을 곧바로 공격하도록 군을 독려했다. 나란히 서 있는 포차에서 돌을 쏘아 보냈는데, 돌이 비처럼 떨어졌다. 제충梯冲이 번갈아 교대로 진격하기를 밤낮으로 끊이지 않았다."(『책부원귀』「장수부」'공취' 조)

사다리차는 성벽에 병사들을 내려놓고 뒤로 빠졌다가 또 다른 병사들을 태우고 성벽으로 다가와 내려놓기를 반복했다. 사다리에서 내려선 많은 병사가 먼저 화살에 맞았고, 이어 장창에 찔려 성벽 아래로 떨어졌으며, 일부가 성벽에 도착했다고 해도 고구려군의 창검에 급속히 소

묘지로 변한 개모성의 옛터.
개모성이 위치한 바로 그 장소에는 공동묘지가 들어서
무상한 세월의 흐름을 실감케 한다.

개모성 옛터의 전경.
해발 125미터의 낮은 야산처럼 보이는 곳이
개모성이 있던 곳이다.

모되었을 것이다.

당군의 공성기 제작과 운용을 총괄하던 강확姜確이라는 사람이 있었다. 그는 태종에게 고구려 침공을 반대할 정도로 발언권을 가졌고, 태종의 무덤인 소릉昭陵에 함께 묻힌 최측근이었다. 그러한 그가 고구려군의 화살에 맞아 전사했다.

행군총관이었던 그는 성벽에서 군사를 지휘할 군변이 아니었다. 『신당서』를 보면 강확은 죽어서 좌위대장군左衛大將軍에 추증됐다. 그만큼 고위 장성이었다. 원거리에서 저격당했다는 느낌을 지울 수 없다. 물론 유시流矢(누가 쏘았는지 알 수 없는 화살)에 맞았다는 기록을 존중하면 저격수가 쏜 한 발의 명중은 아니었던 것 같다. 전투가 시작된 수일 후 공성기 운용을 총괄 지휘하던 강확의 위치를 감지한 고구려군이 그곳으로 한꺼번에 원거리 활로 집중 사격을 가했던 것이 아닌가 한다.

나중에 그의 전사 소식을 들은 태종은 어린아이의 죽음을 본 것처럼 슬픔에 떨었다. 그가 반대하던 전쟁에 그를 내보낸 것은 태종 자신이었다. 태종은 그를 위해 시를 지었다. 강확의 전사는 개모성 전투가 얼마나 치열했는지를 말해준다.

시간이 갈수록 고구려군은 지쳐갔다. 반면 병력이 절대 우위에 있었던 당군은 병력을 교체해 파상적으로 투입했고, 언제나 병력 투입 직전에 포차로 돌을 쉼없이 퍼부었다. 성 내부는 어디 하나 안전하다고 할 수 없었다. 먹고 마시고 잠시 눈을 붙이기도 힘들어졌다. 방어에 서서히 금이 가기 시작했다.

전투 10일째 개모성 함락의 마지막 장면은 실로 이러했을 것이다. 충차의 나무기둥이 성문을 때리는 소리가 커지고 있었다. 성문이 얼마 버티지 못할 것을 직감한 고구려 군인들이 성문 앞으로 몰려갔다. 빽빽하게 대열을 지은 그들은 창검과 곤봉 그리고 방패를 들고 금이 가면서 부서지는 성문을 바라보고 있었다. 누구나 최후 결전의 시간이 온 것을 실감했다.

이윽고 성문이 박살나고 당군이 떼지어 몰려 들어왔다. 양군의 대열이 부딪쳐 빽빽이 밀집된 상태에서 백병전이 벌어졌다. 시간이 지나자 대열이고 뭐고 없었다. 공간이 좁아 창은 쓸 수도 없었다. 서로 엉켜서 단검으로 찌르고 곤봉으로 때려죽이는 지옥의 한 장면이었다. 허공에 화살이 오가는 가운데 병사들의 처절한 함성과 비명소리가 들릴 뿐이었다. 이윽고 개모성의 가장 높은 자리에 위치한 지휘부 건물에서 시커먼 연기가 올라갔다.

4월 26일 개모성이 함락됐다. 전투 과정에서 많은 사상자가 있었다. 하지만 전투가 11일 만에 끝나 성내의 병사들과 민간인들이 굶지는 않았다. 그만큼 생존율이 높았다. 2만 명의 사람들이 줄줄이 엮여 다시는 돌아오지 못할 요하를 건넜고, 성 안의 창고에 남아 있던 10만 석의 양곡이 적의 손에 넘어갔다.

이제 개모성은 이세적이 이끄는 당나라 육군의 유용한 거점이 됐다. 개모성은 지휘본부이자 부상병의 야전병원, 전쟁에 지친 병사들과 말들이 잠시 숨을 돌리는 안전한 쉼터가 됐다. 병력을 재정비한 이세적은 다음 목표인 요동성으로 향했다. 백암성白巖城은 시간이 없어 건너뛰기로 했다.

개모성은 어디인가?

『신당서』「지리지」에 인용된 가탐賈耽의 『도리기道里記』를 보면 개모성은 평양에서 동북쪽으로, 신성으로 통하는 교통로 상에 위치한다. 평양에서 신성으로 가는 길목에 위치한 성으로는 선양 쑤자툰에 위치한 탑산산성塔山山城이 있다. 산성은 해발 125미터에 불과하지만 광활한 구릉평지 가운데 우뚝 솟아 있다. 산의 정상부에는 파괴된 요금遼金 시대의 전탑博塔 유적이 있다.

개모성으로 비정되는 이 산성의 서남쪽에는 태자하太子河의 지류인 사하沙河가 흐른다. 산성은 북쪽이 높고 남쪽의 낮은 계곡을 끼고 있는 이른바 포곡식包谷式 산성이다. 성벽은 1300미터 정도의 토축이다. 동남쪽 계곡 입구에 성문의 흔적이 남아 있다. 성문을 둘러쳐 돌출한 옹성甕城의 형태가 남아 있다. 이곳이 성의 정문 기능을 했던 것으로 보인다. 이외에 네 곳의 성문 터가 보인다.

성 안쪽에는 결코 좁지 않은 평지가 있는데, 경사면을 계단식으로 정지한 흔적이 보인다. 이곳에 청사와 창고 등 큰 건물이 위치했을 것이다. 축성 시기는 고구려가 이곳을 차지한 5세기 무렵으로 추정된다.

56

비사성 공략에
요동성이
요동치다

당 수군 제독
장량

645년 4월 산둥 반도의 동래(지금의 산둥 성 룽커우龍口) 연안은 고구려 침공
이 결정된 이후 큰 항구도시로 면모된 듯했다. 당나라 해군의 총사령부
인 동래는 전쟁특수를 누렸다. 거리는 북적대기 시작했고 상인들이 모
여들었다.

눈길이 닿는 곳마다 변화가 느껴졌다. 예전에 뜸했던 항구에는 이
제 돛대들이 머리를 맞대고 있었고, 조선소에서는 한시라도 빨리 함선
들을 수리하느라 일꾼들이 부지런히 망치질을 하고 있었다. 항구에서
가장 눈에 띄는 것은 당시 최신예 전함 500척이었다.

깃발은 깃발끼리 돛대는 돛대끼리 빽빽하지만 질서정연하게 모여
있었다. 그 거대한 배들을 채우기 위해 양자강과 회하 유역에서 화물선
들이 사람과 물자를 싣고 동래의 항구로 끊임없이 들어왔다. 부두에 있
는 군수품 창고는 터질 것만 같았다.

당나라 해군의 수장은 장량이었다. 『책부원귀』「장수부」를 보면, 당
나라 건국 초기 그는 이밀의 밑에 있었던 이세적의 부하였다. 이세적이
고조에게 기용된 이후 그는 검교정주별가檢校定州別駕로서 군웅인 유흑달

과 현 허난 성 안양에서 싸웠다.

패배했지만 상관이었던 이세적의 천거를 거듭 받았고, 태종이 즉위한 이후 출세가도를 달렸다. 637년(정관 11)에 운국공鄆國公에 봉해졌으며, 직후 어느 시기에 공부상서工部尚書가 됐다. 643년 2월 28일 장안 궁정 능연각에 24명 공신의 하나로 초상화가 걸렸고, 그해 8월 형부상서刑部尚書에 올랐다.

『신당서』를 보면 그는 종군을 자청했다고 한다. 정주鄭州 형양滎陽 출신으로 가난한 농민의 아들에서 장관을 거쳐 해군의 수장까지 올라갔다. 사람들이 보기에는 운 좋은 사람이었다. 겉으로는 유순하게 보이나 영민한 사람이었다. 그렇기에 그는 이번 전쟁에 승산이 크게 없다는 것도 알고 있었다.

그는 수차례 전쟁을 만류하는 의견을 태종에게 개진했다. 하지만 황제의 잔뜩 구름 낀 이마를 대면하고 낙담했다. 아니 정확히 말해 자신의 안위가 걱정될 정도의 수위였다. 그것을 누그러뜨리기 위해 고구려 전쟁에 나섰다. 그가 해군의 책임자가 된 것도 군부 수장인 이세적의 후원 때문이었으리라.

4월 중순 장량은 함대를 당도만唐島灣에 집결시켰다. 당도는 오늘날 산둥 성 칭다오靑島에 속한 무인도다. '당도'라는 지명도 이곳 바다가 당나라 수군이 매번 고구려로 향하는 중간집결지였기 때문에 생겨났다.

오늘날 산둥 반도와 랴오둥 반도 사이에는 먀오다오 섬廟島, 남·북창산 섬長山島, 퉈지 섬駝磯島, 주산 섬竹山島, 남·북 황청 섬皇城島, 대·소 친다오 섬欽島 등 32개 섬이 띠처럼 늘어서 있는데, 이를 먀오다오 열도廟島列島라 부른다. 남쪽에서 북쪽으로 갈수록 섬들의 밀도는 낮아진다.

이 섬들을 징검다리 삼아 신석기시대부터 산둥 반도와 랴오둥 반도 사이에 항로가 존재했다. 장량이 고구려로 향하던 750년 전인 기원전 109년 한나라 누선장군樓船將軍 양복楊僕은 군사 5만 명을 이끌고 이곳에서 발해 해협을 건너 고조선을 침공했다. 장량도 수군 4만 명을 이끌고 양복이 갔던 길을 갔다.

당도만에서 출발한 장량 함대는 고구려의 비사성과 가장 가까운 섬인 오호도烏胡島(지금의 보하이 만 황청 섬)로 향했다. 그 섬에는 배 200~300척을 접안할 수 있는 수심 깊은 항구가 있었다. 열도의 가장 북단인 오호도는 육지에서 고작 24해리 떨어져 있다. 고구려와의 전쟁을 치르는 최전선이라 군수물자가 비축돼 있었고, 고구려의 침공을 막기 위한 병력이 주둔하고 있었다.

그해 5월 비사성을 공략한 후 함대를 이끌고 압록강으로 진격해 무력시위를 했던 오호진장烏胡鎭將 고신감古神感은 오호도의 주둔 부대장이었다. 그는 동서남이 절벽이고, 북쪽에 44미터의 성벽과 성문이 있는 당왕성唐王城에 지휘부를 두고 있었던 것 같다.

장량의 함대는 오호도로 향했지만 정작 그 자신은 중간에 내렸다. 남북으로 뻗은 열도 중간의 타기도(지금의 퉈지 진)였다. 섬에는 아주 유서 깊은 용왕龍王 사당이 있었다. 장량은 645년 5월 어느 날 고구려에 부하들을 보내놓고 성대한 제사를 발해 용왕과 그 부인에게 올렸다. 항해의 안전과 전쟁의 승리를 기원했으리라. 그리고 그것을 영원히 기념하기 위해 돌 위에 새겼다.

1881년 청나라 방여익方汝翼 등이 증보 수정한『증수등주부지增修登州府志』권65에는 고구려와의 전쟁 시기에 용왕신앙과 관련된 중요한 금석문이 수록돼 있다. 책에서 그 석각(퉈지 섬 석각唐駝磯島石刻)은 당 태종 연간에 장량이 빌해 해협을 건너 고구려를 침략할 때 용왕에게 항해 안전을 기원한 내용을 새긴 것이라고 했다.

연구 성과를 종합하면 내용은 이러하다. "당 태종 정관 19년(645) 5월 모일에 평양도 행군총관이자 형부상서 운국공이, ○○대총관(○○부분은 오래돼 해독 불가능) 등과 함께 '발해 용왕신과 그 부인勃海龍王神幷夫人'에게 정중히 경배를 올린다." 장량의 비장한 마음이 전해진다. 지금도 매년 12월 30일에 뱃사람들이 그 용왕묘에 가서 향불을 올리고 부두로 옮겨가 제례를 지낸다.

장량이 후방의 섬에서 용왕에게 제사를 모실 당시 그의 부하 4만 명은 고구려 비사성이 위치한 다롄만·뤼순만에 상륙해 치열한 전투를 벌이고 있었다.

연개소문은 과연 태종을 습격했는가

중국 산둥 성 펑라이蓬萊는 고구려군 습격에 대한 수많은 전설이 전해지는 곳이기도 하다.

중국의 『봉래현지』에는 644년에 당 태종이 이곳을 들렀고, 첩보를 접한 고구려 연개소문이 바다를 건너 습격했다는 전설들을 소개하고 있다. 펑라이 춘리지村里集 진 기슭에서 고구려군이 패해 북쪽 15킬로미터로 퇴각해 토성을 쌓았다. 훗날 사람들은 이곳을 '고성古城'이라고 불렀다. 또 고구려군이 춘리지에서 북쪽으로 2킬로미터 떨어진 곳에서 당 태종이 친히 이끄는 군대와 격돌했는데, 훗날 양쪽 군대가 교전한 장소를 전가장戰駕庄 촌(춘리지 진 소재)이라고 불렀다. 얼마 후 고구려군은 당 태종이 우가구遇駕溝 촌 부근을 지나간다는 소식을 듣고 매복해 습격하니, 훗날 이곳을 난가탄鑾駕疃 촌(지금의 쯔징산 거리 부근)이라고 불렀다. 이때 태종은 화급하게 현성 남묘산南廟山 아래로 피했는데, 훗날 이곳을 내왕구來王溝 촌(쯔징산 거리 부근)이라고 불렀다.

하지만 『봉래현지』에 나오는 이런 전설들은 역사 사실에 부합하지 않는다. 역사서에는 태종의 외출에 관한 기록이 꽤 상세히 남아 있는데, 그는 봉래에 온 적이 없었다. 그러나 이 사실 때문에 고구려군의 침공을 받았을 가능성을 완전히 부정할 수는 없다.

당나라 조야에는 연개소문이라는 이름이 매우 강렬하게 인식돼 있었다. 태종이 고구려 침공 직전에 친히 반포한 조서에는 연개소문이 임금을 죽이고 백성을 학대했다고 나온다. 이것으로 연개소문이란 이름이 공개적으로 전면 유포됐다. 태종은 그가 죽을 때까지 세 차례(645년·647년·648년) 고구려를 침공했다. 고종 즉위 초기에도 몇 차례 고구려를 침공했으나 실패했다.

죽음의 땅 고구려에 자식과 아버지를 보낸 중국 백성들의 머리에서는 연개소문이란 이름이 지워지지 않았다. 무엇보다 비사성에 있는 고구려군이 자국의 침공 기지였던 봉래를 습격하지 않았다고 보는 것도 석연치 않다. 적어도 전설은 당시 라이저우 백성들이 언제 쳐들어올지 모르는 고구려군에 대한 공포 속에서의 일상을 반영한 것일 수도 있다.

57

연개소문,
병력을
재배치하다

비사성 상륙

645년 4월 말 달이 없는 어두운 밤, 만조 시간에 당의 수군이 대련만과
금주만 부근에 나타났다. 장량의 부하 정명진程名振이 이끄는 함대였다.
전함 500척에 4만 명의 병력이 타고 있었다. 그들 가운데 절반가량이 상
륙을 감행할 전투병력이었던 것으로 여겨진다.

정명진은 상륙 직전에 해안에서 고구려의 함대와 일대 격전이 있을
것이라 예상하고 단단히 준비했다. 하지만 고구려 함대는 출동하지 않
았다. 항만은 텅 비어 있었다. 상륙 직전에 고구려 기병이 나타나 저지
할 것이라는 예상도 했다.

하지만 아무도 나타나지 않았다. 안도의 한숨을 내쉬기 전에 뭔가
함정이 아닌가 하는 생각마저 들었다. 항만 어귀에 배들이 닿았고, 각
배들 앞에는 신속한 상륙을 돕기 위해 버드나무로 만든 길고 큰 양탄자
가 깔렸다. 어둠 속에서 2만 명 이상이 상륙했지만 고구려군의 어떤 저
항도 없었다. 상륙 후 정명진은 고구려가 기존의 병력 배치를 전면 재조
정한 것을 알았다.

4월 중순에 고구려 수뇌부는 요동성 부근에 집중된 전력 일부를

북쪽으로 올려 이세적의 당 육군 주력에 대항하려 하고 있었고, 또 일부 병력을 요하 입구로 남하시켜 건안성 부근에 육박한 장검의 기병단을 저지하려 했다. 이 또한 당군이 기획한 작전에 고구려군이 말려든 것이었다. 이로써 황제가 회원진 부근에서 요하를 건너 요동성으로 접근하는 길이 자연스럽게 열렸다.

비사성에 있던 기병과 해군도 고구려의 병력 배치 재조정에서 자유로울 수 없었으리라. 645년 4월 초순 장검이 이끄는 거란·말갈·해족 기병이 건안성 부근에 나타나 수천 명의 고구려 군인을 죽였다는 소식이 비사성에 들려왔다. 요하 하구의 최대 방어 거점인 건안성이 고립되는 것을 방치할 수 없었다.

발해만과 황해 방면 모두를 굽어볼 수 있는 비사성은 요동반도 연안로를 이용한 해상교통 장악에 최적의 요새였고, 그 중요도는 매우 높았다. 하지만 4월 말 당 태종이 요하를 건너 요동성으로 향하고 있다는 것이 확실해지자 모든 것이 바뀌었다.

요동성과 가까운 건안성의 중요성이 커졌다. 요하 입구에 위치한 건안성이 당군의 수중에 들어가면 당군은 강을 이용해 정기적인 보급을 받을 수 있었다. 무엇보다 황제의 등장은 당시 고구려의 방어 작전은 물론 당군의 공격 작전에도 엄청난 영향을 주지 않을 수 없었다.

5월 초 황제가 고구려 땅에 도착한 직후 치밀하게 기획된 당군의 작전이 뒤틀리기 시작했다. 황제의 존재 때문에 작전 수행의 신축성이 죽었고, 반대로 고구려는 황제가 있는 곳만 정조준하면 됐다.

신속한 결정을 위해 직접 종군했지만 황제는 최대의 짐이었다. 모든 작전에서 그의 안전이 최우선순위가 되는 것을 막을 수 없었다. 나중에 상세히 이야기하겠지만 안시성 앞에 나타난 태종과 그의 군대를 치기 위해 연개소문이 '15만' 대군을 투입한 것은 황제만 잡으면 전쟁이 끝난다고 보았던 그의 예리한 통찰력을 보여준다.

고구려에도 골치 아픈 문제는 있었다. 요동성에 바로 인접한 안시성의 성주는 연개소문과 적대적이었다. 그는 결코 평양의 지시에 따라 병력을 요동성이나 건안성으로 보내지 않았다. 그것은 비사성의 병력 차출에 영향을 주지 않을 수 없었다. 적어도 4월 말 그 중요한 시점에 비사성에서 기병 전력을 빼내 건안성을 지원하라는 평양의 지시가 하달됐을 것으로 보인다.

비사성에 있는 현지 지휘관들은 갈등했으리라. 지시의 본질을 잘 알고 있었지만 기병력이 없는 것은 비사성 방어에 치명적이었다. 당 수군은 필시 시야가 확보되지 않은 그믐날 상륙할 것이다. 기병이 없으면 그들의 상륙을 저지할 수 없다. 비사성 주변에는 당나라 군대가 상륙할 수 있는 곳이 넓고 광대하기까지 했다.

하지만 군인은 상부의 지시를 어길 수 없다. 비사성 주변에 있던 고구려 기병대가 건안성으로 향했을 것이다. 바다에서 적 함대를 막아낼 수 있는 기능도 사라졌다. 이미 비사성 주변 항만에 있던 함대들도 압록강 부근으로 갔다. 평양의 수뇌부는 분산된 고구려의 해군 전력을 비사성에서 평양으로 향하는 길목인 압록강 부근에 집중시켜 전체적인 수적 열세를 만회하려 했다. 선택과 집중을 할 수밖에 없었다. 평양의 지휘관들은 비사성이 당군의 수중에 들어갈 가능성이 크다는 것을 이미 계산에 넣고 있었을 것이다.

당 수군이 비사성을 점령한다고 하더라도 필시 당 태종이 요하 동쪽에 있다는 이유 때문에 압록강에 대한 공격을 적극적으로 하지 못할 것이다. 본래 당 수군은 모든 전력을 압록강 어귀에 집중시켜 그곳에 있는 고구려 해군을 전멸시켜야 했다. 하지만 고구려가 황제가 있는 요하 부근에 전력을 집중시킬 것이 거의 확실하며, 결국 당 수군도 요하 어귀의 건안성으로 향해야 한다.

당군이 방치된 비사성 해안에 상륙하고 있는 가운데, 근처 낮은 언덕 초소에서 봉화가 올랐고 배후 400미터 이상의 기암절벽 위에 있던 비사성의 고구려 군대는 당군의 상륙을 감지하고 대비태세에 들어갔을 것이다. 비사성에서는 성문을 열고 나가 당군과 싸울 엄두를 내지 못했다. 오로지 문을 걸어 잠그고 험한 지형에 의지해 농성밖에 할 수 없었다.

정명진은 함대가 집결된 항만 근처에 임시 기지를 설치하고, 함대 보호를 위한 초소를 세우고 병력을 배치했을 가능성이 매우 높다. 그리

비사성과 그 성벽.
고구려 천리장성은 북쪽의 부여성에서부터
남쪽의 비사성에까지 이르렀다.

고 상륙한 병력을 한 곳에 집중시켜 병력을 재정비한 후 비사성 공격을 위한 작전을 수립했을 것이다.

직전인 4월 26일 이세적이 개모성을 함락시키고 요동성으로 남하했다. 좋은 항만들을 보유하고 있는 비사성을 빨리 함락시켜야 했다. 그래야 산둥 반도에 야적된 거대한 군수물자를 이곳 금주만과 대련항으로 옮길 수 있고, 비사성을 중간 보급기지로 삼아 요하 입구인 건안성 근처에 있는 장검의 군대에 보급할 수 있다.

문제는 비사성이 매우 험한 지형의 요새라는 데 있었다. 『자치통감』은 이렇게 전한다. "그 성(비사성)에는 사면을 깎아지른 절벽이 있었고 오직 서문으로만 올라갈 수 있었다." 비사성은 동·남·북 쪽이 모두 절벽이었다. 오직 서쪽으로만 올라갈 수 있었는데 그마저도 만만치 않았다. 막대한 희생을 감수하지 않고서는 함락시킬 수 없는 요새였다.

현장에서 본 비사성

비사성은 다헤이 산大黑山 복판과 남측 두 산봉우리 사이의 협곡을 에워싸고 산등성이를 따라 축조됐다. 현재 남아 있는 성벽의 너비는 3.3미터, 높이는 3~5미터, 둘레는 약 5000미터다.

다롄 시내에서 비사성은 다헤이 산 풍경구에 위치해 있다. 풍경구 입구에서 좁은 길을 따라 한참을 들어가면 작은 마을과 주차장이 나온다. 그곳에서 내려 소형 승합차를 타고 비사성 서문으로 올라갈 수 있다. 그 길목엔 가파른 비탈길이 기다리고 있다. 굽이굽이 돌아서 올라가야 하는데 경사도가 심하고 위태롭기까지 하다. 과거에는 기사에게 웃돈을 주지 않으면 중간에서 차를 세웠다고 한다.

그렇게 오르다 보면 비사성 성문이 눈에 띈다. 이것을 보면 다 올라왔구나 하는 생각이 든다. 성 안에 들어서면 길쭉하게 확 트인 공터가 지금의 랴오닝 성 다롄 연안의 섬들.

1. 진저우 만
2. 진저우
3. 다헤이 산
4. 다구산 만
5. 다롄 만
6. 다롄
7. 헤이스자오 만

나타나는데, 널따란 포장길이 성벽을 따라 남쪽으로 장대 터까지 이어져 있다. 절벽 위에 있는 고구려의 장대 터는 3000년 전 사람들이 하늘에 제사를 지내던 단대壇臺였다.

그곳에서 진저우錦州 시내와 멀리 보하이渤海 만이 한눈에 들어온다. 해질 무렵에 서쪽 수평선에서 붉게 타오르는 바다에는 배들이 줄을 지어 돌아온다. 그 옛날, 고구려인들은 이곳에서 수평선 너머 적군 함대의 움직임을 지켜보면서 결전을 준비했다.

지금 비사성은 조용하고 평화롭다. 하지만 정확히 1367년 전 이곳에서는 창검이 번쩍이는 가운데 군기들이 바람에 펄럭이고 고각 소리가 울려 퍼졌으며, 결전을 준비하는 사람들이 짐을 지고 끊임없이 서쪽 비탈을 오르내렸을 것이다.

413

58

비장하게
사수하던 성이
적의 식량 공급길로
넘어가다

비사성 함락

비사성은 사방으로 가파른 산비탈과 절벽으로 둘러싸여 본래는 서문으로만 성 안에 들어갈 수 있다. 산성 가운데로 올라가는 유일한 통로는 동서로 한없이 뻗어 있는 관문채關門寨 골짜기다.

현재 서문인 관문채문을 조성해놓은 곳에서 남쪽 오른편으로 수십 미터 떨어진 요凹자형 바위 벼랑 사이가 바로 옛 관문이다. 그 경사가 급한 골짜기를 올라가 벼랑에 달린 문을 넘어야 비사성에 들어갈 수 있었다.

50년 전만 해도 이곳에 성문의 흔적과 성벽을 쌓았던 반듯한 돌들이 있었다고 한다. 현재 성문을 조성해놓은 관문채 아래쪽은 배수로만 남겨놓고 모두 성벽을 쌓았으며 사람들은 오른쪽 벼랑 사이에 난 좁은 성문으로 다녔다고 한다. 한 병사만 지키고 있으면 천군만마를 막을 수 있는 자리다.

비사성에 남아 있는 고구려군 가운데 정예병들은 모두 관문채 방어에 나섰을 것이다. 어디 도망갈 데도 없는 그곳을 지키는 고구려군의 각오는 비장했다. 좁고 가파르기로 이름난 그 살인적인 골짜기를 줄지어 올라오는 당군을 향해 돌을 굴리고 활을 쏘는 그들의 모습이 그려진다.

물론 당나라 지휘관들은 상황을 굉장히 잘 파악하고 있었다. 노장들 가운데는 비사성에서 전투를 벌였던 경험이 있는 자들도 있었을 가능성이 높다. 31년 전인 614년 7월 수나라 장군 내호아는 그곳을 함락시킨 바 있다.

645년 5월 2일 관문채 골짜기는 죽음의 냄새로 자욱했다. 상륙한 다음날 당군은 곧바로 비사성 공격에 들어갔다. 많은 사람이 돌과 화살에 맞아 전사했고, 살아남은 나머지는 유혈의 골짜기를 뒤로한 채 아래쪽으로 퇴각했다. 병사들의 사기가 말이 아니었다. 정명진은 시야가 확보되는 주간전투는 고구려군에게 노출돼 승산이 없다는 사실을 알았다.

그는 수많은 피를 흘린 후에야 야간공격을 결정했다. 그리고 지휘관들을 자신의 막사로 모아놓고 빠른 시일 내에 고구려군의 방어선을 뚫고 비사성을 점령하지 못하면 극형을 내리겠다는 최후통첩을 내놓았다. 황제가 요하를 건너 고구려 땅으로 들어오고 있는 지금 비사성을 함락시키지 못하면 해군제독 장량도 그 아장인 정명진 자신도 무사할 수 없었다. 황제가 도착하는 순간 식량도 고구려 땅에 도착해 있어야 한다.

그러자 부총관 왕문도王文度가 전투에 앞장서겠다고 자청했다. 그는 싸우다 죽거나 상관에게 맞아 죽거나 둘 중 하나를 선택해야 할 위치였다. 그는 병사들을 이끌고 관문채 골짜기에 들어섰다. 장성인 왕문도가 앞장섰다. 병사들은 그를 따라 줄줄이 관문채 골짜기를 향해 올라갔다. 멀리 어둠 속에서도 고구려 병사들은 당나라군이 전의를 새로이 다진 것을 느낄 수 있었으리라.

수많은 돌과 화살이 쏟아졌다. 화살은 물론이고 주먹만한 돌이라도, 위에서 떨어지는 것은 위력적이라 제대로 맞으면 즉사한다. 화살은

415

한 명을 죽일 수 있으나 어디로 튈지 모르는 돌은 굴러 내려오면서 운동에너지를 완전히 잃을 때까지 병사들을 죽인다.

하지만 밤이었다. 관문채 성문에서 돌과 화살을 발사하는 고구려 군대는 고정돼 있지만 기어 올라가는 당군은 자신의 위치를 골짜기에서 약간이나마 계속 수정할 수 있었다. 피아가 보이지 않는 상태는 당군에게 더 유리했다. 그래도 많은 병사가 희생되는 것은 막을 수 없었다.

군사들은 줄줄이 쓰러졌지만 멈추지 않고 벼랑을 기어 올라갔다. 고구려 군인들이 도저히 버틸 수 없을 만큼의 강한 기세였다. 결국 관문채 성문 앞에 도착한 당군은 파성추를 가져와 성문을 부쉈다. 『책부원귀』는 이렇게 기록하고 있다. "부총관 왕문도가 앞장서고 사졸들이 계속하여 진격하니 성중城中이 무너졌다."

선봉대가 관문채를 통과하자 막혀 있던 당군들이 쏟아져 들어왔다. 고구려 군대는 성 안에서 차분하게 대처하지 못하고 흩어졌다. 당군의 사냥이 시작됐다. 얼마간의 시간이 흐른 뒤 희미한 저항마저 완전히 제압됐고, 성 안에 살아남은 남녀 8000명이 줄줄이 묶여 성 아래로 내려갔다. 그들은 아마도 노예선을 타고 산둥으로 향했을 것이다.

현지 전설은 장량이 당나라 군대를 이끌고 이 관문을 여러 번 쳐도 끄떡하지 않으니, 개구리를 숭상하는 고구려인의 습속을 교묘하게 이용해 비사성을 함락시켰다고 전한다. 발해 용왕에게 무사 항해를 기원했던 장량이 비사성 함락에도 주술의 힘을 빌렸던 것이 아닐까. 어떻든 이 전설은 비사성 함락이 결코 쉽지 않았음을 말해준다.

비사성이 당 수군 수중에 들어갔고 깃발이 교체됐다. 장량은 정명진과 왕문도를 중심으로 군대를 편성해 비사성을 지키게 하고 항만의 수비를 강화했다. 동시에 곧바로 함대를 재정비해 출항시켰다. 목표지는 압록강이었다. 고구려 함대가 집결돼 있는 곳이기도 했다.

함대는 총관摠管 구효충丘孝忠과 고신감이 이끌었다. 대련만을 출발한

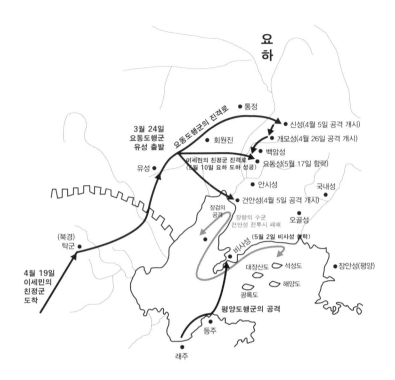

요
하

통정

요동도행군의 진격로

3월 24일
요동도행군
유성 출발

이세민의 친정군 진격로
(5월 10일 요하 도하 성공)

신성(4월 5일 공격 개시)

개모성(4월 26일 공격 개시)

백암성

요동성(5월 17일 함락)

회원진

유성

안시성

국내성

건안성(4월 5일 공격 개시)

장검의
공격

장량의 수군
건안성 전투시 패배

오골성

비사성 (5월 2일 비사성 함락)

(북경)
탁군

4월 19일
이세민의
친정군
도착

대장산도

석성도

장안성(평양)

해양도

광록도

평양도행군의 공격

등주

래주

함대는 요동반도 남쪽의 연안을 따라 동쪽으로 향했다. 함대가 나가면서 주변 연안과 섬의 고구려 봉수대에서 연기가 피어올랐고, 압록강에 집결해 있던 고구려 함대는 당 수군이 그들을 향해 오는 것을 감지했다.

당 수군의 입장에서는 언제 고구려 수군이 나타나 전투가 벌어질지 몰랐다. 압록강 어귀에 도착했지만 고구려 수군은 움직이지 않았다. 고구려 입장에서는 전력 손실을 어떻게 해서라도 막을 필요가 있었다. 온전하게 보존된 수군의 존재 자체가 당을 억제할 수 있는 힘이었다.

물론 고구려는 당 수군의 압록강 출전의 목적을 잘 알고 있었다. 이때 황제는 요동성으로 가기 위해 요하를 건너려는 참이었다. 그러니 당은 압록강 주변을 위협해 서북의 요동성으로 향하려는 오골성烏骨城의 고구려군을 묶어 놓으려고 했다. 『자치통감』은 "총관 구효충 등을 (비사성에서) 나누어 파견해 압록수에서 요병曜兵(시위)했다"고 기록하고 있다.

고구려 수뇌부는 당나라 수군을 고구려 함대에 맡겨두고, 압록강 어귀와 멀지 않은 오골성에 배치된 병력들을 요동성으로 북상시켰던 것 같다. 『자치통감』은 645년 5월의 상황을 이렇게 기록하고 있다. "임신일(5일) (황제가) 요하 소택지의 동쪽을 건넜다. 을해일(8일)에 고구려의 보병과 기병 4만 명이 요동성을 구원하러 왔다."

당나라의 정보 파악력

당 수군은 압록강에 대한 현지 정보를 이미 소유하고 있었다. 641년 고구려에 사신으로 왔던 당나라 병부 산하 정보부(직방)의 국장 진대덕이 그곳에 대한 모든 것을 기록했다. 그가 고구려를 다녀와 태종에게 올린 보고서인 『고려기』의 편린이 『한원翰苑』에 수록돼 있다.

"마자수는, 고려(고구려를 의미)에서는 엄수라고도 하며 지금 이름은 압록수다. 그 나라에 내려오는 이야기에 이르길, 물줄기는 동북녘 말갈국 백산에서 비롯돼 나온다. 빛깔이 오리 대가리를 닮았고, 이 때문에 흔히 압록수라 부른다. 요동에서 500리 떨어져 있다. 국내성 남녘을 지나며, 또한 서녘에서 한 물줄기와 합쳐지는데 바로 염난수다. 두 물줄기가 흐름을 합쳐 서남쪽으로 흘러 안평성에 이르러 바다로 들어간다. 고려 가운데 이 물줄기가 가장 크고, 맑고 시원하게 물결이 일며, 지나는 나룻터마다 큰 배가 모여 있다. 그 나라는 이 물줄기를 천험의 요충지로 믿어 기댄다. 지금 살피니, 그 물줄기 넓이는 300걸음이고 평양성에서 서북쪽 450리에 있다."

단둥에서 바라본 압록강.
645년 이곳에 당나라 수군이 출동해
오골성의 고구려 병력을 견제했다.

59

공병을 앞세워
지옥의 늪지대에
무혈 입성하다

요택 도하

645년 5월 3일 태종과 그 휘하의 군대는 요택 서안에 이르렀다. 회원진에서 요택을 건너 고구려의 요동성으로 곧장 가는 중로中路였다. 수 양제가 고구려를 정벌할 때 부교를 놓고 요동성을 공격한 코스다. 질러가는 대가도 있었다. 그곳은 북쪽이나 남쪽에 비해 가장 아득히 넓은 늪, 200리에 달하는 광활한 소택지가 펼쳐져 있었다.

후대에 그곳을 지나간 어떤 사람은 그 풍경을 이렇게 묘사하고 있다. "평원의 광야에 갈대가 하늘 끝까지 이어져 있다. 바라보니 바다와 같았다. 수백 리 안에 산이라곤 보이지 않고 주먹만한 돌과 막대기 같은 나무 한 그루도 찾아볼 수 없었다. 다만 하늘을 가릴 듯한 모기떼들이 욱실거리며 달려들었다. 당나귀도 온몸에 피를 흘리며 놀라서 공중으로 뛰어오르다가 땅바닥에 쓰러지곤 했다."

행군이 시작됐다. 병사들은 얼마 안 있어 발을 딛고 있는 그곳이 킬링필드임을 알았다. 그 넓은 지역에 밟히는 것이 온통 사람의 뼈였다. 기름진 자양분은 갈대들을 한없이 무성하게 했다. 갈대가 우거진 온 천지에 수십 개, 혹은 수백 개의 해골이 별처럼 흩어져 있었다. 양제를 따라

고대의 세계대전

420

참전했다가 회군 도중에 요택에서 죽은 수나라 병사들이었다.

갈대의 바다 요택은 입을 벌리고 누워 있는 죽음의 신이었다. 당나라 병사들은 등골이 오싹함을 느꼈다. 자신의 미래를 보는 것 같았다. 밤이면 갈대 사이로 인을 뿜는 해골의 광채가 보였고, 얕은 물속에서도 걸레 같은 시신들이 홍수에 떠내려 온 나무토막처럼 쌓여 있었다. 습지에서는 시체가 잘 부패하지 않는다.

당나라 병사들은 고구려에 끌려가 이름도 없이 죽어간 수나라 병사들에 대해 아버지와 삼촌들로부터 익히 들어왔다. 하지만 그것을 직접 보고 나니 왜 이렇게 많은 사람이 턱없이 죽어갔는지 이해할 수 없었다. 시신을 보니 처참한 백병전을 벌이다 죽은 것만은 아닌 것 같았다. 30만 가운데 청천강에서 절반이 죽고, 패주해 그리운 고향을 향하다 마지막 관문인 이곳을 건너가다 지치고 굶주려서 죽은 것 같았다.

그들은 죽어야 한다는 명령을 받고 무익하게 죽은 것이 아닌가? 양제의 무능함에서 비롯된 선인들의 죽음은 그들처럼 고구려로 향하는 후세들의 마음을 다치게 했다. 병사들은 세상의 끝 고구려의 문턱에서 마치 저승길로 들어선 것처럼 꺼리고 두려워했다. "나도 저들처럼 요택의 해골로 남을 수 있다."

당시 태종의 한탄 어린 말도 기록되어 있다. "지난날 수나라 군사가 요하를 건널 적에 때를 잘못 타서 종군한 사졸들이 모두 죽어 해골이 온 산야에 널렸으니 참으로 슬프고 한심하다. 해골을 덮어주는 의리가 무엇보다 우선돼야 하니 그들의 뼈를 거둬 묻도록 하라."(『구당서』)

병사들이 흩어져 뼈를 수습하고 매장하는 그 시간에 당나라의 토목 전문가들이 공병들을 움직이고 있었다. 진창이 어떤 곳은 무릎까지 빠지고, 어떤 곳은 깊이가 얼마나 되는지도 몰랐다. 태종은 요택의 통과를 예상하고 전문가들을 동원해 조치를 취해 놓았다. 당나라의 유명한 토목전문가 장작대장將作大匠 염입덕閻立德이 공병들을 데리고 질척한 곳은 흙으로 깔고 물이 고인 곳에는 임시 다리를 놓아 길을 닦았다.

그래도 지반이 약하고 땅이 낮아 수렁이 많은 것은 어찌할 수 없었다. 태종은 소감少監 구행엄丘行淹을 시켜 늪지대를 안전하게 통과할 수 있도록 수레바퀴를 미리 제작해놓았다. 수레들은 모두 잘 빠지지 않는 늪지용 수레의 바퀴로 갈아 끼웠고, 모든 장비를 수레에 실었다. 일방 토목공사가 진행되는 동시에 진군했다. 운반 장비를 다루고 수리하는 기술자들과 공병대를 이끄는 지휘관들, 그들을 따르는 병사들도 유능했다. 손발이 맞았고 행군은 순조로웠다.

5월 3일 출발한 군대는 요택 시작 지점에서부터 5월 9일 요돈遼頓까지 단 1주일 만에 주파했다. 하늘도 그들을 도왔다. 『책부원귀』를 보면 요돈에서 요하 본류를 건너는 날 저녁에 강 수위가 3척이나 내려갔다고 한다. 하늘의 가호를 받고 있다고 느낀 병사들은 기뻐했다.

하지만 그들을 진정으로 도운 것은 행군을 방해하는 고구려 군대가 그 자리에 없었다는 것이다. 고구려군은 요하 북로를 주파한 이세적의 군대와 남로로 들어온 장검의 군대를 막아내느라 초기에 철통같이 지키던 요하 중로를 완전히 비웠다.

5월 8일 태종과 그의 군대가 요택을 가로지르고 있을 때 고구려 군대가 요동성 근처에 도착했다. 태종이 6만 군대를 이끌고 요택 중로를 지나 요동성으로 향하고 있다는 정보를 뒤늦게 입수한 연개소문은 그제서야 당시 가용할 수 있는 병력을 모두 동원했다.

『신당서』는 기병 4만을 그곳으로 파견했다고 기록하고 있다. 『구당서』『신당서』『자치통감』 등이 모두 요동성을 구원하기 위해 고구려가 군대를 보냈다고 기록했다. 하지만 요동성의 안전을 위해서만 그렇게 했다고 말할 수는 없다. 연개소문의 1차 목표는 당 태종 단 한 사람이었다.

당나라 군대는 평원의 동북쪽에서 일어난 거대한 먼지 기둥을 보고 고구려 군대가 등장했음을 알았다. 이어 수만의 말발굽이 땅을 치는 진동이 느껴졌다. 요동성을 포위하고 있던 이세적은 긴장했다. 포위를 그대로 유지하려면 고구려 구원군을 막을 수 있는 병력이 제한된다. 그렇다고 해서 포위를 풀고 구원군을 막는 데 투입하면 요동성에 대기하고 있던 고구려 군대가 성문을 열고 나와 뒤통수를 칠 수 있다. 2만의 정예병사와 4만의 사람이 있는 요동성 포위를 풀 수 없었다.

다만 고구려 구원군의 흐름을 일단 막아야 했다. 1만 정도의 병력을 거느린 행군총관行軍總管 장군예張君乂가 이끄는 사단과 이도종이 이끄는 4000명 기병이 출전했다. 당나라 군대가 다가오자 고구려군은 일단 진군을 멈추고 대열을 가다듬었다. 당군이 일제히 돌진했다. 그러자 고구려 군대는 밀리는 듯했다. 당군은 공세를 늦추지 않았고 고구려 군대는 계속 뒤로 물러났다.

하지만 얼마 후 장군예와 이도종은 고구려군의 그물에 들어갔음을 알았다. 고구려군은 가운데 대열을 뒤로 물렸지만 좌우의 대열이 점점 앞으로 향하면서 당군을 포위했다. 기동력이 있던 이도종의 기병은 그물망에서 상당 부분 빠져나왔지만 보병인 장군예의 병력은 갇혀 대부분 전멸했고, 장군예는 목숨을 부지하기 위해 휘하 병력 소수만 이끌고 도주했다. 고구려에 와서 첫 패배였다. 이는 당군 전체의 사기에 찬물을 끼얹었다.

태자하라는 지명의 유래

요동성 외곽에는 태자하(타이쯔 강)라는 강이 있다. 강 이름에 태자太子라는 명칭이 붙은 데는 이유가 있다. 기원전 226년 연나라 마지막 황제 희喜와 그의 아들 태자 단丹이 요동성에 왔다. 앞서 태자 단이 형가荊軻라는 자객을 시켜 진시황을 암살하려 했으나 실패했다. 노한 진시황은 연나라를 정벌하게 했다. 진시황의 군대가 연나라 도읍까지 쳐들어왔다.

중국 랴오닝 성 랴오양 외곽에 타이쯔 강이 흐르고 있다.
이 부근에 고구려의 요동성이 있었다.

태자 단은 아버지 희왕을 모시고 요동으로 도주했으나 요동성 부근에서 포위됐다. 진시황은 태자 단의 머리만을 원했다. 희왕은 나라를 구하기 위해 모진 마음을 먹었다. 그는 태자 단에게 술을 먹이고 머리를 베어 진나라 군대에 보냈다. 희왕은 아들을 죽이고 대성통곡했다. 후세에 사람들은 태자 단을 기리기 위해 요동성 외곽에 흐르는 연수衍水를 태자하로 불렀다.

60

요하 넘은 태종
돌아갈 길을 막고
'배수진'을 치다

요동성 전투의
서막

전열을 가다듬은 고구려 군대는 만만치 않았다. 고구려군 4만 병력에 의해 행군총관 장군예가 이끄는 당군의 주력 가운데 하나가 궤멸됐다. 당군의 수뇌부가 즉각 작전회의를 열었다. 타격을 입은 당군은 반격하기 쉽지 않은 상황이었다.

"군중에서는 모두가 무리가 적고 떨어져서 매달려 있는 상태이니, 깊이 해자를 파고 성루를 높게 쌓고 (당 태종의) 거가車駕가 올 때까지 기다리는 것만 같지 못하다."(『자치통감』)

수뇌부 일각에서는 고구려 군대에 겁을 먹고 임시로 해자와 목책을 만들어 고구려 군대가 가고자 하는 길목을 막고 기다리는 수세적인 입장을 취하고자 했다. 이에 이도종이 정면으로 반대했다. 토목공사를 진행시킬 수 있는 여력은 있었다. 하지만 그렇게 수세적으로 나가다가 방어벽이 뚫려 이제 막 요하의 동쪽 본류를 도하하려는 태종의 본대를 고구려군이 덮친다면 어떻게 되겠는가.

"이도종이 말했다. 도적들(고구려군을 의미)은 무리가 많다는 것을 믿고 우리를 가볍게 생각하는 마음을 가졌으니 멀리서 와서 피곤하지만 이들을 쳐서 반드시 패배시킬 것이다. 또 우리는 선봉부대이니 마땅히 길을 깨끗이 해놓고 (태종의) 승여를 맞이해야 마땅한데 도적들을 군부君父(태종)에게 남겨둘 것인가? 이세적도 그렇게 생각했다."(『자치통감』)

당군의 모든 작전은 황제의 안전을 위해 기획되고 실행됐다. 방어가 아니라 공격 쪽으로 가닥이 잡히자, 회의석상 한참 뒤에 앉아 있던 과의果毅 마문거馬文擧라는 시골 무장이 외쳤다. "적군을 만나지 않는다면 어떻게 장사壯士임을 드러내겠는가?"

과의는 평시에는 농업에 종사하고 전시에는 군 복무에 임하는 당나라 부병제도府兵制度 아래의 관직이다. 지방의 절충부折衝府 소속 무관직으로 현재 북한의 '노동적위대'의 군관과 비슷한 개념으로 보면 되겠다. 마문거는 고구려군을 맞닥뜨리자 자신의 입신양명을 위한 기회로 삼고 휘하의 기병 소수를 이끌고 나갔다. 분위기 전환을 위한 이벤트와 같았다.

고구려 측에서도 기병 소수를 내보냈다. 자신의 모든 것을 걸었던 마문거는 고구려 기병을 보는 족족 쓰러뜨렸다. 그러자 겁에 질려 있던 당군의 분위기가 호전됐다. 『자치통감』은 상황을 짤막하게 기록하고 있다. "(마문거가) 말에 채찍을 치며 적을 향해 달려가는데 가는 곳에서 모두가 쓰러지니 (당군) 무리들의 마음이 조금씩 편안해졌다."

이제 이도종의 차례였다. 흩어진 자신의 기병들을 모은 그는 높은 곳에 올라가 고구려 군대의 진지를 관찰해 어느 곳이 약점인지 정확히 파악한 후 진격했다. 대열을 지은 고구려 군대의 수많은 진과 진 사이로 들어가 들락날락하며, 집중력을 흐트러뜨렸다. 고구려 기병도 이도종의 기병을 잡기 위해 움직였지만 손발이 맞지 않았다.

그러자 이세적이 기병을 이끌고 나타나 고구려 군대를 급습했다. 고구려군 1000명이 전사했고, 공세의 맥이 끊어졌다. 고구려군은 대열을 정비하기 위해 한 걸음 물러났다. 당군은 한숨 돌릴 수 있는 시간을 벌었다. 이후 요동성 앞에서 고구려 구원군과의 전투는 벌어지지 않았다.

이틀 후 태종의 본대가 도착했기 때문에 그렇게 됐다고 단정할 수는 없다. 황제의 본대가 강을 도하하는 데 걸린 48시간은 전세가 뒤집힐 수 있을 만큼 매우 위험하고도 긴 시간이었다.

황제가 오자 당군도 고구려에 주둔한 가용병력을 모두 요동성 부근에 집중시켰다. 『책부원귀』를 보면 요동성 서남쪽 공방전에 행군총관 장검이 참전했던 기록이 보인다. 그는 앞서 4월 초에 유목민 수령들과 휘하 기병단을 이끌고 요하의 하류를 도하해 건안성 공략에 투입됐다. 1개월 후 황제가 요택을 건너 요동성 쪽으로 오자, 그의 안전을 담보하기 위해 병력을 이끌고 요동성으로 온 것이 확실하다.

장검의 기병대 규모에 관한 기록은 없다. 다만 『책부원귀』는 요동성 전투에서 그가 거란·말갈·해·습 등의 유목민 기병을 휘하에 두었다고 기록하고 있다. 네 개의 부족에서 대병력을 동원했고, 장검은 1만을 거느릴 수 있는 행군총관이었다. 장검의 자체 병력과 그에 상당하는 규모의 초원 출신 기병들은 강력한 전력이었다. 4만의 고구려 군대는 그들의 견제를 받아 요동성 부근을 다시 공격하지 못한 것이 아니었을까. 아무튼 장검의 기병대가 등장한 효과를 무시할 수 없다.

확실한 것은 당군도 그에 맞먹는 대가를 지불했다는 점이다. 이로써 1개월 동안 장검의 부대에 포위됐던 고구려 건안성은 살아남을 수 있었다. 요하 어귀에 위치한 그 요새는 향후 당군의 수로 보급에 치명상을 남겼다. 연개소문의 예감은 적중했다.

물론 당 군부의 수뇌부들도 그러한 결과가 나올 것이라는 점을 몰랐던 것은 아니었다. 하지만 고구려의 4만 원군이 요동성 부근에 육박한 이상 멀리 내다볼 여유가 없었으리라. 당장 황제가 위험에 처하는 것을 방치할 수는 없었다.

한편 645년 5월 8일 태종은 고구려로 들어가는 마지막 문턱인 요하의 본류 교량 건설 현장을 조마조마한 마음으로 바라보고 있었다. 그날 첫 패배의 소식을 들은 태종은 불안해졌다. 연개소문이 자신의 목을 노리고 있음을 직감했다. 이 타이밍에 고구려 기병의 급습을 받는다면 오도 가도 못하는 상황이 벌어진다.

마침 요하의 물 수위가 3척이나 내려가 교량의 길이가 짧아졌고, 다리의 높이도 낮아졌다. 그만큼의 자재, 인력 투여량, 건설 시간 등이 감소됐다. 요택을 지나온 군대가 본격적으로 밀려오기 전에 교량은 완성될 터였다. 하지만 요하의 강폭과 펄은 한없이 넓게 보였다. 태종의 불안은 어찌할 수 없었다. 불안의 근원에 맞서는 인상 깊은 의식을 치러야 했다.

9일 교량이 준공됨과 동시에 길게 줄을 선 당군 6만이 질서 있게 강을 건넜다. 다리가 땅과 이어지는 광활한 진펄에 수없이 많은 버드나무로 만든 카펫 같은 깔개가 깔렸고, 가장 먼저 건너온 부대가 교량 입구 주변에 철통같은 대열을 갖췄으리라. 인간 방어망이 형성된 가운데 후속 부대가 지속적으로 다리를 건너왔다.

10일 도하가 완료되자 태종은 전 병사를 다리가 바라보이는 위치에 도열시키고 다리를 철거시켰다. "이제 고구려 땅이오. 돌아갈 다리가 없소." 태종은 병사들 마음에 남은 미련을 끊었다. 승리하지 못하면 고구려 땅이 그들의 무덤이 될 터였다. "교량을 철거시킴으로써 사졸들의 마음을 굳게 했다."(『책부원귀』)

연암 박지원이 설명하는 요동성

1780년 청나라에 사신으로 갔던 연암 박지원은 요동을 지나가면서 요동성의 연혁에 대한 아래와 같은 설명을 남겼다. "고구려의 요동성은 남북으로 길게 뻗은 요동벌 중간에 있다. 원래 기자 조선의 땅이었다. 중국 전국시대 칠웅 중 하나인 연나라가 장수 진개秦開를 보내 이곳을 차

요하(지금의 랴오허 강)의 본류.
이 강만 건너면 고구려다.
강폭이 광대하다.

지한 후 양평성을 축조하고 요동군부遼東郡府의 중심지로 삼았다. 전한 왕 망王莽 시기에 이 성을 창평성으로 고친 적이 있지만, 이후 600년 동안 양평성으로 불려왔다. 404년 고구려가 요동을 차지한 후 그 성을 요동 성이라 불렀다."

61

장애물을
야금야금
제거하다

요동성의 해자

645년 5월 10일 태종과 그의 군대가 요동성 부근에 도착했다. 태종은 현재 랴오양 서남쪽으로 15리 떨어져 있는 마수산馬首山에 진지를 차렸다. 태종과 그의 직속 병력 6만 명을 위한 병영이 들어선 것이다. 산을 중심으로 정교한 목책이 단조로운 미로와 같이 이중삼중으로 둘러쳐졌고, 가장 전망이 좋은 자리에 태종의 지휘소가 위치해 있었으리라.

진영이 완성되자 태종은 병사들을 도열시켜 놓곤 그들이 보는 앞에서 상벌을 내렸다. 중국 황제가 고구려 땅에서 군령을 집행하는 보기 드문 광경이었다. 황제의 사촌 동생인 이도종의 이름이 거명됐다. 어려운 상황에서 고구려 군대를 저지한 공로를 인정받아 황제로부터 치하와 함께 상을 받았다.

다음으로 마문거의 이름이 거명됐다. 시골의 예비군 중대장 비슷한 위치에 있던 그가 황제의 앞으로 불려갔다. 중랑장中郞將이라는 무관직이 수여됐다. 무명의 무관이 갑자기 전방 사단의 영관급 고위장교가 된 셈이다. 『자치통감』은 순서를 뛰어넘는 승진이었다고 기록하고 있다.

마지막으로 장문예의 이름이 거명됐다. 그의 눈동자와 머리는 풀려

433

있었고, 패전 후 감금돼 초췌한 얼굴을 하고 있었다. 그는 포박된 상태로 황제 앞에 질질 끌려갔다. 고구려에 와서 첫 패배의 치욕을 안긴 장군이었다. 그의 무능으로 셀 수도 없는 병사들이 이국땅에서 한순간에 죽었다. 요동성 함락을 위한 인신공양의 제물이 돼 피가 땅에 뿌려진다고 해도 할 말이 없는 처지였다.

멀리 요동성에서 고구려인들이 뻔히 바라보고 있는 가운데 칼날이 번쩍였다. 장문예의 머리가 땅에 떨어졌다. 그 광경을 본 동료 장군들은 자신의 목을 만졌다. 패배하면 누구도 예외가 없다. 태종은 상벌 의식을 통해 군기를 잡았다.

전투 직전 분위기를 다졌지만 공격은 바로 시작되지 못했다. 이번에도 전투보다 삽질이 먼저였다. 해자를 메우기 위해 막대한 막일이 필요했다. 요동성 공방전만큼 공병력이 전장에 차지하는 비중이 높았던 적은 없었다.

요동성은 평지성이라 산성보다 공성기 사용이 용이했다. 성벽을 모두 인공적으로 다듬은 돌로 쌓았기 때문에 투석기의 공격으로 손상을 입기 쉽고, 한번 파손되면 보수도 어려웠다. 대신 요동성의 성벽 바로 아래에는 깊고 넓은 해자가 있었다.

그것만으로는 마음이 놓이지 않았던 고구려인들은 태자하·혼하 등 29갈래의 강이 흐르고 있는 그 지역의 풍부한 물 자원을 무기로 사용했다. 당군이 오기 전에 해자 앞의 땅을 아주 넓게 파고 강의 물길을 그곳으로 돌려 해자를 끝없이 팽창시켰다. 황제가 접근해 매립하는 일을 거들 정도로 광대한 해자였다.

『책부원귀』는 태종이 도착했을 때 태자하의 지류인 양수梁水가 요동성을 환류還流하고 있었다고 하고 있다. 현재 타이쯔 강은 랴오양 동남쪽에서 방향을 꺾어 시가지 동쪽을 따라 북류하다가 동북쪽 근교에서 다시 방향을 꺾어 서류하고 있다.

지대가 낮은 요동성은 홍수가 저도 해자가 넓어졌다. 서기 238년 조위군曹魏軍이 요동성에 중심지를 두고 있던 지방정권 공손씨公孫氏를 공격하던 당시의 전황을 기록한『자치통감』을 보자. "가을 7월에 장맛비가 내리니 요수의 물이 불어나 배를 운항해 요하 어귀에서 지름길로 성(요동성) 아래까지 이르렀다. 비는 한 달을 넘게 내렸는데도 그치지 않았고, 평지에도 물이 여러 자나 찼다."

태종은 수백 명의 기병을 거느리고 마수산을 나와 요동성으로 향했다. 물바다가 된 성 앞에 줄지은 병사들이 등에 흙을 지고 날라 메우고 있었다. 고구려인들은 큰 돌을 쏘는 석포의 사정거리 밖까지 물을 끌어들였다. 그 광활한 곳을 일일이 흙으로 메우는 것은 여간 힘든 것이 아니다. 태종이 흙을 많이 짊어진 병사의 그것을 일부 받아내 자신의 말 위에 올리고 흙을 날랐다. 그러자 따라온 병사들도 앞다투어 흙을 져다 해자에 뿌렸다.

그 순간에도 투르키스탄에서 몽골리아·서북 만주에 이르는 광활한 곳에서 온 온갖 종족들로 구성된 유목민 기병들은 요동성 외곽에 배치돼 고구려 기병의 접근을 막고 있었다. 이윽고 요동성 앞의 물웅덩이가 매립됐다. 하지만 성벽에서 가까워 고구려군의 화살 사정거리에 미치는 해자는 아직 온존했다. 성 밑 해자를 매립하는 것은 또 다른 문제였다.

태종이 요동성 공략을 위해 각 장군에게 역할을 분담시킨 것이 '전당문'에 실린 당시 황제의 조서(「극고려요동성조克高麗遼東城詔」)로 일부 남아 있다. 태종은 이세적·장검에게 명하여 정예군과 유목민으로 이뤄진 병력을 거느리고 요동성 남쪽을 지키게 했다. 기병으로 성벽을 공략할 수는 없다. 그들의 임무는 고구려 구원군이 왔을 때 즉각 요격하는 기동타격대였던 것으로 보인다.

제1군의 총관 장사귀張士貴에게 명하여 관중關中의 정예병을 이끌고 요동성 서쪽을 공격하게 했다. 공성기를 이끌고 성벽을 직접 공격하는

이세적·장검 등이 유목민 기병대를 이끌고
지키고 있었던 요동성 남쪽 성벽과 그 앞 해자의 모습.
광우사廣佑寺 맞은편 쪽이 옛 성벽이었다.

중국인 보병들이었다. 부대총관 이도종이 관중 출신의 경기병을 이끌고 가서 그들을 호위했다. 성문을 열고 나온 고구려 기병이 중국인 보병들을 도살할 수도 있었다. 성을 포위 공격하는 데는 안팎으로 보병에 버금가는 많은 기병이 필요했다.

전군前軍 대총관 유홍기劉弘基와 휘하 공병감工兵監들에게 맹사猛士들이 배정됐다. 그들은 성벽 바로 아래의 해자를 메우는 작업을 할 터였다. 장애물을 제거하는 전투 공병들이었다. 그들은 보병이면 누구나 할 수 있는 일반 공병들과 다른 존재였을 것이다.

병사들을 태운 사다리차나, 성문과 누각을 때려 부수는 여러 장비가 성벽에 접근하려면 전투가 벌어지는 전장의 한가운데서 성벽 전체를 둘러싸고 있는 해자를 매립해야 했다. 수많은 화살이 그들 머리 위로 내리꽂혔고, 당군의 석투기에서 발사된 돌이 성벽을 치면서 부서진 돌과 나무기둥들이 쏟아졌을 것이다. 지옥의 공병대였다.

고구려군은 누구보다 '맹사'들을 일차적으로 저격했다. 그들의 임무가 완수되면 당나라 보병들을 가득 실은 사다리차와 성문을 때려 부수는 충차가 성벽으로 접근할 수 있었다. 고구려인들은 당나라 공성기의 무시무시한 위력을 알고 있었기에 해자를 지켜내야 했다.

공성기의 전시장 요동성

요동성은 산성의 나라 고구려에서 보기 드문 거대한 평지성이었다. 중국 군대가 이곳을 공격할 때 전투 양상은 광활한 평원인 중국의 그것과 비슷했다. 612~613년 요동성 전투에서 수 양제는 동원할 수 있는 거의 모든 종류의 공성기를 동원했다.

위는 '말리지 않은 소가죽生牛皮'을 덮고, 아래는 긴 사다리가 붙어 있어 그 위에 올라 성을 내려다보며 공격하게 만든 비루飛樓, 앞부분을 철로 씌운 충격용 나무를 수레에 달아 성을 파괴하는 충차, 바퀴 6개를 달고 그 위에 튼튼하고 긴 사다리 2개를 기축으로 이어서 접었다 펼 수 있는 운제, 성벽과 거의 같은 높이의 바퀴 달린 누각에 충차의 나무기둥을 매달아 높은 성루를 부수는 충제衝梯 등이었다.

62

당나라의
포차 공격과
'일진일퇴'

공성기 전쟁

요동성 외곽의 물웅덩이들이 거의 다 메워지자 당군의 공격이 본격화
됐다. 북소리와 사람들의 함성과 절규가 메아리치는 가운데 전투는 밤
낮을 가리지 않고 계속됐다. 화살이 끊임없이 쏟아지는 가운데 날아간
수많은 돌이 성벽에 연이어 부딪쳤고, 성벽의 석재가 와르르 무너지는
소리가 반복됐으리라.

　고구려인들은 거대한 돌을 멀리 쏘는 당나라 투석기의 무시무시한
위력을 실감했다. 투석기는 20~25킬로그램짜리 돌들을 300미터 이상
날려 보냈다. 돌에 맞은 성벽은 속절없이 무너졌다. "우리에게 포차가 있
어 300근의 돌을 1리(300보) 밖까지 날린다."(『구당서』)

　『무경절요武經節要』에서는 중국의 투석기에 대해 이렇게 묘사하고 있
다. "가로 놓인 축에 긴 장대의 중간 부분을 꿰어 돌릴 수 있게 하고 그
한쪽에 돌을 놓고 다른 쪽에는 줄을 매달아 여러 사람이 갑자기 잡아
당겨서 돌을 날려보내게 돼 있다." 서양의 투석기가 거대한 추를 달아
그 반동을 이용했다면 중국인들은 풍부한 인력을 투입했다. 기계적으로
볼 때 중국의 투석기가 간단했고, 분해해 운반하기에도 좋았다.

고구려 요동성 남쪽에 위치한 사찰이었던 광우사.
후한 대 건립돼 근 2000년 동안 중수와 폐사를 반복했다.
요동성 전투에 참전한 당 태종의 부하
울지경덕이 중건했다는 이야기도 전해진다.

이 기계는 초기에 복잡한 이론을 몰랐던 중국 장인들의 감각적 솜씨에 의존해 만들어졌다. 장인들이 기하학을 배운 것은 아니었지만 정확한 치수의 장치들을 제작할 수 있었다. 오랜 경험과 시행착오의 결과였다. 하지만 시대가 바뀌고 수학적 이론이 동원되면서 성능이 획기적으로 향상됐다. 삼국시대 위나라의 마균馬鈞이란 과학자의 실험 기록이 보일 정도다.

하지만 평화의 시기가 되면 그 기술은 잊혔고 전란의 시대에 와서 다시 개발됐다. 수나라 때의 투석기는 정교하고 거대했다. 과학 실험과 제작을 위한 표준적인 방법이 개발됐었다고 장담할 수 없지만 성능은 좋았다. 607년 고구려와 전쟁을 피할 수 없다고 생각한 수 양제는 우문개宇文愷 휘하에 기술자를 모아 공성기 제작에 전력을 투구했다. 그것도 모자라 서역에서 많은 기술자를 초청해 성능 향상을 위한 연구개발에 투입했다.

요동성민들은 중국 군대의 공성기 공격에 어느 정도 적응되어 있었다. 613년 4월 양제는 모든 종류의 공성기를 동원해 요동성을 공격한 바 있었다. 수나라의 발달된 공성기도 요동성을 함락시키지 못했다. 그런데 공격 도중 양제가 갑자기 철수했다. 수나라 내부에서 양현감의 반란이 일어났기 때문이었다. 양제는 장비를 그대로 남겨뒀다. 『삼국사기』는 당시 요동성의 상황을 이렇게 기록하고 있다.

"황제가 밤에 여러 장수를 몰래 불러 군사를 이끌고 돌아갔다. 군수품과 기계, 공격용 도구가 산처럼 쌓였고 보루와 장막이 그대로여서 움직이지 않았으나, 무리의 마음이 떨며 두려워져 다시 부서를 나눌 새도 없이 여러 길로 흩어졌다. 우리 군사는 이를 즉시 깨달았으나 감히 나가지 못하고 다만 성 안에서 북을 치고 고함을 지를 뿐이었다."

요동성민들은 이제 수보다 더욱 발전된 당나라 공성기의 공격을 받고 있었다. 요동성의 고구려인들은 "소문을 듣고 매우 두려워한 나머지

성 위에 전루戰樓를 쌓아 날아드는 돌을 막았다."(『구당서』)

투석기로 인해 성벽이 계속 무너지자 밧줄로 만든 그물을 치기도 했고, 나무기둥을 두 겹으로 박고 그 안에 흙을 넣어 돌이 날아와도 무너지지 않게 했다. 석포가 성벽을 많이 훼손할수록 나무로 보강되는 부분이 많아졌다. 이는 나중에 재앙이 된다.

투석기가 포격하는 사이에 당군은 공성탑攻城塔 조립을 완료했다. 공성탑 높이는 요동성의 성벽보다 조금 높았다. 철판으로 외부를 보호하고 있어 고구려군의 직사화기 공격에도 별 타격을 입지 않았다.

하지만 고구려인들이 그것을 알고 성벽 위에 목책을 올려 더 높은 전루를 쌓았다. 그것은 날아드는 돌의 방패이자 공성탑에 대항하는 것이기도 했다. 당군은 탑에서 활을 쏘아 고구려 궁수들을 견제해 엄호하는 사이 전투공병들을 투입시켜 중요한 포인트에 있는 성벽 밑 해자를 메우려 했다. 하지만 고구려의 전루가 더 높아 효과적인 엄호를 할 수 없었다.

어려운 가운데서도 일부 몇 개 지점의 해자가 메워졌던 것 같다. 당군은 당차撞車를 내보냈다. 그것은 높은 공성탑 위에 철제로 보강된 뾰족하고 거대한 나무기둥이나, 날카롭게 가공된 파성추를 달았던 무기로 생각된다. 당군은 당차를 성벽에 바짝 붙여 전루들을 박살내기 시작했다. "당차로 밀어 누각을 때려 부수니 내려앉지 않은 누각이 없었다."(『구당서』)

중요한 지점에 있는 높은 누각들이 제거되자 당군 공성탑들이 성벽을 향해 끊임없이 밀려왔다. 성벽에 바짝 붙은 공

당차.

443

성탑의 문이 열리고 당나라 병사들이 쏟아져 나왔다. 고구려군들은 그들을 향해 화살을 쏟아부었고, 고슴도치가 돼 죽거나 부상당한 병사들이 성벽 아래 해자로 끊임없이 떨어졌다.

하지만 그들은 계속 밀려왔다. 당나라 병사들은 용감했다. 태종은 병사들을 칭찬했다. "(요동성의) 성가퀴가 높이 솟아 있고, 산이 무너져 내린 듯 가로막고 있지만 대단한 용기로 두려워하지 않았다."(『전당문』)

그들의 용맹함에도 불구하고 요동성의 성벽은 호락호락하지 않았다. 어느 순간 그들은 성벽에 접근하기를 꺼리기 시작했다. 요동성의 성벽이 어느 곳보다 높고, 치가 발달돼 있어 그랬던 것은 아니다.

수많은 병사가 요동성을 감싸고 있는 해자에서 매립 작업을 하다가 전사했고, 공성탑에서 성벽으로 접근하다 떨어져 죽은 시신까지 그곳에 수북이 쌓여 있었다. 당나라 군대에 포위된 요동성은 시신 더미에도 포위돼 있었다. 후텁지근한 여름에 파리가 끓었다.

벌판에 버려진 시신들도 이슬이나 비를 맞고 나면 그 썩은 시체에서 나오는 냄새는 견딜 수 없을 정도였다. 해자에 떠서 부패해가는 시체는 말할 것도 없었다. 퉁퉁 불은 시신들이 물 위에 겹겹이 떠 있었고, 이미 부패해서 뼈가 드러난 살에 구더기가 끓었으리라. 그 지옥과 같이 불길한 시체의 늪에 빠지면 어떻게 되겠는가. 그것은 죽는 것보다 참기 힘든 일이었다. "해자에서 뼈가 구르고 있고轉骨深溝, (병사들은) 그 도탄에 빠지는 것을 걱정했다憨其塗炭."(『책부원귀』)

요동성의 주몽신사

요동에 있었다는 주몽신사에는 철제갑옷과 창이 봉안돼 있었다. 이 것들은 연나라 때부터 하늘이 내려준 영험 있는 신물神物이라 믿고 제사 지내온 것이었다. 물론 신물은 고구려의 시조인 주몽과 관련이 없었다. 400년께 고구려가 요동성을 차지하고 고구려인들이 이주해 오면서 주 몽신앙이 퍼졌고, 기존 신물신앙을 가졌던 사람들이 그것을 주몽과 연 관 지어 주몽신사朱蒙神祠에 함께 봉안해 숭배하게 됐다. 그것은 요동성 주민들의 고구려화를 나타내는 것이라 할 수 있다.

요동성은 기원전 4~5세기에 중국인들이 건실한 도시였고, 그 뒤 여 러 계통의 사람들이 이곳에 거주하게 됐다. 주몽신앙은 그들을 고구려 로 융합하는 데 일정한 역할을 했던 것이다.

63

물의 도시
요동성,
불에 쓰러지다

요동성 전투

요동성 전투는 많은 희생이 따른 처참한 사투였다. "용감한 병사들이 몸을 던져 목숨을 잃었다勁卒勇夫, 輕身效命.(『책부원귀』)

　요동성의 성벽을 감싼 그 긴 해자에 쌓여, 썩어 해골을 드러낸 시신들은 당군의 사기를 크게 떨어뜨렸다. 냄새는 견딜 수 없을 정도로 대단했고, 해자 앞 성벽을 지키는 고구려 군인들은 악취 때문에 교대 근무를 해야 할 정도였다.

　요동성 자체의 화력은 만만치 않았다. 당나라 병사들은 활, 노弩, 노포弩砲 등 성벽 위에서 쏟아내는 화살에 노출돼 있었고, 성 안에서 발사된 돌에도 피해를 입은 것으로 보인다. 요동성에는 613년 수 양제가 남기고 간 장비가 매우 많았다.

　물론 당군의 엄청난 희생으로 요동성의 해자와 성벽도 많이 파괴됐다. 하지만 전투가 이대로 진행된다면 얼마나 더 많은 전사자를 낼지 몰랐다. 병사들을 더 이상 죽음의 수렁으로 밀어 넣을 수 없었던 태종은 다른 방안을 내놓았다.

　당군의 손에는 무기보다 삽과 흙 자루가 들려 있는 시간이 많았다.

요동성 근처에 있는 백탑.
국가급 문화재로 중국 6대 고탑 가운데 하나다.
높이 71미터, 팔각 13층이다.

"성을 포위하고 땅굴地道로 아홉 곳을 공격했다於是雲羅四合, 地道九攻."(『책부원
귀』) 엄청난 희생자를 내는 해자 매립이 중단되고 수없이 많은 곳에서
터널이 굴착됐다. 흙이 흘러내리지 않게 해주는 직사각형의 버팀목 '지
도地道'가 여기에 사용됐다.

　　그러나 요동성은 물이 많은 곳이었다. 지하 수십 미터 아래의 암반
층을 굴착하지 않은 이상 누수를 피할 수 없었고, 터널 공사는 실패할

447

가능성이 높았다. 요동성의 굳게 닫힌 철문은 도저히 열릴 것 같지 않았다. 병사들은 지쳐갔다. 사기가 바닥에 떨어지자 태종은 마지막 방법을 썼다.

"명령을 내려 사방에 장졸들을 모았다. 울지경덕에게 황문黃門들을 시켜 '현운지아가'를 부르게 했다."(『책부원귀』) 태종은 높은 곳에서 그 광경을 지켜보고 있었다. '현운지아가'는 장중하고 엄숙했다. "장수가 듣고 더욱 감정이 복받치고, 사졸들의 사기가 진작되었다."

군악대 구성원들은 '황문'들이었다. '황문'은 거세된 남자로, 내시를 말한다. 미성을 내는 여자를 전쟁터에 데리고 갈 수 없었기에 인위적으로 양산한 것이다. 16~18세기 유럽에서도 카스트라토를 만들어내기 위해 변성기 이전의 어린 소년들을 거세시켰다. 성대의 순脣이 자라지 않아 소년의 목소리는 그대로 유지되고, 가슴과 허파는 성장해 어른의 힘을 지녀 맑고 힘 있는 목소리를 낸다. 거세를 통해 유지되는 그 미성은 관중의 감수성을 자극했다.

태종은 황자였을 때부터 군웅들과 싸우다 패색이 짙어지면 전투 중에 노래를 지어 병사들에게 부르게 했다. 주로 민간의 가락을 토대로 해 전의를 고양시키는 형태의 군악이었다. 당나라 병사들이 군악대와 함께 부르는 노랫소리가 울려 퍼지자 요동성 안에 있던 고구려인들도 한순간의 소강상태가 왔음을 알았다.

요동성민들도 군중 행사를 열 수 있는 시간을 가졌다. 그들도 상황이 어렵기는 마찬가지였다. 당군의 공격으로 높은 전루들이 하나둘 무너지면서 당나라 전투공병들이 공성탑의 엄호를 좀 더 받을 수 있었고, 해자를 메우는 작업도 진척됐다. 성 밑 해자가 메워질수록 당군이 성벽에 접근하는 것이 용이해졌다.

성 안 고구려 사람들의 불안감은 깊어졌고, 이를 신앙으로 해소하려 한 듯하다. 주민들은 주몽을 모신 신사에 소를 잡아 제사를 행하고 단장시킨 예쁜 여인을 주몽신의 부인으로 삼아 성의 안전을 빌었다.

『삼국사기』는 이렇게 전한다. "성 안에는 주몽의 사당朱蒙祠이 있고, 사당에는 쇠사슬로 만든 갑옷과 날카로운 창이 있었는데, 망령되이 말하기를 연나라 때 하늘이 내려준 것이라 했다. 바야흐로 포위가 닥치자 미녀를 치장하여 여신으로 만들어놓고, 무당이 말하기를 주몽이 기뻐하여 성은 꼭 안전할 것이다"라고 했다. 북 치고 춤추는 무당의 말이었다. 무당을 통해 자신들의 애타는 바람을 신에게 전하고, 신에게서 약속을 전해 받는 한판 굿이 벌어졌다.

전투가 소강상태로 접어든 직후였다. "차가운 비가 내렸고, 날씨가 맑아지고 바람이 불기 시작했는데 그것이 점차 거세지기 시작했다."(『책부원귀』) 여름의 후텁지근한 더위를 씻어내는 비가 내린 뒤, 저기압이 고기압으로 바뀌고 하늘이 개면서 건조하고 시원한 강풍이 불었다.

바람이 불자 태종은 화공火攻을 생각해냈다. "성루에 불을 지르라고 명령을 내렸다. 하지만 여러 곳에서 불이 꺼졌다聊命縱火, 數處潛然."(『책부원귀』) 비가 온 직후라 물기를 먹은 나무들이 타지 않았던 것 같다.

태종은 집요하게 묘안을 생각했다. 풍향도 요동성 쪽으로 바뀌었다. 하늬바람을 맞을 절호의 기회가 왔다. 이 순간을 놓치면 요동성 함락은 어려워진다. 그는 비에 젖지 않은데다 성 외부에서 바람을 등질 수 있는 지점을 찾아냈다. 요동성 서남쪽의 전루였다. 그곳엔 지붕이 있어 목재가 젖지 않았다. 공성기의 공격에도 살아남은 그 전루가 재앙이 될 줄은 아무도 몰랐다.

남쪽에서 불어온 바람이 점점 거세지고 있는 시점에 태종은 소수의 정예병들을 선발해 높은 공성탑인 충간衝竿 꼭대기 공간을 채웠다. 그들은 불화살을 서남쪽 전부 내부로 집중사격했다. 바람을 정면으로 맞고 있었던 고구려의 베테랑 궁수들은 그 장면을 뻔히 보고 있었다. 하지만 바람을 등지고 있는 그들을 향해 화살을 날리긴 어려웠다.

당군 공성기의 수없이 반복된 공격을 받으면서 그 전루는 나무로 덧대고 촘촘하게 보강돼 있었다. 하지만 고구려 병사들은 당군의 불화살 세례를 받고 나서야 그것이 장작더미였음을 실감했다. 전루에서 발화된 불길은 바람을 타고 건물들이 밀집한 성 내부로 걷잡을 수 없이 번져나갔다.

도시 전체가 화염에 휩싸이자 사람들은 아우성을 지르며 뛰쳐나왔다. 아비규환의 혼란이 벌어지자 성벽에 있던 고구려 병사들의 전열도 흐트러졌다. 거대한 연기 기둥과 함께 처절한 소리가 요동의 광활한 들판을 뒤덮었고, 담장에 갇혀 도시 밖으로 나올 수 없는 요동성민들을 불길이 집어삼켰다. 물의 요새 요동성은 아이러니하게도 불로 결정타를 맞았다.

군악 '진왕파진악'을 남기다

태종이 지은 군악 가운데 '진왕파진악秦王破陣樂'이 있다. 이 악은 무용을 곁들인 아악雅樂 '칠덕七德'으로 발전해 당 조정에서 오랫동안 연주되었고, 일본 궁중악에도 영향을 끼쳤다. 820년대에 이 곡을 들은 백낙천白樂天은 '칠덕무七德舞'를 지어 칭송했다.

"태종이 열여덟에 의병을 일으켜 백모황월白旄黃鉞을 치켜들고, 양경兩京(장안·낙양)을 평정했네, 왕세충을 포로로 삼고 두건덕을 참수하여 사해四海를 맑게 하고, 홀로 분전하여 시세를 꿰뚫었고 마음으로 사람을 감동시켜 인심을 끌어안았네."

'칠덕'이란 전쟁에서 감격에 찬 극적인 승리를 다룬 서사시의 보통 명사다.

64

남풍이 불고
불화살이 날아오니
요동성에
불길이 번지다

요동성 함락

북쪽의 건조하고 찬 고기압이 남쪽의 습한 저기압을 몰아낸 날이었다. 황제가 지른 불이 요동성의 고구려인들을 집어삼켰다. "갑신일(645년 5월 17일) 남풍이 급하게 불자 황상이 정예군을 파견하여 충간의 끝에 오르게 하여 그 서남쪽에 있는 누각에 불을 지르니 불꽃이 성 안을 다 태웠다."(『자치통감』)

불은 남쪽에서 시작돼 북쪽으로 번져 나갔다. 차가운 비가 내린 후 기상이 탁 트인 상태에서 불어온 건조한 강풍은 화재를 기하급수적으로 증폭시켰다. 파괴 효과는 상상을 초월했다. 대화재의 특성은 높은 온도로 가열되어 발생한 가연성 가스가 바람을 따라 이동하며, 뒤이어 불길이 퍼져나가는 것이다.

기상이 전세를 뒤집다

당군의 다음 목표는 백암성 성벽이었다. 645년 5월 17일 요동성에 대화재가 났던 날, 성벽의 가장 높은 곳에서 백암성을 지키던 고구려 병

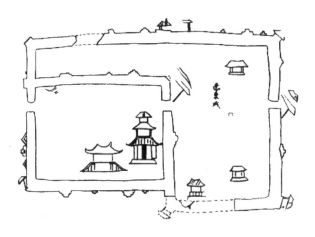

사들이 그 화염을 목격했다.

사찰·관청과 같은 거대한 목조 건물들에 불길이 닿자 회오리바람 같은 불기둥이 일어났다. 불길은 내성과 외성을 갈라놓는 성내 성벽에 닿았을 때 잠시 주춤했다가 이내 그 위의 목조누각에 옮겨 붙어 벽을 넘었으리라. 많은 사람이 불길을 피해 파괴되지 않은 남쪽 석재 성벽 부분으로 기어 올라갔고, 성벽에 올라 목숨을 건진 사람들은 걷잡을 수 없이 번지는 불을 야속하다는 듯 바라만 볼 뿐 아무것도 할 수 없었다.

불길이 일어난 내부에서 이내 폭풍이 일어났으며, 화마의 한가운데에서 고구려 병사들이 불을 끄기 위해 물통을 들고 정신없이 움직였지만 그들의 노력은 한 줄기 오줌에 불과했다.

고구려 역사상 이렇게 짧은 시간에, 이렇게나 많은 사람이 한꺼번에 타 죽은 적이 없었다. 『신당서』는 이렇게 전한다. "불길이 성 내부로 번져 집들이 거의 다 타고 불에 타 죽은 사람이 1만여 명이나 되었다."

지옥 한가운데에서도 자신이 품은 사적 원한을 풀 기회를 포착한

452

자들이 있었다. 그들이 자행한 하극상이 『책부원귀』에 기록돼 있다. 요동성의 장사長史가 휘하에 거느리고 있던 부하들에게 맞아 죽었다. 장사는 당시로부터 250년 전 광개토왕 대에 이르러 군부 역할의 강화로 생겨난 장사·사마司馬·참군參軍 가운데 하나로 요동성의 고위 군관이었던 것으로 보인다.

하지만 그의 충성스러운 부하에 대한 미담도 전한다. 군리郡吏인 성사省事가 요동성 불길 속에서 장사의 가족들을 탈출시켜 당시 고구려 수중에 있던 백암성으로 피신시켰다. 이 기구한 사연은 보름 후 백암성이 함락됐을 당시 그들이 당 태종에게 사로잡혔기에 기록에 남았다.

군인들의 기강도 일부 무너졌고, 저항의 의지도 한풀 꺾였다. 성벽에서 당군을 향해 퍼부었던 화살과 돌의 흐름도 느려졌다. 하지만 충성스러운 군인들이 아직 많았다. 그들은 당군의 포로로 노예가 되어 끌려가는 치욕이 죽음보다 더 두려운 자들이었다. 당나라군이 밀려오자 그들은 남은 힘을 다해 용맹하게 싸웠다.

하지만 싸움의 결과를 『신당서』는 이렇게 전한다. "당군 사졸들이 성벽에 오르자 고구려 군대가 방패를 들고 창으로 찌르며 저항했다. 석포에서 발사된 투석投石이 비처럼 쏟아지면서 성이 드디어 무너졌다. 당군은 군사 1만 명과 호구 4만 명을 포로로 잡고 군량 50만 석을 노획했으며 그 땅을 요주遼州(지금의 랴오닝 성)라 했다."

패배하고도 살아남은 고구려인들은 치욕을 당했다. "성루의 성가퀴가 불타고 불기가 남아 있는 가운데, 성이 함락돼 포로가 된 병사들은 군문軍門 앞에서 '면박'을 당했다. 그중에서도 간부들은 취조를 위해 법무담당관에게 넘겨졌다焚其樓雉, 竝爲煨燼, 合城男子, 面縛軍門, 取彼渠魁, 屬之司敗."(『책부원귀』)

두 손을 등 뒤로 돌려 묶고 사람들에게 보이도록 얼굴을 앞으로 쳐드는 '면박'을 당한 1만 명의 고구려 군인이 당나라 군문을 지나갔다. 그

453

들의 관등성명과 계급이 일일이 기록됐다. 그중 장군급이나 고위군관들이 색출되어 엄격한 취조를 당했다. 당군은 이어 공격할 백암성은 물론이고 안시성의 현 상태에 대한 고급 정보들을 캐냈다.

요동성 전투에 대한 태종의 솔직한 고백을 보자. "좀처럼 만나기 어려운 좋은 기회를 잡아 도적(요동성의 고구려인)을 하루아침에 쓸어버렸다."(『책부원귀』) 태종은 하마터면 고구려의 문턱에서 주저앉을 뻔했다. 그는 어마어마한 희생자를 내고 나서야 요동성을 함락시킬 수 있었다.

결코 함락되지 않을 것 같던 성의 함락에 태종은 감격했다. "임시로 세운 종묘에서 조상들에게 감사를 올리며 승리를 그윽하게 고했다. 같은 마음으로 힘을 모아 이 같은 큰 공적을 이루었도다. 어찌 짐 한 사람이 홀로 이 같은 일을 능히 이루었겠는가? 지금 이에 이겼으니, 하늘을 덮을 만큼의 경사로다."(『책부원귀』)

645년 5월 17일 태종은 승리의 봉화를 지피라고 명령했다. 요동성 앞 당군의 봉화대에 연기가 올라갔다. "당초 태종이 태자가 있는 곳(정주定州)에서 요동행재소(요동성)까지 삼십 리 간격으로 봉화를 설치하고 요동성이 함락되는 대로 봉화를 들기로 약속했으므로 이날에 봉화를 들어서 정주로 들여보냈다."(『신당서』)

요동성 부근 봉화대에서 올라간 연기 기둥은 요택을 건너 정주까지 차례로 올라갔으니, 고구려의 정예군 1만과 성민 4만이 줄줄이 묶여 요택을 건넜으리라.

요동성 전투는 기상이 전투의 전세를 완전히 뒤바꾼 하나의 사례다. 만주 벌판 한가운데의 바람을 탄 화재의 거대한 불기둥은 수백 리 밖에서도 훤히 보였고, 인접한 백암성 사람들은 불운한 미래를 직감했으리라. 산성의 꼭대기에서 지평선 너머로 불꽃이 점점 커지며 하늘을 덮었다. 그날 요동성에 꽃이 피었다.

백제의 갑옷

　요동성을 공격할 당시 당나라 군대는 백제의 갑옷을 입고 있었다. 『신당서』「고구려전」을 보면 "이때에 백제가 금휴개를 바치고, 또 현금玄金으로 산오문개山五文鎧를 만들어 보내와 사졸들이 그것을 입고 종군했다. 태종과 이세적의 군사가 모이니 갑옷이 햇빛에 번쩍거렸다"는 기록이 나온다.

　2011년 10월 공주 웅진성 저수시설의 펄층에서 갑옷이 발굴됐다. 1000편에 달하는 갑옷 조각들의 표면엔 0.4밀리미터가 넘는 칠漆이 덮여 있었다. 갑옷의 가슴 부위에는 붉은색 명문이 "정관 19년 4월 21일 왕무감 대구전○○서○○　이○은○行貞觀十九年四月二十一日王武監大口典○○緖李○銀○"라고 쓰여 있었다. 정관 19년이면 645년 4월 21일에 제작된 것에 해당한다. 혹 이 갑옷이 옛 문헌에 기록된 백제 갑옷인 '명광개'일 수도 있다. 명광개란 황칠黃漆을 한 갑옷으로 광채가 난다.

65

성주는
공포에 떨었지만
군사들은
용맹을 떨쳤다

백암성 전투

645년 5월 17일 요동성을 함락한 후 당나라 병사들은 휴식시간을 가질 수 없었다. 태종이 갓 점령한 요동성을 고구려 전선의 총사령부로 재사용하려고 했기 때문이다. 그들은 잿더미가 된 요동성과 그 주변을 청소해야 했고, 사령부로 쓸 가건물도 세워야 했다. 타 죽은 요동성 사람 1만 명의 시신도 치워야 했고, 해자에 뒹구는 수많은 동료의 뼈도 수습해야 했을 것이다. 근 보름에 해당하는 시간 동안 태종과 그의 장군들은 행정적 문제로 바빴다. 요동성에서 50만 석이나 되는 양곡을 노획했다. 그것을 새로 만든 창고로 옮기고 정리해서 앞으로의 전쟁 때 적재적소에 보급하기 위한 물류정리를 해야 했다. 노획한 사람도 마찬가지였다.

돌궐 왕족 출신 선봉대장을 저격한 이유

당군에 대항한 요동성 사람들은 용서받지 못했다. 그들을 포박해 명부를 만들고 신문하고 정연하게 편제하는 작업에 시간이 걸렸다. 많은 동료를 잃은 당군들은 그들을 적대적으로 대했다. 그들은 요동성이란 거대한 화분에서 뿌리가 뽑혀 당으로 옮겨 심을 무력한 묘목들이 됐다. "요동성이 함락될 때 저항하다가 사로잡힌 1만4000명을 노비로 만들어 유주로 보내 당군에게 분배하려 했다"(『구당서』「고려전」)

요동성의 함락과 그 성민 처리에 관한 소문은 금방 퍼졌다. 요동성에서 동쪽으로 태자하를 따라 20킬로미터 정도 위쪽 강가에 위치한 백암성에서 공포에 떨고 있는 자가 있었다. 다음 차례는 자신이라 믿었던 성주 손대음孫代音은 혼자 머리를 마구 돌리고 있었다. 방비를 위해 움직이는 부하들이나 성민들과 함께하기보다 어떻게 하면 일신의 안위가 보장될지만 고민하는 무능한 지휘관의 전형이었다. 부하들도 그 점을 정확히 간파하고 있었고, 그가 자신들을 지켜줄 사람이라고 믿지 않았다.

백암성은 요동평원에서 평양성으로 향하는 최단거리에 위치한 요새였다. 당군이 침공해 올 것이 확실했다. 손대음은 부하들에게 요동성을 함락한 당군과의 싸움에 승산이 없다는 뜻을 은연중 내비쳤던 것으로 여겨진다. 노골적이지는 못했어도 암묵적으로 설득했다. 하지만 백암성이 삶의 터전인 부하들은 그와 다른 생각을 갖고 있었다. 물러설 곳도 없는 그들은 결사항전을 각오하고 있었다.

손대음은 무능했지만 꾀가 많고 동작이 빨랐다. 그는 요동성이 함락된 직후 당 태종에게 사람을 보내 항복 의사를 내비쳤다. 태종에게는 호재였다. 백암성이 그냥 굴러 들어올 것만 같았다. 하지만 만사가 뜻대로 돌아가지 않았다. 연개소문이 오골성에 주둔하고 있던 고구려 군대 1만을 백암성으로 보냈다.

5월 28일 요동성에 주둔하고 있던 당군도 백암성을 향해 출발했다. 다음날 아침 아사나사마가 이끄는 당 휘하의 돌궐 기병이 백암성 앞에 나타났다. 성주 손대음이 '밀약'한 대로 성문을 열어주기를 기다렸지만 아무런 소식이 없었다. 뭔가 일이 틀어지기 시작한 것이 감지됐다.

오골성에서 원군이 온다는 소식은 백암성 내의 분위기를 완전히 백암성의 치.
고구려의 성 중에서 비교적 원형이 잘 보존된 성이다.

바꾸어놓은 듯했다. 사기가 충천한 고구려인들의 기세가 느껴질 정도였다. 『책부원귀』는 백암성과 성 위에서 돌궐 기병들을 뚫어지게 보고 있던 고구려인들을 이렇게 묘사하고 있다.

"흉도兇徒가 성의 담에 올라 잇따라 막아 지켰다. 산에 잇닿아 성 얽어 만들었는데 그 위에 뜬구름이 바라보인다. 계곡의 시냇물을 끌어다 해자와 통하게 하고 아래로는 햇볕이 없는 깊은 곳에 임했다. 요사스러운 기운이 고슴도치처럼 모여들어 마치 장안에서 촉(중국 쓰촨 지방)으로 가는 길에 있는 대검大劍·소검小劍 두 산 요해要害의 검각劍閣 깊은 것에 의지한 듯했다."

백암성으로 접근하는 주변 모든 길을 차단한 아사나사마가 백암성 서문 앞으로 다가섰다. 그곳은 백암성으로 접근할 수 있는 유일한 위치였다. 『책부원귀』의 표현 그대로 "백암성은 인산임수因山臨水하고 첩석疊石이 4면을 둘러싸 험절하기 때문에 공격이 가능한 곳은 반경 60보 정도에 불과"했다.

고구려인들은 적의 선봉대장을 쓰러트려 돌궐 기병의 사기를 꺾어놓으려고 했던 것 같다. 아사나사마가 이끄는 돌궐 기병이 백암성 서쪽 성벽의 좁은 그곳으로 다가오자 백암성의 강노強弩에서 화살을 한꺼번에 쏟아냈다. 선두에 있던 아사나사마가 한 발을 맞았다.

『노해弩解』에는 강노가 10발의 화살을 한꺼번에 발사할 수 있는 기계식 활이며, 1000보의 거리에서도 갑옷을 뚫을 수 있는 위력을 갖고 있다고 적고 있다. 물론 덩치가 커서 성벽 위에 거치해놓은 고정식 화기였다. 묵직하고 안정감이 있어 명중률이 높았다.

고구려인들은 적군의 접근이 예상되는 백암성 서문에 마치 중기관총을 배치하듯 다수의 강노를 집중적으로 거치해 놓았다. 물론 각 강노는 서문 앞 좁은 60보 이내의 모든 곳에 탄착지점이 선정돼 있었으리라. 아사나사마가 운이 없어 유시에 당한 것이 아닐 것이다. 거의 저격에 가

아사나사마가 저격당한 곳으로 추정되는
허물어진 서문 멀리 접장대가 보인다.

까운 일제 사격이었던 것으로 보인다. 고구려인들이 그 저명한 돌궐의
왕족이자 외교관이었던 그를 모르고 있었다고 할 수도 없다.

선봉대장이 활을 맞고 낙마하는 순간 돌궐인 전체의 분위기가 싸
늘해졌을 것이다. 예기치 못한 선방을 맞은 그들은 어찌할 바를 몰랐고,
우선 아사나사마를 부축해 말에 싣고 성 아래의 평지로 서둘러 후퇴했
을 것으로 보인다.

아사나사마의 상처는 하루 만에 병균에 감염되어 곪아 들어갔다.
막사에서 흘러나오는 그의 신음소리는 돌궐인늘의 심리에 비루함이 깃
들게 했고, 남의 전쟁에 끌려온 자신들은 무엇인가 되묻게 했다. 분위기
가 심상치 않사 낭 태종이 직접 백암성으로 왔다. 떨어진 사기를 살리기
위해 황제가 부상당한 그에게 뭔가를 해야 했다.

당나라 군 내부에는 중국 한족들과 돌궐인들 사이의 영원한 인종

적 골이 있었다. 아사나사마의 유고는 돌궐 기병의 운영에 치명타가 될 수 있었다. 그는 확실히 돌궐인들의 대표였다. 유능하지는 못했지만 그에게 고귀한 혈통이 주는 카리스마가 있다는 것은 부정할 수 없었다.

같은 돌궐인으로 충성심이 깊고 더 유능한 글필하력이 있었다. 하지만 그는 아사나사마에는 비할 수 없는 신분이었다. 당시 그는 적대세력인 설연타에 붙은 글필부의 족장 가족에 불과했다. 왕족 아사나씨가 아니면 돌궐인 전체를 묶어낼 수 있는 구심점이 될 수 없었다. 백암성의 고구려 저격병들이 노린 것은 바로 그것이었다.

천혜의 요새 오골성

오골성의 고구려 군대 1만이 백암성을 구원하기 위해 출동했다. 그들은 초전에 글필하력이 이끄는 돌궐 기병에게 치명타를 날렸다. 오골성은 장쾌한 바위 봉우리에 둘러싸인 천혜의 요새다. 전체 둘레가 무려 16킬로미터이고 성벽은 총 7527미터로 성벽 86개 구간과 천연 장벽 87개 구간으로 나뉜다. 아무리 막강한 군대가 침공해도 평지로 이어지는 북문만 막으면 철옹성이 된다.

거대한 봉우리 안에는 북에서 남으로 길고 넓게 펼쳐진 완만한 굴곡을 낀 평지가 있다. 『요동지遼東誌』에서는 10만 대군이 숙영하고, 훈련할 수 있는 곳이라 한다. 이른바 대성지관大城之冠이다. 동시에 요동평원과 압록강 사이에 위치한 이곳은 수많은 병력과 물자를 집적하고 있는 거대한 격납고이며, 병력들을 조련시키는 훈련소이기도 했다.

66

돌궐 기병,
고구려 기병에
맥을 못 추다

백암성 앞 기병전

백암성의 규모로 보아 황제가 직접 올 곳은 아니었다. 하지만 황제가 나타나 모든 돌궐 병사가 보는 앞에서 아사나사마가 누워 있는 막사를 찾았다. 그는 진심으로 마음 아파하는 표정으로 병태를 물어보았다.

아사나사마의 표정과 목소리가 심상치 않자 태종은 군의관을 불러 감은 붕대를 풀어보라고 했다. 응급조치는 되어 있었지만 환부는 엷은 보라색을 띠었고, 잔뜩 부어 있었다. 고름이 가득 찬 것이 분명했다. 태종은 환부에 입술을 대고 마구 빨기 시작했다. 입안이 가득 차자 따뜻하고 누런 체액을 뱉어냈다.

황제가 아사나사마를 치료해줬다는 소문은 돌궐인들 사이에 금세 퍼졌다. "병신일(5월 29일) 우위대장군 이사마李思摩(아사나사마)가 강노의 화살을 맞자, 황상이 친히 그를 위해 피를 뺄았는데, 장사壯士들이 이 소식을 듣고 감동하지 않는 사람이 없었다."(『자치통감』)

돌궐인들은 아사나사마에 대한 황제의 배려를 자신에 대한 예우로 느꼈다. 태종은 사기가 오른 돌궐인들을 출동시켰다. 고구려 구원군 1만이 거대한 먼지 기둥을 일으키면서 백암성으로 다가오고 있었다.

고구려 벽화에 그려진 고구려 기병의 모습.

첫 충돌이 벌어지다

백암성을 둘러싼 방대한 지역에서 기병전이 일어났다. 돌궐 기병의 목적은 고구려군이 백암성으로 들어가는 것을 막는 데 있었다. 그 대규모 전투의 초반은 방어하는 돌궐 기병보다 전력을 한곳에 집중시킨 고구려 기병에게 유리하게 돌아가는 듯했다. 기록은 글필하력 휘하의 돌궐 기병이 치른 일부 전투만 전하고 있다.

기병 800기를 이끈 글필하력이 고돌발高突勃 휘하의 기병부대와 마주쳤다. 둘은 곧바로 정면충돌했다. "글필하력이 강한 기병 800명으로 고구려군과 맞붙어 싸웠다."(『책부원귀』)

고구려 군대는 생각보다 강했다. 『신당서』의 표현처럼 글필하력은 고전했다. 첫 충돌에서 많은 돌궐 기병이 순식간에 낙마했고, 중상을 당하거나 전사했다. 싸우다 보니 글필하력의 주위에는 살아남은 부하들이 없었다. 결과적으로 그는 고돌발 기병의 진에 홀로 갇히게 됐다. 『책부원귀』는 그가 "고구려 군대의 진에 파묻혔다挺身陷陣"고 기록했고, 『구당서』는 "적에게 포위됐다賊所圍"라고 기록했다.

고구려군은 글필하력의 부대 하나를 찍어 거기에 병력을 집중 투입해 호위 병력을 순식간에 제거했던 것이다. 그가 황제의 최측근이라 그러한 표적성 공격을 받은 것이 틀림없다. 글필하력은 고구려 기병에게 둘러싸인 채 홀로 난투극을 벌였다.

고구려 기병들은 창을 쓸 수 있는 지척까지 좁혀왔고, 그는 고구려 장군 고돌발이 찌른 창에 옆구리를 맞았다. 글필하력이 말 위에서 떨어지자 기병들이 그를 향해 몰려왔다. 고구려군은 그가 듣도 보도 못한 전술을 구사했던 것 같다. 티베트 고원에서 타클라마칸 사막 그리고 몽골에 이르는 수많은 전장을 누볐던 그가 이러한 위기에 몰린 적은 없었다. 고구려 땅에서 임종을 맞이할 찰나였다.

기병전이 벌어진 것으로 여겨지는
백암성 서문 앞 평지와 구릉지대.
백암성의 고구려인들은 성 위에서
고구려 기병과 돌궐 기병의 전투를 지켜보았으리라.

그런데 이 장면을 본 당의 장군 설만비薛萬備가 단기로 달려왔다. 그는 글필하력을 포위하고 있던 고구려 기병 여러 명을 순식간에 죽이고 자신의 말에 글필하력을 태우고 빠져나왔다. 극적인 장면이었다.

"오골성에서 (고구려) 군사 1만 여를 파견해 백암성을 성원하자 장군 글필하력이 강한 기병 800명을 데리고 이들을 쳤는데, 글필하력은 몸을 던져 그들의 진에 빠졌다가 창에 허리를 맞았다. 궁정 수레관리관 설만비가 단기로 달려가서 글필하력을 많은 무리 속에서 구해내어 돌아왔다."(『자치통감』)

설만비는 기병전의 명수인 설만균·설만철의 아우였다. 635년 만균·만철이 청해 지방의 적수에서 토욕혼의 하마장창보병에 포위돼 휘하의 병력을 거의 잃고, 절명의 위기에 있을 때였다. 글필하력이 돌궐 기병을 이끌고 돌진해 토욕혼의 포위망을 뚫었고, 형제를 말에 태워 사지에서 구출해냈다. 설만비는 형들을 구해준 은혜를 갚았고, 이로써 글필하력과 설씨 형제 사이의 묵은 감정의 골도 사그라졌다.

하지만 당장 맞닿은 현실은 좋지 않았다. 돌궐 왕족이 저격을 받아 쓰러져 있었고, 돌궐 기병의 대표주자인 글필하력 자신의 부대가 고구려 기병의 공격을 받아 거의 전멸했으며, 그도 죽을 뻔했다. 위기에 몰린 돌궐 기병은 백암성에 대한 포위망을 풀 수밖에 없었다.

고돌발 등의 입성은 백암성의 사기를 올려놓았다. 연개소문이 백암성의 사람들을 버리지 않았다는 것이 현실로 나타났고, 앞으로 자신들의 생활 터전을 지켜낼 수 있다는 희망이 보였다.

하지만 백암성 성주인 손대음은 마음속으로 기뻐하지 않았다. 이미 황제에게 항복 예약을 해놓은 상태가 아닌가. 백암성이 함락되지 않고 자신이 한 짓이 들통 나면 살아남지 못할 것이다.

한편 일보 후퇴를 한 당군의 진영에서는 황제의 부하 사랑이 지속됐다. 황제는 고구려군에 패한 글필하력을 책망하지 않았다. 오히려 그의 막사로 친히 찾아갔다. 막사의 문이 열리고 군의관을 대동한 태종이 들어오자 패장 글필하력은 어찌할 바를 몰랐다. "(글필하력이) 적의 창에 맞아 상처가 심해 황제가 직접 약을 발라줬다"(『신당서』) 소문이 퍼지자 만신창이가 된 돌궐 기병들은 또다시 사기를 회복했다.

돌궐 왕족 아사나사마

돌궐 왕족인 그의 일생은 7세기 초중반 동아시아의 격동기를 고스란히 반영하고 있다. 『구당서』에 실린 동돌궐 아사나사마 전기를 바탕으로 그의 인생역정을 그려보자.

그는 동돌궐의 힐리 칸의 친척으로 돌궐 왕실 아사나씨의 근친 왕족이었다. 하지만 그의 얼굴은 몽골리안과 다른 이란계 백인, 다시 말해 소그드 호인胡人에 가까웠다. 왕실 친척들은 피부가 희고 코가 크며 푸른 눈을 가진 그가 자신들과 씨가 다르다고 생각했다. 어릴 적부터 배척받은 탓에 주눅이 들어 소심한 성격을 갖게 되었으리라. 그의 리더로서의 자질은 여기서 치명상을 입었다.

왕족 예우에 따라 '특권'이란 관직을 받았다. 하지만 병력을 실질적으로 운용하는 '설設'은 되지 못했다. 대신 외교에 종사했다.

624년 당나라를 방문했고, 고조에게 화순군왕으로 책봉된 바 있다. 630년 동돌궐은 내란에 이어 당나라의 침입을 받았다. 그는 끝까지 힐리 칸의 옆에 있다가 사로잡혔다. 태종이 보기에 그는 온순한 외교관이었고, 의리까지 있었다.

67

혈투를 벌이는
부하들 등 뒤에
백기를 꽂다

백암성주의 배신

고구려는 산성의 나라다. 성의 중요한 기능 가운데 '농성'이 있다. 하지만
그것은 절망적인 단계다. 고립된 성은 공성기의 공격으로 결국 함락되기
일쑤였다. 상황이 거기까지 가지 않기 위해서는 기병력이 받쳐줘야 한
다. 공격받는 성 자체의 기병으로는 한계가 있다. 주변의 성들로부터 지
원을 받아야 한다.

　645년의 고구려 전쟁에서는 각 성 주변에서 기병전이 끊임없이 펼
쳐졌다. 당군은 그 싸움에서 우위를 확보한 이후 성을 포위하고 공성기
를 사용하여 함락시켰다. 하지만 포위된 성을 공격하는 와중에 당군은
언제 등 뒤에서 고구려 기병의 습격을 받을지 몰랐고, 성 내부에서 문
을 열고 나온 기병의 공격을 받을지도 몰랐다. 고구려 기병의 첫 승리는
당군이 요동성에서 육중한 공성기를 운반해오는 일에 차질을 주었을
것이 확실하다.

　645년 5월 29일 막사에서 태종의 치료를 받은 글필하력은 허리에
압박붕대를 감고 다시 출정했다. 돌궐 기병과 고구려군 사이의 전투 과
정에 관한 기록은 남아 있지 않다. 다만 전투의 결과만 전할 뿐이다. "글

필하력은 더욱 분해져서 상처를 묶고 싸웠고, 쫓는 기병들도 분발해 드디어 고구려의 군사를 격파하고 수십 리를 추격하여 목을 벤 것이 1000여 급이었는데, 마침 어두워지자 그만두었다."(『자치통감』) 당군은 저녁 무렵 고구려 기병을 격퇴했다.

성 외부의 상황이 이렇게 되자 백암성에 입성한 고돌발 휘하의 오골성 기병들이 곤란해졌다. 외부의 효과적인 지원 없이는 성 내부의 기병은 힘을 쓰기 어렵다. 성이 포위된 상태에서 문을 열고 나가봐야 당군 화살에 표적이 될 뿐이었다.

돌궐 기병이 고구려에 대한 우위를 확보하자 당군은 요동성에서 공성기를 분해해 가져올 수 있었다. 도착 후 공성기가 조립됐고, 먼저 석포가 백암성 서문 앞 좁은 공간에 집중 배치됐다. 그 중화기의 1차 목표는 비교적 분명했다. 바로 서문 위에 거치된 고구려군의 강노들을 일단 무력화시키는 것이었다.

본격적인 싸움이 다시 시작되기에 앞서 태종이 병사들을 모아 놓고 선언했다. "성을 얻게 되면 마땅히 사람과 물자를 모두 전사戰士에게 상으로 줄 것이다."(『자치통감』) 같은 기록에서 이세적의 표현대로 "사졸들이 다투어 화살과 돌을 무릅쓰고 죽는 것을 돌아보지 않는 까닭은 포로와 물건을 획득하려고 탐내기 때문"이었다.

당군은 규율이 철저한 군대였다. 앞서 계모성과 요동성을 함락했지만 개인적 약탈은 없었다. 그것은 군법으로 엄격하게 금지돼 있었다. 641년 고창국을 멸망시킨 후 후군집과 설만균이 각각 재물과 여자를 횡령한 것이 들통 나서 수사기관의 철저한 조사를 받았다. 태종의 사면으로 처벌은 받지 않았지만 후군집은 재상 진급이 좌절됐고, 설만균은 색마로 소문이 나서 크게 망신을 당했다.

백암성에서 태종은 약탈을 공개적으로 허가했다. 그것은 태종의 마지막 카드였다. 약탈만큼 사기를 진작시키는 데 도움을 주는 것도 없다.

1400여 년이 지난 오늘날에도
고구려의 백암성 성벽은 의연히 남아 있다.

전쟁 스트레스가 잔뜩 쌓인 당군에게 배설의 길이 열렸다. 그들의 눈빛이 달라졌다.

이세적의 지휘 아래 백암성을 향한 공격이 시작됐다. 강노가 거치된 서문으로 석포 공격이 집중됐다. "충차가 때린 곳은 모두 부서지고 무너졌다. 돌이 날아가고 화살이 비처럼 성 안에 쏟아졌다冲車撞之所向摧潰. 飛石流矢雨集城中."(『책부원귀』)

같은 책을 보면 태종이 전투 장면을 본 느낌을 이렇게 적고 있다. "돌을 발사하니 별이 떨어지는 것보다 심하여, 망루가 헐리는 것이 산이 무너지는 것과 같았다. 적들이 이미 심한 곤경에 이르렀으니 바야흐로 화란을 바꿀 것을 생각할 것이다石發甚於星霣, 樓毀同於山壞, 賊旣倒懸, 方思轉禍."

당군의 집중 공격에 백암성 서쪽 방면의 성벽 위에 고정된 시설물들이 급속하게 훼손돼 갔고 성벽도 일부 무너졌다. 성 내부에 화재가 난 가운데 성벽을 기어오르는 당군의 기세도 거세졌다.

6월 1일 태종이 백암성 서북쪽에 나타났다. 수많은 깃발이 선명하게 나부끼는 가운데, 황금빛이 나는 화려한 갑옷을 입은 호위무사들을 대동한 행렬은 누가 봐도 황제의 행렬임을 알 수 있었다. 황제가 전투 현장에 나타나자 당군은 보란 듯이 힘을 내 싸웠다. 이름만 들었던 천하의 당 태종을 본 고구려군은 절망감이 들었으리라. 그의 등장이 무엇을 의미했겠는가.

함락 시간이 다가오고 있었다. 항복을 예약했던 백암성주 손대음은 마지막 기회를 놓칠 수 없었다. 성이 끝까지 버텨도 배신이 들통나 온전치 못할 것이고, 성이 함락돼 사로잡히면 자신은 약속을 번복한 죄로 살아남지 못할 것이다. 태종이 바로 눈앞에 나타난 지금 이적利敵 행위를 해야 했다.

손대음은 심복을 밀사로 보내 황제에게 말을 전했다. "소인은 항복하기를 원했지만 성 안에는 좇지 않으려는 사람이 있습니다."(『자치통감』)

그는 연개소문이 정권을 장악한 직후 성주들을 물갈이할 때 낙하산을 타고 내려온 인사인 듯하다. 부하들은 생존을 위해 싸웠을 뿐이다. 성주는 자신의 무능을 알아버린 백암성의 현지 병력들을 장악할 수 없었다.

병사들은 상관인 성주보다 백암성 성민공동체를 목숨처럼 여겼다. 하지만 일신만을 생각한 성주는 자신의 밀사를 통해 당 태종에게 다시 항복을 청했다. 태종의 대답은 이러했다. "황상은 당나라의 기치旗幟를 주면서 말했다. 반드시 항복할 것이라면 마땅히 이것을 성 위에 꽂으시오."(『자치통감』)

백암성의 고구려 병사들이 성벽에서 마지막 힘을 다해 싸우고 있는 가운데 태종이 칼과 도끼를 던졌다. 그것을 신호로 손대음은 당군의 깃발을 성 위에 게양했다. 성벽에서 각자 맡은 자리를 지키던 고구려 병사들은 그것을 보고 저항을 멈췄다.

그들은 모두 당나라 군대가 백암성을 접수한 줄로 알았다. 가장 용감하게 성을 사수해야 하는 성주의 배신으로 백암성은 함락됐다. 목숨을 바쳐 성을 사수하다가 산화한 요동성주의 이름을 우리는 모른다. 하지만 부하들을 적에게 팔아넘긴 자의 이름은 기록에 남았다.

'요격기' 돌궐 기병

태종은 종군한 돌궐인들을 무척 배려했다. 그들은 인종차별을 받고 있었다. 한족 장군들과 병사들 입장에서 그들은 불과 15년 전만 해도 중국을 약탈하던 도적떼였다.

그러나 돌궐 기병은 고구려 전선에서 당군의 중추 역할을 했다. 농경민 출신의 중국인 기병들은 태생적으로 돌궐인들의 전투력을 따라갈 수 없었다. 가혹한 환경의 초원에서 살아가는 유목민들은 기본적으로 흔들리는 말 위에서 활을 쏘고 창을 휘두르는 기예를 갖고 있었다. 고정된 땅 위에서 무기를 다루는 것과는 근본적으로 달랐다.

그들은 전투기로 보자면 고성능 요격기와 같은 존재였다. 중국인 병사들은 그들 없이는 아무것도 할 수 없었다. 보급로를 지킬 수도, 고구려의 요새들을 포위할 수도, 그 요새를 때려 부수는 공성기를 운반할 수도 없었다.

최고의 전력을 가진 돌궐 기병이 첫 전투에서 고구려 기병에게 패배했다. 태종은 패전의 책임 소재를 따져봤자 실질적으로 아무런 이득이 없고, 사기만 저하시킬 뿐인 것을 잘 알고 있었다. 그가 패배한 돌궐인 기병대장 글필하력을 격려한 것은 이 때문이었다.

68

태종은
왜 입장을
바꿨을까?

백암성의 선전전

645년 6월 1일 백암성 위에 당나라의 깃발이 걸렸다. 성주 손대음의 항복을 받아준 태종은 약탈 금지 명령을 내렸다. 입성하는 당나라 병사들이 어떠한 불미스러운 일도 일으켜서는 안 된다는 것이었다.

황제의 명령은 모든 법 위에 있었다. 백암성의 여자와 재물을 생각하며 목숨을 걸고 싸웠던 당나라 병사들이 허무해졌다. 앞서 군부의 수장 이세적과 그의 부하 지휘관들은 황제의 약탈 허락을 병사들에게 전한 바 있었다. 황제가 갑자기 그것을 번복하자 중간에 선 그들만 거짓말쟁이가 됐다. 그렇게 해서는 앞으로 전투에서 령이 서지 않는다. 이세적은 부하들과 함께 태종을 찾아갔다.

태종은 화려한 깃발과 사람들에게 둘러싸여 항복한 성을 바라보고 있었다. 군부의 수장 이세적과 휘하의 지휘관 수십 명이 태종 앞에 도착했다. 그들은 정연하게 한쪽 다리를 꿇고 앉아 머리를 숙였다. 이세적이 대표로 말했다. "사졸들이 화살과 돌이 비처럼 내리는 전장에서 목숨을 걸고 싸운 까닭은 포로와 재물을 탐냈기 때문입니다. 성이 함락돼 가고 있었는데 어찌하여 그들의 항복을 받아주셔서 전사들의 마음을 외롭게 하십니까?"(『자치통감』)

황제는 말에서 내려 부하들에게 예를 갖춰 말했다. 정중한 사과였다. "장군의 말이 옳소. 그러나 군사들을 멋대로 풀어서 사람을 죽이고 그들의 처자를 포로로 잡게 하는 일은 차마 허락하지 못하겠소. 장군의 휘하에 공로를 세운 사람이 있다면 짐의 개인 창고에 있는 물건으로 상을 내려줄 것이니, 바라건대 장군은 이 하나의 성 전체를 대속代贖해 주시오."(『자치통감』)

황제는 부하들에게 고개 숙여 사정을 해서 약속어음을 끊어주고 백암성 전체를 샀다. 병사들은 귀국 후 황제의 창고에서 예상 약탈품에 맞먹는 물자를 돈으로 지급받을 터였다. 우리는 이 장면에서 세계를 향한 태종의 정치와 당나라 군대의 근간을 이루는 부병제의 성격을 동시에 엿볼 수 있다.

645년 그해 당나라의 고구려 침공은 주변 모든 나라 군주들의 주목 대상이었다. 수나라가 고구려와 무리한 전쟁을 지속하다가 내란을 불렀고, 끝내 멸망하지 않았는가. 근 400년 만에 하나로 재통일된 중국이 박살나 군웅들의 싸움터가 됐다. 세계 역사상 이렇게 거대한 파동을 일으킨 사건은 없었다. 당이 그러한 전철을 밟지 않는다는 보장은 없었다. 고당전쟁은 고수전쟁의 결과 때문에 더욱 주목받았고, 세계가 이 전쟁의 추이를 지켜보았다.

침공 이후 백암성은 태종에게 항복한 유일한 고구려 성이었다. 태종의 허락 아래 당나라 군대가 그 성을 약탈한다고 하자. 앞으로 다른 고구려 성들의 결사항쟁을 부를 것이다. 그러면 싸움을 할 때마다 엄청난 희생이 따른다. 요동성에서 이미 많은 물적·인적 자원이 소모됐다.

백암성의 항복을 주동한 성주 손대음은 연개소문 집권 후 교체된 사람이었을 가능성이 높다. 연개소문의 은총을 받을 만큼 비위는 잘 맞췄는지 몰라도 무능했다. 연개소문의 유혈 쿠데타 이후 성민들과 교감 없는 낙하산 성주들의 수가 늘어나 있었던 것이다.

태종이 노린 것은 바로 이것이었다. 그는 황제로서의 덕화를 보여 고구려에 내재한 균열을 더욱 심화시켜야 했다. 성이 함락되고 포로가 된 병사 2400명과 성민 1만 명이 조사를 받았다. 백암성은 큰 화재가 없었기에 성민의 호적이 배신자 성주의 손에 고스란히 보존돼 있었다. 심문 과정에서 백암성민이 아니었던 자들이 색출됐다.

먼저 상관의 가족들을 모시고 있던 요동성의 성사가 적발됐다. 그는 요동성이 함락될 때 대화재 속에서 빠져나와 백암성으로 왔다. 백암성마저 함락되자 모든 것이 밝혀졌다. 태종은 충을 다하는 성사의 의로움을 높이 샀다. 요동성에 수소문해 장사의 시신을 가져오게 했다. 그리고 화려한 상여에 실어 그 가족과 부하인 성사와 함께 고향 평양으로 돌려보냈다. 여비로 비단 다섯 필도 줬다. 성사와 장사 가족들의 생환은 백암성에서 일어났던 일을 평양에 선전하는 역할을 할 터였다.

하지만 창으로 글필하력의 옆구리에 치명상을 입혔던 오골성의 기병대장 고돌발은 체포돼 포박당했다. 그는 부하들과 함께 돌궐 기병을 깨고 백암성으로 들어왔으나, 이어진 성 밖 기병전에서 동료들이 패배하면서 고립되어 포로로 잡혔다. 그는 당사자 글필하력에게 생사여탈권이 맡겨졌다.

글필하력은 자신을 패배시킨 자를 보자 분노했다. 하지만 황제가 성민 모두를 모아놓고 음식을 대접하고 있는 분위기에서 그가 고돌발을 때려죽였다는 말이 나오면 어떻게 되겠는가. 더구나 고돌발은 임무를 충실하게 수행한 군인이 아닌가. 마음을 고쳐먹은 글필하력이 태종에게 상주했다.

"저들은 그 주인을 위해 번득이는 칼날을 무릅쓰고 신을 찔렀으니 충성스럽고 용감한 병사입니다. 그와 더불어 처음에는 서로 알지 못했으니 원망하고 원수질 일은 아닙니다."(『자치통감』)

백암성은 고구려 서부 지역의 주요 방위성으로
멀리 희미하게 보이는 산에 위치해 있다.

6월 2일 백암성을 지원하기 위해 다른 곳에서 온 고구려 병사 모두가 방면됐다. 고돌발과 오골성에서 온 기병들을 집으로 돌려보냈고, 한 달 전 개모성으로 가려다 길이 막혀 백암성으로 들어온 가시성加尸城 병사 700명도 풀어줬다. 이동하는 가운데 먹을 양식도 백암성의 창고에서 꺼내 줬고, 무기 휴대도 허락됐다. 만일 그들이 가족이 있는 오골성과 가시성에 돌아간다면 그 존재 자체가 황제의 덕치를 알리는 것이었다.

그 와중에 연개소문은 태종을 노리고 병력 15만을 집결시키고 있었다. 그들 가운데 상당수 병력은 흑수말갈黑水靺鞨 사람들이었다. 사냥해서 하루하루 살아가는 완전한 수렵민인 이들은 태종 휘하에 있는 돌궐 기병보다 뛰어난 전투력을 갖고 있었다.

유목민인 돌궐인들은 정기적으로 고기를 먹을 수 있지만 흑수말갈인들은 사냥에 실패하면 굶어야 했다. 가혹한 환경은 언제나 사람들을 최고의 전사로 만들었다. 가혹할수록 더 그러했다. 궁술이 떨어지는 자들은 이미 다 굶어죽고 살아남은 자들은 거의 모두 백발백중의 실력을 갖고 있었다.

연개소문이 그들을 어떻게 매수했는지는 몰라도 당군이 야수와 같은 그들과 싸워야 하는 시간도 얼마 남지 않았다. 고구려는 다양한 수단으로 주변의 세력을 자기세력화하는 제국의 면모를 갖고 있었다. 이것이 당 제국이 고구려와 공존할 수 없는 진정한 이유였다.

69

황제
한 사람만을
노리다

무장중립국
안시성

645년 6월 4일께였다. 보초병들이 빽빽이 둘러싼 천막에 당 태종을 필두로 한 수많은 장군이 질서정연하게 들어왔다. 당 제국 최고의 무장들이 한자리에 모였다.

백암성을 함락시킨 직후 공격의 방향을 놓고 말이 오갔다. 문제는 안시성이었다. 그 성을 건너뛸 것인지 아니면 뽑아내고 갈 것인지를 결정해야 했다. 당 태종이 말했다. "안시성은 험하고 군사도 날카로우며 그 성주도 재주와 용기가 있어 막리지가 어지럽힐 때에도 성을 지키면서 복종하지 않아 막리지가 이를 쳤으나 떨어뜨릴 수가 없어 그에게 줬다고 한다."(『자치통감』)

어째서 안시성으로 갔는가

642년 집권한 연개소문은 성주들을 자기 사람으로 물갈이 했다. 국방에 대한 고려가 없는 정치성 인사였다. 안시성주가 반기를 들었다. 이에 연개소문이 중앙군을 이끌고 공격했다. 하지만 안시성을 함락시키지 못했고, 그는 할 수 없이 안시성주를 유임시켰다.

태종은 직방으로부터 이 같은 정황을 보고받았다. 그는 안시성이 연개소문과 어떠한 관계인지 알고 있었다. 태종이 말을 이었다. "건안성의 군사는 약하고 양식도 적어서 만약에 그들이 생각하지 못한 곳으로 나아가서 이를 공격하면 반드시 이길 것이다. 이세적 공은 건안성을 공격할 수 있을 것이고, 건안성이 떨어지면 안시성은 우리 뱃속에 있게 된다. 『병법』에 이른바 성에는 공격하지 않아도 될 것도 있다고 한다."

안시성을 건너뛰어 건안성을 함락시키고 나면 그것이 고립돼 자연히 무너질 것이라는 것이다. 요동성과 백암성이 이미 함락됐고, 건안성까지 무너뜨리면 안시성은 외부의 지원을 기대할 수 없다. 고립된 성의 함락은 시간문제다.

그는 속전속결을 주장했다. 무엇보다 만만치 않은 성은 건너뛰되 주변 성을 모두 점령해 고립시켜 힘을 뺀 다음에 공략해야 한다는 주장이었다. 안시성 공격에는 막대한 시간과 인적·물적 자원이 소모될 것이 뻔했다.

태종은 『손자병법』 권2, 「작전」 편의 다음 내용을 염두에 두었던 것이 확실하다. "군은 성을 공격하면 전력이 소모되기 마련이고, 장기간 군대를 혹사시키면 물자도 부족해진다攻城則力屈, 久暴師則國用不足." "군대가 무뎌지고 힘이 떨어지면 다른 나라들이 그 틈을 노려 군사를 일으킨다. 이렇게 되면 지모智謀 있는 자가 있다 하더라도 사태 수습이나 승리를 보장할 수 없다." 나중에 상세히 언급하겠지만 이러한 손자孫子의 지적은 적중했다.

군부의 수장으로서 이세적의 답변은 이러했다. "건안성은 남쪽에 있고, 안시성은 북쪽에 있으며, 우리 군사들의 양식은 요동성에 있는데 지금 안시성을 건너뛰어 건안성을 공격하다가 만약 도적(고구려군)들이 우리 (군량) 운송로를 끊게 된다면 장차 어찌합니까? 먼저 안시성을 함락

시키는 것만 같지 못합니다. 안시성이 떨어지면 북을 울리며 가서 건안
을 빼앗으면 됩니다."(『자치통감』)

태종이 대답했다. "공을 장수로 삼았으니 어찌 공의 계책을 쓰지 않
겠소, 나의 일을 그르치지 마시오." 노련한 그는 현장 사령관의 말을 존
중해줬다. 전쟁의 달인 이세적에 대한 신뢰였다. 어린 시절부터 무정부
상태의 전장을 떠돌며 살았던 이세적이 안시성을 건너뛰자는 태종의
견해가 진정 무엇을 의미하는지 몰랐다고 할 수 없다.

수많은 전투 경험과 병법서에 대한 지식을 두루 갖춘 태종이었다.
하지만 황제 경력 20년은 신하들이 자신을 어떻게 생각하는지에 대한

통찰력을 무디게 만들었다. 자신이 당나라 군대의 발목을 잡고 있는 장애물인 것을 몰랐다. 앞서 5월에 그가 요동성 앞에 나타나자 신성과 건안성을 공격하던 병력 모두 요동성 공략에 투입됐다. 그의 안전을 위해서였다. 그러지 않았다면 신성은 몰라도 건안성은 벌써 함락됐을 것이다.

전선에 와 있는 황제는 짐이었다. 전쟁이 순수한 작전으로 실행되지 못하게 했다. 항상 경호 문제가 우선이었다. 연개소문은 이러한 당군의 약점을 물고 늘어졌다. 태종 한 사람만 죽이면 만사가 해결된다. 공격 목표가 명확한 것은 매우 큰 이점이었다. 연개소문은 황제에 대한 저격성 공격을 기획했다. 그는 황제 한 사람을 노리고 15만 대군을 투입했다.

6월 11일 요동성에서 병사들과 함께 휴식을 끝낸 태종은 운명의 안시성을 향해 출발했다. 안시성은 하나의 완전한 독립국이었다. 이번 전쟁에서도 연개소문의 지시를 따르지 않았다. 태종도 평등하게 대했다. 황제의 수많은 깃발을 든 행렬이 안시성 앞에 나타나자 군사들이 고슴도치같이 창을 들고 성 위로 올라갔고, 북소리가 울려 퍼졌다.

조준 사격 신호였다. 태종의 깃발이 보이면 언제나 그랬다. 황제는 기분이 나빴다. 자신을 두려워하지 않는 그들을 보고 화가 치밀어 고함을 질러댔다. 전쟁터에서 적에서 화를 내는 것만큼 쓸모없는 짓도 없다. 영리한 이세적이 맞장구를 쳤다. 『자치통감』은 전한다. "이세적은 성을 함락시키는 날 (안시)성의 남자건 여자건 모두 (땅에) 생매장하겠다고 했다." 이 소문은 안시성에 금방 들어갔고, 성민들은 결사항전을 다졌다.

6월 20일 안시성에 대한 당군의 공격이 시작됐다. 하지만 이튿날 연개소문이 보낸 고구려·말갈 15만 대군이 안시성과 멀지 않은 곳에 집결을 완료했다. 당군은 그들과 대적하기 위해 군대를 돌렸다.

70

말갈 기병이
돌궐 기병에
첫 패배를 안기다

미끼가 된 황제

645년 6월 21일 고연수와 고혜진이 이끄는 고구려 말갈 15만 대군이 안시성을 향해 진군하고 있었다. 『책부원귀』「전당문」에 그 장면을 묘사한 기록이 남아 있다. "그 군대가 일으킨 먼지가 수십 리에 걸쳐 가득했다. 저들(고구려)의 군대가 우리보다 많다!" "15만 무리의 깃발이 30리나 이어졌고, 누런 뱀이 안개를 토해내는 것처럼 기마궁수들이 먼지를 일으키며 붉은 개미떼같이 들판 가득 밀려왔다."

연개소문의 '황제 사냥'이 본격화됐다. 7세기 중반 이렇게 강력한 대군을 보유한 나라는 전 세계에서 당 이외에 고구려밖에 없었다. 무엇보다 기병 전력에 있어 고구려는 당에 뒤지지 않았다. 연개소문은 여기에 거의 모든 가용자원을 쏟아부었다.

이러한 상황이 닥치자 태종은 자신이 미끼가 됐다는 것을 직감하고 마음속으로 떨었다. 자신이 죽거나 포로가 된다면 어떻게 되겠는가. 당은 고구려에 패해 멸망한 수나라의 전철을 밟을 것이다. 천보天寶 연간(742~756) 유속劉餗이 찬술한 『수당가화隋唐嘉話』에는 "고구려와 말갈군이 40리에 뻗친 것을 보고 태종의 얼굴에 두려워하는 빛이 있었다"고 기술

485

하고 있다.

고구려 군대의 위용을 본 그는 이세적이 왜 안시성을 전장으로 택했는지 깨달았다. 『책부원귀』는 태종이 고구려의 움직임에 대하여 어떤 경우의 수를 예측했는지 기록하고 있다. 첫째, 안시성 부근 산에 수많은 보루를 세우고 안시성에서 병량을 지원받아 장기전으로 가면서 말갈 기병을 시켜 당군의 보급로를 차단한다. 둘째, 안시성에 들어가 성민들을 장악한 후 농성한다. 셋째, 당군과 야전에서 정면충돌한다. 태종은 고구려군이 마지막 것을 택할 것이라 확신했다. 안시성은 고연수가 이끌고 온 고구려 중앙군에 식량은 물론이고 전력 지원을 거부할 것이다. 당연히 문도 열어 주지 않을 것이니 고구려 군대가 입성할 수도 없다.

안시성은 '영주'인 성주로부터 말단 성민들에 이르기까지 하나의 마음으로 일치단결해 있었다. 하지만 그들은 안시성 지역공동체 이익에만 집착했고, 국가 미래에는 관심이 없었다. 성민들은 국가보다 직속상관인 성주를 숭상하는 봉건적 관습에 충실했다.

물론 안시성주가 유능하다는 것도 하나의 이유였다. 668년 고구려가 멸망한 이후에도 안시성은 독립국으로 한동안 생존했다. 그것은 안시성의 전력이 특별히 강했기 때문이라기보다 국가총력전에 동참하지 않아 그 전력을 보존할 수 있었던 것이 하나의 요인이 됐다.

이세적이 안시성 부근을 고구려 중앙군과의 결전 장소로 택한 이유가 여기에 있다. 만일 연개소문의 통제에 따르고 있던 건안성 부근에서 고구려 15만 대군과 결전을 벌였다면 어떻게 되었겠는가. 요동성에서 건안성에 이르는 더 길어진 병참선을 지키는 데 더 많은 기병력을 투입해야 했을 것이고, 문을 열고 나와 뒤통수를 칠 수 있는 건안성의 군대를 틀어막는 데도 상당한 전력이 소요됐을 것이다.

앞서 경험 많은 대로對盧가 고연수에게 조언하기를, 지구전으로 시간을 끌면서 당나라 군대의 보급로를 차단하는 것이 승산이 높다고 했

안시성의 장대로 추정되는 장소.
평범한 언덕처럼 보이는 이곳이
645년 당나라군의 침공에 맞서
안시성을 방어하던 고구려의 장수가 지휘하던 곳이다.

다. 현장에서 고연수에게 선택의 여지가 있었을 수도 있다. 하지만 안시성의 지원을 기대할 수 없는 상태에서 15만 군대를 먹이는 것은 쉽지 않다. 수가 많다 보니 방어하는 군대가 먹는 문제에 부딪치는 얄궂은 상황이 벌어졌다. 단기간에 승부를 내지 않으면 수적 우세가 약점이 될 수도 있었다.

양면성이 존재하지 않는 것은 없다. 승리가 목적이 아니라 태종 한 사람에 대한 연개소문의 집착은 고구려군 전체의 전력 운영을 경직시키고 있었다. 사냥감이 매혹적이라 유혹을 뿌리칠 수도 없었다. 당의 입장에서 작전 수행에 장애물이었던 황제가 이제 그 진가를 발휘하는 순간이기도 했다. 그래도 황제의 참전은 너무나 위험한 도박이었다.

당군은 수적으로 열세였다. 점령지가 늘면서 병력 분산은 피할 수 없었다. 현도성·개모성·요동성·백암성 수비를 위해 많은 군대를 잔류시켜 놓았다. 본부인 요동성 창고에서 안시성 부근으로 곡물을 운반하기 위한 병참선 보호에 수많은 돌궐 기병이 배치됐다. 실질 전투 병력은 4만을 넘지 못했던 것 같다. 한참 먼 건안성을 전장으로 택했다면 어떻게 됐겠는가.

행군하는 고구려군에 당군이 첫 도발을 감행했다. 아사나사이가 이끄는 돌궐 기병들을 출격시켰고, 고구려군은 말갈 기병대를 선두에 세워 이를 요격했다.(『책부원귀』)

안시성에서 16킬로미터 정도 떨어진 곳 잡초가 무성한 광대한 구릉지대였다. 여름 그 넓은 만주벌판에서 기병들이 서로를 향해 내달렸다. 만주평원의 찬란한 햇빛 아래 초원 전사와 숲속 사냥꾼의 살벌한 기병전이 벌어졌다. 서로 상대편 진용으로 바짝 달려간 돌궐 기병과 말갈 기병이 화살을 날렸다. 기마의 속력과 화살이 지면에 떨어질 시간을 감안해 활을 쐈다. 키 자란 풀들은 수천의 말발굽에 금세 짓밟혔고, 대기는 죽음의 냄새로 가득했다. 결과는 말갈 기병의 우세로 기울고 있었다. 많

488

은 돌궐 기병이 화살에 맞아 땅에 떨어졌고, 기세에 밀려 퇴각했다. 하지만 그것은 서막에 불과했다. 양군은 결전을 하지 않았다.

초반전의 패배에 태종과 그의 부하들은 충격을 받지 않을 수 없었다. 강력한 말갈 기병에 선방을 맞은 그들은 이 상태로 전투해서는 승산이 없다고 생각했다. 뭔가 묘수가 필요했다.

71

주필산 전투의 시작

첫 승리를 만끽한 고연수는 15만 군대 전체를 이끌고 12킬로미터를 진군했다. 안시성에서 동남쪽 3킬로미터 떨어진 산록에 거대한 진영을 만들었다. 안시성의 도움은 기대하지 않았다. 그래도 그곳에 가까워진다는 것이 당군에게 뭔가 심리적으로 압박감을 주는 것이라고 생각했을 수도 있다. 안시성에서도 고구려 중앙군의 첫 승리를 불쾌하게 생각했을 리 만무하다. 동포애 때문만은 아니었다. 그들이 패배하면 다음 차례는 안시성이었다.

당군의 진영에서는 중대한 결정을 놓고 회의가 열렸다. 이세적은 군대 지휘권을 태종에게 반납했다. 그는 군사적 천재이기도 하지만 노련한 정치가이기도 했다. 사령관이 되어 전투를 직접 지휘하지 않으면 황제는 싱싱한 미끼에 불과했다. 모양새가 좋지 않았다. 태종이 직접 지휘한 주필산의 결전에서 이세적과 그의 휘하 병력 1만5000명이 고연수의 고구려 군대를 유인하는 미끼가 된 것도 여러 가지를 생각하게 한다.

645년 6월 21일 해가 중천에 뜬 대낮이었다. 태종은 구체적인 작전을 짜기에 앞서 정찰을 나갔다. 처남인 장손무기와 기병 수백이 따라 나섰다. 그들은 시야가 탁 트인 높은 산 위에 올랐다. 주변의 지형지세와 군사가 매복할 곳을 살펴야 하는데 시선은 자꾸 고구려 군대가 있는 곳을 향했다. 위풍당당한 15만 대군이었다. 40리에 달하는 진용의 기세에 눌렸다. 태종은 사냥하러 나온 자신이 사냥감이 될 수도 있다는 생각을 했으리라. 때려잡을 적군이 너무나 막강하게 보였다. 누구도 승리를 장담할 수 없었다. 그의 얼굴이 검은빛을 띠었다.

당나라 황제가 고구려의 일개 장군인 고연수에게 사자를 보냈다. 그것은 마치 황제가 한 수 접고 들어가는 듯이 보였고, 고연수를 우쭐하게 만들었다. 고연수가 보기에 고구려 군대의 위세에 눌린 태종이 자신의 침공을 변명하는 것처럼 여겨졌다. 황제의 의도를 뻔히 알고는 있지만 그를 자만에 빠지게 했다.

"너희 나라의 신하(연개소문)가 그 주군(영류왕)을 시해해 내가 그 죄를 물으러 왔다가 교전하는 데까지 이르렀다. 내 본마음이 아니다. 너희 나라의 성을 몇 개 빼앗았지만 양식과 마초가 부족해서 그렇게 된 것일 뿐이다. 너희 나라가 신하로서 예를 지킨다면 돌려줄 것이다."(『자치통감』)

태종은 연개소문의 유혈 쿠데타가 고구려 사회에 남긴 상흔을 파고들었다. 정변으로 왕을 비롯한 180명의 고위 귀족이 한순간에 몰살당했다. 고구려 귀족 장성 가운데 혈육을 잃지 않은 사람은 드물었을 것이다. 왕족의 성을 갖고 있는 고연수와 고혜진도 마찬가지였으리라. 태종에 대한 심리적인 동조는 당군에 대한 경계심을 늦추게 했다.

그날 밤 태종은 그가 기획한 작전명령을 하달하고 바로 군대를 움직였다. "이세적은 욱기勖騎 1만5000명을 이끌고 적이 위치한 산의 서쪽 고개에 진을 쳐라! 장손무기는 장군 우진달 등을 이끌고 정병精兵 1만 1000명을 기병奇兵으로 삼아 산의 북쪽에서 협곡으로 나와 적의 배후를 쳐라! 짐은 친히 회기會騎 4000명을 이끌고 고각鼓角을 숨기고 기치를 낮

491

추어 적영賊營의 북쪽 높은 고봉에 올라, 고각 소리로 지휘하겠다."(『책부원귀』)

같은 내용을 전하는 『전당문』을 보면 여러 장수에게 내린 명령은 최종 결단의 순간에 작성한 서면으로 전달됐다고 한다. 전체적인 지침은 이렇다. "적이 먼저 생각지도 못한 기이한 전술을 적용하지만 이로 인한 전체적인 기제機制 변동은 억제하라. 다음으로 이세적은 총관 장사귀 등 마보군馬步軍 14총관은 적의 서남면을 맡고, 장손무기는 마보군 26총관을 이끌고, 동쪽 계곡으로 나와 길이 합쳐지는 곳에서 적의 뒤쪽을 막아 그 목을 잡되 그 귀로를 좀 틔워줘라. 마지막으로 짐은 대장기를 쓰러뜨리고 몰래 북산에 올라 말고삐를 잡고 싸움이 시작되는 것을 기다리겠다."

두 군대의 대결이 임박했다. 날이 밝자 고연수는 이세적의 병력 1만 5000명이 병력이 서쪽에 진을 친 것을 보았다. 말갈 기병을 대거 동원하면 쉽게 섬멸할 수 있는 위치였다. 그는 곧장 병력을 출동시켰다.

이세적의 군대는 수적으로 월등히 많은 말갈 기병에게 곧장 포위돼 하늘을 가릴 듯한 화살 세례를 받았을 것이다. 이어 말갈 기병들이 가까이 들이닥쳐 창과 칼을 휘둘러 수천의 전사자가 발생했다. 이세적의 병력은 말갈 기병에게 포위됐다. 나중에 자세히 설명하겠지만 이세적이 반격할 때 병사는 1만 여로 줄어 있었다.

유속의 『수당가화』는 당시 상황을 이렇게 전한다. "주필의 싸움에서 황제의 군대(육군六軍)가 고구려에 제압되어 거의 위세를 떨치지 못하게 되었을 때 태종이 명하여 이세적의 깃발인 흑기를 자세히 살피게 했다. 척후병이 고하기를 이세적의 검은 대장기가 포위되었다고 하니, 태종이 크게 두려워했다帝大恐."

위의 기록을 표절한 유공권의 기록을 본 김부식은 『삼국사기』에서 이와 같이 논평하고 있다. "이세적이 결국 스스로 빠져나갔지만 (태종의)

영성자산성(안시성) 앞 벌판(아래).
여기서 멀지 않은 곳에서 주필산 전투가 벌어졌다.
뒤에 보이는 산이 안시성이 위치했던 곳이다.
그곳에 안시성이 있던 곳이라는 표지석이 있다(위).
ⓒ 여호규

두려워함이 이와 같았는데『구당서』『신당서』, 사마광의『자치통감』에서 이것을 말하지 않은 것은 자기 나라를 위해 숨긴 것이 아니겠는가?"

72

병사 1만 5천명을
미끼로 삼아
포위망을 만들다

역포위된 고구려군

고구려군에게 포위된 이세적의 병력은 미끼였다. 작전은 그들의 초기 희
생을 전제로 기획됐다. 장손무기의 정병 1만1000명이 산의 북쪽에서 협
곡으로 빠져나와 고구려군의 배후를 칠 때까지 이세적의 부하들은 죽
어가면서도 그 자리를 지켜야 했다. "처음에 (고구려군에 포위되어 몰려) 하
나로 된 이세적의 진이 네 번에 걸친 공격을 받았다初爲一陣, 四拒勣軍"고 『전
당문』은 기록하고 있다.

어려움은 예상했지만 이세적의 진영이 고구려군에 완전히 포위될
줄은 몰랐으리라. 장손무기의 정병이 도착하기 전에 이세적의 군대가
큰 타격을 입으면 모든 작전은 틀어지고 만다. 태종의 염려는 하늘을 찔
렀다. 장손무기의 군대가 다가오다 고구려군에 조기에 포착돼 요격을
당해도 마찬가지다. 작전은 그럴듯했지만 타이밍이 한번 빗나가면 참사
로 이어진다.

전날 산 위에 올라가 정찰하던 당 태종이 이튿날 날씨까지 예측하
고 작전을 수립했는지는 알 수 없다. 어쨌든 기상은 태종의 편이었던 것
같다. 이세적의 군대가 소모되어가는 시점에 날씨가 흐려지고 구름이

잔뜩 끼면서 조금씩 비가 떨어지기 시작했다. 물론 땅을 촉촉이 적실 정도는 아니었다. 역사는 "그때 번개 치는 소리가 있어 아군(당군)을 도왔다時有電雷助我軍威"(『책부원귀』)라고 기록하고 있다. 마른하늘에 벼락 칠 확률은 낮다.

삼면이 포위당하다

북쪽 높은 산봉우리에서 전투를 관전하고 있던 태종은 장손무기의 군대가 나타나기를 눈이 빠지도록 기다렸다. 시선은 그들이 나타날 남쪽 길목에 고정돼 있었다. 그들이 다가오면서 일으키는 먼지가 보였다. 장손무기의 군대가 남쪽에서 나타나 서진하자 태종이 숨겨뒀던 수많은 깃발을 들었다. 호각을 불고 북을 쳐댔다. 고구려 군대는 등 뒤로 달려오는 장손무기의 병력보다 소리가 나는 방향의 황제 깃발을 먼저 보았다.

한참 이세적 군을 학살하고 있던 고구려 군대의 일부가 산 아래로 내리꽂히는 태종의 군대를 막기 위해 나아갔다. 이세적 군대를 북쪽에서 압박하던 병력이 일부 빠지자 포위가 풀리기 시작했고, 고구려의 공세도 누그러졌다. 새로운 적의 출현 방향에 대한 사전 정보도 없고 낮은 지대에서 전투를 치르고 있던 고구려 군대가 한발 늦었다.

이어 배후 남쪽에서 먼지 기둥이 확연하게 보이더니 남쪽에서 이세적 군을 압박하던 병력 일부가 또 빠졌다. 그들은 배후로 다가서고 있는 장손무기의 병력을 상대해야 했다. 포위는 완전히 풀렸고, 반전이 시작됐다. 이제 고구려군은 역포위되고 있었다. 『전당문』은 "(태종과 장손무기의 병력이 이르자) 저들(고구려군)이 3개로 나누어졌다及此三分"라고 묘사하고 있다.

북쪽 산 정상에서 바로 내려온 태종 휘하의 군대는 쌩쌩했다. 장손

안시성 앞을 흐르는 개울.
『전당문』에 따르면 645년 안시성 일대에서
전투가 벌어질 때 병사들의 피가 흘러
주변 개울이 붉게 물들었다.
ⓒ김기동

무기의 군대는 행군 피로가 있었지만 고구려군보다는 훨씬 나았다. 포위망에 갇혀 있었던 이세적 군의 피로가 가장 심했다. 하지만 이제 상황이 역전되자 사기가 올라 울분에 찬 반격에 들어갔다.

이세적의 병력에 대해 '욱기 1만5000명'이라 기록한 『책부원귀』와 '보기步騎 1만5000명'이라 한 『구당서』는 차이가 있다. 그것은 전술상 중요한 현상을 반영하는 단서다. 『책부원귀』의 찬자는 기병 1만5000기의 출전 당시 병종을 기록했고, 『구당서』 찬자도 출전 당시의 1만5000이라는 숫자는 알고 있었다. 다만 장창보졸 1만의 반격 결과를 기록하고 있는 『구당서』는 보병이 1만이고 나머지 5000명은 기병으로 간주한 것이 아닐까 한다. 『구당서』 찬자는 기병 1만이 말에서 내려 보병이 되는 '기보' 복수 기능을 이해하지 못했던 것으로 보인다. 필자는 641년 장창보병으로 전환할 수 있도록 훈련되어 있었던 이세적 휘하의 기병들이 설연타를 격파한 전투를 33장에서 상세히 다룬 바 있다.

고구려군에 포위당해 기동성을 잃었던 이세적의 기병 1만여 명이 말에서 내려 장창보병의 대열을 지었다. 5명 중 1명이 말고삐를 지키면 나머지 4명은 보병처럼 앞으로 나가 싸웠다. 4분의 1에 해당하는 2500명 정도가 뒤에서 말을 잡고 있었다고 본다면 나머지 2500명 정도가 빈다. 그들은 고구려군과 싸우다 소모된 것으로 생각된다.

이세적의 장창보병 1만이 모루가 되고, 태종과 장손무기의 기병이 망치가 되어 압박하기 시작했다. 고연수와 고구려 군대의 상당수는 장손무기가 의도적으로 벌려놓은 남쪽 '구멍'으로 달아났다.

느슨한 포위망에서 빠져나온 고연수와 그 휘하의 3만5000여 고구려군은 인근 산에 의지해서 진을 쳤다. 빠져나오지 못한 2만 병력이 당군의 공격을 받고 죽어갔다. 산 위에서 그 장면이 보였다. 도와주지도 못하고 모두 소리만 쳤다. "당군이 고구려군을 공격하는 모습을 돌아보고 슬프게 부르짖으며 서로 불렀다. 그 소리가 심히 슬펐다我軍其黨類, 回望悲號相

498

若. 其聲甚哀."(『책부원귀』)

　　이때 안시성에서 문을 열고 나와 당군을 쳤다면 이러한 참사를 막을 수 있었을까. 확실한 점은 포위돼 죽어가는 고구려 병사들이 안시성에서 목격됐고, 안시성의 지원이 있었다는 기록은 찾아볼 수 없다는 것이다.

73

태종은
포로를
어떻게 처리했나

비상하는 당나라,
비상 걸린 고구려

포위망을 빠져 나오지 못한 고구려군 2만이 살육됐다. 그 장면을 묘사한 『전당문』을 보자.

"고구려군이 크게 무너졌다. 피가 흐르고 내가 넘쳐, 푸른 물결이 잠깐 사이에 붉게 물들었다. 목을 친 머리가 무덤이 되어 머리뼈로 큰 산을 이루었다. (그 위에) 화살과 칼끝이 아래로 교차하여 덮혀 옥석 같이 꽂혀있었다. 가히 불쌍하지만 다스려짐이니 구제할 수는 없도다因而大潰, 流血川溢, 滄波爲之暫丹, 斬級彌山, 髏骨以之成岳, 蓋由鏑鋒交下, 玉石同湮, 雖則可哀, 理無兼濟."

살육되고, 사로잡히고, 생매장되고, 편입되고, 방면되다

포위망을 빠져나와 고지 위로 올라간 고구려군은 곧 포위됐고, 그들의 마지막 퇴로가 될 수도 있는 하천의 다리도 철거됐다. 그들은 이제 오도 가도 못하고 갇혔다. "고구려군의 울부짖는 소리가 산과 계곡을 뒤흔들었다高麗哭聲動山谷."(『수당가화』) 안시성 지원이 절실했다. 하지만 안시성은 이번에도 굳게 침묵했다.

고연수는 태종에게 사자를 보내 항복을 청했다. 그리고 휘하의 생존 병사 3만6800명을 이끌고 고지를 내려왔다. 그들의 무장은 해제된 상태였다. 당군은 갑옷 1만 벌과 이와 맞먹는 무기들, 말 5만 필 소 5만 두를 노획했다.

『신당서』의 기록을 보면 대략 이렇다. 태종이 만들어놓은 이동식 조당 옆 장막 앞에서 고연수와 그 휘하의 장군들은 무릎을 꿇고 기어서 장막 안으로 들어가 황제 앞에 절을 하고 처분을 내려달라 청했다. 그러자 태종이 말했다. "앞으로도 감히 천자와 싸우겠는가?" 고연수는 두려워서 땀을 흘리며 답을 하지 못했다. 포로가 된 고구려 병사 모두가 두려움에 떨면서 그 장면을 보고 있었다.

앞서 태종은 천신天神에게 감사를 올렸다. 이번에는 『구당서』를 보자. "고구려가 나라를 기울여서 온 것은 존망이 달려 있어서인데 대장기 한 번에 패전하고 말았으니 이는 하늘이 우리를 도운 것이다. 이에 말에서 내려 두 번 절하며 사례했다." 하지만 천신만고 끝에 얻은 승리였다. 아슬아슬했던 순간들이 주마등처럼 그의 머리를 지나갔다. 돌이켜보면 정반대의 입장이 됐을 수도 있었다.

장손무기의 병력이 배후로 접근해오는 것을 고구려가 조금만 일찍 알아차렸다면 어떻게 되었겠는가? 그들은 고연수가 보낸 예비 병력에 제압되었을 것이고, 이세적의 군대는 고구려와 말갈군에게 전멸되었을 것이다. 산 위에 숨어 전장을 바라보던 자신도 포위됐을 것이다.

그 소문이 중원과 주변 나라에 퍼졌다면 어떻게 되었겠는가. 안시성에서 성문을 열고 나와 당군을 공격했다고 해도 결과는 마찬가지로 재앙이었을 것이다. 다행히 타이밍이 맞아떨어져 역으로 고구려군이 포위됐고, 안시성의 문은 끝까지 굳게 닫혀 있었다.

요동의 지신地神에게 제물을 바치기 위해서였을까. 당나라 병사들이 개미떼처럼 달라붙어 삽질을 하고 있었다. 얼마 후 거대한 구덩이가 만 안시성 안의 전경.
서남문 방향으로 보이는 봉우리가 주필산으로 여겨진다.
ⓒ김기동

들어졌다. 당군을 가장 많이 살상했던 말갈 기병 3300명이 줄줄이 묶여 끌려왔다. 당나라 병사들이 꼼짝 못하도록 포박된 그들을 차례차례 구덩이 속으로 밀어 넣곤 그들 위로 흙을 덮었다. 생매장은 고구려 밑에서 군사적으로 복무하는 모든 말갈 부족에 대한 엄중한 경고이기도 했다.

말갈인들의 처절한 비명 소리를 듣고 고구려 병사들은 모두 넋이 나가 있었으리라. 어떠한 처벌이 이뤄질까. 고구려군 3만6800명 처리에 대한 최종 결정이 내려졌다. 태종은 그들 가운데 군관 3500명을 가려냈다.

노련한 군인들이었다. 그들의 손에 당나라 무관 임명장인 융질戎秩이 주어졌다. 당나라 황제로부터 장안 서북방 농우隴右 지대 근무 발령장을 받은 것이다. 영원히 고향을 떠나 다시 돌아오지 못할, 알 수도 없는 곳으로 가야 했지만 목숨은 건졌다.

나머지 3만3300명은 황제의 사면으로 포로 신분에서 해방됐다.『당회요』에 "나머지 3만 명은 모두 풀어주어 평양으로 돌아가게 했다"라는 기록이 전한다. 하지만 그들을 모두 방면했으리라 생각되지는 않는다.

전쟁이 끝나지 않은 당시 상황에서 3만 명의 병사는 언제든 다시 고구려의 전투력으로 바뀔 수 있다. 일부는 풀어줬을 수도 있다. 하지만 대부분은 억류해뒀을 것으로 생각된다. 임명장을 강제로 받은 3500명의 고구려인 무관들에게도 자신의 정상적인 군무를 위해 전쟁터에서 함께한 기존의 부하들이 필요했다.

당 태종은 포획한 이민족 군인들을 자신의 병력으로 이용해 세계를 재패했다. 그것은 전쟁을 하면서 숙련된 군사력 소모를 막고 오히려 증강시키는 비법이기도 했다. 사면받은 고구려 군인들도 대부분 직속상관을 따라 당나라 서북방 변경으로 샀다고 여겨진다.

패전 소식이 전해지자 주변의 고구려 성들도 항복했다. "고구려에서는 온 나라가 크게 놀랐고 후황성後黃城과 은성銀城 모두 스스로 성을 포

기하고 달아나니 사람이 보이지 않고 (밥 짓는) 연기도 나지 않았다."(『자치
통감』)

방면돼 생환한 소수의 병사들은 공포의 씨앗을 뿌렸고, 돌아오지
못한 아들, 남편, 아버지를 둔 사람들의 울부짖음은 그 싹을 틔우는 자
양분이었다. 안시성 앞에서 얼마나 많은 병사가 포위돼 고통스럽게 죽
어갔고, 죽기 직전에 그들이 어떠한 공황 상태에 놓였었는지 소문이 돌
았다. 평양의 조야가 술렁거렸다.

74

당나라의
굴히기인가
고구려의
뒤집기인가

초원 공작

645년 6월 23일 주필산에서 고구려군이 대패한 직후 연개소문은 특단의 조치를 취해야 했다. 가능한 한 많은 귀금속과 보석 등 현금을 끌어모았다. 평양에 있던 말갈인들이 연개소문에게 소환됐다. 그들은 누대로 몽골 고원과 인연이 있었던 초원 정책 전문가들이었다.

연개소문은 그들에게 현금을 주면서 설연타의 진주 칸을 매수하라는 명령을 내렸다. 누구도 거부할 수 없는 액수였다. 설연타가 장안의 정북正北 수백 킬로미터 떨어진 오르도스를 공격하면 요동에 있는 당군은 철수하지 않을 수 없다는 계산에서였다.

연개소문은 설연타의 칸을 설득하는 그 중요한 과업을 말갈인에게 맡겼다. 여기서 문화가 다른 여러 민족과 공존하지 않으면 생존할 수 없었던 고구려의 다문화국가적인 면을 볼 수 있다. 말갈인들은 고구려의 중요한 기병 자원이자 대북방 외교·교역의 첨병이기도 했다.

평양을 출발한 말갈인들은 말을 갈아타며 국내성과 신성을 거쳐 몽골 초원으로 나아갔다. 7월 초순께 말갈 사신들이 몽골 초원의 울독군산鬱督軍山 아래에 위치한 설연타 칸의 군막에 나타났던 것으로 보인다.

건안성 내부의 전경.
건안성에는 5만으로 추산되는 병력이 건재해 있었다.
ⓒ김기동

그곳은 전통적으로 돌궐 부족들의 중심지였다. "(628년 설연타의 진주 칸이) 울독군산 아래에 아기牙旗를 세우니 동쪽으로는 말갈에 이르고 서쪽으로는 서돌궐에 이르렀으며 남쪽으로는 사막에 접했으며, 북쪽으로는 구륜수九倫水 회흘(몽골 합이화림 시 서쪽), 발야고(내몽골 후룬 호 서쪽), 아질(울란바토르 서북), 동라(몽골 북쪽), 복골(몽골 동쪽), 습(요하 이북)의 여러 부가 모두 속하게 되었다."(『자치통감』)

말갈인 고구려 사신은 진주 칸을 독대했고, 그 자리에서 연개소문의 메시지를 전했다. 당을 치라고 하는 연개소문의 서신을 받은 진주 칸은 놀랐다. 그는 641년 당군과 싸우다가 호되게 당한 경험이 있었다. 나이도 들었고, 몸에 병마가 똬리를 틀었다. 다시 당과 전쟁을 할 수 있는 기력이 없었다. "고구려가 주필산에서 패배하자 막리지는 말갈인으로 하여금 진주 칸에게 유세하여 많은 이익을 가지고 유혹했지만 진주 칸은 감히 움직이지 못했다."(『자치통감』)

앞서 641년 태종은 자신의 딸을 진주 칸에게 시집보내겠다는 약속을 해놓고, 이상한 이유를 대어 파혼했다. 이는 중국의 어린아이들도 다 알고 있는 사실이었다. 황제의 약속이 무가치하다는 인식이 퍼졌고, 당사자 설연타인들은 크게 분개했다. 사기를 당해 체면이 구겨진 진주 칸은 화병으로 드러누웠다.

연개소문은 이러한 설연타의 속내를 파고들었다. 현실적으로도 타당성이 있었다. 태종과 그 휘하의 거의 모든 병력이 고구려에 들어와 있으니 설연타에 대한 당군의 수비가 계획돼 있었다고 해도 완벽하지 않다. 복잡한 말도 필요 없이 절호의 기회가 온 것을 상기시키기만 하면 된다. 병력을 실질적으로 장악하고 있는 것은 진주 칸의 두 아들이었다.

한편 주필산에서 대승을 한 대종은 태사와 여러 신하에게 역마로 서신을 띄웠다. 그리고는 사흘의 축제를 병사들에게 베풀었다고 『전당문』은 기록하고 있다. 승전 소식을 들은 장안의 당 조정도 축제 분위기였으리라. 요동성을 점령해 고구려에 거점을 마련했고, 고구려군의 주력을 주필산에서 격파했다.

하지만 단 두 개의 관문을 넘었을 뿐이었다. 바다에서 보급을 담당하고 있는 장량의 해군과 안시성 앞에 있는 태종의 군대가 연결되지 않았다. 요하 어귀를 장악한 건안성이 당 보급선을 막고 있었고, 안시성이 버티고 있었다.

건안성에 대한 초전 공격은 645년 4월 5일에서 10일 사이에 실시됐다. 장검의 거란·말갈·해 기병이 성 앞에서 벌어진 전투에서 고구려군 수천을 참획하고 주변의 제륙권制陸權을 장악했다. 해군제독 장량은 5월 2일 비사성을 점령한 직후 함대를 이끌고 출발해 건안성 앞에 상륙할 수도 있었다.

하지만 5월 10일 태종이 고구려에 도착하면서 건안성을 공격하던 장검의 기병이 요동성 전투에 투입됐다. 여기서부터 당군의 작전은 비틀리기 시작했다. 장량 수군의 건안성 앞 상륙은 연기됐고 대신 오골성에 있는 고구려 병력이 태종이 있는 요동성 앞으로 몰려가는 것을 붙잡아 놓기 위해 압록강 어귀로 함대를 이끌고 가서 무력시위를 했다.

건안성에 대한 당군의 공략은 6월 23일 즈음에 가서야 이뤄졌던 것 같다. 장량의 병력 가운데 비사성 잔류 병력과 함대 운영 병력을 제외한 대부분이 이 전투에 투입됐을 것이다. 장검의 기병도 건안성 전투에 가세했던 것으로 추측된다. 장량은 건안성 주변 보루와 작은 성들을 점령했다.

하지만 이내 상황이 반전됐다. "장량의 군대가 건안성 아래에서 (점령한) 성과 보루의 수비가 단단하지 못한데 사졸들 대부분이 나가서 풀을 뜯어 말 먹이를 준비하자 고구려의 군사들이 습격하여 군대 안에서 놀라고 소란스러웠다. 장량은 겁이 많아서 호상胡床에 걸터앉아 곧게 앞을 보고도 입이 닫혀 말도 하지 못했다."(『자치통감』)

장량은 고구려군의 역습을 받아 건안성 앞에서 쩔쩔매고 있었다. 태종의 안전을 우선하는 작전은 건안성을 살아남게 했고, 이제 그 존재는 초반 승리를 거머쥔 태종에게 어두운 그림자를 드리우고 있었다.

75

황제의 존재가
작전 수행에
걸림돌이 되다

요지부동의 안시성

고구려의 주력군단 15만이 안시성 부근 주필산에서 궤멸된 직후 645년 7월 안시성에 대한 당 태종의 공격이 본격화되기 시작했다. 외부의 지원을 기대할 수 없었던 성의 주민들은 생사의 기로에 직면했다. 그들이 당시 세계 최강의 군대와 맞서 싸웠던 현장으로 가보자.

현장에서 본 안시성

안시성은 현재 랴오닝 성 하이청海城 잉청쯔英城子 촌에 위치했다. 정문은 서쪽으로 나 있고, 산성이지만 높지 않았다. 가장 높은 곳이 해발 200미터 정도다. 산의 경사도는 상당히 완만하고, 성의 규모도 크지 않았다. 둘레가 4킬로미터 정도였다. 환도산성보다 내부 면적이 좁고 남북의 경사도 완만하다. 치나 옹성 구조, 적대 등 특별한 구조물의 흔적도 없다. 세계 최강의 당나라 대군을 어떻게 막아낼 수 있었는지 의문이 든다.

하지만 성의 규모가 작다는 것이 약점으로 여겨지지만은 않는다.

성벽이 짧아 병력을 촘촘하게 배치할 수 있다. 경사가 험하지 않아 성내에서 성민이나 병사들이 전쟁 물자를 옮기는 데 용이하다. 성벽도 대부분이 진흙을 판축해 만든 토성이었다. 석성과 비교해서 안시성이 초라하게 보일 수도 있다. 하지만 투석기의 공격에 더 강했다.

성 안에 개울이 하나 흐르는데 현재는 깊이가 주먹 하나 잠길 정도다. 격전 당시에는 수만 명이 먹을 식수였고 화공에 대비한 소화수였던 것으로 보인다. 안시성 사람들은 화공에 대비해 개울물을 비축했으리라.

안시성에서 고지인 점장대에 오르면 성 내부가 한눈에 보이고 아래쪽 성 안에서도 그곳이 보인다. 성주는 그곳에서 상황을 살펴가며 전투를 지휘할 수 있었다. 성 전체의 인적·물적 자원 배치를 조율하고, 어느 곳이 비거나 중복되는 상황을 배제하기 위해 세심한 명령을 내리는 것이 가능했다.

치열한 격전

성이란 어느 한 곳이 약화되는 순간 함락된다. 물론 그것은 유동적이다. 적들이 어느 부분을 집중 공격하는지를 보고 판단해야 한다. 전력 집중의 조율이 원활히 이뤄지지 않는다면 성은 함락되고 만다. 안시성이 넓지 않았다는 것은 장점이었다. 명령이 병사와 백성들에게 원활하게 닿을 수 있기 때문이다.

병사들이 성벽에서 힘겹게 싸우고 있는 사이 안시성 사람들은 병사들을 지원하기 위해 분주하지만 질서 있게 움직였을 것이다. 1만에 달하는 병사는 물론이고 2만의 남녀노소도 지원부대로 잘 조직돼 있었을 것이고, 주민들은 성 안에 비축된 화살과 창 등 소모성 무기를 성벽을 지키는 병사들에게 조직적으로 운반하는 임무를 부여받았을 것이다.

안시성에는 해자의 흔적이 없다. 하지만 산성이어서 공성기를 성벽으로 가져가기 쉽지 않다. 안시성은 성벽의 90퍼센트 이상이 산 위의 토벽이다. 당군이 공성기를 동원해 집중 공격을 할 수 있는 곳은 성의 정문 쪽이었다.

그곳의 성벽은 두터웠다. 초반 공성기 공격을 예상하고 만들어진 것이었다. 안시성 문 입구에 성문을 때려 부술 파성추와 성벽을 무너뜨리기 위해 투석기 등 당군의 장비가 집중 배치됐다. 300근의 돌을 400미터나 날릴 수 있는 장비였다. 거대한 돌들이 안시성의 성벽에 부딪쳤을 것이다. 그러나 성이 무너진다 해도 그것은 두터운 벽의 바깥 부분이었고, 목책으로 막고 보강하면 성벽 자체에는 큰 이상이 없었던 것으로 보인다.

하지만 하루 수차례의 공격을 받았던 성 내부에는 안전한 곳이 없었을 것이다. 여기서 얇은 토기에 석회와 비소가루를 채워 넣어 유독가스를 내뿜는 발연탄이 터지는 소리, 하늘을 검게 덮은 화살들이 지상에 떨어지는 소리, 적군의 활에 맞아 절규하는 병사들의 소리, 죽은 남편과 아들을 끌어안고 우는 소리, 죽은 자들을 한꺼번에 모아놓고 화장할 때 피어나는 살 타는 냄새에 대한 직접적인 기록은 없다.

안시성 사람들의 절규에 가까운 저항은 자신들의 자유와 가족을 지키기 위한 것이었다. 『자치통감』을 보면 태종에게 항복한 고구려 장군 고연수와 고혜진이 안시성 사람들의 사투를 이렇게 증언하고 있다.

"안시성 사람들은 그 집안을 돌보고 애석해하면서 스스로 싸우니 (안시성을) 쉽게 함락시키지 못하는 것입니다."

태종이 안시성 부근에 도착한 것은 645년 6월 20일이었다. 그러나 안시성은 8월까지도 요지부동이었다.

당군의 대안

항복한 고구려 장군 고연수와 고혜진은 안시성이 함락되지 않자 태종에게 말했다. "오골성의 욕살褥薩은 늙은이여서 굳게 지킬 수 없으니, 군사를 옮겨서 아침에 그곳에 다가가면 저녁에 이길 것입니다."

이어 지역 본부인 오골성이 함락되면 주변의 여러 작은 성은 저절로 항복할 것이고 군대를 몰아 압록강을 건너 평양으로 나가면 승산이 있다고 했다. 태종의 신하들은 모두 찬성했으나 황제의 처남인 장손무기가 반대했다.

"천자가 정벌을 나왔으니, 여러 장군이 온 경우와 달라서 위험을 감수하고 행운을 바랄 수 없습니다. 지금 건안성과 신성에 고구려군 10만이 버티고 있는데 오골성으로 향하면 그들이 뒤를 칠 것입니다. 안시성을 격파하고 건안성을 함락시킨 다음에 멀리 나아가야 합니다. 이것이 안전한 대책입니다."(『자치통감』)

당군의 총사령관 이세적은 태종이 요동성에 도착하기 이전에 요동성을 포위하고 있어야 했다. 시간이 촉박한 그는 신성 공격에 전력을 집중할 수 없었다. 장검도 건안성을 공격하다가 요동성 공략을 위해 병력을 돌렸다. 황제의 안전을 위해서였다. 작전에 정치가 개입하면서 그 순수성은 떨어졌고, 병력 10만을 보유하고 있던 고구려의 거성巨城 신성과 건안성이 살아남았다. 이제 그 부작용이 나타나기 시작했다.

제국의 본체인 황제의 안전이 무엇보다 중요했다. 하지만 태종과 장손무기가 내놓고 밝힐 수 없는 사실도 있었다. 7월 말에서 8월 초반 사이에 초원의 강자 설연타가 군대를 움직이기 시작했다. 『신당서』「집실사력전執失思力傳」에 그 침공을 막아낸 기록이 보인다. 설연타가 당나라 수도권 부근에 공격을 시작한 상황에서 당군은 고구려 심장부 깊숙이 들어갈 수 없었다. 이미 설연타의 침공에 대한 대비가 있었고, 집실사력이 그들을 성공적으로 막아냈다 하더라도 심리적인 중압감은 어찌할 수 없었다.

설연타의 당 침공에는 어떤 사연이 있을까?

설연타의 진주 칸은 건강상 당을 침공할 기력이 없었다. 태종은 이를 분명히 알고 있었다. 그런데 설연타가 군대를 움직였다. 진주 칸의 신변에 어떠한 변화가 있었던 것이 틀림없다. 사마광의 『자치통감』은 정관 19년(645) 8월 10일 조에 주석을 달아 지금은 사라진 당 『태종실록』을 이렇게 인용했다. "상(태종)이 근신에게 '내가 연타(진주 칸)의 죽음을 헤아리고 있다'고 말했지만, 듣던 자가 능히 알아듣지 못했다."

안시성 앞에 있던 태종은 설연타 진주 칸의 죽음을 짐작했다. 뜬금 없는 말로 보인다. 하지만 예사로 볼 문제가 아니다. 자신을 두려워하지 않는 진주 칸의 아들에게 설연타의 병권이 넘어가 당을 침공했고, 그래서 태종이 진주 칸의 죽음을 헤아렸던 것으로 보인다.

설연타의 진주 칸이 임종의 병석에 누워 있는 사이에 병권을 거머 쥔 그의 아들 발작拔灼이 10만 군대를 일으켜 오르도스의 하주로 향했다. 그곳은 장안의 북쪽으로 당나라의 수도권과 가까우며 탁 트인 평원이다. 거액의 공작금을 소지하고 몽골리아에 도착한 고구려의 사신은 당시 사경을 헤매고 있던 진주 칸을 뒤로 하고 그의 아들 발작을 부추겼던 것 같다. 고구려의 대설연타 공작은 성공했다.

76

설연타에서의
정권 교체가
당군을 압박하다

두 변수,
토산과 설연타

당군은 안시성 동남쪽 귀퉁이에 토산을 쌓았다. 고구려군도 여기에 맞서 성을 높였다. 성과 토산이 하늘을 향해 올라가고 전투도 치열해졌다. 당은 사졸들을 교대로 투입해 하루 6~7차례 교전했다. 석포에 성벽·성루가 무너지기도 했지만 고구려인들은 금세 나무목책을 세워 복구했다.

너무 높이 올라간 토산

토산은 바닥에 돌을 깔고 그 위에 흙을 올리는 판축板築을 했던 것 같다. 지금은 형체를 알 수 없지만 안시성 정문이 바라다보이는 부분의 토산은 가파르고 그 반대쪽은 완만했던 것으로 짐작된다. 당군이 토산을 고구려군으로부터 방어하고 정상에 병력과 물자를 수월하게 배치하려는 계산을 했다면 그러하다.

"토산을 쌓는 일을 밤낮으로 쉬지 않아 무릇 60일이나 되었는데 공력을 들인 것이 연 인원 50만 명의 분량이었다. 토산 꼭대기에서 성곽까지는 몇 장丈 정도 떨어져 있어 내려가서 성 안으로 들어가게 했다. 이도 종이 과의果毅 부복애傅伏愛로 하여금 군사를 거느리고 토산 꼭대기에서 대기하도록 했다."(『자치통감』)

안시성이 훤히 내려다보이는 높이였다. 토산이 성벽을 누르자 안시 성 사람들의 마음이 무거워졌다. 언제 당군이 토산의 꼭대기에서 안시 성으로 밀려올지 몰랐다.

비가 내린 8월 어느 날이었다. 태종의 조카 도종과 그 부관 부복애 가 자리를 비운 사이였다. 토산이 안시성 방향으로 무너졌다. 가파른 경 사가 화근이었으리라. 토산이 성벽과 이어지자 고구려 병사들이 쳐들어 와 그곳을 점령해버렸다. 명령을 받은 것이 아니라 자신들의 임무를 본 능적으로 충실하게 이행한 것이다.

안시성에서 재현된 손자의 예언

"토산이 무너져 성을 눌러버리니 성이 무너졌는데 마침 부복애는 사사롭게 거느리는 부대를 떠나 있었고 고구려 사람 수백 명이 성이 무 너진 곳으로 나와서 싸우고 드디어 토산을 빼앗아 점거하고 참호를 파 이곳을 지켰다."(『자치통감』)

태종은 인내의 한계를 넘었다. 책임자인 자신의 조카 도종을 참수 할 수 없어 그의 부관 부복애를 희생양으로 삼았다. 또한 이 토산을 재 점령하기 위해 나흘 동안 총공격을 감행했다. 하지만 고구려군의 철통 방어에 막혔다. 수많은 희생자가 나왔던 것으로 보인다.

『손자병법』「모공謀攻」 편은 성을 공격하는 일이 최하의 방법이라고 했다. "토산을 만드는 데 다시 3개월이 필요하다. 그 위에, 혈기에 넘치는 장군이, 그 분함을 이기지 못해 병사를 개미떼처럼 성벽에 기어오르게 함으로써 성을 공격해 병력의 3분의 1을 죽이고도 성을 함락시킬 수 없

517

중국 랴오닝 성 하이청 잉청즈 촌에
위치한 고구려 안시성의 옛터.
평범한 야산처럼 보이는 이곳이
그 옛날 당나라와 고구려의 격전지였다.
왼쪽이 당군이 인위적으로 쌓은 토산이고,
오른쪽이 고구려 안시성이 위치했던 곳인데,
토산이 붕괴되어 서로 맞붙은 모습을 볼 수 있다.

다면 이는 재앙이다." 손자의 이러한 지적이 안시성에서 재현되는 것 같았다.

진주 칸의 사망과 설연타군의 철수

한편 같은 시간에 장안의 정북 쪽 하주에서는 당의 장군 집실사력이 설연타의 10만 기병과 싸우고 있었다. 설연타 진주 칸의 아들 발작이 황하가 북쪽으로 엎어진 'ㄷ'자 형태로 휘어진 오르도스 지역으로 진입해 집실사력이 이끄는 당 기병과 전투가 벌어졌다. 처음에 집실사력은 설연타 군대와 싸우면서 조금씩 후퇴했다. 하주에 있는 그의 주력에게 시간을 벌어주기 위해서였다. 도착한 직후 설연타의 기병들이 준비된 당군의 반격을 받았다.

"(태종이) 요동을 토벌하러 갈 때 집실사력에게 조(詔)를 내려 금산도에 주둔하여 돌궐(기병)을 지휘하여 설연타를 대비하도록 했다. 설연타의 10만 기병이 하남을 침공하자 집실사력은 약하게 보여 적이 하주까지 들어오게 했다. 집실사력은 이내 진을 정비하여 설연타를 패배시키고 600리를 추격했다. 그런데 설연타의 진주 칸이 죽었다는 소식을 듣고 적북에서 시위하고 돌아왔다."(『신당서』「집실사력전」)

이 기록을 보면 설연타의 군대가 하주에서 전열을 정비한 집실사력 군대의 공격을 받고 600리나 후퇴한 것으로 나와 있다. 그런데 어느 순간 집실사력은 설연타의 진주 칸이 사망했다는 소식을 접한다. 하지만 소식은 설연타 쪽에 먼저 전해졌으리라. 설연타의 군대가 하주에서 한 번의 반격을 받고 철수한 것은 전령에게 급보를 받았기 때문일 것이다.

앞서 8월 10일께 고구려 안시성 앞에서 설연타의 침공 소식을 접한 태종이 진주 칸의 죽음을 짐작한 것은 대충 적중했다. 적어도 그때 설연타의 진주 칸은 임종 직전이었다고 볼 수 있다.

발작의 형제 살해와 설연타 정권 장악

진주 칸의 아들 발작은 자신보다 나이가 많은 이복형 예망曳莽과 설연타의 지배권을 놓고 경쟁 관계에 있었다. 발작은 곧장 본거지 몽골리아로 병력을 철수시키지 않을 수 없었다. 휘하에 당과의 전쟁에 동원했던 10만 대군을 장악하고 있는 시점에서 피를 나눈 경쟁자를 제거해야 했다. 적자인 그가 장례를 주관했다. 서자 예망은 죽은 아버지 진주 칸을 만나기 위해 살아 있는 이복형제의 집으로 들어가지 않을 수 없었다. 그날이 자신의 마지막 날이 될 수도 있다는 것을 알면서도 가야 했다.

"설예망은 성격이 조급하고 시끄러우며 군사를 가볍게 사용하여 설발작과 협조하지 않았다. 진주 칸이 죽자 와서 모여 상례를 치렀다. 장사를 지내고 나서 예망은 발작이 자기를 도모할까 두려워서 먼저 거느리는 부部로 돌아갔는데, 발작이 그를 습격하여 죽이고 스스로 다미多彌 칸이 되었다."(『자치통감』)

유목사회에서 왕위쟁탈전은 끊임없이 되풀이되는 것이었다. 내분은 양날의 칼이다. 유목 제국을 파멸시키는 요인이 되기도 하지만 야망에 찬 유능한 새 지도자가 배태되는 산고이기도 하다. 발작이 이복형을 죽이고 즉위한 소식이 안시성 앞에 도착한 시점이 645년 9월 7일이었다고 『자치통감』의 저자 사마광은 고증하고 있다. 그날 태종은 진주 칸을 애도하는 의식을 치렀다.

태종의 빗나간 예측

초원에서의 소식은 태종에게 의외였다. 정변 자체는 예상하고 있었지만 둘 가운데 하나가 그렇게 신속하게 다른 하나를 제거하고 부중部衆을 장악하게 될 것이라고는 생각지 못했다. 당은 진주 칸 두 아들의 경쟁 관계를 조장해 설연타를 약화시키려 시도해왔다. 태종이 예측한 것은 이복형제 간의 끊임없는 싸움이었고, 장기적인 내란 상태였다. 설연타의 침공에도 철수하지 않고 안시성을 집중 공격할 수 있었던 것은 이 때문이었다.

예측이 빗나갔다. 안시성은 함락되지 않고 북쪽 초원에서 반당적인 새 칸이 즉위했다는 소식이 들려왔을 때 태종의 마음은 어떠했을까. 고구려와 설연타가 손을 잡는 최악의 시나리오가 드러났다. 앞으로 벌어질 일들은 실로 자명한 것이었다.

다미 칸으로 즉위한 발작이 다시 오르도스 지역을 침공해왔다는 소식이 들려왔다. "설연타의 다미 칸(발작)이 이미 즉위해 황상(당 태종)이 (고구려에) 출정했다가 아직 돌아오지 않았는데 군사를 이끌고 하남(오르도스)을 노략질했다."(『자치통감』)

발작은 당의 분열정책에 염증을 느끼고 있었다. 막대한 공작금을 지참한 고구려의 사절이 이러한 발작의 정권 장악을 지원했을 가능성은 충분하다. 태종은 고구려에서 철수를 서둘러야 했다.

77

태종이
마침내
말머리를 돌리다

철군

645년 9월 18일 태종은 철수를 선언했다. 설연타 군대를 막아내기 위해 글필하력 등이 이끄는 당나라 휘하 돌궐 기마군단을 초원으로 먼저 보냈다. 연개소문의 공작 성공으로 전선은 고구려의 안시성에서 몽골리아로 옮겨갔다.

9월 21일 태종은 병사들과 함께 고구려 쪽의 요수를 건너 요택으로 들어섰다. 광활한 갈대의 바다는 이미 푸른빛을 잃었다. 해가 떨어지면서 폭풍 속에 눈이 내렸다. 너덜너덜해진 병사들의 여름 군복이 젖었고, 밤이 되어 한파가 덮쳤다. 아침이 됐을 때 얼어 죽은 병사의 시신이 지천에 보였다. 당당함이라고는 전혀 찾아볼 수 없었다. 땀 냄새에 찌든 태종의 갈색 전투복戰袍도 구멍이 나고 해져 있었다. 철수하는 군대의 행색은 거지 떼였다. 태종은 새 옷으로 갈아입으라는 신하들의 주청을 거부했다. "군사들의 옷은 대부분 해졌는데 어찌 내가 홀로 새 옷을 입는단 말인가."(『자치통감』)

태종의 마음은 서글퍼졌다. 어린 시절 의식 속에 잠재된 고구려에 대한 공포가 엄습했다. 그도 고구려와의 전쟁에 끌려가는 것을 두려워했던 소년 가운데 하나였다. 30년 전 고구려 전쟁 패배 후 북방을 순행 중이던 수 양제가 안문군성에서 돌궐 기마군단에게 포위됐다. 양제가 위기를 벗어나면 고구려와 전쟁을 시작할 터라 아무도 그를 도와주지 않았다. 사람들은 고구려 노이로제에 걸려 있었다. 양제가 고구려 원정을 포기하겠다는 격문을 띄우고 나서야 많은 사람이 그를 구하기 위해 몰려들었다. 19세의 이세민도 그곳에 나타났다.

첫 패배의 스트레스

전국적인 반란의 와중에 수나라가 멸망하는 것을 지켜본 그는 동란 속에서 청춘을 보냈고, 황제의 자리까지 올랐다. 하지만 천하의 당 태종 역시 고구려에 패배했다.

645년 10월 11일 태종은 영주(차오양)에 도착했고, 고구려에서 함께 철수한 이도종, 아사나사이, 장검 등을 내몽골 지역으로 투입했다. 10월 21일 하북성 무령撫寧의 동쪽 임유관 안쪽 길가에서 황제 부자가 상봉했다.

"(645년) 12월 7일에 황상이 종기가 나는 병에 들어 가마를 탔다. 14일 병주에 도착하니 태자가 황상을 위하여 종기를 입으로 빨았다."(『자치통감』) 한방에서 종기는 화독火毒이 있을 때 발병한다고 한다. 종기 발생에는 여러 원인이 있으나 태종의 경우 육체적 과로와 극단적 정신 피로로 발생했던 것 같다.

태종은 임유관에서 병주로 곧장 이동했다. 젊은 시절 한때를 보낸 곳이었다. 아버지 이연은 수나라 말 그곳에서 인접한 태원의 유수였다. 태원은 북쪽으로 돌궐에 인접하고 남쪽은 장안·낙양과 연결되는 군사상의 요충지였다. 616년께 이연은 거병을 염두에 두면서 지방의 유력자와 연계를 꾀해 장남 건성은 하동河東으로 파견했고, 차남인 이세민은

진양으로 보내 영준하고 호방한 인물들과 교유하게 했다. 당나라 건국
은 그렇게 시작됐다. 30년이 흐른 뒤 고구려에서 철수한 태종이 병주를
다시 찾았다.

설연타 절멸 작전

태종은 그곳에서 645년 12월 14일부터 이듬해 2월 2일까지 체류하
면서 설연타 토벌전쟁을 지휘했다. 고구려 정벌을 방해한 설연타에 대한
철저한 보복이 이뤄질 터였다. 645년 12월 25일 설연타 다미 칸의 침공
은 저지됐다. 이어 이듬해인 646년 1월 8일 하주 도독 교사망喬師望과 집
실사력이 설연타를 격파하고 2000명을 포로로 잡았다.

6월 당 휘하의 돌궐계 부족 회흘·복골·동라가 설연타의 다미 칸을 패배시켰다. 하지만 결정타는 날리지 못했다. 직후 집실사력·글필하력·설만철·장검이 유목민 기병을 이끌고 출동해 설연타를 공격했다. 설연타 군대가 혼란에 빠지자 회흘이 다미 칸을 공격해 죽였다. 29일 태종이 장안에서 영주(링우)로 향했다. 서쪽으로 달아났던 다미 칸의 사촌 돌마지嘮摩支 휘하의 7만 명을 소탕하는 작전을 직접 지휘하고, 여기에 동원된 철륵 11개 부족을 정치적으로 장악하기 위해서였다. 8월에 가서 설연타는 완전히 뿌리 뽑혔다. 이로써 당은 외몽골 지역에 대한 지배권을 확보했다.

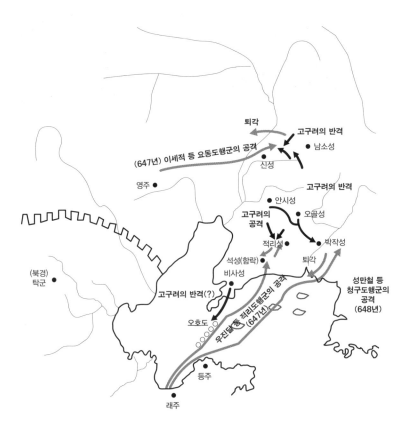

78

당이 패전하자
선덕여왕은
위기를 맞다

여왕 폐위

645년 9월 태종이 패배해 고구려에서 물러났다는 소식이 신라 조정에 전해졌다. 선덕여왕은 그 자리에 주저앉고 말았다. 동맹국 당의 무력함이 드러났고 적대국 고구려의 막강함이 다시 입증됐다.

여왕의 친척인 진골 귀족들은 격분했다. 그들은 여왕의 친당정책이 화근을 키우고 있다고 생각하던 터였다. 태종의 요청을 받아들인 여왕은 신하들의 간곡한 만류에도 3만의 증원병을 고구려 국경 쪽으로 투입했다. 그것은 백제에 대한 방어력을 약화시켰고, 결국 침공을 불렀다. 김유신은 사력을 다해 백제군을 막아내야 했다.

실패한 친당정책

예정된 고당전쟁 직전부터 한반도 남부에서 치열한 전투가 벌어졌다. "(645년 정월) 유신이 백제를 치고 돌아와 아직 왕을 뵙지도 않았는데, 백제의 대군이 또 변경(매리포성, 거창)을 노략질했다. 왕이 명하여 막게 하므로 유신은 마침내 집에 이르지도 못하고 가서 이를 공격해 깨뜨리고 2000명의 목을 베었다. (3월) 돌아와 왕에게 복명하고 아직 집에 돌아가지 않았는데, 백제가 또다시 침입해왔다는 급보가 있었다. (중략) 유신이 서쪽(백제 국경)으로 가는 길에 자기 집 문 앞을 지나가게 됐다. 집안의 사람들이 눈물을 흘렸으나 공은 돌아보지 않고 갔다."(『삼국사기』)

당시 그는 대장군으로 고속 진급한 상태였다. 젊은 날 진골들로부터 배제된 그는 공을 세울 기회가 거의 없었다. 젊은 날 허송세월을 보내고 초췌해진 오십의 나이가 되어서야 전쟁터가 생활공간이 됐다. 과거의 아픔은 그를 지치지 않게 했다. 그러나 김유신 하나로 백제와의 국경 전체를 방어할 수는 없었다.

『삼국사기』는 그 결과를 압축적으로 전한다. "태종이 몸소 고구려를 정벌했으므로 왕이 군사 3만을 내어 그를 도왔다. 백제가 그 빈틈을 타서 나라 서쪽의 7성을 빼앗았다."

비담의 상대등 취임

645년 11월 비담이 화백의 의장 상대등上大等에 임명됐다. 내물왕의 후손인 진골 귀족들의 회의체 화백은 막강한 결정권을 갖고 있었다.

정부 조직의 모든 장관직을 독점했던 화백 구성원들은 왕위 계승자를 결정하는 데 간여했을 뿐만 아니라 왕을 폐위시키기도 했다. 66년 전 김춘추의 조부인 진지왕도 그들에 의해 폐위된 바 있다.

한편 신라 입장에서는 위기에 처한 현 상황을 일부 타개할 기회가 오기도 했다. 645년 6월 12일 왜국에서 정변이 일어났다. 나카노 오에 황자가 소가노 이루카를 죽이고, 소가노 에미시蘇阿臣蝦夷(소아신하이)를 자살케 했다. 소아씨는 70년간 왜국을 실질적으로 통치해왔다. 그동안 천황은 합법적인 지배자의 간판만 가졌을 뿐이었다. 소아씨의 몰락은 왜국이 새로운 나라가 된 것을 의미했다. 직후인 그해 7월 신라의 사신이 왜국에 도착했고, 그가 귀국하면서 정변 사실이 전해졌다.

646년 2월 신라의 사신이 왜국에 파견됐다. 신라는 백제와 깊은 관계에 있는 왜국의 군사적 압박을 완화시키려 했다. 왜국의 견제로 백제와 고구려 국경에 배치돼야 할 적지 않은 병력이 동남 해안에 묶여 있었다. 646년 9월 왜국은 사신 묵마려黑麻呂를 보내 군사적 압박을 완화시키는 조건으로 신라에게 볼모를 요구했다.

김춘추는 자의 반 타의 반으로 자신이 갈 것을 요청했던 것으로 보인다. 그가 여왕의 친당정책 추진에 주도적인 역할을 했다. 당이 패배해 상황이 어려워진 데 대한 책임이 있던 그가 왜에 대한 외교도 주도해야 했다. 무엇보다 1급 근친왕족인 그가 직접 가야 왜국이 신라의 청을 들어줄 것이다. 기록상 당시 왕실 근친 가운데 남자는 김용춘·김춘추 부자밖에 보이지 않는다.

김춘추의 왜국행

646년 말 김춘추는 왜국으로 향하는 배를 탔다. "이 해(647) 신라가 상신上臣 대아찬大阿湌 김춘추 등을 보냈다. (…) 춘추를 인질로 삼았다. 춘추는 용모가 아름답고 담소를 잘했다."(『일본서기』)

김춘추는 기록상 여왕에게 거의 유일한 남자 혈육이었다. 아버지쪽으로는 6촌이고, 여왕의 여동생 천명의 아들이었다. 여왕을 받쳐줄 주요한 버팀목이 왜국으로 갔다. 거기다 그녀를 왕으로 책봉한 태종의 병이 깊어졌다는 말이 들려왔다. 고구려 전쟁의 패배로 그는 끝없는 회한에 빠졌고, 그의 몸엔 병마가 똬리를 틀었다.

647년 정월 비담은 백제에 대한 패전의 책임을 여왕에게 묻는 쪽으로 분위기를 조장했다. 여왕이 즉위한 후 백제인들이 대야성과 그와 연결된 다른 수많은 성을 함락시켰다. 낙동강 서쪽 땅의 대부분이 백제의 손으로 넘어갔다. 그런데도 여왕은 국방비로 지출돼야 할 돈을 불사에 쏟아부었다. 25곳의 사찰이 건립됐다. 백성을 위한 것은 없었고 모두 자신을 위한 것이었다. 선덕여왕은 내세를 위해 현세를 팽개친 군주였다.

여왕의 카리스마 상실

여왕을 믿었다가는 어떻게 될지 모른다는 공포가 백성들에게 자리 잡기 시작했다. 진골 귀족들도 어떠한 조치를 취해야 한다고 생각했다. 그러지 않으면 내물왕계 전체의 씨족 카리스마에 손상이 가해질 수 있었다.

여기서 말하는 씨족 카리스마란 왕은 내물왕계 씨족 내부에서 배출돼야 한다는 신라 백성들의 믿음이다. 신라 사회는 만성적인 전쟁 상태에서도 왕족인 진골 귀족의 권위를 기반으로 굴러갔다. 당시 진골 귀족들은 자신들의 사회적 존재와 행동 가치를 의심해야 할 지경에 와 있었다. 여왕을 왕좌에서 끌어내리고 내물왕 후손인 진골 귀족 가운데 왕이 될 사람을 세워야 했다. 화백은 여왕의 폐위를 결정했다.

왕궁의 문을 걸어 잠근 여왕은 어찌할 바를 몰랐다. 화백의 결정은 합법적인 것이 아닌가. 퇴위를 강요하는 비담의 군대가 왕성을 포위한 가운데 그녀는 자리에 누웠고 다시 일어나지 못했다. 선덕여왕은 647년 1월 8일 세상을 떴다. "(647년 1월) 대신 비담과 염종이 말하기를 여주女主는 잘 다스리지 못한다 하여 군사를 일으켜 왕을 폐하려 하니 왕은 왕궁 안에서 스스로 방어했다."(『삼국사기』 「김유신전」) 여왕은 자신을 폐위하려는 움직임이 명백해지자 가까운 경산에 주둔하고 있는 김유신의 군대를 불러들였다.

경주시 보문동에 있는 신라 선덕여왕의 능.
친당정책을 추진하던 선덕여왕은 당나라의
고구려 침공이 실패함에 따라 폐위 위기에 몰린 가운데
647년 1월 8일 세상을 떴다.

'비담의 난' 진실은 무엇인가?

『삼국사기』는 폐위 대상을 선덕여왕이라고 하지 않고 '여주'라고 기록하고 있다. 이를 근거로 비담의 반란을 기존과 다르게 보는 견해들도 있다.

647년 1월 8일 선덕여왕이 사망하고 진덕여왕이 즉위하려 하자 진골 귀족들은 또다시 여자가 왕이 됐다고 반발했고, 화백의 대표 비담이 그것을 무효화하면서 난이 터졌다는 것이다. 김유신의 군대를 불러들인 것도 진덕여왕이었다고 보고 있다.

『삼국사기』「김유신전」은 반란이 일어난 지 10일 만에 진압된 것으로 해석할 수도 있다. 비담 등이 처형된 날이 1월 17일이다. 여왕 사망일에서 정확히 10일째 되는 날이다. 반란의 확대를 예방하기 위해 비담 등 주모자 30인은 현장에서 즉결 처형된 것으로 볼 수도 있다.

제4부

김유신,
유능한 독재정권 창출

79

김유신이
반란을 진압하고
신라를 장악하다

비담의 난

역사 속에 큰 변화는 항상 예기치 못한 사건에서 생겨나고 지워지지 않는 흔적을 남긴다. 647년 1월 비담을 의장으로 하는 화백회의에서 여왕 폐위 결정을 내렸고, 여왕이 승복하지 않자 귀족들이 군대를 일으켜 왕성을 압박했다. 낙동강을 건너올 백제군을 막는 임무를 부여받았던 김유신은 군대를 신라 왕경으로 돌렸다. 우려했던 백제의 침입을 받은 것이 아니라 내전이 벌어졌다.

독재정권 등장의 산고

김유신은 군사적으로 유능했을 뿐만 아니라 타고난 선동가이기도 했다. 그는 병사들 앞에서 싸움의 명분을 밝혔다. "지금 비담 등이 신하로서 군주를 해치려고 아랫사람이 윗사람을 침범하니 이른바 난신적자亂臣賊子로서 사람과 신이 함께 미워하고 천지가 용납할 수 없다."(『삼국사기』 「김유신전」)

신라의 왕경에서 김유신 사단과 귀족들이 이끄는 병력이 뒤엉켜 싸

535

우는 시가전이 벌어졌다. 김유신의 군대는 진평왕 말년부터 고구려·백제군과 지속적으로 맞서 싸워온 역전의 노장들이었다. 하지만 귀족들의 군대도 만만치 않았다.

김유신 군대는 왕성인 현재의 월성에, 귀족 군대는 명활성에 본거지를 두고 있었다. 양쪽 병사들은 싸우다 지치면 성으로 들어가 쉬고, 대기하던 병력이 다시 투입되기를 반복했다. 성 밖에서 벌어진 전투는 시가전이라 야전에서의 그것과 양상이 달랐다. 진법이 소용이 없었고, 장소가 협소해서 소규모 부대별로 단병 접전이 벌어졌다.

그러한 전투에서는 긴 창보다 짧은 검이나 도끼가 사용된다. 그러니 전투는 피 튀기는 백병전 양상을 보일 수밖에 없었고, 단기간에 많은 희생자가 나왔다. 월성과 명활성 사이에 위치한 민가들이 폐허가 되었다. 언제나 아무런 죄 없는 백성들이 피해자였다. 첩자를 통해 소식을 들은 의자왕은 쾌재를 불렀을 것이다. "신라 놈들끼리 피가 터지게 계속 싸워라! 내가 너희 나라를 접수해주마."

의자왕이 원하던 것은 신라의 장기적인 내분이었다. 전쟁 기간의 내분은 나라가 망하는 치명적인 독이다. 하지만 동시에 카리스마를 가진 군사 지도자 등장의 산고이기도 하다.

예상 외의 결과가 나왔다. 내분은 10일 만에 빠르게 수습됐고, 김유신이 신라의 군부를 장악했다. 의자왕이 훗날 백제 멸망 작전을 기획하고 실행할 김유신을 신라군 총수 자리에 올려놓은 셈이었다. 의자왕은 자신이 점령한 대야성이 김춘추·김유신의 유능한 독재 정권을 잉태하는 자궁이 될 줄은 꿈에도 몰랐다.

즉결 처형

귀족들은 시가전 초반부터 지방 영지에 있는 자신들의 병력을 불러 경주 보문호에서 바라본 신라의 명활성.
거대한 탁자 모양을 하고 있다.
647년 비담의 귀족 군대가 진을 쳤던 곳이다.

명활성 입구 쪽 성벽.

들였던 것으로 보인다. 내란의 장기화를 우려해 그들은 즉시 처형됐다. 647년 음력 1월 17일 눈발이 날리는 왕경이었다. 그렇게 춥지 않아 눈은 땅에 떨어지자 바로 녹았다. 피비린내가 바람에 실려 왔다. 왕경에서 벌어진 시가전에서 승리한 김유신은 30명의 귀족들을 줄에 엮어 개처럼 끌고 왔다. 왕경의 모든 백성이 볼 수 있도록 처형장에는 무대가 만들어졌고, 귀족들은 그 위에 도살장의 짐승처럼 꿇어 앉혀졌다. 그들의 죄목이 열거됐다.

그렇게 많은 진골 귀족이 한꺼번에 처형된 적은 없었다. 한 명 한 명 차례로 목이 떨어져 땅에 굴렀다. 죽음을 기다리는 자들의 고통이 표정에서 느껴졌다. 고결한 진골 귀족들의 피가 새로운 여왕의 등극을 알리는 희생제의 제단에 뿌려졌다.

백성들은 처형 장면을 담담히 지켜보았다. 만성적인 전쟁 상태에 익숙해진 그들은 패하면 저렇게 된다는 것쯤을 당연하게 여겼다. 김유신의 군대가 그 유구한 전통의 신라 화백을 전복하고 정권을 장악했다.

처형된 사람들은 모두 여왕을 능욕한 역적이 됐고, 승자인 김유신이 조정을 접수했다. 군부 내부에 대대적인 숙청이 행해졌고, 요직에는 김유신의 사람들이 둥지를 틀었다. 신라 군부는 김유신 한 사람의 손에 완전히 장악됐다. 이후 신라군이 이만큼 효율성 있게 돌아간 적은 없었다. 이제 그에게는 백제에 잃은 국토를 수복하고 통일전쟁을 성공적으로 수행해야 할 임무가 맡겨졌다.

진덕여왕이 즉위했다. 신라 사람들은 고귀한 출신의 왕과 왕족에 대한 숭배가 강했다. 진평왕의 아버지 동륜태자의 직계가족은 그 외의 왕족들보다 더 고귀한 존재였다. 신라 사람들은 성골 왕을 숭배했다. 진덕여왕은 당시 생존한 왕실 근친 가운데 부계로 본다면 선덕여왕과 가장 가까운 혈연이었다.

그녀는 김유신의 든든한 방패이기도 했다. 하지만 김유신은 결코 전통을 무시하지 않았고, 자신을 더욱 낮췄다. 적어도 김춘추가 도착할 때까지는 군사 외에 많은 사안의 결정을 미뤘다.

김춘추의 귀환

『구당서』를 보면 647년 선덕여왕의 부음은 국상을 알리는 사절들에 의해 당에 전해졌고, 그 이듬해인 648년에 김춘추가 장안에서 당 태종을 만났다. 그렇다면 신라의 변화는 647년 왜국에도 곧바로 통보됐을 것으로 보이며, 사절의 손에는 김춘추의 귀환을 요청하는 국서가 들려 있었을 것으로 여겨진다.

자신이 왜국에 체류하는 사이에 신라에서 벌어진 정변과 새 여왕의 등극을 전해 들은 김춘추의 마음은 어떠했을까. 그는 급히 왜왕으로부터 귀국 허락을 받아야 했다. 왜국의 입장에서도 신라의 정권 교체가 그렇게 나쁘지는 않았다. 체류 경험이 있어 왜국에 대한 이해력이 있는 신라의 근친왕족이 실권자가 되는 것이다.

나라에서 출발한 김춘추는 난바難破에 가서 규슈로 가는 배를 탔다. 일본의 세토 내해 항해에는 암초와 해류 문제로 적지 않은 시간이 소요됐다. 규슈 하카타博多에서 신라로 향하는 배를 갈아탔고 얼마 지나지 않아 신라에 도착했다. 여정에서 그는 많은 생각에 잠겼다.

김춘추는 신라 왕경에 도착해 새로 즉위한 진덕여왕을 알현하기에 앞서 정변의 주역 김유신을 만나 그간 상황 변화에 대해 들었을 것이다. 김유신은 자신이 신라 군부를 장악했고, 귀족회의 의장직은 알천에게 맡겼으니, 김춘추에게는 향후 대당외교 주도를 권했을 수도 있다. 신라에게 당시 절실했던 대당 군사외교에는 근친왕족이라는 신분이 절대적으로 필요했다. 신라의 대외적 위기 상황에서 김춘추와 김유신 두 인물의 시대가 열렸다.

하지만 구체제를 뒤엎고 등장한 신정권의 앞길이 순탄할 수는 없었다. 대외적으로 왜를 지속적으로 관리해야 하고 백제·고구려의 침공도 성공적으로 막아내야 했다. 나아가 당과 군사동맹을 시도해 포위된 상황을 급진적으로 타개할 수 있다는 가능성을 보여줘야 했다. 희망을 주어야 진골 귀족에서 백성에 이르기까지 모든 사람을 만성적인 전쟁에 계속 동원할 수 있기 때문이었다.

김춘추는 당으로, 김유신은 전쟁터로

김춘추는 외교에 모든 것을 바쳤다. 왜국에서 귀국한 그해 곧바로 당 태종을 만나기 위해 중국으로 가는 배에 올랐다. 김유신은 전쟁에 모든 것을 바쳤다. 그는 매 전투에서 긴장의 끈을 놓칠 수 없었다. 패배는 그의 카리스마 상실로 이어질 수 있었고, 신정권에 반감을 품고 있는 진골 귀족들의 반격을 가져올 수 있었다. 전쟁이 수없이 거듭되는 상태에서도 어떻게든 계속 승리를 해야 했다.

80

신라 신정권이
고비를 넘기고
뿌리를 내리다

신정권의 운명

의자왕은 신라의 신정권을 뒤흔들 심산으로 수도와 가까운 김천·성주 지역에 대한 맹공을 가하기 시작했다. 김유신은 자신의 모든 것을 걸고 싸워야 했다. 패전은 신라의 왕경을 위험에 빠트릴 뿐만 아니라 신정권에 불만이 있는 진골 귀족들에게 반격할 빌미를 준다. 다시 내전이 일어나면 신라는 멸망할 것이다.

647년 10월 차가운 바람이 몰아치는 무주고원의 높고 청명한 하늘 아래 백제군 3000여 명이 행군하고 있었다. 그들은 신라의 무산茂山·감물甘勿·동잠桐岑 세 성을 포위했다. 김유신이 이를 구원하기 위해 경산 사단을 이끌고 출격했다. 백제군은 일당백 정예군이었다. "김유신이 보병과 기병 1만 명으로 이를 막았는데 백제 군사가 매우 날째어 고전하고 이기지 못하여 사기가 떨어지고 지쳤다."(『삼국사기』「김유신전」)

백제군보다 세 배 많은 신라군이 밀렸다. 패배를 몰랐던 김유신에게는 충격이었다. 신라 군중에 심리적으로 패색의 그림자가 드리우고 있었다. 김유신은 분위기를 반전시킬 무언가를 생각해냈다. 전투에서 가장 용감했던 군관 비령자丕寧子를 불렀다.

군인 비령자

『삼국사기』는 둘의 대화를 이렇게 전한다.

"오늘의 사태가 위급하게 되었으니 그대가 아니면 누가 용감히 싸우며 기묘한 계책을 내어 여러 사람의 '마음'을 격려하겠는가?"

유신이 이어서 그와 함께 술을 마시면서 은근한 마음을 표시하니 비령자가 재배하고 말했다.

"지금 많은 사람 가운데 유독 저에게 일을 부탁하시니 가히 지기라 할 만합니다. 진실로 죽음으로써 보답해야 마땅하겠습니다."

김유신의 막사에서 나온 비령자는 종 합절合節을 불러 아들 거진擧眞과 함께 자신의 시신을 수습해 집에 돌아가 아내의 마음을 위로하라는 부탁을 남겼다. 그는 곧 말 위에 올랐고 창을 비껴들고 홀로 적진으로 돌입했다. 사지로 홀로 뛰어드는 장면을 본 병사들은 놀랐다. 비령자는 달려드는 적 두어 명을 죽이고 적진 한가운데로 뛰어들었다. 포위된 상태에서 힘껏 싸웠다. 점점 체력이 떨어졌고, 이윽고 말에서 떨어진 그는 적의 창과 칼에 난도질당해 죽었다. 그에게 신라 병사들의 연민이 쏟아졌다.

이제 모든 병사의 시선이 분노에 차 적진에 뛰어들려는 거진과 말 꼬삐를 잡고 이를 말리는 합절에게 집중됐다. "주인어른께서 도련님과 돌아가 마님을 위로하라 하셨어요!" "아버지가 죽는 것을 보고도 구차하게 산다면 효자라 할 수 있겠느냐?" 거진은 합절의 팔을 베고 적진에 뛰어들어 아버지처럼 죽었다. 그러자 합절이 절규했다. "주인이 모두 죽었는데 내가 살아 무엇하겠는가!" 합절도 적진에 뛰어들어 목숨을 잃었다. 비극의 한 장면이 신라군의 분위기를 완전히 바꾸어 놓았다.

김유신은 분노에 찬 군대를 돌격시켰다. 백제가 신라군의 기세에 눌렸다. "군사들이 이 세 사람의 죽음을 보고 감격하여 서로 앞을 다투어 경주 월성의 모습. 신라 왕궁 월성의 정문이다.
649년 8월 김유신이 백제군에게 완승을 거두고 개선하자
진덕여왕이 이곳에서 김유신을 맞이한 것으로 여겨진다.

진격하니 향하는 곳마다 적의 예봉을 꺾고 진지를 함락시켰으며 적군을 대파하여 3000여 명의 머리를 베었다."(『삼국사기』)

백제에 대한 군사적 승리

의자왕은 김유신을 계속 시험했다. 648년 3월, 백제 장군 의직義直이 신라의 서쪽 변경에 들어와 요거 등 10여개 성을 점령했다. 하지만 김유신의 협격을 받고 물러났다. 그 이듬해 8월에도 백제 장군 은상殷相이 신라를 침공해왔다. "승패를 서로 주고받아 10일이 지나도록 전투가 끝나지 않았다. 쓰러진 시체는 들에 가득하고, 절굿공이가 뜰 정도로 피가 흐르는 상황이 되었다."(『김유신전』) 하지만 은상은 김유신의 심리전에 속았고, 그의 군대는 전멸당했다. "장군 달솔 정중正仲과 군사 100명을 사로잡았으며, 좌평 은상과 달솔 자견自堅 등 10명과 군사 8980명의 목을 베었고, 말 1만 필과 갑옷 1800벌을 노획했다." 대승리였다.

"왕경에 이르니 대왕이 문까지 나와서 그들을 맞이해 위로하고 후대했다."(『김유신전』) 김유신은 개선하면서 백제군 포로와 노획한 말들을 길게 전시했고 그걸 본 백성들은 백제와의 전쟁에서 신라가 기선을 잡았다고 느꼈다. 이로써 신라의 신정권은 고비를 넘겼고 뿌리를 내렸다.

신라와 당나라의 관계

한편 앞서 648년 1월 18일 당나라 사절이 신라 왕경에 도착했다. 사절단장은 진덕여왕 앞에 서서 태종의 국서를 읽었다. 여왕은 황제의 면전에서 듣듯이 사신을 향해 공손히 서 있었다. "신라 28대 왕 김진덕金眞德(진덕여왕)을 훈관 2품에 해당하는 주국柱國 낙랑군왕에 봉한다."

책봉식 때 여왕 뒤에 서 있던 김춘추가 의례 후 사절단장과 접견해 당나라를 방문하겠다는 의사를 내비쳤다. 직전에 태종은 신라의 독자 연호를 문제 삼은 적이 있었다. 그것을 외교적으로 해결하고, 당과 동맹을 맺는 것이 김춘추의 목적이었다. 당의 견제를 받고 있던 고구려는 잠잠했지만 백제의 침공은 계속 이어지고 있었다.

그해 중반 김춘추와 그 아들 문왕이 당의 사절을 따라 장안으로 향했다. 당에 도착한 그는 태종이 중풍에 걸려 반신불수가 됐다는 소문을 들었다. 태종은 고구려 전쟁에 패한 쇼크로 혈압이 크게 올라갔고, 심장에 부담이 가 성마른 사람으로 변했다고 한다.

고구려에서 장안으로 돌아온 태종은 구중궁궐 심처에 틀어박혀 자신이 오래 자리를 비운 틈을 타 야심에 찬 찬탈자들이 꾸민 음모들에 대해 상상했고, 마주馬周 등에게 수사를 지시해 숙청이 시작됐다고 한다. 646년 3월 형부상서 장량과 정공영程公穎 등이 저잣거리에서 참수됐고, 그 가족들은 노비가 되었다. 이후 태종은 몹시 더위를 타기 시작하더니 647년 3월 뇌혈관이 터졌다. 『자치통감』은 "이달에 황상이 풍질風疾을 얻었다"고 전한다.

648년 11월께 김춘추 일행이 장안 교외에 도착했다. 광록경光祿卿 유형柳亨이 마중을 나왔다. 김춘추는 교외 객사에 들어가 그에게 접대를 받았다. 당 조정의 우호적인 분위기를 읽을 수 있었다. 태종은 고구려에 패배한 후 새삼 신라의 전략적 가치에 주목하게 됐는데, 그러던 차에 신라에서 김춘추가 당을 찾아온 것이었다. 더욱이 당은 전년인 647년부터 고구려와 지루한 소모전을 시작한 터였다.

647년, 고구려 침략을 재론하는 당

647년 2월 당 조정에서 고구려 침략 논의가 다시 있었다. 『자치통감』에 기록이 나온다. "고구려는 산에 의지해 성을 만드니 이를 공격해도 빨리 함락시킬 수 없다."

지구전으로 가자는 결론이 내려졌다. 고구려는 산성도 많고 병력 동원 시스템도 발달돼 있었다. 침공이 있으면 동원령이 내려졌다. 농사를 짓던 사람들은 쟁기를 놓고 자신이 속한 요새에 들어가 군대로 조직됐다. 이러한 것을 역이용하자는 것이었다. 당은 재앙 같은 패배를 맛본 뒤 고구려 전쟁에 대한 발상이 전환됐다.

"군사 일부를 자주 파견해 그들의 강역을 바꾸어 가며 시끄럽게 한다면 쟁기를 놓고 보루로 들어가기를 반복할 것이니 몇 년 사이에 천리 땅은 쓸쓸해지고 인심은 자연히 흩어져서 압록강 북쪽은 싸우지 않고도 빼앗을 수 있습니다."(『자치통감』)

81

김춘추의
문화적 접근이
환심을 얻다

동맹의 출발

김춘추가 당나라 광록경 유형과 마주 앉았다. 사신 접대의 총책이었던 유형은 김춘추가 태종을 만나기에 앞서 당 조정이 당면한 문제에 대해 설명했다. "조정은 고구려와의 전쟁에 많이 맞춰져 있습니다. 황제께서는 3년 전 고구려에 다녀온 후 중풍을 얻으셨지요. 휴양차 장안에서 오십 리 떨어진 진령秦嶺 산맥의 한 봉우리인 종남산終南山의 행궁으로 거처를 옮겼다가 돌아오신 지 얼마 되지 않았습니다."

황제는 입이 돌아가고 한쪽 손발이 마비된 반신불수의 몸이 됐어도 고구려에 대한 미련을 버리지 않았다. 부하들을 시켜 지속적으로 소모적인 전투를 벌여 진을 빼고 있었다.

고구려와의 소모전

647년 5월 이세적의 군대가 요하를 넘어 고구려의 북쪽으로 들어 갔다. 남소성(지금의 랴오닝 성 시펑西豐 남쪽) 등 여러 성에서는 고구려인들이 성문을 열고 나와 성을 등지고 싸울 태세를 갖췄다. 본격적인 충돌은 없었다. 이세적은 심리적인 충격을 주기 위해 곳곳에 방화를 했다. 7월에 가서 우진달의 수군이 지금의 랴오둥 반도에 상륙했다. 고구려의 작은 요새 석성을 차지하고 그곳을 거점으로 주변의 여러 곳을 공격했다. 적리성積利城에서 한 차례 큰 전투가 있었다. 고구려군 1만이 성문을 열고 나왔고, 양측에서 각각 1000~2000명 정도의 전사자가 나왔다.

648년 4월 14일 랴오둥 반도와 산둥 반도 사이에 있는 오호도의 진장 고신감이 랴오둥 반도의 역산易山에 상륙했고, 고구려군 5000명과 전투가 벌어졌다. 백중세였다. 밤이 되자 고구려군 1만이 당 함대가 정박한 곳을 습격했다. 이를 예측한 고신감이 역습을 가했다. 매복에 걸린 고구려군은 놀라 물러났고, 고신감도 배를 타고 돌아왔다. 고구려군은 당군이 어디에 상륙해 어디를 공격할지 알 수 없었고, 고구려가 대규모 군대를 준비해 출동할 시간이 되면 당군은 언제나 철수했다.

김춘추가 신라에서 당으로 향할 무렵이었다. 648년 6월께 설만철의 함대가 압록강 어귀로 들어서서 강을 거슬러 올라갔다. 대낮에 당나라 수군이 압록강에 나타난 모습을 본 고구려인들은 놀랐다. 100리를 거슬러 간 그들은 박작성泊灼城 앞에 상륙했다. 이를 본 백성들이 성 안으로 모여들었고, 이내 전투태세에 돌입했다. 『구당서』 「설만철전」을 바탕으로 전투를 구성해보자.

박작성에서의 혈투

전투 준비를 마친 박작성주 소부손所夫孫이 성문을 열었다. 고구려 보병과 기병 1만이 성 앞에 나와 차례로 도열해 진을 만들었다. 여름 습기를 먹은 더운 공기 속에서 성을 등진 고구려군 1만과 상륙을 완료한 당나라군 3만이 박작성 앞 들판에 대진했다. 북소리가 울리는 가운데 당군이 선제공격을 개시했다. 선발대인 배행방裵行方이 진을 삼각형으로

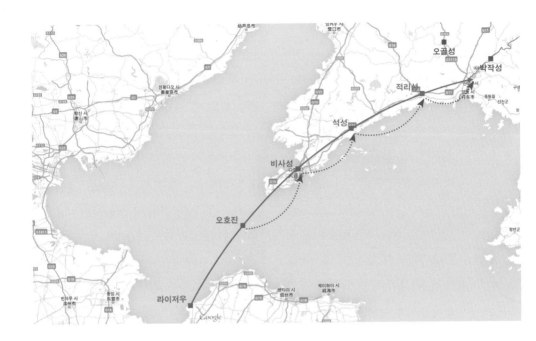

만들어 상대 진영에 다가섰다. 고구려군이 밀렸다. 그러자 승세를 타고 설만철의 본대가 움직였다. 고구려의 진이 무너졌다. 고구려 군대는 성 안으로 들어가지 않고, 들판 쪽으로 후퇴했다. 당군이 이를 추격했다. 성에서 100리 떨어진 곳에서 당군과 결전이 벌어졌고, 고구려군이 패배했다. 성주 소부손이 대열 속에서 전사했다. 이는 고구려에 시간을 벌어줬다. 당군이 돌아와 박작성을 포위했다. 하지만 수로가 휘감고 있는 박작성은 한 번의 공격으로 함락시킬 수 없었다. 버티는 사이에 오골성과 안시성에서 보낸 고구려 구원군 3만이 도착하면서 전투는 새로운 국면으로 돌입했다.

구원군은 진을 두 개로 벌렸다. 당군도 똑같이 했다. 6만의 병력이 서로 뒤엉켜 싸우는 난투극이 벌어졌다. 곤봉과 칼이 부딪치는 소리가 압록강 들녘의 푸른 하늘에 울려 퍼졌다. 기세에 밀린 당군은 적지 않은 시신을 남긴 채 배가 정박된 곳으로 물러났고, 도주했다. 9월 장안에서 참전 장수들 사이에 책임 소재를 놓고 언쟁이 있었고, 황제는 이를 수습하기 위해 전투일지를 불태웠다.

석달 전 황제는 이듬해에 30만의 병력을 동원해 고구려를 대규모로 침공하겠다고 선언해놓은 터였다. 고구려와 대규모 전쟁을 앞둔 마당에 장안에 신라의 실권자 김춘추가 나타난 것은 호재였다. 신라가 고구려의 전력을 남쪽에 묶어두어야 당이 고구려를 수월하게 공격할 수 있었다.

김춘추, 태종의 마음을 얻다

김춘추가 광록경 유형과 함께 장안성으로 들어왔다. 중요한 만남을 앞두고 대기하던 김춘추는 어떻게 해야 황제의 마음을 얻을까 고심했다. 648년 12월 7일 그는 황제를 만났다. 『삼국사기』는 이렇게 전한다. "태종이 춘추의 풍모가 영특하며 늠름한 것을 보고 후하게 대우했다. 춘추는 국학에 가서 석전과 강론을 참관하기를 요청했다. 태종이 이를 허락하고, 황제가 지은 온탕비溫湯碑 및 진사비晉祠碑의 비문과 새로 지은 『진서晉書』를 내려줬다." 한반도에 유교 문화가 국가 주도로 유입되기 시작하는 중요한 장면이다.

김춘추가 국학에서 매년 음력 2월쯤에 행해지는 공자 석전대제釋奠大祭 의례를 보겠다고 한 것은 태종을 놀라게 했다. 한반도 벽지에서 온 왕족이 중국 문화에 대한 깊은 이해가 있다는 것은 의외였다.

501년에서 530년대까지 세워진 포항 중성리 신라비, 포항 냉수리 신라비, 울진 봉평리 신라비의 문장을 보면 한학漢學을 공부한 신라 학자들의 존재가 드러나고 있다. 왕손인 김춘추는 『논어』『맹자』 등 중국 돌로 쌓은 성벽이 압록강변의 산비탈을 따라 산봉우리까지 이어져 있다.
이 성이 고구려의 박작성으로 추정된다.

의 고전을 어릴 적부터 배웠고, 이미 높은 수준에 도달해 있었던 것으로 보인다.

김춘추의 공자 석전대제 참관 의지는 공자에 대한 순수한 마음으로 비치기에 충분했다. 무인이지만 높은 학문 수준을 갖고 있던 태종이다. 그는 대화가 통하는 이 신라 왕족을 보고 향후 신라의 밝은 미래를 보았다. 김춘추도 그것을 느꼈다. 황제는 금방 편찬한 『진서』와 자신이 지은 온탕비와 진사비의 탁본을 줬다. 김춘추가 자신의 글을 충분히 이해하리라는 믿음에서였다. 그 가운데 특히 진사비는 자신이 고구려에서 패배하고 태원에 와서 지은 것으로, 태종 자신이 바라는 당 제국의 앞날에 대한 내용이었다. 대전을 나온 김춘추는 이제야 자신이 황제에게 하고 싶은 말을 할 수 있게 됐다고 믿었다. 신라로 귀국하기 전에 황제를 다시 만날 기회가 있다.

82

백제의 이중외교

649년 음력 2월 국학에 들어선 김춘추는 규모에 놀랐다. 학사學舍가 1200칸이고, 정원은 3260명에 달했다. 학생들의 국적도 다양했다. 당나라 전역에서는 물론이고, 신라·고구려·백제·토번·고창 등 중국을 둘러싼 대부분의 나라에서 유학을 왔다.

석전대제가 시작되기 직전 학생들이 예복을 입고 국학의 공자사당 문묘文廟 앞 광장에 도열했다. 사당에는 공자·증자·안자·맹자·자사 등 성인의 위패가 모셔져 있었고, 그 앞 제상에는 채소와 나물, 고깃국, 젓갈, 포 등이 진설돼 있었다. 정면 좌측에 돼지, 우측에 소, 중앙에 양 등 제물이 조리되지 않은 채 놓여 있었다.

의례 집행자는 모두 137명이었다. 위패 앞에 잔을 올리는 5명의 헌관獻官과 진행을 담당하는 제관 27명, 팔일무八佾舞를 추는 64명의 무용수, 문묘제례악을 연주하는 2개의 악단 등 모두 41명이 있었다. 등가와 헌가 두 악단은 의례 절차에 따라 번갈아 연주했다.

손을 씻은 초헌관이 공자 신위 앞에 서니 등가에서 명안지악明安之樂을 연주하고, 무용수들이 열문지무烈文之舞를 추었고, 초헌관의 헌폐가 시작됐다. 이를 마치고 초헌관이 대성지성문선왕 준소에 나가니 등가에서는 성안지악成安之樂을 연주하고 무용수들이 열문지무를 추었다. 초헌관에게 받은 잔을 신위 앞에 올리니 음악이 그쳤다. 축문이 시작되자 모든 참가자가 사당을 향해 엎드렸고, 음악이 다시 시작됐다.

이런 식으로 아헌례, 종헌례가 진행되고 의식의 종반에 음복이 있었다. 이어 제기와 희생물을 치우고 난 뒤, 초헌관이 폐백과 축문을 불사르고 땅에 묻는 망료례望燎禮를 끝으로 절차가 완료됐다. 엄숙한 분위기 속에서 음악이 연주되고 춤이 곁들여지는 의식을 본 김춘추는 어떠한 마음이 들었을까. 그의 소감과는 별도로 당 조정 신료들과 세계에서 유학 온 학생들이 그의 존재를 알게 됐다는 점이 중요하다.

김춘추의 석전의례 참관

외국인 왕족이 석전의례를 참관하는 것은 매우 드문 일이다. 학문의 수준과 공자에 대한 숭모의 마음이 있다고 하더라도 중화의 세계질서를 정당화하는 유학을 공개석상에서 철저히 받아들이는 것은 쉬운 일이 아니었다.

김춘추의 의식 참여로 신라와 당나라 사이의 동맹 체결 움직임이 전 세계에 알려졌다. 그 가운데 고구려에서 유학 온 학생들은 보다 심각하게 김춘추를 바라보았을 것이다. 고구려와 전쟁 중인 당이 신라와 손을 잡는다는 것은 무엇을 의미하겠는가? 김춘추가 중국에 도착하면서부터 고구려 첩자들은 이를 예의 주시하고 있었으리라. 그들은 태종과 김춘추의 회담 내용을 구체적으로 몰랐지만 김춘추의 석전대제 참여 사실이 고구려 유학생들을 통해 알려지게 됐고, 평양의 수뇌부는 향후 회담이 어떠한 방향으로 흘러가리라는 것을 직감했다.

당나라에서 일정이 끝나가려는 즈음에 태종이 김춘추를 불렀다. 황산둥 성 취푸의 공자 사당, 대성전大成殿이다.
기원전 478년 공자가 타계한 다음 해에
제자들이 공자가 직접 강의한 행단杏壇에
대성전을 지어 그의 위패를 모셨다고 한다.
공자를 위한 석전대제가 이곳에서 처음 거행된 것으로 보인다.

제는 그에게 막대한 황금과 비단을 선물했다. 그리고 대화가 오갔다. "그대에게 무슨 소원이 있는가?" 춘추가 무릎을 꿇고 말했다. "신의 나라가 멀리 바다 한구석에 있어 대국을 섬긴 지 여러 해가 됐습니다. 그러나 백제가 강성하고 교활해 침략을 일삼아 왔습니다. 더구나 지난해에는 대군을 거느리고 대대적으로 침입해 수십 개의 성을 점령해, 대국에 입조할 길을 막았습니다. 만약 폐하께서 군사를 보내 그 흉악한 무리들을 없애지 않는다면 우리나라 백성은 모두 포로가 될 것이며, 육로와 수로를 거쳐 술직하는 일도 다시 기대할 수 없을 것입니다."(『삼국사기』)

백제의 대당외교

김춘추는 고구려 정벌을 염두에 두고 있는 태종에게 백제의 위협에 대해 강력하게 얘기했다. 태종도 김춘추가 왜 이러한 말을 하고 있는지 잘 알고 있었다. 백제는 과거부터 중국과 신라의 군사동맹 결성을 철저히 방해해온 국가였다. 태종도 645년에 직접 체험한 바 있다.

645년 2월 12일 고구려 침공을 목전에 둔 태종이 낙양에서 신라의 선덕여왕과 백제의 의자왕에게 보낸 외교문서가 658년에 편찬된 『문관사림文館詞林』이란 책에 실려 있다. 먼저 백제에 보낸 내용을 요약하면 이러하다. 첫머리에 고구려 정벌의 정당성과 원정군 파견 사실을 언급했다. 이어 신라의 주장에 따라 백제가 고구려와 연합 세력을 형성한 것을 의심했는데 의자왕이 자신에게 보낸 외교문서와 백제 사신 강신康信의 말을 듣고 보니 그렇지 않다는 사실을 확인했으므로 백제가 고구려 남쪽 국경에 군대를 파견해줄 것을 부탁한다고 했다. 그리고 신라에 파견한 당나라 사신 장원표莊元表와 부사 단지군段智君이 신라에 도달할 수 있도록 협조해달라고 했다.

다음으로 신라에 보낸 내용은 이러하다. 당이 고구려를 침략하게 된 대의명분은 연개소문의 국왕 살해와 학정에 있다고 밝혔다. 그리고 당군 출정 병력의 전체적인 조직을 설명하고 신라에서도 정병으로 편성된 병력을 고구려 남쪽 국경으로 파견해 당군의 지휘 아래 군사작전에 참여하기를 요구했다.

645년 5월 신라가 병력 3만을 동원해 고구려를 침공한 것은 태종의 요청에 따른 것이었다. 그러나 신라가 주력을 북쪽으로 옮긴 틈을 이용해 백제가 신라의 서쪽 변경을 공격해 일곱 성을 함락시켰다. 의자왕은 태종의 요청을 묵살했을 뿐만 아니라 신라를 공격해 당의 의도를 좌절시켰다. 태종이 김춘추와 마주 앉은 것도 이 때문이었다.

백제는 수 양제에게도 비슷하게 대응했다. 607년 동돌궐 계민 칸의 군막을 방문한 양제가 고구려 사신과 마주쳤다. 초원에 대한 고구려의 공작 활동이 현장에서 발각된 것이다. 고구려와 수나라 사이의 분위기가 험악해지자 백제는 수나라에 사신 왕효린王孝隣을 보내 고구려 토벌을 청했다고 한다. 고구려와의 전쟁에 명운을 걸었던 양제에게 백제의 사신 파견은 호재였다.

백제는 이러한 수나라의 입장을 교묘하게 이용했다. 608년 백제는 양제의 국서를 받아 왜국으로 향하던 사절의 배를 세웠고, 수나라 사신의 목전에서 국서를 탈취했다. 양제의 권위를 훼손한 사건이었다. 하지만 양제는 백제에 문제를 제기하지 않았다. 고구려와 전쟁을 앞두고 있던 그의 입장에서는 원조를 약속한 백제와 불편한 관계를 만들고 싶지 않았던 것이다.

백제는 약속을 어겼다. 629년에서 636년 사이에 태종이 신하 위징을 시켜 편찬한 『수서』는 이렇게 전한다. "장璋(백제 무왕)은 고구려와 연화連和하면서 속임수로 중국을 엿본 것이었다. 611년(대업 7) 양제가 몸소 고구려를 정벌하려 하자 장이 그의 신하 국지모國智牟를 보내와 출병 시기를 물었다. 양제가 크게 기뻐하여 석률席律을 백제에 보내 서로 알게 했다. 이듬해(612)에 황제의 군대(육군)가 요수를 건너니, 장도 군사를 (고구려의) 국경에 배치하고 수군隋軍을 돕는다고 공공연히 말만 하면서 실제로는 양단책兩端策을 쓰고 있었다."

백제는 양제에게 수모를 주고, 611년 신라 가잠성을 함락해 수나라를 돕기 위해 고구려로 향하던 신라군의 발목을 잡으려 했다. 태종은 이를 잘 알고 있었고, 645년의 사건을 통해 다시 확인한 후 동맹 파트너로 신라를 선택했다.

83

김춘추와
그 아들 문왕이
대당외교를
펼치다

김춘추의
'사대' 외교

김춘추는 649년 태종에게 고구려를 정벌하기에 앞서 백제를 치는 것이
어떠하냐고 제안했다. 『삼국사기』「답설인귀서」를 보면 태종의 답은 대
개 이러했다. 첫째, 태종이 고구려를 치려는 것은 신라가 고구려·백제
사이에 끼어 매번 침공을 받기 때문이다. 둘째, 태종이 두 나라를 평정
하면 평양 이남 백제의 토지를 신라에게 주겠다. 셋째, 두 나라를 멸망
시키기 위한 군사작전 계획을 지시하고, 군사 동원 기일을 정해줬다.

　당나라의 고구려 원정 명분은 신라를 살려주기 위한 것이며, 목표
달성 후 평양 이남의 땅을 신라에 양도할 것을 약속하니 지시한 시기에
군사를 동원하라는 것이었다. 명분과 약속은 차치하고 핵심은 당이 고
구려를 칠 때 신라는 이전처럼 군대를 북상시켜야 한다는 점이다.

　김춘추는 주장을 다시 펼 수 없었다. 누구의 안전인가. 태종도 백제
를 먼저 쳐야 한다는 것을 모르지 않았다. 하지만 이 회담으로 모든 것
을 바꾸기는 어려웠다. 전쟁 준비가 고구려를 염두에 두고 실행되고 있
었다. 백제를 침공하려면 바다를 건너야 한다. 10만 이상의 병력이 동원
돼야 하고 그들을 한꺼번에 승선시킬 수 있는 1000척 이상의 대형 선박

이 필요했다. 당이 세계적 부국이라 해도 그 많은 배를 한꺼번에 조달할 수는 없었다. 이미 648년 9월에 태종은 배 건조에 엄청나게 많은 사회적 비용과 시간이 필요하다는 것을 절감한 바 있었다.

나당동맹은 사대인가?

이어 김춘추는 신라 관리들의 휘장과 복식을 당나라의 그것으로 바꿔 중국의 제도를 따르겠다고 청했고, 태종은 내전에서 춘추와 그 수행원들에게 진귀한 의복을 하사했다. 김춘추는 신라에 돌아가 그것을 본보기로 삼아 신라 관리들에게 당나라 복식을 따르게 할 터였다. 그는 연호와 관복을 바꾸면서까지 철저히 당 세계의 일부로 들어가려 했다.

또한 김춘추는 동행한 아들 문왕이 장안의 궁정에 머물 수 있도록 황제에게 허락받았다. "춘추가 태종에게 말했다. '저의 자식이 일곱입니다. 원컨대 그중의 하나인 문왕으로 하여금 성상의 곁을 떠나지 않는 숙위가 되게 해주소서!' 태종은 곧 그의 아들 문왕과 대감大監 모모에게 숙위를 명했다."(『삼국사기』)

김춘추의 이러한 행보에 대해 단재 신채호는 "김춘추는 당 태종에게 구원병을 청하는데, 당나라 조정의 임금과 신하의 뜻을 맞추기 위해 아들을 당에 인질로 두고, 본국의 의복과 관을 버리고 당의 그것을 쓰고, 본국의 연호를 버리고 당의 그것을 쓰기로 하여 조선에 사대주의의 병균을 퍼뜨리기 시작했다"고 묘사한 적이 있다.

나아가 신채호는 나당동맹에 대해 "이종異種을 초招하여 동족을 멸滅함은 도적寇賊을 끌어들여 형제를 죽인 것과 같다"라고 했다. 현재 그의 주장에 대해 수긍하는 사람들이 없는 것은 아니다. 그렇다면 신라가 우리 민족의 미래를 위해 당에 청병도 하지 않고 멸망해야 했다는 말인가? 청병은 신라가 살아남기 위한 몸부림이었다.

중국 산둥 성 옌타이에 위치한 펑라이 항의 현재 모습.
고구려로 향하던 수당의 함대가 정박하던 곳이다.
당으로 향했던 신라의 사절단도 이곳으로 들어온 것으로 보인다.

김춘추가 자식을 남겨놓은 것도 신라의 이익을 위한 것이었다. 문왕은 전권대사와 같은 임무를 수행했던 것으로 보인다. 물론 그의 아래에는 무관 관직을 가진 대감과 그 아래 집사·시종들이 딸려 있었다. 같은 시기 김춘추는 왜국에도 자기 사람들을 심어 놓았다. 649년 김다수金多遂가 왜국을 떠난 그를 대신해 파견됐다. 『일본서기』에 649년 왜국에 온 김다수 휘하 조직이 보인다. "승려僧 1명, 시랑侍郞 2명, 승丞 1명, 달관랑達官郞 1명, 중객中客 5명, 재기才伎 10명, 통역譯語 1명, 여러 시종侍人 16명, 모두 37명이다."

645년 2월 태종이 선덕여왕에게 보낸 외교문서가 실려 있는 『문관사림』을 보면 전년(644) 김다수가 당을 방문한 사실이 기재돼 있다. 이때에도 김다수는 자신의 조직을 데리고 당에 들어간 것으로 보인다. 4년 후 김춘추가 입당할 때 동행한 외교사절은 이보다 훨씬 큰 규모였던 것으로 추측되며, 귀국 시 사절단 인원 중 상당수를 아들 문왕과 함께 남기고 온 것으로 보인다.

문왕은 당 조정의 고위 관리들을 만나 관계를 강화하고 신라에 유리한 말이 황제의 귀에 들어가게 해야 했으며, 무엇보다 신라에 보낼 정보를 수집해야 했다. 국학에 유학 온 신라 학생들의 교우관계를 이용해 당을 둘러싼 전 세계의 정보도 들어야 했고, 무엇이 당의 한반도 군사개입에 장애가 될지도 파악해야 했으리라.

양국의 원활한 소통을 위해 태종은 신라 측의 외교 활동을 장려했던 것 같다. 『삼국사기』는 이렇게 전한다. "태종은 조칙을 내려 춘추를 특진에, 문왕을 좌무위장군에 제수했다. 춘추가 귀국할 때, 태종이 3품 이상의 관리들을 모아 연회를 베풀고 그들과 전별했다. 태종이 그들을 우대하는 예절이 이와 같이 극진했다."

우리는 여기서 신라에 귀국하는 김춘추가 받은 특진도 주목해야 하지만 김춘추의 아들 문왕이 받은 좌무위장군직을 눈여겨볼 필요가 있다. 좌무위장군은 황제 측근의 경호를 맡는 관직이다. 그것이 허직이라 치더라도 황제의 임용장은 결코 무시할 수 없는 것이다. 무엇보다 태종이 연회를 열어 떠날 김춘추와 남을 문왕에게 3품 이상 관리들과 관계를 트게 했다는 것은 의미가 있는 일이었다. 문왕은 좌무위장군으로서 고위 신료들과 당당히 관계를 가질 수 있게 됐다. 651년 문왕이 귀국하고 형인 김인문이 입당해 그 자리를 맡았다. 동생이 인수인계를 해주었고 또한 현지에 남겨놓은 조직들이 있었기 때문에 외교 활동은 김인문에게 승계될 수 있었다.

중국의 전함 건조 비용

648년 6월 태종은 고구려를 다시 침략할 때 사용할 배를 건조하는 임무를 쓰촨 지방에 부과했다. 수나라 말 내란기에 피해가 없었고, 3년 전 고구려 침공 때에도 징발을 면해 다른 지방에 비해 부유했기 때문이다. 완성된 배는 양자강을 통해 바다로 나와 산둥 반도의 라이저우 해군기지에 인도될 예정이었다.

역의 부과는 합리적이었다. 하지만 강압적인 노역이 실시되는 가운데 문제가 생겼다. 9월에 목재를 마련하는 요역을 상당 부분 담당했던 쓰촨 성의 요족들이 중앙에 대해 무장봉기했다. 그러자 당 조정은 간쑤 성 농우 지역의 기병과 쓰촨 분지 협중의 보병 2만을 파견했다. 전쟁을 위해 양성된 무장들이 많아 반란은 금방 진압할 수 있었다.

그래도 기술적인 문제는 어찌할 수 없었다. 배를 건조하는 요역을 명 받은 쓰촨 성 사람들 일부는 건조 기술이 있는 후난湖南 성 사람들을 자비로 고용하는 것을 황제에게 허락받기도 했다. 하지만 중앙과 지방의 정부가 급박한 인도일을 맞추기 위해 사람들을 강압적으로 독촉하자 또 다른 문제가 생겼다. 『자치통감』은 이렇게 전한다. "백성들이 밭집 자녀를 팔아도 공급할 수가 없었고, 곡식 값이 급등하여 검외劍外(쓰촨 성 중부와 원난 성)가 시끄러웠다."

그러자 태종이 정책 집행의 문제점에 대해 스스로 점검하기 시작했다. "큰 배를 만드는 데 사람 고용 비용이 비단으로 2236필이 든다. 산에 잘라놓은 나무를 다 운반하지도 못했는데 다시 배 만드는 사람을 고용하는 비용을 징수하니 백성들은 감당할 수 없다." 황상이 마침내 칙령을 내려 "담주(호남)에서 배 만드는 데 고용된 사람들에게는 관청에서 지급"하게 했다."(『자치통감』) 성마른 황제의 고구려 침공 야욕의 성급함을 누구도 나서서 제지할 수 없었다. 수많은 사람이 죽고 재산과 자식을 파는 사회적인 문제가 발생하고서야 황제가 정책을 바꾸는 전제국가의 잔인하고 비효율적인 모습을 볼 수 있다.

84

전쟁을
종식시킬 대안은
더 큰 전쟁이다

김춘추의
슬픈 귀환

649년 3월 즈음으로 생각된다. 김춘추는 장안을 떠나 신라로 귀국할 배를 타기 위해 산둥으로 향했다. 당에서 그의 활동은 두드러진 것이었고, 모든 것이 드러난 상황에서 고구려 첩자들이 그의 행보를 주시하고 있었다. 당시 황해 바다에는 전쟁의 긴장감이 감돌고 있었다. 2~3년 전부터 당 수군의 국지적인 도발로 고구려의 해안지대 곳곳은 전쟁터가 됐고, 전년도에 태종이 고구려에 대한 대대적인 침공을 선언해놓은 터였다. 고구려는 모든 수군을 동원해 여기에 대처하고 있었다. 중국 현지의 고구려 고정 첩자들이 산둥의 항구에 정박한 당나라 전함의 움직임을 주시하고 있었다.

산둥 반도 서북단 라이저우 항구에 도착한 김춘추는 전쟁이 임박했음을 느낄 수 있었다. 막 건조된 배들이 속속 들어오고, 고구려와의 전쟁 준비로 북적대고 있었다. 승선한 김춘추는 일단 동쪽 등주로 향했다. 그곳에서 먀오다오 열도를 따라 곧장 북상하면 랴오둥 반도의 끝자락인 비사성에 도착한다. 고구려와 당나라의 해전은 삼엄한 그 길을 따라 일어났다.

567

자오둥 반도의 끝자락 인 청산터우成山头.
김춘추 일행은 당나라를 방문한 후
이곳을 바라보며 서해를 건너 신라로 향했을 것이다.

고구려 수군이 깔려 있는 황해

등주에서 북상해 랴오둥 반도 남쪽 해변을 따라가다 남하해서 황해도로 내려가는 고구려 연안 항해는 불가능했다. 그렇게 했다가는 곧바로 고구려 수군의 사냥감이 될 것이 뻔했다. 김춘추 일행은 등주에서 산둥 반도 동쪽 끝자락으로 향했고, 그곳에서 황해도로 향하는 횡단 항로를 선택할 수밖에 없었으리라.

그 길조차 안심할 수 없었다. 산둥 반도 동쪽 끝에서 황해도 쪽에 도달할 때 백령도라는 지표를 이용하지 않을 수 없었다. 백령도 역시 고구려 수군들이 당 수군의 침공에 대비해 둥지를 틀고 있었다.

산둥 반도 동쪽 끝 어느 작은 항구 마을에 도착한 김춘추 일행은 그들을 태워다 줄 순풍을 기다렸다. 항구 마을 산 위에서 바람을 감지하고 있던 항해사가 뛰어 내려왔고, 김춘추 일행은 급하게 승선했다. 바람을 놓치면 얼마나 더 기다려야 할지 알 수 없었다. 바다는 사지였다. 하지만 그 너머에 신라가 있었다.

배는 바람을 타고 동진했다. 땅이 보이지 않는 망망대해. 낮에는 해의 움직임을 보고 밤에는 별자리를 보고 계속 나아갔다. 멀리 백령도가 보였다. 그곳에서 이미 바람의 방향을 감지한 고구려 수군이 산둥 쪽에서 배가 도착할 가능성이 있다는 것을 알고 바다를 주시하고 있었던 것으로 보인다. 시력이 좋은 감시병이 백령도의 가장 높은 산 위에 올라가 서쪽의 바다를 눈이 빠지도록 응시했고 이내 배를 발견했다. 어떤 배인지는 확실치 않았지만 그는 곧장 항구에 신호를 보냈고 고구려 수군이 바다를 향해 출동했으리라.

"춘추가 돌아오는 길에 바다 위에서 고구려의 순라병을 만났다. 춘추를 따라간 온군해溫君解가 높은 사람이 쓰는 모자와 존귀한 사람이 입는 옷을 입고 배 위에 앉아 있었다. 순라병이 그를 춘추로 여겨 잡아 죽였다. 춘추는 작은 배를 타고 본국에 이르렀다. 왕이 이를 듣고 슬퍼해 군해를 대아찬으로 추증하고, 그 자손에게 상을 후하게 내렸다."(『삼국사기』)

지옥에서 생겨난 꿈

고구려 수군은 김춘추와 그 일행을 실은 배를 발견하고 전율했을 것이다. 순라병들은 기다리던 신라의 거물을 태운 배를 향해 내달렸다. 평양에서 그를 보는 즉시 살해하라는 지침이 내려온 상태였다. 고구려 수군은 배를 세우고 수색했다. 배 안에서 화려한 관복을 입은 자를 찾아내 그 자리에서 바로 죽였다. 그는 김춘추를 수행하던 온군해라는 자였다. 고구려 배가 다가오자 온군해는 김춘추와 옷을 바꿔 입고 희생됐던 것이다. 허름한 옷을 입은 김춘추는 배에 달려 있는 비상용 보트를 타고 도주했다. 고구려 수군들도 작은 배를 보았지만 목적한 바를 이루었기 때문에 애써 추격하지 않았던 것 같다. 온군해의 숭고한 희생은 인정을 받았다.

비밀은 절명의 위기에 밝혀지는 법이다. 온군해는 왜 김춘추를 살리고 자발적인 죽음을 선택했을까? 이는 결코 충성심으로만 설명되지 않는다. 온군해의 추증 관등이 '대아찬'인 것으로 보아 그는 진골 귀족이었던 것이 확실하다. 그는 김춘추에게 동료 같은 부하였다.

『삼국사기』 태종무열왕 즉위년 조에 김춘추를 이렇게 기록하고 있다. "왕은 용모가 영특하고 늠름하며, 어려서부터 세상을 어려움에서 구제할 뜻이 있었다幼有濟世志."

김춘추는 철이 들면서 자신과 그 시대의 사람들이 전쟁이란 재앙을 뒤집어쓰고 세상에 나왔다는 것을 알았다. 전쟁의 상처로 얼룩진 땅, 그곳은 모든 것이 메말라 있었다. 사람들은 전쟁 이외에는 아무것도 기억하지 못하는 모습이었고, 전쟁은 이미 그들에게 삶의 조건이 되고 일상생활이 되어 불행에 익숙해져 있는 듯했다. 그들에게는 미래가 없었다. 신라가 앞으로 몇 년이나 더 생존할 수 있을지 아무도 알 수 없었다. 지옥과 같은 현실 속에서 신라인들은 평화의 도래라는 꿈을 꾸기 시작했다.

같은 꿈을 가진 자의 희생

김춘추 개인도 전쟁의 저주를 비껴가지 못했다. 642년 그의 나이 사십이 되었을 때 딸 고타소랑과 손자를 대야성의 참극에서 잃었고, 그 시신은 백제 수도 사비성 감옥 바닥에 묻혔다. 불행은 품고 있던 세상을 구하고자 하는 제세濟世의 의지가 행동으로 발현되게 했다. 딸을 잃은 그해 그는 고구려에 가서 연개소문을 만나 담판을 시도했고, 당이 고구려와 전쟁에 패배한 1년 후인 646년에 왜국으로 가서 왕과 유력자들을 만나 신라에 대한 적대성을 완화시켰으며, 649년 당 태종을 만나 귀국하다 많은 부하와 동료를 잃었다.

그는 만성적인 전쟁으로부터 신라를 구해낼 꿈을 실현하기 위해 위험을 감수하고 외국을 드나드는 행동가였다. 신라를 만성적으로 침공하는 고구려와 백제를 멸망시켜야 평화가 온다. 나당동맹의 체결만이 그것을 이룰 수 있는 유일한 대안이었다. 전쟁을 종식시키기 위해 더 큰 전쟁을 해야 했다. 그것만이 궁극적으로 평화를 가져올 수 있었다. 잔인하지만 현실이었다.

김춘추는 그것을 실현할 유일한 인물이라 여겨졌고, 그의 리더십 또한 여기에서 나왔을 것이다. 마음속에 같은 꿈을 품고 있던 사람들에게 그는 신라의 미래였다. 온군해는 김춘추가 고구려 수군의 손에 피살되면 모든 것이 수포로 돌아가리라는 것을 알았다. 그는 희망을 상실한 신라를 생각할 수 없었다. 김춘추가 살아야 희망의 불씨가 남는다. 온군해의 마음에 심긴 꿈이 기꺼이 희생을 받아들이게 했고 김춘추를 살렸던 것으로 생각된다.

삼국시대 백령도는 곡도鵠島라 했다. 『삼국유사』「거타지」 조를 보면 진성여왕의 막내아들 양패良貝가 당나라 사신으로 갈 때 곡도에 배를 정박시켰다고 한다. 마침 풍랑이 일어나 섬에서 10일을 기다려야 했다. 바람을 잠재우기 위해 양패는 꿈에서 본 노인이 가르쳐준 대로 호위 궁수 50명 가운데 하나인 거타지居陀知를 섬에 남겨 놓았다. 그러자 순풍이 불었고 배는 거침없이 나아갈 수 있었다.

설화이지만 이는 신라와 중국 사이의 항해에서 백령도의 중요성을 말해준다. 한강 어귀에서 출발한 배는 황해도 해안을 바라보며 서북쪽으로 가다가 백령도에 일단 들렀다. 황해를 횡단해 산둥반도로 곧장 가기 위해서는 백령도에 내려 바람의 방향을 봐야 했던 것이다.

85

태종의 죽음은
비보인가
낭보인가

태종의 운명

649년 김춘추가 신라에 도착한 직후 당나라에서 비보가 날아들었다. 태종이 52세의 일기로 세상을 떠났다. 나당동맹 실현은 위기에 봉착했다. 태종은 임종의 침상에서 고구려와의 전쟁을 중지하라는 유조를 남겼다. 그는 자신의 유약한 아들이 전쟁에 휘말리는 것을 원치 않았다.

"당나라 태종이 죽었다. 조서를 남겨 요동전쟁을 그만두게 했다."(『삼국사기』「고구려본기」)

김춘추는 낙담했다. 상황이 원점으로 돌아갔다. 태종의 부재는 무엇을 의미하겠는가. 그의 카리스마에 숨 죽여 왔던 변방이 기지개를 켤 것이다. 당이 서북방 문제에 매달리게 되면 고구려가 백제와 함께 신라를 재차 압박해올 것이다. 그러면 신라는 고사할 수도 있다.

단약 복용의 부작용

『자치통감』을 보면 태종은 649년 5월 중순께부터 이질痢疾이 악화된 것으로 나와 있다. 이 설사병은 배가 아프고 대변을 자주 보되 양이 적고, 속이 당기며, 뒤가 무겁고, 끈적끈적하거나 심지어 피고름 같은 대변을 보는 것이 특징이다. 여러 가지 원인이 있으나 태종의 경우 중금속 중독으로 인한 장 기능 장애가 나타난 것으로 보인다.

태종은 고구려에서 패배하고 돌아온 직후부터 자주 병으로 누웠다. 건강 악화는 그를 장생의 비법에 빠지게 했다. "(648년 5월) 왕현책이 천축(인도 갠지스 강 중류)을 격파하면서 방사方士 나라이파사메를 얻어서 돌아왔는데 스스로 장생하는 술법이 있다고 말하자, 태종이 이를 믿고서 예로 대하고 공경하면서 장생약을 합성케 했다. 사자를 보내 사방으로 기이한 약과 이상한 돌을 찾게 했으며, 또한 파라문(인도)의 여러 나라에 보내 약을 채취하게 했다."(『자치통감』)

지극히 현실적인 그였지만 수명을 연장할 수 있다는 도사의 말에 혹했다. 사신을 중국의 전국과 인도에까지 보내 약을 구했다. 그렇게 제조된 많은 양의 단약丹藥을 복용하게 됐다. 춘약春藥 성분이 포함돼 있어 반짝 효과를 보는 듯했다. 하지만 납과 수은, 유황 성분이 많은 그 약은 상태가 좋지 않은 그의 장기와 혈관 질환을 더욱 악화시켰다. 살아서 고구려를 직접 굴복시키겠다는 그의 일념이 죽음을 앞당겼다.

태종이 없는 세상

649년 5월 24일 태종은 유약한 어린 아들을 걱정하면서 눈을 감았다. 그는 동돌궐을 격파하고 실크로드의 오아시스를 지배했으며, 토욕혼을 정복했고, 서돌궐을 복속시켰다. 주변의 국가들은 경악하며 그의 미증유의 성취를 바라보았을 뿐이다. 그가 사라지자 주변 국가와 민족들은 안도했다. 서돌궐의 유력한 지도자 가운데 하나인 아사나하로阿史那賀魯는 기회가 왔음을 알았고, 티베트 고원의 강국 토번의 국왕 손챈감포는 그가 없는 당 제국을 깔보기까지 했다.

태종의 입상.
중국 산시 성 리취안禮泉 동북쪽 22킬로미터 지점에 있는
태종의 무덤 소릉 입구 모습이다.

649년 10월 토번의 사절이 외교문서를 들고 왔다. 『구당서』「토번전」을 보면 손챈감포가 당 조정의 정권을 잡고 있던 태위太尉 장손무기 등에게 협박을 하고 있다. "천자가 새로 즉위했는데, 만약 신하가 불충한 마음을 가진다면 마땅히 군사를 이끌고 와서 토벌하겠다." 토번이 당 영내로 군대를 보내겠다는 말까지 하는 것은 아무래도 위협적이다.

송대 대학자 호삼성胡三省은 여기에 주석을 달아 "토번이 태종의 죽음을 맞아 진실로 중국을 가볍게 여긴 것이다"라고 했다. 645년 태종이 고구려를 침공한 것도 영류왕을 죽이고 정권을 장악한 대신 연개소문을 징벌하겠다는 것이 명분이었다.

무례하기 짝이 없는 언사였다. 하지만 막 즉위한 당 고종은 손챈감포를 부마도위駙馬都尉로 삼고 서해군왕西海郡王에 봉하며 직물 3000단을 보냈다. 또한 토번이 양잠 종자 및 술·맷돌·종이·먹을 만드는 장인을 청하자 이를 모두 허락했다. 고종은 토번을 적으로 돌리지 않으려고 모욕을 감수했다.

이듬해인 650년 5월에 토번 정치에도 큰 변화가 일어났다. 손챈감포가 죽었다. 적자가 일찍 죽었기 때문에 어린 손자인 만손만첸芒松芒贊이 뒤를 이었다. 군부를 통솔하고 있던 가르통첸이 그의 섭정이 되어 실권을 장악했다. 토번에 유능한 장군이 통솔하는 군사정권이 들어섰다. 그의 능력은 당 조정에서도 익히 잘 알고 있었다. 이로부터 얼마 지나지 않아 토번은 세력을 사방으로 크게 확장하기 시작했다. 향후 이는 당 제국의 날개를 끊임없이 조여 오는 무서운 올무가 될 터였다.

세상을 누르고 있던 중원의 '하늘의 칸'이 사라지자 아사나하로는 쾌재를 불렀다. 주변에 사람들이 몰려들었고, 서돌궐의 부족들을 규합하기 시작했다. 나아가 신장 성 고창의 동쪽 지역인 서주西州와 신장 지무싸얼吉木薩尔의 정주庭州를 습격해 점령하고자 했다. 2년이 되지 않아 그는 서쪽으로 이동해 서돌궐의 전체 부족을 통합했고, 중앙아시아와 실크로드의 오아시스 국가들을 대부분 휘하에 거느리게 되었다.

　"(아사나하로가) 무리를 데리고 서쪽으로 달아나서 을비사궤 칸을 깨뜨리고 그 무리를 합했으며, 쌍하와 천천(중앙아시아 고이고사 산의 북쪽)에 아기牙旗를 세우고 사발라沙鉢羅 칸이라 칭하니 돌륙과 노실필이 모두 그에게 귀부했고, 정예군사가 수십만이어서 비을돌육 칸과 군사를 연합하니 처월과 처밀 그리고 서역(신장과 중앙아시아)의 나라들 대부분이 그에게 붙었다."(『자치통감』) 651년 7월 이후 당 고종은 아사나하로의 서돌궐과 세 차례에 걸친 대규모 전쟁을 치러야 했다. 서돌궐 전란은 7년이나 끌었다.

신라와 고구려의 엇갈린 국운

　지금은 결판이 난 사실이지만 당시 신라의 입장에서는 당이 서돌궐 문제를 언제 해결할 수 있을지 알 수 없었고, 당이 고구려를 치는 것은 물론이며 함께 백제를 공격하는 것조차 요원해졌다. 650년 당나라에 들어간 김춘추의 장남 장남 김법민金法敏(문무왕)이 당 고종에게 아뢴 신라의 위기를 『삼국사기』는 이렇게 전하고 있다.

　"고구려와 백제가 입술과 이빨 같이 서로 의지하여 무기를 들고 번갈아 침략하니 큰 성과 중요한 진이 모두 백제에 병합되어 영토는 날로 줄어들고 힘도 쇠약해지게 되었습니다."

　외압에 의한 내부 반란을 염려한 김춘추는 신라 조정에 권력 장치를 만들어냈다. 651년(진덕여왕 5) 본래 재정조직이었던 품주稟主를 개편해 왕정王政의 기밀사무를 관장하는 집사부執事府를 설치했다. 여기서 왕명을 아래로 전하면서 여러 행정관부를 거느렸다. 김춘추는 집사부 장관인 중시中侍에 자신의 사람을 임명해 조정을 지배하려 했다.

　고구려의 입장은 정반대였다. 태종의 죽음은 구원이었다. 당과의 1차 전면전과 이후 이어진 소모전에 피폐한 고구려였다. 연개소문은 당의 유약한 어린 황제를 바라보면서 한숨을 돌렸다.

고종은 그 아버지와 비교하면 하늘과 땅만큼 차이가 있었다. 재능도 없었고 아비처럼 치국의 야심이나 이상도 없었다. 고구려는 국력을 회복할 시간을 가질 수 있었다. 서돌궐이 당과 장기전에 들어간 651년에는 그것이 더욱 확실해졌다.

고·당의 대결과
거란

누런 물이 흐르는 요하 상류의 시라무룬 강 유역에는 초원이 있다. 지평
선이 하늘과 붙어 있는 광활한 그곳은 유목민인 거란족과 해족이 4세
기부터 목축을 하던 생활 터전이었다. 내몽골 동쪽 지역에 위치한 유역
면적 3만 제곱킬로미터에 이르는 시라무룬 초원은 중원, 돌궐, 고구려
사이에 자리 잡고 있다. 7세기 당시까지도 이곳에서 중심을 이룬 세력은
없었다. 유목민 부족들은 주변 3대 세력의 힘의 강약에 따라 각기 흩어
져 중원의 왕조나 돌궐 또는 고구려에 붙었다.

고구려의 시라무룬 장악

645년 당 태종은 거란족과 해족을 고구려 침공에 동원한 바 있다.
설연타를 멸망시킨 2년 후인 648년 11월 그는 거란의 대하부락연맹大
賀部落聯盟에 송막松漠(현 내몽골 바린 우기 일대)도독부와 10개의 기미주羈縻州
를, 해에 요락饒都도독부와 6개의 기미주를 설치했다. 양부는 영주 도독
이 감호하도록 했다. 태종은 이듬해 계획된 고구려 침공에 거란과 해를

선봉으로 내세울 작정이었다. 그는 이민족을 기미부주라는 굴레에 묶어 영토를 팽창시켜 왔다. 기미부주는 폭력을 유통시키는 장치였으며, 당 제국의 세계 지배도구였다.

하지만 649년 태종이 죽었고, 서돌궐이 당에 대항해 일어섰다. 당 나라가 동돌궐의 부족들을 중앙아시아로 이끌고 가서 서돌궐의 여러 부족과 전쟁을 하던 이 시기에 시라무룬 초원에 대한 당나라의 지배력 은 현저히 하강곡선을 그리고 있었다. 연개소문은 고구려가 거란과 해 를 장악할 수 있는 절호의 기회라고 생각했다. 시라무룬에 대한 지배력 이 뿌리를 내리면 거란과 해족은 고구려 휘하 기병이 되어 당나라를 칠 것이다.

652년 시라무룬 초원에 고구려가 말갈 기병을 이끌고 나타났다. 거 란족과 해족의 부족장들은 고구려 군대의 위용을 보고 겁에 질렸다. 그 들은 고구려의 힘을 인정하고 협조할 것을 약조했던 것 같다. 우리는 여기서 고구려가 어떻게 그들을 다루었느냐가 아니라 어떻게 함께했느냐를 생각해봐야 한다. 고구려는 그 영향력 아래에 있던 거란과 말갈인들에게 안전한 생활을 영위할 수 있는 물자를 정기적으로 지급했다. 그것은 수백 년 이상 그들과 함께 살아온 고구려인들의 관리 방식이었다. 고구려를 둘러싼 국제 상황은 언제나 시련이자 기회였다. 시련은 고구려인들에게 살아남는 법과 더불어 어떻게 휘하의 그들과 공생할지에 관한 가르침도 줬다.

당의 힘겨운 반격

당시 당은 서돌궐과 전쟁을 지속해야 했다. 653년 서돌궐 내부에 분열의 조짐이 보였다. 그해 아사나하로의 부하인 을비돌륙 칸이 죽고 그 아들 진주엽호가 오노실필과 함께 당에 청병을 했다. 그들이 아사나하로의 군막을 습격해 그 부하 1000명을 죽이고 당에 사람을 보내 청병했던 것이다. 당과 서돌궐의 전쟁은 2막으로 들어섰다.

653년 2월 당은 병력을 출동시켰다. 시라무룬에 대한 고구려의 잠식을 방기할 수만은 없었다. "장군 신문릉辛文陵이 고구려군을 초위招慰했는데, 토호진수吐護眞水에 이르렀을 때, 오랑캐(고구려군)에게 습격을 당해, 위대가는 중랑장 설인귀와 함께 가서 싸웠다. 신문릉은 고전했으나, 마침내 죽임은 면하게 됐다. 위대가는 중상을 당했는데, 왼쪽 다리에 화살을 맞았다."(『신당서』 「위대가전」)

신당서의 기록을 해석해 보면 영주도독부 북쪽의 시라무룬 유역에서 당군과 고구려군의 접전이 벌어진 것이 확실하다. 당나라 장수 신문릉이 그곳에 나타나자 그 정보가 고구려군이 진을 치고 있던 시라무룬의 신성에 들어왔다. 고구려 기병이 곧장 요격에 나섰다. 광활한 초원의 언덕 아래에서 고구려군이 번개처럼 나타나 당군의 옆구리를 쳤다. 역동몽골 시라무룬 초원에 유목민의 집인 파오가 서 있다(아래).
서기 652년부터 고구려는 고구려군과 말갈족 병력을 이끌고
이 초원에 진출해 당군과 격전을 벌였다.

습에 놀란 당군은 궤멸하고 장군 신문릉은 절명의 신세가 됐다.

당의 중랑장 설인귀와 과의 위대가가 분발했고, 주춤하던 사이에 신문릉은 빠져나가 죽음을 면했다. 하지만 당나라 구원군도 상당한 타격을 받았다. 고위 장교인 위대가는 화살을 왼쪽 다리에 맞아 중상을 당했다.

654년 10월 연개소문은 장군 안고安固와 그 휘하 고구려·말갈 기병을 출격시켰다. 작전의 목적은 당나라 송막도독 소속의 거란군을 시라무룬에서 축출하는 것이었다. 송막도독 이굴가李窟哥가 고구려 군대를 막아섰다. 두 군대는 화살의 사정거리가 조금 못 미치는 지점에 대진했다. 그들은 전진하다가 화살을 쏟아냈다. 하늘이 화살로 검게 물들었고, 이내 두 진영에 떨어졌다. 양측의 기병들이 말 위에서 떨어졌다. 살아남은 자들이 서로를 향해 돌진했다. 엉켜 싸우는 난투극이 벌어졌다. 체력이 고갈되면서 살아남은 자들의 동작이 느려졌고, 후퇴의 나팔 신호와 함께 양군은 각기 물러섰다. 고구려 군대는 시라무룬 초원 위에 세워진 성인 신성으로 들어갔고, 당군은 영주로 물러났다.

수당전쟁의 화약고 시라무룬

654년 말 동몽골에서 당군을 격퇴한 고구려는 군대를 남쪽으로 돌렸다. 여기에는 말갈 군대가 대규모로 동원됐다. 고구려는 백제를 끌어들여 신라군을 남쪽에 묶어놓고 성 33개를 함락했다. 김춘추가 왕위에 오른 그해 신라 조야는 크게 흔들렸다.

『삼국사기』「태종무열왕」5년 조를 보면 이때 신라의 동해안 북쪽 국경선이 강릉 이북까지 밀려내려간 정황이 포착된다. 655년 1월 신라의 왕 김춘추가 사신을 당에 보내 고구려 접경지대의 성 33개를 상실했다는 사실을 알리고 구원군을 요청했다. 그러자 당 고종은 2월 25일 요서에 위치한 영주도독부에 고구려를 공격하라는 명령을 하달했다. 대규모 군대를 동원할 여력이 없었다.

하지만 나당동맹의 성의는 보여야 했다. 영주도독 정명진과 휘하 좌위 중랑장 소정방이 군사를 발동했다. 655년 5월 14일 당군은 고구려의 성 앞에 도착했다. "정명진 등이 요수를 건너니 고구려는 그 군사가 적은 것을 보고, 성문을 열고 귀단수貴端水를 건너서 맞서 싸웠는데, 정명진이 분발해 쳐서 그들을 대파하여 죽이고 붙잡은 사람이 1000여 명이었으며, 그들의 외곽과 촌락을 불태우고 돌아왔다."(『자치통감』)

당나라 군대는 요수를 건너 고구려와 접전을 벌이고 귀환했다. 고구려군에게 큰 타격을 주지 못했다. 치고 빠지는 것이 목적이었다. 당이 시라무룬을 완전히 장악하지 못한 상황에서 그것이 가능했던 것은 소사업蕭嗣業이 이끄는 회흘 기병의 움직임이 있었기 때문으로 보인다. "655년(영휘 6) 회흘이 군대를 보내 소사업을 따라 고구려를 토벌했다."(『구당서』「회흘전」)

중국을 통일한 수·당 제국은 고구려가 거란과 말갈을 휘하에 두고 부리는 것을 끈질기게 방해했다. 수·당의 지속적인 유인정책으로 고구려로부터 그들의 이탈이 발생하기도 했다. 수·당은 그들의 추장들에게 작위와 벼슬을 주고, 대규모 물량공세를 취했다. 가능하다면 고구려에 대한 대리 공격을 감행할 용병으로 그들을 이용하고자 했다. 수·당과 고구려 사이의 전쟁은 언제나 둘 사이에 있는 거란과 말갈에 대한 지배권을 두고 시작됐다.

87

장창보병이
서돌궐 기병을
격파하다

소정방의 등장

657년 윤1월 당나라는 서돌궐과의 결전을 목전에 두고 있었다. 앞서 2년
전 당은 대고구려 전선에 병력을 보낸 적이 있다. 그들 가운데 65세의
노장이 있었다. 소정방은 나이에 걸맞지 않은 중랑장이란 직책으로 고구
려 전선에 파견됐고, 요하를 건너 잠시 싸우다 바로 퇴각했다. 그는 최후
의 서돌궐 전쟁을 앞두고 장군으로 진급해 서역 전선으로 전보됐다.

젊은 날의 비운을 뒤로하고

657년 12월 초원은 황량한 겨울이라 잿빛을 띠고 있었다. 지금의
키르기스스탄, 이식쿨 호수와 멀지 않은 곳이었다. 서돌궐을 정벌하기
위해 이려도伊麗道 행군총관 소정방이 군대를 이끌고 도착했다. 기주冀州
무읍武邑(지금의 허베이 성 우이武邑) 출신인 그는 수나라 말 농민 반란기에 군
웅 두건덕의 부장 고아현高雅賢의 양자로서 어린 나이에 전장에 뛰어들
었다. 하지만 줄을 잘못 섰다. 621년 두건덕이 이세민에게 패배하고 장
안에 압송돼 처형됐다. 직후 유흑달 밑에 들어갔지만 3년 후 그도 패배

자가 되어 피살됐다. 소정방은 고향에 내려가 놀다가 이정에게 발탁돼 630년 동돌궐 정벌에 큰 공을 세웠다. 하지만 약탈사건에 연루돼 해고됐다. 그는 이후 25년간 아무런 관직도 없이 지냈다. 한참 활동할 젊은 시절을 우울하게 보낸 그는 65세의 초췌한 노인이 되어서야 다시 등용됐고, 2년 후 장군이 됐다. 실패한 인생을 산 그는 마지막 기회를 놓치지 않겠다고 다짐했다.

소정방의 휘하에는 회흘의 추장 파윤, 돌궐 왕족 아사나미사·아사나보진 등의 부락민으로 구성된 1만 규모의 유목민 기병이 있었다. 이와는 별도로 소정방 자신이 훈련시킨 중국인 장창보병이 뒤를 따랐다. 예질 강(중앙아시아 이르티시 강) 서쪽에 도착했을 때 서돌궐의 칸 아사나하로의 10만 대군이 기다리고 있었다. 소정방은 남쪽 들판에 장창보병을 남겨두고 자신은 기병을 이끌고 북쪽으로 가서 진을 쳤다.

서돌궐 기병의 입장에서 장창보병은 초라해보이는 존재였다. 아사나하로는 만만한 그들을 먼저 치우려 했다. 진을 중앙과 좌우 양쪽으로 펼쳐 다가오다가, 사면으로 포위했다. 이때 당의 장창보병은 초원의 비교적 높은 지형에 진을 치고 대항했다. 진 앞의 땅은 예질 강의 물을 끌어들여 흠뻑 젖어 있었다.

당나라 무사 모습을 묘사한 도용.

중국 신장 성 중가리아 분지의 초원 뒤쪽 멀리 톈산 산맥이 보인다.
소정방은 서돌궐과의 전쟁을 위해 이곳을 지나간 것으로 보인다.

소정방의 전술

　『구당서』와『신당서』를 바탕으로 소정방 장창보병의 전투 장면을 복원해보자. 그들은 크게 창수와 노수·궁수 셋으로 구성돼 있었다. 창수가 대열 앞에 나가 있고, 노수와 궁수는 뒤에 있었는데 사정거리가 긴 순서대로 노와 궁을 혼합했다. 최전선에 장창을 든 병사들이 무릎을 꿇은 자세로 인간방벽을 만들고 두 번째 줄에는 장거리 기계 노와 강궁을 든 병사가 무릎을 꿇은 자세로 대기하고, 그다음 줄에는 중거리 노를 든 병사를 배치했다. 마지막 줄은 선 자세로 적을 겨눈 단거리 노수를 배치했다.

　적이 100보 정도의 거리로 접근해오면 먼저 장거리 기계 노로 사격하고, 70보 거리에서는 강궁을 든 병사가, 50보 거리에서는 소형 노를 든 병사가 서서 사격했다. 이렇게 함으로써 시간 간격을 없앴다.

　그렇다면 장창을 든 창수의 역할은 무엇인가. 질주해오는 적 기병 앞에 서 있는 보병들의 입장으로 돌아가보자. 달려오는 기병은 보병이 바라보기엔 너무 높고 빠르다. 기병의 주파 능력은 상대 보병들에게 극단적인 공포감을 주며, 그들을 정신적 공황 상태로 내몬다. 이럴 때 장창보병의 존재 여부는 병사들의 사기를 좌우한다. 모든 일은 20여 초라는 짧은 시간에 일어났다. 장창과 방패를 들고 앞줄에 있는 창병들은 인간장벽이었다. 궁수들이 도피할 수 있는 벽을 만들어 사격을 하는 데 심리적 안정을 줬다.

　장창보병의 창이 겨냥한 것은 사람이 아니라 말의 가슴이나 목이었다. 선두대열을 낙마시켜 전 기병대의 흐름을 정체시키는 것이 주목적이었던 것이다. 물론 장창보병들은 창의 밑동을 땅에 고정시켰다. 육중한 말이 빠른 속도로 달려올 때 창을 땅에 고정시키지 않고서는 그 힘에 밀려날 뿐만 아니라 치명상을 줄 수 없기 때문이었다.

첫 번째 공격에서 서돌궐 기병은 소수인 당의 장창보병을 얕잡아봤다. 초전에 완전히 무너질 것이라고 판단하고 사방에서 질주했다. 그러나 장창보병은 정해진 순서대로 활과 노를 발사했고, 서돌궐 기병들은 말에서 우수수 떨어졌다. 물에 젖은 땅에 말발굽이 박혀 속력이 느려져서 화살의 적중률은 높았다. 연이은 두 번째 공격에서도 하로는 정면공격을 단행했다. 서돌궐 기병들은 화살 세례를 받으며 많은 희생자를 내고 후퇴하고 말았다. 서돌궐은 실패에도 수적으로 우세를 자랑했으니, 희생자가 나도 물러서지 않았다. 세 번째 공격은 전보다 비장한 각오로 이뤄졌다. 이번에도 서돌궐은 원진으로 접근하는 과정에서 화살 세례를 받고 많은 희생자를 냈다. 그럼에도 돌격은 감행됐고 그들은 당군의 진에 바짝 다가갔다. 그곳에는 밑동을 땅에 박은 빽빽한 장창들이 그들을 기다리고 있었다. 그것은 고슴도치와 같았다.

서돌궐 기병은 속력 때문에 멈춰 설 수 없었다. 기병의 선두대열이 알면서도 당할 수밖에 없는 상황에 내몰렸다고 직감하는 순간, 말의 가슴과 목에 창이 꽂혔고 그들은 잇달아 낙마했다. 장창보병에 가로막힌 기병의 대열은 서로 엉켰다. 여담이지만 소정방의 장창보병 전술은 통일전쟁기 동맹군인 신라에 이전됐고, 이렇게 탄생한 신라의 장창보병은 훗날 나당전쟁기에 당 기병을 막아낸 첨병이 됐다.

마지막 공격이 실패하자 서돌궐 병사들에게는 "당 보병의 사격으로 자신들이 죽거나 부상당할지도 모르며, 화망을 뚫고 나아간다 해도 장창에 걸려 생존할 수 없다"는 공포가 자리 잡기 시작했다. 극복할 수 없는 위험을 인지하면서 생겨나는 공포감은 병사들의 전투의지를 무력화한다. 서돌궐 측에서는 일단 물러나 전열을 재정비할 시간이 필요했다. 그러나 북쪽에서 기병진을 치고 있던 소정방은 적에게 시간을 주지 않았다. 공황 상태인 서돌궐군을 급습했다. 순간 서돌궐 병사들에게 이미 확산된 공황의 씨앗이 확고히 뿌리를 내렸다.

서돌궐은 무너졌고, 흩어져 달아나기 시작했다. 지휘체계가 마비된 서돌궐의 부대들은 서로 뒤엉켜 생존 본능에 따라 움직이는 패닉 상태였다. 소정방은 아무리 병력이 많다 해도 침착함을 잃으면 얼마나 약해지는가를 너무나 잘 알고 있었다. 만일 여기서 공세의 끈을 늦춘다면 서돌궐은 대열을 재정비해 공격해올 것이다. 소정방은 30리를 추격해 수만을 사살 생포했다.

소정방의 예기치 않은 승리에 서돌궐 10만 군대는 무너졌다. 『자치통감』은 이렇게 전한다. "이에 호록옥 등 다섯 노실필의 모든 무리가 와서 항복했고, 사발라 혼자서 처복곤굴률 철暾의 수백 명 기병과 더불어 서쪽으로 달아났다. 이때 아사나보진이 남쪽 길로 왔는데, 다섯 돌육의 부락에서 사발라 칸이 패했다는 소식을 듣고 모두 그에게 항복했다."

소정방은 아사나하로를 추격해 보얼타라 강 근처에서 따라잡아 그의 마지막 남은 병사들을 궤산시켰다. 아사나하로와 그 아들은 타슈켄트로 도망쳤지만 체포돼 장안으로 압송됐다. 당은 서돌궐을 해체하고 그곳에 기미부주를 설치했다. 소정방의 승리로 신라 왕 김춘추는 당 고종에게 백제를 멸망시키기 위한 군사를 요청할 수 있었다.

88

당과 고구려가
시라무룬 초원에서
마주하다

측천무후의 등장

658년 6월 여름 시라무룬 초원은 무성했다. 가축들이 한가로이 풀을 뜯고 있는 가운데 멀리서 누런 먼지가 일어났다. 현재 랴오닝 성 차오양에 위치한 당나라 영주도독부의 기병들이 다가오고 있었다. 그러자 초원의 어느 고지 언덕에 위치한 고구려의 봉수대에서 연기가 피어올랐고, 연기 기둥이 동쪽으로 연이어 올라왔다. 당군의 출현은 금세 현지 주둔 고구려 주력군단에 알려졌다.

서역의 상황 변화는 동방 고구려에 영향을 미쳤다. 중앙아시아에서 서돌궐을 격파해 해체시킨 당은 그 칼끝을 동쪽으로 돌렸다. 당은 시라무룬에서 고구려의 세력을 일소하기 위해 전쟁을 시작했다.

초원의 가장 서쪽에 위치한 적봉진赤烽鎭의 고구려 군대가 가장 먼저 당 기병의 공격을 받았다. 그날 이 봉화대 상주 군인들은 자신들이 운이 없었다는 것을 깨달았으리라. 그들은 전투부대의 요원이라기보다 고구려의 조기경보체계의 가장 선봉에 위치한 신경세포들이었다. 평소에 광활한 초원을 교대로 순찰하면서 당군이 몰려오는지 감시하다 당군의 움직임이 포착되면 곧바로 봉수대에 알리는 것이 그들의 임무였다.

당군의 공격을 받은 적봉진은 이내 함락됐다. 『자치통감』은 이렇게 전한다. "영주도독겸 동이도호 정명진과 우령군장군 설인귀가 군사를 거느리고 고구려의 적봉진을 공격해 뽑았는데 목을 벤 것이 400여 급이었고, 포로로 잡은 것이 100여 명이었다."

대규모 기병전

푸른 초원은 금방 유혈이 낭자한 전쟁터가 됐다. 봉수를 통해 당군의 침공 소식을 접한 고구려는 즉시 원군을 출동시켰다. 고구려 장군 두방루豆方婁가 기병 3만을 이끌고 적봉진이 위치한 초원에 나타났다. 고구려의 대군이 온다는 소식을 들은 당나라 장군 정명진은 병력의 열세를 만회하기 위해 거란군을 동원했다. 그들은 당나라 예하 송막도독 거란 족장 이굴가의 부락병이었을 것으로 보인다. 당나라 군대가 이끄는 거란족 기병과 고구려 군대가 통솔하는 말갈·거란 기병 사이에 대규모 전투가 벌어졌다.

전쟁의 결과에 대해서 중국 기록들은 서로 다르게 전한다. 『신당서』는 이렇게 전한다. "658년(현경 3) 정명진이 설인귀를 이끌고 다시 공격했지만 이기지 못했다."

반면 『자치통감』은 이렇게 전한다. "고구려에서 두방루를 파견하여 무리 3만을 거느리고 이를 막았는데 (당의 장군) 정명진은 거란으로 맞아서 치게 하여 그들을 대파하고, 목을 벤 것이 2500급이었다." 물론 고구려군이 일방적으로 당했다고 보기도 어렵다. 당군도 여기에 상응하는 피해가 있었던 것으로 보인다.

『구당서』「설인귀전」을 보면 직후 시라무룬뿐만 아니라 요동에서도 전투가 벌어졌던 것으로 기록돼 있다. 서돌궐과 싸우고 돌아온 양건방梁建方과 글필하력이 요동에서 고구려 장군 온사문溫沙門과 횡산橫山에서 싸

동몽골 초원의 모습.
658년 동몽골의 시라무룬 초원 일대에서
고구려와 당의 대규모 기병전이 벌어졌다.

웠다. 전선은 금방 교착됐다. 먼저 군대를 움직이는 쪽이 불리해지는 판국이었던 것 같다. 대치하고 있는 가운데 양군의 소수 병력이 서로 활을 쏘는 사격전이 벌어졌다. 설인귀가 말을 타고 고구려 진지로 쳐들어가 활을 연방 쏘자 맞아 넘어지지 않는 자가 없었다. 고구려군에도 활을 잘 쏘는 자가 있었는데 석성石城 아래에서 당군 10명 이상이 그에게 맞아 죽었다. 설인귀가 그를 향해 단기로 달려들었다. 마침 그 고구려 궁수는 화살이 떨어져 활을 쏘지 못했고, 설인귀에게 생포됐다고 한다.

고구려에서 철수하면서 설인귀는 장군 신문릉과 함께 시라무룬에서 고구려 휘하의 거란족을 습격한 것 같다. 그들은 고구려 휘하에 있던 거란 왕 아복고阿蔔固와 여러 수령이었다. 흑산黑山에서 싸움이 벌어졌고, 거란족이 패배했다. 아복고와 수령들은 포로가 되어 낙양으로 끌려 갔다. 당군은 고구려와의 전쟁에서 결정적인 승리를 거두지는 못했지만 시라무룬 거란족에 대한 고구려의 지배력에 타격을 줬던 것 같다.

페르시아까지 팽창한 당

신라 조정에서는 고구려의 주력이 향후 요동에 묶일 것이고, 남하는 쉽지 않을 것이라 판단했다. 하지만 객관적으로 보았을 때 당시 당은 한반도 통일전쟁에 본격적으로 개입할 수 있다고 장담할 수 없었다. 당은 서돌궐을 제압한 후 서역에서 지배체제를 굳히고 있었다. 고종은 서돌궐을 도륙都陸과 노실필弩失畢 두 부족연맹으로 분할했다. 이리伊犁 계곡과 이식쿨 지역에 있던 서돌궐의 옛 영토에 당의 도호부를 설치했다. 서돌궐이 지배하던 타슈켄트와 옥수스Oxus 계곡 일대의 신강新疆 서부의 다른 외국인들도 659년까지 중국의 지배에 놓이게 됐다.

당 제국은 지배권에 편입된 서쪽 끝의 영토를 '페르시아波斯' 도호부라 불렀다. 당은 파미르 고원 너머 서쪽으로 지나치리만큼 팽창하고 있었다. 서역 지배에 많은 병력과 물자가 소요되고 있었다. 관건은 당 조정의 선택과 결정이었다.

산둥파의 등장

658년 그해 신라의 대당외교에 대한 기록은 보이지 않는다. 하지만 당시 장안에 상주하고 있던 신라의 외교조직은 어느 때보다 바쁘게 움직였던 것으로 추측된다. 그 전년부터 신라 왕 김춘추의 삼남 문왕이 당나라 조정에서 정지整地 작업을 하고 있었던 것이 아닌가 싶다. 당 조정 내부에 새로운 권력자가 등장했기 때문이다.

654년 말 무조武曌(측천무후)가 음모를 꾸며 황후인 왕씨를 폐위시키고 얼마 되지 않아 자신이 황후가 됐다. 여기에 반대하던 원로정치가 장손무기와 저수량은 실각했고, 무조를 밀어준 이세적이 부상했다. 향후 둘은 긴밀한 관계를 맺게 된다. 이세적은 대장군으로 하북평원의 군대에 막강한 영향력을 갖고 있었다.

무조를 반대한 장손무기, 저수량, 한원韓瑗, 내제來濟 등은 태종 대 귀족이었던 서북의 관롱 군사집단에 속한 인물들이다. 반면 무조의 지지자인 이세적 등은 하북평원 지방 출신으로 귀족의 세습적 특권인 음서보다는 과거를 통해 관계에 들어온 태항산맥 동쪽의 산둥 집단이다. 왕황후파와 무조의 대립은 관롱 집단과 산둥 집단이라는 두 정치 엘리트 사이의 정치적 패권 다툼이었다.

고구려와의 전쟁을 주도한 이세적과 산둥 집단의 정치적 부상은 신라에 희망이었다. 산둥파의 거두 이세적은 태종의 고구려 침공을 저수량과 이대량 등이 반대했을 때도 유일하게 찬성한 자였다. 신라 왕자 문왕은 656~657년 당에 체류하는 동안 무조의 지지자들인 산둥파에 다가섰을 가능성이 있다. 그의 정지 작업은 659년 김인문이 당 조정에 들

측천무후의 행차 모습을 묘사한 역사화.
후궁이던 무조는 655년 황후 자리에 올라 측천무후로 불렸다.
690년에 스스로 황제의 자리에까지 오르기도 했다.
측천무후는 대고구려 강경파였던 산둥 집단과 결탁하여
당시 한반도에 큰 영향을 끼쳤다.

어와 청병을 성사시키는 바탕이 됐으리라.

당시 고종은 건강이 좋지 못했다. 657년에 황제는 여름궁정에서 휴양하지 않을 수 없었고, 격일마다 겨우 집무를 봤다. 얼마 동안 부분적인 중풍과 심한 시력 감퇴가 있었다. 비록 병이 회복됐다고는 하나 계속 재발했다. 그때마다 무조는 제국을 쉽게 주무를 수 있었다. 황제는 의지가 약해서 자신의 만만찮은 배우자가 강요하는 것을 막지 못했다.

89

당나라가
백제 침공을
결정하다

전쟁의 서막

659년 4월 신라 왕 김춘추는 당나라에 청병을 위한 사절을 보냈다. 차남 김인문이 이끄는 사절단은 다음 달 당으로 향하는 배에 올랐다. 무작정 청병을 한다는 것은 있을 수 없는 일이었다. 그들은 당군이 백제 상륙에 필요한 방대한 현지 정보를 지참하고 있었고, 그것은 일종의 전쟁 기획제안서 같은 것이었다. 6월 초에 당의 산둥 등주에 내린 그들은 역마를 타고 15일 만에 장안에 들어간 것으로 보인다.

직방에서 신라의 사절이 갖고 온 자료들을 일단 접수했을 것으로 보인다. 주로 상륙할 여러 후보 지역의 조수간만의 차이와 지형 및 소요시간, 식량의 비축에 관한 정보였다. 어느 지점은 언제 물이 들어오고 나가며 그곳에 상륙하기 위해서는 어느 거점을 먼저 점령해야 하고, 개펄에 상륙하는 병사들이 다리가 빠지지 않기 위해 버드나무 카펫이 어느 정도 필요한지, 당군이 병력을 어느 정도 동원해야 하는지와 그들을 먹이기 위해 당이 지참해야 할 식량과 신라가 보충해줄 수량이 적혀 있었을 것이다.

관롱파 숙청

　　하지만 신라의 청병 사절이 출발한 그 시기부터 측천무후와 그 일당은 내부 숙청에 한참 열을 올리고 있었다. 『자치통감』은 그 시작을 이렇게 전한다. "659년(현경 4) 4월, 무 황후는 태위인 장손무기가 무거운 하사품을 받았으나 자기를 돕지 않자 그를 깊이 원망했다. 허경종許敬宗은 누차 이해利害를 가지고 장손무기에게 유세했으나 매번 면대하여 이를 끊어버리니 허경종도 원망했다. 무 황후가 이미 세워지고 나자 장손무기는 내심 스스로 편안해하지 않았는데 황후는 허경종으로 하여금 그 틈을 엿보다가 그를 모함하게 했다." 사건을 조작할 건수를 찾고 있던 허경종은 고문해 장손무기가 그와 함께 반란하기로 했다는 허위자백을 받아냈다. 외삼촌인 장손무기에게 눌려 지냈던 고종은 이를 직접 만나서 확인하려 하지 않았고, 조작된 사건이 흘러가는 대로 방치했다.

　　4월 22일 장손무기의 유배가 결정됐다. 그의 아들과 조카들도 유배지로 떠났고, 현지에 도착했을 때 수령들이 알아서 때려죽였다. 저수량의 아들들도 베트남으로 귀양가는 도중에 시체로 변했다. 7월 27일 허경종은 검주에 사람을 보내 장손무기를 핍박해 주막에서 스스로 목을 매게 했다. 두 치세에 걸쳐 강력한 권력을 누린 재상, 전 황후의 동생, 황제의 외숙부인 장손무기의 죽음은 제국을 발칵 뒤집어 놓았다. 그의 죽음은 측천무후를 해하려는 자들에게 본보기가 됐다.

　　관롱 군사집단의 거두 장손무기가 사라지고 산둥파가 조정 내 결정권을 움직일 수 있는 우위를 갖게 됐다. 청병을 위한 외교의 상대가 확실해졌다. 김인문은 활동을 본격화할 수 있었으리라. 산둥파는 한반도와 만주에 이해관계가 많았다.

병주에 위치한 진사의 전경.
이곳에는 태종의 비석이 남아 있다.
660년 고종은 무후와 함께
아버지의 흔적이 있는 이곳을 방문했던 것으로 보인다.

왜국 사절 귀국 금지령

10월 중순 김인문은 낙양으로 향했다. 그는 그곳에서 백제와 깊은 관계를 갖고 있던 왜국의 사신을 목도했다. 『일본서기』에 실려 있는 이이키노무라치 하카도코(伊吉連博德)의 기록을 보면 10월 29일 왜국의 사절단이 낙양에 들어왔고, 30일 당 고종을 만났다. 11월 1일 황제가 주재하는 동지冬至 모임이 낙양에서 열렸고, 그 자리에 많은 나라에서 온 외국 사절들이 모였다고 한다. 당과 함께 백제를 칠 연합 군사작전을 기획하고 있었던 신라 사절 입장에서 왜 사신들의 출현은 눈엣가시였다.

그해 12월 3일 왜의 사절은 신라가 원하던 대로 출국 금지 명령을 받았다. 이이키노무라치 하카도코의 다음 기록은 그때 신라와 당의 백제 침공이 어느 정도 결정된 단계에 들어가고 있었다는 사실을 말해준다. "당은 내년에 반드시 해동(백제)에 쳐들어갈 것이다. 그들은 왜인들도 동으로 돌아가지 못할 것이라고 말했다. 마침내 서경(장안)에 묶어두고 다른 곳에 유폐했다."

왜인들이 귀국하는 길에 백제에 들러 당과 신라가 계획하고 있었던 백제 침공에 대한 정보를 전해줄 것이 분명했기 때문이리라. 그러나 당시 당 조정은 신라에 그 사안을 통보해주지 않았다. 확실한 결정은 아직 미루고 있었던 것으로 보인다. "(659년) 겨울 10월에 왕이 조정에 앉아 있는데 당나라에 군사를 요청했으나 회보가 없으므로 근심하는 빛이 얼굴에 드러나 있었다."(『삼국사기』)

토번의 등장

『돈황본토번역사문서』를 보면 659년 토번 왕의 섭정이며 군부의 수장이기도 한 대론大論 가르통첸이 8만 대군을 이끌고 지금의 칭하이 성 부근인 토욕혼으로 진군해 와 있었다. 소정방과 토번군 사이에 접전이 벌어졌다. 소정방이 오해烏海(칭하이 성 우하이)의 동대東岱에서 소수의 병력으로 다수의 토번군에게 승리했다. 그래도 티베트 고원의 강대국 토번의 등장은 당 조정을 긴장하게 만들기에 충분한 사안이었다. 그것은 서돌궐 지역은 물론이고 토번과 인접한 타림 분지 서남쪽 오아시스 국가들에게도 파장을 미쳤다.

11월 21일 서돌궐의 사결思結, 사근俟斤, 도만都曼은 토번과 연결해 소륵疏勒(카스) 등 세 나라의 병력을 이끌고 우전을 공격해 함락시켰다. 소정방이 군대를 이끌고 가서 도만을 사로잡았다. 하지만 그것은 미봉책이었다. 실크로드 진출을 오랫동안 준비해온 토번이 그것으로 물러날 것이라고 보는 현지인들은 많지 않았다.

660년 1월 소정방이 서돌궐의 도만을 포로로 잡아 낙양의 건양전乾陽殿에 바쳤다. 법을 담당하던 부처인 법사法司가 도만을 처형할 것을 건의했다. 하지만 소정방은 도만의 사면을 요청했고, 황제가 그것을 허락했다. 『책부원귀』 「장수부」는 소정방이 그 길로 당 고종과 측천무후를 수행해 병주로 향했고, 그곳에서 웅진도대총관을 제수받았다고 기록하고 있다.

국익에 우선한 파벌의 이해

병주는 무후와 고종 선친들의 고향이기도 했다. 무후의 아버지는 병주 문수 현 출신으로 수 양제가 낙양에 건립하는 궁정에 목재를 팔면서 큰 부자가 되고 수나라 말 태원의 유수였던 고종의 조부 이연과 인연을 맺게 되었다. 태종 대에 무후가 장안 궁정에 궁녀로 들어온 것도 이러한 지연 때문이었다. 3월 5일 금의환향한 그녀는 황명을 받아 고향의 친지들에게 잔치를 베풀었다.

그곳에서 고종은 서역 지역 사령관을 지내 현지 사정을 잘 알고 있는 소정방과 백제 침공 결정을 놓고 이야기를 나누었을 것으로 보인다. 토번군이 칭하이 성에 등장해 토욕혼을 노리는 동시에 타림 분지 오아시스 국가들의 반란을 선동하는 등 서역에 전운이 드리우고 있었다. 그럼에도 3월 10일 백제 침공 결정이 내려졌다.

"(3월) 10일 좌무위대장군 소정방을 신구도新丘道 행군총관으로 삼아 좌교위장군 유백영劉伯英 등을 인솔하고 수군과 육군 10만으로 백제를 정벌하게 했다. 김춘추를 우이도嵎夷道 행군총관으로 삼아 신라의 무리를 거느리고 그와 세력을 합치게 했다."(『자치통감』)

무후가 바라보고 있는 상황에서 소정방은 자신이 속한 정치 파벌의 이해로부터 자유로울 수 없었다. 『책부원귀』「국사부」는 소정방을 무후의 심복인 허경종의 수하로 기록하고 있다.

제5부

당의 삼국통일전쟁 개입과
토번의 등장

90

신라를 품고
백제의 심장을
겨누다

나당연합의 실행

660년 3월 10일 산시 성 태원에서 결정된 당의 백제 침공 소식은 다음 달 초 신라 수뇌부에 공식 전달된 것으로 보인다. 『신당서』 「백제전」에 보이는 당나라 참전 장군들의 명단은 이러하다. "신구도행군대총관 좌효위장군 소정방, 좌위장군 유백영, 우무위장군 풍사귀馮士貴, 좌효위장군 방효태龐孝泰."

당군의 병력 규모와 함선 수효에 대해 『삼국유사』의 저자 일연은 향전鄕傳 자료를 인용해 "군대 12만2111명, 선박 1900척"이라고 전하고 있다. 삼국통일전쟁은 고대 한국인들에게 충격과 변화를 안겨줬다. 사건들을 대체로 간략하게 기록한 『삼국사기』가 통일전쟁만은 상세한 기록을 남겼다. 전쟁 과정을 복원할 수 있을 정도다.

중간 집결지 상주 금돌성

소식이 전해지자 신라는 전군에 동원령을 내렸다. 신라 병부는 모든 병력을 백제를 용이하게 공격할 수 있는 중간 집결지인 상주 모동면 백화산에 위치한 금돌성今突城 부근에 집결시키기로 했다. 금돌성은 신라가 대백제전을 수행하는 기간에 지휘부가 위치했던 곳이다. 왕은 이곳에서 야전군으로부터 전황을 보고받았고 전쟁 전반을 지휘했다. 정치·외교·군사·행정 등에 대한 지침뿐만 아니라 적지에서 전투 중인 야전부대들에게 추가적인 병력과 물자를 지원하는 명령을 내렸다.

신라 수뇌부는 금돌성에서 전쟁 지휘 기능을 수행할 수 있도록 주변에 인력을 배치하고 시설을 설치한 것은 물론 필요한 물자와 장비를 비축했던 것으로 보인다. 그곳은 낙동강 수로와 경부선의 육로가 결절되면서도 백제의 심장부와도 멀지 않은 지점이었다. 경상도 지역에 있는 모든 물자가 낙동강 수로를 이용, 상주 금돌성에 집중됐던 것으로 보인다. 창녕·함안·진주·성주 등 하류 쪽에서 수로를 거슬러 올라온 물자들은 선산읍 감천에 하역돼 그곳으로 운반됐고, 문경·안동·예천 등 상류에서 수로를 타고 내려온 물자들은 상주시 병성천 부근에서 하역돼 운반되었을 것이다.

신라 병부는 물자와 병력을 이동시키는 데 교통 체증이 생기지 않도록 시간적으로 배려해야 했다. 지방 사단의 병력이 중앙보다 먼저 중간 집결지로 향했던 것으로 생각된다. 상주시에 위치한 상주정, 음리화정音里火停이 가까운 금돌성 부근으로 이동했고, 경북 청송의 이화혜정伊火兮停도 그 뒤를 이었을 것이다. 경산에 주둔하고 있던 하주정, 현풍의 삼량화정參良火停, 함안의 소삼정召參停 등이 대구에 집결해 그곳으로 이동했을 것이다.

660년 5월 26일 김춘추가 왕경 경주를 출발했다. 김유신·천존天存·진주眞珠 등 장군들이 수행했고, 대당·서당·낭당 등 수도사단이 뒤따랐다. 김춘추는 경산과 대구를 경유해 선산 부근에서 낙동강을 건너 금돌성으로 가 현장을 시찰한 후 그곳에 수도사단들을 남겨두고 보은의 삼년산성三年山城으로 향했던 것으로 보인다. 삼년산성은 북쪽에서 내려올 신라사단들이 주둔할 제2의 중간 집결지였던 것으로 보인다. 6월 18일 신라 왕과 지휘부가 시위부의 호위를 받으며 이천의 남천정南川停에 도착했다. 이동거리는 354.8킬로미터로 환산되며, 기간이 22일이었으므로 당시 하루 이동 속도는 16.12킬로미터였다.

덕적도 회담

한편 소정방과 신라 왕자 김인문 그리고 당나라 군대 수뇌부는 그해 5월 말 산둥반도의 서쪽 북단 라이저우를 출발했고, 선단이 동쪽으로 가면서 그 수가 불어났던 것으로 보인다. 당시 1900여 척에 달했던 당 수군은 라이저우의 항구 규모를 생각할 때 산둥반도 전역의 항구에 분산돼 있었던 것으로 추측된다. 당군은 6월 초순에 산둥 동쪽 끝 성산成山(지금의 룽청 시) 부근의 앞바다에 집결해 한반도로 향했다. 『삼국사기』는 소정방 선단의 규모를 이렇게 묘사하고 있다. "라이저우에서 출발한 많은 배가 천 리에 이어져 흐름을 따라 동쪽으로 내려왔다."

소정방의 대함대가 서해안 서산 북쪽의 섬 덕적도德積島에 도착했다. 우리말 지명은 '큰물섬'이다. 해안선 길이 37킬로미터, 서북쪽에서 동남쪽으로 길게 놓여 있는 국수봉(314미터)이 가장 높고, 이를 중심으로 남쪽 사면과 북쪽 사면은 완사면을 이루고 있다. 해안선이 복잡하고 여러 곳에 소·만입·곳이 발달했다. 무엇보다 산의 계곡에서 해변을 향해 담수가 흘렀다. 물이 높은 데서 아래로 쏟아져 내리고, 평평한 시냇물이 에워싸고 있었다. 그 섬은 많은 배가 정박할 수 있고, 주둔군이 먹을 수 있는 식수가 풍부한 곳이었다.

김춘추가 남천정에 도착한 직후 김인문과 함께 소정방 함대에 승선했던 대감 문천文泉이 직접 와서 당군의 소식을 전했다. 덕적도에서 출발한 그는 흑금도-창서-제부도-당항성-남양-수원-용인을 거쳐 이천에 도덕적도의 현재 모습.
항만이 발달했음을 알 수 있다.
서기 660년 6월 이곳에 백제를 침략하기 위한
당나라 수군의 대함대가 집결했다.
ⓒ 옹진군청

착했던 것으로 보인다.

　　백제를 멸망시킬 당의 대군이 한반도에 출현한 것이 확실해졌다. 김춘추의 얼굴에 만연의 미소가 흘렀다. "법민이 (소정방에게) 말했다. 대왕(김춘추)은 지금 대군을 초조하게 기다리고 계십니다. 대장군께서 도착했다는 것을 들으면 필시 이부자리에서 새벽 진지를 잡수시고 오실 것입니다. (…) 법민이 돌아가 정방의 군대 형세가 매우 성대하다고 말하니 대왕이 기쁨을 이기지 못했다."(『삼국사기』)

　　김춘추는 태자 법민과 김유신 등에게 명하여 100척의 배를 거느리고 가서 소정방과 그 군대를 맞게 했다. 한강을 출발한 일행의 배에는 수계 중상류에서 수취한 막대한 물자와 인력이 실려 있었으리라. 덕적도에 주둔한 10만 이상의 당나라 군대를 먹이는 것 또한 엄청난 작전이었다.

　　6월 21일 일행을 태운 신라 함대가 덕적도에 도착했다. 소정방과 휘하 장군들과 신라군 수뇌부가 모인 작전회의가 열렸다. 신라 수뇌부의 작전을 담당한 실무장교의 상륙 예상 후보지역에 대한 상황 설명이 있었고, 이어 많은 이야기가 오갔을 것으로 보인다. 소정방 측은 북쪽 고구려 국경에 배치된 신라군의 상당 부분을 대백제 전선에 투입할 것을 강권했을 수도 있다. 신라가 당면한 작전에 병력을 많이 투입할수록 당군의 출혈이 줄어든다.

고구려, 요동에 묶이다

　　회의 결과 나당연합군의 최종 집결지는 백제 수도 사비성 앞으로 결정됐다. 신라군 주력은 지금의 논산을 지나 황산벌을 넘어 사비성 쪽으로 쳐들어가고 당군은 웅진강 수로를 거슬러 올라가 사비성으로 향하기로 했다. "나(소정방)는 바닷길로, 태자(문무왕)는 육로로 가서 7월 10일 사비성에서 만나자."(『삼국사기』 「김유신전」) 6월 말 회의에 직접 참석한 태자 김법민이 남천정으로 가 김춘추에게 결과를 보고했다. 신라 왕은 고구려를 방비했던 남천정 등 한수 유역의 병력을 이끌고 중간 집결지인 금돌성으로 향했던 것으로 보인다. 결전의 날이 얼마 남지 않은 상황에서 마음이 급했으리라.

산술상 신라가 백제와의 결전에 5만 명의 군대를 동원하기 위해서는 북쪽의 병력을 남쪽으로 돌리지 않을 수 없다. 그것을 가능하게 한 것은 그해 5월 23일 당 조정이 개시한 시라무룬 지역에 대한 작전이다. 고구려에 협조적인 거란족과 해족을 제압하는 군사행동이었다. 당은 돌궐계 아사덕추빈阿史德樞賓과 연타제진延拖梯眞 등의 부락병을 이끌고 해족을 토벌해 항복을 받아냈고, 이어 아사덕추빈을 시켜 거란을 공격, 송막 도독인 야율아복고를 잡아 낙양으로 호송케 했다. 긴장한 고구려는 병력을 요동에 집중시킬 수밖에 없었다. 나당연합군이 백제를 동서에서 협격하는 작전이 시작된 660년 7월 그 중요한 시기에 고구려 군대가 신라 북쪽 국경을 공격하지 못한 것은 이 때문이었다.

91

계백이
처자식을 죽이고
전장에 나가다

탄현과 황산

660년 음력 6월 무더운 여름이었다. 개들이 사비성의 어느 길가에 떼로 모여 있었다. 개들은 울부짖었고 그 소리가 온 왕궁에 울려 퍼졌다. 『삼국사기』「백제본기」의자왕 조에 이 장면이 기록으로 남은 것은 복날 보기 어려운 광경이었기 때문만은 아닌 듯하다. 갑자기 닥칠 국가의 불행을 백제인들이 집단적으로 예감하고 있었던 것 같다.

6월 21일 고위 귀족 관리의 가마와 수레가 사비의 왕궁을 향해 내닫기 시작했다. 의자왕이 중대한 결정을 앞두고 어전회의를 소집했다는 소식이 퍼져갔다. 왕궁의 문을 지키는 수졸들은 어찌하여 그렇게 많은 사람이 한꺼번에 왕궁으로 몰려드는지 영문을 알지 못했다. 하지만 국가에 중대한 일이 발생했음을 직감했다.

당나라의 대규모 함대는 신라와 연합해 백제를 멸망시키기 위해 다가오고 있었다. 약 2000척 가량의 소정방 선단이 덕적도에 정박했다. 얼마 후 신라의 태자 법민이 이끄는 선단 100척이 그곳에 와서 회합을 했다는 소식이 백제 조정에 전해졌다. 당나라 13만 대군과 신라의 5만 대군이 동과 서에서 몰려올 것이다.

탄현의 위치

　　국가가 존망의 위기에 놓인 상황이었다. 회의석상의 분위기는 침울했다. 정적을 깨고 의자왕은 떨리는 목소리로 나당연합군에 어떻게 대응할 것인가를 신하들에게 물었다. 좌평 의직은 당나라 군대와 먼저 싸울 것을 청했고, 달솔 상영常永은 신라군과 먼저 전투를 벌일 것을 주장했다. 회의는 길어졌다. 18만 대군이 사비성을 향해 진군해 오고 있는데 승산 있는 대책이 나올 리 만무했다. 각자 최선의 안을 말했지만 모조리 한 번의 패배로 국가가 멸망해버릴 수 있는 위험한 것뿐이었다. 무엇보다 백제가 지금까지 경험해보지 못한 규모의 군대를 막아내기 위해 급작스런 병력 동원령을 내려야 했다. 시간이 모자라 양쪽 방향에서 오는 적군을 모두 대적할 수 있는 최소한의 병력을 모으는 것도 불가능에 가까웠다.

　　회의의 핵심은 당군과 신라군 전력의 연결을 어떻게 차단할 수 있을 것인가, 혹은 최대한 지연시킬 수 있는가에 있었다. 두 군대가 합류하면 백제군에 비해 절대적으로 우세한 군대가 된다. 둘 중 한쪽에 주력군을 투입해 싸우고 다른 한쪽은 진격을 최대한 늦추고자 했다. 백제는 신라군의 진군을 지연시키면서 당나라군을 각개격파하려 했던 것 같다. 백제 조정은 당군이 웅진강을 거슬러 올라와 상륙하는 것을 저지하는 데 주력군을 투입했을 것으로 생각된다. 각 전투는 당사자 모두 반드시 승리를 쟁취해야 하는 결정적 회전의 성격을 띠고 있었다. 백제의 주력군이 웅진강 하류 부근으로 이동하는 사이에 신라군이 탄현炭峴을 넘었다는 소식이 들려왔다.

　　신라군의 진군 경로는 뻔했다. 신라군의 중간 집결지인 상주 금돌성에서 논산으로 가는 길은 두 가지가 있었다. 하나는 상주에서 금산을 거쳐 직접 논산으로 가는 길이고, 다른 하나는 옥천에서 대전을 경유해 논산으로 가는 길이다. 금산 코스는 험난하고 계곡 자체가 너무나 길다. 5만의 대군이 그 길로 간다는 것은 불가능에 가까웠다. 이케우치 히로시池內宏의 지적대로 상주 금돌성을 출발한 신라군 주력은 영동을 지나 옥천으로 들어와 탄현을 넘어 대전으로 들어갔을 가능성이 크다. 현 옥천과 대전 사이에는 식장산과 환산이 가로막고 있다. 그 사이에 마도령馬道嶺이라는 고개가 있었다. 옥천읍에서 국도를 따라 대전으로 향하다 보면 계곡이 나타난다. 군북 면사무소 부근에서 통로가 좁아진다. 이곳부터 8킬로미터 구간은 국도와 경부고속도로 그리고 경부선 철도가 서로 붙어서 대전으로 내달린다. 저항을 거의 받지 않고 옥천에서 마도령을 넘어 대전으로 들어온 신라군은 현 계룡시를 향해 진군했을 것으로 보인다.

황산의 위치

의자왕은 달솔 계백을 불러 병력 5000명을 주고 황산黃山에 가서 신라군을 막도록 했다.『신증동국여지승람』「연산현」조는 이렇게 기록하고 있다. "황산은 일명 천호산天護山이라고도 하는데 (연산)현 동쪽 5리에 있다." 천호산은 현 논산시 연산면에 위치하고 있다. 천호산 자락이 북쪽으로 뻗어 향적산의 줄기와 서로 평행해 달리는 계곡이 있다. 현 계룡시에서 개태사역에 이르는 10여 리 구간의 좁은 통로다. 지형적으로 봤을 때 신라군 5만이 대전에서 논산으로 넘어가기 위해서는 이곳을 꼭 지나야 하고, 백제군도 여기에서 그들을 막아야 한다.

그 통로는 연산면 화악리 홍일점식당 뒷산과 천호리 전원모텔 뒷산 사이에서 목이 좁아지는데 200미터 내외로 추산된다. 그 좁은 길목 사이를 계룡에서 논산으로 향하는 4차선 국도인 계백로, 호남선 철도, 연산천이 붙어 달리고 있다. 통로를 막고 있는 백제군의 목책이 그 전부터 계룡에서 논산으로 들어오는 개태사역 바로 앞의 병목 지형.
계백장군이 길목을 차단하고 신라군을 기다렸을 것으로 추정된다.

세워져 있었을 것이고, 계백은 여기서 신라군을 맞아 싸웠을 가능성이 높다. 5000의 병력으로 그 10배인 신라군 5만을 상대하기 위해서는 급격히 좁아지는 병목 구간이 아니면 불가능하다. 만일 계백의 군대가 평지에 진을 쳤다면 어떻게 됐겠는가. 당군과 병력을 합치기로 한 7월 10일까지 하루밖에 남지 않았을 때 황산에 도착한 신라군이었다. 병력이 우세한 그들은 백제군을 무시하고 지나가거나, 아니면 1만 정도의 병력으로 그들을 포위해 묶어 놓고 나머지 4만이 논산-부여 방향으로 곧장 진군했을 것이다.

『삼국사기』「신라본기」는 이렇게 기록하고 있다. "유신 등이 황산벌 黃山原을 향해 진군하니 백제 장군 계백이 군사를 거느리고 와서 먼저 험한 곳을 차지해 세 군데의 진영을 설치하고 기다리고 있었다."

계백은 길목과 양쪽의 산에 3개의 진영을 설치하고, 그 길목의 목책 앞에 여러 겹으로 호를 파서 연산천의 물을 끌어다 임시 해자를 만들고 그 앞뒤로 나무로 만든 목익과 녹각 등의 장애물을 세웠다. 물론 길목 양쪽 산의 나무는 모두 베고 그 민둥산 경사에도 목책을 둘러 세웠을 것이다.

비극으로 출발한 전투

황산벌 결전 이야기는 처자식 살해로 시작되고 있다. 『삼국사기』「계백전」은 이렇게 전한다. "한 나라가 나당의 대군을 상대해야 하니 국가의 존망을 알 수 없다. 내 처와 자식들이 포로가 돼 노비가 될지 모르겠는데 살아서 욕을 보는 것보다 죽는 것이 더 낫다. 드디어 가족을 모두 죽였다."

병사들은 집에서 피를 뒤집어쓰고 나온 계백장군의 모습에서 생사를 초월해 싸움에 임하겠다는 비장한 의지를 느꼈다. 가족 살해는 전쟁에 앞서 군심을 하나로 모으기 위한 희생제로 생각될 정도였다.

황산에 이르러 3개의 진영을 설치한 계백은 5000명 군사들 앞에서 연설했다. "옛날 구천句踐은 5000명으로 오나라 70만 군사를 격파했다. 오늘은 마땅히 각자 용기를 다하여 싸워 이겨서 국은에 보답하자." 병사들에 대한 계백의 격려였다. 하지만 비장한 분위기 속에서 그날 살아 돌아갈 수 있다고 희망을 품은 병사들은 많지 않았을 것이다.

황산벌 전투는 하나의 비극이었다. 피할 수 없는 운명과의 갈등으로 생기는 인간의 고통과 불행을 볼 수 있다. 삼국시대에 끊임없이 지속된 전쟁은 사회 지도층의 희생정신을 낳았고, 병사들은 그러한 상관을 위해 기꺼이 목숨을 던지는 문화를 배태시켰다. 계백과 병사들은 모두가 다 죽는 시간까지 그곳에서 신라군을 묶어 백제에 시간을 벌어 주기로 했던 것 같다. 그곳이 뚫리면 신라군은 논산의 평야로 들어가게 되고 부여까지 그들을 막을 수 있는 자연 장애물은 거의 없다.

92

반굴과 관창,
스스로를 바쳐
위국충절하다

황산벌의 하루

660년 음력 7월 9일, 계룡에서 논산 황산벌로 들어가는 계곡의 길목. 백제군의 진지에서 바라다보이는 향적산 봉수대에서 연기가 올랐다. 신라군이 근처에 온 것을 안 병사들의 손발이 더 빨라졌다. 신라군의 실제 병력은 10배가 되지만, 긴 골목 같은 지형 때문에 백제군을 상대할 수 있는 신라군은 거의 동등한 수였던 것으로 보인다.

수적으로 열세인 백제군은 야전에서 대열을 지어 벌이는 보병 전투를 피하려 했다. 병력이 우세한 신라군이 병력을 교대로 투입하면 백제군의 체력이 금세 바닥날 터였다.

길목에 집중된 화망

멀리 신라군이 몰려오는 것이 보였다. 이윽고 그들은 길목에 배치된 백제군 진지 앞에까지 다가와 멈춰 섰다. 한시라도 빨리 계곡의 길목을 통과해 당나라군과 연결돼야 하는 신라군의 입장에서는 별다른 작전이란 것이 있을 수 없었다. 잠깐 사이에 병력의 재배치가 이뤄졌고 그 주력이 앞으로 전진했다. 심장의 고동을 자극하는 북소리가 빨라지면서 보폭도 늘어나고 빨라졌다. 그들이 장애물 지대에 도달했을 때 백제군이 일제 사격을 했다. 화살의 검은 구름은 반복적으로 포물선을 그리며 신라군 머리 위로 떨어졌다. 대열이 주춤할 정도로 사상자가 많이 발생했다. 병사들이 쓰러졌고 대열에 군데군데 구멍이 생겼다.

이 광경을 보고 있던 김유신은 마음이 착잡했다. 전투를 계속 했다가는 무의미한 희생만 늘어날 것이다. 그는 징을 쳐서 중군의 후퇴를 명했다. 혼란에 빠진 신라군들은 무질서하게 물러섰다. 하지만 전투는 이내 다시 시작됐다. 습기가 가득한 무더운 공기 속에서 비명과 함성이 울려 퍼졌고, 대지는 피 냄새로 진동했다. 하늘에는 까마귀들이 보이기 시작했다.

백제군은 화망을 그 좁은 길목에 집중시켰던 것이 아닐까. 그래서 신라군은 백제군의 진지 3곳에 대한 공격을 동시에 가해 그 화망을 분산시키려 했던 것 같다. 『삼국사기』는 "유신 등은 군사를 3개로 나눠 4번을 싸웠다"고 전한다. 이후 이어진 3번의 공격에도 백제군은 요동이 없었고 많은 희생자가 나왔다. 신라군의 사기는 말이 아니었다.

신라군의 깃발은 정연하지 않고 대열에도 질서가 없었으며, 북소리에도 기가 서리지 못했다. 신라 병사들은 겁을 먹고 있었지만, 군 내부에 있던 당나라 군사고문단들이 신라군 수뇌부를 다그쳤다. 7월 10일까지 부여 부근에 도착해야 하니 빨리 그곳을 돌파하라는 것이었다. 당군이 백제를 멸망시키고 부여에 남긴 기념비인 '대당평제비大唐平濟碑'를 보면 당나라 장수로서 우이도 행군총관, 신라 왕 김춘추 휘하에 부총관으로 조계숙曹繼叔과 행군장사行軍長史 두상杜爽이 보인다. 고종은 당의 장수를 신라군에 파견해 함께 작전에 임하도록 했던 것이다. 역으로 신라군 장수도 당군에 보내 함께 작전에 참여하도록 했다. 우무위중랑장 김양도金良圖의 예가 그러했다.

자식을 제물로 바친 장군

채근을 당하는 김유신도 마음이 급한 것은 마찬가지였다. 나당연합이 실행되었는데 백제와의 초전에서 이렇게 밀리면 모든 것이 물거품이 될 터였다. 뭔가 분위기를 반전시킬 만한 것이 필요했다. 그러자 김유신의 동생 흠춘欽春이 자신의 아들 반굴盤屈을 불러 말했다. 『삼국사기』「김영륜전」은 이렇게 전한다. "신하로서는 충성이 제일 중요하고 자식으로서는 효가 제일 중요하다. 위험을 보고 목숨을 바치면 충과 효가 다 이뤄진다." 반굴은 아버지의 말을 듣고 묻지도 않고 곧장 적진으로 돌격했다. 모든 신라군이 넋 놓고 지켜보는 가운데 홀로 말을 타고 질주해오는 신라의 젊은이를 본 백제군은 의아해했다.

처음에는 적의 전령인가 했다. 그러나 자세히 보니 창을 휘두르며 곧장 달려드는 것이 아닌가. 그는 백제군의 손에 걸려 무의미하게 희생당했다. 자신의 자식을 적진에 내몰아 죽게 하는 부모의 마음은 어떠하겠는가? 그것도 한마디 질문도 하지 않고 사지로 뛰어드는 장군의 아들은 무엇인가. 순식간에 끝난 일이지만 백제군도 뭔가 시원치 않음을 느꼈으리라.

가야계인 김유신의 조카가 희생됐다. 죽음을 본 신라 병사들도 숙연해졌다. 그러자 진골 귀족인 신라 장군들 가운데서도 희생자를 내기로 했다. 그는 품일品日의 아들로 화랑 관창官昌이었다. 소년은 잘생기고 우아하며 귀티가 흘렀다. 품일은 아들을 불러 말했다. "너는 비록 어린 나이지만 뜻과 기개가 있으니 오늘이 바로 공명을 세워 부귀를 취할 수 있는 때이니 어찌 용기가 없을쏜가?"(『삼국사기』「관창전」)

관창은 '예' 하고는 바로 말 위에 올라 창을 들고 백제군의 진지를 향해 진격했다. 그를 막아서던 백제 병사 몇 명이 그의 창에 찔려 죽었다. 하지만 그는 달려드는 병사들의 갈고리에 걸려 곧 말에서 끌어내려졌고 몸부림치다 결국 사로잡혔다.

관창은 포박된 채 계백장군 앞으로 끌려갔다. 계백이 관창의 얼굴을 가린 철갑투구를 벗기게 했다. 그는 10대 중반의 어린 소년을 보고 놀랐다. 신라 장군들이 자신의 병사들에게 보여주기 위해 이런 짓을 하고 있다는 것을 직감해서였다. 계백은 명령을 내렸다. "이 소년을 돌려보내라." 관창은 돌아갔다.

관창은 아버지에게 말했다. "제가 적진에 들어가 장수를 베지도 적의 깃발을 꺾지도 못한 것은 죽음이 두려워서가 아닙니다." 과연 살고자 하는 본능이 그의 마음속에 없었다고 할 수 있을까. 관창은 재출격하기를 원했고, 아버지 품일은 만류하지 않았다. 관창은 물을 마신 다음 다시 적진으로 갔다. 신라군들은 관창이 다시 단기필마로 백제군의 중앙을 향해 달리는 모습을 보고 경악하면서도 그 용기에 고무돼 함성을 질렀다.

하지만 관창은 이번에도 사로잡혔다. 계백은 생각했다. '나는 이 소년을 살려주고 싶다. 하지만 또다시 올 것이다. 그렇게 되면 백제군의 사기가 떨어질 것이다. 이 소년을 참수할 수밖에 없다.'

포박된 소년은 끌려갔다. 칼이 번쩍였고 머리가 땅에 떨어졌다. 계백은 그의 머리를 말안장에 매달게 했다. 병사가 말의 엉덩이를 쳤다. 말이 신라군 진영에 도착하자 관창의 머리에서 피가 뚝뚝 떨어지는 것이 보였다. 관창의 아버지는 흐르는 피를 옷소매로 감싸며 말했다. "우리 아이의 얼굴이 살아 있는 것 같구나. 대왕을 위하여 죽었으니 다행

병목지형 길목에서 바라본 논산 연산면 화악리 전경.
반굴과 관창이 백제 진지를 향해 돌격하던 모습이 상상된다.
계룡산의 주봉도 보인다.

이다."

아버지의 얼굴은 전혀 우울해 보이지 않았다. 하지만 그의 이러한 모습은 더욱더 연민을 느끼게 했다.

분개한 병사들

이를 본 신라 삼군三軍은 모두 죽을 마음을 먹었다. 병사들은 장군이 자신의 아들을 기꺼이 희생시키는 것을 보고 자신들의 희생도 달갑게 받아들이게 됐다. 진격의 북소리가 울려 퍼졌다. 군영을 출발한 신라군들은 벌떼같이 적진으로 달려들었다.

그것은 기세였다. 신라군은 목책에 다가오다가 수없이 많은 희생자를 내고도 물러서려 하지 않았다. 끊임없이 밀려오는 신라군의 물결에 백제군의 화살도 바닥이 났다. 드디어 목책이 무너지고 그 문이 열렸다. 백제군은 일제히 신라군과 맞섰다. 계백장군 이하 전군의 대부분이 체력이 다할 때까지 싸우다 전사했다. 좌평 충상과 상영 등 지휘관 20여 명이 살아남아 신라군의 포로가 됐다.

황산벌 전투는 삼국시대에 대를 물려가며 전쟁을 치러야 했던 장군들의 긴 세월 가운데 하루에 불과하다. 하지만 그것은 사회 지도층의 희생정신과 상관을 추종하며 따르는 병사들의 전형을 보여주고 있다. 헤겔의 말을 빌리면 '이 사람'이면서 동시에 하나의 전형이다. 백제와 신라 양국의 무관들이 가졌던 국가 생존에 대한 의지가 현실적으로 나타나고 있다.

93

당군의 침략 개시

660년 7월 9일, 황산벌에서 전투가 벌어지고 있는 그 시점에 병력 13만을 실은 당의 함대가 웅진강 어귀에 나타났다. 약 2000척에 달하는 함대의 장대한 행렬이었다. 역사상 그렇게 많은 배와 병력이 한꺼번에 상륙을 감행한 사례는 보기 힘들다. 『구당서』 「소정방전」은 상륙을 저지하려는 백제군의 모습을 이렇게 전한다. "정방이 웅진강구에 이르니 적(백제군)이 강 입구를 막고 군사를 주둔하고 있었다." 웅진강구는 지금의 금강하구다.

기벌포 점령

『삼국사기』 「신라본기」는 상륙작전 감행을 압축적으로 전하고 있다. "(7월 9일) 그날 소정방은 부총관 (신라 왕자) 김인문 등과 함께 기벌포伎伐浦에 도착해 백제 군사를 맞아 싸워 크게 깨뜨렸다." 한국 측 기록에서는 웅진강 어귀 전투가 기벌포에서 시작된 것으로 나와 있다. 이는 신라의 수군 100척이 기벌포 상륙전에 주도적으로 참여했기 때문인 것으로 보인다. 기벌포는 대규모 함대를 일차적으로 정박시킬 수 있는 지점이라 필히 상륙이 감행될 곳이었다. 그곳을 점령하지 않으면 당군의 함대는 언제 태풍이 몰아칠지도 모르는 여름 바다 위에 대기해야 했다.

상륙군은 기벌포에 주둔한 백제 궁수들의 밥이 될 터였다. 기벌포의 포구는 '질구지개'라고 한다. 진흙펄 구덩이 땅이라는 의미다. 나당연합군이 상륙할 그 지점이 가장 위험했다. 사방이 탁 트인 그곳에는 엄폐물이 없었다. 진흙에 발이 빠지면 병사들의 행동이 부자연스러워지고 적의 화살에 속수무책으로 노출될 것이다.

하지만 신라군에게는 비밀병기가 있었다. 버드나무 가지로 짠 카펫이었다. 현대에도 해병대 상륙에 합성수지 카펫이 사용된다. "장군 소정방과 김인문 등은 바다를 따라 기벌포로 들어갔는데, 해안이 진흙이어서 빠져나갈 수 없으므로 이에 버들로 엮은 자리를 깔아 군사를 진군시켰다."(『삼국사기』「김유신전」)

기벌포 해안 펄에 접안한 배들은 미리 준비한 버드나무 카펫을 깔았다. 이어 방패를 든 병사들이 그 위를 밟고 상륙을 감행했으리라. 이러한 형태의 상륙은 강 건너편 군산 쪽에서도 되풀이된 것으로 보인다. 기벌포에 주둔해 있던 백제군은 예상치 못한 일이 벌어지자 당황했다. 나당연합군의 빠른 상륙 속도에 놀라 그들은 제대로 싸워보지도 못하고 무너졌던 것 같다.

신라군이 기벌포를 점령하자 당의 함대가 웅진강 어귀로 안전하게 들어올 수 있었다. 당군은 강 건너 군산 쪽으로 상륙을 시도했다. "정방이 강 동쪽 언덕으로 올라가 산을 타고 진을 쳐서 크게 싸웠다."(『구당서』「소정방전」)

여기서 '동쪽 언덕'은 당군의 첫 상륙 지점에 대한 귀중한 암시를 주고 있다. 서쪽으로 물을 쏟아내는 웅진강 어귀를 조금 거슬러 올라가면 방조제 가기 직전인 구암동 부근에서 강은 북쪽으로 비스듬하게 꺾인 옥녀봉에서 바라본 웅진강.
1300여 년 전 당나라 배들로 가득 찼던 곳이다.

다. 방향으로 봤을 때 군산 쪽이 동안東岸이 된다. 소정방의 선발대가 상륙한 웅진강 동안의 언덕은 현 금강 철새 조망대 뒤에 위치한 바위산이었을 가능성이 높다. 또한 '산'을 타고 올라가 진을 친 곳은 오성산(해발고도 227미터)이었을 것으로 여겨진다. 오성산은 주변을 한눈에 조망할 수 있는 최고 고지였다. 당군은 지속적으로 상륙하면서 병력을 증강하고, 이어 오성산에 진을 치고 전략적 거점을 강화한 것으로 보인다. 이제 당군은 상륙을 저지하려던 백제군을 조직적으로 방해할 수 있는 교두보를 마련하게 됐다. 서포리에서 나포면 나포리 사이의 긴 강안지대에 당군의 대규모 상륙이 개시된 것으로 여겨진다. "(당군이 산에 진을 치고) 크게 싸우니 바다를 덮은 (배들이) 돛을 펴 서로 이어나가 (상륙을 감행해서 백제) 적군이 패배해 전사한 자가 수천이었고, 저절로 무너졌다."(『구당서』 「소정방전」)

13만 대군의 성공적인 상륙

진지를 구축한 소정방의 군대가 백제군을 공격해 수천 명을 살상하고, 새로 상륙한 당나라 군대가 여기에 합세하면서 백제군은 싸움을 포기하고 도주했던 것 같다. 당나라군 선발대의 성공적인 상륙이 이뤄진 후 만조가 되자 기벌포 하구에 정박했던 함대가 꼬리에 꼬리를 물고 연이어 강을 따라 올라갔고, 당나라 본대의 상륙이 이어졌다. 동시에 오성산의 소정방 군대는 전진해 망해산望海山에서 함라산으로 이어지는 강안을 따라 늘어선 언덕을 장악해갔던 것으로 생각된다. "조수를 만나 또 위로 나가 배가 꼬리에 꼬리를 물고 강으로 들어가 정방은 언덕 위에 진을 치고 수륙으로 동시에 나아갔다."(『구당서』 「소정방전」)

수륙병진으로 상륙한 군대가 강을 따라 전진하면서 따라오던 배들이 차례로 강안에 접안하고 병사들이 계속 배에서 내렸으리라. 약 2000

척의 배에서 13만에 달하는 병력을 하역하는 그 자체가 엄청난 시간이 걸리며, 상상을 초월하는 긴 공간을 필요로 하는 것이었다. 금강 어귀 방조제 부근에서 성당면 제성리 부근까지의 광활한 강안이 당나라 군대로 가득 채워진 모습이 상상으로 그려진다. "조수를 만나 또 위로 나아가니 배가 꼬리를 물고 북을 치고 소리를 치며 나아갔다. 정방은 보병과 기병을 거느리고 곧바로 나아갔다."(『신당서』「소정방전」) 그들이 도착할 1차 목적지는 논산 강경 부근이었다. 그곳에서 황산벌 방면에서 도착할 김유신의 신라군 5만과 합류할 예정이었다.

탄현과 침현은 과연 같은 고개인가?

660년 6월 말께 나당연합군의 협공을 눈앞에 둔 상황에서 이뤄진 백제 어전회의 기록이 『삼국사기』「백제본기」에 일부 남아 있다. 탄현에 대한 백제 대신들의 묘사도 있다. "……신라군으로 하여금 탄현으로 올라오게 해, 좁은 길을 따라 말을 가지런히 할 수 없게 하는 것만 못합니다. 이때 군사를 놓아 공격하면 조롱 안에 있는 닭을 죽이고 그물에 걸린 물고기를 잡는 것과 같습니다."

이 기록은 지금의 옥천에서 대전으로 넘어가는 마도령을 묘사하는 것이 아니다. 오히려 금산에서 운주면 숫고개를 거쳐 논산으로 넘어가는 긴 계곡을 말하고 있는 듯하다. 그곳을 지나면 연산면 신양리가 나온다. 그 부근에 나제 양군의 피와 땀이 범벅이 돼 흘렀다고 하는 벌곡면의 한삼천汗三川, 신라군이 지나갔다고 하는 산직리의 나리치羅移峙, 적을 맞아 승리했다고 하는 산직리 승적골勝敵谷 등의 지명도 있다.

그런데 『삼국사기』는 신라군이 탄현을 쉽게 넘었다고 기록하고 있다. 홍수의 지적대로 한 명의 병사가 한 자루의 창으로 1만을 막을 수도 있는 그 길고 험한 계곡을 5만 대군이 어떻게 그렇게 빠른 시간 내에 통

서천 쪽 금강 방조제에서 바라본
금강 철새 조망대 주변 모습.
건너편이 소정방이 상륙한 지점으로 추정된다.
그 뒤로 바위산과 오성산이 보인다.

과했다는 말인가?

　『삼국사기』를 저술할 당시 김부식은 신라군이 통과한 탄현의 위치를 정확히 알고 있었다고 단정할 수 없다. 다만, 그는 그 텍스트 내에서 일관성을 갖기 위해 탄현이란 지명을 하나로 통일해 사용하려 했던 것 같다. 그 흔적은 「백제본기」에 보인다. 요충지 '탄현'을 언급하면서 "혹은 침현沈峴이라고도 한다"고 주석을 달았다.

　하지만 김부식은 '침현'의 위치를 몰랐다. 그는 『삼국사기』「지리지」에서 위치 미상 지명에 '침현'을 포함시켰다. 「백제본기」를 보면 656년 백제 장군 성충은 '침현'을 막으라고 의자왕에게 탄원했고, 660년 흥수는 '탄현'을 막으라고 했다. 의자왕은 나당연합군에 쫓겨 사비성을 빠져 나오면서 성충의 말을 듣지 않았음을 후회했다. 여기서 탄현이 침현과 다른 고개일 수도 있다는 가능성을 열어 두고 싶다.

94

당군 상륙
열흘 만에
백제 700년 사가
무너지다

사비성 함락

당나라 군대는 수륙으로 진군해 논산 강경을 향해 나아갔다. 『삼국유사』「태종춘추공」조를 보면 나당군은 '진구津口'에서 병력을 합치기로 돼 있었다. 논산천이 그 일대로 여겨진다. 읍 중앙리 일대인 그곳은 금강 본류와 논산천, 강경천과 이어진 염천에 둘러싸여 있어 대군이 주둔하고 함대도 정안시켜 놓을 수 있는 곳이었다. 부여의 사비성 공략을 앞둔 당나라군이 지휘본부를 설치할 수 있는 전략적 지형이라 할 수 있다.

660년 7월 11일 김유신의 군대가 그곳에 하루 늦게 도착했다. 소정방은 화가 나 있었다. 신라군 5만이 하루 일찍 도착해 강변의 백제군을 소탕했다면 당군의 희생을 현저히 줄일 수 있었으니 말이다. 그는 군기위반을 명분으로 신라 수뇌부의 기를 꺾으려 했다. 고종은 소정방을 신구도 행군총관에, 신라 왕 김춘추를 우이도 행군총관에 임명했다. 김유신은 무열왕 아래에 배속된 장군이며 소정방은 신라 왕과 동등한 직급이었다. '대당평제비'에 따르면 소정방은 신구·우이·마한·웅진 등 14도의 대총관이었다. 무열왕과 그의 신하인 김유신은 소정방 휘하에서 명령을 받아야 할 위치였다.

소정방은 신라군의 선봉장 김문영金文穎을 포박했다. 나당연합군 사이에 분위기가 험악해졌다. 소정방은 그를 군문에서 공개 처형하려 했다. 신라군은 형식적으로 소정방의 휘하에 있었지만, 소정방이 신라 장수에 대한 형벌권을 실질적으로 행사하게 된다면 어떻게 되겠는가. 신라군 통수권은 완전히 그에게 넘어갈 것이다.

김유신이 당의 군영에 왔다. 그의 뒤에는 완전무장시킨 자신의 정예병들이 도열해 있었다. 그는 자신의 병사들 앞에서 연설했다. "대장군(소정방)이 황산에서의 싸움을 보지 않고 약속 날짜에 늦은 것만을 갖고 죄를 삼으려 하니, 나는 죄 없는 모욕을 받을 수 없다. 반드시 당나라 군사와 결전한 후에 백제를 깨뜨리겠다."(『삼국사기』 「신라본기」) 이 전쟁은 당나라 황제의 세계질서를 확인하기 위한 목적이라기보다 신라의 미래를 위한 것이라는 말이었다. 김유신은 당에 대한 신라의 독립적인 주권을 분명히 밝혀 병사들이 누구를 위한 전쟁이냐는 의문을 품지 않게 했다.

김유신은 자신과 신라군에 모욕을 주려고 작정한 소정방을 절벽으로 끌고 가 선택을 강요했다. 두 군대 사이에 언제 전투가 벌어질지 모르는 상황이 됐다. 「신라본기」는 당시 김유신의 모습을 이렇게 묘사하고 있다. "이에 (김유신이) 큰 도끼를 잡고 군문에 서니, 그의 성난 머리털이 곧추서고 허리에 찬 보검이 저절로 칼집에서 튀어나왔다."

김유신과 소정방이 담력 겨루기 게임에 돌입했다. 이를 걱정스러운 시선으로 바라보던 당의 장군이 있었다. 우장右將 동보량董寶亮은 폭발 직전의 상황을 일단 멈춰야겠다는 마음을 먹었는지 소정방의 발을 밟으며 말했다. "김문영을 처형하면 신라 군사가 우리 당군에 대해 변란을 일으킬 것이 확실합니다." 그러자 소정방은 김문영의 포박을 풀어주고 김유신에게 돌려보냈다. 이로써 양군의 갈등은 봉합됐다.

사비성으로 몰려간 18만 대군

　김유신의 기세에 꺾인 소정방은 자존심이 상했다. 7월 12일 그는 나쁜 점괘가 나왔다는 핑계를 대고 더 이상 전진하려 하지 않았다. 그러자 김유신이 모든 병사가 보는 앞에서 그를 달래려고 했던 것 같다.

　소정방은 군대를 움직였다. 18만에 달하는 군대가 하나의 길로 사비성에 도달할 수는 없었다. 4개의 길로 병력을 나눴다. 현재 지도상으로 봐도 그 길은 어느 정도 드러난다. 추정하면 다음과 같다. 하나는 석성면 현내리에서 국사봉과 용머리산 사이를 지나 강변을 좌측으로 끼고 현북리에서 중정리로 가서 사비성에 이르는 길이다. 둘째는 현 석성휴게소 부근에서 조폐창을 지나 필서봉을 좌측으로 끼고 이르는 길이다. 셋째, 현 평안기도원에서 석재 가공단지를 거쳐 신암리와 송곡리를 거쳐 이르는 길이다. 넷째, 석성면 증산리에서 경찰충혼탑을 거쳐 청마산성을 우측으로 끼고 능산리를 거쳐 이르는 길이다.

　논산에서 사비에 이르는 길들은 백제가 나당연합군을 막아낼 수 있는 최후의 방어선이 있었다. 하지만 험한 자연 장애물이라고는 말 할 수 없었다. 대부분이 구릉지인지라 육탄으로 막아내는 수밖에 없었다. 병사들은 네 개의 길로 물밀듯이 밀려오는 나당연합군을 몸으로 막아내다 부서져 떠내려갔다. 백제의 젊은이들이 절망적인 싸움에서 희생됐다.

　"우리(백제) 군사는 모든 병력을 모아 막았으나 또 패하여 죽은 자가 1만여 명이었다."(『삼국사기』 「백제본기」) 전투 능력이 있는 자들이 상당수 소모되고 이제 사비성에는 보신만 하려는 무능한 자들이 남았다. 나당연합군이 사비성 앞에 들이닥치자 백제의 왕자가 상좌평을 시켜 가축과 함께 수많은 음식을 보내왔다. 이를 소정방이 물리치자 의자왕의 여러 아들과 좌평 6명이 성문을 열고 나와 빌었다. 하지만 아무 소용이 없었다.

항전을 포기한 백제 지배층

진실은 절망의 순간에 모두 밝혀지는 법이다. 13일 해가 뜨기 전 의자왕은 태자 효孝와 함께 좌우 측근을 거느리고 북방 웅진성으로 도주했다. 그의 부덕과 무능이 백제 왕실 구성원들 사이의 연대의식을 얼마나 약화시켰고, 이로 말미암아 그 상층부가 얼마나 분열됐는지 밝혀지는 데는 많은 시간이 걸리지 않았다.

의자왕이 부재한 상황에서 그의 둘째 아들 태泰가 스스로 왕위에 올랐다. 그리고 남은 무리를 이끌고 사비성을 굳게 지키고자 했다. 그러자 태자 효의 아들 문사文思가 삼촌 부여융을 부추겼다. "왕과 태자가 성을 빠져나갔는데 숙부(태)가 멋대로 왕이 되었습니다. 당나라 군사가 포위를 풀고 가면 우리는 어찌 안전할 수 있겠습니까."(「백제본기」) 문사와 부여융은 측근들과 함께 밧줄을 타고 성을 빠져나가니 이를 본 백성이 그들을 따랐다. 아무도 태를 위해 죽겠다는 사람이 없었고, 태는 넋을 놓고 이를 볼 수밖에 없었다.

700년의 역사를 가진 나라가 사라지는데, 백제의 상층 인사 가운데 성을 베개 삼아 사직과 운명을 함께하자는 자는 보이지 않는 듯했다. 태는 당과 항복 협상을 할 수 없음을 알고 사비성의 문을 열고 당나라의 깃발을 성첩城堞에 걸고 무조건 항복했다. 웅진성으로 도망갔던 의자왕이 5일 만인 18일에 그의 부하인 웅진방령熊津方領 이식禰植에게 사로잡혀 태와 함께 사비성으로 끌려왔다. 당나라 수군이 웅진강에 상륙한 7월 9일로부터 겨우 10일 만이었다.

당의 백제 침략과 토번

사마광은 『자치통감』에서 660년 8월 토번의 섭정 가르통첸이 아들

부소산 북쪽 백마강을 내려다보듯 우뚝 서 있는 바위 절벽이 낙화암이다.
낙화암은 사비성이 나당연합군에게 유린될 때,
수많은 백제 여인이 백마강에 몸을 꽃잎처럼 던졌다는 전설이 깃든 곳이다.

기정起政을 보내 당의 속령인 토욕혼을 대대적으로 공격하기 시작하던 시점에 소정방은 바다를 건너 백제를 공격해 멸망시켰다고 명기하고 있다.

그는 서역과 백제 두 전쟁의 관련성을 암시하고 있다. 『돈황본토번역사문서』를 보면 가르통첸은 근 10만에 달하는 병력을 이끌고 토욕혼에 7년(659~666)이나 주둔했다고 나와 있다. 토번의 수뇌부는 당의 고구려·백제 섬멸 전쟁이 장기전이 되리란 것을 감지하고 있었던 것 같다.

사실 당나라는 백제를 멸망시킨 여세를 몰아 같은 해 12월과 이듬해(661) 4월 연이어 고구려 공격을 명해 7월에는 평양성을 포위했지만 그 다음 해에 물러갔다. 663년 당은 왜군 2만5000과 백제에서 대전을 벌이기도 했다.

그해 토욕혼은 토번에 완전히 병합됐다. 당이 고구려·백제와의 전쟁에 집중하는 사이 칭하이 호에서 차이담 분지를 지나는 최남단 하늘의 실크로드가 토번의 손에 떨어졌다.

95

백제 부흥운동

660년 8월 2일 가을 아침 사비성에 음식을 조리하는 냄새가 진동했다. 해가 중천에 오르자 나당연합군의 전승을 기념하는 대연회가 개최됐다. 음악이 흘러나오고 무희들이 춤을 추는 가운데 신라 왕 김춘추와 소정방, 그 휘하의 장군들은 당상에 앉아 술을 대작하고 있었다. 그들은 이따금 마루 아래 앉아 있는 의자왕과 그 아들 부여융을 불러 술을 따르게 했다. 기가 막히는 광경을 본 백제 귀족들이 목메어 울었다. 흐느끼는 소리는 마루 위의 승자들에게 쾌감을 더욱 북돋을 뿐이었다.

소정방의 백제 붕괴 작업

이후 사비성을 둘러싼 여러 지역에서 잇달아 백제인들이 들고 일어났다. 점령군 수뇌부가 백제 왕을 모욕한 것이 원인은 아니었다. 궐기는 18만 주둔군의 규모에서 배태됐던 것 같다. 대군이 사비성 주변에 상주하다 보니 식량과 생필품이 모자랐다. 약탈이 자행됐다. 반항하는 자들이 속출했고 무자비한 진압이 이어졌다. 그러자 백제인들은 생존을 위해 궐기했다. 청양의 두시원악豆尸原嶽에서 좌평 정무正武가, 공주 구마노리성久麻怒利城에서 달솔 여자진餘自進이, 예산 임존성任存城에서는 복신福信·도침道琛·흑치상지黑齒常之가 봉기했다. 그 기세는 맹렬했다. 8월 26일 소정방이 임존성을 공격했지만 실패했다.

하지만 많은 국가를 멸망시킨 당 제국은 노련했다. 소정방은 백제인들을 분류하는 작업에 들어갔다. 660년 9월 3일 그는 당군 1만을 현지에 남기고 백제의 왕·왕족·귀족·백성 1만2000명을 당으로 잡아갔다. 당군 13만 가운데 12만을 철수시키고 배의 남은 좌석을 백제인들로 채웠다. 이로써 국가 시스템 운영자들이 백제에서 완전히 유리됐다. 당은 점령지의 왕족과 귀족들을 압송함으로써 그 사회체제를 무너뜨렸다. 그것은 미래의 저항 가능성을 최소화시킬 수 있는 근본 조치였다. 백제 부흥운동 지도부에 백제의 일부 왕족이나 귀족이 있다고 하더라도 핵심이 부재하면 결국 그들 사이의 내분을 부를 수밖에 없다는 것을 알고 있었다.

당의 평양성 진군

무엇보다 소정방의 철수는 당의 전략에 따라 이뤄진 것이었다. 대백제전의 최종 목적은 고구려 공략을 향한 징검다리 작전이었다. 660년 11월 16일 고종은 고구려 침공을 목적으로 글필하력을 패강도 행군총관으로, 소정방을 요동도 행군총관으로, 유백영을 평양도 행군총관으로, 정명진을 누방도 행군총관으로 임명했다. 이듬해 1월 19일에 하남·하북·회남의 67개 주 군사 4만4000명을 모아 평양도와 누방도의 병영으로 했고, 소사업을 부여도 행군총관으로 임명해 돌궐계 회흘족 유목민 기병들을 소집, 평양으로 향하게 했다. 4월 16일 당의 35개 군단이 바다와 육지를 통해 평양으로 진군을 시작했다.

661년 7월 초 소정방의 함대가 대동강 어귀에 상륙을 시작했다. 그 것을 저지하던 고구려 군대와 싸움이 벌어졌다. 소정방의 군대는 결국 상륙에 성공했고, 그달 11일 평양성을 포위했다. 이러한 작전이 성공한 것은 글필하력과 소사업 휘하의 돌궐계 유목민 기병단이 만주 방면에 서 진군해 오고 있는 고구려의 주력을 묶어놨기 때문이다.

그해 7월 17일, 신라는 평양성 공략을 위한 군대를 조직했다. "김유 신을 대장군, 인문·진주·흠돌을 대당 장군, 천존·죽지·천품을 귀당 총 관, 품일·충상·의복을 상주 총관, 진흠·중신·자간을 하주 총관, 군관· 수세·고순을 남천주 총관, 술실·달관·문영을 수약주 총관, 문훈·진순 을 하서주 총관, 진복을 서당 총관, 의광을 낭당 총관, 위지를 계금 대감 으로 삼았다."(『삼국사기』)

몽골리아에서 유목민 기병이, 중국 본토에서는 보병이 고구려를 향 하고 있었다. 백제를 멸망시킨 경험이 있는 수군이 대동강 상륙에 성공 해 평양성을 포위했으며, 신라군도 남쪽에서 북상하려 하고 있었다. 모 든 것이 순조롭게 진행되는 듯했다. 하지만 웅진도독부에서 신라에 사 람을 보내 백제 현지의 사정이 전해지면서 계획이 틀어지기 시작했다.

신라군의 발목을 잡은 백제군

『삼국사기』「답설인귀서」를 보자. "이때 웅진에서 사람을 보내와 부 성이 고립돼 위태롭다는 사정을 자세히 전했다. 유총관이 나(문무왕)와 함께 일을 처리하면서 스스로 '만약 먼저 평양으로 군량을 보낸다면 웅 진길이 차단될 것이오. 웅진길이 차단된다면 그곳에 주둔하고 있는 당 나라 군사가 바로 적의 손아귀에 들어갈 것이 걱정되오'라고 말했다. 이 에 따라 유총관은 나와 동행해 우선 옹산성을 공격했다."

소정방이 주력을 이끌고 떠나자 백제 부흥운동의 불길은 걷잡을 수 없이 거세졌다. 신라가 감당하기 버거운 수준이었다. 660년 9월 23일 백제인들은 사비성을 공격했고, 나당연합군은 힘겨운 방어전을 치렀다. 그들은 물러갔지만 사비 남쪽에 두 개의 목책을 쌓고 위협했다. 10월 9일 김춘추가 직접 군대를 독려해 18일 논산 연산에 위치한 이례성을 점령했고, 30일에 사비 남쪽 산의 목책을 공격해 접수하고, 사비성의 포위를 풀었다. 김춘추는 11월 22일 왕경으로 개선할 때까지 전투를 치렀다.

하지만 661년 2월 사비성에 대한 백제인들의 공격이 본격화됐다. 신라는 이를 구원하기 위해 주력사단인 대당·상주·하주·서당·낭당 등의 군대를 파견했다. 3월 5일 대당을 이끌던 신라 장군 품일이 두량윤성 남쪽을 정찰하다 백제군의 급습을 받고 패주했다. 3월 12일부터 신라가 36일 동안 두량윤성을 공격했지만 함락시키지 못했다. 그달 당군은 사비성을 포기하고 본영을 신라와 좀 더 가까운 웅진으로 옮겨 갔다. 4월 19일 대당·서당·하주가 퇴각을 시작했고, 빈골양에서 패배해 상당수의 병기와 군수품을 잃었다. 당시 나당연합군은 백제에서 웅진부성만 장악하고 있을 따름이었다.

661년 6월 김춘추는 한 치 앞도 알 수 없는 불확실성 속에서 자신의 아들과 신라의 미래를 염려하며 세상을 하직했다. 고종이 신라의 군대를 평양으로 보내라는 전갈이 도착한 것은 그때였다. "(문무왕) 원년 6월, 당나라에 들어가 숙위하던 인문과 유돈 등이 돌아왔다. 그들은 왕에게 '황제가 이미 소정방으로 하여금 35도의 수륙군을 거느리고 고구려를 치게 하면서, 마침내 왕께도 군사를 파견해 응원하라고 했습니다. 비록 상중일지라도 황제의 칙명을 어기는 것은 어려운 일입니다.'라고 말했다."(『삼국사기』)

661년에 당군 1000명이 백제인과의 전투에서 전멸했고, 신라 원군이 와서 백제 부흥군의 거점인 주류성周留城를 포위했지만 참패를 당하고 철수했다. 상황이 이렇게 돌아가자 백제 남쪽의 여러 성이 백제 부흥파진산 아래 강안 석성로에서 바라본 부여.
정면으로 멀리 필서봉이 보인다.
660년 9월 말 백제 부흥군이 당군이 주둔한 사비성을 압박하기 위해 만든
목책 두 개 가운에 하나가 위치했던 것으로 여겨진다.

운동의 지도자 복신에게 복속했고, 그는 승세를 타고 6월께 웅진부성을 포위한 상태였다.

7월 당시 신라 주력군이 평양으로 떠나면 백제 웅진부성의 당나라 군대가 전멸할 것은 불 보듯 뻔했다. 그렇게 되면 신라가 백제를 멸망시킨 것은 무위로 돌아갈 것이다. 더구나 백제인들은 왜국의 원조를 받고 있지 않은가. 함자도총관 유덕민劉德敏과 문무왕은 신라에서 웅진으로 향하는 보급로를 개통하기 위해 협력해야 했다. 백제 부흥군은 평양으로 가야 할 신라의 보급품과 병력을 소진하고 있었고, 무엇보다 남쪽에서 신라군의 발목을 잡아 평양에서 당군과의 적절한 연결시점을 놓치게 했다. 과거 김춘추가 당에 제의한 '전쟁 시나리오'는 초반에 적중했다. 하지만 시간이 지나면서 어둠으로 떠밀려가기 시작했고, 그가 죽은 한두 달 뒤 몽골에서 돌궐계 철륵 부족들이 당에 대한 반란을 일으키자 폐기해야 할 수준에 이르렀다.

96

몽골에서 왜까지
반당공작을
펼치다

평양에 고립된 소정방

661년 8월께 고구려 사신이 왜국, 즉 일본의 수도인 나라 조정에 도착했다. 그는 떨리는 목소리로 고구려가 존망의 위기에 처해 있다고 말했다. 그가 전한 고구려의 급박한 사정을 『일본서기』는 이렇게 압축적으로 기록하고 있다. "(661년) 7월 그달에 소정방 장군과 돌궐 왕자 글필하력 등이 수륙의 두 길水陸二路로 고구려 성 아래에 이르렀다." 소정방이 이끄는 당나라 수군이 대동강 어귀에 상륙해 평양성을 이미 포위했고, 글필하력이 이끄는 돌궐의 기병이 몽골리아에서 요하를 넘어 고구려 심장부로 진격해왔다.

왜 조정의 파병 결정

왜 조정도 위기감에 휩싸였다. 당나라 군대의 작전이 너무나 속전속결로 진행되지 않았는가. 백제에 상륙한 당군이 단 10일 만에 사비성을 함락시키고 백제 왕과 그 가족을 사로잡았고, 그로부터 정확히 1년 후 고구려의 수도 평양성을 포위했다. 이제 당 수군의 작전 수행 능력은 백제와 고구려 작전에서 충분히 입증됐다. 바다 건너 왜국도 크게 다를 바 없다. 왜왕과 조정의 대신들은 고구려가 멸망하면 다음은 왜국의 차례가 되리라 생각했던 것 같다. 당의 팽창을 한반도에서 막아야 했다.

661년 8월 왜국 군대의 백제 파병이 결정됐다. 지금까지 왜국은 백제에 군수품을 지원했지만 병력을 보낸 적은 없었다.『일본서기』를 보면 그해 8월 아배비라부阿倍比邏夫 등을 보내 백제를 구원하게 했으며, 이어 병기와 오곡을 백제로 보냈다고 하고 있다. 9월에 백제 왕자 풍장豐璋이 왜국 왕이 붙여준 병력 5000명과 함께 백제에 도착하자 복신이 그를 맞이했다. 풍장은 백제인의 구심점이 됐다.

왜국의 지원을 받던 백제인들은 평양으로 갈 신라군의 발목을 잡고 늘어졌다. 8월부터 문무왕의 장군들은 백제 부흥군이 웅거한 옹산성에서 전투를 벌이기 시작했다. 9월 19일, 왕은 모든 병력을 여기에 투입했고, 25일이 돼서야 신라군이 그곳을 포위했다. 27일, 신라군은 큰 목책을 불사르고 백제 부흥군 수천 명을 살상한 뒤 항복을 받아냈다. 이렇게 해서 9월이 다 지나갔다.

돌궐 기병의 압록강 돌파

661년 8월께 당나라 군대가 압록강에 막혀 있었다. 9월 글필하력의 돌궐 기병이 압록강에 도착했다. 그들은 요하 부근 고구려 성들을 모두 무시하고 지나왔다. 이번 작전에서도 백제 사비성 공략 때처럼 고구려의 심장인 평양을 먼저 함락시키려 했다. 강 건너 의주에는 연개소문의 장남 남생이 군대 수만을 주둔시키고 돌궐 기병단의 도하를 저지하고 있었다. 하지만 하늘은 당나라의 편이었다. 그해 겨울은 혹한이 밀려왔다. 늦가을부터 압록강의 가장자리부터 얼기 시작하더니 강 가운데까지 옮겨갔다. 이윽고 얼음은 두꺼워졌고, 기병단의 무게를 감당할 수 있을 정도가 됐다.

　얼음 위로 돌궐 기병들이 노도와 같이 밀려왔다. 공격 지점을 선택해 병력을 집중할 수 있었던 그들은 강변에 병력을 넓게 분산시켜 방어하던 고구려 군대의 엷은 방어벽을 금세 허물어뜨렸다. 3만 명의 고구려 군대가 돌궐 기병의 급습을 받고 전사했고, 나머지는 포로가 됐다. 연개소문의 아들 남생은 단신으로 빠져나왔다.

　글필하력의 유목군은 압록강에서 대승했고 소정방은 평양성을 포위한 상태였다. 고구려의 멸망이 눈앞에 있는 듯했다. 그러나 기적이 일어났다. 갑자기 글필하력의 유목기병에게 당나라 황제가 철수 명령을 내린 것이다. 고구려를 궁지에 몰아넣고 최후의 일격을 앞둔 고종은 갑자기 돌궐 기병을 몽골로 돌려보냈다. 그것이 평양 부근에 잔류한 당군에게 치명적이라는 사실을 당 수뇌부는 모르지 않았다.

초원의 반란과 돌궐 기병의 철수

　그렇다면 661년 9월에 압록강에서 고구려 정병을 격파한 글필하력은 무엇 때문에 철수를 서둘렀을까. 서북방에서 철륵의 부족들이 반란을 일으켰기 때문이다. 당 조정의 소환을 받은 글필하력은 구성철륵九姓鐵勒의 반란을 진압하기 위해 고구려에서 중국 서북방 지역으로 이동했다. 그러나 철륵 부족들과의 전쟁에서 당은 패배했다. 장군 양지楊志가 사결思結과 다람갈多濫葛을 뒤쫓다 크게 패했으며, 정인태도 경기 1만4000명을 거느리고 선악하仙尊河에 이르렀지만 소득 없이 회군하다 큰 눈을 만나 800기만 돌아왔다.

　물론 반란의 주동자인 회흘의 비속독比粟毒은 건재했다. 철륵도 행군총관 정인태를 탄핵한 사헌대부 양덕예의 지적을 『자치통감』은 이렇게 전한다. "해골이 들을 덮게 만들고 갑옷을 버려서 도적들의 물자가 되게 중국 단둥에서 바라본 압록강.
이 강은 고구려가 외적을 막아내는 최대의 자연 방벽 중 하나였다.
하지만 661년 겨울, 강이 결빙되면서 그 기능을 상실했다.

했다." 철륵과의 분쟁은 정치·외교적 수단으로 봉합됐다. 662년 3월 철
륵도안무사鐵勒道安撫使에 임명된 글필하력이 철륵 부족들과 화친을 맺고,
반란 주동자 엽호葉護·설設·특권特勒 등 200여 명을 처단하는 수준에서
종결됐다.

　　백제인들의 저항과 철륵 부족들의 반란은 661년 겨울 소정방의 군
대를 평양에 완전히 고립시켰다. 압록강 전투에서 크게 패했지만 이제
고구려는 만주 방면의 전력을 평양성 전투에 집중할 수 있게 됐다. 평양
성에서 고구려군과 전투 중이던 당군들은 공포에 휩싸였다. 남쪽 신라

로부터 보급품은 오지 않고 만주에서 그들을 죽일 고구려 증원군이 평양으로 대거 몰려오고 있지 않은가.

『일본서기』사이메이齊明 천황 7년(661) 12월 조를 보면 당시 고구려 사신은 "당나라 병사들이 무릎을 끌어안고 울었습니다唐兵抱膝而哭"라며 당군의 절망적 모습을 전하고 있다.

고구려의 대외공작

661년 고구려에 절대적으로 유리하게 전개된 서북방의 정세 변화는 국제적 상황이 낳은 의도하지 않은 우연의 결과일까? 결정적 증거는 없다. 다만 그 시기에 거란이 고구려의 사주를 받고 당에 대해 반란을 일으켰다는 단서를 아사나충의 묘지명에서 찾아볼 수 있다. 아사나충은 일찍이 부친을 따라 당 태종에게 귀부했던 동돌궐의 왕족이다. "고구려遼碣 원정에 군대를 일으키는 데 속하게 돼 (아사나충) 공을 사使로 삼고 장잠도長岑道 행군대총관에 임명했다. 대군이 멀리 나아가서 천자의 위엄을 멀리 떨치자 삼산三山이 그로 인해 요동치고 고구려九種 사람들이 그 때문에 놀랐다. 거란이 고구려白猿의 동쪽과 황룡黃龍(조양)에 있어서 가까이 회복卉服을 침범하고 밖으로 고구려鳥夷와 결탁했다. 공이 군대를 거느리고 주벌하고 시기에 따라 진멸殄滅시켰다."

최근 최진열은 수·당 묘지명에 보이는 고구려 국명 표기 연구에서 요갈·구종·백원·조이 등이 고구려의 이칭이라는 사실을 실증한 바 있다.

아사나충의 묘지명을 보면 그가 고구려 원정군에 편성된 것은 현경 5년, 660년이었던 것으로 기록하고 있다. 『자치통감』에 그해 12월 고구려 정벌의 행군총관 임명 기록이 나온다. 『책부원귀』「장례부」를 보면 661년 1월에 그는 고구려 정벌을 앞두고 장안에서 개최된 연회에 참석

했다. 그는 그해 4월 고구려를 향해 출발했던 것 같다. '장잠'은 최근 발견된 낙랑목간에도 보이는 황해도 대방현 부근 장잠현의 지명이다. 아사나충은 『신당서』 「고종본기」를 보면 661년 10월에 장잠도 행군대총관으로서 철륵의 반란 진압을 명 받았다. 그는 압록강까지 갔다가 9월에 철륵이 반란을 일으키자 글필하력의 돌궐병과 함께 이를 진압하기 위해 외몽골로 향했고, 시라무룬 지역을 지나가다 고구려의 사주를 받은 거란과 전투를 벌였다. 우리는 여기서 철륵의 반란이 거란과 연결돼 있음을 알 수 있다. 초원의 상황을 정확히 읽고 반란을 사주한 고구려의 '대외공작'에 경의를 표하지 않을 수 없다.

97

방효태와
그 아들 13명이
군사 수만 명과
함께 전멸하다

소정방의
평양성 패퇴

661년 9월 글필하력의 돌궐 기병 철수는 평양 부근에 잔류한 소정방 군대에게 치명적이었다. 이제 고구려는 평양성 전투에 전력을 집중할 수 있게 됐다. 기병 전력이 거의 부재한 상태에서 고구려군과 맞서 싸워야 하는 소정방은 불리했다. 고구려 기병이 돌격태세를 갖추고 있는 상태에서 당 보병과 고구려 보병이 싸운다고 가정해보자. 당 보병은 고구려 기병이 언제 덮칠지 모르기 때문에 고구려 보병을 함부로 공격할 수 없다. 대열이 흩어지기만을 기다리고 있는 고구려 기병의 존재는 당 보병을 공포로 경직시킨다.

패색이 드러난 소정방의 군대

고종의 염려는 하늘을 찔렀다. 그는 어려움에 빠진 자신의 군대에 대한 식량 보급을 신라에 강요할 작정이었다. 보급이 제때 이뤄지지 못하면 겨울을 넘기지 못할 수도 있다. 10월 29일 고종이 보낸 사신이 신라 왕경에 도착해 평양으로 군량을 수송하라는 황제의 칙지를 전했다.

웅진도독부 주둔 당군에 대한 보급도 하고 있었던 신라는 피폐해진 상태라 이를 곧장 시행하기는 어려웠다. 당군은 밀리기 시작했다.

고구려의 사신이 왜국 조정에 전한 661년 12월 평양성 전투의 전황을 『일본서기』는 이렇게 기록했다. "고구려의 사신이 말했다. 고구려는 유독 12월에 추위가 심해 대동강도 얼어붙습니다. 그래서 당군은 북과 징을 치면서 운차와 충차로 공격했습니다. 고구려의 사졸은 용감하고 웅장해서 당군의 2개 성채垒를 빼앗고, 오직 두 개의 성채塞만 남아서 밤에 계책을 논의했습니다. 당병들이 무릎을 끌어안고 울었습니다."

661년 12월의 추위는 양날의 칼이었다. 평양성을 감싸고 있는 해자를 얼어붙게 해 당의 공성기가 성벽에 접근하는 발판이 됐다. 하지만 추위는 당군의 전력을 약화시키는 무서운 적이기도 했다. 고구려군은 당이 평양성 주변에 건설한 2개 성채를 점령했고, 남은 성채 2개도 함락 위기에 있었던 것 같다. 겁먹은 당나라 병사들은 통곡했다.

김유신의 지옥 행군

662년 1월에 가서야 김유신은 당군을 원조하기 위해 9명의 장군과 함께 쌀 4000섬과 조 2만2000섬을 수레에 싣고 평양으로 향했다. 『삼국사기』를 바탕으로 그 지옥의 노정을 날짜별로 복원하면 다음과 같다. 1월 18일, 풍수촌에 머무르게 됐는데 길이 얼어 미끄럽고 길이 험해 수레가 갈 수 없으므로 군량을 모두 소와 말에 실었다. 23일 국경인 임진강(칠중하)을 넘었다. 이현에서 고구려군이 신라의 보급대열을 공격해 왔지만 귀당 제감 성천과 군사 술천 등의 활약으로 위기를 모면했다. 2월 1일, 평양에서 3만6000보 거리인 장새에 도착했다. 보기감 열기와 15명이 고구려군의 장벽을 뚫고 신라 보급부대의 도착을 통지했다. 이날 바람과 눈으로 날씨가 몹시 추워 사람과 말이 다수 얼어 죽었다. 6일 양오에 도착해 유신이 아찬 양도와 대감 인선 등을 보내 군량을 전달했다.

그러나 『삼국사기』 문무왕 11년 조에 실린 「답설인귀서」는 다음과 같이 다른 사실을 전한다. "용삭 2년 정월, 유 총관이 신라 양하도 총관 김유신 등과 함께 평양으로 군량을 보냈다. 이때 굳은비가 한 달 이상 계속 내리고 눈과 바람으로 날씨가 몹시 추웠기 때문에 사람과 말이 동상을 입어 군량을 전할 수 없었다."

당 장군들의 전사

신라가 식량을 전달했다고 하더라도 그것은 당군이 평양성 앞에서 군대를 유지시키는 데 거의 도움이 되지 않았던 것 같다. 662년 2월 평양성 부근의 당군은 절명의 위기에 몰렸다. 『책부원귀』 「장수부」는 옥저도총관에 임명돼 고구려 평양 전투에 참전한 방효태 수군사단의 전멸을 전하고 있다.

방효태는 소정방과 함께 660년 사비성 점령을 위한 웅진강 상륙작전에 참여해 큰 공을 세웠고, 그의 수군은 이듬해 대동강 상륙에도 중추적인 역할을 했다. 그 휘하의 병력은 베트남 하노이와 위도가 같은 아열대 지역인 광둥 출신 수군으로 향리의 자제 5000여 명이었다. 녹음이 짙은 남쪽 주장강 델타 유역에서 살던 그들은 고구려에서 상상치도 못했던 혹한을 맞이했다. 그들의 주 작전공간이 될 대동강과 사수의 수로는 얼어붙은 상태였다. 연개소문이 군대를 보내 공격하자 방효태가 대패했다. 혹자는 포위를 돌파하여 유백영·조계숙의 진영으로 나가도록 권했으나, 방효태는 "삼가 양대兩代를 섬기면서 지나치게 은혜로운 대우를 받았는데, 고구려를 멸망시키지 않고는 결코 돌아갈 수 없다. 내가 향리의 자제 5000여 명을 거느리고 왔는데, 이제 모두 죽었으니 어찌 이 한 몸을 위하여 살기를 구하겠는가?"라고 말했다. 고구려군의 공격이 몰아

대동강과 평양의 모습.
1400여 년 전 이곳에서
고구려와 당군의 격전이 벌어졌다.
ⓒ여호규

치자 병사들의 몸에 박힌 화살이 고슴도치와도 같았다. 방효태는 수만 명의 당나라 병사들과 함께 장렬히 전사했다.

부하들의 무덤을 뒤에 남기고

『자치통감』은 그들의 전몰 시점을 662년 2월 무인일(18일)로 명기하고 있다. 임아상任雅相이 4일 앞서 평양의 군영에서 죽었다. 전황 악화로 인한 과로와 혈압 상승으로 인한 심장 압박이 원인이 된 것 같다. 측천무후의 신임을 받던 그는 당나라 군사 전반을 관장하는 병부상서로서 재상이기도 했다. 당나라 군부 수장 1명과 핵심 행군총관 1명이 죽었다는 것은 당군의 피해가 얼마나 심각했는지 말해준다. 거기다가 큰 눈까지 내렸다.

"(662년 2월) 갑술(14일)에 패강도 대총관 임아상이 군대에서 죽었다. 무인(18일)에 좌교위장군이며 백주白州 자사인 옥저도총관 방효태가 고구려와 사수에서 싸우다가 군사가 패하니 소정방은 평양을 포위하고 오랫동안 허물지 못했고 마침 큰 눈이 내리자 포위를 풀고 돌아왔다."(『자치통감』)

칭하이 호 지역에서 토번을 막아내고 서역 톈산 북쪽에서 서돌궐을 평정한 명장 소정방도 평양의 절망적인 상황은 어찌할 수 없었다. 70살이 넘은 그 노인은 당으로 향하는 배에 올랐다. 수없이 많은 부하의 얼어붙은 시신을 고구려에 남기고 떠나는 그는 하염없는 회한에 잠겼다. 우울한 젊은 시절을 보내고 60대 중반에 군에 복귀해 승승장구했던 그도 이제 역사의 뒤안길로 밀려날 처지가 됐다.

수로 수송의 용이성

당시 백제에 주둔한 당군도 미래가 불확실했다. 백제 부흥군이 웅진부성을 포위한 가운데 신라는 포위망을 뚫고 식량을 져 날랐다. 추위와 피로, 전투 중의 사상으로 보급대열에 참여한 수많은 사람이 죽었다. 소와 말이 급속히 소모됐고, 양식의 재고량도 바닥 수준으로 떨어졌다.

반면 백제 부흥군은 왜의 보급을 제대로 받았다. "백제좌평 귀실복신鬼室福信에게 화살 10만 개, 실 500근, 비단 1000근, 포 1000단, 가죽 1000장, 벼 종자 3000곡을 내렸다."(『일본서기』 덴지천황 원년(662) 정월 조)

왜국이 배를 통해 백제 부흥군에 보급하는 것이 신라가 육로로 평양과 웅진에 보급했던 것보다 훨씬 편리하고 많은 양을 운반할 수 있었던 것으로 보인다. 국제 정세 변화와 보급 수단의 차이는 나당연합군과 고구려·왜·백제 연합군 사이의 전력 차를 벌려놓는 데 일조했던 것 같다. 이때 포위된 웅진부성에 백제에서의 전면 철수를 명하는 고종의 칙서가 내려왔다. 황제는 한반도에 있는 당나라 군대의 전면 철수를 염두에 두고 있었다.

98

백제 부흥군의
내부 분열로
당군이
기사회생하다

웅진도독부
살아남다

백제 웅진도독부에 고종의 칙서가 도착했다. 시기는 662년 1월쯤이
었다. 칙서의 내용은 『자치통감』 662년 7월 조에 다른 내용과 함께 일
괄적으로 실려 있다. 많은 어려움에도 당나라 유인원劉仁願과 유인궤劉仁
軌가 웅진부성을 지켜내고 보급선을 회복하는 과정이 수록된 이 기록을
시간대에 맞춰 다른 기록들과 함께 재구성해보자.

고종의 철수 명령

"유인원과 유인궤 등은 웅진성에 주둔했는데 황상이 그들에게 평양
의 군사들이 철수하면 한 개의 성만으로 홀로 굳게 할 수 없으니 의당
발을 빼서 신라로 가야 할 것이오. 김법민(문무왕)이 경에게 남아서 진수
하기를 빌거든 그곳(신라)에 머물러 있어야 할 것이고, 만약 그들이 필요
없다고 한다면 즉시 의당 바다에 배를 띄워서 돌아와야 할 것이오."

고종의 칙서는 평양 철수가 백제의 전황에 영향을 줄 것이라는 내
용을 담고 있다. 사실상 황제는 백제에서 당군의 철수를 명한 셈이다.

당시 고종을 압박하는 현실적인 문제는 한두 가지가 아니었다. 철륵 문제가 완전히 해결된 것도 아니었다. 반란의 불씨와 여진이 있었고, 완전히 진화되는 데는 12개월의 시간을 더 필요로 했다. 무엇보다 토번 제국이 지금의 칭하이 성 방향으로 무섭게 팽창하고 있었다. 660년 토번의 섭정 가르통첸이 토번과 당 제국 사이의 완충지대인 토욕혼에 대한 침공을 본격화했고, 662년 이미 많은 영토를 차지하고 있었다. 당나라가 한반도에 전력을 계속 투입한다면 토욕혼이 사라지는 것을 막을 수 없다.

662년 2월 직후 웅진부성을 지키고 있던 유인궤는 고국으로 돌아갈 것을 갈망하는 병사들에게 일장연설을 했다. "주상께서 고구려를 멸망시키고자 먼저 백제를 멸망시킨 것이고 군사를 (이곳 백제에) 머물게 해 지켜서 그들의 심복을 제압해야 하는데, 비록 남아 있는 오랑캐가 가득하여 지키는 방비도 엄하니 의당 무기를 벼리고 말에게 먹이를 주어 그들이 뜻하지 않은 곳을 치면 이치로 보아 못 이길 것이 없다. 지금 평양에 있는 병사들은 이미 돌아갔는데 웅진에서도 발을 빼면 백제의 타다남은 것들은 해가 다하기 전에 다시 일어나니 고구려는 언제 멸망시킬 수 있겠는가? 또한 지금 한 개의 성을 가지고 적들의 중앙에 있는데 만약에 발을 움직이기만 하면 바로 잡혀서 포로가 될 것이다."

진퇴양난의 유인궤

백제에서 당군이 철수한다면 고구려를 멸망시키고자 하는 당의 애초 목적을 포기하는 것이다. 하지만 당시 유인궤는 안전하게 철수할 형편도 되지 못했다. 성문을 열고 나가는 순간 바로 포로가 될 터였다. 백제 부흥운동을 지휘하던 장수 중 한 명인 복신은 고립된 웅진부성의 유인궤를 조롱하기까지 했다. "(유인궤) 대사께서는 언제 서쪽으로 돌아 당나라 군대를 지휘한 웅진도독부가 위치했던 공주 웅진성의 모습.
당군 1만이 주둔해 있던 곳이다.
660년 말 백제 부흥군의 저항이 심해지자
당군은 사비성을 버리고 이곳으로 도독부를 옮긴 것으로 보인다.

가려 하시는지요? 마땅히 재상을 파견하여 전송하겠소." 그러한 가운데 662년 5월 170척의 배에 병력을 가득 실은 왜국 선단이 백제에 도착했다. "복신에게 금책金策을 주고 그 등을 두드리고 작록을 내렸다. 이때 풍장 등은 복신과 함께 머리를 조아리고 칙명을 받았으며, 사람들은 눈물을 흘렸다."(『일본서기』) 왜의 원군이 이어지면서 웅진도독부는 더욱 몰렸다.

하지만 위기 돌파의 실마리는 백제 저항군 내부에서 나왔다. 661년 9월 왕자 풍장이 백제에 도착한 직후에 복신이 도침을 살해하고 그 휘하의 병력까지 장악했다. 풍장은 백제 왕실 제사만 담당하는 힘없는 존재로 전락해 있었다. 왜국의 덴지 천황이 복신에게 작록을 내린 것도 이러한 정황을 파악하고 힘을 실어준 것이었다. 그것은 풍장과 복신을 더욱 벌어지게 만들었다. 『구당서』 「백제전」은 이렇게 전한다.

"이 시기(662년 7월) 복신이 이미 그 병권을 전횡하니 풍장과 서로 점점 시기해 두 마음을 품게 됐다." 백제 저항군 수뇌부의 분열상은 웅진부성의 유인궤도 알고 있었다. "복신은 흉패하고 잔학하여, 군신이 서로 시기하고 사이가 벌어져 서로를 도륙하고 있다. 의당 (웅진성을) 굳게 지키면서 변화를 살펴보다가 기회를 잡아 이를 바로 취하려면 움직일 수 없다."

위기 돌파

백제인들이 분열된 상황에서 분명 기회가 올 것이고, 그것을 잡기 위해서는 웅진성을 지키고 있어야 한다는 것이었다. 당시 백제 부흥군 측에선 지휘부인 풍장과 복신 휘하의 사람들이 서로 죽이는 일까지 벌어지고 있었다. 내분이 백제인들의 방어력을 약화시켰던 것은 확실하다.

662년 7월 유인궤가 병력을 움직였다. "인원·인궤가 (백제인들이) 무

663

방비한 것을 알고, 갑자기 성문을 열고 나가 이를 습격했다. 백제 부흥군이 차지하고 있는 지라성支羅城과 윤성尹城 그리고 대산大山·사정沙井 등의 책柵을 함락켰으며, 많이 죽이고 사로잡았다. 병사들을 나눠 (새로 점령한 성과 책을) 지키게 했다."

기존 연구에 따르면 윤성과 대산책은 웅진도독부 주변의 중요 거점이었고, 지라성과 사정책 등은 신라에서 웅진도독부로 들어오기 위해 거쳐야 하는 대전 지역의 요새였다. 웅진부성을 둘러싸고 있는 백제인들의 경계가 소홀해지자 유인궤 등은 성문을 열고 나가 이를 점령했고, 나아가 지라성과 사정책을 확보했다. 이어 신라와 웅진의 당군 사이 식량 운송로를 막고 있던 마지막 장애물 진현성眞峴城(대전 서구 흑석산성)을 신라군이 함락시켰다.

"복신 등은 진현성이 험한 요새여서 군사를 거듭 보내 그곳을 지키게 했다. 인궤는 조금 풀어진 틈을 엿보다가 신라의 군사를 끌어들여 밤에 성 아래에 가까이 가게 하고 풀을 밟고 올라가서 밝을 때쯤에는 그 성으로 들어가 점거하게 해 드디어 신라의 양식 운반로를 열었다."

유인궤의 원군 요청과 당 조정의 고민

고사 직전의 웅진부성이 살아날 수 있다는 희망이 보였다. 그러자 유인원은 백제에서의 발판을 지켜내기 위해 당에 증원군을 요청했다. "유인원은 마침내 주문을 올려서 군사를 더 증파해 줄 것을 청하니 (황제가) 조서를 내려서 치주(산둥 성 쯔보)·익도(산둥 성 칭저우)·라이저우·해주 (장쑤 롄윈강)의 군사 7000명을 발동하여 (백제) 웅진에 가게 했다."

하지만 당 조정의 백제 증파는 이로부터 10개월 후인 663년 5월에 가서야 실행됐다. 뭔가 망설임이 있었다. 당 제국의 최대 고민은 토번이었다. "소해정이 귀환하면서 소륵 남쪽에 이르렀는데, (서돌궐) 궁월이 토

번 군대를 끌어들여 싸우려 하자 소해정은 토번에게 군수품을 뇌물로
주고 겨우 돌아왔다. 서돌궐에 군주가 없어지자 아사나도지阿史那都支와
이차복李遮匐이 무리를 거두어 토번에게 붙었다."(『자치통감』 662년 12월 조)

당시 토번의 세력은 가히 서역을 넘어 서돌궐까지 미치고 있었다.
"토번이 군대를 내어 토욕혼을 공격해 대파했다. 토욕혼 왕 갈발曷鉢과
홍화공주가 나라를 버리고 달아나 양주에 의탁하면서 (당나라) 내지로
이주시켜 줄 것을 청했다."(『자치통감』 663년 5월 조)

토번은 토욕혼의 땅과 사람을 모두 차지했다. 토욕혼은 건국 350년
만에 망했고, 이제 토번의 북쪽 변경이 당의 영토, 하서河西 · 농우隴右와
마주하게 됐다. 당이 요동과 한반도에 병력을 집중하던 사이에 토욕혼
이 토번의 손에 넘어간 것이다. 그들에게 전쟁은 소모가 아니라 생산이
었다. 토번은 토욕혼의 광대한 초원과 전마 그리고 기병 자원을 손에 넣
게 됐다. 토번 기병 전력의 근간은 이때 만들어졌고, 향후 전쟁에서 더
큰 생산을 위한 도구를 손에 넣었다.

어려운 상황에서도 측천무후와 그녀의 산둥 파벌은 병력과 함대를
한반도에 증파하는 결정을 내렸다. 한반도에서 시작한 소모적인 전쟁은
멈출 기색을 보이지 않았다. 이미 토욕혼을 상실한 이상 서역 문제 때
문에 한반도에서 손을 떼면 이도저도 아닌 상황이 발생할 것이 뻔했다.
663년 6월 백제 부흥을 돕기 위해 왜군 2만7000명이 한반도에 상륙했
다. 백강白江에서의 대회전이 시작되고 있었다.

99

왜 대군의 한반도 상륙

660년 당이 백제를 멸망시키고 이듬해 평양을 포위하자 왜국은 극도의 위기의식에 휩싸인다. 당이 고구려를 멸망시키고 나면 다음은 왜국이라 생각했다. 당시 당 수군 전력에 혁명이 있었다. 수로가 닿는 곳이라면 적국의 수도가 어디라도 기습 포위할 수 있을 정도였다.

만일 당이 백제를 완전히 차지한다면 어떻게 되는 것일까. 당 제국의 그 강렬한 팽창 욕망은 태어날 때부터 가진 본능이었다. 군대를 백제 땅에서 남진시켜 왜를 병합할 것이 틀림없었다. 역사상 그만큼 음모와 전쟁으로 일관했던 중원제국도 없었다. 모략만이 타국에 대한 의지였으며, 침략만이 욕망이었다. 당 제국은 어금니에서 피를 뚝뚝 떨어뜨리는 육식동물이었다. 그 앞에서는 모두 고깃덩어리가 될 수밖에 없었고, 거기에 앞뒤 따위는 없었다. 돌궐·토욕혼·고창국과 실크로드의 오아시스 국가들이 당의 입속에 들어갔다.

660년 당은 신라를 앞잡이로 삼아 백제로 갔다. 하지만 백제는 아직 당의 입속으로 완전히 들어가지 않았다. 왜국은 당이 한반도를 완전히 차지하기 전에 손을 써야 했다. 향도 신라인들은 왜국으로 가는 항로도 잘 알았다.

　660년 12월 수많은 고민 끝에 백제 출병을 결정한 사이메이 천황은 오사카 난파궁으로 가 군수품을 준비하고 배를 건조할 것을 명했다. 그리고 직접 현장을 지휘하기 위해 661년 1월 북규슈의 쓰쿠시(후쿠오카)를 향해 출항했다. 도중에 여러 지역에 들러 병력·군수물자 징발을 독려한 것 같다. 오사카와 후쿠오카 사이에 있는 세토 내해 양쪽 연안에는 왕실과 귀족의 장원에 둔창屯倉들이 많았다. 3월 25일 사이메이는 북규슈 나노오쓰娜大津 행궁에 도착해 잠시 머물다가 5월 9일 아사쿠라朝倉 행궁에 도착, 본격적인 출병 준비를 하다가 7월 24일 급사했다.

상속받은 전쟁

　당과의 전쟁이라는 부담감이 심장을 짓눌렀고, 천황은 끝내 그 하중을 이겨내지 못했다. 작전을 구상하는 것조차 중압감이 들었을 것이며, 전쟁을 결정하는 어전회의에서도 존망의 절벽에 서 있는 듯한 느낌을 받았을 것이다. '객관적인 전력과 물자만을 말해 보아라! 우리 왜국에 당을 감당할 만한 군사력과 군비가 어디에 있는가? 전쟁 도중에 국가가 파산할 것이야'라고 생각했을 수도 있다.

　전쟁은 아들에게 상속됐다. 훗날 덴지 천황이 된 나카노 오에 황자는 어머니 아래에서 실질적인 통치자였지만 이제 합법적인 지배자가 됐다. 나카노 오에는 백제에서 당을 완전히 몰아내지 않으면 왜가 경제적으로 파산하기 전에 당의 먹잇감이 될 것이라고 생각하는 사람이었다.

　언제나 칼로 해결한다는 것이 당나라의 태도였다. 요구를 들어주고 그 중국인들과 평화협정을 맺는다는 것은 이웃 마을에 들어와 있는 무장 강도떼에게 자기 마을과 이웃 마을만은 제발 침입하지 말라면서 머리를 숙이고 직거래에 들어가는 것과 같다. 강도가 보기에도 정말 어이 없는 이야기였다. 당은 언제든지 맹약을 엎어버릴 수 있는 조폭집단이었다.

나카노 오에는 661년 9월 병력 5000명을 백제에 파병했다. 이듬해인 662년 1월에 대량의 군수품이 갔고, 이어 5월에 170척의 배에 병력과 물자를 실어 보냈다. 왜의 전폭적인 원조는 효과를 봤다. 웅진부성에 갇힌 당군 1만은 굶어 죽거나 언제 포로가 될지 몰랐다. 하지만 좋지 않은 소식이 들려왔다. 그해 7월 나당연합군이 신라에서 웅진부성에 이르는 보급로를 뚫었고, 663년 2월 신라가 백제의 군량 생산지로 보이는 남쪽 4개 주를 황폐화시키고, 안덕安德 등의 중요 지역을 빼앗았다. 다음 달인 3월 나카노 오에는 병력 2만7000명을 한반도로 보내 신라를 공격했다. 백제에 대한 신라의 공세를 완화시키고, 왜국에서 백제 주류성으로 가는 항로의 안전을 확보하기 위해 신라 남해안의 중요한 항만들을 차지하려 한 것 같다. "신라의 사비와 기노강岐奴江 두 성을 빼앗았다."(『일본서기』)

왜군은 신라 점령지에서 선박을 타고 백제로 이동하면서 서남해안의 중요 거점들을 차지하고 상당한 군대를 분산 배치했던 것 같다. 왜군 병력 2만7000명이 한반도에 들어왔는데 나중에 백제 주류성 앞에 도착한 것은 1만 명이었다. 『일본서기』를 보면 백제 남부의 호예성 등에 왜군의 장군들이 주둔해 있었던 기록도 보인다.

제거된 부흥운동의 핵심, 복신

663년 5월 왜의 대군이 백제에 들어오자 친왜파 백제 왕자 풍장은 부흥군의 최고사령관 복신에 대해 그동안 쌓였던 한을 노골적으로 표출했다. 그는 왜의 고관 이누가미犬上에게 복신의 죄를 거듭 말하고 복신을 제거할 뜻을 밝히며 왜군의 지지를 요청했던 것으로 보인다. 왜의 입장에서도 부흥운동을 처음부터 주도한 토착 기반을 지닌 복신보다 그들이 왜에서 백제로 데려와 왕으로 세운 풍장이 더 기호에 맞았다. 그러던 차에 복신이 병을 칭하고 누웠다는 소식이 들려왔다. "복신이 권세를 오로지하면서 부여풍(풍장)과 점차 서로 질투하고 시기했다. 복신은 병을 핑계로 굴 속 방에 누워서 (부여)풍이 문병 오는 것을 기다려 잡아 죽이려고 했다. 부여풍이 이것을 알고 친하고 믿을 만한 사람들을 거느리고 복신을 엄습하여 죽였다."(『삼국사기』「백제본기」)

『일본서기』663년 6월 조를 보면 그 과정이 상세하게 나온다. 풍장은 복신을 체포해 손바닥에 구멍을 뚫었다. 그 사이로 가죽 끈을 넣어 양손을 묶었다. 그의 처형 여부를 신하들에게 물었다. 백제의 상징인 풍장은 갈등했던 것 같다. 복신은 유능한 사람이었다. 그의 죽음이 가져올 파장이 두려워 공범을 모집하려 했던 것이다. "이에 달솔 덕집득德執得은 말했다. '반역 죄인은 풀어주어서는 안 됩니다.' (옆에 있던) 복신이 집득에게 침을 뱉으며 말했다. '썩은 개와 같은 어리석은 놈.' 왕(풍장)이 시종하는 병졸들로 하여금 복신의 목을 베어 소금에 절이도록 했다."

복신이 정열을 불살랐던 백제 부흥의 꿈도 사라질 위기에 처했다. 복신이 그의 처형에 동의한 집득에게 침을 뱉고 '썩은 개'라고 말한 데에는 그의 꿈에 대한 자부심과 안타까움이 서려 있었다. 백제 부흥운동을 총괄 지휘해 온 그의 부재는 부흥군 내부조직 운영의 커다란 공백을 의미했다.

잘린 그의 머리는 소금에 절여 방부 처리되었다. 만인이 보는 앞에 그것을 걸어둘 작정이었다. 그의 추종 세력이 반발할 것을 예상하고, 이를 사전에 차단하기 위한 조치였다. 설사 저항이 있다고 하더라도 왜의 대군을 업은 풍장이 진압할 수 있었다. 하지만 그동안 부흥운동에 참여해온 이들의 가슴에 깊이 새겨진 상처는 간단히 아물 수 있는 것이 아니었다. 노태돈 교수의 지적대로 그들 사이를 엮어주던 상호 신뢰와 헌신은 크나큰 타격을 입었다.

이를 가장 반긴 것은 신라였다. 『일본서기』는 이렇게 전한다. "신라는 백제 왕이 자기의 훌륭한 장수 목을 베었으므로 곧장 백제에 들어가 먼저 주류성을 빼앗을 것을 계획했다." 그즈음 당나라 장군 손인사孫仁師가 이끄는 당나라 함대 170척이 덕물도에 도착했다. 『삼국사기』「김유신전」을 보면 신라의 문무왕이 친히 김유신 등 장군들을 이끌고 663년 7월 17일 출정했고, 웅진부성에 도착해 주둔하고 있던 유인궤의 당군과 합류했다. 8월 13일 신라 육군은 주류성 공격에 들어갔다.

100

마침내 백제가
무너지고
삼국통일의
서막이 열리다

백강 전투

백제에 주둔한 왜 대군은 식량이 문제였다. 그해 봄 신라군이 백제 남부의 4개 주에 불을 지르고 워낙 싹쓸이해가는 바람에 백제 해안 지역에서는 도무지 먹을 만한 것을 찾아볼 수 없었다. "(663년) 봄 2월 신라인이 백제 남부의 4개 주를 불태우고 아울러 안덕 등의 요지를 빼앗았다."(『일본서기』) 몹시 건조한 봄에 이뤄진 신라의 대규모 방화는 계산된 것이었다.

왜의 병참선

왜군은 병참선을 확보하기 위해 현 후쿠오카에서 대마도를 거쳐 닿은 신라 해안의 사비 지역과 기노강 두 개의 주요 항만을 차지하고 그곳에 요새를 증축했다. 방어를 위해 대규모 병력을 주둔시켰으며, 백제 서남해안 지역의 만을 낀 호예성과 침복기성枕服岐城 등에도 배가 접안하고 쉴 곳을 만들어놓아야 했다. 이보다 후대인 임진왜란 때에도 왜군은 남해에서 서해로 향하는 병참선을 확보하기 위해 이순신과 싸웠다.

662년 겨울 12월 백제의 수뇌부는 식량 문제를 염두에 두고 산악 지역인 주류성을 떠나 들이 넓은 김제의 피성避城으로 옮겼다. 하지만 이 듬해 봄 신라군이 피성과 가까운 안덕을 점령하는 바람에 다시 주류성 으로 물러났다. 그곳은 도저히 식량을 생산할 수 없는 산악지대였다. 본 국에서 식량을 배로 실어와야 했던 왜군들은 식량 운반선들로 이뤄진 소함대를 꾸려야 했다. 전력 분산이 불가피했고, 작전을 위한 전력을 집 중시키는 데 시간이 소비됐다. 그 와중에 왜는 때를 놓쳤다. 주류성이 나당연합군에 포위된 다음에야 백강에 도착한 것이다.

663년 8월 13일 나당연합군은 주류성 앞에 도착해 압박을 가했다. 어린 시절 음모의 온상인 백제 궁정에서 자란 풍장은 교활함이라면 일

가견이 있었다. 그는 포위되기 이전에 평계를 대고 성을 빠져나갔다.

"지금 들으니 왜국의 구원 장군이 용사 1만여 명을 거느리고 바다를 건너오고 있다. 여러 장군은 미리 도모함이 있기를 바란다. 나는 스스로 백촌百村에 가서 기다리고 있다가 접대하리라."(『일본서기』)

풍장은 기병을 이끌고 주류성을 나와 백촌으로 향했다. 그곳에 왜군의 선박이 일부 와 있었다. 풍장은 왜의 지휘함에 올랐다. 남은 그의 기병들이 언덕에서 선박을 호위했다. 그때 신라군 기병이 공격해왔고 기병전이 벌어졌다. 그 사이에 풍장은 배를 타고 빠져나갔다.

백제 기병이 전멸당하는 광경은 나당연합군의 사기를 고조시켰고, 성 위에 있던 백제와 왜 연합군의 사기를 죽였다. 4일 후인 8월 17일 나당연합군의 육군이 주류성을 포위했고, 당 수군 170척이 웅진강熊津江에서 백강으로 옮겨와 진을 쳤다. 신라 육군은 문무왕과 김유신 등이 통솔했고, 당 육군은 유인원과 손인사 등이 지휘했다. 전함과 식량운반선으로 구성된 당 수군은 유인궤와 부여융이 이끌었다.

당 수군의 작전

당 수졸들은 산둥 반도 출신이었다. 그곳은 전국시대 이래로 뛰어난 선원의 배출지였다. 660년 백제 멸망전쟁과 이듬해 평양 포위진을 수행한 수군들 가운데 상당수를 차지한 그들은 조수간만 차가 심한 한반도의 바다에도 정통해 있었다. 왜 선원들은 대부분 얼치기였다. 세토 내해의 바다는 잘 알고 있었지만 한반도 쪽은 몰랐다. 대마도 출신들은 한반도 남해안 지역의 바다를 어느 정도 알고 있었지만 서해안에는 무지했고, 백제 선원들의 도움 없이는 조수간만의 차가 심한 그 바다를 항해하기 쉽지 않았을 것이다. 유능한 당 수군의 지휘관들은 먼저 백강 입구의 좁은 해협에서 전투할 계획을 세웠다. 나당 육군에 포위돼 주류

일본의 고대 갑옷인 단코短甲.

성에 갇힌 백제군과 왜군의 목숨은 그 작전의 담보물이었다. 백강의 수로를 당군이 장악하고 있는 한 그 포위망을 풀 수 없고, 그들은 굶어 죽고 말 것이다. 좁은 해협에서 싸울 경우 함선이 무거워야 한다. 가볍고 날랜 함선에 허를 찔릴 염려가 없는 그곳에는 선박 아래에 무게가 나가는 물질을 채워도 문제가 되지 않는다. 바람만 불어준다면 금상첨화다. 가벼운 배는 흔들릴 것이지만 무거운 배는 그렇지 않다.

663년 8월 27일 왜 수군이 나타났다. 선발대가 백강으로 들어와 당수군을 공격했지만 패배했다. 탐색전이라 큰 피해는 보지 않았던 것 같다. "27일 일본의 수군 중 먼저 온 자와 대당의 수군과 대전했다. 일본이 져서 물러났다. 대당은 진을 굳게 해 지켰다."(『일본서기』) 당 수군 함대의 묵직함이 느껴지는 대목이다.

표면적으로 드러내지 않았지만 풍장과 왜 수뇌부는 '우려'를 공유하고 있었다. 문제는 시간이었다. 당군 전력은 만만치 않다. 하지만 후퇴한다면 당장 주류성이 함락될 것은 불 보듯 뻔했다. 백제 부흥의 중심지인 주류성을 살리기 위해서는 어떻게든 당장 싸워야 했다. 당은 진형을 가다듬고, 싸우지 않을 때부터 적을 압박해 불리한 상황인 줄 알면서도 결전을 피할 수 없는 상황으로 몰아넣었다. 싸운다 해도 방어만 해 전력소모를 피하고 충분히 우위에 선 상태에서 결전을 기다리고 있었던 것이다.

백강의 결전

왜군 수뇌부의 결정은 다음과 같았다. "일본의 여러 장군과 백제의 왕이 기상을 보지 않고 우리가 선수를 쳐서 싸우면 저쪽은 스스로 물러날 것이다."(『일본서기』) 왜군의 중군 400척이 당 수군이 버티고 있는 백강으로 기수를 돌렸다. 기록을 바탕으로 전투 장면을 그려보자. 왜군

변산반도 쪽 새만금 방조제에서 바라본 동진만.
계화도界火島가 보인다.
「백강고」(이마니시 류, 『백제사연구』)는
계화도 부근에서 백강 전투가 있었다고 주장한다.
반면 「백제전역지리고」(쓰다 소키치, 『조선역사지리』)는
백강 전투 장소를 금강이라고 보았다.
두 학설은 현재까지도 평행선을 달리고 있다.
ⓒ 공주시청

은 백강에 들어가 두 번에 걸쳐 싸웠다. 당군이 연승했다. 마지막 세 번째 싸움에서 당 수군의 가운데 대열이 뒤로 물러났다. 왜군 선단은 대오가 흩어진 상태로 전진했다. 당 수군이 물러나면서 만들어진 대열 속으로 왜군의 선단이 들어왔다. 왜군이 포위된 장면을 『일본서기』는 "대당은 좌우에서 수군을 내어 협격했다"라고 표현하고 있다. 그것을 가능했던 것은 당이 기다리던 바람이 불었기 때문으로 생각된다. 기상변화 결과로 "뱃머리와 키를 돌릴 수 없었다."(『일본서기』)

바람이 불자 묵직한 당 선단은 요지부동이었지만 왜의 배들은 크게 흔들려 불화살을 쏘기도 힘들었다. 잘못하면 불통이 쓰러져 자신의 배가 화염에 휩싸일 수도 있었다. 그뿐만 아니라 포위된 상태에서 배들이 몰려 있어 공격을 감행할 수 있는 시야도 제한적이었다. 당군은 이와 정반대였다. 헝겊에 휘발성 물질을 적신 당군의 불화살이 왜 선단에 비처럼 쏟아졌다. "왜병을 백강 입구에서 만나 네 번 싸워 모두 이기고 그들의 배 400척을 불사르니 연기와 불꽃이 하늘을 빛냈고 바닷물도 모두 붉게 됐다."(『자치통감』)

663년 9월 7일 주류성이 나당연합군에 의해 함락됐다. 백제인들은 탄식했다. "주유(주류성을 의미)가 항복했다. 일을 어떻게 할 수 없다. 백제의 이름은 오늘로 끊어졌다. 조상의 분묘가 있는 곳을 어찌 또 갈 수가 있겠는가."(『일본서기』)

백제는 한반도에서 사라졌다. 오늘날 한중일 삼국으로 나뉜 동아시아 세계의 원형이 만들어지고 있었다. 백제 통합의 중요 걸림돌인 왜가 한반도에서 밀려났고, 신라는 삼국통일에 한 걸음 다가섰다. 망명한 백제 지식인들의 권고로 왜국은 국호를 일본으로 바꿨다.

101

측천무후,
봉선의식을
기획하다

의례에 가려진
연개소문의 죽음

664년 10월 연개소문이 죽었다. 22년에 걸쳐 강력한 권력을 누린 절대
권력자, 천하의 당 태종을 물리친 그의 죽음은 동아시아를 발칵 뒤집어
놓았다. "이달에 고구려 대신 연개소문이 그 나라에서 죽었다. 여러 자
식에 유언해 말하기를 '너희 형제는 고기와 물 같이 화합해 작위를 다
투는 일은 하지 마라. 만일 그런 일이 있으면 이웃 나라들의 웃음거리가
될 것이다'라고 했다."(『일본서기』 천지천황 3년(664) 10월 조)

바다 건너 일본 측 기록은 그의 사망 '시점'과 유언에 대해 구체적
인 사실을 전하고 있다. 하지만 중국 측 기록은 침묵하고 있다. 그렇다
면 고종은 자신의 아버지를 패배시켜 반신불수의 불구자로 만들고 사
망에까지 이르게 한 연개소문, 그의 죽음을 몰랐다는 말인가?

의례의 계절

당은 당시 한반도 상황에 신경 쓰고 있었다. 665년 2월에 웅진부성,
당나라 칙사 유인원이 보는 앞에서 백마를 잡고 백제의 부여융과 신라

의 왕자 김인문이 맹약을 맺었다. 이어 그해 8월 공주의 취리산에서 신라 문무왕과 웅진도독 부여융이 재차 맹약의식을 거행했다. 유인궤가 지은 축문 일부는 이러하다. "만약 맹세를 어기고 먼저 군사를 일으켜 변경을 침공하는 자는 신이 온갖 재앙을 내려 자식을 기르지 못하게 하고 사직을 끊어지게 할 것이다. 금가루로 쓴 증표를 종묘에 간직하고 자손만대에 어기지 말지어다."

665년 8월 황제는 신라 왕자 김인문과 고구려 보장왕의 태자 복남福男을 당나라로 소환했다. 666년 정월 초하루 타이산에서 봉선封禪의식이 행해질 터였다. 하늘과 땅에 바쳐진 봉선은 중국 통치자들의 의례 가운데 가장 엄숙한 것이다. 타이산은 광활한 화북 평원에 우뚝 솟은 봉우리로 해발 1545미터이며, 주변을 한눈에 전망할 수 있다. 순례자는 타이산에 오름으로써 세계의 중심에 도달했고, 세속을 넘어 신성한 국면으로 들어갔다. 광대무변한 산의 정상은 삼라만상이 시작되는 곳이었다.

봉선의례가 후한의 광무제 이후 600년 만에 행해진 것은 그 규모와 절차 준수의 어려움, 그리고 전쟁 때문이었다. 태종도 641년에 행하려 했지만 설연타의 침공 우려 때문에 중지했고, 646년에 다시 시행하려 했지만 고구려에서 패전한 후유증으로 중풍에 걸리는 바람에 중지했다. 그의 마지막 날도 고구려와의 전쟁에 바쳐졌다.

황후가 주도한 봉선

이번 봉선은 측천무후가 기획한 것이었다. 655년부터 황후가 된 그녀는 황제에게 봉선을 은근히 제안해왔고, 권력을 거의 장악한 659년 그녀의 대변자 허경종에게 그 문제에 대해 논의하도록 지시했다. 660년 후반에 고종은 중풍으로 고생했는데, 병증이 주기적으로 나타나고 신체의 부분적 마비를 가져와 옥체를 손상시켰다. 병세가 호전되기도 했지

타이산 자락의 풍경

만 자주 재발했다. 황제가 무기력해지자 황후는 국정을 쉽게 처리할 수 있었고, 실질적으로 천하의 통치자가 됐다. 662년 이세적과 허경종 등 그녀의 지지자들이 조정의 고위직을 차지했다.

그러나 조정에서 황후의 우세한 지위는 모양새가 좋지 못했다. 유교적 관념에 어긋나는 것이었기 때문이다. 그녀의 권력은 조정의 관리들에게 은밀한 도전을 받았다. 불안한 측천무후 옆에는 타이산의 종교적 숭배에 착안해 그녀의 힘을 고양시키려는 산둥 출신 방사나 유학자들이 많았다. 봉선을 통해서 황후의 지위를 황제와 동등하게 만들고, 비판자들을 무마시키기 위해 그녀는 의식에서 중요한 역할을 맡기로 되어 있었다. 그런데 662년에 공표된 봉선은 느닷없이 취소됐다. 당시 당은 고구려와 백제에서 고전하고 있었고, 하북 평원의 백성들은 피폐해 있었다.

더구나 이듬해인 663년에는 한반도에서 왜군과 전쟁을 벌여야 했다. 왜군을 백제에서 성공적으로 몰아내고 664년 7월에 이르러서야 666년 정월에 다시 봉선을 거행키로 결정했다. 측천무후의 절박함이 추진력의 원료였다.

전쟁보다 중요한 의례

664년 10월 연개소문의 죽음으로 당 제국은 고구려를 멸망시킬 수 있는 기회를 맞이했다. 그러나 더 이상 미룰 수 없는 중요한 행사를 앞둔 황후는 사건의 공론화를 막았으리라. 고구려와의 전쟁은 봉선을 연기할 수 있는 충분한 이유가 될 터였다. 665년 2월 장안을 출발한 봉선 행렬이 동도인 낙양에 도착해 8개월간의 긴 휴식을 취하고 있을 때에도 마찬가지의 상황이 발생했다. 연개소문의 아들들 사이에 내분이 터졌다. 연개소문의 장남인 연남생의 묘지명에는 당시 사정이 다음과 같이 기록돼 있다.

"32세 때(665) 태막리지太莫離支로 더하여 군국軍國을 총괄하는 아형원수阿衡元首가 되었다. 변경의 백성들을 어루만져 달래려고 밖으로 변방을 순정했다. 그런데 두 아우 천남산泉男産(연남산)과 천남건泉男建(연남건)은 병사를 내어 안에서 저항했다. 장차 평양을 함락시켜 악의 근원을 사로잡으려고, 먼저 오골의 교외에 이르러 북을 울리면서 나아갔다. 이에 대형大兄 불덕弗德 등을 보내어 표表를 받들고 (당 조정에) 입조하여 그 일들을 알리려 했는데 마침 이반離反이 있어 불덕은 머무를 수밖에 없었다. 공은 현도성에서 수신하면서, 다시 대형 염유冉有를 보내 정성精誠의 효명效命을 거듭 알렸다."

665년 연남생은 대형 염유를 당 조정에 보내 원군을 요청했다. 놓칠 수 없는 기회가 왔다. 하지만 봉선의례를 우선시한 측천무후는 그것을 의도적으로 묵살했으리라.

봉선을 통한 국제질서 완성

그녀는 황제와 함께 665년 10월 타이산으로 향했다. 고종의 정권자체가 움직이는, 100리에 달하는 화려하고 장엄한 행렬이었다. 수만의 경호원이 황제를 상징하는 깃발을 펄럭이고 금속병기를 햇빛에 번쩍이며 엄숙한 장면을 연출했다. 문무백관 외에도 변방에서 온 이방인들이 있었다. 돌궐·호탄·페르시아·인도·버마·베트남·고구려·백제·신라·왜 등에서 온 지배자나 그 대리인들이었다. 당시 당은 서쪽의 신강, 러시안 투르키스탄, 옥수스 계곡, 톈산 북쪽 일리 계곡, 한반도의 백제 등을 정복했다. 중국의 영역은 한반도에서 황해를 지나 페르시아에 이르기까지 역사상 전례 없는 팽창을 이뤘다.

665년 12월 광대한 평원에 깎아지른 듯 우뚝 솟아 있는 산 하나가 시야에 들어왔다. 타이산 아래에 도착한 후 의례학자들이 절차를 놓고 회합을 가졌다. 지신地神은 여성이라는 논리가 만들어졌고, 황후들은 의례행사에서 배위配位의 직위를 할당받았다. 고종은 측천무후가 아헌亞獻을 행하고, 후궁들이 종헌終獻을 행하도록 했다. 666년 정월 초하루 건봉乾封으로 연호가 바뀐 그날 고종은 타이산 아래 제단에서 몸소 의례를 행하고 타이산 정상에 올랐다. 다음날 옥책玉策을 봉하는 의례를 하고 산을 내려왔다.

셋째 날 황제가 지신에게 봉선식을 행한 후 측천무후가 후궁들을 거느리고 제단으로 올라갔다. 그녀는 지신을 위해 여자들이 술잔과 음식 접시를 채우고 노래를 부르는 것을 지휘했다. 이 의식을 행하기 위해 그녀는 그토록 노력해왔다. 의식에 여자가 참여하는 광경을 보고 있던 관리들은 몰래 비웃기도 했다. 모든 절차가 끝나고 풍성한 연회가 하루 종일 벌어졌다. 그 자리에서 측천무후는 내란에 휩싸인 고구려를 멸망시켜 권력을 확고히 하겠다는 마음을 먹었을 것이다. 그해 5월 동생들에게 밀려 위험해진 연남생이 아들을 보내 구원을 요청했다. 그의 묘지명은 이렇게 전한다. "건봉 원년(666) 공은 아들 헌성獻誠을 입조시켰다."

102

연개소문이 죽자
그 아들 삼형제가
내분을 일으키다

고구려의 분열

666년 5월 장남 헌성이 당 조정에 도착했다. 그는 자신의 아버지가 지금 얼마나 위험에 처해 있는지 말하고 원군을 요청했다. 사람들이 고구려 멸망이 멀지 않았음을 알게 된 장면이다.

연개소문의 후계자 남생

연개소문이 살아있을 때는 별 문제가 없었다. 하지만 그가 늙어가자 후계 구도를 염두에 두고 3형제에게 각각 접근하는 무리가 있었다. 그들은 자신이 줄을 댄 주인이 권력을 잡기를 원했다. 연개소문은 그 아들들에게 "너희 형제들은 물과 고기 같이 화목하여 벼슬자리를 다투지 말라"고 유언했다. 뭔가를 감지하고 불화를 우려했던 것이다.

장례를 마친 직후인 665년 초 장남 남생이 아버지의 지위를 물려받아 태막리지가 됐다. 지방에서 새로운 섭정의 명령이 잘 먹혀들지 않았다. 대를 이은 집권을 탐탁지 않게 여긴 사람들이 있었던 것 같다. 남생은 이를 무마하기 위해 무장하고 지방에 갔다. 그의 묘지명은 이렇게 전한다. "공은 일이 중앙 집권적으로 되지 않아 바야흐로 밖으로 나가 변경의 백성들을 달래려고 황전荒甸(변방)을 순정巡征했다."

묘지명을 보면 남생은 후계자로 키워졌다. 부친이 정권을 탈취한 642년에 9세의 나이로 선인先人의 관위에 올랐고, 고속 승진해 15세에 중리소형中裏小兄, 18세에 중리대형中裏大兄, 24세에 장군이 돼 별을 달았다. 당군에 의해 평양성이 포위된 661년 28세 때 막리지로 삼군대장군이 돼 후계를 약속받았다. 그는 지방에 가면서 평양에 남은 동생들에게 내정을 맡겨 장남다운 면모를 보였다.

형제에게 줄 선 문객들

하지만 형제들에게 줄을 선 사람들이 문제였다. 『일본서기』 덴지천황 6년 10월 조의 기록에 그들을 '측조사대부側助士大夫'라고 표현하고 있다. 그들은 고구려 전통 귀족 출신이라기보다 일종의 문객으로 여겨진다. 『삼국사기』는 그들의 이간을 전하고 있다. 한 사람이 말했다. "형은 동생들을 제거하려 합니다. 먼저 치는 것이 좋습니다. 지금 평양을 비우고 북쪽 여러 성을 돌고 있으니 절호의 기회입니다."

동생들은 그 말을 믿으려 하지 않았다. 먼저 움직인 쪽은 형이었다. 그의 수하들이 말했다. "동생들이 막리지 각하가 평양으로 돌아오는 것을 원치 않습니다. 위임받은 권력을 빼앗길까 노심초사하고 있습니다."

형은 사람을 평양에 밀파해 사정을 살펴보게 했다. 하지만 밀정은 곧 동생들의 수하들에게 체포됐다. 줄을 선 사람들끼리는 서로에 대해 잘 알고 있었던 같다.

체포된 자가 남건·남산 앞에 끌려갔고 고문이 행해졌다. 고통을 못 이겨 '감시' 사실을 불었다. 동생들은 형이 일을 꾸미고 있다고 확신하게 됐고, 군사를 이끌고 형의 사저로 쳐들어가 박살을 냈다. 식솔들 가운데 일부는 목숨을 보전할 수 없었다. 형의 차남 헌충獻忠이 살해됐다. 남생의 묘지명은 이렇게 전한다. "동생들은 형의 금쪽같은 어린 아들幼子을 단번에 살육했다. 공은 형제간의 관계가 소원함으로써 눈물을 머금고 격문을 사방으로 보내니 동맹 세력이 많이 모여 마침내 창을 들었다."

내전의 시작

동생들과 같은 하늘 아래 살 수 없는 원수가 된 형은 옛 도읍지인 국내성에 둥지를 틀었다. 국내성 이하 6개 성 10만 호가 그의 세력권 안에 있었고, 목저성 등 부여 방면의 3개 성이 그의 편을 들었다. 형은 전쟁을 선언했다. "악의 근원을 사로잡아 없애겠다."

국내성에서 출발한 그의 군대는 평양 진격을 목적으로 오골성 교외에 이르러 슬견요새瑟堅要塞를 깨고 동생들이 부당함을 선포했다. 그리고 북을 울리며 압록강을 향해 전진했다. 동시에 원군을 요청하기 위해 대형 불덕 등을 당 조정에 보내려 했다. 하지만 실패했다. 그의 묘지명에서는 "이반이 있어 불덕은 머무를 수밖에 없었다"라 하고 있다. 당에 군대를 요청하는 것에 대한 내부 반발도 생각해 봄직하다. 고구려인들은 거친 전사이자 능숙한 궁수였다. 그들에게는 당나라로부터 조국을 방어하려는 필사의 의지가 있었다. 하지만 연개소문이 죽고 그 아들들 사이에 내분이 일어나자 누구를 위한 전쟁인지 의문을 품었을 것이다.

한편 절대적인 군사력 열세를 경험한 직후 형과 그 수하들은 마음이 완전히 바뀌었다. 남생의 장남인 헌성의 묘지명은 이렇게 전한다. "공(헌성)은 손가락을 굽혀 적을 헤아리고서 대적하는 것이 결국 불가능하다고 여겨 (아버지) 양공(남생)에게 국내성에 머물면서 백성들을 편안하게 할 것을 권했다. (그리고) 양공에게 이르기를 '지금 사신을 파견하여 중국에 입조하게 하되 정성과 성심을 다하면 중국에서는 대인이 왔음을 듣고 반드시 흔연히 맞아들일 것입니다. 그리고서 병력을 청하고 연합하여 토벌하면 이것은 안전하고 반드시 승리를 하게 되는 계책입니다'라고 했다. 양공은 그렇다고 여겨 여러 추장에게 이르기를 '헌성의 말은 심히 택할 만하다'고 했다. 그날로 수령 염유 등을 파견해 당에 들어가게 하니 당나라 고종은 친히 조칙을 내려 위무하고 다시 양공(남생)을 동도주인東道主人으로 삼고 대총관을 겸수했다."

동생들에게 밀린 형

압록강 하류가 지척인 오골성 교외까지 진군한 남생은 노도와 같이 밀려오는 동생들의 군대를 보고 겁에 질렸다. 도저히 당해낼 수 없다고 판단한 그는 장남 헌성의 권고로 국내성으로 물러나면서 재차 당 조정에 원군을 요청했다. 장기적 안목을 가질 수도 없었다. 오늘 당장 생존하지 않으면 내일은 없었다. 고구려는 망해도 자신과 그를 따르는 사람들의 지위는 보장받겠다는 것이었다.

사신 염유 등이 당 조정에 도착하자 고종은 남생을 당나라 대총관에 임명했다. 내전 상황에 대한 구체적이고 소상한 정보가 당 조정에 알려졌다. 하지만 당군은 당장 움직이지 않았다. 앞의 글에서 언급한 것처럼 665년 2월부터 10월까지 당 조정의 실권자인 측천무후는 낙양에서 고종과 함께 타이산에서 봉선의례를 준비하느라 정신이 없었다. 봉선이란 천명을 받은 새로운 실력자의 등장으로 세계에 평화가 왔음을 선전하는 자리가 아닌가. 무엇보다 엄숙하고 거대한 의례와 축제가 예정된 마당에 고구려 상공에 떠 있는 시커먼 전운의 그림자를 공개적으로 거론하는 것은 분위기를 망치는 일이었다. 666년 정월 하늘과 가까운 타이산에서 봉선이 끝나고 그것을 현실의 땅에서 구현하는 축제가 끝나기를 기다려야 했다.

모든 것이 마무리된 그해 5월 헌성이 왔다. 이로써 고구려의 모든 핵심적인 군사기밀이 당에 넘어갔다. 장막에 가려진 고구려는 수나라 대에 대외정책 전문가였던 장손성과 배구도 전혀 알 수 없던 곳이었다. 이제 비밀의 빗장이 열렸다. 더구나 고구려에 내응할 남생의 군대가 있지 않은가.

그러나 당의 고구려 침공에는 장애물이 있었다. 서역의 상황이 좋지 못했다. 『돈황본토번역사문서』를 보면 666년 그해까지도 여전히 토번 섭정 가르통첸이 10만 대군과 함께 칭하이 호 지역에 주둔하고 있었다. 그는 이미 토욕혼을 모두 점령한 상태였고, 한 해 전 정월 당 조정에 사신을 보내 황하가 칭하이 성 홍해현을 지나는 적수赤水에 목축을 하겠다는 서안을 전달했다. 이것이 거절당하자 3월 토번군은 소륵과 손잡고 타림 분지 남부 최대의 오아시스 도시 우전을 공격한 바 있다. 당 조정의 결정이 문제였다.

압록강으로 다가가기 위한 전략적 요충지인 오골성의 풍경.
665년 이 부근에서 남생과 그 동생들의 첫 무력 충돌이 있었다.

103

연남생이
휘하 세력을 이끌고
당에 투항하다

당의 내전 개입

한번 시작된 내전의 불길은 삽시간에 고구려 국토 전체를 휩쓸었고, 그 누구도 멈출 수 없었다. 당시 고구려의 정치체계는 그것을 수습할 수 없는 반신불수였다. 귀족회의나 왕이 있었다고 하더라도 허울뿐이었다. 국왕과 200명의 고위 귀족들을 한꺼번에 죽이고 들어선 연개소문 정권은 고구려의 기존 체계를 파괴해버렸다. 집권한 연개소문은 기존 권력기구를 완전히 무력화시키는 과정에서 자신의 피를 받은 아들들에게 권력을 나눠줬고, 세습화의 길을 걷지 않을 수 없었다. 때문에 연개소문의 죽음은 권력의 공백을 발생시켰고, 유일한 권력장치 내부에 분쟁이 발생했을 때 이를 중지시킬 어떠한 실질적 존재도 남아 있지 않았다.

고구려 귀족들은 내전을 고구려가 멸망해야 멈추는 쳇바퀴로 봤던 것 같다. 중국에서 발견된 고자高慈의 묘지명은 아버지 고문高文이 가솔들을 이끌고 당에 항복해 온 이유를 이렇게 전한다. "고구려가 필연적으로 망하는 것이 예견돼 마침내 형제들을 이끌고 (당에) 투항했다."

신라의 개입 독촉

666년 4월 신라의 사절이 당 조정에 도착했다. 헌성보다 1개월 앞선 시점이었다. 김유신의 아들 나마奈麻 삼광三光과 천존의 아들 한림漢林은 당 조정에 숙위를 청했다. 그들은 당에 눌러앉아 향후 나당연합군의 군사작전을 조율할 전권대사와 같은 임무를 띠고 왔던 것 같다. 그들의 손에 들려 있는 신라 문무왕의 서한 내용은 이러했다. "왕은 이미 백제를 평정했으므로 고구려를 멸망시키고자 하여 당나라에 군사를 요청했다."(『삼국사기』)

내전 상태에 들어간 고구려를 남북에서 동시에 공격하자는 것이었다. 언제나 중국 측에서 먼저 강요하고 수동적으로 따라가던 신라였다. 그러던 그들이 이러한 제안을 했다는 것은 확신이 있다는 증거였다. 665년에 시작된 고구려 내전을 신라도 알고 있었다. 이름 없는 고구려인들이 난리를 피해 신라에 투항해왔고 그들을 통해 고구려의 소식이 전해졌다.

665년 겨울 신라에서는 수많은 백성이 군수품을 등에 지고 어디론가 향하고 있었다. 소백산맥을 넘고 태백산맥을 지나 동해안을 따라 북상하고 있었다. 남쪽 경상도 지역에서 막 올라온 백성들은 전쟁이 일어나지도 않았는데 왜 이토록 먼 거리에 있는 곳까지 등짐을 지고 가야 하는지 영문도 몰랐다.『삼국사기』 문무왕 5년(665) 겨울 조에 이렇게 기록하고 있다. "겨울에 일선주와 거열주 두 주의 백성들로 하여금 군대에 쓸 물건을 하서주河西州에 운반하게 했다."

경상도 서부 지역의 인력들이 강릉 지역으로 군수품을 옮기는 작업에 들어갔다. 오랫동안 전쟁에 동원돼 타성이 붙은 백성들은 국가가 시키는 대로 묵묵히 따랐다. 여기에는 뭔가 이유가 있었을 것이다.

해안 북쪽 고구려, 죽은 연개소문의 동생 연정토淵淨土가 지배하는 중국 랴오닝 성 푸순 노동공원의 현재 모습.
현도성의 옛터로 추정된다.
고구려를 배신한 남생은 666년 9월
현도성 부근에서 당군을 맞이했다.

원산 지방에서 뭔가 움직임이 포착된 듯하다. 666년 12월 원산 12개 성을 지배하던 연개소문의 동생 연정토가 그곳의 땅과 백성을 신라에 넘기고 투항한 사건은 이와 무관하지 않은 것 같다. "연정토가 12성 763호 3543명을 이끌고 와서 항복했다. 연정토와 그 부하 24명에게 의복과 식량·집을 줘 왕경과 주州·부府에 안주시키고, 그 8성은 온전하므로 군사를 보내 지키게 했다."(『삼국사기』 문무왕 6년 조) 강릉에 군수품을 집중시킨 신라는 해안을 따라 북상해 원산 지역에 있는 8개 성을 접수했다. 이곳은 668년 7월 신라 비열홀성 사단이 평양으로 직공하는 중요한 배후 기지가 된다.

남생 구원작전

666년 6월 당 조정은 현도성에 웅거하고 있는 남생을 일단 구출하기로 결정했다. 서역의 상황이 좋지 않지만 그의 목숨을 붙여놓아야 했다. 그가 사라지면 내전이 종식될 것이고, 두번 다시 올 수 없는 절호의 기회를 놓치게 될 것이다. "(남생이) 아들 헌성을 당나라에 보내 내응해주기를 구하니, 황제가 헌성에게 우무위 장군을 배수拜授하고, 승여乘輿·승마乘馬·서금瑞錦·보도寶刀를 하사하여 돌려보냈다."(『동국통감』 666년 6월 조) 황제는 남생의 아들에게 당나라 장군직과 원군 파병의 증표인 승여와 보금 등을 줘 현도성으로 돌려보냈다.

또 다른 기록도 있다. "글필하력을 요동도 안무대사로 임명하고, 좌금오위장군 방동선龐同善과 영주 도독 고간高侃을 행군총관으로 삼고, 좌무위장군 설인귀와 좌감문장군 이근행李謹行을 후속부대로 (고구려로) 떠나보냈다."(『신당서』)

666년 6월 황제의 임명을 받은 글필하력은 방동선과 함께 장안에서 북상해 오르도스 부근으로 가서 기다리고 있던 글필부 부락병을 이끌고 곧장 동진해 영주(차오양)에 도착했던 것으로 보인다. 대고구려 전선 총사령부인 그곳엔 중국인 군대가 주둔해 있었고 휘하에 거란·말갈·해로 편제된 기병단이 있었다. 8월께 글필하력은 자신의 돌궐계 기병과 영주 도독 고간이 이끄는 병력과 함께 남생이 웅거하고 있는 현도성으로 향했다. 『동국통감』은 당시 남생은 휘하에 거란·말갈을 거느리고 동생들에게 대항하고 있었다고 한다. 그는 아들을 통해 받은 당나라 군대 깃발을 휘날리며 두 종족의 기병을 이끌고 있었다.

9월 방동선의 부대가 현도성 부근에 가장 먼저 도착했다. 동생들의 군대와 싸움이 벌어졌고, 방동선이 방어선을 돌파해 남생이 있는 곳으로 진군했다. "(666년) 9월 방동선이 고구려군을 대파했는데 남생이 군사를 이끌고 와서 방동선과 합했다. 조서를 내려 남생을 특진 요동대도독으로 삼고, 평양도 안무대사로 삼으며 현도군공으로 책봉했다."(『자치통감』)

남생이 병력을 당군과 합치면서 고구려와 당나라에 각각 속해 있던 거란과 말갈 등의 종족들이 거의 최초로 하나가 됐다. 『삼국사기』 「연개소문전」은 "남생이 거란과 말갈을 이끌고 당나라에 붙었다"라고 표현하고 있다. 이 사건은 고구려 멸망은 물론이고, 그 이후에 일어날 역사적 사건에도 영향을 줬다. 하나가 된 종족들은 후속으로 도착하는 이근행 휘하 병력으로 나당전쟁기에 활용될 터였다. 30년 후 발해를 건국할 대조영의 초기 집단도 이때 남생과 함께 당에 흡수된 것으로 여겨진다.

토번의 서역 잠식

666년 12월 당 조정은 고구려를 멸망시키기 위한 사상 초유의 전쟁을 결정했다. 73세인 이세적이 총사령관에 임명됐다. 21년 전 고구려에 패배해 돌아온 그는 한을 품고 살았다. 글필하력 등의 고구려 주둔

부대는 당의 대군을 현지에서 기다렸다. 하북 지방 여러 주에서 거둘 세금은 고구려 전쟁물자로 전용됐고, 운량사運糧使·두의적竇義積·독고경운獨孤卿雲·곽대봉郭待封 등이 그것을 고구려로 운반하는 책임을 맡게 됐다. 상상치도 못할 규모의 군대가 고구려로 향하려 했다. 당이 고구려와 전면전에 돌입할 것이라는 소문이 전 세계에 퍼졌다.

마침 우려하던 문제가 터졌다. "(667년) 2월 생강족이 사는 12개 주가 토번에 격파되자 3월 18일에 (당 조정은) 이를 모두 철폐했다."(『자치통감』) 당나라의 기미부주에 속해 있던 티베트계 생강족의 땅을 가르통첸의 아들들이 점령했다. 고구려에 군대를 보내고 있던 당은 여기에 대한 어떠한 조치도 취하지 못했다. 667년 2월 직전부터 토번은 서역 지역에 대한 공격을 본격화했다. 그들은 요동에 당의 주력이 집중되는 것을 파악하고 있었다.

104

전쟁의 암운이
토번에서 당으로,
당에서 고구려로
이동하다

토번의 섭정
가르통첸의 사망

667년 2월 이세적의 당나라 대군이 요하를 건너 신성을 포위했을 시점이었다. 에메랄드빛을 띠는 칭하이 호와 멀지 않은 곳에서 어느 남자가 세상을 떴다. 토번의 실권자인 그의 사망을 『돈황본토번역사문서』는 이렇게 기록하고 있다. "토끼해에 이르러 재상 가르통첸이 일포에서 죽었다至兔年大論東贊日布死于." 『현자희연賢者喜宴』의 역주를 보면 일포는 토욕혼의 어느 지역이라고 한다. 그는 토욕혼 정복을 완료한 후 병을 얻었고 다시 일어나지 못했다. 권력은 그의 아들들에게 상속되었다.

형제 과두정

토번에 과두체제가 들어섰다. "가르통첸에게는 아들 5명이 있었다. 장남은 가르찬시에라論贊悉若인데 일찍 죽었다. 차남은 가르친링論欽陵, 3남은 가르찬파論贊波, 4남은 가르시도論悉多于, 막내는 가르발룬論勃論이었다. 가르통첸이 죽자 가르친링이 형제들과 함께 그 나라를 오로지했다."(『구당서』) 전쟁은 도미노처럼 토번에서 당으로, 당에서 고구려로, 즉 서에서

동으로 밀려갔다. 남생이 요동에서 당나라를 끌어들여 동생들과 전쟁하여 나라를 팔아먹는 행위를 하고 있던 그 시점에 티베트 고원에서는 가르친링이 동생들을 하나로 묶어 토번 제국의 권력을 장악했을 뿐만 아니라 당의 지배 지역을 잠식하고 있었다. 토번은 당이 고구려의 내분을 기회로 삼아 요동에 전력을 집중한 틈을 이용해 과감하게 실크로드 배후 지역을 점령해 갔다. 가르통첸이 연개소문보다 운이 좋았다고 할 수밖에 없다.

가르통첸의 집안은 토번의 명족 가르씨였다. 가르통첸의 권력 장악은 토번 국왕 손챈감포의 총애를 두고 이뤄진 권력투쟁의 산물이었다. 그는 유력한 정치 라이벌인 양동羊同 총독 주체Zutse를 제거하면서 최고 권력자의 길을 걷게 됐다. 주체는 손챈감포가 양동을 격파하고 티베트 고원을 석권하는 데 중요한 역할을 담당한 공신이었다.

가르씨의 권력 장악

양동은 인도 카슈미르 지방 근처의 카라코람 산맥 쪽에 위치한 국가이며, 티베트 고원에서 토번의 가장 강력한 라이벌이었다. 손챈감포는 양동의 왕 리그미Ligmi에게 여동생을 주어 평화를 얻은 다음, 기회를 잡아 일격을 가했다. 644년 양동의 왕비가 된 여동생은 남편 리그미가 숨파의 서쪽에 순시를 간 것을 오빠에게 알렸다. 손챈감포는 도로에 병사들을 매복시켰고 급습을 가해 리그미를 척살했다. 이로 인해 양동의 군대는 대패했고 손챈감포는 티베트 고원의 완전한 지배자가 될 수 있었다. 이 작전을 실전에서 지휘한 자가 주체였다. 그는 공로를 인정받아 양동의 총독이 됐다.

토번의 『편년기』를 보면 주체가 음모를 꾸민 후 손챈감포를 키리봄 성에 은밀히 초대했다고 한다. 이를 알아차린 가르통첸은 손챈감포가

티베트 라싸 근교
5100미터 고지의 풍경.
당나라가 삼국통일전쟁에
개입해 고구려와 치열한
접전을 벌이던 당시
티베트 지역의 강자 토번은
당나라 접경을 침공하며
세력을 확대했다.

가는 것을 중지케 하고 군대를 보냈다고 한다. 기다리던 손챈감포는 오지 않고 가르통첸의 군대가 키리봄 성에 밀어닥쳤다. 이를 알아차린 주체는 자살하고 만다. 가르통첸은 문자를 알지 못했지만 군대를 운영하는 능력과 술책에 뛰어났다고 『구당서』는 전한다. 라이벌을 제거한 가르통첸은 권력자의 자리에 올랐고, 손챈감포가 사망한 후 그의 가문은 토번의 권력을 장악하게 된다.

주전파 가르씨

그래도 가르통첸은 당과 인접한 토번의 동북지역 책임자에 불과했다. 손챈감포 때 이미 전 국토를 6명의 총독에게 위임해 분할 통치하는 제도가 확립돼 있었던 것이다. 손챈이 죽은 뒤 이뤄진 가르씨 일개 가문의 독주는 토번 내 다른 귀족들에게 질시의 대상이 됐을 가능성이 높다. 가르통첸은 군사적 팽창을 통해 내부적인 갈등의 발생 소지를 감소시켰을 느낌이 든다. 그는 654년 병력 12만을 동원해 백란씨를 쳐서 그 땅을 점령했으며, 659년 당과 토욕혼 사이에 모종의 의심스러운 밀담이 오고가자 토욕혼을 급습해 그 괴뢰왕을 죽이기까지 했다. 군사적 공훈을 세우는 것만이 그의 권력을 유지할 수 있는 바탕이 됐다. 토번사학자 사토佐藤長는 가르씨 일가를 주전主戰파로 명명하고 있다.

가르통첸은 660년에 당이 한반도 통일전쟁에 개입하자 그 이듬해 톈산의 궁월을 충동해 당에 반기를 들게 했으며, 662년에 가서 이를 표면화했다. 토번과 궁월이 연합한 군대가 소륵 남쪽에서 소해정이 이끄는 당군과 마주쳤다. 당군은 뇌물을 주고 정면충돌을 피했다. 이듬해인 663년 토번은 파미르 고원의 발률勃律과 와칸胡蜜의 연운보를 점령함으로써 타림 분지에 대한 전략적 위치를 선점하게 됐고, 토욕혼을 완전히 점령했다.

그래도 가르통첸이 살아 있을 당시에는 당과 직접적인 무력 충돌은 없었다. 당은 한반도와 만주에 전력을 집중한 터라 토번과의 전쟁을 되도록이면 피했다. 가르통첸의 경우 전왕 손챈감포의 신임을 받았다. 그는 당과의 결혼동맹 체결에 중추적 역할을 했을 뿐만 아니라 이보다 앞서 히말라야 산록에 있는 네팔국의 공주를 손챈감포의 비로 맞이하는 일을 성사시킨 바 있다. 그에게는 형식적이라 하더라도 손챈감포의 유조를 받아 어린 왕을 보좌한다는 명분이 있었다. 또 다른 토번사학자 헬무트 호프만Helmut Hoffman에 따르면 가르통첸의 섭정에 대해 어린 토번왕은 적어도 표면상의 반감은 나타내지 않았고, 정국 문제 역시 그에게 위임하는 편이었다.

가르씨 형제의 중국 침공

하지만 그의 아들들이 과두정을 행할 당시 토번 왕은 친정을 할 만큼 성장해 있었다. 섭정의 객관적인 필요성이 사라진 때였던 것이다. 따라서 아버지가 죽은 후 아들 형제의 과두정은 비정상적인 것이었다. 이러한 상황은 그들이 군대 장악을 지속시킬 필요성을 절감케 했고, 군대에서 그들의 역할을 확대할 필요가 있었다. 어떻게 해서든지 국내의 관심을 외부로 돌려야 했던 것이다.

토번의 팽창은 이러한 국내 사정과 당의 삼국통일전쟁 개입이라는 대외적 사정이 맞물려 비롯됐다. 가르씨 형제가 토번 군대를 장악한 후 당은 30여 년간 그 침략을 받게 됐다. 가르씨 정권은 권력을 유지하기 위해 당시 세계 최대의 강국 당나라와 전쟁해야 했고, 그 승리의 결실을 재분배하면서 그들의 권위를 고양시키는 수밖에 없었다.

형제들은 토번 제국을 분할 지배했다. "토번의 국왕인 만손만첸이 어려, 가르친링 형제가 나랏일을 했는데, 형제 모두가 용감하고 경륜이 있어 주변의 여러 민족이 두려워했다. 가르친링이 중앙에서 권력을 잡고 나머지 동생들은 군대를 장악해 각 방면을 나눠 차지했는데, 가르찬파는 항상 동쪽 변경을 맡아 30여 년 동안 중국의 우환이 됐다."(『자치통감』)

667년 동생 가르찬파가 중국의 12개 기미부주를 공격해 장악했고, 고구려 전쟁에 여념이 없었던 당은 그것을 깨끗이 포기했다. 그때 당의 총사령관 이세적은 고구려 서북쪽의 최대 지배거점 신성을 공격하고 있었다. 그곳의 함락 여부가 당의 고구려 공략 성공 여부를 결정한다고 해도 과언이 아니었다. "(667년) 이세적은 요하를 건너서 여러 장군들에게 처음으로 말했다. 신성은 고구려 서쪽 변두리의 요충지이니 이를 먼저 얻지 아니하면 나머지 성들은 쉽게 빼앗지 못할 것이다."(『자치통감』). 전쟁의 물결이 티베트 고원에서 중국을 지나 고구려를 향해 동쪽으로 흐르고 있었다.

105

내부의 배신으로
16개 성이
차례로 무너지다

신성 함락

667년 정월 이세적이 이끄는 대군은 요하를 건너 신성에 다가섰다. 지금의 랴오닝 성 푸순의 고이산성으로 추정되는 신성은 톈산산맥의 줄기가 요동평야와 맞닿는 곳에 우뚝 서 있다.

당군은 남생의 제보로 신성에 대한 많은 정보를 알아낸 상태였다. 그 안을 들여다 보면 여러 야산이 3개의 구역으로 나뉘어 방어망이 중첩돼 있다. 평원지대에 우뚝 솟은 장군봉은 멀리서 접근해오는 적도 관측이 가능하다. 성의 창고는 주변 평원에서 생산된 곡물들로 넘쳤다.

신성은 요서에서 요동으로 가는 세 갈래 길 가운데 북쪽의 동쪽 어귀에 위치해 있다. 고구려는 과거부터 이곳을 거점으로 광활한 초원지대와 요서로 군대를 발진시켰다. 북으로는 부여성(지금의 지린 성 쓰핑四平)에 이르고 동북으로는 옛 부여, 지금의 지린 지역으로 통한다. 남쪽으로는 요동성으로 연결되고, 동으로는 소자하 유역을 거쳐 국내성으로 나가는 교통의 길목에 위치한다.

이세적은 신성을 함락시키지 않으면 안 된다고 부하들에게 거듭 강조했다. "신성은 고구려 서쪽 경계를 지키는 성 가운데 최고의 요충지다.

이 성을 먼저 도모하지 않고서는 나머지 성은 함락시킬 수 없다."(『책부원귀』 「장수부」) 그는 이미 645년 4월 5일 신성을 공략한 바 있었다. 열흘 동안 치열한 싸움이 벌어졌지만 덩치가 큰 신성은 요지부동이었다. 전력을 모두 투입한다 해도 이른 시일 안에 함락될 성이 아니었다.

신성 함락 실패의 대가

당시 이세적의 모든 신경은 태종이 요택을 도하하는 타이밍에 가 있었다. 645년 5월 3일 태종은 요택에 도착, 5일 소택지 동쪽을 건너고 며칠 후 고구려쪽 요하의 마지막 본류를 도하할 예정이었다. 황제의 군대가 강을 사이에 두고 분리되는 위험한 시점이 도래할 터였다. 이세적은 먼저 요동성을 포위해야 했다. 그러지 않으면 요동성에 있는 고구려군이 성문을 열고 나와 태종의 도하를 저지할 것이고, 황제는 갈대가 망망대해를 이룬 소택지에서 오도 가도 못 하는 신세가 될 수도 있었다. 시간이 촉박했던 그는 신성을 포기했다.

결국 이세적은 4월 26일 점령한 개모성을 근거로 삼아 당군 일부를 주둔시켜 신성을 견제하게 한 뒤 요동성으로 향해 그곳을 포위했다. 하지만 개모성은 제 역할을 하지 못했고 신성은 두고두고 작전을 방해하는 걸림돌이 됐다. 5월 8일 신성의 고구려 기병들이 요동성 부근에 나타났다. "고구려가 신성·국내성의 기 4만을 파견하여 요동을 구원했다."(『신당서』)

고구려 4만 기병의 1차적인 목적은 요하를 도하하기 직전에 있는 태종의 본대와 이세적 선발대의 결합을 막는 데 있었다. 마음이 다급해진 이세적은 황제의 안전한 도하를 위해 건안성을 공략하고 있던 장검의 기병사단을 차출해 고구려 기병을 겨우 격퇴했다. 이 때문에 요하 입구의 대성大城 건안성이 살아남았다. 6월 23일 주필산에서 승리한 직후 신성으로 알려진 랴오닝 성 푸순의 고이산성.
우측에 요나라 때 세워진 탑이 보인다.

곧장 오골성을 함락시키고 압록강을 건너 평양으로 직공하자는 주장이 나왔을 때 신성·건안성의 보유 병력이 당군의 발목을 잡았다. "황제가 이를 따르려고 하는데 장손무기가 홀로 말했다. 천자가 친히 정벌을 나왔으니 제장이 온 경우와 달라 위험을 타고서 요행을 바랄 수 없다. 지금 건안성과 신성에 있는 오랑캐 무리(고구려군)가 10만인데 만약 오골성으로 향한다면 모두가 우리 뒤를 밟아올 것이다."

안시성 공략이 결정됐고, 그곳에서 막혀 전체 작전이 틀어졌다. 신성을 건너뛰면서 이후 작전 수행에서 전략·전술적 하중이 눈덩이처럼 불어났고 결국 패배하고 말았던 것이다.

신성 공방전

667년 2월 이세적은 신성에 대한 공략을 시작했다. 처음부터 다시 시작한다는 기분이었다. 요동도 행군대총관인 그의 휘하에는 남생을 구하기 위해 고구려에 선발대로 와 있던 부대총관 방동선과 글필하력이 있었다. 돌궐계 기병들을 다수 보유한 글필하력은 신성과 그 주변으로 접근하는 고구려 기병을 봉쇄하는 임무를 맡았던 것으로 보인다.

초반부터 치열한 기병전이 벌어졌던 것으로 생각된다. 신성 주변 평지에 대한 제류권을 확보해야 성을 함락시키기 위한 토목공사를 시작할 수 있고, 보병들이 공성기를 설치해서 성벽 가까이 다가설 수 있다. 하지만 당군은 초전에 밀렸던 것 같다. 이세적은 신성 서남쪽 산으로 후퇴해 나무를 베어 목책을 둘렀다. 성책을 배후 기지로 삼아 신성 앞에서 치열한 공방전이 지속됐다. 고구려군이 밀려와 그들의 목책을 공격하기까지 했다. 『책부원귀』 「장수부」는 이 전투에 대해 아주 짤막하게 전할 뿐이다. "신성 서남에 위치한 산에 의지하여 목책을 쌓아 두르고築柵, 또 싸우고且戰, 또 지켰다且守."

667년 6월에 가서야 이세적은 어느 정도 전투의 주도권을 잡은 것 같다. 7월 3일 당나라 사신이 신라 조정에 도착해 고종의 칙령을 전했다. 신라는 병력을 동원해 평양성으로 진군하라는 명이었다. 당나라 장군 유인원과 함께 문무왕의 넷째 동생 인태가 안변 지역의 연정토 휘하에 속했던 비열홀사단 병력을 이끌고 평양으로 직공하고, 신라군을 징발해 황해도를 거쳐 북진하고, 문무왕의 또 다른 동생인 지경과 개원을 장군으로 임명해 요동 전선에 종군할 것을 명했다. 8월 김유신 등 30명의 장군이 왕경을 출발했다.

내부 배신으로 함락된 신성

9월 14일 마침내 신성이 함락됐다. 내부의 배신자가 성주를 체포하고 성문을 열었던 것이다. 당군의 공격에 성이 언제 함락될지 모르는 상황에 놓이자 신성의 부구扶仇 등이 내부 반란을 일으킨 것이다. 신성 주변의 자성 16개도 각개격파됐다. "성중 사람 부구 등이 그 성주를 묶고 성문을 열어 항복을 청하니 이세적이 군대를 이끌고 나아가 16성을 깨트렸다."(『책부원귀』「장수부」)

이세적은 신성에 잔류 병력을 배치하고 자신은 요동성 방면으로 진격했다. 평양의 남건이 신성 탈환을 위한 반격에 나섰다. 그곳을 지키고 있던 당의 장군 방동선과 고간이 고구려 중앙군과 말갈군의 공격을 받았다. 한편, 남건은 형 남생의 휘하에 있던 소자하 유역의 목저성·창암성·남소성 등을 공격해 다시 중앙정부에 귀속시켰다. 그러자 신성의 당군과 연결이 차단된 국내성 지역의 남생군은 고립됐다. 이 작전이 유효하게 전개되면 고구려는 국내성 지역을 회복하고 신성을 탈환해 침공군을 북쪽에서 압박하고 보급선을 위협하며 지구전을 펼칠 수 있어 전쟁의 전망이 밝아진다.

상황이 예상치 않은 방향으로 흐르자 이세적은 현 서울 지역에서
대기하고 있던 신라군에 병력을 빨리 북진시키라고 독촉했다. "우선 (임
진강에 위치한) 고구려의 칠중성을 쳐서 (당의) 대군이 (평양에) 도착하기를
기다리고자 했다. 그래서 막 성을 공격하려 할 때 (10월 2일) 영공(이세적)
의 사신 강심江深이 와서 (서신을 전했다) 대총관(이세적)의 처분을 받들어
신라 군사는 (칠중)성을 공격할 필요 없이 빨리 평양으로 와 군량을 공
급하고 모이라고 했다."(『삼국사기』)

당은 신라로 하여금 평양을 공격하게 해 남건 휘하 고구려 중앙군
병력을 남쪽으로 분산시키려 했던 것으로 보인다. 10월 초 이세적은 압
록강 부근에 도착했지만 막혀 도하하지 못했고, 다음 달에 고구려의 반
격을 받고 북쪽으로 물러났다. 고구려 중앙군의 공격을 받고 위기에 처
한 신성 등을 구원하기 위해서였다. "11월 11일 장새獐塞(수안군遂安郡)에 이
르러 영공이 돌아갔다는 말을 듣고 (신라)왕의 군사 또한 돌아왔다."(『삼
국사기』)

106

지배층의
분열·투항·배신으로
고구려가 멸망하다

무너지는 고구려

고구려의 물리적 군사력은 고갈돼갔다. 고구려는 신성을 거점으로 서북방의 유목민들을 관리했으며, 그들이 겨울을 날 수 있는 곡물과 생필품을 제공해주고 그 대가로 기병 자원을 지원받았다. 신성의 함락으로 고구려는 서북방의 유목민들을 군사로 동원할 수 있는 연결의 끈을 상실했다. 반면, 당은 수만의 유목민 기병을 동원할 수 있었다. 당시 북방 초원에서 당에 저항할 수 있는 유목민 세력은 없었다.

과거 동업 관계에 있던 유목민들이 당의 손아귀 안에 들어간 것은 고구려에 치명적이었다. 이제 그들은 고구려를 침공하는 당의 첨병이 된 것이다. 당에 대거 이끌려 온 돌궐계 유목민 기병들은 고구려 성들 사이의 연락을 평지에서 차단했을 뿐만 아니라 그 구원군을 거침없이 공격했다.

신성 탈환 실패

667년 10월께 남건은 신성 탈환을 시도했다. 대규모 기병을 그곳으로 보내 방동선과 고간의 군영을 공격했다. 고간은 휘하 유목기병들을 이끌고 성 밖으로 나왔다. 대규모 기병전이 벌어졌다. 처음에는 고구려가 우세했다. 하지만 생각지도 않았던 설인귀의 반격을 받은 고구려군은 금산으로 물러났다.

금산성은 고이산성(신성)에서 서북쪽 19킬로미터에 위치한 석대자산성이라고 한다. 그곳은 동남쪽에 포하蒲河가 흐르고 있다. 요하 중류에서 무순과 철령鐵嶺 지역으로 가는 길목이다. 여기서 동북쪽으로 30킬로미터 가면 철령의 청룡산성靑龍山城과 남소성에 이를 수 있다. 석대자산성은 요하 중류 동쪽의 강변 나루터와 교통요충지들을 지키는 진지며, 요하평원에서 고구려 내지로 들어가는 중요한 출입문이다.

고간은 고구려군이 물러난 금산으로 쳐들어갔다. 하지만 고구려군의 저항에 부딪혀 타격을 입고 후퇴했다. 고간이 일부러 패배해 고구려군을 유인하려 했는지는 알 수 없다. 고구려 기병은 이를 추격했고 점차 대형이 흐트러지기 시작했다. 그러자 당의 장군 설인귀가 유목민 기병을 이끌고 갑자기 나타나 측면을 급습했다. 고구려 기병은 갈팡질팡하다가 무너졌다. 이때 후퇴하던 고간도 뒤돌아서서 설인귀와 함께 고구려군을 협공했던 것 같다. 고구려군은 포위됐고 조직적인 살육이 시작됐다. 수만 명의 전사자가 나왔다. 이 패전의 여파는 컸다. 설인귀와 고간은 승세를 타고 남소성·창암성·목저성 등을 함락시켰다. 이로써 당군은 국내성에 있던 남생의 군대와 연결됐다.

잘못 둔 훈수

한편, 압록강에 도착한 이세적은 부하가 어처구니없는 실수를 하는 바람에 도강을 포기해야 했고, 그해 평양을 포위하려던 계획이 틀어졌다.『자치통감』은 이렇게 전한다. "원만경元萬頃이 「격고구려문檄高麗文」을 지어 말했다. '압록강의 험한 곳을 지키는지 모르겠다.' 연남건이 답장을 보냈다. '삼가 명령 받들겠습니다.' 바로 군사를 옮겨서 압록진鴨綠津을 점거하니 당의 군사들이 건널 수가 없었다."

연남건에게 고구려 정벌의 당위성을 언급하는 격문에 들어간 한 줄의 글이 훈수가 돼 당군의 압록강 도하가 막혔다. 황제는 진노했고, 원만경은 지금의 광저우 지역으로 유배를 가야 했다. 667년 11월 이후 당군은 본토와 연락이 용이한 신성과 요동성 일대로 전선을 축소하고, 국내성 일대의 남생군과 연결해 방어에 임하면서 월동했던 것 같다.

668년 봄 2월 설인귀가 신성에서 북상했다. 불과 3000명의 병력으로 부여성을 공격했다. 그는 적은 군사를 실제보다 많아 보이게 하는 기술이 있었다. 먼저 부여성 밖에서 고구려군과 전투가 벌어졌다. 이번에도 성 앞 평원에서 벌어진 기병전이 승패를 결정했다. 설인귀의 영웅적인 분전으로 고구려 기병 1만이 패배했다. 많은 사람이 죽었고 포로가 됐다. 그 광경을 본 부여성 사람들은 항전을 포기하고 문을 열었다. 소문을 들은 부근 40개의 고구려 성도 자진 항복하고 말았다. 이 작전의 성공으로 요서의 연군-통정진-신성으로 이어지는 당군의 주된 보급선을 북쪽에서 위협할 수 있는 고구려의 세력이 제거됐다.

연남건이 부여성을 수복하기 위해 마지막 반격을 가했다. 병사 5만을 동원해 설하수에서 이세적의 당군과 만나 전투를 벌였다. 하지만 패배해 시신 3만 구만 남기고 도망쳤다. 이세적은 여세를 몰아 압록강변에 위치한 대행성大行城으로 향했고 이를 함락시켰다. 이로써 고구려는 만주 지역을 대부분 상실했고 다시 회복할 수 없을 정도로 타격을 입었다.

고구려의 정신적인 저항력도 거듭된 지배층의 분열과 투항, 배신으로 소진된 상태였다. 이는 전선의 당나라 군인들도 직감하고 있었다. 668년 2월 낙양 출신 가언충賈言忠이라는 사람이 요동전선을 시찰하고 금산성으로 추정되는 석대자산성의 모습.
선양 근교에 위치한 이곳은
기반산 국제 풍경 관광지로
개발의 손길이 보인다.

돌아와 당 고종을 알현했다. 황제가 고구려 상황에 대해 물었다. "'고구려는 반드시 평정될 것입니다.' 황제가 말했다. '경이 그것을 어떻게 아는가?' 대답했다. '먼저 돌아가신 황제(태종)가 동쪽(고구려) 정벌을 가셨다가 이기지 못한 것은 그때 아직 고구려에 틈새가 생기지 않았기 때문입니다. 지금 고장(보장왕)은 미약하고 권력을 가진 신하들이 명령을 멋대로 부리며 연개소문이 죽자 연남건의 형제들이 안에서 서로 공격하고 빼앗으며, 연남생의 마음이 기울어서 속으로 귀부하여 우리를 위해 길을 인도하니, 저들의 사정과 속임수는 모르는 것이 없습니다. (…) 그 형세는 반드시 이기게 되어 있고, 다시 군사를 일으킬 것을 기다리지 않을 것입니다.'"(『자치통감』)

토번의 요새 건설

고구려의 멸망이 눈앞에 와 있었지만, 세계 제국의 통치자인 황제는 고민이 많았다. 제국의 사방에 강적이 있었고, 하나가 사라지려 하면 다른 하나가 나타나 제국을 위협했다. 고구려와 전쟁하는 사이 서역의 상황이 점점 더 악화되고 있었다. 그해 토번이 서역 실크로드 지역에 대규모 군대를 투입하기 위한 기반작업을 본격화했다. 『돈황본토번역사문서』 대사기년大事記年 668년(총장 원년) 조는 이렇게 전한다. "찬보贊普가 찰지녹원札之鹿苑에 머물렀고, 이어 차말국에 와서 보루를 건조하게 했다."

찬보는 토번의 왕 만손만첸을 말한다. 차말국은 지금의 웨이구얼 자치구 체모로 티베트 고원 쪽 쿤룬 산맥과 타림 분지가 만나는 지점이다.

하서회랑에서 칭하이 호를 거쳐 차이담 분지를 지나 서역남로와 만나는 하늘의 실크로드에 토번의 실권자 가르씨가 왕을 모시고 나타났다는 것은 무엇이겠는가?

가르씨의 토번 정예군이 실크로드의 톈산 남로를 차지하기 위해 서

차말국이 위치했던 타림 분지 지도.
토번은 실크로드 지역에 더 많은 군대를 투입하기 위해
차말국에 거대한 군사기지를 세웠다.

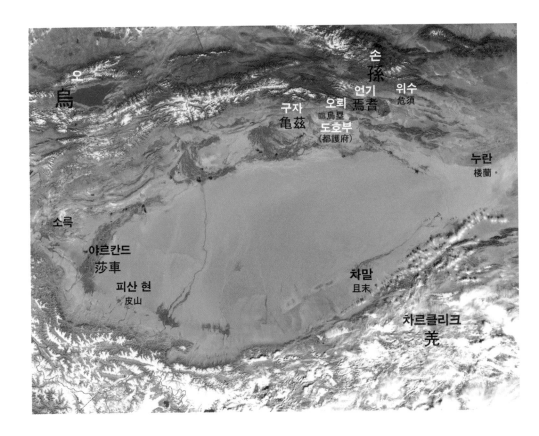

역남로에 거대한 군사기지를 세우고 있었다. 중요한 이 시기에 고종은 고구려의 마지막 숨통을 끊어놓기 위해 요동에 대군을 투입하려 했다. 위험한 도박이었다. 서역을 마냥 방치할 수도 없었다. 이미 서역남로의 소륵, 우전이 토번의 손아귀에 들어간 상태였다.

　『당대묘지휘편唐代墓誌彙編』에 실려 있는 아사나충 묘지명을 보면 고종이 이에 대응해 668년 동돌궐의 기병을 이끄는 아사나충을 청하이섬 행군대총관 및 서역도 안무대사에 임명했다고 한다. 하지만 고구려와의 전쟁에 당의 주력이 집중돼 있었기 때문에 적극적인 대처를 했는지는 알 수 없다.

717

107

혜성이
고구려의 하늘을
가로지르다

평양성 포위

668년 여름 4월 2일 혜성이 화려한 꼬리를 뿜어내면서 오거(다섯 수레) 별자리에 나타났다. 오거는 변방 장수 자리인 필수畢宿 위에 위치한 5개의 별로 황제의 전차 자리다. 인공적인 빛이 없던 시대, 밤에 하늘만 쳐다볼 수밖에 없었던 모든 사람에게 혜성의 출현은 심리적으로 영향을 주지 않을 수 없었다. 더구나 당 황제의 군대가 고구려를 무너뜨리고 있는 상황이었다. 사람들은 전쟁이나 개인, 특히 국왕과 관련해 혜성이란 천체가 출현한다고 봤다.

재앙의 피뢰침 조작

혜성이 출현하자 고종은 심리적으로 위축되었고, 측근인 허경종과 그 수하들은 황제의 불안감을 완화시키기 위해 긍정적인 해석을 늘어놓았다. "허경종 등이 상주했다. '혜성이 동북쪽에서 나타났으니 장차 고구려가 멸망할 징조입니다.' (황제가 답했다) '짐이 부덕하여 하늘에서 견책을 보였는데 어찌 작은 이적夷狄에게 허물을 돌리겠는가?'" 혜성이 황제의 전차 자리를 범하자 하늘의 경고를 받았다고 생각한 그는 정전에서 업무를 행하지 않고 보통 때보다 음식을 줄이며 음악도 듣지 않았다.

만인에게 목격되는 혜성은 사회에 광범위하고 깊은 영향을 줄 수밖에 없었다. 출현 후 벌어진 일련의 사건들이 그것과 관련 있는지는 중요하지 않다. 사람들이 혜성 때문에 불안해했다는 것과 그걸 이용하는 사람들이 있다는 사실이 중요하다. 고구려가 내분과 외침으로 무너지고 있는 상황에서 당 수뇌부는 혜성을 이용해 적의 사기를 떨어뜨리려 했다.

허경종 등 당 수뇌부는 고구려인들의 저항 의지를 꺾기 위해 이미 유언비어를 만들어냈다. 향후 측천무후를 위해 수많은 상징 조작을 행할 그들에게는 이 시기의 경험이 유용한 지식 자산이 됐으리라. 유능한 정치인들이었다. 알 수도 없는 참서讖書가 소문을 유포시켰고, 그것이 황제의 귀에 들어가기까지 했다. 『신당서』는 시어사 가언충의 언급을 이렇게 전한다. "(황제 폐하) 고구려의 비기秘記에 900년이 못 되어 여든 대장이 나와 멸한다고 했는데 (고구려 왕성) 고씨高氏가 한나라 때부터 나라가 있은 지 900년이 되고, (고구려 전선 총사령관) 이세적의 나이가 또 여든에 가깝습니다." 당나라 군대의 사기를 북돋워주기 위한 유언비어 조작이었다. 없는 말을 만들어 적을 속이고 자신도 속이는 비열한 짓이지만 전쟁이란 이기면 그만이다.

이세적의 압록강 돌파

668년 6월 초 이세적과 글필하력의 군대가 압록강 도하를 앞둔 상황에서 우상右相 유인궤와 김유신의 아들인 숙위학생 삼광은 산둥의 항구에서 신라로 향하는 배를 탔다. 6월 12일 유인궤는 현재 경기도 화성 남양읍에 위치한 당항진에 도착했다. 신라가 당과 교류하는 서해안 항구였다. 왕제 김인문이 주재하는 성대한 의전행사가 있었다. "유인궤가 황제의 칙명을 받들고 숙위 사찬 김삼광과 함께 당항진에 도착했다. (문무)왕이 각간 김인문으로 하여금 성대한 예식으로 맞이하게 했다."(『삼국사기』) 김인문은 유인궤와 신라군이 언제 어떠한 행군로로 평양에 도달할 것인지를 협의했다.

고구려 2군 12성 항복

6월 21일 신라왕은 총 28명의 행군장군들을 임명했다. 평양 공격을 위해 대당·귀당·경정·비열홀성주·하서주·서당·계금당 등 7개 사단이 북상 명령을 받았다. 고구려의 마지막 숨통을 끊기 위해 신라의 군대 대부분이 동원됐다고도 할 수 있다. 그 다음날이었다. 대규모 침공을 직감했는지 몰라도 신라와 국경을 접한 고구려의 12성이 당군이 주둔한 웅진부성에 항복 의사를 전달했다. "6월 22일 웅진부성의 유인원이 귀간貴干 미힐未肹을 보내 고구려의 대곡성大谷城(황해도 평산)과 한성 등 2군 12성이 항복해왔음을 알렸다. (문무)왕은 일길찬 진공眞功을 보내 축하했다."(『삼국사기』)

대곡성과 한성은 고구려가 무너지는 현재의 상황에서 스스로를 지킬 수 없다고 판단했던 것 같다. 동시에 그들의 항복은 이세적과 글필하력이 이끄는 당나라 주력 군대가 압록강을 돌파해 평양으로 진군 중이라는 신호이기도 했다. "대행성에서 이기고 나자 여러 군사들 가운데 다른 길로 갔던 사람들이 모두 이세적과 만나 나아가서 압록책鴨綠柵에 이르니 고구려에서는 군사를 내어 막으며 싸웠는데, 이세적이 분발하여 그들을 쳐서 대파한 후 도망가는 것을 200여 리를 뒤쫓았고, 욕이성辱夷城(평양 근처)을 함락시키니 여러 성에서 숨고 도망가고 항복하는 자들이 당항성에서 바라본 당항진.
668년 6월 12일 당나라 장군 유인궤가 이곳에 도착해
왕제 김인문을 만나 신라군의 북상 일정을 협의했다.
직후 김인문은 배를 타고 북상해
평양 근교 북쪽에서 당군 총사령관 이세적을 만났다.

있었다."(『자치통감』)

글필하력의 돌궐계 기병군단과 이세적의 당나라 주력 군대가 압록강을 건너 진격하자 고구려 군대가 무너졌고, 수많은 포로가 발생했다. 압록강에서 평양으로 향하는 200리 구간에서 돌궐계 기병들은 도주하는 고구려인들을 양떼처럼 몰고 다녔다. 그러한 가운데 상관의 눈을 피해 몰래 당에 투항하는 자들이 이어졌다. 『삼국사기』 신라본기 668년 6월 29일 조에 당나라 장군 이세적이 평양성 북쪽 20리에 위치한 영류산嬰留山에서 김인문을 만나는 모습이 보인다.

7월 16일 신라군 선발대가 평양성 부근에 도착해 고구려 군대와 전투가 벌어졌다. 『삼국사기』 「신라본기」에 비열홀성주 행군총관 3인 가운데 하나로 나오는 대아찬 문영이 그 부대의 지휘관이었다. 원산·안변에 위치한 '비열홀성' 사단은 마식령을 넘어 평양으로 곧장 와서 신라 본대보다 2개월 이상 빨리 싸움을 시작했다. 비열홀성 사단은 평양 인근 사천蛇川의 들판에서 승리를 거뒀다.

신라 비열홀 사단과 돌궐 기병

비열홀성의 병사들 가운데는 불과 2년 전만 해도 연개소문의 동생 연정토를 영주로 모시던 고구려인들이 많았다. 665년 말 남건·남산이 삼촌의 영역인 원산·안변 지역을 공격했던 것 같다. 12개 성 가운데 4개 성이 황폐화됐고, 많은 사람이 죽거나 끌려갔다. 666년 12월 연정토는 비열홀성 등 8개 성에서 자신을 따르는 사람들을 이끌고 신라에 투항했다. 비열홀성의 병사들 가운데 고구려 내전에서 가족을 잃은 자들도 적지 않았을 것이다. 그들은 평양 함락을 위한 첨병이 됐다. 물론 그들이 선전할 수 있었던 것은 7월 초반 당군의 선발대인 글필하력의 돌궐 기병 사단이 평양성에 도착해 있었기 때문이다. "글필하력이 먼저

(돌궐) 군사를 이끌고 평양성 아래에 도착하고, 이세적의 군사가 그 뒤를 이었다."(『자치통감』) 고구려군은 돌궐 기병의 견제로 신라군 선발대를 함부로 공격할 수 없었을 것이다.

기병은 성벽을 넘을 수 없지만 평양성을 구원하러 오는 고구려군을 차단할 수 있었다. 그들은 평양성을 외부의 지원으로부터 철저히 고립시키려 했고, 나아가 평양성에서 문을 열고 나올지도 모르는 고구려 기병들의 급습을 막아내려 했다. 돌궐 기병이 평양성 주변의 제류권을 어느 정도 장악하자 8월 이세적의 보병 본대가 평양성을 포위했다. 하지만 고구려의 저항이 없었던 것은 아니다. 평양성 앞에서 치열한 전투가 벌어졌던 것 같다. 8월 비열도 행군총관 유인원이 고구려군과 싸워 패배했던 것 같다. 그는 고구려군의 힘에 눌려 진격을 머뭇거렸고 군법회의에 회부됐다. "8월 9일 비열도 행군총관 유인원이 고구려의 정벌에서 머뭇거렸다는 죄에 연좌되어 요주로 유배되었다."(『자치통감』)

평양성 주변을 완전히 장악한 후 산둥에서 막대한 식량과 장비를 적재한 배가 대동강을 거슬러 올라왔던 것으로 보인다. 사람들이 배에서 내려 식량과 장비를 평양성 앞으로 운반할 수 있었다. 태종의 그늘에 가려져 있던 고종이 고구려를 멸망시켜 자신을 드러낼 순간이 도래했다.

108

고구려,
50만 당군에
백기를 들다

평양성 함락

668년 9월 평양, 그곳에 동아시아 인종의 대부분이 집합해 있었다. 성안에는 고구려인들이 있었고, 중국인·신라인 보병과 돌궐 기병, 거란·말갈·해 기병이 이를 둘러싸고 있었다. 당이 이끌고 온 병력 규모는 사상 초유였다. 『책부원귀』「장수부」는 번한병番漢兵 50만이라 하고 있다. 한 달 이상의 포위 기간 동안 고구려 수뇌부는 속수무책이었다.

9월 12일 당군의 공성기가 발사한 거대한 돌들이 쏟아지는 가운데, 보장왕은 연개소문의 셋째 아들 남산과 수령 98명을 보내 백기를 들었다. "평양성을 포위하고 한 달이 지났는데 고구려 왕 고장(보장왕)이 천(연)남산을 파견, 수령 98명을 인솔해 백기를 들고 이세적에게 항복하게 하니 이세적이 그들을 예의로 접대했다."(『자치통감』)

허수아비 왕의 선택, '항복'

그 '항복'은 보장왕이 일생 처음으로 자신의 의지로 내린 결정이었던 것 같다. 26년 전 연개소문이 쿠데타를 일으켜 삼촌인 영류왕을 시해하고 귀족 100여 명을 학살했다. 정변 소식을 들은 보장왕은 공포에 떨었다. 문 두드리는 소리가 울렸고, 연개소문의 병사들이 대거 몰려와 집을 삼중사중으로 포위했다. 그들은 왕족인 그를 보호하기 위한 것이라 말했지만 그는 언제 잡혀가 죽을지도 모른다는 두려움에 사로잡혔다. 그러다 병사들에게 연행됐다. 어디로 끌려가는지도 몰라 가마 안에서 두려움에 떨었지만 인도된 곳은 왕좌였다. 그는 그 자신의 의지와 상관없이 왕위에 올라 연개소문의 눈치를 살피는 허수아비가 돼야 했다. 정사에 간여할 수 없었고, 연개소문이 내린 결정에 어김없이 추인을 해주는 도장이었다.

그러나 연개소문은 그의 족쇄였으나 또한 그의 버팀목이기도 했다. 664년 10월 연개소문이 죽자 그는 더한 불안에 시달려야 했다. 연개소문의 아들들 사이에 내분이 터지자 형 남생을 만주로 몰아내고 평양을 장악한 남건에게 고개를 숙여야 했다. 내전은 더욱 심화됐고 고구려는 무너져갔다. 가까운 강자에게 붙어 목숨을 부지했던 그의 관성은 평양성 전투에서도 나타났다. 보장왕은 코앞에 와 있는 강자 당군에 투항하기로 결정했던 것이다.

하지만 연개소문의 차남인 남건은 성문을 닫고 저항했다. 형을 반역자로 만들고 고구려를 내분의 늪에 빠지게 해 멸망으로 이끈 것이 자신이라는 것을 인정하기 싫어서였다. 남건은 마지막까지 가망 없는 상황을 반전시키려 했다. 역습을 자주 시도했지만 성문을 열고 나가기만 하면 돌궐 기병이 달려들었다. 그들은 먼저 장창으로 맞서다 장창이 부러지자 칼을 꺼내 들었다. 칼까지 부러지자 방패를 휘둘렀다.

무의미한 희생이 계속 늘어나자 절망감을 느꼈는지 남건의 측근 신성信誠이 배신했다. 그는 승려이자 남건의 군사 일을 책임진 사람이었는데, 평양성에 있는 자신의 수하들과 함께 일을 꾸몄다. 먼저 당의 장군 이세적에게 사람을 보내 항복을 청했다. 그리고 성문을 열어줄 시기를 잡았다. 그로부터 닷새 후 평양성의 문이 열렸고 성내에서 싸움이 시작됐다.

신라군의 활약

9월 17일 평양에 도착해 합류한 신라군이 성문으로 난입했다. 고구려군의 저항은 만만치 않았다. 700년이 넘는 역사를 가진 고구려가 무너지는데 큰 소리가 나지 않을 리 없었다. 성문 사방에서 불길이 치솟고 인간의 절규와 화살이 혼미하게 오가는 가운데 만상의 소리가 울려 퍼졌으리라. "성문의 누각 사방에 불길이 치솟고 북소리가 울려 퍼지는 가운데 중국 병사들이 성벽을 기어 올라갔다."(『책부원귀』「제왕부」)

평양성 안에서 병사들이 빽빽이 엉켜 도끼와 곤봉, 칼로 서로를 때리고 베는 싸움이 벌어졌다. 철퇴를 맞은 병사의 머리에서 피가 뿜어져 나왔고 절규하는 함성이 끝없이 이어졌다는 기록은 남아 있지 않다. 하지만 단테가 묘사한 바로 그 '지옥'의 모습이었으리라.

평양성을 고립시키고, 성문을 열고 나온 고구려군의 파상적인 공격을 막아내는 데 돌궐 기병이 한몫했다면 공성기로 성벽을 공격한 것은 당의 보병이었다. 신라군은 만신창이가 된 평양성을 최종적으로 접수하는 데 동원됐다. 신라 병사들은 중국인들보다 좁은 지역에서 싸우는 단병접전에 강했기 때문이다. 그들은 산성 아래에 펼쳐진 숲속에서 소규모로 뒤엉켜 싸우는 데 익숙했다. "한산주漢山州 소감少監 박경한朴京漢은 평양성 안에서 (고구려군) 군주軍主 술탈述脫을 죽여 공이 첫째였으며, 흑악黑嶽의 현령 선극宣極은 평양성 대문의 싸움에서 공이 제일 많았으므로 모두 일길찬의 관등을 주고 조 1000섬을 내려줬다."(『삼국사기』)

고구려군이 성문을 열고 군영을 급습해왔을 때 서당의 당주 김둔산이 이를 성공적으로 제압했고, 평양성 앞 사천蛇川에서 대당의 소감

본득이 영웅적인 기지를 발휘했다. 남한산 소속의 소감 김상경도 여기서 고구려군을 격퇴하는 데 공을 세웠다. 하지만 그는 치열한 싸움에서 전사했다. 신라군은 평양성의 정문(대문)·북문·소성·남교 등에서 전투를 성공적으로 수행했다. 특히 충남 아산 영인면 출신인 사찬 구율의 활약이 단연 돋보였다. 그는 평양성 앞 사천의 다리 아래로 내려가 물을 건너 고구려군을 공격해 승리를 거두는 데 결정적인 공을 세웠다.

대동강이 붉게 물들다

668년 9월 21일 평양성이 함락됐다. 『삼국유사』 「흥법」을 보면 평양성은 반달 모양인데, 도교 도사들이 대동강의 용龍에 명하여 보름달 모양으로 성을 증축하게 했다고 해서 용언도龍堰堵라 하고, 천 년을 갈 것이라 하는 내용의 참언이 연개소문 집권 때 유포됐다고 한다. 연개소문이 평양성 방어벽 증축을 하면서 사업의 효용성을 신비화하는 일에 도사들을 동원했던 데서 비롯된 참언으로 여겨진다. 그로부터 겨우 20년 후에 천년보장도千年寶藏堵의 성벽을 따라 용이 몸부림치듯 불꽃이 일어나고 화염에 비친 대동강의 물은 용의 핏물인 듯 붉디붉었다.

고구려 한복판에서 전쟁에 이기고 싶어했던 당 고종은 그 꿈을 이뤘다. 수 양제는 세 번에 걸쳐 100만 대군을 이끌고 고구려 침공 길에 올랐지만, 모두 실패로 끝났다. 고구려에 대한 양제의 집착은 민생을 파탄시켰고, 결국 수나라는 멸망하고 말았다. 신들에게 축복받은 정복자, 태종조차도 그 작은 고구려를 굴복시킬 수 없었다.

고종의 승리는 과거의 어두운 기억을 지우고, 중국의 역사에 박힌 가시를 뽑아냈다. 고종은 고구려 침공에 나선다는 자체가 저승행이라 생각했던 사람들의 마음속에서 공포를 지우고 자신감을 찾아줬다. 아버지에 대한 콤플렉스에 시달리던 고종도 이로써 자신의 힘을 만천하에

727

평양성이 위치했던 고려호텔 부근과 대동강의 푸른 물결.
668년 9월 21일 이곳 대동강의 물은 붉게 물들었다.

증명해 보였다.

668년 11월 5일 문무왕은 고구려인 포로 7000명을 줄줄이 묶어 왕경 경주로 개선했다. 그 장면을 목도한 신라인들은 그토록 무서워 했던 강국 고구려가 멸망했음을 실감했다. 다음 날 왕은 신하들을 이끌고 왕실 선조의 사당에 찾아가 무릎을 꿇고 아뢰었다. "삼가 조상들의 뜻을 받들어 당나라와 함께 의로운 군사를 일으켜 백제와 고구려에 죄를 묻고 원흉들을 처단하여 국운이 태평하게 되었습니다. 이에 함께 고하노니 신이시여 들으소서!"(『삼국사기』) 전쟁의 그늘에 결박돼왔던 신라인들은 고구려와 백제의 멸망으로 고난의 끝을 보는 듯했다. 하지만 그 너머에 또 다른 험난한 전쟁이 기다리고 있었다.

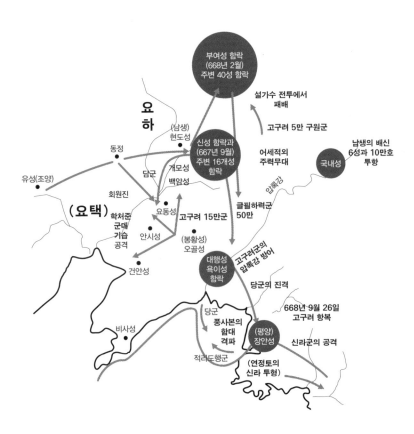

109

고구려를 치고도
토번을
치지 못하다

토번과의 전쟁을
망설이는 당 제국

668년 말 나라를 잃은 고구려인들은 추운 겨울을 보냈다. 한파 속에서 당이 세운 신정부에 참여할 고구려인들을 모집하는 방이 붙자 조국의 멸망을 실감하기 시작했으리라. 그해 12월 당나라는 평양성에 총독부 성격의 안동도호부를 설치했다. 고구려 영토를 나누어 9도독부, 42주, 100현을 설치해 군정 지배체제를 확립했다.

병력 2만으로 유지되는 안동도호부였다. 당은 그 무력을 이용해 고구려의 중추를 뿌리째 뽑아낼 생각을 하고 있었다. 당은 이어 고구려인들 가운데 제대로 된 자격을 갖춘 군인과 수공업 기술자, 예능인, 고위 귀족을 가려내기 시작했다. 20만 이상에 달하는 평양 수도권 인구를 중국 내지로 이주시킬 작정이었다. 당은 정복 지역에서 이러한 짓을 상습적으로 해왔다. 국가 시스템을 운영한 인력들을 잡아가야 그 나라가 다시 일어서지 못한다.

669년 4월 고구려인들의 반항이 시작됐다. "다음 해(669) 4월 고구려에서 이반하는 사람이 많아 칙령을 내려 고구려의 호구 3만8200명을 장강과 회수 남쪽 및 산남山南·경서京西 여러 지역의 넓고 빈 지역으로 이주시켰다."(『자치통감』) 당의 통제 아래 있던 많은 고구려인이 이탈했고, 당은 선별된 고구려의 호구를 중국 내지로 옮겼다.

백성들이 들고 일어났고, 이에 대한 적극적인 지배와 통제가 필요한 시점이었다. 하지만 『구당서』 「설인귀전」을 보면 이와 반대 방향으로 나아갔음을 알 수 있다. 그해 중반 당은 안동도호부를 평양에서 신성으로 옮겼다. 고구려 중심에 있어야 할 안동도호부가 요동에서 당나라 영토 요서로 곧장 갈 수 있는 서북 변방 신성으로 이동한 것은 무엇을 의미하는가? 어떻게 보면 이는 당이 한반도를 포기하고 만주에 발을 걸치고 있었음을 반영한다. 고구려 유민의 저항도 있었다. 하지만 그것이 결정적인 요인이었다고 보기에는 궁색하다. 뭔가 거대한 힘이 당 제국을 압박한 것 같다.

669년 8월 고종은 양주로 순행하겠다는 조서를 내렸다. 많은 신하가 당시 농우隴右 지역이 피폐해진 점을 들어 난색을 표했다. "황제가 5품 이상 관인들을 불러 '먼 풍속을 보기 위해 돌아보려는 것인데, 어찌 뒤에서 반대하는 것인가?'라고 물었다. 이에 상형대부祥刑大夫 내공민來公敏이 나서 '순행은 제왕의 당연한 일이지만, 고구려가 평정한 지 얼마 되지 않아 잔여 도적(즉 반란 세력)이 여전히 많고, 서변西邊을 경략經略하는 일로 역시 군대를 거두지 못하고 있습니다. 농우의 호구가 피폐하므로 황제가 이르면 많은 것이 필요한데, 이를 공급하는 것이 진실로 쉽지 않습니다'라고 하자, 고종은 순행을 그만두었다."(『자치통감』)

'서쪽 변경을 경략하는 일'로 군대를 거두지 못하고 있었다는 것은 토번과의 군사적 대치가 지속되고 있었음을 말해준다. 당은 668년 토번이 변경을 침략하자 아사나충을 청해도 행군대총관에 임명하고, 같은 해 3월 유번례劉審禮를 서역도 안무대사에 임명해 대응했다. 669년 7월에도 글필하력을 오해도烏海道(지금의 칭하이 성 카라 해喀拉海) 행군대총관에 임명해 토번의 공격을 받고 있던 토욕혼 사람들을 지원하려 했다. 하지만 당이 지배하던 실크로드 지역에 대한 토번의 본격적인 공격이 시작됐고, 이를 더 이상 방치할 수 없는 지경에 이르렀다.

토번과의 전쟁을 기피한 당 제국

당이 토번과의 전쟁을 피하려 한 것은 하루이틀 일이 아니었다. 7년 전인 662년 12월 당나라 장군 소해정이 타림 분지 북쪽 산록인 톈산에서 토번 군대를 만났을 때도 비굴한 자세를 취하며 돈을 주고 그곳을 빠져나왔다. 663년 토번이 토욕혼 지역을 완전히 점령한 상태에서도 마찬가지였고, 667년 토번이 사막남로 차말국에 군사기지를 건설할 때에도 이를 방관했다.

669년 9월에 가서도 당은 기근을 이유로 끝내 군대를 동원하지 않았다. 당시 토번이 서역의 실크로드 지역을 급속도로 점령해가고 있던 것이 분명하지만, 당은 토번과의 본격적인 전쟁 돌입을 망설이고 있었다. 백제와 동북의 강국 고구려를 멸망시킨 뒤인데도 당 조정은 소극적인 자세를 취했다. 전쟁 기피가 야기할 사태의 심각성을 예견하지 못해서가 아니었다. 좌상 강각의 주장처럼 토번의 팽창을 저지하지 못하면 변경의 고질적 우환으로 이어질 수 있다는 것도 잘 알고 있었다.

주목할 만한 것은 전투 경험이 많은 글필하력의 언급이다. 그는 산길이 험해 토번군을 멀리 추격하는 것이 매우 어렵고, 군량 운송도 쉽지 않다고 했다. 이는 해발고도가 4000미터에 달하는 고원에서의 작전 수

티베트의 고산지대는 여러 면에서
고종의 전투 의지를 꺾어놓았다.

행이 어려움을 말하고 있다고 생각된다. 당이 토번의 팽창을 막고자 한다면 전쟁터는 칭하이 호 지역이 될 것이다. 그곳은 해발고도 3200미터에 달했다. 중국 병사들이 고산지대에 적응한 토번 군대와 그곳에서 '전투'한다는 것이 무엇을 의미하겠는가. 중국 군대는 되도록 낮은 지역에서 작전을 수행하려고 할 것이고, 작전 반경은 한정되리라. 고도의 제한 없이 싸울 수 있는 토번인들은 이를 최대한 이용해 중국인 군대의 허를 칠 것이다. 고도가 낮아진다고 해도 달라질 것은 별로 없다. 고원에 적응된 사람들은 저지에서 뛰어도 숨이 차지 않는다.

전쟁을 피하려고 했던 당 조정의 고민은 여기서 비롯된 것으로 보인다. 2년 전만 해도 약간의 대안이 있었다. 고원지대에서 싸울 수 있는 병력 자원을 확보하고 있었던 것이다. 하지만 667년 2월 고구려에 총력을 투입하는 바람에 그것을 모두 잃고 말았다. "(중국의 지배를 받던) 생강족이 사는 12개 주가 토번에게 격파되자 (667년) 3월 18일에 이를 모두 철폐했다."(『자치통감』) 고산지대에 적응한 인적자원은 이미 토번이 쓸어간 상태였다. 747년 파미르 고원에서 하서부절도사河西副節度使 고선지高仙芝가 토번군을 격파하는 결정적인 반전이 있었다. 그를 거듭 중용한 사람은 하서절도사 부몽영찰夫蒙靈察이었다. 『원화성찬元和姓纂』의 호삼성胡三省 주석을 보면 '부몽'이라는 성은 티베트인西羌人의 것이라고 한다.

제6부

약자가 선택한 전쟁, 나당전쟁

110

당 군사력이
서역에 묶이자
신라는
전쟁을 결심하다

나당전쟁 전야

669년 4월 고구려에 대한 당나라의 장악력이 현격히 떨어진 가운데 평양과 그 주변에서 사람들이 거국적으로 들고 일어섰다. 그 원인은 고구려를 멸망시킨 병력의 대부분이 빠져나갔고, 설인귀가 평양에 있던 안동도호부를 신성으로 옮겼기 때문이다. 더구나 설인귀는 669년에서 670년으로 넘어가는 겨울, 신성에 주둔하고 있던 자신의 직속 군대를 데리고 장안으로 갔다. 이 일련의 소식들은 신라의 지원을 받고자 열망하는 고구려인들을 통해 김유신의 귀에 들어갔다. 김유신과 신라군 수뇌부는 659년에 시작돼 668년까지 진행된 토번의 서역 잠식에 대해 잘 알고 있었다. 그렇지만 거리가 워낙 멀어 소식을 곧바로 접하지는 못했고, 장안에 둥지를 튼 김인문과 그의 외교 전문가들이 보낸 뒤늦은 제보를 들었다.

세계의 포럼, 국학에서 만난 토번

국학에는 세계 여러 나라의 왕족과 귀족 자제들이 유학을 와 있었

741

다. "(640년) 여름 5월에 왕이 자제들을 당나라에 보내 국학에 입학시켜 주기를 청했다. 이때 태종은 천하의 이름난 유학자를 많이 불러 모아 학업을 가르치는 관원으로 삼고 (국학의) 학사를 1200칸으로 증축했으며, 학생을 늘려 3260명에 이르게 하니 사방에서 배우고자 하는 사람이 경사(장안)에 구름처럼 모여들었다. 이에 고구려·백제·고창·토번 역시 자제들을 보내 입학시켰다."(『삼국사기』 선덕여왕 9년 5월 조)

641년 태종을 만난 김춘추는 아들의 국학 입학을 부탁했다. 그 직후 김인문이 국학에 들어갔다. 중앙아시아에서 한반도에 이르는 사람들이 모인 국학은 세계적인 인재의 보고요, 포럼의 장소였다. 이곳에서 김인문이 촉각을 세우고 정보를 수집하는 것은 약소국인 신라에서 태어난 그의 숙명이었다. 그는 국학에서 고구려와 백제는 물론이고 실크로드 지역의 오아시스 국가인 고창이나 티베트 고원의 토번에서 온 자제들을 자연스럽게 접하게 됐고, 그들을 통해 동아시아와 서역에 관한 방대한 정보를 축적했을 것으로 보인다. 김인문의 주목을 끈 나라 중에는 토번도 있었던 것 같다. 당나라가 아무리 세계 최대 강국이라지만 토번만은 두려워했기 때문이다. 김인문은 토번이 당의 한반도 전쟁 개입을 자국 영토 팽창의 기회로 삼았다는 점을 인지했을 것이다.

669년에 신라 조정도 이 정도는 짐작하고 있었던 것으로 보인다. 당이 한반도에 군대를 보낸 이래 10년 동안 서역의 상황은 악화돼 있었고, 고구려를 멸망시킨 다음에도 토번에 제대로 대처하지 못하고 있었다. 당 제국이라는 육식성 동물이 제대로 된 임자를 만난 것이다. 안동도호부가 중심을 평양에서 신성으로 옮겨 가고, 설인귀가 병력을 데리고 서쪽으로 향했다는 것은 무엇을 의미하겠는가? 신라가 669년 4월 이전부터 토번이 실크로드에 있는 구자龜玆·언기·발환성撥換城 등 당의 오아시스 도시들을 공격하기 시작했다는 정보를 들은 것은 아니었다. 하지만 첩보가 아니라 해도 안동도호부의 이전과 설인귀의 귀국을 보고

742

현재 발굴과 복원이 병행 중인 경주의 명활성.
김유신이 이끈 신라의 중추 군단인 대당의 주둔지로 여겨지는 곳이다.

감각적으로 판단할 수 있었다.

신라 군부의 백제 지역 점령

한반도에 미치는 당의 힘이 약화된 것을 직감한 신라 수뇌부는 부흥운동을 꾀하는 고구려의 유민을 지원하기로 했고, 당이 지배하고 있는 백제의 영토와 사람들을 차지하는 작전에 돌입했다. 당시 신라는 군이 국가를 소유하고 있었다고 해도 과언이 아니다. 정확히 말해 국가와 군대의 구분선이 거의 없어 과감한 결정을 신속히 내릴 수 있는 구조였다. 당시 신라의 최고사령관은 문무왕이었고, 그의 외삼촌인 김유신이 군부를 장악하고 있었다.

신라가 고구려 저항군을 지원하고 웅진도독부 관할의 백제를 차지하는 것은 당을 자극하는 아주 위험한 군사행동이었다. 예상대로 고종이 진노했다. 669년 5월 신라는 곧바로 사죄사를 파견해 황제의 불편한 심기를 가라앉혀야 했다. 각간 김흠순金欽純이 사절단장으로 임명됐고 파진찬 양도가 그를 따랐다. 그렇다고 해서 신라가 백제 점령을 포기한 것은 아니었다. 몇 달이라도 시간을 벌기 위해서였다. 신라는 백제 지역에 집착할 수밖에 없었다. 당의 괴뢰정부가 들어선 백제가 힘을 되찾는다면 신라가 지금까지 노력한 것은 수포로 돌아갈 것이기 때문이었다.

김유신은 당나라에 간 동생 일행의 안위는 전혀 고려하지 않았다. 김흠순 등이 황제에게 사죄하는 순간에도 신라 군부의 장군들은 백제의 영토와 인민을 차지하는 데 열중했다. 그것은 즉각 고종의 귀에 들어갔고, 더 이상 사죄사가 할 일은 없었다. 김흠순은 신라의 고승 의상스님을 불렀다. "이때 이미 본국의 승상 김흠순, 양도 등이 당나라에 갇혀 있었는데, 고종이 장차 크게 군사를 일으켜 신라를 치려 하자 흠순 등은 의상에게 몰래 권하여 먼저 돌아가게 해 670년(함형咸亨 원년) 경오庚午

744

에 본국으로 돌아왔다." 당나라에 대한 두려움이 묻어오는 기록이다.

669년 말 고종은 신라의 왕제 김인문을 연금했고, 흠순과 양도 등을 투옥했다. 670년 정월 김인문은 당에 남았고 흠순은 석방됐다. 양도는 감옥에 남겨졌고, 결국 그곳에 뼈를 묻을 터였다. 고종이 흠순을 석방시킨 것은 그의 형이 지배하는 신라 군부에 강력한 메시지를 전하기 위해서였다. 당나라와의 전쟁 가능성이 높아져 갔다. 신라의 수뇌부 대부분은 신라가 당나라와 싸워서 이기리라고는 꿈에도 생각하지 못했다. 그 가운데서도 김인문이 당을 가장 두려워했다. 이유는 간단했다. 당의 힘을 너무나 잘 알고 있었기 때문이다. 신라 내부에도 당의 압박을 어떻게든 외교적인 방법으로 풀 수 없을까 생각했던 사람들도 있었으리라. 하지만 김유신의 신라 군부 입장에서 봤을 때는 당이 한반도에 백제라는 교두보를 확보하고 있다는 그 자체가 위험한 것이었다.

승산도 없고 피할 수도 없는 전쟁

만일 당이 백제를 영구적으로 지배한다면 어떻게 되는 것일까. 당나라의 무력은 강하다. 그 강렬한 팽창 욕망은 당나라가 태어날 때부터 가진 습성이었다. 군대를 백제 땅에서 동진시켜 신라를 병합하려고 할 것이 틀림없었다. 신라는 옛날 백제와 대치하던 것과 똑같이 방어전을 연출해야 한다. 그것도 백제보다 훨씬 강력한 당나라의 공격으로부터 말이다. 백제에도 밀렸던 신라가 당의 공격을 막아내기는 훨씬 힘들다. 결국 신라 자체가 당나라의 팽창 운동에 먹힐 수 있다. "당나라와의 전쟁은 피할 수 없다"는 것이 김유신과 신라 군부의 입장이었다.

반면 세계 초유의 강대국인 당나라는 약소국 신라가 전쟁 따위를 결심할 리 없다고 믿어 의심치 않았다. 고종은 '신라가 감히 어떻게 우리와 전쟁을'이라고 생각했던 것이 분명하다. 그것은 교만이 아니었다. 당시 신라와 당의 국력을 비교해봤을 때 아주 상식적인 관점이었다. 신라 군부의 인사들도 승산이 거의 없다고 생각했다. 하지만 지금의 사태를 계속 방관한다면 당이 한반도에 대한 영향력을 빠른 시일 내에 회복할 것이고, 그들의 침공은 고구려와 백제를 넘어 신라로 번질 것이다. 일이 여기에 이르면 신라의 승리 가능성은 더욱 낮아지고 결국 멸망에 이르게 된다. 당 제국의 힘이 서역에 묶여 있을 때 전쟁을 결행해야 했다. 성공이냐 실패냐를 논하고 있을 여유 따위가 없었다.

111

전란에 휩싸인
백성들의 삶은
고통뿐이었다

나당전쟁과
신라 사회

나당전쟁은 단숨에 벌어진 것이 아니라 가을에서 겨울로 계절이 바뀔 때, 온기와 냉기가 조금씩 밀고 당기다가 어느새 추위가 엄습하는 것처럼 일어났다. 670년 초 신라 상층부에서 대당전쟁에 반대하는 목소리가 나왔다. 당이 세계 초유의 강대국이기도 했지만 신라의 전쟁 여력이 그만큼 고갈돼 있었다. 당시 신라는 물속에서 간신히 머리만 밖으로 내놓고 있는 사람의 모습 바로 그것이었다. 익사는 모면하고 있었지만 커다란 파도가 다시 몰려온다면 죽을 것이 틀림없었다. 신라 수뇌부는 고민에 잠겼다.

신라의 삼국통일전쟁기를 돌이켜 볼 때면 숙명적인 어둠이 감돈다. 국가는 70년 이상 백성들을 짜냈고, 백성들은 빈곤을 감수해야 했다. 장기간의 전쟁과 착취 그 자체도 기적적이었지만 그것을 견뎌낸 백성들은 더한 기적이었다. 대부분의 농민은 언제 죽을지도 모르는 전장에 끌려가 군 복무를 해야 했고, 살아남은 자들은 뼈 빠지게 일하다가 마흔도 되기 전에 죽었다. 그것은 매일 아침 하늘에 해가 떠오르는 것처럼 당연한 일이었다.

착취의 질곡

신라 백성들은 국가와 귀족관인에게 이중으로 착취당했다. 그들은 국가에는 현물을 납부하고, 귀족에게는 노동으로 세금을 대신했다. 신라는 귀족관인들에게 땅職田과 일반 백성들을 차출해 자신의 경작지에서 사역시킬 수 있는 권한力祿을 줬다. 물론 동원할 수 있는 백성들은 국가가 정해놓았고, 백성이 그 역을 면제받으려면 관인에게 물질로 대가를 지불해야 했다.

역을 부담진 자들은 귀족관인의 집에 특별한 행사가 있으면 약간의 식사를 대접받을 수도 있었다. 하지만 들판에 몰아치는 차가운 바람과 쓰린 어깨를 찔러대는 무거운 쟁기의 하중은 어쩔 수 없었다. 그들은 의무 노동시간이 두 배 넘게 늘어나는 수확기에는 따가운 햇볕 아래서 12시간이 넘도록 일해야 했다. 해가 진 뒤에야 겨우 귀가할 수 있었고, 한밤중에 집에 도착해 초가집 좁은 방에서 식구들의 기침 소리를 들으며 잠이 들었다. 예고된 죽음의 그림자는 아버지의 절뚝거리는 다리에도, 어머니의 굽은 등에도, 마을 사람들의 삭은 얼굴에도 깃들어 있었다. 옷은 누더기였고, 하절기에는 신발 신은 사람이 드물었다. 한파가 몰아치는 겨울에도 손으로 직접 만든 짚신을 겨우 신을 정도였다. 먹을 것은 보리·콩·피 정도였고, 쌀을 구경하기가 어려웠다. 대부분이 굶주렸고, 의심할 바 없이 영양실조 상태였다.

고구려를 멸망시킨 직후인 669년 문무왕은 전쟁에서 죽은 자와 공을 세운 자들에게 합당한 보상을 하고 대규모 사면을 단행했다. "(짐은) 아직 신음하고 있는 백성들을 생각할 때 마음이 편치 않아 이에 사면을 단행한다. 도적은 단지 그 몸만 석방하되 재물을 갚을 수 없는 자는 징수하지 않는다."(『삼국사기』) 당시 도적 행위는 생존을 위협받는 농민들의 극단적인 저항이었다. 이들에게는 배상할 능력이 없었다. 그들은 특별사면으로 풀려났고, 원주인에게 배상을 하지 않아도 됐다. 하지만 그것은 말 그대로 그 한 해에 한한 것이었다. 사면이 단행됐다는 것은 당시 신라 사회에 사면되지 않으면 집행됐을 형률이 존재했다는 말이다. 무수히 많은 사람이 국가의 형률 집행을 앞둔 죄수들이었다.

일반적으로 도적은 사면에도 불구하고 결국 재물 원주인의 예속노동력이나 노비로 전락할 수밖에 없었다. 재물의 원주인은 국가나 귀족층이었다. 신라에서 도적은 3~10배에 이르는 혹독한 배상금을 지불해야 자신을 살 수 있었다. 지배층은 수탈자였고 국가는 그것을 법제화시켜 용인했다. 그 이유는 간단했다. 귀족들의 방대한 생산물은 국왕의 요구에 의해 전비로 전용됐다. 신라 국왕은 귀족들에게 전비 부담을 강요했던 것이다. 이어지는 기록을 보자. "백성이 빈한하여 타곡을 빌린 자로서 수확이 좋지 않은 지역에 있는 자는 이자와 본곡을 모두 갚지 않아도 된다. 만약 수확이 좋은 지역에 있는 자라면 금년 추수에 그 본곡만 갚고 이자는 갚지 않아도 된다."

국왕의 공채와 귀족의 사채

신라에서는 사채가 귀족들이 재산을 축적하고 노동력을 확보하는 합법적 수단이었다. 『신당서』를 보면 신라의 귀족들은 방대한 토지, 방목장, 수천 명에 달하는 노비를 소유하고 있었다. 국가기관이나 국왕 역시 귀족들과 마찬가지로 공채를 통해 예속노동력을 확보하고 있었다. 국왕의 공채와 귀족들의 사채는 국가의 재생산을 지탱하는 버팀목이었다. 전 국민의 상당 부분을 노예로 부려야 했고, 그 숫자도 일정 수준을 유지해야 했다. 그것을 가능하게 한 것이 국가의 공채와 귀족의 사채였다. 백성들은 국가에서 부여한 병역을 지속적으로 짊어져야 했고, 중세도 어김없이 납부해야 했다. 굶는 사람들과 아사자가 속출했고, 백성들은 신라 궁정의 동궁東宮 월지.
뒤로 왕궁인 월성이 보인다.

귀족들에게 언제나 고리의 곡식을 빌려 먹었다. 그것은 만성적이었다. 귀족들은 백성들에게 고리의 이자를 받았고, 빚을 갚지 못한 자는 노비가 돼 평생 사역을 해야 했다.

당시 농업 생산성 자체가 불안정하고 생산력이 낮아 농민의 상당수가 공·사채에 의존하지 않으면 생존이 불가능했다. 농경의 주체로 자립할 수 없었던 것이다. 신라는 노예들의 거대한 작업장이었고, 국왕이 그들의 주인이었다. 신라의 전쟁 동원 능력은 실로 여기서 나왔다. 가렴주구의 꼭대기에는 언제나 국왕이 있었다.

671년 당나라의 장군 설인귀가 승려 임윤琳潤 편에 신라 문무왕 앞으로 보낸 편지가 『삼국사기』에 있다. 이를 보면 신라의 상황을 "한쪽 모퉁이 땅 구석진 나라에서 집집마다 군사를 징발하고 해마다 무기를 만들어, 과부들이 군량의 수레를 끌고 어린아이가 둔전屯田을 경작하기에 이르렀으니"라고 표현하고 있다. 고대의 신라인들에게는 우직함이 있었던 것 같다. 자신의 욕망을 가능한 한 억제하는 것을 미덕으로 삼았으리라. 물론 개인적인 자아 존중 따위는 개념조차 없었고, 개성은 철저히 무시됐다. 그러나 더 정확히 말하면 신라 사회는 개인으로부터 그 자유를 빼앗지는 않았다. 그때는 아직 '개인'이란 관념은 존재하지도 않았기 때문이다. 사람들은 여전히 근원적인 결연관계에 의해서 외부와 결합돼 있었다. 만성적인 전쟁 상황에서는 더욱 그러했다.

미학적인 죽음을 기다리는 화랑

고구려·백제에 대한 적개심은 분명 신라가 전쟁을 지속하게 하는 유용한 정신적 자산이었다. 당시의 도의란 무사도武士道였다. 조국을 수호하기 위해 신명을 돌보지 않는, 무엇보다 전사를 명예로 여기는 무사정신이 넘쳤다. 신라는 전쟁이 지속되던 시기에 자라난 청소년들을 모아

'화랑' 조직을 만들게 했다. 화랑도는 진골 귀족을 비롯해 왕경 내의 하급 귀족, 평민에 이르기까지 거의 전 사회계층을 망라해 조직된 청소년 단체였다. 그것은 신라가 겁 없는 청소년들을 전장에 동원하기 위한 수단이었다. 전쟁이 지속되던 시기에 태어난 어린아이들은 청년이 되기 전에 시대가 강요한 무술을 자연스럽게 연마했다. 삶에 대한 집착이 많지 않은 소년들은 전쟁터에서 어떻게 장렬하게 죽어 자신의 이름을 후세에 남길 것인가 고민했다. 전사해 이름을 남긴 선배 화랑들의 이야기를 듣고 눈물을 흘리기도 했다. 화랑들은 순국지상주의자들이었고, 백성들의 국가 수호정신 진작에 선도적인 역할을 했다. 그야말로 살벌한 군국주의의 시대였다. 사회 최상층에도 예외가 없었다. 진골 귀족들조차 전쟁터에서 자신의 어린 아들을 제물로 바쳐야 했다. 백성과 군사들은 고귀한 피를 원했다. 그들의 죽음이 회자되어야 백성들은 자신의 고난을 잊을 수 있었다. 진골의 피는 백성들의 불행을 잊게 하는 '마약'이었다. 최상층의 희생 없이는 아무도 따르지 않는다.

112

고구려 부흥군을
동원하여
당과 맞서다

약자가 선택한 전쟁

당에 비해 약소국이었던 신라는 시야가 넓어야 했다. 시야가 좁아 멀리 보지 못하면 생존하지 못했을 것이다. 신라는 당이 서역에서 처한 상황을 어느 정도 알고 있었다. 하지만 신라인들이 보기에 당나라는 여전히 서역과 한반도 양측을 제압할 수 있는 강대국으로 보였다. 약자의 입장에서는 충분히 할 수 있는 고려였다.

신라군의 만주 진입

국운을 건 전쟁을 수행하려는 신라인들에게 사실 확인은 다른 무엇보다 중요했다. 670년 3월 신라의 장군 사찬 설오유薛烏儒가 거느린 신라군 1만이 고구려 영내에 들어갔다. 당시 고구려에 대한 당나라의 장악력은 현격히 떨어져 있었고, 당나라 군사와 그 핵심지휘부가 사라진 고구려 땅에는 반당적인 폭동의 열기가 들끓고 있었다. 이러한 고구려인들을 취합하여 조직화시킨 자가 여럿 있었는데 그 가운데 하나가 고연무高延武였다. 정예병 1만을 거느리고 있었던 그는 신라와 정보를 주고

754

받았다. 그는 당나라의 통치 아래에서 벗어나야 했고 유일하게 도움을 청할 수 있는 곳은 역시 반당적인 적개심에 가득 찬 신라 군부밖에 없었다.

사찬 설오유가 이끄는 1만의 신라군이 고연무의 안내를 받으며 압록강을 건넜다. 산지에 익숙해 있던 신라인들로서는 상상하지도 못했던 큰 강이었고, 이제까지 보지 못했던 광활한 땅이 그 너머에 있었다. "3월에 사찬 설오유가 고구려 태대형 고연무와 함께 압록강을 건너 옥골屋骨에 이르렀다."(『삼국사기』)

'옥골'은 압록강 건너에 위치한 오골성을 가리키는 것이 거의 확실하다. 현재 행정구역상 랴오닝 성 펑청鳳城 시 펑황鳳凰 산에 위치한 이 산성의 규모는 고구려 성 중에서도 가장 거대했다. 최근 현지 전문가들이 측량한 오골성의 둘레는 16킬로미터에 가깝다. 명나라 『요동지』에 오골성은 "10만의 무리를 수용할 수 있다"고 했다. 고구려 역사에서 오골성의 역할은 매우 뚜렷하다. 645년 당나라 이세적 군대가 백암성을 공격하자 오골성에서 군사를 보내 도왔고, 648년 당나라 설만철이 압록강가의 박작성에 쳐들어가 포위하자 고구려는 장군 고문을 보내 오골성과 안시성 등 여러 성의 군사 3만 남짓을 거느리고 와서 도왔다. 이처럼 오골성이 그 당시 주위의 크고 작은 성들을 지원한 것을 보면 고구려가 이곳을 압록강 이북의 땅을 경략하는 중심점으로 삼아 군사를 양성하고 전력을 축적했음을 알 수 있다.

서역으로 이동한 동돌궐의 주력군

신라·고구려 연합군은 일단 오골성을 거점으로 삼았던 것 같다. 그곳에서 잠시나마 군사들과 전마를 쉬게 하고, 식량과 군수물자 등을 재차 보급받았던 것으로 여겨진다. 당에 소속된 말갈족 군대가 그곳과 멀지 않은 개돈양皆敦壤에 주둔하고 있다는 정보가 입수되었다. 그곳에 돌궐 기병의 존재는 보이지 않았다. 신라가 두려워했던 상대는 말갈이 아니라 돌궐이었다. 신라가 맞서야 할 주요한 적이 돌궐이 아니라는 것은 매우 소중한 정보였다. 당은 고구려를 멸망시킬 때 돌궐계 군대를 대규모로 동원했고, 신라군은 그들의 지원을 받고 고구려군과 전투한 바 있다. 그런데 그 무시무시한 돌궐 기병의 주력이 아사나사이의 아들 아사나도진阿史那道眞과 함께 서역으로 이동했다. 중국 최대의 염호인 칭하이호 부근에서 토번의 진격을 막기 위해서였다. 처라 칸의 아들이었던 아사나사이는 돌궐 왕족 중에서도 지위가 높은 인물이었다. 그는 645년 이후부터 집실사력과 함께 동돌궐 군단을 이끌었고, 647년에도 그들을 거느리고 구자를 정복한 바 있다.

670년 초여름 4월 4일 만주에서 신라·고구려 연합군과 말갈군 사이에 전투가 벌어졌다. 전투에 관한 상세한 기록은 없다. 다만 그 결과만 알 수 있다. 신라·고구려 연합군은 말갈군을 크게 격파했다. 죽은 말갈군의 시체가 너무 많아 헤아릴 수 없을 정도였다. 하지만 당나라의 장군 고간이 이끄는 후발대가 전선에 도착하기 시작했다. 신라군은 백성白城으로 일단 후퇴했다. "(670년 4월) 수령 검모잠이 반하여 안승安舜을 군주로 세우자, 고간을 동주도 행군총관으로, 이근행을 연산도 행군총관에 임명하여 토벌하게 했다."(『자치통감』)

670년 7월 당에 사신으로 갔던 김흠순이 신라에 도착했다. 그는 한반도 영토 획정에 대해 고종이 제시한 지도를 가지고 왔다. 지도를 펴본 신라 장군들은 경악했다. 백제의 옛 땅을 백제에게 모조리 돌려주는 조건이었다. 신라 상층부의 여론이 들끓었다. "당은 3~4년 사이에 백제를 신라에게 한 번 줬다가 다시 빼앗으려고 한다. 신라의 백성들은 모두 희망을 잃었다. 신라와 백제는 여러 대에 걸친 깊은 원수인데, 지금 백제의 상황을 보니 따로 한 나라를 세우고 있다. 100년 뒤에는 신라의 자손들

756

현재 풍경지구로 개발된 오골성 성문의 모습.
670년 4월, 신라군이 이곳에 잠시 주둔했다.

이 그들에게 먹혀 없어질 것이다!"(『삼국사기』)

당 주변에 전운이 감돌다

지금의 관점에서 볼 때 그해 3~4월에 나당전쟁은 이미 개전되었다. 그렇다 해도 고종은 자신이 제시한 조건을 들어준다면 신라군의 만주 북상은 없었던 일로 할 수 있었으리라. 하지만 조건은 턱도 없는 것이었다. 언제든지 맹약을 뒤집어 엎어버리는 중국인들과는 어떠한 타협도 할 수 없다는 것이 김유신과 군부의 입장이었다. 무엇보다 동돌궐 군대가 서역으로 간 상황에 승산이 전혀 없는 것은 아니라고 판단했다.

670년 8월 신라 문무왕은 고구려에서 많은 사람을 이끌고 투항한 고구려 보장왕의 손자 안승을 맞아들였고, 그를 보덕국 국왕으로 책봉했다. 안승의 존재는 그와 함께 신라에 내려온 고구려인들을 대당전쟁에 동원할 수 있는 중요한 구심점이었다. 고구려인들에게 신라를 도우면 그들의 고국이 다시 부흥할 수 있다는 희망을 준 것이다. 안승은 고구려 땅에 있는 사람들이 신라로 몰려들게 하는 자석 역할을 했다. 신라에 고구려인들이 대거 몰려왔다. 정예병력 1만을 꾸릴 수 있는 두터운 인간층이 형성되었다.

그때조차도 신라 내부에 반전을 주장하는 세력도 존재했을 것이다. 당시 상황이 어려웠다고는 하지만 당이 토번과 평화협정을 맺을 수도 있었고, 당군이 토번과의 결전에서 승리할 수도 있었다. 그러면 동돌궐의 군대가 동쪽으로 이동하여 신라를 덮칠 것이고, 대책이 없어진다. 전쟁 중지의 목소리는 칭하이 호 부근 대비천에서 당-토번 전쟁의 결과가 신라에 전해질 때까지 계속 나왔을 것이다.

670년 4월 토번이 서역으로 진격하여 백주 등 18주를 함락시켰고, 우전과 연합하여 구자의 발환성을 함락시켰다. 당 조정은 톈산 남로의 구자·우전·언기·소륵 등 안서 4진을 폐지했다. 토번이 실크로드의 톈산 남로를 장악했다. 그러자 고종은 토번과의 전쟁을 수행할 장군들이 임명했다. 8월에 가서 그들은 병력을 이끌고 칭하이 호에 도착했다. 주력은 동돌궐 군대 11만이었다. 아사나충이 이끄는 동돌궐 군대의 일부는 이전에도 토번과의 전쟁에 동원된 바 있었다.

당과 토번 두 강국의 정면 승부가 벌어지려 하고 있었다. 이 전투 결과에 따라 신라의 운명이 결정될 터였다.

대비천 전투

670년 7월께 당나라 군대 11만이 칭하이 호 부근에 도착했다. 이 염호의 면적은 4340제곱킬로미터로 서울 면적의 일곱 배다. 북쪽에서 여러 하천이 흘러들지만 배출 하천은 없다. 당군은 토번을 이곳에서 몰아내야 서역의 실크로드를 탈환할 수 있었고, 서역의 길목인 하서회랑을 지켜낼 수 있었다. 설인귀가 총사령관이었고 그 아래에 곽대봉과 돌궐 왕족 아사나도진이 있었다. 곽대봉은 설인귀와 같은 반열에 있었는데 전쟁에 투입될 당시에는 설인귀의 부하가 됐다. 그는 설인귀의 명령을 받는 자신을 수치스럽게 여겼다.

이윽고 당나라 군대는 칭하이 호 남쪽에 있는 대비천에 이르렀다. 그곳은 지금의 칭하이 성 궁허共和 현 서남쪽 체지切吉평원으로 그 부근에서 고도가 낮은 지역이었다. 설인귀는 이보다 고도가 높은 대비령 고개에 목책을 설치하고 중간 캠프로 활용할 작정이었다. 작전목표 지역은 오해였다. 대비령에서 그곳으로 가는 길은 험하고 멀었다. 중장비와 군수품, 치중輜重을 모두 가져간다는 것은 무리였다. 설인귀는 넓고 평평한 대비령 위에 목책을 설치해 그 안에 물건을 남겨두고 병사 2만으로 하여금 이를 지키게 했다. 그는 경무장한 정예병을 이끌고 빠른 속도로 철야행군해 토번군이 대비하지 않는 틈을 타서 습격하려 했다.

대비천에서 전멸한 11만 당군

설인귀는 선발대를 이끌고 가서 하구(적석積石)에서 토번군을 쳤다. 당군이 그렇게 빨리 올 줄 몰랐던 토번군은 갑작스러운 습격에 무너져 수많은 전사자를 냈다. 살아남은 자들은 흩어져 달아났다. 설인귀는 소와 양 1만여 두를 거둬들였고, 북을 치며 서쪽으로 이동해 곧장 오해성을 점령했다. 그는 그곳에 거점을 마련하고 본대를 기다렸다. 하지만 본대는 오지 않았다.

전투는 타이밍이다. 곽대봉은 치중을 대비령에 있는 목책에 두지 않고 병사들에게 모두 짊어지게 했다. 행군 속도가 느려질 수밖에 없었다. 그러다가 토번군 20만과 마주쳤다. 토번군은 질서 있고 기강이 잡힌 군대였다. 병력도 많았고 고산에 적응한 데다 충분한 휴식까지 취한 상태였다. 고산지대에서 치중을 가지고 오느라 지친 당군은 토번군과의 싸움에서 제대로 대항해보지도 못하고 궤멸했다. 살아남은 병사들은 치중을 버리고 모두 달아났다.

장비와 인력을 모두 상실한 설인귀의 선발대는 암울했다. 일단 오해에서 대비천으로 철수하지 않을 수 없었다. 그러나 토번 군부의 수장 가르친링이 이끄는 토번의 주력군대 40만이 그들을 기다리고 있었다. 설인귀는 중과부적을 실감했다. 당군은 토번군에 의해 학살당했고, 설인귀는 몸만 겨우 빠져나왔다. 『구당서』「진자앙전陳子昻傳」은 그 패전을 이렇게 표현하고 있다. "국가가 이전에 설인귀와 곽대봉을 토벌嶽武의 장수로 삼았으나 11만이 대비천에서 도살돼 한 명의 병사도 돌아오지 못했다." 설인귀 등은 가르친링에게 치욕적인 화해를 청했다. 그것은 마지막까지 살아남은 극소수 병사들의 목숨이라도 구하기 위해서였다. 이후 해를 바꿔가면서 칭하이 호(청해)에서는 수많은 전투가 계속 벌어졌고, 병사들의 죽음이 이어졌다. 여기서 전사한 이름 없는 병사들의 슬픔을 당의 시인 두보杜甫는 이렇게 읊었다.

너희는 보이지 않는가
저 청해 부근에서는 예로부터 백골을 치우는 사람도 없고
새로운 망령은 한이 맺혀 몸부림치고
오래된 망령은 울부짖으며
하늘이 구름비로 축축해질 때
그 목소리는 흑흑 울고 있다
그 목소리는 흑흑 울고 있다

패장들은 죄인이 됐다. 당 조정에서 대사헌 악언위樂彦瑋가 진상을 조사했다. 설인귀와 두 명의 패장은 결박돼 장안으로 돌아왔다. 장군들을 태운 수레가 나타나자 당나라 군대가 패배했고 실크로드는 토번의 손에 들어갔다는 사실이 전 세계에 알려졌다.

토번이 등장하자 사라진 당의 독무대

고종에게 패전은 폐부를 찌르는 아픔이었다. 아버지 태종이 이뤄놓았던 실크로드 경영권을 아들이 상실했다. 정관貞觀의 치로 칭송받던 위대한 황제의 권좌가 그 같은 능력이 결여된 자식에게 계승됐다는 사실이 만천하에 증명된 것이다. 중앙아시아는 물론 페르시아, 동로마제국의 상인과 사절들이 이 길을 거쳐서 중국을 왕래했으며, 따라서 실크로드 장악과 경영은 그야말로 당 대외정책의 최우선순위에 있었다. 향후 당

칭하이 호를 바라보고 서 있는 문성공주상.
그녀는 641년 당－토번 간 평화를 보증하는 화번공주로 토번 왕에게 시집갔다.
그렇지만 남편 손챈감포가 죽고, 말년엔 두 나라 사이에 전쟁이 일어났다.
ⓒ 정순태

은 주력을 서역으로 돌릴 수밖에 없었다. 대비천 전투는 실크로드를 놓고 당나라와 토번 사이에 벌어진 150년 전쟁의 시작에 불과했다. 전쟁이 시장을 지향하면 끝이 보이지 않는 법이다.

670년 토번의 실크로드 장악은 당시 세계체제에서 당이 누렸던 독무대의 막이 내려졌음을 입증했다. 힘의 축이 당에서 토번으로 옮겨갔고, 토번의 향배에 상황이 좌우될 터였다. 당과의 전쟁을 결정했던 신라 수뇌부의 논리를 도식화해보자. 신라에게는 태종이 약속한 평양 이남의 땅을 당으로부터 획득해야 한다는 선명한 목적이 있었다. 신라 수뇌부는 서역에서 당과 토번의 전쟁이 격화되는 유리한 상황에서 당과 싸워야 소기의 목적을 달성할 수 있을 것이라고 판단했다. 서역의 정세 변화는 국제적 상황이 의도치 않게 낳은 결과였다. 그러나 한편 우리는 여기서 국제 정세를 읽고 당과 전쟁을 결정했던 신라인들의 결단력에 경의를 표하지 않을 수 없다. 자신을 숨기면서 기상의 변화를 기다리는 능력은 그들의 본성이었다.

신라의 입장에서 볼 때 당은 통일전쟁 초기부터 계속 부당하게 처사해왔다. 당은 663년 4월에 신라 영토에 계림주대도독부를 설치하고 신라 왕을 그 도독으로 임명했고, 664년에 부여융을 웅진도독으로 임명해 그 이듬해 신라에 백제와 동등한 자격으로 회맹할 것을 강요했다. 신라는 당에 책잡히지 않고 철저히 순응했으며, 모욕에도 인내하고 시간을 기다렸다.

하지만 바람의 방향을 응시하던 신라인들은 서역 상공에 폭풍이 밀려와 있고, 토번이 그 폭풍의 눈이 되리라는 것을 직감했다. 당에 순종적이었던 신라는 단숨에 태도를 바꿨다. 당의 힘이 한반도에 미치지 못할 때까지 기다린 후에야 덤벼들었던 것이다. 가장 힘 있고 노련한 세계제국 당조차도 기만할 수 있었던 인내의 탁월함은 무서울 정도다.

병력 보충에 골몰하는 신라

당나라는 토번에 대해 미봉적인 자세로 돌아섰다. 같은 해 9월 좌상 강각姜恪을 양주도 행군총관에 임명해 토번을 방어하게 했고, 더 이상의 군사행동을 취하지 않았다. 또 그해와 그 이듬해 전반까지 한반도를 공격하지 않았다. 한반도와 토번 두 전선을 동시에 대응하는 데 따르는 군사적 부담을 감안한 숨 고르기를 해야 했다. 당이 충격을 받고 비틀거릴 때 신라는 준비해야 했다. 그러나 통일전쟁의 과정에서 인적자원의 고갈이 한계에 달했다. 그것은 대당전쟁 수행에 중대한 위협이요, 가장 큰 장애요소가 됐다. 징발하거나 동원할 인적자원이 현저히 줄었다는 것은 더 이상 어려워질 수도 없는 상황에 왔음을 의미했다.

602년(진평왕 24) 이후부터는 고구려·백제의 양면 공격을 본격적으로 받으면서 수많은 전사자가 나왔다. 통일전쟁은 그 하강곡선을 더욱 가파르게 했다. 『삼국사기』「답설인귀서」에서는 인력이 소모됐음을 이렇게 고백하고 있다. "신라 군사들이 모두 (백제와 고구려를 멸망시킨) 정벌을 시작한 지 이미 9년이 지나 인력은 소진되었다." 투항해온 고구려인들이 있었지만 부족했다. 신라는 대당전쟁에 동원할 인적자원을 보충하는 데 머리를 짜내기 시작했고, 별다른 대안이 보이지 않자 신라에 가장 적대적이던 백제인들에게까지 눈을 돌리기 시작했다. 인간 사냥이 시작되려 하고 있었다.

당의 침공과 신라의 대응

세계 최강국 당나라와 전쟁을 치른다면 얼마나 많은 인적자원을 잃을 것인가? 근 100년 동안 전쟁이 계속되면서 시간이 흐를수록 전투에서 더 많은 피를 흘렸으며, 민간인들은 더욱 빈번하게 공격을 당했다. 재산은 일상적으로 파괴됐고, 군대의 규모는 더욱 커졌다. 규모의 팽창은 전장과 군인들을 효율적인 질병인자로 만들었다. 660년 13만 당군이 백제에 가지고 온 전염병이 이듬해 신라로 번져 많은 사람이 죽었고, 천연두는 어린아이들을 싹 쓸어갔다. 영양실조는 전염병의 시녀였다. 장기간의 전쟁기에 태어난 아이들은 영양실조 상태에 놓였고, 그것은 허약한 면역 상태로 이어졌다. 신라인들은 전염병에 감염되는 것과 영양실조의 상관관계를 당연한 것으로 생각했다. 사람들은 질병이 입김만 불어도 거꾸러졌다.

백제인 사단 백금서당 창설

신라는 인적자원 보충을 위해 그 눈을 내부에 고정시키지 않고 외부로 돌렸다. 하나는 저절로 풀렸다. 설인귀의 군대가 칭하이 호 대비천에서 토번군에게 궤멸된 670년 8월, 신라 문무왕은 고구려에서 투항한 사람들을 받아들였다. 정예 병력 1만과 그것을 받쳐줄 수 있는 백성들이었다. 고구려인 유치는 가히 성공적이었다. 하지만 이것만으로는 모자랐다.

나당전쟁은 살아 있는 인간 사냥과 함께 시작됐다고 해도 과언이 아니었다. 신라는 669년 어느 시기부터 당나라의 웅진도독부가 지배하고 있던 백제에 들어가 사람들을 잡아왔다. 고종은 진노했다. 하지만 김흠순이 고종에게 사죄하러 간 사이에도 그 일은 지속됐다. "(670년) 가을 7월에 (문무)왕이 (…) 군사를 내어 백제를 쳤다. 품일·문충·중신·의관·천관 등이 63개 성을 쳐서 빼앗고 그곳 사람들을 내지(신라)로 옮겼다."(『삼국사기』)

백제 지역 63개 성의 인력은 소중한 자원이었다. 신라로 옮겨진 백제인들은 신라의 중앙군단 백금서당으로 편제됐다. 백금서당의 장군과 군관들은 모두 신라인이었다. 그러나 신라가 백제를 멸망시킨 뒤에 백제인들이 거의 10년간 저항한 것을 보더라도 신라에 대한 백제인의 적개심은 대단했다. 저항적인 백제인을 신라군으로 조직하는 것은 어쩌면 생소한 일일 뿐더러, 무장시켜 실전에 투입한다는 것은 모험이었다. 당을 상대로 하는 전쟁에서 그들이 투항한다면 치명적이었다.

그렇다고 대책이 없는 것은 아니었다. 670년 5월 만주에서 정찰하고 돌아온 신라군은 향후 당나라 휘하의 말갈·거란 기병이 한반도 중북부 평야 지대를 휩쓸 것이라고 예측했다. 신라에는 대규모 기병부대를 양성할 말이 없었다. 물론 훈련된 기병이나 말을 훈련시킬 목동의 수도 턱없이 모자랐다. 기병을 양성할 시간과 방도가 애초에 없었다. 그것은 산악국가의 타고난 운명이었다.

평양의 대동강 전경.
정면에 양각도 호텔이 보인다.
671년 9월 당군은 평양에 전진기지를 건설하고
대동강을 이용해 보급받고자 했다.
ⓒ김진황

새로운 대기병 전술을 개발하고 여기에 특화된 보병 전문 군단을 만들어내야 했다. 장창당(혹의장창말보당黑衣長槍末步幢)은 이러한 전황 변화에 대처하기 위해 만들어진 대기병 보병조직이었다. 장창당에 관한 『삼국사기』 무관조 기록을 보면 기병의 성격이 결여되어 있고, 지극히 보병다운 성격을 보여준다. 세계적으로 볼 때도 장창보병은 기병이 절대적으로 열세일 때 조직되는 군사조직이다. 이는 역사 속에서 언제나 존재했다. 중국의 한·당·송에서 확인되며, 서양의 로마·잉글랜드·스코틀랜드·플랑드르·스위스에서도 볼 수 있다.

전쟁사가 베르브루겐J. F. Verbruggen에 따르면, 중세 유럽에서 장창은 보병이 대기병 전투를 하는 데 있어 기본 병기였다고 한다. 그에 따르면 장창은 길고 육중했으며 창끝이 굵었는데, 이는 땅에 고정시키기 위한 것이었다고 한다. 육중한 말이 빠른 속도로 달려올 때 창을 땅에 고정시키지 않고서는 그 힘에 밀려날 뿐만 아니라 치명상을 줄 수도 없었기 때문이다. 따라서 장창 1개에는 2명의 병사가 필요했으며, 한 사람은 장창을 땅에 고정시키고 다른 한 사람은 창의 각도를 잡았다.

이때 장창보병 대열은 주로 강이 합류하는 지점에 자리를 잡고 배수진을 쳤다. 여기서 배수진이란 결사적인 항전을 위한 것이 아니었다. 오히려 그것은 적의 측면 공격이나 후면 공격을 예방하는 전략적 위치 선점이었다. 아무런 장애물이 없는 평지에서는 원진圓陣 대열을 구사했다. 장창이 겨냥한 것은 사람이 아니라 말의 가슴이나 목이었다. 기병 선두를 낙마시켜 전체 기병대의 흐름을 정체시키는 것이 주요 목적이었던 것이다. 정체된 기병은 기동성을 상실한 무력한 존재다. 차가 밀린 듯 막혀 있는 기병은 밀집된 형태이기 때문에 무기를 마음대로 사용할 수 없다. 이때 장창보병의 역습을 받으면 치명적이다.

신라는 당나라로부터 자국을 지키기 위해 제작비용이 싼 장창으로 무장한 보병부대를 조직해 대항했다. 신라는 일반 사단 예하에도 장창 보병부대인 흑의장창말보당을 다수 설치했다. 그 수는 신라 6정六停의 6 개 사단 가운데 대당과 한산정이 각각 30개와 28개로 가장 많았고, 나머지 사단에 각각 20개를 배치했다. 신라의 중앙군단 구서당九誓幢 9개 사단 가운데 백금서당을 제외한 8개에도 각각 24개에서 20개의 흑의 장창말보당이 배치됐다. 신라군 전체에서 장창보병의 수는 거의 절반에 육박하는 규모였던 것으로 보인다. 나당전쟁기 말갈·거란 기병의 대규모 내습이 신라군 조직에 이토록 뚜렷한 흔적을 남겨놓았던 것이다. 대규모 기병의 쇄도는 신라가 일찍이 경험해보지 못한 새로운 현상이었다. 신라의 장창보병부대 창설과 증강은 평야지대 전투에서 당 기병의 일방적인 우세를 꺾어놓았던 것으로 보인다.

그러나 백제인 부대 백금서당에는 기병을 막아낼 수 있는 장창보병이 없었다. 이는 백금서당이 기병의 공격에 정면 노출돼 있었음을 말해준다. 백금서당은 기병의 급습을 방어하기 위해서 신라군에 의존할 수밖에 없었다. 대기병 방어에서의 구조적인 의존은 백제인들의 이탈을 방지하는 작용을 했던 것으로 보인다.

강 어귀에서 막아낸 첫 침공

671년 9월 당의 장군 고간이 이끄는 말갈·거란 기병 4만이 평양에 도착해 도랑을 깊이 파고 보루를 높이 쌓아 대방帶方(황해도) 지역으로 침입해왔다. 그러나 해상을 통한 그들의 보급에 이상이 생겼다. 신라가 "(671년) 겨울 10월 6일 당나라 조운선 70여 척을 공격해 낭장郎將 겸이대 후鉗耳大侯와 병사 100명을 사로잡았다. 물에 빠져 죽은 사람은 이루 다 헤아릴 수가 없었다. 급찬 당천當千의 공이 첫째였으므로 사찬의 관등을

771

내렸다."(『삼국사기』)

　황해도까지 남하한 4만 대군을 육상 보급으로 먹이는 것은 불가능했다. 풀이 없는 겨울에 말을 먹이기 위한 건초나 곡물의 양은 실로 어마어마했을 것이다. 곡물을 기준으로 보았을 때 말은 사람의 12배를 먹는다. 중국인들은 언제나 동에서 서로 흐르는 강들이 북서 남으로 사다리를 이루고 있는 한반도의 강들을 보급로로 이용하려 했다. 당군이 평양에 둥지를 틀었으니 대동강 어귀로 보급함대가 들어올 것이 뻔했다. 그곳에 매복해 있던 신라 수군은 보급품을 잔뜩 실어 둔한 배 70여 척을 급습했다. 그들은 신라의 가벼운 전함들을 당해낼 수 없었다. 이미 겨울에 접어든 시점에서 보급이 단절된 당군은 철수하지 않을 수 없었다. 그들은 이듬해인 672년 7월에 다시 침공해왔다.

115

석문에서
신라가
당에 참패하다

전면전에서
첫 패배한 신라

671년 10월 대동강에서 당 보급선을 격침시킨 결과 얻어낸 근 1년간의 소강상태는 신라가 군을 재정비할 수 있는 소중한 기간이 됐을 것이다. 그렇지만 신라의 의지와는 상관없이 국제적 상황은 변화하고 있었다. 그것이 절호의 기회가 되거나 가뭄에 단비일 수도 있었지만 치명적일 때도 있었다.

토번·당의 평화사절 교환

672년 4월 9일 토번 섭정 가르친링이 평화사절단을 장안에 보냈다. 고종은 토번 사절 중종仲琮을 만났다. 황제는 자제심을 잃고 그에게 분통을 터트렸다. "황상은 (토번이) 토욕혼을 삼켜 없애고, 설인귀(11만 군대)를 패배시켰으며, (서역으로 가는 길목인 하서회랑의) 양주涼州를 침략해 압박한 일을 힐난했다. (그러자 토번의 사절이 대답했다) '신은 명령을 받고 공물을 바칠 뿐이며, 군사에 관한 일은 들은 바가 없습니다.'"(『자치통감』) 토번의 사절은 노련했다. 고종은 병력 11만을 잃고 당장 토번과 정면대결을 할 마음이 없었다. 토번이 평화의 손짓을 할 때 못 이기는 척하고 받아주는 것이 나았다. 동쪽 한반도에서는 신라와 전쟁 중이었다. 황제는 토번에 평화사절을 파견했다. "황상이 그(토번 사절)에게 후하게 주어서 보냈다. (7월 22일) 황인소黄仁素를 파견하여 토번에 사자로 가게 했다."(『자치통감』)

672년 7월에 당의 군대가 평양 지역으로 밀려왔다. 고간이 군사 1만명, 이근행이 3만 명을 이끌고 일시에 평양에 이르러 여덟 곳에 진영을 설치하고 주둔했다. 그 군대는 중국인 보병 1만과 말갈 기병 3만이 결합된 무서운 군대였다. 먼저 고구려인들이 지키고 있는 평양 부근의 한시성韓始城과 마읍성馬邑城을 함락시키고 점령했다. 그리고 황해도로 전진했다. 하지만 신라군이 장창보병 사단을 만들어 조련시켜놓은 줄은 몰랐다. 당군은 황해도 들판 석문에서 신라 군대와 정면으로 대결했다.

석문 전투에 참패한 신라

첫 전투는 『삼국사기』 「김유신전」에 전한다. "당군이 석문의 들에 주둔하니 신라는 대방들에 군영을 설치하여 방어했는데 이때 장창당만이 따로 진을 치고 있다가 당나라 군사 3000명을 만나 그들을 잡아서 장군의 군영으로 보냈다." 최초의 승리는 신라군에 돌아갔다. 신라의 장창당이 선전해 당군 3000명을 사로잡았던 것이다.

하지만 당나라 군대가 그 존재를 인지하고부터는 달라졌다. 8월에 당나라 군사가 평양 부근의 한시성과 마읍성을 공격하여 이기고, 군사를 백수성白水城으로부터 500보쯤 떨어진 곳까지 전진시켜 군영을 설치했다. 백수성에 주둔한 고구려인들이 당군의 공격을 받을 위기에 몰려있었다. 신라군이 이를 구원하러 왔다. 신라군은 백수성과 500보 떨어진 지점에 군영을 설치하고 있는 당군과 격전을 벌인 끝에 수천을 참수했다. 이 승리로 신라군은 자신감을 얻었다. 고간이 후퇴하자 신라군은 석문까지 추격했다. 신라 원군이 백수성 안의 고구려 병력과 합쳐지면 전력이 강해지며 당의 백수성 함락은 어려워진다. 고간은 672년 8월 신라군을 석문으로 유인했던 것이다.

"고간이 철수하자 (신라군이) 석문까지 뒤쫓아가 싸웠는데 우리 군사가 패해 대아찬 효천曉川, 사찬 의문義文·산세山世, 아찬 능신能申·두선豆善, 일길찬 아나함安那含·양신良臣 등이 죽었다."(『삼국사기』)

당군은 신라군이 진을 재정비할 시간을 주지 않았고, 동요한 신라군을 살육했다. 그 장면이 상상된다. 신라군이 혼란에 빠진 짐승 무리와 같았다면, 당군은 그들을 양떼처럼 몰고 다녔다. 당군은 신라군을 다루기 쉬운 구역 안으로 몰아넣었고, 돌아쳐서 도망치게 했으며, 신라군의 주력을 고립시키고 그중 우두머리를 정확히 찾아내 그 자리에서 사살했다. 효천을 비롯한 6명의 장군이 이 싸움에서 전사했다. 신라는 순식간에 많은 병력을 잃었다. 당군과 평지에서 정면대결하는 것은 승산이 없음이 증명됐다.

진법을 훈련받은 중국인과 기마술에 뛰어난 말갈인이 절묘하게 결합된 막강한 당군을 정규전에서 당해낼 수 없었다. 당의 수뇌부는 일찍이 북방 유목민족과 농경민 한족의 확연히 다른 습성을 정확히 인식하고 있었고, 그에 연유한 군사적 특성을 정확히 파악하고 전투에서 각자가 지닌 특징을 살려냈다. 『삼국사기』「김유신전」에는 672년의 패배 후 수심에 찬 문무왕과 김유신의 대화가 보인다. "군사의 실패가 이러하니 어찌해야 하는가." "당나라 사람들의 모책을 헤아릴 수 없으니 장졸들로 하여금 각기 요소를 지키게 해야 합니다."

신라군도 수많은 전쟁을 경험했다고 볼 수 있다. 하지만 그것은 대부분 한반도 내부에서였다. 나당동맹 이후 양국이 연합작전을 함으로써 당군에 대한 정보가 축적됐다고 하더라도 평지전투에서의 진법 운영기

674년 나당전쟁이 소강상태에 접어든 시기에 문무왕이 조성한 월지.
전쟁으로 청춘을 보낸 문무왕은 월지를 바라보며 지친 마음을 달랬다.

술은 상대가 되지 못한다. 기병이 수적·질적으로 월등했던 당군의 전술은 다양할 수밖에 없었다. 초유의 강대국 당과 전쟁을 치르는 데 대한 신라인들의 우려가 석문 전투 패전으로 현실이 됐다.

텐산 북로의 전운

수많은 전사자를 낸 석문 전투의 패배 소식이 전해지자 신라 전체가 불안감에 휩싸였고, 일대 혼란이 일어났다. 더 큰 재앙이 닥쳐올 수도 있다는 생각이 신라인들의 머리를 짓눌렀다. 이미 죽은 줄로 알았던 소수의 패잔병이 귀향했을 때 어머니와 아내들은 그 자리에 주저앉고 말았다.『삼국사기』는 패잔병들 속에 자신의 아들 원술이 있다는 사실을 알고 굴욕을 느끼는 김유신의 모습을 기록하고 있다. 평생 부하들에게 죽음을 강요했는데 자신의 아들은 살아 돌아왔다.

석문에서의 패전은 신라에게 변화를 강요했다. 하지만 당장은 속수무책이었다. "고간이 고구려의 남은 무리들과 백수산에서 싸워서 이들을 격파했다. 신라에서 군사를 파견해 고구려를 구원하니 고간이 이를 쳐서 깨뜨렸다."『자치통감』672년 12월 조의 기록이다. 673년 5월 조를 보면 말갈군 대장 이근행이 호로하(임진강) 서쪽에서 고구려 유민을 격파했다. 그해 겨울 당군이 황해도 금천의 우장성을 함락시켰고, 말갈·거란군이 강원도 금강군 현리의 대양성과 김포의 동자성을 함락시켰다. 성들은 아무런 구원의 손길도 받아보지 못하고 무너졌다.

그런데 673년 말 신라가 당에 사신을 파견해 사죄하자 674년 1월 고종은 신라 침공을 중단했다. 이는 전년인 672년 9월에 사죄사를 파견해 막대한 공물을 바쳤는데도 아무런 효과가 없었던 것과 상반된다. 도대체 고종의 심경 변화는 어디서 기인했다는 말인가. 당시 고종의 관심은 온통 서역에 가 있었다. 673년 12월부터 토번이 다시 실크로드 문제에 개입하기 시작했다. 670년 토번에게 톈산 남로를 잃은 당은 그 대안으로 타림 분지를 경유하지 않는 톈산 산맥 이북의 길을 개발했다. 장안-옥문-하미-우루무치-준가리아 분지와 발하슈 호 부근의 일리 계곡을 통과하는 길이었다. 톈산 지역에서의 전쟁 발발은 당에게 토번을 피해 북으로 돌아가는 가늘게 연결된 길마저 상실할 수 있다는 우려를 안겨줬다. 톈산 북로의 단절은 당에 치명적이다.

톈산 지역의 전운은 당의 대신라 전쟁에 영향을 주지 않을 수 없었다. 674년의 전쟁 소강은 다음 기록에 반영돼 있다. "(문무왕 14년) 2월 (문무왕이) 궁궐 안에 연못을 파고 산을 만들어 화초를 심고 진기한 새와 짐승을 길렀다."(『삼국사기』)

문무왕은 전쟁 중에 궁궐에 호화판 정원 연못 월지를 만드는 여유를 보이고 있다. 당시 당나라가 직면한 톈산 북로 방어 문제를 신라는 어느 정도 감지하고 있었던 것 같다.

116

천성 전투와
매초성 전투

고대 동아시아 세계대전

강자인 당은 선택권이 있었다. 전쟁을 지속할 수도 포기할 수도 있었다. 전쟁의 승패는 당의 존속에 영향을 주지 않았다. 반면 신라인들에게 패배는 국가의 종말을 의미했다. 나당전쟁은 쉼 없이 지속된 것이 아니었다. 강자인 당이 처한 형편에 따라 전쟁이 중단되기도 하고 재개되기도 했다. 하지만 신라가 전쟁을 잠시 중단시키는 독립변수가 된 적도 있었다. 671년 10월 신라가 대동강 어귀에서 당의 보급선단을 격침시키면서 당군은 철수할 수밖에 없었고 그 후에 10개월의 소강상태가 찾아왔다. 짧은 평화였지만 약자인 신라인들에게 소중한 시간이었다. 실크로드를 놓고 당과 토번 사이에 전운이 감돌 때도 그러했다. 674년 신라는 1년 동안 전열을 재정비할 수 있는 시간을 벌었다.

토번과 당의 평화협정

675년 1월 토번의 사절단이 장안에 도착했다. "봄 정월에 토번에서 대신 논토혼미論吐渾彌를 보내와서 화의하기를 청했다."(『자치통감』) 토번이 장안에서 평화회담을 진행시키려 하니 서역에 한시적인 평화가 도래할 터였다. 그러자 고종은 요서에 있는 군대에 신라 출병을 명했다. 유인궤가 이끄는 당나라 군대가 남하해 칠중성을 장악했다. 칠중성은 배가 임진강을 거슬러 올라갈 수 있는 한계지점과 인접해 있다. 칠중성에서 임진강 건너 맞은편에 있는 호로고루성 부근의 고랑포高浪浦는 일제강점기까지도 서해에서 임진강을 거슬러 올라오는 수로와 임진강을 도하하는 육로가 만나는 전략적 요충지였다.

"2월 유인궤가 신라군을 칠중성에서 대파했다. 또 말갈을 시켜 바다를 통해 신라의 남경南境을 공략하여 죽이고 사로잡은 신라 무리가 많았다."(『자치통감』 675년 2월 조) 임진강 유역은 전쟁터가 됐다. 유인궤가 이끄는 병력이 육로로 남하했다면 말갈 군대는 배를 타고 왔다. 이때 말갈 수군이 경략한 '신라 남경'은 당군이 신라와 전선을 접한 임진강 최남단 유역을 의미한다고 여겨진다. 말갈 수군은 북에서 비스듬히 남으로 흐르는 임진강 하류의 양안을 장악했을 것으로 보인다. 그들은 임진강에 안전한 길을 열어 바다에서 칠중성으로 인력과 물자를 이동시키기 위한 전투를 했다.

매초성을 장악한 말갈군

말갈군을 이끈 자는 돌지계의 아들 이근행이었다. 돌지계는 수나라 때 투항해 당나라 초기 영주(차오양)에 자리 잡은 속말말갈의 추장이었다. 이근행은 칠중성에 상륙했고, 그곳에서 병력을 출동시켜 양주 남쪽에 위치한 것으로 보이는 매초성買肖城을 장악했다. 요서와 만주에서 말갈·거란의 후속 병력이 계속 남하해왔고, 가을에 접어들자 그 병력은 20만에 달했다. 이근행은 향후 한강 하류 유역을 향해 군대를 움직이려고 했던 것 같다. 당시 신라는 주장성晝長城(남한산성)에 본부를 두고 한강 파주 오도성산성(통일 전망대)에서 바라본 전경.
우측이 임진강이고 좌측이 한강이다.
두 갈래 수로를 모두 통제할 수 있는 전략적 요충지인 이곳에서
675년 9월, 신라가 당 보급선단을 격침시켰다.
이는 매초성에서 당군이 물러나게 하는 결정타가 됐다.

이북의 병력을 지휘해 이를 저지하고 있었다. 672년 신라는 중앙군이 대거 참전한 황해도 석문 전투의 재앙적인 패배 후 당군이 임진강 선을 돌파해 한강을 넘어 들어오는 것을 막기 위한 사전준비로 현 남한산성 자리에 주장성을 신축했다.

이근행이 매초성을 장악하고 남하 준비를 마친 직후 유인궤는 중국인 병력을 이끌고 귀국했다. 안동진무대사安東鎭撫大使에 임명된 이근행이 한반도 방면 총사령관이 됐고, 그의 말갈 군대가 신라와 전쟁을 했다. "인궤는 (중국인) 병사를 이끌고 돌아갔고, (황제가) 조서를 내려 이근행으로 하여금 안동진무대사로 삼고 매초성에 주둔해 신라를 경략하게 했다."(『자치통감』)

대규모 신라군이 양주 분지로 밀려왔고, 매초성 부근에서 세 차례의 치열한 공방전이 벌어졌다. "고종이 이근행을 안동진무대사로 삼아 매소성에 주둔시켰는데, 세 번을 싸워 그때마다 신라군을 패배시켰다."(『신당서』, 「신라전」) 신라군은 매초성을 함락하는 데 세 번 실패했다. 하지만 신라군은 양주에서 물러날 수 없었다. 그곳에서 밀리면 말갈·거란 기병이 의정부–상계동–하계동–광장동을 지나 한강을 도하할 터였다. 전투는 더욱 치열해졌고, 많은 사상자가 나왔으리라. 전투는 겨울이 가까워지면서 신라에 유리하게 돌아가고 있었던 것 같다. 『삼국사기』는 이렇게 전한다. "우리 군사가 당나라 군사와 크고 작은 열여덟 번의 싸움을 벌여 모두 이겼는데 6047명의 목을 베었고 말 200필을 얻었다."

천성에서 격침된 당 보급함대

675년 9월 당나라의 함대가 보급을 위해 김포 북부의 바다로 들어왔다. 말갈군이 그해 겨울을 넘기기 위해서는 물자가 필요했다. 하지만 천성泉城이라는 큰 장애물이 있었다. 한성백제기의 사실을 전하는 『삼국사기』「도미전都彌傳」을 보면 개로왕은 도미를 봉사로 만들어 한성에서 배를 태워 보냈고, 그는 천성도泉城島에 도착했다고 한다. 현 경기 파주의 교하는 옛 지명이 '천정구泉井口'로 임진강과 한강이 합류하는 지점에 위치한다. 여기에 '오도성산성烏島城山城'이 있는데 천성은 바로 이곳을 가리키는 것으로 보인다. 천성을 함락시키지 않고서는 원활한 보급을 할 수 없었고, 향후 한강 하류로 진출하기도 어려웠다.

오도성산성(천성) 바로 옆에 '곡릉천曲陵川'이 붙어 있다. 김포 반도를 정서正西로 바라보고 흐르는 그곳에서 신라 함대가 당나라 함대를 기다리고 있었을 것이다. 675년 9월 어느 날 천성에서 적의 배가 관측됐다는 신호가 왔고 신라 함대가 출동했다. 서해를 횡단한 당 함대에는 물자와 전마가 가득 실려 있었다. 그 육중한 함대에 신라의 가볍고 빠른 작은 배들이 떼로 달려들었다. 신라군은 당나라 배의 갑판에 줄줄이 매달려 올라갔다.

워낙 숫자가 많고 동시다발적이어서 당군은 기어 올라오는 신라군을 막지 못했다. 무엇보다 징발돼 신라에 온 당나라 수군과 자신의 조국과 가족을 위해 싸우는 신라인들은 마음가짐이 달랐다. 당나라 선발 함대의 여러 배에 불길이 치솟았다. 1400명의 당나라군이 여기서 전사했다. 불타지 않은 배 40척이 신라 수군의 손에 들어갔고, 배에 실려 있던 전마 1000필을 노획했다. 살아남은 당나라 배들은 도주했다.

"(당군이) 천성에 쳐들어왔다. 우리 장군 문훈文訓 등이 맞서 싸워 이겨서 1400명의 목을 베고 병선 40척을 빼앗았으며, 설인귀가 포위를 풀고 도망감에 따라 말 1000필을 얻었다."(『삼국사기』 문무왕 15년(675) 9월 조)

천성에서 설인귀의 보급선단이 격침됐다는 소식이 매초성에 전해졌다. 겨울이 다가왔는데 차후 보급을 받을 수 있다는 희망이 사라졌다. 굶어야 한다는 불안감은 병사들의 사기를 저하시켰고, 매초성의 20만 말갈 군대를 무너지게 했다. 그들은 저항도 없이 말을 버리고 퇴각했다.

"(675년) 9월 29일에 이근행이 군사 20만 명을 거느리고 매초성에 주둔했는데, 우리 군사가 공격해 쫓고 말 3만380필을 얻었으며, 그 밖에 병기도 많이 노획했다."(『삼국사기』)

이 중요한 전투에서 신라군이 말갈군에게 결정적 타격을 준 흔적은 찾아볼 수 없고, 전사자에 대한 기록도 없다. 말은 먹지 않으면 움직일 수 없고, 병력이 많을수록 보급에 대한 의존도가 높다. 천성해전에서의 승리가 이근행의 말갈 군대를 물러나게 했다.

그런데 『구당서』 「말갈전」을 보면 "(이근행이) 적석도 경략대사積石道經略大使가 되었고, (…) 상원 3년(676)에 또 토번의 군대 수만을 칭하이 호에서 격파했다"고 한다. 676년 이근행은 칭하이 호에서 토번군과 전쟁을 하고 있었던 것이다. 그의 말갈 군대가 한반도에서 칭하이 호로 이동했음을 짐작할 수 있다.

나당전쟁의 여진

나당전쟁(670~676) 이후 당은 재침하지 않았다. 전쟁 이후를 평화기로 상정하는 것은 있을 법한 일이다. 하지만 그것은 결과만을 놓고 본 것이다. 나당전쟁 이후 전쟁이 재발하지 않았다고 해서 전후에 바로 평화기가 도래했다고 보는 것은 부당하다. 역사적 사건에 대해 후세의 관점만 내세우면 잘못 판단하기 쉽다. 결과에 부합하는 원인만을 찾기 때문이다. 거의 25년에 걸쳐 신라 조정과 당 사이에 벌어진 신경전은 약자인 신라의 입장에서 볼 때 아슬아슬한 것이었다. 세계 최강국 당이 신라 조정에 가한 압력으로 상당 기간 신라 전체가 떨며 두려워했다. 지진은 항상 여진을 남기기 마련이며 간혹 처음보다 더 거대한 여진이 밀려오기도 한다.

세계 최강국으로 올라선 당나라

어느 시대든 그 당시엔 한 치 앞도 내다보지 못한다. 역사적 사실이나 현상들은 모두 다 후세에 와서야 명쾌해진다. 후세 사람들이 보면 명백한 일도 당시 사람들에게는 조금도 명백하게 알 수 있는 일이 아니었다. 최강국 당과의 전쟁, 그 자체가 신라인들에게는 공포스러운 모험이었다. 신라가 당과 싸워 승리했고, 그 후에 신라인들이 자신감을 갖게 됐다고 주장하는 것은 지금의 시각이다. 전쟁의 주도권을 쥐고 있었던 것은 당의 황제이지 신라의 국왕이 아니었다.

676년 고종이 토번의 내분을 이용해 총공세를 가하려 했을 때 나당전쟁은 휴전 상태로 돌입했다. 그해 이근행의 말갈 군대는 서역으로 이동해 칭하이 호의 대토번 전선에 투입됐다. 하지만 토번이 평정된다면 당이 이끄는 말갈 군대는 그 기수를 신라로 돌릴 수도 있다. 『자치통감』 678년 9월 조를 보면 고종이 신라를 재침하려 했지만 토번과의 전쟁이 시급했기 때문에 이뤄지지 못했다.

679년에 가서 문성공주의 노력으로 당과 토번의 평화 협상이 재개됐고, 681년에 당은 동돌궐의 반란을 진압했다. 고종은 신라에 압력을 행사할 수 있는 여유가 생겼다. 문무왕이 죽고 그 아들이 즉위한 해에 고종은 사신을 보내 신문왕에게 조부 태종무열왕 김춘추의 추존명을 개칭하라고 협박했다. 당 태종의 추존명과 같다는 이유에서였다. 압력은 신라에 양자택일을 강요했다. 하나는 '태종'이란 추존명을 거두고 당에 굴욕적인 외교를 하는 것이었고, 다른 하나는 결사항쟁을 각오하고 그것을 고수하는 것이었다.

인간이란 이름에 모든 것을 걸기도 한다. 전자를 택하자면 신라 내부의 정치적 부담이 몹시 컸다. 선덕여왕 폐위를 결의한 화백의 권위를 무력으로 뒤엎고 정권을 장악한 후 신라 사회를 통일전쟁이란 국제전에 끌어들인 태종무열왕 김춘추. 그의 추존명 개칭은 중대 왕권의 존재 의미를 부정하는 것이나 다름없었다. 나아가 이는 통일전쟁에서 왕의 이름으로 사라져 간 자들의 희생을 덧없는 것으로 만들어 살아 있는 자들의 충성을 감퇴시킨다.

김춘추가 묻힌 무열왕릉과
4개의 대형 무덤이 있는
서악동 고분군의 전경.
김춘추와 그 가족들이 묻힌 곳으로 추정된다.

후자를 택하면 세계 최강의 당과 일전을 불사해야 하는 부담이 따른다. 신문왕은 자신의 왕국을 무력으로 파괴할 수 있는 당 제국의 요구를 거절할 수 없었다. 그렇다고 해서 당에 굴복해 중대 왕실의 창건자 태종의 칭호를 개칭한다면 진골 귀족사회 내부에서 무열왕 가문의 카리스마 상실로 이어질 것이 분명했다.

이 시기에 내분은 공멸을 의미했고 그에 대한 철저한 단속과 탄압은 자연스러운 귀착이었다. 681년(신문왕 원년)에 김군관金軍官 등 최고위 귀족들이 연루된 장인 김흠돌金欽突의 반란이 있었다. 당의 분열공작이 개입된 것으로 보이는 이 사건은 사전에 발각돼 신속히 정리됐다. 진골 귀족의 대부분은 신라 정권의 중심에 통일을 이룩한 무열계의 왕실을 지속시키는 것이 가장 자연스럽고 그들 사이에 안정감을 주는 것이었다. 통일 직후 당의 재침이 우려되는 상황에서 진골 사이의 내분과 새로운 계통의 왕권 등장은 진골 귀족사회의 불확실한 미래를 의미했다.

분산된 두려움을 하나로 압착한 신문왕

그렇더라도 김흠돌의 반란은 중대 무열계 왕권의 의지를 마비시키고 불안케 하는 독소가 진골 귀족사회에 분명히 존재했음을 말해준다. 그 독소란 아직 젊은 제국 당과의 대결에서 진골 귀족들이 갖고 있던 무력감이었을 것이다. 이렇게 추정하는 것은 태종무열왕의 추존명을 개칭하라는 고종의 칙령을 갖고 온 당의 사신이 다녀간 시점과 김흠돌의 반란이 모두 681년(신문왕 원년)에 일어났기 때문이다.

나당전쟁을 직접 지휘한 문무왕의 죽음과 경험 없는 아들의 즉위, 이 시기에 밀어닥친 당의 외압은 신라의 조야를 당의 재침이라는 공포감에 술렁이게 했던 것이 분명하다. 장인 김흠돌의 반란은 신문왕의 가슴에 지워지지 않을 상흔을 남겨 놓았지만, 그에게 내부에 대한 냉철한 시선을 부여했다. 신문왕은 진골 귀족사회에 퍼져 있는 독소를 어떻게든 해독해야 했다. 독소를 인공적으로 증류해 그 속에 숨겨져 있는 여러 가지 힘을 압착하면 치유의 힘이 생기게 된다. 신문왕은 진골 귀족들이 갖고 있는 당에 대한 두려움을 하나로 모아 결사항쟁의 구호로 내걸어야 했다.

이것이 가능하려면 설득해야 했다. 패전은 모든 진골 귀족이 당에 끌려가 비참한 말로를 맞이하게 된다는 것을 의미하며 항복한다고 해도 그와 다르지 않다는 점을 상기시켜야 했다. 당에 대한 공포와 의심의 범위를 넓혀야 하고 당의 재침이 불러일으키는 긴장감을 더욱 고조시켜 당과의 전쟁을 경험한 대부분의 고위직 진골 귀족들에게 불안감과 압박감을 가중시켜야 했다.

사실 신라의 귀족들은 패전 후 백제와 고구려 귀족들이 당에 끌려가 모든 것을 잃고 태종의 소릉에 승전 제물로 바쳐지는 불운한 말로를 목도하거나 들은 바 있었다. 신문왕은 어떻게 해서든지 전쟁 재발에 대한 우려를 하나의 의지로 모아 압착하는 것이 중요했다. 당의 압력에 굴복해 태종무열왕 칭호를 개칭하는 것은 무열왕가의 간판을 내리는 것을 의미했다. 신문왕은 고종의 요구를 단호히 거절하고 결사항전의 길을 택했다.

전쟁의 여진에 몸살 앓는 신라 사회

신문왕 대에 이뤄진 급진적인 군비 확장이 이를 말해준다. 적금무당·황금무당을 중앙에 설치하고 삼변수 3개 부대를 조직해 북변의 방어를 강화했으며, 대기병 방어체제의 보강을 위한 개지극당을 창설했다. 무엇보다 중앙군단 구서당의 완성은 거대한 군비 증강이었다. 신문왕 당대 5년간 백제인·고구려인·말갈인으로 구성된 5개 부대(황금黃衿·흑금黑

衿·적금_{赤衿}·벽금_{碧衿}·청금_{靑衿}서당)의 증설은 군관 숫자만을 놓고 보더라도 신라의 주력이었던 6정 군단과 맞먹는 규모다.

그 직후에 녹읍 혁파가 단행됐다. 귀족들에게 지급된 토지와 인간조직을 해체해 국가 주도의 토지·인력 수취 시스템을 확립했던 것이다. 구서당의 경우 그 병력의 3분의 2가 왕경에 전혀 연고지가 없는 비신라인이었다. 그들은 부양하는 데 엄청난 재원이 필요했던 것이 분명하다. 대외적인 위기감이 없는 상태에서 거대한 군대를 운영하기 위한 진골귀족의 경제적 희생이란 상상할 수 없다. 676년 이후 25년간 지속된 당과의 군사적 긴장감은 신라에 전쟁을 대비케 했고, 앞서 전시에 가동된 시스템을 전후에도 지속시키는 원동력이 됐다.

통일을 달성한 후 무열왕가의 권위가 상승하고 왕권이 강화됐기 때문에 급진적인 개혁을 했다기보다는, 전쟁 재발에 대한 전 신라사회의 우려가 무열왕권에게 힘을 실어줬던 것이다. 나당전쟁의 여진은 권력이 진골 귀족회의 체제인 화백에서 왕권으로 기울어지게 하는 묵직한 저울추가 됐다. 현대 한국의 모체인 통일신라 탄생기에 국가는 종교였고, 군인들은 그 제단을 지키는 사제였다.

동아시아 문명권의 형성

『고대 동아시아 세계대전』을 발간한 지 5년이 넘었다. 그동안 독자들로부터 맺음말에 해당하는 글이 없다는 지적을 받아왔다. 나도 그것을 알고 있었다. 솔직히 말하자면 조각 글을 모아 방대하게 된 본문을 스스로 소화하는 것이 쉽지 않아 미루어온 것이다.

고대 동아시아 세계대전이 우리에게 남긴 것은 무엇일까라는 문제의식은 늘 가지고 있었다. 이제 나름의 결론을 내려보고자 한다. 그것은 기존 글에 대한 거친 요약이기도 하고, 본문에서 다루지 못한 내용에 대한 보충이기도 하며, 새롭게 알게 된 사실을 소개하는 것이기도 하다.

중국 역사상 당唐만큼 강한 무력을 가진 나라는 없었다. 당 제국은 주변 나라에 대한 탐욕스러움을 드러내는 육식동물이었다. 입으로 정통성을 논할 필요가 없었다. 힘으로 하면 되었다. 동돌궐과 서돌궐, 토욕혼, 고창국, 실크로드의 오아시스 국가들, 파미르 고원을 넘어 여러 나라가 당 제국의 지배하에 들어갔다.

그러나 당은 645년 고구려와의 전쟁에서 처참하게 패배했고 그것은 역사에 깊이 박힌 가시가 되었다. 당은 고구려를 멸망시키기기 위해 그해부터 668년까지 23년간 한반도와 만주에 전력을 집중시킨다. 그 기간에 서쪽에서 새로운 세력이 크고 있었다. 티베트 고원을 통일한 토번吐蕃은 내친 김에 그동안 당나라가 일구어놓은 농장에 들어가기로 작정했다.

660년 당이 동쪽에서 백제 멸망전쟁을 시작하면서 토번의 절도는 시작되었다. 첫 희생타는 토욕혼이었고, 실크로드 오아시스 국가들로 이어졌다. 이어 당에 앙심을 품고 있었던 서돌궐의 여러 부족도 토번에 원조의 손을 내밀면서 스스로 그 영향권으로 들어갔다.

자신에게 내성을 가진 생각지도 못한 강적의 등장에 당 제국은 괴로워했다. 당은 토번과 전쟁을 시작하는 일 자체가 두려웠다. 하지만 토번이 실크로드(천산남로)의 안서 4진安西四鎭를 장악하자 전쟁은 피할 수 없게 되었다. 실크로드 운영의 이익만큼은 결코 포기할 수 없었다. 그것은 언제나 '제국이 걸머진 운명'이었다.

아래 이어지는 글의 내용을 요약하여 소개하면 다음과 같다. 670년 당과 토번의 전쟁이 개시되었다. 서역에서 150년간 벌어진 양국의 끝없는 전쟁은 한반도는 물론이고 만주·몽골·파미르 서쪽, 심지어는 일본 열도에까지 엄청난 변화의 바람을 몰고왔다.

670년 약자인 신라가 당과 전쟁을 선택했고, 나당전쟁은 672년 왜국倭國의 최대의 내란인 임신란壬申亂의 국제적 계기가 되었다. 678년과 680년에 각각 청해靑海와 사천四川 지역에서 벌어진 당-토번 전쟁에서 후자가 승리했다. 당이 토번에게 맞아 휘청거리는 상황이었고, 이는 683년 동돌궐이 당으로부터 독립하여 새로운 유목 제국을 세울 수 있는 양호한 환경을 제공했다.

몽골 초원에 동돌궐이 재등장하면서 이제 태풍의 눈은 토번 하나가 아니라 둘이 되었고, 당 제국을 사이에 두고 둘은 서로 영향을 주면서도, 각기 그 주변에 새로운 바람을 일으켰다. 696년 동돌궐이 내몽골과 요하遼河 방면으로 팽창하면서 만주 지역에 대한 당의 지배력은 저하되었고, 698년 그곳에 발해渤海가 들어설 공간을 마련해주었다.

세계사 속에서 때로 어느 국가라는 것이 후세에 상상을 불허하는 기적 같은 일을 연출하는 수가 있다. 백제와 고구려 멸망전쟁에서부터 나당전쟁에 걸친 16년(660~676) 동안의 신라만한 기적을 연출한 국가는 역사상 유례를 찾아보기 힘들다.

신라는 거대한 괴물 당나라와 동맹을 맺고 백제와 고구려를 660년과 668년에 멸망시켰다. 신라가 당의 본성을 몰랐던 것은 아니었다. 고구려와 백제의 공격으로 존망의 기로에 선 신라가 처음 동맹을 모색한 것은 고구려와 왜국이었다. 각각 642년과 645년에 고구려와 왜국에 신정권이 들어선 직후였다. 642년 김춘추金春秋가 고구려에 가서 연개소문淵蓋蘇文을 만났고, 647년 왜국의 다이카 개신大化改新 정권에 손을 벌려보기도 했지만 모두 실패했다.

당장 생존해야 했다. 결국 신라는 당 제국이란 폭력배 사채업자를 찾아갔다. 668년 백제와 고구려가 멸망한 이후 당은 신라인들을 종 취급했다. 신라인들은 전율했다. 신라는 도저히 당 제국과 싸울 수 있는 나라가 못 되었다. 힘이 없는 신라는 당의 요구를 그대로 들어줄 수밖에 없었다.

하지만 당시 중요한 변화가 신라 내외에서 일어나고 있었다. 먼저 내적으로 신라의 군사조직이 정예화되었다는 점이다. 장기간 전쟁의 와중에 당은 신라군을 잘 훈련시켜놓았다.

당시 신라의 보병이란 것은 당의 입장에서 보았을 때 누더기를 걸친 거지 떼였다. 신라에 기병은 있다고 하더라도 그 숫자가 소수였고, 몽골에서 훈련된 말을 사용했던 당군唐軍에게 신라의 말은 소처럼 우둔하게 보였다. 나당전쟁 직전까지도 신라군의 외관은 변하지 않았다.

하지만 그들은 당군과 공동작전을 통해 많은 것을 배웠고 내용이 달라져 있었다. 당은 신라군을 적극 동원하여 백제와 고구려를 멸망시키려고 했다. 그것을 가능하게 하려면 양군의 손발이 맞아야 했다. 보다 효율적으로 신라군을 부리기 위해 군사운영 기술을 이전할 수밖에 없었다. 전쟁의 과정에서 신라군의 조직 형태와 운용 능력은 당군과 비슷해졌고, 무엇보다 당에 열세인 기병력을 만회할 수 있는 장창보병전술을 배웠다. 『삼국사기』「직관지·무관武官」조를 보면 신라의 전체 군사조직에서 장창보병(장창당長槍幢·흑의장창말보당黑衣長槍末步幢)의 숫자는 거의 절반에 이른다. 나당전쟁 시기에 당병과 함께 이끌려 들어온 말갈靺鞨·거란契丹 대규모 기병의 쇄도는 이토록 큰 흔적을 남겼다.

다음으로 대외적인 큰 변화가 일어났다. 서역에서 티베트 고원을 통일한 토번 제국이 등장하여 실크로드를 잠식하기 시작했다. 668년 고구려가 나당연합군에 멸망되었다. 하지만 23년간(645~668)의 고구려전쟁은 서쪽에서 토번이 국력을 다질 수 있는 시간을 주었다. 660년 당이 백제전쟁에 개입하자 토번은 청해 실크로드의 토욕혼을 잠식하기 시작했다. 동쪽에 발이 묶인 당은 뻔히 알면서 이를 방관할 수밖에 없었다. 669년 9월 이윽고 토번은 실크로드(천산남로)를 급습하여 점령한다.

당나라는 실크로드 경영권 상당 부분을 상실하자 이를 만회하기 위해 움직였다. 670년 고구려 주둔 사령관이었던 설인귀薛仁貴가 이끄는 정예병력 11만이 토번군을 몰아내기 위해 서역으로 출동했다. 당군과 토번군이 청해호靑海湖 대비천 부근의 평원(해발 3200미터)에서 만났다. 고도에 적응된 토번군은 너무나 강했고, 그렇지 않은 당군은 무력했다. 토번군은 당나라 병사 11만을 학살했다. 당과 토번이 실크로드 경영권을 놓고 시작한 150년 전쟁의 출발은 이러했다.

청해에서 당나라 정예 병력의 몰살은 신라 통일전쟁의 방향을 바꾸었다. 670년 신라군은 압록강을 넘어 만주까지 진군했다.(나당전쟁) 서역에 발이 묶인 당은 동쪽 신라에 힘을 집중할 수 없었다. 대신 영주도독부督州都督府(요서 조양朝陽) 소속의 말갈·거란 기병을 동원해 신라군과 싸우게 했다. 유리한 국제상황에서 신라가 선택한 전쟁이지만 말갈과 거란 기병은 만만한 상대가 아니었다.

671년부터 말갈인 이근행李謹行이 이끄는 기병 4만이 황해도 평지로 몰려왔다. 신라의 입장에서 이러한 대규모 기병의 공격을 받은 경험이 없었다. 신라의 장창보병이 이를 막아낼 수 있는 유일한 수단 가운데 하나라고 할 수 있다. 물론 일방적 승리를 했다는 것은 결코 아니다. 잘 훈련된 신라의 장창보병이 당 기병 공격을 맞아 절대 열세를 겨우 면했다는 것이 정확할 것이고, 그것은 신라가 하루하루를 근근이 버티는 수단이었다.

장창이 겨냥한 것은 사람이 아니라 말의 가슴이나 목이었다. 기병 선두를 낙마시켜 전 기병대의 흐름을 정체시키는 것이 주목적이었던 것이다. 정체된 기병이란 기동성이 이미 사라지고 없는 무력한 존재다.

길고 육중한 장창長槍은 그 밑을 땅에 고정시켜야 했다. 육중한 말이 빠른 속도로 달려올 때 창을 땅에 고정시키지 않고서는 그 힘에 밀려날 뿐만 아니라 큰 충격을 줄 수 없기 때문이다. 대개 장창보병 대열은 강이 합류하는 지점에 자리를 잡고 강을 등지고 있거나, 아무런 장애물이 없는 평지에서는 원진圓陣 대열을 구사했다. 이는 측면이나 배후의 공격을 받지 않기 위해서다.

가난한 신라인들이 고슴도치와 같이 긴 창의 대열을 이루고 적 기병대와 사투하는 장면은 우리 민족 형성의 산고인 나당전쟁의 표상일 것이다. 그렇게 하루하루를 버티고 생존해야 했다.

영원할 것 같았던 전쟁의 암흑 속에서 고통 받던 신라에게 빛이 보이기 시작했다. 이 변화는 토번 내부에서 시작되었다. 675년 말 토번이 왕위 계승을 놓고 내분에 휩싸이자 당 고종高宗은 실크로드에서 전세를 역전시킬 기회가 왔다고 생각했다. 숙련된 병력이 절실했다. 황제는 임진강 하류 매초성에서 신라군과 대치하다 해상 보급이 끊어져 물러난 말갈·거란군대를 호출했고, 이듬해 그들은 실크로드 전선에 투입되었다. 『구당서』「말갈전」을 보면 "(말갈인 대장) 이근행이 상원 3년(676)에 토번의 수만 명의 군대吐蕃數萬衆를 청해에서於靑海 격파했다"고 전하고 있다.

신라는 세계 최강국 당과의 대결에서 끝까지 살아남았다. 676년 당군은 한반도에서 철수하고 이듬해 재침하지 않았다. 그 이유를 신라인들이 인지하고 있었는지는 알 수 없다. 확실한 것은 신라에게 생존을 위한 사투 이외에 선택권이 전혀 없었다는 점이다.

서역에서 토번의 팽창이라는 국제 정세가 신라에게 유리하게 작용했다는 것은 부인할 수 없다. 하지만 야수성이 강한 북방 기병대와의 싸움은 결코 쉬운 것이 아니었다. 672년 8월 황해도 석문에서 말갈·거란 기병은 신라 중앙군단을 전멸시키다시피 했다. 여기서 전사한 신라 장군들의 명단이 『삼국사기』에 남아 있다. "대아찬大阿飡 효천曉川, 사찬沙飡 의문義文·산세山世, 아찬 阿飡 능신能申·두선豆善, 일길찬一吉飡 안나함安那含·양신良臣."

직후 신라군은 황해도 남쪽 임진강 선으로 밀려났다. 그럼에도 신라인들은 저항을 멈출 수 없었다. 그들은 너무나 비장했다. 말갈·거란 기병은 당나라에 고용된 자들이었지만 신라인들은 자신의 가족과 터전을 지키기 위해 싸워야 했다. 애초부터 그들에게 삼한통일三韓一統이라는 목적은 없었다. 하루하루를 생존해야 하는 대장정이었을 뿐이다.

나당전쟁이란 것은 중국 민족이 세계 최대의 팽창을 감행한 시기의 한 현상이었다. 하지만 그 현상 속에서 신라의 입장은 막다른 골목으로 내몰린 자가 힘을 다 짜낸 생존투쟁이었다.

2. 백제 주둔 당군의 몰락과 왜국의 내란

나당전쟁은 고대 왜국倭國 최대 내란인 임신란壬申亂 발발의 국제적 계기가 되었다. 672년 돌아간 덴지 천황天智天皇의 아들 오토모 황자大友皇子가 삼촌 오아마 황자大海人皇子(덴지의 동복동생)의 반란군에 패배해 자결했다. 오아마 황자가 덴무 천황天武天皇으로 즉위하면서 천황제天皇制의 틀이 만들어졌고, 율령제를 갖춘 일본日本이 탄생했다.

직전인 670년 나당전쟁이 일어났다. 그 소식을 들은 왜국인들 가운데 신라가 승리할 것이라 믿었던 사람은 아무도 없었다. 아니 신라가 당과 전쟁을 시작했다는 것 자체를 자살행위로 보았을 것이다.

그런데 얼마 후 백제 땅에서 신라가 당군을 밀어냈다는 소식이 일본 열도 전역에 퍼졌다. 671년 11월 구舊 백제 지역에 위치한 당의 웅진도독부熊津都督府의 요원 2000명(당인 500명, 백제인 1500명)이 쓰시마 섬對馬島에 도착했고, 이듬해 북규슈 쓰쿠시筑紫(지금의 후쿠오카)로 입항했다. 도저히 숨길 수 없는 규모의 망명 인사들이었다. 왜국인들은 이를 지켜보면서 자신들의 눈을 의심했으리라. 어떻게 신라가 당을 물리칠 수 있다는 말인가?

앞서 663년 3월 왜국 병사 2만7000명이 백제 땅으로 건너갔고, 8월 백촌강白村江에서 당수군水軍에게 재앙적인 패배를 맞이했다. 나당연합군의 일본 열도 침공을 우려한 덴지 천황은 이 직후에 자국 전역에서 대대적인 축성築城을 단행한다.

쓰시마섬, 이키壱岐섬, 규슈 북부, 세토 내해瀨戶內海의 연안에 성을 쌓고 방인防人을 배치한 뒤 봉화를 설치했으며, 왕경을 아스카飛鳥에서 오미近江으로 옮겼다. 수많은 왜국인들이 공사에 동원되었고, 군역軍役과 중세重稅를 감당해야 했다. 당은 왜인들에게 공포의 대상이었다.

이러한 상황에서 665년 당의 사절이 왜국을 찾았고, 덴지의 아들 오토모 황자 주도로 당과 왜 사이의 재수교가 이루어졌다. 666년 정월 왜국의 사절이 산동 태산泰山에서 거행된 봉선封禪 의식에 참여했다. 668년 당 제국은 고구려를 멸망시켜 그 무력을 재확인해주었다. 오토모가 주도한 당과의 재수교를 미래를 앞서 본 신의 한수로 여기는 사람들도 있었을 것이다.

하지만 670년 나당전쟁이 발발하자 상황이 달라졌다. 신라가 직전부터 백제 지역을 잠식해 들어갔다. 강력하다고 믿었던 당의 웅진도독부가 왜국에 거듭 청병을 해왔다. 앞서 고구려멸망전쟁에서 유인원劉仁願이 이끄는 웅진도독부의 정예병력 90퍼센트가 소진되었다는 사실(『책부원귀冊府元龜』 권447, 「장수부將帥部」)을 몰랐던 왜국인들에게는 이상하게 생각되었을 것이다.

671년 1월 백제인 엘리트 60명이 왜국 조정에 등용되었고, 6월 독재자 덴지가 웅진도독부의 청병 사실을 공개적으로 선포했다. 왜 하필 그때 그러한 선언을 했을까. 당시 왜가 해외에 파병할 형편이 되지 않았고, 668년 재수교한 신라와의 관계도 고려해야 했다. 하지만 왜국을 대표하는 덴지는 당과의 관계를 생각하지 않을 수 없었고, 웅진도독부의 당나라 사절이 왜국에 체류하고 있을 때 그러한 외교적 몸짓이라도 해야 했다.

하지만 조정이 어떠한 메시지를 발신하는 것과 사람들이 그것을 어떻게 받아들이는지는 다르다. 그 사이에는 엄청난 간격이 존재할 수 있다. 청병 사실 선포가 왜국 조야에 던진 충격은 컸다. 663년 8월 이전 백제에 병력과 자원을 쏟아부었던 호족豪族들이 특히 그러했다. 그들은 다시 백촌강白村江으로 끌려갈 수도 있다고 생각했고, 악몽을 다시 감내할 수 없었다. 호족들은 오미近江 조정의 존재 이유를 의심했다. 덴지 천황과 오토모 황자 주위에는 모국에 미련이 있는 백제인 엘리트들이 대거 포진하고 있지 않은가.

671년 9월 남침을 개시한 영주도독부의 말갈·거란군이 압록강을 건너와 평양에 베이스 캠프를 건설하고 황해도로 진군했다. 그러나 10월 대동강 입구에서 당의 운량선運糧船 70척이 신라 수군의 공격을 받고 격침되었다. 보급이 끊기자 당군은 북쪽으로 철수했고, 당군의 남침에 희망을 걸고 있던 웅진도독부는 낙담했다. 백제 지역에 대한 신라의 공격은 더욱 가속화되었고, 웅진도독부의 함락이 임박했다. 같은 해 11월 웅진도독부의 당 관리 곽무종郭務悰은 배 47척에 2000명을 태우고 금강을 빠져나가 쓰시마섬으로 향했다. 12월 3일 그 결정적인 타이밍에 덴지 천황이 사망했다.

웅진도독부의 소멸을 알리는 사상 초유의 엑소더스와 독재자 덴지의 영면은 왜국 사람들에게 새로운 시대를 예감케 했다. 그 누가 신라에 의해 당 세력이 백제에서 밀려난다고 상상이나 했겠는가. 덴지가 사망 직전에 당과의 외교를 염두에 두고 왕위 계승자로 낙점한 오토모 황자의 처지가 옹색해졌다. 당 장안의 황제와 끈이 떨어졌고, 의지했던 아버지가 세상을 떴다. 오토모 옆에 있는 백제인들도 존재 의미를 잃었다. 그들은 당과의 외교관계를 염두에 두고 등용된 사람이었다.

672년 웅진도독부의 소멸은 백제 땅에서 당군의 기지가 사라졌다는 것을 의미했고, 그것은 왜국인들에게 무엇보다 큰 변화였다. 지금까지 왜국은 당의 영향하에 들어가는 것이 두려워 백제에 가서 전쟁을 했고, 패전 후 일본 열도를 방어하기 위해 광범위한 축성과 대규모 토목공사를 실시했다. 수많은 사람이 동원되었고 엄청난 희생자를 낳았다. 하지만 왜국인들은 지척인 백제 땅에 있는 당군에 대한 두려움 때문에 덴지의 독재를 인내했다. 백제에서 당군이 사라지자 그 인내의 이유도 사라졌다.

672년 6월 요시노吉野에서 칩거하던 덴지의 동생 오아마 황자大海人皇子가 움직였다. 그가 반란의 깃발을 들자 호족들이 순식간에 가담하여 병력 수만이 휘하에 모여들었다. 인체로 비유하자면 세균 침투에 대비하여 면역의 힘을 상승시켜놓았는데, 침입체가 약해지면서 이제 면역체가 몸을 공격하는 시기가 도래했다.

당의 침공 우려라는 공포는 오토모가 물려받은 오미 조정을 작동시키는 연료였다. 그것이 약해졌다는 것은 오미 조정이란 기관의 연료가 고갈되어 추동력을 잃었다는 것을 의미했다. 오토모 황자가 삼촌의 반란에 대항할 병력 모집을 위해 각지에 사절을 보냈다. 하지만 왜경倭京(나라 아스카)에서는 반응이 없었고, 동국東國으로 향한 사자는 행방불명이 되었다. 기비吉備의 총령總領은 목숨을 내놓고 움직이지 않았고, 쓰쿠시筑紫의 총령은 외침을 핑계로 박절하게 거절했다.

과거로 돌아갈 수 없었던 호족들은 덴지계의 오미 조정을 부정하고 오아마 황자의 새로운 조정을 원했다. 672년 7월 22일 세타瀬田 다리의 싸움(지금의 오쓰大津시 가라하시정)에서 오아마의 군대가 오토모 측을 대파하고, 다음날 오토모 황자가 자결하면서 임신란壬申亂은 성공한 반란이 되었다. 오아마 황자가 덴무 천황天武天皇으로 즉위했다.

신라와 구 백제 땅에서 전쟁을 했던 덴지계가 사라지고 덴무가 들어섰다. 그것은 당과 전쟁 중이던 신라에게는 호재였다. 배후의 불확실성이 상당히 제거된 것이다. 672년 문무왕文武王이 김압실金押實을 단장으로 하는 신라 사절단을 왜국에 파견했다. 문무왕이 덴무의 신정권을 곧바로 인정한 것이다. 그해 11월 24일 쓰쿠시에서 신라 사절단은 향응을 제공받았고, 그들 모두에게 녹祿이 증여되었다.

같은 해 12월 15일 신라가 살아남아 당의 남하南下를 막아주는 방파제가 되길 원했던 덴무는 귀국길에 오른 신라 사절단에게 특별히 선박 1척을 내려주었다. 그 배에는 덴무가 문무왕에게 보내는 많은 선물이 적재되었던 것으로 보인다.

배후의 불확실성이 제거되기를 원했던 문무왕과 신라의 방파제 역할을 원했던 덴무 사이의 이해관계가 맞아떨어졌다. 이후 반세기 동안 신라와 일본 사이에 사절과 물자가 자주 오갔으며, 이 시기만큼 양국의 교섭이 활발한 적은 없었다. 일본이 율령제 국가로 변모하는 데 신라의 경험이 반영되지 않을 수 없었던 것으로 보인다.

3. 발해 건국의 환경, 두 개의 태풍

678년 이경현李敬玄과 유심례劉審禮가 이끄는 당군 8만이 토번을 치기 위해 청해에 파병되었다. 그곳은 중국 본토와 서역(타림·중가리아 분지) 사이를 연결하는 길고 가느다란 목(하서회랑) 앞에 위치해 있어 양국의 상습적인 싸움터였다.

당군과 토번군이 청해에서 대진했다. 7월부터 전투가 벌어졌고, 약간의 승리를 한 유심례가 적진 깊숙이 들어갔다가 오히려 포위되었고, 9월 12일에 그를 포함한 전군이 몰살당했다. 이경현은 청해성 서녕 부근까지 물러났으나 역시 토번군에게 포위되었다. 하지만 백제 출신 장군 흑치상지黑齒常之가 결사대 500인을 모아 토번 군영을 야습했고, 이경현은 간신히 도주할 수 있었다. 이후 토번은 청해 지역에 있는 그들의 요새를 더욱 강화하고, 당의 변경지방을 계속해서 침탈했다.

당 고종 치세 말에 조정은 토번에 대해 어떠한 확고한 정책도 결정하지 못했다. 험준하여 접근하기 어려운 청해青海, 감숙甘肅과 사천四川 북서부 요새에 대규모의 상주군을 설치할 필요성이 있었다. 병참과 보급은 부분적인 자급자족을 위해 둔전屯田을 설치한다고 하더라도, 어렵고 비용이 많이 들었다. 그동안 토번의 팽창은 급속도로 가속화되었다.

하지만 당 조정은 서역으로 향하는 실크로드가 차단되는 것은 끝내 저지하려 했다. 679년 9월 당의 장군 배행검裴行儉이 타림 분지 방면으로 가서 현지인들과 용의주도한 작전을 수행하여 토번 휘하에 들어가 그곳을 지배하고 있었던 서돌궐의 아사나도지阿史那都支와 이차복李遮匐을 생포하여 개선했다. 직전 그는 천산 이북에 쇄엽진碎葉鎮을 설치하는 등

천산북로와 타림 분지에 대한 지배를 다시 회복하려 했다. 하지만 그해 생각지도 못한 문제가 동북방에서 터졌다. 당의 전력이 서역에 쏠리자 동돌궐과 거란·해奚가 그 틈을 노리고 반란을 일으켰다. 그들의 궐기를 아주 심각하게 받아들인 당 조정은 대군을 일으켰다. 다시 배행검이 이끄는 대군을 파병했고, 이를 진압했다.

북방에서 반란의 싹을 잘라버리기 위해 당의 주력 30만을 그쪽에 집중시킨 시기에 토번이 움직였다. 680년 내부의 문제를 해결한 토번이 사천四川 서북부 지역에 배치된 당의 수비군을 몰아내고 전략상 요새인 안융安戎을 점령하여 사천과 운남 변경의 부족들을 그 통제하에 넣었다. 681년 다시 침공하여 청해성 남산南山 산맥에서 발원하는 양비천良非川(지금의 칭하이 궁허共和현)에서 싸움이 벌어졌다. 682년에는 토번이 2개 방면으로 군대를 보내 침공해왔다. 사천 검남도劍南道의 자주柘州·송주松州·익주翼州를 노략질했고, 농우도隴右道의 선주鄯州와 청해호 서쪽에 위치한 하원군河源軍을 공격했다.

이러한 토번의 광범위한 대공세는 다시 당의 병력을 서쪽에 묶어놓았고, 억압받던 동돌궐인들에게 다시 재기할 수 있는 기회를 주었다. 아사나골돌록阿史那骨咄祿이 동돌궐 잔당들을 모아 당나라 북변을 약탈하기 시작했고, 683년 제2돌궐제국을 세웠다. 이제 당 제국을 둘러싼 태풍의 눈은 하나가 아니라 두 개가 되었다. 서북방의 두 세력은 당 제국이 정신을 차리지 못할 정도로 흔들 터였다.

같은 해(683)에 골돌록이 울주蔚州를 약탈했다. 이를 진압하러온 당의 풍주도독豐州都督 최지변崔智辯이 적에게 죽임을 당했다. 이어 684년 골돌록이 삭주朔州를 공격해 백성과 관리를 죽이거나 사로잡아갔으며, 685년 3월에 대주代州를 공략했다. 686년에 골돌록이 삭주와 대주 등을 재차 공격하자, 당의 장군 순우처평淳于處平이 군대를 이끌고 구원하러 가다가 흔주忻州에서 동돌궐 군대와 마주쳤다. 여기서 당군이 크게 패해

5000여 명의 전사자를 냈다. 687년에는 동돌궐이 삭주를 침공했는데, 초반 승리에 도취한 당군이 후퇴한 동돌궐을 추격하다가 1만3000명에 달하는 병력을 잃었다.

직후 일어난 당과 토번의 큰 전쟁은 687년 몽골 고원으로 이동한 동돌궐 제2제국이 확고하게 뿌리를 내리는 시간을 제공했다. 689년 측천무후則天武后는 위대가韋待價에게 10만의 군대를 이끌고 토번을 치게 했다. 여기에 맞서 토번의 상재상上宰相인 논흠릉論欽陵(가르친링)이 대군을 이끌고 인식가하寅識迦河로 이동하여 당군과 대치했다. 추운 날씨에 눈이 내리고 시야가 어두워지자 토번군이 선제 돌격을 감행했고, 생각지도 못한 급습을 당한 당군들은 궤멸되었다. 살아남은 자들도 추위 때문에 퇴각하는 도중 죽는 자가 많았다. 『구당서』 권196, 「토번전吐蕃傳」은 결과를 이렇게 전한다. "위대가는 본래 군대를 통솔할 만한 재주가 없었는데 이때 낭패를 보아, 사졸은 기근에 고생하다 모두 죽고 그 시신이 구덩이를 전전했다."

얼마 후 당이 반격했다. 유능한 장군인 왕효걸王孝傑 등이 측천무후을 설득하여 안서安西 4진을 수복하기 위한 전쟁을 서둘렀다. 692년 당나라는 타림 분지의 지배권을 되찾기 위해 왕효걸 휘하의 정예부대 금아군金牙軍 30만이 안서 4진으로 진군했다. 이에 토번 논흠릉의 아우 가르다고리喝爾悉多干가 15만의 대군으로 당군에 맞섰으나 패배했다. 당군은 안서 4진 가운데 3개인 구자龜玆. 우전于闐(호탄), 쇄엽碎葉을 점령했다. 가르다고리가 이끄는 토번군은 연패했으며, 소륵疏勒(카슈가르)에서 토번은 6~10만 군대를 잃었다. 10월 10일에 구자, 우전, 소륵, 쇄엽이 모두 당의 점령하에 들어갔고, 타림 분지 북면 중앙인 구자에 안서도호부를 세웠다. 같은 해인 692년 청해 일대에서 당항족黨項族(탕구트), 사천 일대에서 강족羌族이 토번의 지배에서 벗어나기 위해 대규모로 당에 내투하는 사태가 일어났다.

당이 타림 분지의 안서 4진을 회복했다는 것은 서역에 그 군대가 대규모로 주둔하게 되었다는 것을 의미했다. 이렇게 되자 동돌궐이 움직였다. 693년 12월 25일에 아사나묵철阿史那默啜이 영주靈州를 침입해 백성과 관리를 살해하고 약탈했다. 묵철은 골돌록의 아우로서 2년 전 죽은 형을 대신하여 스스로 가한可汗이 되었다.

당은 이에 대한 반격을 하지 않을 수 없었다. 694년 3월 측천무후는 설회의薛懷義을 삭방도행군朔方道行軍 대총관大總管, 이소덕李昭德을 행군장사行軍長史로, 소미도蘇味道를 사마司馬로 삼아 삭방도총관 계필명契苾明, 안문도총관雁門道總管 왕효걸王孝傑, 위화도총관威化道總管 이다조李多祚, 풍안도총관豐安道總管 진령영陳令英, 한해도총관瀚海道總管 전양명田揚名 등 총 18명의 장군이 인솔하는 대군을 출동시켰다. 사막에서 동돌궐 군대를 찾을 수 없어 아무런 성과 없이 돌아왔지만, 엄청난 병력이 동원되었고 적지 않은 시간이 소요되었던 것으로 보인다.

695년 이러한 상황을 간파한 토번의 논흠릉은 대군을 이끌고 중국으로 향했다. 그가 임조臨洮(지금의 간쑤 린타오현)에서 당군을 격파하자 조정은 금아군 30만 명으로 토번군을 소탕하게 했다. 이에 논흠릉이 군대를 총집결시켰으나 앞서 동생 가르다고리가 앞서 안서 4진 전쟁에서 대패하여 모을 수 있는 군사는 3~5만이 전부였다. 695년 7월 치열한 전투가 벌어졌고, 압도적으로 당군이 유리함에도 토번군은 무너지지 않았다. 696년 봄 정월 토번군이 장안 300킬로미터 이내 지점까지 진격해오자 측천무후는 10만의 군대를 증파했다. 3월 마침내 양군이 농우道隴右道 조주洮州 소라한산素羅汗山에서 대대적인 혈전을 벌였다. 그 결과 당군은 거의 전멸하다시피 했고, 당의 장군 왕효걸 등도 목숨만 부지한 채 도주해 평민으로 강등되었다. 이 패전으로 당의 위세가 크게 실추되었고 군사력도 급격하게 약화되었다.

그럼에도 측천무후는 토번에 다시 반격하려고 했다. 하지만 동북 지역에서 거란의 반란이 일어나 좌절되었다. 이제 당은 군사적인 면에서 정책 결정을 통해 선택할 수 있는 처지가 아니었고 상황에 끌려다니게 되었다.

696년 5월 거란의 추장 이진충李盡忠이 손만영孫萬榮과 함께 반란을 일으켰다. 영주자사營州刺史 조문홰趙文翽가 거란인들을 지나치게 착취하자 그를 죽이고 당나라에 맞섰다. 토번의 침공 상황을 파악하고 일어난 반란일 수도 있다.

요서의 영주 일대를 점거한 이진충과 손만영 휘하에 수많은 사람이 모여들어 대군이 되었다. 696년 8월 당이 조인사曹仁師 등 28명의 장군을 보내 거란을 공격했지만, 난하灤河와 대릉하大凌河의 분수령인 서협석곡西硤石谷의 전투에서 크게 패하고 장군들이 사로잡혔다.

중대한 고비를 맞이하고 있던 당 조정에 동돌궐 묵철 가한의 사절이 나타났다. 묵철은 서신을 통해 당을 위해 거란을 토벌하겠다고 제안했다. 묵철은 그 조건으로 당 황실과의 혼인을 요구하고 동시에 단우대도호부單于大都護府의 할양과 당 제국 내 하서河西 6주(풍주·승주·영주·하주·삭주·대주)에 있는 모든 돌궐인의 송환을 요구했다. 측천무후는 묵철의 엄청난 요구에 크게 동요했다. 하지만 눈앞에 닥친 거란의 위협은 그녀가 이 전란을 진정시킬 수 있는 사람의 편에 서게 했다. 그녀는 마지못해 묵철에게 뇌물을 보냈고 혼인을 약속하면서 적어도 일시적으로나마 그를 만족시켜주었다.

696년 10월 22일에 묵철이 동돌궐·해奚 기병을 이끌고 거란의 본거지인 송막(요하遼河 상류)을 습격했다. 대대적인 약탈이 잔인하게 자행됐고 이진충과 손만영의 처자식 등을 붙잡았다.

동돌궐의 급습과 이진충의 병사病死로 거란 세력이 일시 약화되는 듯했다. 하지만 손만영은 세력을 재규합하는 데 성공했다. 동돌궐과 당이 다시 적대적으로 돌아섰기 때문이었다. 697년 1월 측천무후가 약속을 지키지 않자 동돌궐의 묵철이 영주灤州와 승주勝州를 공격했다.

697년 3월에 손만영은 기주冀州를 급습하여 자사 육보적陸寶積을 살해하고 관리와 자녀 수천 명을 죽였다. 무측천의 조카 무유의武攸宜 휘하의 왕효걸과 소굉휘蘇宏暉 등이 17만 대군을 거느리고 반격에 나섰다. 그러나 거란은 당의 대군을 난하-대릉하 분수령인 동협석곡東硤石谷으로 유인하여 몰살시켰다. 한때 서역에서 이름을 떨치기도 했던 왕효걸은 진중에서 전사했고, 소굉휘는 무기를 버리고 도주했다. 손만영이 승전의 여세를 몰아 유주幽州를 공격하자, 장군을 파견해 방어했지만 패배했다. 연이은 패배는 충격적이었고 당 조정을 자포자기의 상태로 만들었다.

당은 동돌궐의 묵철 가한과 다시 손잡지 않을 수 없었다. 하서 6주의 돌궐인 반환과 단우도호부 지역 반환 실행을 재차 약속하고, 여기에 더해 곡식과 종자 10만 곡, 잡채雜彩 5만 단, 농기구 3000구, 무쇠 수만 근을 제공하는 조건을 제시했다. 묵철은 이를 받아들였고, 거란 토벌을 위한 당과 동돌궐 사이의 밀약이 다시 성립되었다. 697년 4월 거란에 대한 총공세가 시작되었다. 몇 달 후 거란은 동돌궐과 당의 공격을 받아 붕괴되었고, 손만영은 도망자 신세가 되었다. 그는 시종의 배신으로 피살되었고 잘려진 머리가 당 조정에 전달되었다.

한편 직전인 696년 중반 영주도독부 성방城傍의 이민족 집단이 거란의 반란군과 동조할 것을 우려한 당 조정은 그들을 유주幽州(지금의 베이징)로 강제 이주시키려 했다. 성방이란 이민족으로 구성된 반전문적 군사 집단을 당의 통치하에 편제한 것이다. 성방 구성원의 대부분은 유목민이었는데, 당은 그들의 군사력을 이용하기 위해 원래의 부락 조직을 그대로 유지시켰다. 대조영의 아버지가 이끌던 말갈인 부락은 668년 고구려 멸망 후 당의 영주營州 성방城傍에 자리를 잡았다. 그들은 유주幽州 사민을 거부하고 18년간 살았던 그곳을 떠나 동쪽으로 달아나 고향 옛

807

고구려 땅에서 세력을 키우려 했다. 거란족의 반란을 진압한 직후 당조정은 그들을 회유하기 위해 대조영의 아버지인 걸걸중상乞乞仲象을 진국공震國公, 걸사비우를 허국공許國公에 봉했다. 국공國公은 군왕郡王에 이은 세 번째 등급으로 신하가 받을 수 있는 최고의 작위였다.

그럼에도 그들은 독자적인 행보의 의지를 명확히 하였다. 그러자 당은 항복한 거란족 이해고李楷固를 토벌군 장수로 삼아 공격해왔다. 대조영과 걸사비우 집단은 크게 타격을 입어 대조영의 아버지 걸걸중상과 걸사비우가 전사하기까지 했다. 어려운 상황에서 대조영은 고구려유민의 지도자가 되었다.

후퇴하던 대조영과 휘하 집단은 송화강 지류인 휘발하輝發河와 혼하渾河의 분수령인 천문령에 진을 쳤다. 이 소식을 전해들은 인근의 고구려인들과 말갈인들이 대조영에게 동조했다. 거란의 대반란이 옛 고구려 지역에서 이미 반反당 운동을 촉발시킨 터였다. 이는 궤멸 직전의 대조영 집단에 활력을 불어넣었다.

『구당서』 「발해말갈전渤海靺鞨傳」은 이렇게 전한다. "(거란족장) 이진충이 죽자, 측천무후는 항복한 거란인 장군 이해고李楷固에게 군대를 이끌고 그 잔당을 토벌할 것을 명령하여, 먼저 (말갈인) 걸사비우를 물리쳐 목을 베고, 이어서 대조영을 추격하여 천문령天門嶺을 넘게 되었다. 대조영이 고구려와 말갈의 무리를 모아서 대항하자 황제가 보낸 군대는 대패했고, 이해고는 겨우 탈출해 돌아왔다."

이해고와 그의 거란 기병은 천문령의 결전에서 크게 패배했다. 이에 당은 직접 중앙군을 보내어 이들을 토벌하려 했다. 그러나 동돌궐의 묵철이 거란과 해 지역을 지배하에 넣으면서 당군이 대조영 집단을 공격할 수 있는 길이 막혀버렸다.

그 사이에 대조영은 더욱 동쪽으로 이동하여 읍루挹婁의 옛 땅을 차지하고 오늘날의 지린성 둔화시에 있는 성산자산성城山子山城으로 비정되는 동모산東牟山에 축성하고 근거지로 삼았다. 그러자 말갈인들과 고구려인들이 지속적으로 모여들었다. 698년 대조영은 동모산에서 나라를 세우고 국호를 진국震國이라 했다. 이것이 발해渤海가 된다. 『구당서』는 이렇게 전한다. "(측천무후) 성력聖曆연간(698~699)에 스스로 진국왕에 올라 (동)돌궐에 사신을 보내고 통교했다."

바로 그해 당은 동돌궐의 협박을 받았다. 묵철은 대군을 보내 측천무후가 약속한 동내몽골 지역의 할양과 하서 6주의 돌궐인 송환, 물자 증여를 요구했다. 크게 위협을 느낀 당 조정은 약속을 이행하지 않을 수 없었고, 묵철에게 종자 4만여 석碩과 농기구 3000여 점을 주었다.

발해가 동돌궐과 밀착하자 705년 당은 사신을 보내 발해의 건국을 인정했고, 713년 대조영에게 발해군왕渤海郡王이라는 관직을 수여했다. 토번과 동돌궐이란 태풍의 두 눈이 서·북방에서 동시에 당을 흔들어대면서 발해라는 국가가 세워졌고 자리를 잡아갔다.

4. 동아시아 문명권의 형성

나당전쟁(670~676) 이후에도 당 제국은 신라가 재침을 우려할 수밖에 없었던 세계 최강국이었다. 그렇지만 토번이 등장한 이후 힘에서 밀리기 시작했고, 이로 인해 주변에 상대해야할 적들도 하나둘씩 늘어났다. 토번은 당 제국의 방위체계를 흔들었고, 그 영향하에 있던 동돌궐과 거란·말갈의 이탈을 부추겼다. 이러한 상황에서 한반도의 신라는 물론이고 그 동쪽의 일본 열도는 평화를 누릴 수 있었고, 만주에 발해가 건국되었다.

150년 동안 서역에서 토번의 일관된 팽창 기조는 초기 동아시아 문화권 형성에 양호한 환경을 제공했다고 생각된다. 중국 역사상 당나라

만큼 음모와 전쟁으로 일관했던 나라는 없었다. 하지만 서북西北을 향해 그것을 투사해야 했던 당은 동방삼국(신라·발해·일본)에 관대한 문화 정책을 취할 수밖에 없었다.

당나라의 수도 장안은 인종의 전시장이라 할 정도로 세계 각지에서 사람들이 몰려들었다. 하지만 당과 토번 사이의 전쟁이 격화되면서 서역 사람들은 길이 막혀 장안을 방문하기가 힘들어졌다. 반면 실크로드 전쟁으로부터 자유로운 동방 삼국의 사절과 유학생들은 제한을 받지 않았다. 수많은 사람이 오갔고 그것은 발달된 당 문화文化의 전파를 동반했다.

국가 권력과 결합된 당의 유학은 동방 삼국의 유교 문화 형성에 지대한 영향을 주었으며, 중국적인 성격으로 정착된 대승불교·선불교도 그러했다. 특히 동방 삼국은 당의 율령체제를 수용하여 통치체제의 근거를 마련했고, 한자漢字는 동아시아의 국제 문자 역할을 했으며, 신라와 일본이 독자적인 문자(향찰·가나)를 만드는 데 이바지했다. 근 200년간 동방 삼국의 당 문화 수입은 현재 동아시아 문화권 형성의 초석이 되었다.

佐藤長, 『古代チベット史研究』上·下 2巻, 同朋舍(東洋史研究叢刊 5) 1977(初版 1958~1959)

Denis Twitchett and Howard J Wechsler, "Kao-tsung(649~683) and the Empress Wu," *The Cambridge History of China Vol.3*, Cambridge University Press, 1979

Richard W. L. Guisso, "The region of the Empress Wu, Chung-tsung and Jui-tsung(684~712)," *The Cambridge History of China Vol.3*, Cambridge University Press, 1979

Christopher I. Beckwith, *The Tibetan Empire in Central Asia*, Princenton University Press, 1987

김호동, 「당의 기미지배와 북방 유목민족의 대응」, 『歷史學報』 137, 1993

정병준, 「營州의 大祚榮 集團과 渤海國의 性格」, 『東北亞歷史論叢』 16, 2007

王小甫, 『唐·吐蕃·大食政治關係史』, 中國人民大學出版社, 2009

堀敏一, 정병준·이원석·채지혜 옮김, 『중국과 고대 동아시아 세계』, 동국대학교 출판부, 2012

정병준, 「吐蕃의 吐谷渾 倂合과 大非川 戰鬪」, 『歷史學報』 218, 2013

松田壽男, 「碎葉と焉耆」, 『古代天山の歷史地理學的研究』, 早稻田大學出版部, 1956, 정병준 옮김, 「碎葉과 焉耆」, 『韓國古代史探究』 16, 2014

李眞善, 「唐高宗代 碎葉鎭 設置와 西域支配」, 『中國史研究』 96, 2015

정재훈, 「돌궐유목제국사」, 사계절, 2016

여호규·拜根興, 「遺民墓誌銘을 통해 본 당의 東方政策과 高句麗 遺民의 동향」, 『東洋學』 69, 단국대 동양학연구원, 2017

서영교, 「新羅의 熊津都督府 逐出과 壬申亂」, 『東國史學』 68, 2020

참고문헌

1. 사료

『史記』『漢書』『舊唐書』『新唐書』『冊府元龜』『資治通鑑』『通典』『三國史記』 『宋史』『三國遺事』『日本書紀』『續日本紀』『肥前国風土記』『大唐六典』『李衛 公問對』『諸葛亮集』『六韜』『入唐求法巡禮行記』『全唐文新編』「阿史那忠碑」 「阿史那忠墓誌」「尉遲敬德墓誌」「趙靜安墓誌」「泉男生墓誌銘」『年代記』『編 年紀』

한국고대사연구회 편역, 『譯註 韓國古代金石文』 II, 가락국사적개발연구원, 1992

Jacque Bacot, F. W. Thomas, *Gustave-Charles Toussaint, Documents De Touen-houang relatifs a l`historire du Tibe*t, Paris, 1940~1946

山口瑞鳳, 「チベット史文獻」, 『敦煌胡語文獻』, 講座敦煌 6, 大東出版, 1985

John Warrington 편역, *CAESAR'S WAR COMMENTARIES-De Bello Gallico & De Bello Civili*, London, 1953(1955)

2. 저서

加藤謙吉, 『蘇我氏と大和王權』, 吉川弘文館, 1983

葛劍雄, 淑史연구회 옮김, 『중국통일·중국분열』, 신서원, 1996

곽장근, 『호남 동부지역 석곽묘 연구』, 서경문화사, 1999

關晃, 「律令貴族論」, 『日本歷史』 4, 岩波書店, 1976

菅野眞道 외 엮음, 이근우 옮김, 「해설」, 『續日本紀』 1, 지식을만드는지식, 2009

국방부 전사편찬위원회, 『고구려 대수·당전쟁사』, 1991

堀敏一,『中國と古代東アジア世界』, 岩波書店, 1993

宮崎市定, 임중혁·박선희 옮김,『중국중세사』, 신서원, 1996

今西龍,『百濟史研究』, 近澤書店, 1934

_____, 이부오 옮김,『新羅史研究』, 서경문화사, 2008

今泉隆雄,「阿倍宿奈麻呂」,『朝日日本歷史人物事典』, 朝日新聞社, 1994

鬼頭淸明,「推古朝をめぐる國際的環境」,『日本古代國家形成と東アジア』, 校倉書房, 1976

旗田巍,「新羅の村落―正倉院における新羅村落文書の研究」,『朝鮮中世社會經濟史の研究』, 法政大出版, 1972

김기흥,『삼국 및 통일신라 세제연구』, 역사비평사, 1991

김상현,「蛇福說話에 나타난 華嚴思想」,『新羅華嚴思想史研究』, 民族社, 1991

_____,「신라 삼국통일의 역사적 의의」,『신라의 사상과 문화』, 一志社, 1999

_____,「四天王寺의 창건과 의의」,『신라의 사상과 문화』, 一志社, 1999

_____,「신라 中代 왕실의 불교신앙」,『신라의 사상과 문화』, 一志社, 1999

김수태,『백제의 전쟁』, 주류성, 2007

김영관,『百濟復興運動研究』, 학연문화사, 2005

김영하,『韓國古代社會의 軍事와 政治』, 고려대 민족문화연구원, 2002

김용만,『새로 쓰는 연개소문傳』, 바다출판사, 2003

김한규,『티베트와 중국』, 소나무, 2000

김현구 외,『일본서기 한국관계기사 연구3』, 일지사, 2004

나가사와 가즈도시, 이재성 옮김,『실크로드의 역사와 문화』, 민족사, 1994

奈良國立文化財研究所,『飛鳥寺發掘調査報告』,『奈良國立文化財研究所學報』第5冊, 昭和 33(1958)

남도영,『韓國馬政史』, 한국마사회, 1996

노중국,『백제부흥운동사』, 일조각, 2003

노태돈,『고구려사 연구』, 사계절, 1999

_____,『삼국통일전쟁사』, 서울대학교출판부, 2009

黛弘道,「大伴氏と物部氏」,『古代日本の豪族』, 學生社, 1987

末松保和,「新羅幢亭考」,『新羅史の諸問題』, 東洋文庫, 1954

르네 그루쎄, 김호동·유원수·정재훈 옮김, 『유라시아 유목제국사』, 사계절, 1998

笠井倭人, 「欽明朝における百濟の對倭外交」, 『古代の日本と朝鮮』, 學生社, 1974

梅原猛, 정성환 편역, 『인물로 보는 중국역사3』, 신원문화사, 1994

末松保和, 『任那興亡史』, 吉川弘文館, 1956

문일평, 「朝鮮人과 國際觀」, 『湖岩全集』 제1권, 朝鮮日報社出版部, 1939

門脇禎二, 『蘇我蝦夷·入鹿』, 吉川弘文館, 1977

_____, 『飛鳥古京, 古代びとの舞台』, 吉川弘文館, 1994

_____, 『日本海域の古代史』, 東京大學出版會, 1980

박순교, 『김춘추 외교의 승부사』, 푸른역사, 2006

베네딕트 앤더슨, 윤형숙 옮김, 『상상의 공동체: 민족주의의 기원과 전파에 대한 성찰』, 나남, 2005

변태섭, 『韓國史要論』, 삼영사, 1973(1995)

山尾幸久, 『古代の日朝關係』, 塙書房, 1989

西嶋定生, 『日本歷史の國際環境』, 東京大出版會, 1985

_____, 「遣隋使と國書」, 『西嶋定生東アジア論集』 3卷, 岩波書店, 2002

_____, 「6~8世紀の東アジア」, 『岩波講座日本歷史』 2, 岩波書店, 1962

_____, 「七世紀の東アジアと日本」, 『隋帝國の出現と日本』(日本古代史講座 5), 學生社, 1981

서영교, 『나당전쟁사 연구』, 아세아문화사, 2006

서영일, 『신라 육상교통로 연구』, 학연문화사, 1999

서인한, 『羅唐戰爭史』, 국방군사연구소, 1999

石母田政, 『日本の古代國家』, 岩波書店, 1971(2001)

薛宗正, 『安西與北庭』, 黑龍江敎育出版社, 1990

_____, 『吐蕃王國的興衰』, 民族出版社, 1997

石母田正, 「古代における『帝國主義』について」, 『日本古代國家』, 岩波書店, 東京, 1971

시앙쓰, 강성애 옮김, 『황궁의 성』, 미다스북, 2009

신라문화연구소, 『統一期 新羅社會硏究』, 동국대 신라문화연구소, 1987

新野直吉, 『古代東北史のひとびと』, 吉川弘文館, 2009

신채호, 「金春秋의 外交와 金庾信의 陰謀」, 『朝鮮上古史』(신채호전집), 1972

신형식, 「三國統一의 歷史的 性格」, 『統一新羅史 研究』, 삼지원, 1990

＿＿＿, 『韓國古代史의 新研究』, 일조각, 1984

＿＿＿, 「統一新羅의 對日關係」, 『統一新羅史研究』, 삼지원, 1990

심광주 외, 『漣川瓠蘆古壘』, 한국토지공사박물관, 연천군, 1999

아널드 토인비, 길현모 외 옮김, 『역사의 연구』 8, 동서문화원, 1974

아더 훼럴, 이춘근 옮김, 『전쟁의 기원』, 1990

安應民, 『吐蕃史』, 寧夏人民出版, 1989

王小甫, 『唐·吐蕃·大食政治關係史』, 北京大出版社, 1995

王錦厚, 「漢末公孫氏據遼與西晉的統一」, 『秦漢東北史』, 遼寧人民出版, 1994

연민수, 「日本書紀 '任那調' 關係記事檢討」, 『고대한일관계사』, 혜안, 1998

鈴木英夫, 「'任那의調'의起源과性格」, 『古代의倭國과朝鮮諸國』, 靑木書店, 1996

劉矩·姜維東, 『唐征高句麗史』, 吉林人民出版社(東北史地研究叢書), 2006; 『당의 고구려 정벌사』, 김봉숙 외 옮김, 동북아역사재단 내부자료번역 18

윤명철, 『高句麗 海洋交涉史 研究』, 성균관대 박사학위논문, 1993

윤선태, 『新羅 統一期 王室의 村落支配』, 서울대 박사학위논문, 2000

鈴木靖民, 『古代對外關係史의研究』, 吉川弘文館, 1985

위르겐 하버마스, 이진우 옮김, 『현대성의 철학적 담론』, 문예출판사, 1994

王吉林, 「唐初與吐蕃關係的發展(634~670)」, 『中華民國家藏學術會議論文集』, 文化大學, 1988

이기동, 「新羅下代의 浿江鎮」, 『新羅骨品制 社會와 花郎徒』, 일조각, 1984

＿＿＿, 「新羅 中代의 官僚制와 骨品制」, 『新羅骨品制社會와 花郎徒』, 일조각, 1984

＿＿＿, 「新羅 花郎徒의 社會學的 =考察」, 『新羅骨品制社會와 花郎徒』, 일조각, 1984

＿＿＿, 「歷史篇」, 『韓國學基礎資料選集: 古代篇』, 1987

＿＿＿, 「百濟王國의 興亡」, 『百濟史研究』, 일조각, 1996

_____, 「隋·唐의 帝國主義와 新羅外交의 妙諦」, 『新羅文化』 24, 2004

이기백, 「고대 한일관계사의 연구의 방향」, 『韓國古代史論』(증보판), 일조각, 1995

_____, 「韓國傳統社會의 兵制」, 『韓國史學의 方向』, 일조각, 1978

이기백·이기동, 『韓國史講座』 1, 일조각, 1982

이도학, 『새로 쓰는 백제사』, 푸른역사, 1997

_____, 『백제 사비성 시대 연구』, 일지사, 2010

이매뉴얼 월러스틴, 성백용 옮김, 『사회과학으로부터의 탈피』, 창비, 1994

이문기, 「景德王代 軍制改革의 實態와 新軍制의 運用」, 『新羅兵制史研究』, 일조각, 1999

_____, 「三國史記 武官條의 史料的 檢討」, 『新羅兵制史 研究』, 일조각, 1999

_____, 「三千幢의 성립과 그 性格」, 『新羅兵制史 研究』, 일조각, 1999

이병도, 『韓國古代史研究』(修訂版), 박영사, 1976

_____, 『國譯三國史記』(제9판), 을유문화사, 1993

이상훈, 『나당전쟁연구』, 주류성, 2012

李成市, 「正倉院所在新羅氈貼布記의 研究」, 『古代東アジアの民族と國家』, 岩波書店, 1998

_____, 김창석 옮김, 『동아시아의 왕권과 교역』, 청년사, 1999

이영택, 『韓國古地名辭典』, 고대민족문화연구소, 1993

이인철, 「新羅 法幢軍團과 그 性格」, 『新羅政治制度史研究』, 일지사, 1993

이재성, 『4~7世紀 東蒙古史 研究』, 동국대 박사학위논문, 1995

이재윤, 『軍事心理學』, 집문당, 1995

이호영, 『新羅三國統合과 麗·濟敗亡原因研究』, 서경문화사, 1999

이희관, 『統一新羅 土地制度研究』, 일조각, 1999

日野開三郎, 『東北アジア民族史』(中), 三一書房, 1991

張光直, 이철 옮김, 『신화 미술 제사』, 동문선, 1990

정구복 外, 『譯註三國史記』, 한국정신문화연구원, 1997

井上秀雄, 김동욱 옮김, 『古代韓國史』, 日新社, 1981

정효운, 『古代 韓日 政治交涉史 研究』, 學研文化社, 1995

조선인민공화국 과학원 고전연구실, 『삼국사기』, 1958

佐藤長, 『古代チベット史研究』, 東洋文庫, 1959

池内宏, 「眞興王の戊子巡境碑と新羅の東北境」, 『古蹟調査特別報告』 6, 1929

_____, 「高句麗滅亡後の遺民の叛亂及び唐と新羅との關係」, 『滿鮮史研究』, 吉川弘文官, 1960

直木孝次郎, 『日本の歴史-古代國家の成立-』 2, 中央公論社, 1965

津田左右吉, 「百濟に關する日本書紀の記載」, 『古事記及日本書紀の研究』, 岩波書店, 1924

陳舜臣·尾崎秀樹 편, 윤소영 옮김, 『제국의 아침』, 솔, 2002

陳寅恪, 「外族盛衰之連環性及外患內政之關係」 下篇, 『唐代政治史述論稿』, 陣寅恪先生論文集, 商務印書館, 中華民國 60年 5月

傳樂成, 신승하 옮김, 『中國通史』 上, 宇鍾社, 1974

존 키건, 유병진 옮김, 『세계전쟁사』, 까치, 1996

村上四男, 「新羅外位と投降者への授位」, 『朝鮮古代史研究』, 1978

최현화, 『羅唐同盟의 性格 研究』, 동국대 석사학위논문, 1999

칼 폴라니 엮음, 이종욱 옮김, 『초기제국에서 있어서의 교역과 시장』(대우학술총서70), 민음사, 1994

板本太郎, 「風土記について」, 『日本古代史の基礎的研究』 文獻篇, 東京大學出版會, 1964

_____, 「『聖德太子傳曆』と『日本書紀』」, 『日本古代史叢考』, 吉川弘文館, 1983

편집부, 『戰略戰術兵器事典』 1(中國古代編), 東京, 1994

河村秀根, 『書紀集解』(1785), 國民精神文化研究所, 東京芝浦·川口印刷, 1937

허중권, 『新羅 統一戰爭史의 軍事史的 研究』, 한국교원대 박사학위논문, 1995

3. 논문

강철종, 「磨雲嶺 眞興王巡狩碑 發見經緯에 관한 一管見」, 『全北史學』 3, 1979

권덕영, 「『天地瑞祥志』 편찬자에 대한 새로운 시각」, 『白山學報』 52, 1999

谷川道雄, 「拓拔國家의 發展과 貴族制의 再編」, 『東アジア世界の形成』 II(岩波

講座 世界歷史 5), 岩波書店, 1970

今西龍, 「慶尙南道咸安郡 昌寧郡調查報告」, 『大正六年度古蹟調查報告』, 朝鮮總督府(大正 9年 3月 31日 發行); 『朝鮮考古資料』 15, 株式會社科學出版總合研究所, 昭和 58년

_____, 「百濟五方五部考」, 『藝文』 第8·11·20號, 1921

_____, 「新羅眞興王巡狩觀境碑考」 上, 『考古學雜誌』, 12-1, 1921

_____, 「圓光法師傳」, 『思想と生活』 6권 제7·9, 1929

鬼頭淸明, 「推古朝をめぐる國際的環境」, 『日本史硏究』 129, 1972

吉田光男, 「『翰苑』註所引 「高麗記」 について」, 『朝鮮學報』 85, 1977

김기웅, 「三國時代 武器小考」, 『韓國學報』 5, 1976

_____, 「배천산성 답사보고」, 『고고민속』 1966~1, 평양

김미영, 「唐代 破陣樂 연구」, 『동양예술』 16, 2011

김복순, 「三國의 諜報戰과 僧侶」, 『한국불교문화사상사』, 지관스님회갑논총, 1992

김상기, 「淵蓋蘇文」, 『朝鮮名人傳』 제2권, 朝鮮日報社出版部, 1939

김상범, 「唐 前期 封禪儀禮의 展開와 그 意義」, 『역사문화연구』 17, 2002

김상현, 「蛇福說話의 佛敎的 意味」, 『史學志』 16(朴武成華甲論叢), 1982

_____, 「萬波息笛說話의 形成과 意義」, 『韓國史硏究』 34, 1981

김영관, 「百濟復興運動의 盛勢와 唐軍의 對應」, 『韓國古代史硏究』 35, 2004

김영하, 「新羅의 百濟統合戰爭과 體制變化」, 『韓國古代史硏究』 16, 1999

김은숙, 「8세기의 新羅와 日本의 關係」, 『國史館論叢』 29, 1991

_____, 「6세기 후반 신라와 왜국의 국교성립과정」, 『新羅文化學術論文集』 15, 1994

金子修一, 「동아시아세계론」(鄭炳俊譯), 『역사와교육』 12, 역사와 교육학회, 2011

김주성, 「백제 무왕의 대야성 진출 기도」, 『百濟硏究』 49, 2009

김창호, 「考古 자료로 본 新羅 三國統一 原動力」, 『韓國古代史와 考古學』, 2000

김철준, 「統一新羅 支配體制의 再整備」, 『한국사』 3, 국편, 1978

김태식,「백제의 가야지역 관계사: 교섭과 정복」,『백제연구논총』5, 충남대백제연구소, 1997

김태식,「안라국의 성장과 변천」,『한국사연구』86, 1994

김호동,「唐의 羈縻支配와 北方 遊牧民族의 對應」,『歷史學報』137, 1993

노영구,「16-17세기 近世 일본의 戰術과 조선과의 비교」,『軍史』84, 2012

노중국,「統一期 新羅의 百濟故地支配」,『韓國古代史研究』1, 1988

_____,「신라통일기 구서당의 성립과 그 성격」,『韓國史論』41·42, 서울대, 1999

_____,「7세기 백제와 왜와의 관계」,『국사관논총』52, 1994

노태돈,「高句麗의 漢水流域 喪失의 原因에 대하여」,『韓國史研究』13, 1976

_____,「羅代의 門客」,『한국사연구』21·22, 1978

_____,「統一期 貴族의 經濟基盤」,『韓國史』3, 국편, 1978

_____,「5-6세기 東아시아의 國際情勢와 高句麗의 對外關係」,『東方學志』44, 1984

_____,「羅唐戰爭期(669-676) 新羅의 對外關係와 軍事活動」,『軍史』34, 1997

黛弘道,「推古朝の意義」,『岩波講座 日本歷史』2-古代2-, 岩波書店, 1962

梅澤伊勢,「日本書紀の成立過程」,『記紀批判』, 創文社, 1962

文明大,「新羅 神印宗 研究」,『震檀學報』41, 1976

門脇禎二,「飛鳥開眼」,『新版飛鳥-その古代史と風土』, 日本放送出版協會, 1970

민덕식,「羅·唐戰爭에 관한 考察」,『史學研究』40, 1991

白鳥庫吉,「朝鮮古代地名考」,『史學雜誌』6-10·11, 7-1 (1895, 1896) ;『朝鮮史研究』岩波書店, 1986

浜田耕策,「新羅聖德王代の政治と外交」,『朝鮮歷史論集』上, 1979

佛敎藝術學會,「飛鳥寺の發掘をめぐって-座談會」,『佛敎藝術』33

山尾幸久,「大化前後の東アジア情勢と日本の政局」,『日本歷史』229, 日本歷史會編輯, 1967

山尾幸久 著, 정효운 譯,「古代 韓日關係史 研究에 대하여」上 ,『考古歷史學志』4, 동아대 박물관, 1988

三池賢一, 「新羅內廷官制考」 下, 『朝鮮學報』 62, 1972

三品彰英, 「聖德太子の任那對策」, 『聖德太子論集』, 平樂寺書店, 1971

서영교, 「新羅長槍幢에 대한 新考察」, 『慶州史學』 17, 1998

_____, 「九誓幢완성 배경에 대한 新考察」, 『한국고대사연구』 18, 2000

_____, 「新羅 河西停 軍官組織에 대하여」, 『新羅文化』 17 ·18, 동국대, 2000

_____, 「고구려의 대당전쟁과 내륙아시아 제민족-안시성전투와 설연타」, 『군
　　　　사』 49, 2003

_____, 「高句麗 倭 連和와 阿旦城 전투」, 『軍史』 81, 2011

_____, 「阿莫城 전투와 倭」, 『歷史學報』 216, 2012

_____, 「倭의 百濟 원조와 蘇定方의 평양성 撤軍」, 『大邱史學』 117, 2014

小泉顯夫, 「高句麗淸岩里廢寺址の調査」, 『佛敎藝術』 33, 1958

손정인, 「「薛氏女傳」의 인물형상과 서사구조」, 『대동한문학회지』 14, 2001

松田壽男, 「吐谷渾遣使考」, 『史學雜誌』 48~11, 12 : Matsuda H. Kokonor
　　　　region, its important yet unknown role in history, international
　　　　Symposium for UNESCO, 1959

原島禮二, 「六世紀日本の朝鮮侵略と軍事動員體制」, 『朝鮮史硏究會論文集』
　　　　11, 1974

여호규, 「6세기 말~7세기 초 동아시아 국제질서와 고구려 대외정책의 변화」,
　　　　『역사와 현실』 46, 2002

_____, 「高句麗 千里長城의 經路와 築城背景」, 『國史館論叢』 91, 국편, 2000

연민수, 「7세기 東아시아 정세와 倭國의 對韓政策」, 『新羅文化』 24, 2004

延敏洙, 「日本書紀'任那調'關係記事檢討」, 『九州史學』 105, 1992

鈴木英夫, 「'任那の調'の起源と性格」, 『國史學』 119, 1983

鈴木靖民, 「正倉院佐波理加盤付屬文書の基礎的硏究」, 『朝鮮學報』 85, 1977

劉統, 정병준·채지혜·유승철 옮김, 「당대 기미부주 연구 I」, 『新羅史學報』,
　　　　23, 2011

_____, 정병준·채지혜 옮김, 「당대 기미부주 연구 II」, 『新羅史學報』, 24,
　　　　2012

윤명철, 「고구려 발전기 海洋活動能力에 대한 검토」, 『阜村 申延澈敎授 停年
　　　　論叢』, 일월서각, 1995

윤선태, 「咸安 城山山城 出土 新羅木簡의 用途」, 『震檀學報』88, 1999

_____, 「유적의 역사적 성격」, 『한우물』, 서울대박물관 호암산성 발굴보고
　　　서, 1990

_____, 「752년 신라의 대일교역과 『바이시라기모쯔게(買新羅物解)』」, 『역사
　　　와 현실』24, 1997

_____, 「武王과 彌勒寺」, 『미륵사지 국제학술대회 발표요지』, 국립문화재연
　　　구소 주최, 고궁박물관, 2010년 5월

윤용구, 「三韓의 對中交涉과 그 性格」, 『國史館論叢』85, 1999

_____, 「고대 중국의 東夷觀과 고구려」, 『역사와 현실』55, 2005

_____, 「隋唐의 對外政策과 高句麗遠征-裴矩의 '郡縣回復論'을 중심으로」,
　　　『北方史論叢』5, 2005

이기백, 「新羅私兵考」, 『歷史學報』9, 1957

_____, 「永川 菁提碑 貞元修治記의 考察」, 『考古美術』102, 1969

_____, 「韓國의 傳統社會와 兵制」 『韓國學報』6, 1977

이도학, 「永樂 6년 광개토왕의 南征과 國原城」, 『손보기정년기념논총』, 1988

이문기, 「7세기 후반 新羅의 軍制改編과 그 性格에 대한 一試論」, 『韓國古代
　　　史研究』16, 1999

이병호, 「百濟 寺院과 飛鳥寺 三金堂의 源流」, 『한국고대사학회 발표요지』,
　　　2012

이성시, 「新羅と日本-8世紀の交流を中心に」, 하와이대 주최 한국학대회,
　　　1996

_____, 「高句麗와 日隋外交-이른바 國書문제에 관한 一試論」, 『民族史의 展
　　　開와 그 文化:碧史李佑成敎授停年退職紀念論叢』下, 창작과비평사,
　　　1990

_____, 「高句麗と日隋外交」, 『思想』1990

이성제, 「고구려와 왜의 관계」, 『여행과 사행』동국사학회 2012년 추계학술대
　　　회 발표요지, 2012

_____, 「570年代 高句麗의 對倭交涉과 그 意味」, 『韓國古代史探究』2, 2009

이종욱, 「南山新城碑를 통해본 新羅의 地方統治體制」, 『歷史學報』64, 1974

이재석, 「大化前代 大臣制」, 『東洋史學研究』61, 1998

_____, 「소위 倭系百濟官僚와 야마토 왕권」, 『한국고대사연구』 20, 2000

_____, 「日本古代 王權發達의 諸段階: 특히 大化前代를 중심으로」, 『文化史學』 24, 2005

이재성, 「麗唐전쟁과 契丹·奚」, 『中國古中世史研究』 26, 2011

이진선, 「唐 高宗代 碎葉鎭 設置와 西域支配」, 『中國史研究』, 96, 2015

李弘稙, 「日本書紀所在 高句麗關係記事考」, 『東方學志』 3, 1957

이현숙, 「백제의학과 복서」, 『百濟의 社會經濟와 科學技術』(百濟文化史大系 研究叢書 11), 2007

이효재, 「7세기 東突厥系 蕃將과 蕃兵의 활동」, 『東洋史學研究』 125, 2013

_____, 「唐太宗期 西北遊牧君長의 宿衛와 對外遠征 從軍」, 『歷史學報』, 206, 2010

日野開三郎, 「粟末靺鞨の對外關係-高句麗滅亡以前-」, 『史淵』(42) 1-78, 九州大学 文学部, 1949

임기환, 「고구려와 수당의 전쟁」, 『한국사』 4, 한길사, 1994

_____, 「3세기-4세기초 魏·晉의 동방정책」, 『역사와 현실』 36, 2000

前間恭作, 「眞興王碑について」, 『東洋學報』 19-2, 1931

全德在, 「新羅時代 祿邑의 性格」, 『韓國古代史論叢』 10, 2000

전덕재, 「함안 성산산성 木簡의 연구현황과 쟁점」, 『신라문화』 31, 2008

전영래, 「百濟南方境域의 變遷」, 『천관우환력기념 한국사학논총』, 1985

정규식, 「「薛氏女傳」과「溫達傳」의 주체 형성과 의미 작용」, 『동남어문논집』 19, 2005

정병준, 「吐蕃의 吐谷渾 倂合과 大非川 戰鬪」, 『歷史學報』 218, 2013

_____, 「唐律의 精神」, 『동국사학』, 30, 1996

정병준·조재우, 「中國 刑罰의 歷史」, 『韓國古代史探究』, 21, 2015

井上光貞, 「推古朝外交政策の展開」, 『聖德太子論集』, 平樂寺書店, 1971

_____, 「聖德太子」, 『大和奈良朝 その實力者たち』, 人物往來社, 1965

井上直樹, 「570年代 高句麗の對倭外交について」, 『年報 朝鮮學』 11, 2008

정효운, 「七世紀의 韓日關係의 연구」 下, 『考古歷史學志』 7, 동아대 박물관, 1991

조재우, 「唐 前期 邊境 節度使 體制의 성립과정」, 『東洋史學研究』, 132, 2015

존 재미슨, 「羅唐同盟의 瓦解」, 『歷史學報』 44, 1969

前之園亮一, 「蘇我氏の同族」, 『蘇我氏と古代國家』, 黛弘道 編, 吉川弘文館,
1991

주보돈, 「新羅 中古期 地方統治組織에 대하여」, 『韓國史研究』 23, 1979

_____, 「『文館詞林』에 보이는 韓國古代史 관련 外交文書」, 『慶北史學』 15,
1992

_____, 「『日本書紀』의 편찬배경과 任那日本府設의 成立」, 『韓國古代史研究』
15, 1999

池內宏, 「高句麗滅亡後의 遺民의 叛亂及び唐と新羅との關係」, 『滿鮮地理歷史
研究報告』 12, 1927

直木孝次郎, 「新王朝の出發」, 『日本の歷史: 古代國家의 成立』 2, 中央公論社,
1965

淺野 淸, 「飛鳥寺の建築」, 『佛敎藝術』 33, 每日新聞社, 1958년 1월 15일

최남선, 「新羅眞興王の在來三碑と新出現の磨雲嶺碑」, 『靑丘學叢』 2, 1930

최영희, 「歷史的 背景」, 『雁鴨池』, 文化財管理局, 1978

최진열, 「唐代 高句麗 표기 기피현상」, 『동북아역사논총』 38, 2012

최헌섭, 「大峴關門石城考」, 『경남발전연구원 논문집』 53, 2001

板本太郎, 「風土記について」, 『史蹟名勝千年紀念物』 15-3, 1940

_____, 「日本書紀と蝦夷」, 『蝦夷』(古代史研究 第2集), 古代史談話會編, 朝倉
書店, 1956

_____, 「『聖德太子傳曆』と『日本書紀』」, 『南都佛敎』 29, 1972

황수영, 「石窟庵本尊阿彌陀如來坐像小考」, 『考古美術』 136·137, 1978

黃約瑟, 정병준·차오링 옮김, 「武則天과 한반도 정세」, 『新羅史學報』 35,
2015

황인덕, 「「薛氏女傳」의 劇本的 性格 試考」 上, 『한국민속학』 22, 1989

영어 논문

Arthur F. Wright, "The Sui Dynasty(581~617)," *The Cambridge History
of China* Vol .3, Cambridge University Press, 1979

Christian Sigrist, "The Problem of Pariahs," *Max Weber and Sociology Today*(O. Stammer, ed. K. Morris, tr), Harper and Row, 1971

Colin Mackerras, "The Uighurs," *The Cambridge History of Early Inner Asia*, Cambridge University Press, 1990

David Webster, "Warfare and The Evolution of The State: A Reconcideration," *American Antiquity* Vol.40, No.4, 1975

Denis Sinor, "The establishment and dissolution of The Türk empire," *The Cambridge History of Early Inner Asia*, Cambridge University Press, 1990

Denis Twitchett, "Introduction," *The Cambridge History of China* Vol.3, Cambridge University Press, Cambridge, 1979

Denis Twitchett and Howard J Wechsler, "Kao-tsung and Empress Wu," *The Cambridge History of China*, Vol.3, Cambridge University Press, 1979

Dennis E. Showalter, "Caste, Skill, and Training: The Evolution Armies from the Middle Ages to the Sixteenth Century," *The Journal of Military History*, Vol.57, No.3, July 1993

F. E. Adcock, "The Roman Republic-The Civil War," *The Cambridge Ancient History*, Vol.9, Cambridge University Press, 1932

Helmut Hoffman, "Early and Medieval Tibet," *The Cambridge history of Early Inner Asia*, Cambridge University Press, 1990

Herbert Franke, "The forest people of Manchuria: Kitans and Jurchens," *The Cambridge History of Early Inner Asia*, Cambridge University Press, 1990

Inoue Mitsusada, "The century of reform," *Cambridge History of Japan* Vol. I (Ancient Japan), Cambridge University Press, 1993

J. Fletcher, "The Mongols:Ecological and Social Perspectives," *Harvard Journal of Asiatic Studies* 46-1, Harvard-Yenching Institute, Cambridge Massachusetts, 1986

Michael C. Rogers, "Note on Koryo's Relation with Sung and Liao,"

『震檀學報』71-72, 1991

Morton H. Fried, "On The Evolution of Social Stratification and The State," *Culture in History*(S. Diamond, ed), Columbia University Press, 1960

Quincy Wright, "Social Discipline and War," *A Study of W*ar Vol.II, Chicago University Press, 1942

Ren Shumin, "The Military Strength Tubo Kingdom," *Tibet Study*, 144, 1991

Rudi Paul Lindner, "Nomadism, Horse and Huns," *Past & Present*, No.92, Past and Present Society, 1981

W. W. Tarn, "Alexander The conqest Persia," *The Cambridge Ancient History*, Vol.6, Cambridge University press, 1975

Ymakuchi, "Matrimonial Relationship between the T'u-fan and T'ang Dynasties," *Memoirs of the Research Department of Toyo Bunko*, No.27, 1969

영어 저서

Arnold J. Toynbee, *War and Civilization*, Oxford University Press, London, 1950

A. H. Lybyer, *The Government of Ottoman Empire in Time of Suleiman the Magnificent*, Harvard University Press, 1913

Bert S. Hall, *Weapons and Warfare in Renaissance Europe*, Johns Hopkins University Press, 1997

C. P. Fitzgerald, *The Empress Wu*, The Cresset Press, 1968

_____, *China: a Short Cultural History*, Praeger Publishers, 1961

Christopher I. Beckwith, *The Tibetan Empire in Central Asia*, Princeton University Press, 1987

Charles O. Hucker, *China's Imperial Past*, Stanford University Press, 1975

David Snellgrove and Hugh Richardson, *A Cultural History of Tibet*,
Shambhala, 1968(1995)

Edwin G. Pulleyblank, *The Background of The Rebellon of An Lu-San*,
Oxford University Press, 1955

Ralph payne-Gallwey, *The Book of The Crossbow*, Dover Publication
Inc, 1995

G. Deleuze and F. Guattari, *A Thousand Plateaus: Capitalism and
Schizophrenia*, University of Minnesota Press, 1987

E. Richardson, *Tibet and Its History*, Oxford University Press, 1962

Howard J. Wechsler, *Mirror to The Son of Heaven-Wei Cheng at Court
of Tang Tai-tsung*, Yale University Press, 1974

_____, *Offering of Jade and Silk: Ritual and Symbol in the Legitimation of the
T'ang Dynasty*, Yale University Press, 1985

H. W. Koch, *Medieval Warfare*, Bison Books, 1978

H. M. D. Parker, *The Roman Legion*, New York, 1928

Josef Kolmas, *Tibet and Imperial China, Center of Oriental Study*,
The Australian National University, Canberra, 1967

J. F. Verburggen, *The art of warfare Europe during Middle Age*, North
Holland, 1954

John Ellis, *Cavalry-The History of Mounted Warfar*, G. P. Putnam's,
1978

John Buchan, *Julius Caesar*, Morrison and Gbb LTD

John Keegan, *The Face of Battle*, Viking press, 1976

Karl A. Wittfogel and Feng Chia-Shen, *History of Chinese Society
Liao*, American Phillosophical Society, 1949

Max Weber, *Economy and Society* Vol. 1, Bedminster Press, 1968

_____, *Economy and Society* Vol. 3, Bedminster Press, 1968

_____, *On Charisma and Institution Building*, Chicago University Press,
1968

_____, *From Max Weber*, Routledoge&Kegan Paul Ltd, 1948(1970)

고대 동아시아 세계대전

Owen Lattimore, *Inner Asian Frontiers of China*, American
    Geographic Society, 1940

Robert Silverberg, *The Great Wall of China*, Chilton Book

Stanislav Andresky, *Military Organization and Society*, California
    University Press, 1968

Tsepon W. D. Shakabpa, *TIBET: A Political History*, Yale University
    Press, 1967

Tsung-Lien Shen&Shen-Chi Liu, *Tibet and Tibetan*, Stanford
    University Press 1953

K. Polany, C. M. Arensberg and H. W. Pearson, *Trade and Market in The
    Early Empire*, The Free Press, 1957

Warren W. Smith Jr, *Tibetan Nation: A History of Tibetan Nationalism
    and Sino-Tibetan Relation*, West View Press, 1996

Woodbridge Bingham, *The Founding of Tang Dynasty*, Waverly
    Press, 1941

Terence Wise, *Medieval Warfare*, Hastings House, 1976

Wolfram Eberhard, *A History of China*, Rouledge and Kegan Paul,
    1950(1960)

Ying-shih Yu, *Trade and Expansion in Han China: A Study in the
    Structure of Sino-Barbarian Economic Relations*, University of
    California Press, 1967

찾아보기

찾아보기

고대 동아시아 세계대전

찾아보기

고대 동아시아 세계대전

ⓒ서영교

초판 1쇄	2015년 7월 23일
개정판 1쇄	2021년 6월 28일

지은이	서영교
펴낸이	강성민
편집장	이은혜
마케팅	정민호 김도윤
홍 보	김희숙 김상만 함유지 김현지 이소정 이미희 박지원
독자모니터링	황치영
펴낸곳	㈜글항아리	출판등록 2009년 1월 19일 제406-2009-000002호
주소	10881 경기도 파주시 회동길 210
전자우편	bookpot@hanmail.net
전화번호	031-955-2682(편집부) 031-955-2696(마케팅)
팩스	031-955-2557

ISBN	978-89-6735-916-4 03910

geulhangari.com